Emmanuel Le Roy Ladurie:
Karneval in Romans
Eine Revolte und ihr blutiges Ende
1579–1580

Klett-Cotta
im
Deutschen
Taschenbuch
Verlag

dtv

Die französische Originalausgabe erschien 1979 bei Editions Gallimard, Paris, unter dem Titel ‚Le Carneval de Romans. De la Chandeleur au mercredi des Cendres, 1579–1580'.

Aus dem Französischen übersetzt von Charlotte Roland

Mai 1989
Deutscher Taschenbuch Verlag GmbH & Co. KG, München

ISBN 3-12-935060-8
Umschlaggestaltung: Celestino Piatti
Vorlage: Vertreibung des Winters durch den Frühling.
Kupferstich nach Pieter Brueghel d. Ä. (Archiv für Kunst
und Geschichte, Berlin)
Gesamtherstellung: C. H. Beck'sche Buchdruckerei, Nördlingen
Printed in Germany · ISBN 3-423-04498-5

Inhalt

Erstes Kapitel
Städtischer und ländlicher Rahmen

Lange habe ich davon geträumt, die Geschichte einer kleinen Stadt zu schreiben, zum Beispiel die Geschichte der Stadt Romans in der Dauphiné, einer Stadt, in der ich gerne verweile, einer Provinz, deren Bewohner und Landschaft ich liebe. Mehr als sieben oder acht Jahrhunderte lokalen gesellschaftlichen, wirtschaftlichen, kulturellen und gemeindlichen Lebens ... Archive die Menge. Bei näherer Überlegung jedoch erschien mir das Thema zu umfangreich; es überstieg die Kräfte eines Monographienschreibers, der ich zur Zeit sein möchte. Nach reiflichem Erwägen habe ich mich entschlossen, nur vierzehn Tage der Geschichte von Romans zu beschreiben – zwei kurze Wochen. Aber was für Wochen! Die Wochen des Karnevals von Romans im Februar 1580, in dessen Verlauf die Teilnehmer aus beiden Lagern sich zuerst verkleidet und dann gegenseitig umgebracht haben. Um diese bewegten, glanzvollen und blutigen vierzehn Tage zu schildern, mußten auch die Vorgeschichte und die Folgen herangezogen werden, die allgemeinen und besonderen Umstände, Umfeld und Bedeutung des Dramas, wo nötig mit Einbeziehung benachbarter Städte und Dörfer; unter Benutzung vergleichender Geschichte. All das, Karneval und der Rest, ist Gegenstand meines Buches. Sein Stoff.

Als Ausgangspunkt und im ersten Kapitel gebe ich eine kurze Zusammenfassung dessen, was Romans in den Jahren 1579–1580 gewesen ist. Und auch dessen, was die Landgemeinden der umliegenden Dauphiné waren. Schließlich eine Darstellung des politisch-sozialen Hintergrundes, vor dem sich die Tragödie des Februars 1580 abspielt und in den sie eingebettet ist. Ich bitte im voraus um Entschuldigung für die Flut von Zahlen, mit denen dieses Kapitel überschwemmt ist. Sie ist für das Ganze meines Buches nicht bezeichnend. Nur war sie nötig, um den Rahmen einer Geschichte zu zeichnen, die ja stellenweise auch quantitativ ist.

Romans an der Isère, einige Meilen von der Rhone entfernt, das ist zunächst einmal die Bevölkerungszahl einer Stadt. Diese zeigt im Laufe der Jahrhunderte ein durchaus typisches Verhalten. Im Jahre 1357, nach der schwarzen Pest (1348), wurden in Romans noch 1163 Haushaltungen gezählt[1], das heißt unter der Annahme von 4,5 Personen pro Haushalt und außerdem unter Berücksichtigung der Nichtsteuerzahler (Privilegierte, Arme usw.), die bei den Haushalten nicht mitgezählt wurden, eine Bevölkerung von ungefähr 6 013 Einwohnern.[2] Im Jahre 1366 (nach der katastrophalen Pest von 1361) soll es in der Wählerversammlung von Romans nur noch 430 Haushaltsvorstände gegeben haben, also bei Anwendung des gleichen Koeffizienten wie oben 2 223 Einwohner.[3] Diese Zahl ist sicher zu niedrig. Ziemlich viele der Haushaltsvorstände müssen die Wählerversammlung von 1366 „geschwänzt" haben. Im Jahre 1450 dagegen befinden wir uns auf festerem Boden: 529 Haushalte (nicht fiskalische, sondern durchaus reale Haushalte) zahlen in Romans Steuern[4], das sind 2 735 Einwohner, also weniger als die Hälfte der ein Jahrhundert früher eingetragenen. Die Stadt ist nur noch ein kleiner, heruntergekommener Marktflecken. Wir haben es hier mit dem Bevölkerungsrückgang des ausgehenden Mittelalters nach Pestilenz, Krieg, Hungersnot und Krisen zu tun.

Die Jahre vergehen. Ab 1498 bahnt sich hier wie überall sonst die Renaissance an. In unserer Stadt werden 814 Steuerpflichtige, also 4 208 Einwohner gezählt. Elf Jahre später ungefähr gleich viele: 815 Steuerpflichtige, also 4 214 Einwohner.[5] Schließlich wirkt sich 1557 die zeitweilig gebremste oder festgefahrene neue Expansionsbewegung wieder aus: Nach vier Jahrzehnten des Aufschwungs werden bei uns 1612 Steuerpflichtige, das heißt zweimal mehr als zu Anfang des Jahrhunderts, aufgeführt: etwa 8 334 Einwohner.[6] Wir nähern uns einer Einwohnerzahl von zehntausend: für die damalige Zeit fast eine „kleine Großstadt". Dieser demographische Aufschwung bis zum Jahrzehnt 1550 zieht Kreise bis in so unberechenbare Bereiche wie die Erweiterung des örtlichen Bordells. *Angesichts der Ärgernisse und schlechten Beispiele, die es in unserer Stadt gegeben hat, brauchen wir ein größeres Freudenhaus, um die Huren und Herumtreiberinnen darin unterzubringen und dingfest zu machen* (Gemeinderatssitzung vom April 1554)[7]. Neun Jahre später, im Jahre 1556, haben die Religionskriege begonnen; 1564 ist auch die Pest wieder ausgebrochen[8].

Das Wachstum der Renaissance hat sich in sein Gegenteil verkehrt: In Romans werden nur noch 1519 Steuerpflichtige, also 7 853 Einwohner gezählt.[9] Rückgang und Krise auch im Jahre 1570. Noch immer dieser scheußliche Krieg! Er verwüstet, er entvölkert: Es gibt nur noch 1454 Steuerzahler, also 7 517 Einwohner.[10] Im Jahre 1578 werden 1 304 Steuerpflichtige, also 6 742 Einwohner aufgeführt, also schon wieder weniger! 1582, kurz nach unserem Karneval, werden 1 335 Steuerpflichtige gezählt[11], also 6 902 Einwohner. Das ist das zweite (aber nicht das letzte) Mal seit 1557, daß diese städtische Bevölkerung unter die „Schwelle" von 7 000 Einwohnern sinkt. Doch wurde vielleicht in diesen Jahren die Zahl der Steuerpflichtigen etwas unterschätzt. Dagegen ist die Steuerliste von 1583 sorgfältig zusammengestellt; sie führt 1 547 Steuerzahler auf, also

7 998, sagen wir 8 000 Personen[12], oder 212 Einwohner pro Hektar. Im Jahre 1588, nach der fürchterlichen Pest von 1586, sinkt die Zahl noch weiter: 1 183 Steuerzahler, also weniger als 6 000 Einwohner. Kurz: Der Karneval von Romans spielt während der Religionskriege, während der absteigenden oder stagnierenden Phase eines demographischen Zyklus, dessen aufsteigende Phase sich vorher von 1450 bis 1560 über die Renaissance oder das „schöne 16. Jahrhundert" erstreckt hatte. Der Karneval ereignet sich in einer Stadt, die wahrscheinlich 7 500, höchstens aber 8 000 Menschen zählt.

Damit gehört Romans zur *fünften* Kategorie der französischen Städte, zu derjenigen also, die 6 000 bis 12 000 Einwohner aufweist. Die erste Kategorie wird von Paris gebildet (zwischen 200 000 und 300 000 Einwohner zu jener Zeit). Zur zweiten gehört Lyon (60 000 Einwohner); zur dritten: Rouen, Nantes und Bordeaux (ungefähr 20 000 Einwohner). Zur vierten: Toulouse, Montpellier, Marseille, Orléans (15 000 bis 20 000 Einwohner).[13] Romans und vergleichbare Gemeinwesen folgen.

In Ermangelung vollständiger Kirchenbücher werden uns die Familienstrukturen von Romans in makabrem Zwielicht durch ein Dokument erster Güte erschlossen: Es handelt sich um die Namensliste[14] der Pesttoten, die für das Jahr 1586 nach Haushalten aufgeführt werden. Diese Liste wurde auf Anordnung des Richters Guérin zusammengestellt, des wahren Herrn der Stadt Romans; von ihm wird in diesem Buch noch oft die Rede sein. Die Pest des Jahres 1586 hat den Tod von 4 096 Personen verursacht, also der guten Hälfte (51 %) der Einwohner, die Romans zu jener Zeit hatte. Sie hat Romans buchstäblich zu Boden gestreckt, eine unglaubliche Tragödie! Für Romans kann man von einer Wiederkehr der Fluchzeit der schwarzen Pest des Jahres 1348 sprechen. Die Pest von 1586 hat auch viele der Rebellen getötet, die den Karneval von 1580 überlebt hatten. Nach sechs Jahren hat sie den endgültigen Schlußstrich unter die Karnevalsepisode gezogen. Der darauffolgende Wiederanstieg der Bevölkerung vollzog sich außerordentlich schnell, durch Wiederheirat der Witwen, die hohen lokalen Geburtenzahlen und die lebhafte Einwanderung aus den benachbarten Landgemeinden.

Dem großen Sterben von 1586 ist die Hälfte der Bürger von Romans zum Opfer gefallen. Es hat sowohl Arme wie Reiche getroffen. Dadurch repräsentiert es eine umfangreiche (bei 51 Prozent!), brauchbare Mustersammlung damals vorherrschender Familienstrukturen. Betroffen wurden: 703 Kleinfamilien (bestehend aus dem Ehepaar und eventuell Kindern, aber ohne mit ihnen lebende Eltern oder Geschwister); 84 Haushalte von Witwen; und mindestens 161 Familien, die, nach dem Familienstand ihrer Toten zu urteilen, als Großfamilien erscheinen: Diese zählen neben Vater, Mutter und Kindern ein Elternteil (zum Beispiel Großvater) oder einen sonstigen Blutsverwandten (zum Beispiel einen unverheirateten Bruder eines der Eheleute usw.). Läßt man die Witwen einmal beiseite und betrachtet nur die übrigen (161 + 703 = 864 Haushalte), so sieht man, daß es mindestens 18,6 % Großfamilien gegen 81,4 % Kleinfamilien gibt. Ich sage absichtlich „mindestens“, da eine gewisse Anzahl von Familien, die ich als Kleinfamilien eingestuft habe, in Wirklichkeit wohl noch ein Elternteil oder einen anderen Verwandten unter ihrem Dach beherbergte; aber diese „Zusatzteile“ haben die Pest überlebt; man wird daher von ihrer Existenz niemals erfahren, da ja nur die im Jahre 1586 ausgelöschten in den Listen erscheinen. Fügen wir hinzu, daß viele sogenannte Kleinfamilien eines Tages im Laufe ihres Fortbestehens durch den zeitlichen Ablauf der Familienentwicklung zu Großfamilien werden. Es genügt ja, daß eine in der Familie lebende Großmutter stirbt, damit eine bis dahin bestehende Großfamilie von nun an als Kleinfamilie gilt. Und umgekehrt genügt es, daß ein erwachsener Sohn des Ehepaares heiratet und mit seiner jungen Frau weiter im Elternhaus lebt, damit diese Familie *ipso facto* wieder zur Großfamilie wird. Es ist also durchaus angemessen, in den 1580er Jahren für Romans auf zehn Familien zwei Großfamilien anzunehmen. Romans ist den mediterranen Strukturen verwandt, denen „große Familien“ eigentümlich sind.

In der Stadt, die uns beschäftigt, findet man unter den Großfamilien eine verhältnismäßig höhere Anzahl von reichen Haushalten; diese sind wohlhabend genug, um zusätzlich zu Elternpaar und Kindern noch einen älteren oder einen unverheirateten Verwandten unter angemessenen Bedingungen am Familienherd zu unterhalten. Von 161 Großfamilien haben 52, also 32,3 %, außerdem auch noch einen oder mehrere teils männliche, hauptsächlich aber weibliche Dienstboten, die im Hause leben. Dieser Prozentsatz von Familien mit im Hause lebenden Dienstboten sinkt auf 13,6 % (174 von 1282) für die Gesamtheit der von der Pest betroffenen Haushalte (wobei alles mitgezählt wird: Klein- und Großfamilien, allein lebende Junggesellen und Witwen); zählt man nur die Witwenhaushalte, so sinkt er auf 9,5 % (8 von 84). Das ist normal, denn die Witwen sind gewöhnlich ärmer. Also: *eine* Großfamilie von dreien, aber nur *eine* durchschnittliche Familie von sieben und *eine* Witwe von zehn beschäftigten im Hause lebende Dienstboten. Der Unterschied ist deutlich.

Da wir gerade bei Dienern und Dienerinnen sind, halten wir den Gesamtprozentsatz fest: Nach der „Mustersammlung“ durch die Pest beherbergt in Romans eine Familie von sieben (also 13,6 % oder 174 von 1282) einen oder mehrere „Hausangestellte“ als Mitbewohner(innen). Es handelt sich im wesentlichen um im Haushalt Arbeitende und nicht um ein Proletariat von Weber- und Wollkämmergesellen. Denn unter den 212 an der Pest gestorbenen Dienstboten findet man nur 61 männliche Bedienstete, aber 151 Dienerinnen oder „Schaffnerinnen" (71,2 %); sie kochen, scheuern die Böden, spinnen usw.

Wir können sagen, daß im allgemeinen von 7 oder 8 romanaisischen Familien *eine* ganz oder beinahe zur städtischen Oberschicht gehört, die Dienstboten beschäftigt; gegen diese „Oberschicht" richtet sich die Karnevalsrebellion. Umgekehrt entstammt die beträchtliche Minderheit von Rebellen vornehmlich den 86 % der übrigen, dienstbotenlosen Familien.

Ob reich oder arm, Groß- oder Kleinfamilie, alle diese Familien haben viele Kinder. Die Pest von 1586 hat insgesamt 49 Witwenhaushalte mit Kindern getroffen, sie hat dabei durchschnittlich zwei Kinder pro Haushalt getötet; in 703 Kleinfamilien hat sie durchschnittlich 2,2 Kinder pro Haushalt getötet. In 114 Großfamilien (von insgesamt 161!) hat sie im Durchschnitt 2,1 Kinder pro Familie getötet. Bei mindestens zwei toten Kindern pro Familie aller Arten mußte es also vor dem großen Sterben in jeder Familie mit Kindern wenigstens drei lebende Kinder gegeben haben. Wenn wir hier die damalige verheerende Kinder- und Jugendsterblichkeit in Rechnung stellen, kann man annehmen, daß vor der Pest von 1586 jedes Ehepaar noch zahlreichere Nachkommen gezeugt hatte; in vollständigen Familien und im Falle der Langlebigkeit beider Elternteile etwa sechs bis sieben Geburten.

Nach der Demographie die Soziologie. Wir können das städtische Gemeinwesen Romans innerhalb seiner Mauern, ohne Vororte oder Nahbereich, auf verschiedene Arten aufgliedern. Dazu können wir folgendermaßen vorgehen: Wir benutzen

a) die Kriterien, die im 16. Jahrhundert selbst galten: Einteilung der ortsansässigen Gesellschaft nach „Orden" oder „qualité"*,

b) einen Schichtenindex (man sondert eine höhere sozio-ökonomische Schicht, zum Beispiel die der 10 Prozent Vermögendsten, ab, als Kontrast zu den 90 Prozent, die den Rest der städtischen Bevölkerung bilden,

c) das Kriterium gesellschaftlicher Klassen. In den Klassen verbindet sich die Zuordnung nach der Stellung in der Hierarchie („Orden", „qualité") mit der Einstufung nach der Vermögenslage (sozio-ökonomische Ebene).

Die Steuerliste von 1578 teilt die Bevölkerung von Romans (hierbei

---

* Dem französischen historischen Begriff „ordre" entspricht im deutschen Mittelalter bis zu dessen Ausgang der Begriff „Orden", der auch das französische „qualité" umfaßt, für das es im Deutschen keine Entsprechung gibt. Im folgenden verwende ich für beide Wörter die Bezeichnung „Orden", die erst in späterer Zeit auf den religiösen Begriff eingeengt wurde *(Anm. d. Übers.)*.

durch 1304 steuerpflichtige Haushaltsvorstände vertreten) in vier „Orden“ ein.[15] Der erste umfaßt die vermögenden Grundbesitzer, das heißt Bürger, die vornehm von ihren Grundrenten, ihren Hypothekenforderungen und ihrem Wucher leben; diejenigen unter den wenigen Adligen der Stadt, denen es nicht gelungen ist, auf Grund ihrer Zugehörigkeit zum Adel von der Steuer befreit zu werden; die königlichen Beamten und die Doktoren der Rechtswissenschaft; einige ganz wenige Ärzte. Kurz — die „Creme“, oder was sich dafür hält, der Stadt. Darunter die Familien Guérin (noch nicht sehr reich), Velheu, Loyron, de Manissieu, Garagnol und andere. Insgesamt sind es 52 Familienvorstände, das heißt 4 % der Stadtbevölkerung. Nach der Pauschalziffer der von ihnen gezahlten Steuer besitzen sie 16,2 % des Grundbesitzvermögens der Stadt[16] oder viermal mehr, als ihr Anteil an der Bevölkerung beträgt. Im Durchschnitt zahlen sie pro Familienvorstand eine Steuer von 6 Écus.

Der zweite Orden besteht im wesentlichen aus Händlern: Kaufleute von Rang, große Ladenbesitzer verschiedener Geschäftszweige und schließlich die mit der gewerblichen Produktion verbundenen Großhändler (verglichen mit ihren Lyoneser Kollegen sind sie aber von kleinem Kaliber). Ihre hauptsächlichen Geschäftsverbindungen haben sie mit dem ortsansässigen Tuchgewerbe. Sie verkaufen den Wollkämmern und Tuchmachern die Rohwolle; dann kaufen sie von ihnen das fertige Tuch, das sie wiederum in nähere und weitere Ferne verkaufen. Sie gleichen darin den Händlern der kleinen Städte des ganz in der Nähe gelegenen Comtat Venaissin, die von Marc Venard[17] beschrieben worden sind. „Sie kaufen die Erzeugnisse der Landbewohner (Getreide, Wolle) auf . . . setzen das lokale Fertigfabrikat (Tuch) ab . . . sind an dessen Herstellung als Besitzer und Vermieter von Tuchwalkmühlen beteiligt . . . Als die kleinen Kapitalisten, die sie sind, betreiben sie jede Art von Konsumdarlehensgeschäften — Darlehen von Geld, von Korn, von Vieh oder Stoffen — und nehmen dafür kaum verschleierte Wucherzinsen. Durch Pacht grundherrlicher Ländereien werden sie zu Verwaltern der rechtlichen Einkünfte dieser Grundherren, des Zehent von Adel und Kirche . . .“ Sie sehen aber auch über den örtlichen Horizont hinaus: Eine alte Tradition verbindet die Handelsherren von Romans als Teilhaber an den Isère-Kähnen und -Zillen mit ihren Kollegen in Grenoble und Valence. Längs der Rhone und der Isère kontrollieren die romanaisischen Handelsherren vor allem die von Süden nach Norden stromaufwärts gehenden Salztransporte, aber auch den Transport von Getreide, Weizen und Wolle. Stromabwärts betreiben sie den Handel mit dem von den Alpen her antreibenden Flößholz, mit Eisen, Stahl, Käse, mit Leinen und Kurzwaren aus Deutschland und dem Norden.[18]

Der zweite Orden besteht jedoch nicht nur aus der Kaufmannschaft. Er erstreckt sich auch auf geistige und verwandte Berufe: Es werden dort vier oder fünf nicht sehr reiche Notare aufgeführt[19] sowie der Vorsteher einer höheren Lehranstalt. Zu den Kaufmannsfamilien gehören, ganz wie zu den Sippen des ersten Ordens, einige große Namen des romanaisischen Patriziats: Darunter die Guigous, die Odoards, die Jomarons, die Monluels und der „schwerreiche" Antoine Coste, Handelsherr und Stadthauptmann, eine der beliebtesten Zielscheiben der Rebellen von 1580, der größte Steuerzahler der Stadt.

Insgesamt werden zum zweiten Orden 137 Steuerzahler gerechnet, also 10,5 % der steuerpflichtigen Familienvorstände der Stadt. Weit mehr als das Doppelte des ersten Ordens. An Grundbesitz (das bei der Kaufmannschaft bedeutende bewegliche Vermögen erscheint wie schon erwähnt in den Katasterschätzungen nur in geringem Maße) besitzt der zweite — der Kaufmanns- und Notariatsorden — 18,5 % des Immobilienvermögens[20] der Stadt (Häuser und dazu Grundbesitz im Umland), nicht einmal das Doppelte seines Anteils an der Bevölkerung.

Die Kaufleute (und die anderen) dieser zweiten Gruppe kommen als Ganzes etwas besser weg als die von ihrem Vermögen Lebenden der ersten, da ihre Portion des städtischen Kuchens größer ist (18,5 % gegen 16,2 %). Aber da sie ihr „Stück Kuchen" unter mehr Personen aufteilen müssen, ist ihr individueller Anteil, der durch die von ihnen gezahlte Steuer symbolisert wird, eindeutig kleiner. Sie zahlen im Durchschnitt 2,6 Steuer-Écus pro Familienvorstand, gegen 6 Écus des durchschnittlich begüterten Müßiggängers. Der Wert eines durchschnittlichen Kaufmanns an Grundbesitz beträgt 43 Prozent des Wertes eines durchschnittlichen Grundrentenbeziehers.

Zum dritten Orden gehören die Handwerker jeder Gattung, von den Textilverarbeitern (Tuchmacher, Wollkämmer usw.) bis zu den Lebensmittelherstellern (Metzger, Bäcker usw.). Ihr prozentualer Anteil und ihre absolute Zahl sind bedeutend: Während des ganzen Ancien Régime bleibt Romans eine der „gewerblichsten" Städte der Dauphiné. Zur damaligen Zeit bedeutet Gewerbe jedoch einfach Handwerk, besonders im Textilgewerbe. Die Grenze zwischen den beiden Orden, dem der Kaufmannschaft und dem des Handwerks, ist scharf gezogen. Um sie zu überschreiten, um vom Handwerker-Stand in den anerkannten Handels-Stand hinüberzuwechseln, müssen überzeugende Beweise erbracht werden. Andernfalls wird man vom Rat der Stadt, in dem die beiden ersten Gruppen sich wachsam zeigen, auf seinen Platz zurückverwiesen.[21] Hier nimmt man es mit dem Orden oder anders ausgedrückt mit der Ehre sehr genau. Außerdem würde das Hinüberwechseln mehrerer Steuerzahler von einem zum anderen Orden die Gefahr mit sich bringen, daß das städtische Steueraufkommen, das auf vier Gruppen beruht, aus dem Gleichgewicht käme.

Die Handwerker sind wirtschaftlich von den Kaufleuten abhängig, die ihnen die Wolle verkaufen, das Tuch abnehmen und die Walkmühlen vermieten. Aber die wirtschaftliche Abhängigkeit zieht nicht zwangsläufig auch die politische Abhängigkeit vom zweiten Orden nach sich, ganz im Gegenteil. Die Handwerker sind entweder kleine Unternehmer oder Arbeiter und Gesellen oder Geschäftsteilhaber der kleinen Handwerksmeister: Sie bilden also innerhalb ihres Ordens ihr eigenes „Proletariat". Als Facharbeiter verdienen sie gut: In vierzig Arbeitstagen „erhalten sie an Geld den Gegenwert ihres jährlichen Getreideverbrauchs". Sie besitzen einige Parzellen Boden, leisten sich manchmal luxuriöse oder ruinöse Beerdigungen und sind fest verankert in ihren Bruderschaften. In Romans heißt die Bruderschaft St. Blasius, in der Tuchmacher und Wollkämmer zusammengefaßt sind, *„Kunst der Wolle"* (Wollzunft). Durch ihre oft bäuerliche oder jedenfalls nichtstädtische Herkunft unterscheiden sie sich von den Kaufleuten und dem ersten Orden, die beide in vielen Fällen zu den „alten" Familien der Stadt gehören. Nur wenige sind des Schreibens kundig. Zwar kann ein Teil der Wollweber und der Metzger — die großen Anführer unserer Revolte — lesen und schreiben; bei den Maurern, Schmieden, Zimmerleuten etwa ist das aber selten der Fall.[22]

Die Führer der „Rebellen" von Romans zwischen 1579 und 1580 entstammen im wesentlichen der Handwerkergruppe, dem dritten Orden der Stadt. Das sind im ganzen 637 Personen, das heißt 48,8 % der Gesamtheit der Familienvorstände aller vier Orden. Als Beinahemehrheit bilden sie das Rückgrat der Gemeinde. Ihr Teil des städtischen Kuchens, in Form von Häusern, Läden, Feldern, Weinbergen usw., beläuft sich auf 39,5 % des ganzen Kuchens. (Sie zahlen 764 Steuer-Écus von den insgesamt 1932,4 Écus). Sie haben also „weniger als ihren Teil": 39,5 % des Kuchens für 48,8 % der städtischen Bevölkerung. Dennoch darf man annehmen, daß sie trotz der Tatsache, daß sie wie die Ackerbürger einem der beiden „niederen" Orden angehören, über die sich ein Schwall der Verachtung ergießt, mit irdischen Gütern gar nicht so schlecht gesegnet sind. Zwei Fünftel der Stadt und des Umlandes gehören ihnen, Bebautes und Unbebautes. Das ist eine gute Ausgangsposition für Widerstand und sogar Angriff! Immerhin ist ihr Einzelanteil, wie er sich in der Steuerquote niederschlägt, beschränkt. Der durchschnittliche Handwerker zahlt 1,2 Steuer-Écus, gegen die 2,6 Écus des zweiten und die 6 Écus des ersten Ordens. Zwei Handwerker und mehr wiegen einen Kaufmann auf. Und fünf einen Bezieher von Zinsen aus Grundbesitz und Wucher.

Schließlich bilden die auf dem Land beschäftigten Bewohner von Romans („Pflüger“ und Landarbeiter) den vierten Orden. Es sind ihrer 478, das heißt 36,7 % der Stadtbewohner. Ein auffallend hoher Anteil. Sie unterstreichen den trotz der Wälle, die die Stadt vom Lande trennen, noch immer sehr landwirtschaftlichen oder landstädtischen Charakter von Romans. Jeden Sommermorgen ziehen die Landleute durch die Tore, die die großen Mauern durchbrechen, zur Feldarbeit in die Umgebung, oft für Rechnung anderer Besitzer. Zeitweise ist in der Hauptsaison die ganze Stadt mit dem Einbringen der Ernte beschäftigt. So im Jahre 1577 trotz der von der Soldateska drohenden Gefahren. Im Jahre 1547, nur dreißig Jahre vorher, hatte die Priesterschaft der Hauptkirche von Romans auf Ersuchen des Gemeinderats die Raupen exkommuniziert! Diese verwüsteten die Pflanzungen in Stadtnähe, die dem ländlichen Herzen der Bürger so teuer waren. Man hatte damals einen Fürsprecher für die Tierchen ernannt und ihnen ein kleines Stück Land zur Verfügung gestellt, wohin sie sich zurückziehen sollten. Gehorchten sie nicht, wurden sie verflucht, man ging mit Kreuz und Kirchenbanner gegen sie vor und flehte den Zorn des Himmlischen Vaters auf sie herab.[23] Welch besseren Beweis für den noch ländlichen oder „ländlich-frommen“ Charakter von Romans könnte man finden?

Ein kleiner Teil unserer 478 Ackerbürger der Steuerrolle von 1578 ist begütert: 19 insgesamt (sie zahlen im Jahre 1578 2,6 oder mehr Steuer-Écus). Es sind Viertel- oder Halbpächter auf den großen Gütern der Stadtprominenz, auf denen sie den primitiven Pflug führen. An Vermögen den bessergestellten Handwerkern gleich, werden sie zu „Zehentpächtern, Kornhändlern, Geldverleihern“. Diese 19 besitzen Zinngeschirr und einen vollen Wäscheschrank. Der Rest des vierten Ordens (im Jahre 1578 sind es 459 Familienvorstände) besteht hauptsächlich aus Tagelöhnern. In der Umgangssprache des französischen Südens werden sie zutreffend einfach als *Arbeiter* bezeichnet: Der Kern des damaligen „Proletariats“. Sie bilden ein reichliches, billiges Arbeitskräftereservoir für Grundbesitzer und Grundrentenbezieher. Vergessen wir nicht, daß das ausgehende 16. Jahrhundert auch eine Periode der Pauperisierung der Arbeitnehmer ist.

Diese „Namenlosen, diese Ranglosen ... verbringen ihren ganzen Sommer auf den Feldern, um die Getreide- und Weinernte einzubringen“. Ihre „Haut ist gegerbt wie die von Teufeln“. Im Winter „machen sie Erdarbeiten, beschneiden oder hacken die Reben, sind arbeitslos“, und manchmal betteln sie. Ende des Winters, im Frühling, „leihen sie sich von den Wucherern Getreide zum Leben“. Als Arbeiter zeigen sie sich gelegentlich kämpferisch: Zumindest durch passiven Widerstand können sie sich einer von ihren Arbeitgebern verordneten diktatorischen Senkung ihrer mageren Löhne widersetzen; sie protestieren auch gegen das in und außerhalb der

Stadt erfolgende Aufkaufen des Getreides.[24] Sie haben kein Geld, leben an der Grenze des Existenzminimums, sind meistens Analphabeten; ihre Töchter haben keine nennenswerte Mitgift und müssen sich als Mägde und Kammermädchen bei bessergestellten Familien verdingen (1585, am Vorabend der Pest, werden in Romans ihrer 300 gezählt: Die Hälfte davon, nämlich 151, stirbt den Pesttod).

Trotzdem sollten wir den Eindruck von Elend nicht übertreiben. Die 459 „weniger Bemittelten" des vierten Ordens stellen die Aktivisten und Demonstranten, wenn auch nicht die Führer der „Revolte" von 1579/1580; häufig besitzen sie ein Haus; außerdem gehören ihnen (was bei ihrem bäuerlichen Beruf normal ist) ein Stück Land oder einige Rebstöcke. Zusammen besitzen die 478 Landleute 25,7 % des Grundbesitzes von Romans. Das ist weniger als das, worauf sie als 36,7 % der Einwohnerschaft theoretisch ein Anrecht hätten. Es ist indessen nicht belanglos: ein Viertel der bebauten oder unbebauten Liegenschaften für etwas über ein Drittel der Steuerpflichtigen. Dagegen ist der Anteil des einzelnen ackerbügerlichen Familienvorstandes minimal; die Pauschalportion ihres Kuchens zerbröselt zu winzigen Krumen. Pro Kopf 1 Écu Steuer, das heißt etwas weniger als der durchschnittliche Handwerker, zwei oder dreimal weniger als der Kaufmann, sechsmal weniger als der Grundbesitzer des ersten Ordens.

Der Karneval von Romans straft dieses Gefälle der Orden nicht Lügen: Die beiden ersten Orden, Grundrente und Handel, die als 14,5 % der Einwohnerschaft 34,7 % des Bodens besitzen, stehen im großen Ganzen auf der Seite der Ordnungspartei. Der Bund der „Rebellen" entstammt den beiden letzten Orden und findet dort, bei den Handwerkern und Ackerbürgern (85,5 % der Einwohnerschaft, 65,2 % des Bodens) seine Stützpunkte. Bis hierher sieht die Vermögensverteilung nicht allzu „undemokratisch" aus. Sie ergibt eine geradezu günstige Situation für den Kampf des gemeinen Volkes, den die beiden unteren Gruppen führen. Bei 65,2 % des Grundbesitzes sind die Orden von Handwerkern und Ackerbürgern durchaus in der Lage, gegen die Eliten aufzutreten; wahrscheinlich besser als zur selben Zeit die Bauern in vielen anderen französischen Dörfern, wo einige adlige Herren und Honoratioren 80 % des dörflichen Bodens besitzen; und bestimmt auch besser als in unseren Tagen die elenden Massen mancher Länder der Dritten Welt, deren Emire mit ihrem Luxus prunken.

Die Aufschlüsselung nach Orden oder Ständen hat den ungeheuren Vorteil, daß sie auf Kategorien beruht, die der damaligen Mentalität entsprechen, wie sie sich schriftlich in den Steuerrollen niederschlägt. Nichtsdestoweniger sind sie vereinfachend: Auch unter den armen Steuerzahlern, die mit weniger als einem Écu veranschlagt werden, gibt es Grundeigentümer und Grundrentenbezieher des ersten Ordens; dennoch ist dieser der alles beherrschende Orden der Stadt. Auch unter den Kaufleuten des zweiten Ordens findet man solche kleinen Steuerzahler; sie sind also bei weitem nicht alle reich. Umgekehrt finden sich Begüterte, ja sogar Halbreiche bei den Handwerkern und Ackerbürgern, obwohl alle von ihnen den beiden am wenigsten angesehenen Orden der Stadt zugerechnet werden. Daher müssen wir eine Schichtenanalyse vornehmen, zumindest hinsichtlich der „obersten" Schicht. Auf 1304 Steuerpflichtige der vier Orden von Romans (für den Augenblick fasse ich sie ohne Unterschied alle zusammen) finde ich an der „Spitze" 125, die im Jahre 1578 pro Kopf mit 13 Gulden oder darüber veranschlagt werden, mit anderen Worten mit 2,6 Écus und darüber.[25] Diese 125 bilden 9,6 %, sagen wir der Einfachheit halber 10 % der städtischen Steuerpflichtigen. Es handelt sich hier um das erste „Zehntel" oder (wie die Statistiker sagen) das höchste Dezil. Es ist die oberste Schicht der Gliederung im Vergleich mit 90 % von niedrigerem Niveau, die pro Kopf weniger als 2,6 Écus Steuer bezahlen. Die Basis wird von jenen gebildet, die gar kein Vermögen besitzen. Die ersten 10 % sind das Hauptelement einer bestimmten Elite; im Hause eines jeden solchen Familienvorstandes gibt es einen Diener oder eine Dienerin. Bei Betrachtung der Pest von 1586 haben wir gesehen, daß 13,6 % der begütertsten Familien von Romans einen weiblichen oder männlichen, unter ihrem Dach lebenden Hausangestellten hatten. Die 125 Steuerzahler des höchsten Elitedezils zahlen zusammen 768 Écus Steuern von 1932,4 Écus des pauschalen Steueraufkommens, der Gesamtsteuer von Romans im Jahre 1578, das heißt 39,7 %. Anders ausgedrückt, bedeutet das, daß das am meisten begünstigte Zehntel der steuerpflichtigen Bevölkerung 39,7 % des bebauten und unbebauten Grundes der Stadt besitzt (Stadthäuser und umliegendes Land). Also aufgerundet 40 % oder zwei Fünftel. Das höchste Dezil ist demnach viermal günstiger gestellt, als es wäre, wenn sein Besitz streng proportional zu seinem zahlenmäßigen Anteil an der Gesamtbevölkerung ausfiele. Zehn Prozent der Familien besitzen vierzig Prozent des bebauten und unbebauten Bodens. Man muß jedoch zur Kenntnis nehmen, daß den übrigen 90 Prozent, die die Masse bilden, 60,3 Prozent des gesamten Grundbesitzes verbleiben. Zahlenmäßig sind sie eine ungeheure Mehrheit; sie kontrollieren aber auch eine solide Mehrheit der Liegenschaften. Den neun Zehnteln der Bevölkerung, die als Kleine und Mittlere eingestuft sind, gehören drei Fünftel des bebauten und unbebauten Grundes. Damit herrscht in der Gemeinde Romans im Jahre 1578 etwas weniger Ungleichheit als in den vielen unterentwickelten Gesellschaften, die damals *ihre* Zeitgenossen waren oder heute *unsere* Zeitgenossen sind.[26]

Nach der Aufschlüsselung nach Orden und Schichten wollen wir nun versuchen, die beiden Analysen miteinander zu kombinieren, um Gruppen oder gar Klassen herauszuarbeiten. Von den 125 begütertsten Familienvorständen, die man im höchsten Dezil findet, gehören 31 zum ersten Orden, dem der Großgrundbesitzer und Grundrentenbezieher. Die Mehrzahl der 52 „Zinsenverzehrer" des angesehensten Ordens (= die genannten 31) gehört also logischerweise zur Oberschicht des höchsten Dezils. Von den 137 Händlern (Mitgliedern des nach Ehre und Wertschätzung zweiten Ordens) finden wir 39, die dem goldenen Dezil der 125 Reichsten angehören. Hier ist die Proportion schon deutlich geringer als bei den Rentiers. Man muß bei den Händlern also einen Unterschied machen zwischen einer Elite von etwa vierzig Handelsherren mit einem guten Polster an Grundbesitz und etwa einem Hundert viel weniger glänzenden Halbgroßhändlern, Kleinhändlern oder gewöhnlichen Ladenbesitzern. Auch eine Anzahl begüterter Handwerker finden wir im höchsten Dezil. Es sind 36 von 637, also ein sehr begüterter Handwerker auf 17, die es nicht oder weniger sind. Im vierten Orden (478 Ackerbürger) hebt sich eine Handvoll wohlhabender Haushaltsvorstände, die jeder 2,6 Écus und darüber Steuern zahlen und zu den „125" des höchsten Dezils gehören, von 459 mittellosen Landarbeitern ab, die allenfalls eine winzige Parzelle Land oder ein Häuschen besitzen. Kurz: Die Schicht, die den größen Grundbesitz und die höchste Steuerfähigkeit hat, besteht aus 125 Familienvorständen; davon sind 24,8 % (= 31 Personen) Mitglieder des ersten Ordens, also Grundbesitzer und Grundrentenbezieher; 31,2 % (= 39 Personen) des zweiten Ordens (der Kaufleute); 28,8 % (= 36 Personen) Handwerker, die natürlich zur obersten Schicht ihres Ordens gehören, die zur Partei der Ordnung neigt, während die Unterschicht und die handwerklichen Massen mit der rebellischen Partei sympathisieren. Schließlich gehören 15,2 % (also 19 Personen) der 125 Reichsten dem Ackerbürgerstand an, Beweis genug dafür, daß dieser in seinen Reihen auch eine kleine Minderheit (19 von 478, das heißt 4 %) gut betuchter Leute zählt. Diese 19 begüterten Ackerbürger stellen sich nicht auf die Seite der Unruhestifter (wie es dagegen viele ihrer mittellosen Kollegen tun). Umgekehrt kommen diese unruhigen Störer der Ordnung hauptsächlich aus den Kreisen der 601 Handwerker und der 459 Ackerbürger, die unterhalb der dünnen Kruste des höchsten Dezils eingestuft werden und ein Teil der 90 % von weniger Vermögenden der Stadt sind. Der Aufruhr der Plebejer von Romans schöpft sowohl seine Anführer wie auch seine Basis aus dem „Born" der insgesamt 1060 handwerklichen und bäuerlichen Familienvorstände (siehe 7. Kapitel). Das entspricht etwa tausend Männern, die zusammen mit Frauen, Kindern und Verwandten ungefähr 4 800 oder 5 000 Stadtbewohner (von insgesamt etwa 7 000 oder 7 500) ausmachen.

Wenden wir uns nun wieder der entschlossensten Ordnungsgruppe zu, derjenigen der „besseren Leute“ oder der „Oberen von Romans“. Sie kann in verschiedenen Gesellschaftsschichten Rückhalt finden. Ihren Kern aber bilden die 125 Familienvorstände des höchsten Dezils; und unter diesen ganz besonders die 70 Familienvorstände dieses Dezils, die Angehörige der beiden höchsten Orden sind. Für diese Männer und ihre Gattinnen wird am Fastnachtsmontag, dem 15. Februar 1580, das große konterrevolutionäre Karnevalsbankett mit 140 Gedecken angerichtet. Gegen die „Unruhestifter“ der plebejischen Gruppen versammelt sich hier die Blüte der lokalen Oberschicht, „die angesehensten Handelsherren und Patrizier der Stadt Romans“, wie der Richter Antoine Guérin und der Notar Eustache Piémond schreiben werden. Diese „Blüte“ besteht also samt Frauen und Kindern aus 300 bis 350 Personen von insgesamt 7 000 bis 7 500 Einwohnern der Stadt, also aus 4,5 % der Bevölkerung.

Aus diesem Grunde sind die Klassenfronten im Verlauf der Kämpfe, von denen der Raum Romans von 1579 bis 1580 erschüttert wird, gleichzeitig übergreifend und scharf abgegrenzt. Auf dem Lande gehen die Bauern gegen ihre Herren vor, die teils von altem, teils von neuerem Adel sind. In der Stadt treten Handwerker und Ackerbürger denen entgegen, die als örtliche Bourgeoisie bezeichnet werden müssen und die Posten des ersten und zweiten Konsuls (städtische Bürgermeister) innehaben; sie erheben sich gegen Jean Thomé, Humbert Dubois, Gaspard Jomaron, Antoine Coste (zweiter Orden, also Kaufleute) und Jerôme Velheu, Bernardin Guigou, „Herrn Buère, Doktor der Rechtswissenschaft“, Ennemond Pellissier (erster Orden, also Grundbesitzer, Grundrentenbezieher, Juristen). Dieser erste Orden ist nur ganz wenig mit städtischem Adel durchsetzt, der aus den Familien der Handelsherren hervorgegangen ist: Antoine de Manissieu, der Edle Jean de Solignac, Jean de Villiers. Auf den ganzen Raum bezogen, nämlich Stadt und Land zusammen, verbinden sich städtische Bourgeoisie und ländlicher Adel unter dem strengen Regiment des Richters Guérin zu Bündnissen, die schließlich zu einer Notwendigkeit werden; auf der anderen Seite stehen Handwerker und Ackerbürger unter der Führung des Tuchmachers Jean Serve, mit dem Beinamen Paumier.

Wer und was sind nun diese Handwerker? Die Steuerlisten von Romans von 1582 oder 1583 enthalten zwar nicht die Berufe aller Steuerpflichtigen; sie geben aber doch ziemlich reichliche Hinweise auf die Art ihres Gewerbes. Im Jahre 1582 zählt Romans 664 Angehörige des handwerklichen Ordens (28 mehr als 1578). Nun ist uns aber die Beschäftigung von 275 von ihnen im Jahre 1582, von 241 im Jahre 1583 bekannt. Diese zweimalige gründliche Sondierung erstreckt sich auf ungefähr 40 % des Handwerkerordens. Sie gibt Aufschluß über die hauptsächlichen Gewerbezweige. Die verbleibenden 60 %, mit anderen Worten die etwa 400 „Handwerker" mit unbekanntem oder unbestimmtem Beruf sind ziemlich oft Gesellen, Arbeitnehmer, die einzeln oder als Zweigespann im Laden oder der Werkstatt eines Handwerksmeisters arbeiten.

Der Hauptzweig des Handwerks in Romans ist das Textilgewerbe: 162 Familienvorstände, das heißt 59 % des romanaisischen Handwerks, dessen Tätigkeit 1582 bekannt ist, haben mit diesem Gewerbe zu tun. Darunter sind 66 Wollkämmer, die oft Mieter sind, also mittellos und ohne eigenes Haus. Sie kämmen die in der Dauphiné produzierte Wolle, die dann von den Lyoner Händlern aufgekauft[27] oder an Ort und Stelle von den Tuchmachern verarbeitet wird. Ihre Zahl beträgt im Jahr 1582 (soweit bekannt ist) 39. Es sind keine reichen Händler, sondern kleinste Fabrikanten, die von den großen Handelsherren in Romans und Lyon abhängig sind, die Wolle ver- und Tuch ankaufen. Auch Jean Serve mit Beinamen Paumier, der Anführer seiner Standesgenossen bei der Rebellion von 1580, ist zweifellos nicht zu vergleichen mit dem reichen Tuchhändler Étienne Marcel, der im 14. Jahrhundert der Führer der Pariser Revolution gewesen war. Zu den rebellischen Tuchmachern von Romans fallen mir bei sonst gleichen Umständen eher die aufständischen Lyoner Seidenweber des Jahres 1832 ein, kleine handwerkliche Produzenten, die sich gegen die Diktatur des Handels auflehnten. Die Tuchmacher und Wollkämmer von Romans haben allen Grund zur Unzufriedenheit: Seit dem Beginn des die Wirtschaft störenden Bürgerkriegs werden sie durch die Krise ruiniert. Ihre Kaufkraft, die sich in dem Verhältnis zwischen dem Tuch, das sie verkaufen, und dem Weizen, den sie zum Essen kaufen, ausdrückt, ist im 16. Jahrhundert stark gesunken.[28]

Die anderen starken Gewerbezweige des romanaisischen Handwerks (Metall, Leder, Lebensmittel) bleiben zahlenmäßig sehr hinter der führenden Textilbranche zurück; soweit bekannt, betreffen sie nur 20 oder 30 Familienvorstände pro Branche, also nicht einmal 100 Personen neben 162 Tuchmachern. Metzger und Bäcker sind zwar nicht zahlreich, aber einflußreich und spielen in den Steuerstreiks der Stadt in der Zeit von 1579 bis 1580 die Hauptrolle.

Das Handwerk ist nur eines der zwei Gesichter des romanaisischen Gemeinwesens, seines Januskopfes. Das andere Gesicht ist bäuerlich. Der Ackerbau ist das Band zwischen dem bürgerlichen Großgrundbesitz und dem kleinen Volk der bäuerlichen Stadtbürger. Sie bestellen das Land der Reichen oder ihre eigenen kleinen Äcker. In dieser Beziehung ist der zweite Kataster von Romans[29] leider unvollständig und überholt (1596). Immerhin gibt er im nachhinein für die Zeit, die uns beschäftigt (1580), eine ungefähre Vorstellung über die Verteilung der Häuser oder Läden in der eigentlichen Stadt und über die des weitgehend landwirtschaftlichen, zur Stadt gehörenden Bodens außerhalb der Stadtmauern.

An erster Stelle der Grundbesitzvermögen stehen bürgerliche, oft alte Familien, selten Adlige; sie gehören oft dem großgrundbesitzenden Kaufmanns- oder Notariatsstand an. Natürlich haben sie bedeutenden Landbesitz in dem zur Stadt gehörenden Umland; aber auch in ungefähr zehn Nachbardörfern.[30] Halten wir uns hier nur an ersteren, an den eigentlichen romanaisischen Grundbesitz der Notabeln: Soweit sie nicht von der Steuer befreit sind (was mehr als einmal der Fall ist), können sie im Kataster auf bis zu 100, 200, 300, ja 350 Écus eingeschätzt werden. Die Witwe des Ehrenwerten Jerôme Velheu besitzt drei riesige (mit Getreide bebaute) Ländereien, die auf 357 Écus (in „Katasterfranken") geschätzt werden; ein Kanonikus mit Namen Loyron hat 327 Écus, festgelegt in einem Haus, zwei Lagerhäusern, 18 Stücken Land und 3 Weinbergen; der Ehrenwerte Berthomieu Loyron hat 276 Écus in 12 Ländereien, einem Weinberg und einem Haus; ein „honoriger" Handelsherr hat 294 Écus, verteilt auf 29 Felder oder „Ackerland", 8 Weinberge usw. Der Herr Charles Jomaron 280 Écus in 2 Häusern, 22 Ländereien, einem Weinberg und einem Stall; und dergleichen die Milhards, die Bonnivands und andere ehemalige Konsulfamilien ... Unter 100 Écus und besonders unter 50 Écus finden wir die bescheidene Menge der kleinen Kaufleute: Ihr Vermögen liegt oft in der Stadt (Häuser, Läden), umfaßt aber auch etwas Ackerland. Die Masse der Handwerker und Ackerbürger der Stadt (die oft das Land der anderen, der begüterten Bürger und der Rentiers bebauen) begnügt sich mit Quoten von 20 oder 10 Écus oder sogar weniger; dazu gehören ein Häuschen, ein Weinberg, wenn's hoch kommt ein Stück Land. Witwen können sogar auf einstellige Écuzahlen (1, 2, 5 usw.) der Katasterquote sinken.

Daß innerhalb der Stadtmauern 478 Familienvorstände leben, die zwar Städter, aber in der Landwirtschaft beschäftigt sind, erklärt sich unter anderem durch die Existenz eines ausgedehnten örtlichen Weingebiets; es ist nicht nur im Besitz der Patrizier, sondern in noch höherem Maße der kleinen Leute. Reben umgeben die Wallgräben; sie stehen besonders dicht auf den Hügeln, die an das ultraplebejische Chapelier-Viertel (Hutmacherviertel) angrenzen, das berühmt ist für die guten Weine seines nahen Umlandes. Der Weinbau ist siedlungsfreundlich und braucht viel menschliche Arbeit für das Hacken, das Beschneiden und die Ernte. Schon 1449 wurde in Romans behauptet, daß die angeblich in einer armen, unfruchtbaren Gegend liegende Stadt nur bestehen könne, „weil alles oder fast alles Land mit Wein bebaut ist".[31] Das war zwar übertrieben, aber nicht allzu sehr.

Eine große Bestandsaufnahme des Jahres 1516[32], die mehrere hundert Stücke Land betrifft, zeigt, daß 40,3 % davon Ackerland sind; 48,6 % sind Rebfläche, 7 % Wald und 4,1 % Wiesen. Diese Rebflächen sind häufig winzige Parzellen, die oft ganz kleinen Leuten gehören; es erweist sich, daß die Rebflächen kleiner sind als die Getreideäcker, die sich oftmals im Besitz der Reichen befinden. Immerhin bedecken sie zusammmen einen beträchtlichen Teil der Landfläche.

Der vorstehende kurze soziologische Überblick hat uns gestattet, uns (nach den bürgerlichen Grundrentenbeziehern und den Händlern) die Handwerker und die Ackerbürger anzusehen, die auf ihrem eigenen Land und dem der anderen arbeiten. Wie steht es nun mit den *Armen* im zugleich strengen und vagen Sinn dieser Bezeichnung? Unter den Pesttoten des Jahres 1586 (4 096 Leichen insgesamt, das heißt also die größere Hälfte der 8 000 Einwohner von Romans zu jener Zeit) finde ich nur dreißig Personen, die Insassen der beiden Armenhäuser der Stadt, St. Nikolas und St. Foy, gewesen waren. Dabei muß die durch das enge Zusammenwohnen begünstigte Sterblichkeit sicherlich dort noch höher gewesen sein als in der übrigen Stadt. Unter diesen 30 Toten befinden sich außer den „Armen" auch einige Dienerinnen. Bei einer Pesttodrate von minimal 50 % könnte es also höchstens nur etwa 50 oder 60 „Arme" im Asyl gegeben haben, weniger als 1 % der Stadtbevölkerung. Welcher Kontrast zu den großen Städten des 18. Jahrhunderts, Madrid zum Beispiel: Mindestens ein Zehntel der Bevölkerung ist zu dieser Zeit in Armenhäuser eingesperrt[33]. In Romans dagegen ist man im Jahre 1580 noch vor der Zeit des großen Einsperrens; die „Armen" leben in der Hauptsache in der Stadt, aber noch nicht hinter Mauer und Riegel. Zu diesen städtischen „Armen"[34] gehören die „Professionellen": Bettler auf Straßen, an Kirchentüren, bei Festen und Beerdigungen, die von der Stadtregierung mit Almosen abgespeist und von den Ordnungswächtern vertrieben werden. Danach kommen einige heruntergekommene Familienvorstände, „gelegentliche Arme", die als Mieter oder sogar auch als Eigentümer in den Häusern von Romans leben. Diese Notleidenden gehören einem der beiden unteren Orden an und sind weiterhin gekennzeichnet durch die Tatsache, daß sie im Jahre 1578 weniger als 4 Gulden Steuer bezahlen; mit anderen Worten unter 0,8 Écu pro Kopf. Aus dem sozialen Milieu oberhalb dieser Schwelle (> 0,8 Écu) stammen jedoch die Plebejer, die nach der „Revolte" von 1580 vom Parlament (Gerichtshof*) in Grenoble als „Aufwiegler" verurteilt werden. Die Anführer der Re-

* „Parlament" in Frankreich von den Kapetingern bis zur Revolution ein souveräner Gerichtshof, dem Vollmachten vom Königshof als oberstem Gericht delegiert und der von einer Gruppe hochqualifizierter Juristen gebildet wurde.

bellion kommen also aus den unteren und mittleren Schichten (doch weder aus den Kreisen der Reichen noch der Verelendeten) des städtischen Handwerks und Ackerbürgertums.

Die 0,8-Écu-Schwelle ist die Grenze zwischen Unternehmungsgeist (nach oben) und Armut (nach unten). Unterhalb der Schwelle von 0,8 Écus pro Kopf finde ich 143 Familienvorstände bei den Ackerbürgern und 106 bei den Handwerkern. Das bedeutet, daß von sechs Handwerkern einer (16,6 %) und annähernd ein Ackerbürger von dreien im Armutsraum angesiedelt ist, unterhalb des Bereichs, der noch Initiative hervorbringt, und mit knappstem Existenzminimum. Im ersten Orden (der Grundeigentümer und Rentiers) findet man nur 8 arme Leute, die in diesem Fall 15,4 % von 52 Personen ausmachen; dafür ist im zweiten Orden (dem Handel), der finanziell „nahrhafter" ist, der Prozentsatz solch völlig mittelloser Menschen geringer; er sinkt auf 12,4 %. Wir wollen uns indessen auf diejenigen Personen beschränken, die in der doppelten „Schande" leben müssen, gleichzeitig einem als niedrig angesehenen Orden und einer sehr niedrigen sozio-ökonomischen Stufe, unter 0,8 Écus Steuer, anzugehören. Von diesen gibt es im Orden der Ackerbürger insgesamt 143, und 106 im Handwerkerorden, also zusammen 249 „arme" Familienvorstände. In der Mehrzahl sind diese 249 also stadtbewohnende Landarbeiter des vierten Ordens, so daß dieser der Statistik nach durchaus die ärmste Gruppe darstellt. Insgesamt entsprechen die 249 armen Steuerpflichtigen 19,5 % der 1304 Familienvorstände von Romans im Jahr 1578: ein „Armer" auf fünf Einwohner. Bezieht man ihre Familien mit ein – Frauen, Kinder, Verwandte usw. – haben wir es mit etwa tausend „Armen" zu tun. Dazu kommt noch das etwa halbe Hundert der in den Armenhäusern eingeschlossenen Ärmsten und eine unbestimmte (nicht sehr hohe) Zahl im Elend Lebender, die in den Steuerlisten nicht in Erscheinung treten, weil sie wirklich zu arm sind. Erwähnen wir auch noch die Dutzende Bettler vom Lande, die das Pflaster der Straßen und Kirchen abklappern und sich von der Bohnensuppe ernähren, die ihnen der Gemeinderat sparsam zuteilt. Man kommt wohl auf 1300 oder 1500 „Arme" bei 7000 oder 7500 Einwohnern. Von diesen dreizehnhundert nehmen viele gelegentlich an den Straßenkundgebungen teil, die von der Volks- und bald Karnevalsrebellion organisiert werden. Aber in der Führung der Revolte spielen diese ganz geringen Leute

---

Solche „Parlamente" gab es in Paris, Poitiers, Toulouse, *Grenoble*, Bordeaux usw. Wir werden es im vorliegenden Buch mit dem Parlament von Grenoble zu tun haben, das die oberste gerichtliche und politische Herrschaftsinstanz des Königreichs Frankreich in der Dauphiné darstellt. Nach Montesquieu *(Esprit des Lois)* „entschied das Parlament in letzter Instanz über fast alle Angelegenheiten des Königreichs" *(Anm. d. Übers.)*.

niemals eine Rolle. Die Führung kommt, wie wir noch sehen werden (7. Kapitel), ausschließlich aus den mittleren und unteren Schichten des Handwerkertums und der Ackerbürger, aber nicht aus dem darunterliegenden Milieu.

Nach den Unterscheidungen nach Orden, Schichten und Armut und Nichtarmut ermöglicht uns noch eine weitere „Zerlegung" eine Aufschlüsselung der Gruppen von Romans: Die Trennung in Eigentümer und Mieter. Ein schönes Dokument, das Register CC 5 von 1583, liefert die in diesem Zusammenhang notwendigen Elemente: 1583 gibt es in Romans 1547 steuerpflichtige Familienvorstände.[35] In der Liste dieser Steuerzahler findet man natürlich alle Hauseigentümer; unter diesen eine Mehrheit kleiner Leute — Handwerker und Ackerbürger —, die nur *ein* Haus oder ein Stück Garten besitzen. Aber wie ich durch Vergleich der beiden diesbezüglichen Register[36] feststellen konnte, schließt die Liste auch die große Masse der Mieter ein. Die diesen auferlegte Steuer stützt sich statt auf Land- oder Hausbesitz auf ihre bewegliche Habe, die unter dem Namen *„cappage"* (etwa Deckung) in bescheidener Höhe geschätzt wird. Das Register CC 5 von 1583 führt 595 solcher Mieter auf. Bringen wir davon sofort diejenigen in Abzug — etwa sechzig Handwerker mit Läden oder Ladenhändler —, die von einem Hauseigentümer eine Ladenlaube oder einen Laden mieten, um darin ihrem Gewerbe nachzugehen. Solche Läden gibt es besonders viele in der städtischen Mittelzone, die sich von Norden nach Süden quer durch das Stadtzentrum hinzieht. Sie reicht vom Jacquemard-Turm (Norden) bis zu Sankt Barnard (Süden). In diesem bürgerlich-geschäftlichen Kern der Stadt, der die Festung der Ordnungspartei ist, findet man in der Nähe des Rathauses und der großen St.-Barnard-Kirche manche Häuser, die sieben oder acht solcher „Ladenlauben" enthalten, deren Gewölbe dem Geschmack der Renaissance oder der frühen Gotik entsprechen. Jede von ihnen ist an einen anderen Kleinhändler vermietet. Abgesehen von den paar Dutzend dieser Mieter, die ansonsten Eigentümer ihres eigenen Wohnhauses sind, bleiben 535 Familienvorstände übrig (das heißt 34,6 % aller Steuerpflichtigen), die wirklich Mieter im vollen oder vielmehr leeren Sinne des Wortes sind. Daraus ergibt sich, daß mindestens eine gute Hälfte der Familienvorstände oder fast zwei Drittel davon Männer sind, die ihr eigenes Wohnhaus besitzen. Eine unbestreitbar „kleinbürgerliche" Gesellschaftsstruktur. Die von den Mietern gezahlte Miete beträgt im einfachen Stadtviertel St. Nikolas im Osten der Stadt durchschnittlich 2,3 Écus pro Kopf und pro Jahr, das heißt etwas mehr als die Pro-Kopf-Steuer im selben Viertel im Jahre 1583 (2 Écus pro Kopf). Diese Miete scheint in der Vorstellung der Menschen von damals einem Kapitalertrag für Liegenschaften von 6 % zu entsprechen.[37] Jeder Mieter verfügt entweder über ein ganzes Haus oder nur über ein einfaches Zimmer; zwischen diesen beiden Extremen gibt es noch die Miete eines ganzen Ober- oder Untergeschosses mit oder ohne Laden (ich habe für das Ende des 16. Jahrhunderts in Romans nur Häuser mit Erdgeschoß und einem Stockwerk gefunden). Am Rande sei noch vermerkt, daß manche Eigentümer regelrechte Mietshäuser besitzen, namentlich an der Isère, im St.-Nikolas-Viertel. Solche Mietshäuser sind jeweils an vier oder fünf Mieter vermietet, von denen jeder in einem Zimmerchen wohnt. Aber im allgemeinen gibt es nur einen oder zwei Mieter für jedes ganz oder teilweise vermietete Haus eines Eigentümers. Die wohlhabendsten Notabeln haben fünf oder sechs Häuser, von denen jedes an eine oder zwei Parteien vermietet ist. Ein solcher Mehrwohnungsbesitz zeichnet zum Beispiel den schwerreichen Stadthauptmann und Handelsherrn Antoine Coste aus, den reichsten Bürger von Romans; daher ist er auch eine der Zielscheiben des Volkes während des Karnevals von 1580.

Alles in allem gehören zu den 535 richtigen Mietern auch einige gut betuchte Personen. Aber im wesentlichen sind sie ein Teil des echten „Proletariats" der Stadt. In diesem Mieterproletariat sind die als solche bezeichneten „Armen" inbegriffen, aber auch eine Menge als „arm" geltende Menschen, Landarbeiter, Gesellen und Handwerker. Sie sind mittellos genug, um weder der städtischen Oberschicht noch der Mittelklasse anzugehören, nicht einmal der unteren Mittelklasse der Handwerker, die ein Haus zu eigen haben und aus der sich die Führer der Revolte rekrutieren. Nur ein Teil der Handwerker, Gesellen und Landarbeiter unter den 535 richtigen Mietern, nämlich 118, sind ihrem Beruf nach bekannt. Eine große Gruppe stellen die Wollkämmer: Es sind ihrer 50 gegen nur 5, die als Eigentümer ihrer Häuser aufgeführt werden. Dann die „Ackerbürger", die in diesem Falle in Wirklichkeit einfache Landarbeiter sind (13), alleinstehende Mädchen (Dienerinnen oder sonstige arme Mädchen), Tuchmacher (10), die entweder Handwerksmeister oder Gesellen, aber nicht in nennenswertem Umfang Tuchhändler sind; Lastträger (6), Seiler (5) und eine Vielzahl anderer Handwerksberufe.

Am bemerkenswertesten ist das Faktum, daß die Führer der Revolte von 1579/1580 (so wie sie uns aus ihren Verurteilungen bekannt geworden sind) nicht aus den Mieterkreisen stammen, selbst dann nicht, wenn diese, besonders die Wollkämmer, das Fußvolk, die „Massenbasis" für die Tumulte, die öffentlichen Kundgebungen und die Endkämpfe gestellt haben. Ein einziger Angeklagter der Prozesse von 1580 erscheint 1583 als Mieter, Louis Fayol, ein Landarbeiter. Alle anderen und bekannten Angeklagten sind Eigentümer ihrer Häuser (unter ihnen: der Metzger François Drevet, im Stadtviertel *Spital zum Heiligen Glauben;* der Landwirt Jean Troyassier; die Witwe Antoine Nicodels[38], des Hufschmieds und Rebellen, der 1580 hingerichtet wird; der „Feind der Vornehmen“ Jean Terrot; Herr Jean Robert-Brunat, Verwandter eines Hingerichteten; Herr Jean Guigou, ein wohlhabender protestantischer oder mit den Hugenotten sympathisierender Bürger, der 1579 mit den Aufrührern flirtet, sich aber im nächsten Jahr gegen sie wendet, und andere).

Mit Ausnahme Jean Guigous, eines ziemlich begüterten Mitglieds der Bourgeoisie, erweisen sich die als Hauseigentümer erscheinenden ehemaligen Rebellen oder Rebellenwitwen als Kleineigentümer.[39] Trotz oder gerade wegen dieser „Kleinheit“ verschmelzen sie nicht mit der „unteren Etage“, das heißt der Mietermasse, die „arm“ oder beinahe „arm“ ist. Diese Masse stellt sich zwar während der Straßendemonstrationen gegebenenfalls unter ihren Befehl, aber sie selbst behalten die Zügel der Kontrolle und die politische Führung in der Hand. Deswegen erscheint mir der Karneval von Romans – und wir werden Gelegenheit haben, darauf zurückzukommen – als Konflikt zwischen der Oberschicht oder der dünnen Kruste der Grundeigentümer- und Kaufmannsgesellschaft, das heißt den „Notabeln“, und der Schicht der Kleineigentümer auf der mittleren Stufe des handwerklichen Plebejertums (siehe 7. Kapitel). Diese Schicht zeigt sich zwar imstande, das „Lumpenproletariat“ der Nichteigentümer (aus Handwerk und Landarbeit) gelegentlich mitzureißen. Aber es ist ihr nicht gelungen, diese zu leitenden Funktionen der Volksbewegung heranzuziehen. Die enge Begrenzung der plebejischen Führungsgruppe, die sich eindeutig aus den Mittelschichten des Handwerks rekrutiert, die wohlhabend genug sind, um ein Haus für ihre Familie zu erwerben, trägt zum Symbolwert der oppositionellen Führer bei. Aber sie ist auch die Ursache von Schwäche und sogar von Isolierung: Im strategischen Augenblick können die Reichen ihren Feinden in der Stadt in den Rücken fallen, indem sie sie der Unterstützung berauben, die ihnen das Mieterproletariat der Habenichtse hätte gewähren können.

Über alle die Schattierungen hinaus brauchen wir einen Gesamtbegriff, der der ganzen Gruppe des städtischen Handwerker- und Ackerbürgertums gerecht wird, die gemeinsam Fußvolk und Führerschaft der Plebejerbewegung in der Dauphiné-Stadt stellt. Es ist der Begriff *menu populat* („das kleine Volk“); in den Vienner Schriften aus der Zeit der Proteste von 1579 wird dieser Ausdruck von Jean de Bourg und seinen Freunden[40] gebraucht: „Man hat damit gerechnet, daß es sehr gefährlich ist, während solcher Gefühlsaufwallungen des *Kleinvolkes* die Stadt von Männern zu entblößen (Männer = Bewaffnete, bürgerliche Milizen). Täte man es, so käme nämlich das *menu populat* durch das in ihm schwelende Feuer in Gefahr, sich zu entzünden und zu erregen." Ein „kleines Volk" setzt aber in der Dauphiné des 16. Jahrhunderts ganz wie in der Toscana des 14. ein über ihm stehendes „feistes Volk" voraus, eine minderheitliche Elite von Kaufleuten, Juristen und Patriziern mit gelegentlichen Ansprüchen auf Adel. Wenn in der Stadt die Meinungen und die Straße zu gären beginnen, ist diese Elite für die unteren Schichten der gegebene Gegner.

Und jetzt zur Frage der *Macht* in Romans um 1578—1581: Im Prinzip wacht ein königlicher Statthalter über die Geschicke der Stadt. Sein Einfluß ist aber nicht sichtbar. (Er wird sich später bemerkbar machen, aber erst nach der Periode, die uns hier beschäftigt.[41]) De facto teilen sich in die Macht über die Stadt einerseits die vier Konsuln (gewählte Bürgermeister oder Stadtregenten), denen zwei Ratsversammlungen, eine kleine und eine große, zur Seite stehen, und andererseits ein königlicher Richter[42], der unvermeidliche und unabsetzbare Antoine Guérin. Dieser Mann ist der Sohn eines ländlichen Hausierers, der später Juwelier in Romans geworden ist. Er ist die Verkörperung einer Familie in rapidem sozialem Aufstieg. Der Doktor der Rechte ist von der königlichen Provinzialbehörde Mitte des Jahrzehnts 1560 für das höchste Richteramt der Stadt bestimmt worden. Vorher hatte der Emporkömmlingssohn eine gute Partie gemacht: In seinem Richteramt ist er nämlich der Nachfolger seines Schwiegervaters Antoine Garagnol geworden.[43] Der Sohn dieses Garagnol wiederum wird 1580 Vize-Landvogt (bailli) des Amtsbezirks St. Marcellin und ist seinem Schwager Antoine Guérin treu ergeben. Wahrscheinlich hat Guérin für den offiziellen oder halboffiziellen Kauf seines Amtes eine uns unbekannte Summe gezahlt. Später tut er das Entsprechende, um einem seiner Sprößlinge die Nachfolge nach seinem Tode zu sichern. In den Jahren 1579—1580 sitzt Guérin jedenfalls fest auf seinem Stuhl. In seiner Hand liegt die gesetzliche Zwangsvollstreckung, kraft derer er die von den Konsuln festgesetzten Abgaben durch die Polizeiorgane von der lokalen Bevölkerung eintreiben kann. In diesem Sinne ist die Rechtsprechungsgewalt Antoine Guérins *auch* Vollzugsgewalt.

Zum Problem der Gewaltenteilung oder allgemeiner, der Macht in Romans (Rechtsprechungs-, Vollzugs- und Finanzgewalt) scheint mir ein anschaulicher Text vom 5. März 1577 aufschlußreich zu sein.[44] Es heißt darin, daß ein *königlicher Polizeisergeant von Romans aufgrund einer vom Gerichtshof von Romans* (mit anderen Worten des lokalen königlichen hohen Gerichts unter der Leitung des Richters Guérin) *ausgestellten Zwangsvollstreckungsvollmacht und auf Ersuchen des Herrn Jerôme Velheu, Doktors der Rechte und vormaligen ersten Konsuls von Romans, dem Jean Mailhot mit dem Beinamen Sassenage befiehlt, an den oben genannten Velheu die Summe von 40 Gulden zu entrichten als Bezahlung der Dreißigkopfsteuer von 1571.* Mit anderen Worten: Der Jurist und Notable Jean Velheu war im Jahre 1571 erster Konsul gewesen; als solcher war er, ebenso wie seine Konsulatskollegen, dazu berechtigt, einen Teil der königlichen Kopfsteuern zu erheben (die wegen ihrer Verteilungsquoten auf die Stadtviertel von Romans „Dreißig-Steuer" oder in anderen Fällen „Zwanzig-Steuer" usw. genannt wurden). Institutionsgemäß währte das Konsulatsmandat Velheus nur ein Jahr; aber er ist – noch 6 Jahre später! – nach wie vor verantwortlich für die Eintreibung rückständiger Steuern, die zu seinem Ressort gehörige Steuerzahler sich während seiner Amtszeit nicht zu zahlen bequemt hatten. Um sie zur Zahlung zu zwingen, erhält er also von Richter Guérin eine Zwangsvollstreckungsverfügung; diese läßt er auf Kosten der betroffenen Steuerzahler durch einen königlichen Polizeibeamten zustellen, der dem Richter unmittelbar unterstellt ist. Die Konsularmandate (Gemeinderegierung) sind, mit fortwirkender Kraft für Steuerrückstände, auf ein Jahr begrenzt. Die Ämter des Richters und des Polizeibeamten sind ständig, beide sind praktisch unabsetzbar.

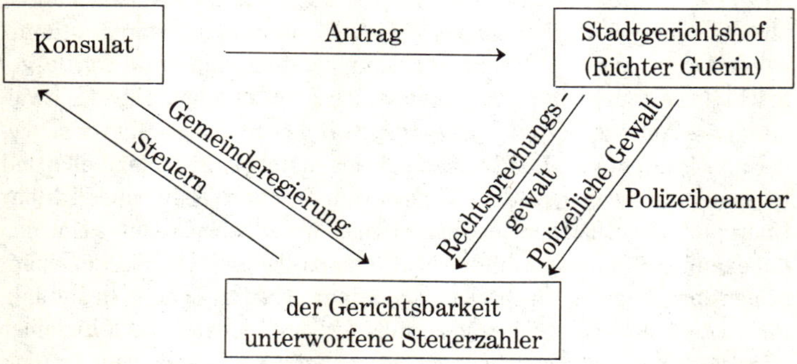

Antoine Guérin ist, worauf ich noch zurückkommen werde, der wahre Machthaber von Romans; während der Zeitspanne, die uns hier interessiert, hat er den „Maschinenraum", von dem die Entscheidungen über die städtische Politik ausgehen, unter sich.

Dem praktisch auf Lebenszeit ernannten Richter stehen *theoretisch* vier Gemeindepersönlichkeiten *zur Seite,* in Wirklichkeit aber in seiner Machtsphäre. Diese vier Konsuln bestimmen die Richtung und führen die Geschäfte der Stadtpolitik. Sie haben einige gesetzgeberische Gewalt (Erlaß gemeindlicher Vorschriften). Sie leiten die militärische Organisation (Instandhaltung der Stadtwälle, Ernennung der Hauptleute und Korporale der Stadtmiliz). Sie erheben direkte und indirekte Steuern; sie verwalten und verpachten die indirekten Gemeindesteuern (Maut, Fleischsteuer, das Abwiegen des Mehls). Lebensmittel- und Seuchenkontrolle und die Aufrechterhaltung der Ordnung gehören zu ihren Obliegenheiten ebenso wie die Aufsicht über das kulturelle und religiöse Leben (Geschäftsführung der Lehranstalt, Organisierung der Kirchenfeste usw.). Das Quartett spiegelt das gesellschaftliche Vierparteiensystem wider: Der erste Konsul ist „ein adlig lebender Adliger oder ein Mann der Toga (Rechtsanwalt, Arzt) oder ein von seinen Einkünften (Grundbesitz, Mieten oder Wertpapieren) lebender Patrizier, der weder Handels- noch Vermittlungsgeschäfte betreibt". Der zweite Konsul ist Kaufmann oder selbständiger (das heißt kleiner) Jurist; der dritte ist Handwerker; der vierte Ackerbürger.[45]

Die auf ein Jahr gewählten Konsuln werden unterstützt von einem 24 Mitglieder umfassenden kleinen und einem 40köpfigen großen Rat, die sich aus 6–6–6–6 (= 24) bzw. 10–10–10–10 (= 40) Vertretern der vier sozialen Kategorien zusammensetzen, aus denen dann reihum auch die vier Konsuln gewählt werden. In einem früheren Abschnitt haben wir die auf diese vier Kategorien bezügliche Statistik durchleuchtet.

Wie in den anderen Städten der Dauphiné erneuern sich die Gremien (Konsuln und Ratsversammlungen) auch in Romans immer wieder durch gegenseitige und im Kreise verlaufende Kooptierung. Die Lokalregierung wählt, wie Brecht sagen würde, das „souveräne Volk", das nun seinerseits die Regierung wählt! Als im Jahre 1580 der Rat unzufrieden ist mit den Protestaktionen, „löst er das Volk auf" (= er unterdrückt es). Zwar werden die Handwerker und Ackerbürger, aus denen die Hälfte der kleinen und der großen Ratsversammlung besteht, wirklich aus der handwerklichen und landwirtschaftlichen Plebs von Romans und nach Möglichkeit aus deren Oberschicht *aus*gewählt. Aber sie werden nicht von ihr *gewählt*.[46] Dieser undemokratische Zustand hat sich während der ersten Hälfte des 16. Jahrhunderts allmählich herausgebildet, als das Anwachsen der Stadtbevölkerung und die Weiterentwicklung des zentralisierten monarchischen Staates den lokalen Oligarchien immer größere Chancen boten; im gleichen Maße erschien die handwerkliche Plebs, deren Zahl rasch zunahm, als gefährlich und mußte daher in Schranken gehalten werden. Noch 1536 waren in Romans die Wahlen, aus denen die vier Konsuln und die 40 Mitglieder des großen Rates hervorgingen, dem Wesen nach demokratisch. In der Generalversammlung der Mitbürger im Rathaus kamen alle Familienvorstände zusammen. Sie wählten den großen Rat und durch diesen die vier Konsuln. Allerdings war diese „Generalversammlung", wenn auch nicht gerade ein Rumpfparlament, so doch durch zahlreiches Fernbleiben geschwächt: Nur 71 Personen, also weniger als 7 % der damaligen Wahlkörperschaft, hatten 1536 an der Versammlung teilgenommen.[47] Die Neigung zum Fernbleiben wird einige Jahre später den Gewaltakt gegen die demokratischen Einrichtungen der Stadt ermöglichen.

Im Jahre 1542 gibt uns Raymond Mulet, Rat im Parlament von Grenoble, geradezu ein Musterbeispiel für den Vorstoß von Oligarchie und Zentralismus. Er kommt nach Romans[48], um im Namen des hohen Gerichtshofes von Grenoble Klage zu führen über das Aufruhrstiften, die Unruhen und das Gemurre in dieser Stadt, der gewerblichsten, betriebsamsten und aktivsten der Provinz. Dem soll durch mehrere Verordnungen entgegengewirkt werden, die ihm von den Konsuln auf Ersuchen der königlichen Beamten vorgeschlagen worden sind. Die lokale Elite und die staatliche Bürokratie arbeiten so einander in die Hände, um die Volkssouveränität oder das, was für sie steht, zu ersticken. Kraft der Legalität seiner parlamentarischen Vollmacht verkündet Raymond Mulet, daß künftig alle Generalversammlungen des Volkes, die früher die Konsuln gewählt haben, verboten sind. Ein allgemeiner Rat von 40 Mitgliedern wird zur Wahlkörperschaft für die Ernennung der Konsuln und zur beschlußfassenden Gemeindeversammlung. Der Rat werde alle drei Jahre durch gegenseitige Kooptierung erneuert, heißt es ausdrücklich in der Akte von 1542, eine gefährliche Neuerung. Ansonsten wird dieser Rat sofort ernannt, und zwar auf namentliche Vorschläge des amtierenden Konsuls von der Volksversammlung vom 19. Mai 1542 (die dadurch nachträglich gesehen zur letzten ihresgleichen wird). Natürlich ist diese letzte Versammlung unter dem energischen Vorsitz Raymond Mulets manipuliert worden. Gewiß gehören zum „Rat der 40“, den sie gebiert, mit seinen vier sozio-professionellen Gruppen von zehn Mitgliedern aus jeder von ihnen, auch zwanzig Handwerker und Ackerbürger (zehn und zehn); aber auch und vor allem zwanzig Vertreter der Notabeln und der Kaufmannschaft (zehn und zehn). Unter diesen zwanzig „Nobelmännern“ befinden sich Mitglieder der Familien Velheu, de Manissieu, Bourgeois (= Bourgeois-Mornet), Guigou, Romanet-Boffin, Jomaron, Millard. Es sind die Familien, die im Verein mit einigen anderen während der vierzig folgenden Jahre über die romanaisische Oligarchie und die Stadt herrschen werden. Das Parlament von Grenoble hat so in Romans im Jahre 1542 mit Hilfe der lokalen Maffia einen kleinen Staatsstreich durchgeführt. Dieser „Putsch“ auf Gemeindeebene beseitigt zwar nicht die bisherigen Konflikte, aber er unterdrückt wenigstens die antagonistischen Bewegungen, die in der zwar altertümlichen, aber unbezweifelbaren romanaisischen „Demokratie“ durch den Aufschwung einer aufsässigen und durch die Bevölkerungszunahme des „schönen 16. Jahrhunderts“ zahlreich gewordenen Handwerkerklasse entstanden waren.

Allerdings sollten wir auch nicht die Spannungen im Innern der Gemeinschaft der zwanzig Notabeln unterschätzen, Spannungen zwischen der Kaufmannsfraktion und der Rentiers- und Adelsfraktion; letztere wird von den Kaufleuten im Stillen als Schmarotzerpack betrachtet.[49]

Das Wesentliche aber bleibt: Im Jahre 1542 hat ein trotz seiner Streitigkeiten vereinter Klüngel von reichen Müßiggängern und Kaufleuten unter Mitwirkung von etwa zwei Dutzend Mitläufern aus den Kreisen von Handwerksmeistern und Ackerbürgern in Romans die Macht an sich gerissen, die er bis dahin nur zur Hälfte ausgeübt hatte. Dieser Klüngel hat sich von da an durch immer neue Kooptierung am Leben erhalten. Die ganze ideelle Grundlage der städtischen Revolution von 1579/1580, die Gegenstand des vorliegenden Buches ist, besteht gerade darin, die Folgen des Gewaltaktes von 1542 zu beseitigen. Zu Beginn des Frühjahrs 1579 gelingt es dem Führer der Handwerkerrebellen, Jean Serve-Paumier, vorübergehend zu den 40 Mitgliedern des vor langer Zeit aus dem antidemokratischen Putsch hervorgegangenen und nur durch Kooptierung erneuerten „normalen" Rats, eine Anzahl „außerordentlicher" oder „überzähliger" Ratsherren hinzufügen zu lassen, die als „dem Volke genehm" angesehen werden. Das ist der unmittelbare Erfolg eines gewaltsamen Eindringens des Handwerkervolkes in die Ratssitzung während der „heißesten" Tage des plebejischen Frühlings der Revolution von Romans.[50] Unter diesen „außerordentlichen", „überzähligen" Ratsherren von 1579 befinden sich verschiedene Führer und Propagandisten der am stärksten protestierenden Handwerksfraktion (Guillaume Robert-Brunat, Jean Serve-Paumier, Geoffroy Fleur, Jacques Jacques, François Robin, Jean Jacques) sowie einige Angehörige der hugenottischen Bourgeoisie (wie Herr Jean Guigou). Die Hugenotten haben sich für den Augenblick dem Volke angeschlossen, von dem sie sich Unterstützung für ihre religiösen Interessen versprechen. Aber im nächsten Jahr, als Jean Guigou zweiter Konsul wird (ein Posten, der ihm im Frühjahr 1580, nach der Niederschlagung des Handwerkeraufstands, angetragen wird), steht er bereits auf der Seite des Richters Guérin und der Ordnungspartei. Er wird also überall mitgemischt haben.

Jedenfalls macht die endgültige antiplebejische Repression im Februar/März 1580 dem Mandat der „außerordentlich-überzähligen" Ratsherren ein Ende. Sie beendet auch das Intervall der dem „Volke" ergebenen Hauptleute der Stadtteile, die 1579 trotz inneren Widerstrebens unter dem Druck der eingedrungenen Plebejer von den Konsuln ernannt worden waren, um an die Stelle des „schwerreichen", von den Handwerkern gehaßten Stadthauptmanns Antoine Coste zu treten.[51] Nachdem das „Gespenst" des Aufruhrs von 1580 vorübergegangen ist, wird die Stadt wieder nach dem System gegenseitigen Kooptierens innerhalb der Maffiagruppierungen der Oligarchie regiert, das 1542 eingeführt worden war. Die außerordentlichen überzähligen Ratsherren von 1579 waren nur das unvollständige, aber kräftige Wiederaufleben der relativen Souveränität des Volkes, die 1542 abgeschafft worden war. In der Fastenzeit des Jahres 1580 werden sie geschaßt und an den Galgen oder ins Gefängnis geschickt. Die Repression beendet einen vorübergehenden Zustand der „Doppelherrschaft", während derer sich der Klassenkampf ins Innere der legalen Institutionen verlagert[52], die durch zeitweilige Aufspaltung in zwei Teile zerfielen. Diese Verlagerung ins Innere war das Wunder unseres Karnevals.

Es fehlt mir der Platz, nach diesen Betrachtungen über die Machtverteilung noch auf Einzelheiten des religiösen und kulturellen Lebens von Romans einzugehen. Der Karneval von 1580 wird uns jedoch im weiteren Verlauf noch aufschlußreiche Einblicke in die städtischen Kulturformen ermöglichen. Unsere Stadt hat zu Beginn des 16. Jahrhunderts große künstlerische und religiöse Leistungen hervorgebracht. Die Schaffung und Aufführung eines großen christlichen Mysterienspiels, *Die Drei Mönche* (die drei Märtyrer Severin, Exuperus und Felician), war für die Frühlingsfeste an Pfingsten und im Mai 1509 und für die Gebete um das Ende von Dürre und Pest bestimmt (die 1504, 1505 sowie 1507 gewütet hatten); die Vorbereitungen zu diesem Mysterienspiel haben im Laufe des ersten Jahrzehnts des 16. Jahrhunderts jahrelang die finanziellen, gemeindepolitischen, religiösen, elitären und sogar die demokratischen Kräfte der Stadtgemeinschaft von Romans mobilisiert.[53] Im Jahre 1516 wurde in der Nähe von Romans durch den Bau eines *Kalvarienberges,* der längs eines breiten Kreuzweges die Etappen der Passion Christi in Jerusalem nachzeichnete, eine heilige Stätte geschaffen: Viele Wunder sind an diesem Ort geschehen, viele kleine Kinder wieder auferstanden.[54] Der inbrünstige Glaube der Renaissance ist der umgekehrte Vorläufer des Wütens und Gegenwütens der protestantischen Reformation, das sich in unserer Stadt schon vor Beginn der Religionskriege (1560) bemerkbar machte.[55] Im Verlaufe des Jahrzehnts 1560, namentlich von 1562 bis 1563 und 1567 bis 1568, scheint der Einfluß der durch Kriegsglück vorübergehend sicherer gewordenen Hugenotten in Romans vorherrschend gewesen zu sein, und zwar einschließlich des Rates der Stadt; ihr Glaubensgenosse Jean Guigou überbrachte diesem ihre Wünsche und war geradezu allmächtig. (Dazu muß gesagt werden, daß die örtlichen Priester der Papstkirche langanhaltende Verbitterung erzeugt hatten: Noch um das Jahr 1550 *hatten sie Messen und Seelen verkauft wie Fleisch im Metzgerladen.*[56]

Aber die Hugenotten sind in Romans nur eine Minderheit von 12,4 % der Bevölkerung, das bedeutet im Jahre 1569 181 Familienvorstände[57] von 1454; nach bekannten Berufen geordnet, besteht sie in der Hauptsache aus Patriziern, aber auch aus Handwerkern: Tuchmachern, Schneidern, Scherenschleifern; unter all diesen befindet sich nur ein einziger künftiger Führer der Handwerkerrevolte von 1579/1580: Der Tuchmacher Jean Jacques; und dann noch Jean Guigou, der Bürger-Renegat der 80er Jahre. Von 1569 an geht der hugenottische Einfluß deutlich zurück; die jeweiligen „Hauptleute“ der verschiedenen Stadtteile, wie Herr Beauregard, stehen unter dem Stiefel Guérins und der papistischen Konsuln; sie überwachen und schikanieren die kleine hugenottische Herde, die immer mehr zusammenschrumpft. Im Jahr 1573 führt die protestantische Liste nur noch 128 Familien auf[58], also weniger als 10 % der Gesamtheit aller Haushalte der Stadt. Der erste Exodus nach Genf, die Bartholomäusnacht, die in Romans tragisch verlief, und das Abschwören aus Angst haben ihr Werk vollbracht. Während des Jahrzehnts 1570 werden ortsansässige Hugenotten von der Macht in der Stadt ausgeschlossen; noch einmal versuchen sie ihr Glück: Sie verbünden sich während der Ereignisse von 1579/1580 heimlich mit der zwar katholischen, aber protestierenden Handwerkerschaft. Dann lassen sie dieses gewöhnliche Fußvolk fallen. Es wird ihr Schwanengesang. Wenigstens in Romans.

In bezug auf die römische Kirche und den Katholizismus in unserer Stadt muß man einige *feine Unterschiede* machen: Die katholische Gefühlswelt oder eher die katholisch-heidnische Gefühlswelt ist bei uns deutlich sehr lebendig; der Karneval als Vorspiel der Fastenzeit, die ihrerseits Ostern einläutet, verkörpert diese komplexe Gefühlswelt der Stadt besonders gut. In Romans verbindet sich, wie wir noch sehen werden, in der Karnevalszeit das Heilige in hohem Maße mit dem Possenhaften. Es ist wohl kaum nötig, daran zu erinnern, daß der erste Zweck der Fastenzeit seit deren Einführung durch die Kirche des ersten Jahrtausends[59] darin bestand, die Katechumenen (also bisherige „Heiden“) auf das Osterfest und ihre eigene Taufe vorzubereiten, wobei dann die bereits christliche Bevölkerung in diese Einführungsaskese mit einbezogen wurde. Während der vierzig Fasttage läuterte man sich durch Reue. Umgekehrt war der diesen vierzig Tagen vorausgehende Karneval ganz einfach die Zeit, in der die in naher Zukunft vierzig Tage lang fastenden Katechumenen, zusammen mit den bereits Getauften, *ihr Heidenleben begruben*! Es ist daher normal, daß der Karneval einerseits geprägt ist von gastronomischen und aus dem Heidentum übernommenen Maskeraden, die den Saturnalien, Luperkalien und sonstigen Winterfesten der Antike entstammen; und daß er andererseits durch die strenge Eingliederung in die katholische Zeitrechnung vor Fastenzeit und Ostern gekennzeichnet ist. Wenn zwischen diesen beiden Elementen, dem heidnischen und dem christlichen, ein Widerspruch besteht, so ist er rein „dialektisch".

Diese Feststellung vom papistisch-heidnischen Doppelcharakter des Karnevals, ob dieser nun für ganz Europa oder nur für Romans gilt, entbindet uns nicht davon, einen genaueren, historisch gezielteren Blick auf den Zustand des konkreten Katholizismus in unserer Stadt um 1570 bis 1580 zu werfen. Sagen wir, daß die Kirche der Dauphiné in dieser Epoche noch unter dem gewaltigen Trauma leidet, das ihr die Reformation und die Religionskriege seit 1560 zugefügt haben. Sie befindet sich in Wahrheit in einer Talsohle. Sie liegt in Trümmern, ist zerfetzt. Sie ist eines Teils ihrer Güter und ihrer Mönche, ihrer Priester und ihrer kirchlichen Aufgaben beraubt. Gleichzeitig ist sie noch weit entfernt von ihrer Verjüngungskur und deren belebenden Wandlungen. Damit wird sie erst gründlich nach 1580 beginnen, wenn sie anfängt, die strengen Richtlinien des Tridentiner Konzils ernsthaft zu befolgen.[60] In der kurzen Spanne von 1579/1580 ist die Heilige Kirche bei uns in ziemlich schlechter Verfassung, selbst wenn die aus ihr abgeleitete Gefühlswelt allgemein noch immer völlig lebendig ist. Aber gerade das ist ja der springende Punkt: Die Gefühlswelt des Karnevalsfestes ist intakt, weil sie noch nicht durch strenge Vorschriften bekämpft wird, die der sakralen Possenreißerei feind sind und erst mit Verspätung, im Laufe der nächsten Jahrzehnte, aus den Lehren des Tridentiner Konzils abgeleitet werden.

Die Priesterschaft als Gruppe erlebt also in Romans eine gesellschaftliche Abwertung, soweit sie in den schweren Jahren der Stadt, 1579 bis 1580, nicht überhaupt physisch verschwunden ist. Weder die Kapitelherren des St.-Barnard-Kollegiums noch die Pfarrer der drei städtischen Sprengel (St. Barnard, St. Nikolas und St. Roman), noch die Franziskanermönche, deren Anwesenheit für den Stadtcharakter des Gemeinwesens zeugt, spielen bei den Ereignissen, die von Februar 1579 bis Februar 1580 vor sich gehen, eine entscheidende Rolle. Diese Ereignisse verlaufen ohne wesentliches Eingreifen der offiziellen Priesterschaft, weder im positiven noch im negativen Sinn; trotzdem ist die Kirche durch das gesellschaftlich militante Vorgehen der Bruderschaften, die sich auf sie berufen, in beiden Lagern vertreten: durch die Festbräuche, die sowohl dem Sakralen wie dem Weltlichen zugehören; und durch die Identifizierung der katholischen Hierarchie mit den extremen Elementen der Ordnungspartei.

Neben religiösen und traditionellen Kenntnissen, zu denen eventuell auch die Astrologie gehört, finden wir in der dünnen Schicht der herrschenden Elite auch eine gewisse Kenntnis gelehrten Wissens; sie ist Sache der Professoren des städtischen Kollegiums[61], das schon seit dem Ausgang des Mittelalters in der Stadt existiert. Dieses Kollegium wird zur Hälfte von der Stadtobrigkeit und zur Hälfte von dem Kanonikerkapitel von St. Barnard geleitet. Sein Unterrichtsprogramm geht kaum über die Grenzen dessen hinaus, was der Jugend des Adels, der Patrizier frommt. Die erzielten Resultate lassen sich allerdings nur schwer abschätzen. Ganz allgemein ist es schwierig, den Grad der Alphabetisation in unserer Stadt zur Zeit der Revolte von 1579 bis 1580 herauszufinden. Wir können höchstens feststellen, daß die Notabeln die konsularischen Akten mit schwungvollen Namenszügen unterzeichnen[62]; daß auch manche der Anführer der Revolte (Geoffroy Fleur, Guillaume Robert-Brunat) mit einem schönen Namenszug aufwarten; soweit man etwas über die „rebellische" Masse weiß, ist sie eher analphabetisch. Das Karnevalsfest der Reichen in Romans wird von Französisch Sprechenden*, des Lesens und Schreibens Kundigen gefeiert, das der Armen von Analphabeten, wenigstens soweit es die Menge betrifft, die an den Kundgebungen und Umzügen teilnimmt. Für die beiderseitige Wahl der symbolträchtigen Themen von 1580 ist das Gefälle von Alphabeten und Analphabeten von gewisser Bedeutung. Sechzig Jahre später, zwischen 1641 und 1644, zu einer Zeit, in der die Kirchenbücher[63] schon eine erste Statistik möglich machen, werden in Romans 71 % des Schreibens Unkundige gezählt, wobei der Prozentsatz der Männer etwas vorteilhafter ist als der der Frauen. Um 1580 dürfte der Prozentsatz aller Analphabeten ungefähr 80 % betragen, da zu dieser Zeit das Unterrichtswesen noch weniger entwickelt war als 1643. So niedrig aber auch der Prozentsatz der Schreibkundigen in den Städten sein mag, so ist er auf jeden Fall noch höher als auf dem Land: Dort sind gegen 1580 wahrscheinlich neun Erwachsene von zehn Analphabeten.

---

* In dem ganzen unter dem Namen *Okzitanien* zusammengefaßten Gebiet wurden verschiedene romanische Sprachen gesprochen, die vom Französischen abweichend waren und zum Teil auch heute noch auf dem Lande (neben dem Französischen) gesprochen werden: Französisch-Provenzalisch (in der nördlichen Dauphiné), Provenzalisch (Provence und teilweise südliche Dauphiné), Vivarais (in der Gegend des gleichen Namens, dem Vivarais, das sich ungefähr mit der heutigen Ardèche deckt). Alle diese Sprachen sind nicht literarisch und zum *patois* herabgesunken, außer dem Provenzalischen, das mit dem Dichter Frédéric Mistral im letzten Jahrhundert eine Wiedergeburt erlebte. Da die Verwaltungssprache im 16. Jahrhundert bereits Französisch war, müssen Französisch sprechende und schreibende Menschen dieser Zeit als besonders gebildet angesehen werden *(Anm. d. Übers.)*.

Sprechen wir nun von diesem Land. Von diesem von Ebenen und Hügeln durchzogenen Landstrich östlich der Rhone, dem Umfeld der Städte des rebellierenden Gürtels: Romans, Vienne, Valence, Montélimar und sogar mit Einschluß von Grenoble am Fuß des Berglandes der Dauphiné. Von diesem Landstrich wird das ganze Buch hindurch immer wieder die Rede sein: Der Karneval von Romans ist ja nur das städtische Schaufenster oder eines der städtischen Gesichter eines langandauernden Bauernkrieges. Wenn die Stadt revoltiert, stehen Handwerker gegen die örtliche Prominenz, die hauptsächlich aus bürgerlichen Patriziern besteht. Der Kampf auf dem Lande dagegen vollzieht sich traditionell zwischen Bauern und Adel. Die Kämpfe in der Stadt sind die logische Folge der Verstädterung während der Renaissance. In dieser Beziehung sind sie Vorläufer; sie kündigen die Klassenkämpfe unserer modernen städtischen Gesellschaft an, die sich als antibürgerlich verstehen. Die Gegensätze auf dem Lande jedoch haben ihre Wurzeln in ferner Vergangenheit. Auch wenn sie durch eine antistaatliche Revolte modernisiert werden. Dabei ist mir, als hörte ich Fustel de Coulanges* über das Mittelalter sprechen, besonders über das früheste Mittelalter des ersten Jahrtausends, als die Städte fast ganz verschwunden waren. „Das Gebiet des Grundherrn war, wenn nicht das einzige, so doch das lebendigste Organ des sozialen Lebens. Hier vollzog sich fast die ganze gesellschaftliche Entwicklung, wurde Reichtum erworben und Besitzstreben entfaltet. Von hier kam die Kraft. Hier begegneten sich die verschiedenen Klassen. Die großen Ungleichheiten entstanden mit der Verteilung des Bodens und wegen des Bodens." Tatsächlich schneidet der Grundbesitz des Adels aus der Gegend von Romans und ebenso aus dem Gebiet von Vienne große Stücke heraus. In diesen beiden Landstrichen zusammen (insgesamt 271 Dörfer) besitzen am Ende des 16. Jahrhunderts Amts- und Schwertadel und die Geistlichkeit 38,45 %, fast zwei Fünftel, des Bodens. Den Rest (= 61,55 %) teilen sich die Bauern und die städtischen nichtadligen Bürger, die Besitz auf dem flachen Land haben. Für die Gegend von Romans allein ist der Prozentsatz des adligen, privilegierten Besitzes etwas niedriger (34,12 %). So nehmen denn auch die Agrarprobleme im Vienner Gebiet die Form einer starken Opposition von Dörflern und Städtern gegen die Steuerfreiheit an, die die ausgedehnten privilegierten Landgüter (40,85 % des Bodens) genießen; diese Opposition tritt zwischen 1576 und 1580 in eine besonders heiße Phase. Auch ganz allgemein können wir feststellen, daß der Prozentsatz adligen und geistli-

* Numa Denis Fustel de Coulanges (1830–1889), französischer Historiker. Hauptwerk: *Histoire des institutions politiques de l'ancienne France*, Geschichte der politischen Institutionen im alten Frankreich *(Anm. d. Übers.)*.

chen Landbesitzes zwar nicht skandalös hoch, doch relativ stark ist. Zum Vergleich: Am Vorabend der Französischen Revolution hatten innerhalb des gesamten französischen Hexagons die Privilegierten von Kirche, Schwert- und Amtsadel nur höchstens 30 bis 35 % des Bodens gegen 30 % im Besitz der Bourgeoisie und 40 bis 45 % im Besitz der Bauern. (In England gehörten zur gleichen Zeit 80 % des Bodens dem hohen Adel und dem kleinen Landadel, der Gentry![64]) Aber auch die 38,45 % privilegierten, das heißt steuerabgabenfreien Bodens, die es in der Vienner und romanaisischen Dauphiné gibt, wiegen bei der überreizten Protestsituation von 1579/1580 ihr Gewicht an Haß und Mißgunst; sie mobilisieren die Feindseligkeit des Landvolks. Um so mehr, als die zu dieser Zeit in Frage kommenden Privilegierten, Adel und Geistlichkeit zusammen, weniger als 2 % der Gesamtbevölkerung ausmachen und auf fast 40 % des vorhandenen Grundes sitzen. Verständlich, daß diese zu wohlhabende kleine Minderheit, die ihre Güter während des 16. Jahrhunderts auf kapitalistische Weise vermehrt hat, in Perioden gesellschaftlichen Aufruhrs von der Bewegung auf den Dörfern bedroht wird.[65] Am Rande sei noch vermerkt, daß der adlige, und daher bekämpfte Grundbesitz in den Gegenden von Romans und Vienne, dem Gebiet der Bauernunruhen par excellence, viel umfangreicher ist als in der Dauphiné im ganzen (27,35 %). Dem Übermaß adligen Besitzes entspricht das Übermaß der Rebellion in den unruhigen Gebieten, die die beiden Städte umgeben.[66]

Wenden wir uns nun den Grundherrenrechten in den etwa hundert Dörfern zu, die im Gebiet von Romans liegen; auch diese liefern Zündstoff für die antiadlige Rebellion, da die Grundherren zu 93 % den privilegierten Gruppen — Adel und Geistlichkeit — angehören.[67] In Romans selbst sind die Grundherrenrechte unbedeutend: Die Kapitelherren von St. Barnard haben Anspruch auf die Zungen des geschlachteten Rindviehs, ein paar Pachtzinsen und eine Erbschaftssteuer (Verkaufsgebühr) von nur 10 % des Kapitals; keine große Sache also. Daher richtet sich der Protest mehr gegen die bürgerlichen Patrizier als gegen die bescheidenen klerikalen Grundherren, die ohnehin schon unter der protestantischen Reformation zu leiden haben. Auf dem flachen Lande dagegen sind die Abgaben an die Herren viel bedeutender. Darüber weiß man durch einige Unterlagen aus der Zeit der Religionskriege Bescheid; und später, um 1700, durch die zur „Zählung der Haushalte" aufgenommenen Protokolle.[68]

Diese Zahlen spiegeln wenig veränderliche Realitäten wider, so daß sie den Gegebenheiten am Ende des 16. Jahrhunderts ziemlich gleich sind. Das gilt auch für den Block der 106 Dörfer im Norden von Romans, innerhalb des „Wahlkreises" dieses Namens. In mindestens 57 Fällen und wahrscheinlich noch viel mehr zahlen diese Ortschaften Pacht- und Grundzinsen an ihren Herrn; die Pachtzinsen sind Abgaben in Geld oder Naturalien, die auf den Feldern lasten; sie sind gering. Die Grundzinsen können Zinsen aus einer alten festgeschriebenen Schuld an den Herrn sein, die zur Dauereinrichtung geworden sind; sie lasten auf dem Land der Familie des Schuldners auch nach dessen Tode. Außerdem sind mindestens 27 „Zwangsmühlen", in denen unsere Ortschaften zwangsweise ihr Korn mahlen müssen, Eigentum der Herren. Diese erhalten 5 % des Mehls. Auch sind uns 14 Fälle von „Zwangsbacköfen" (= den Herren gehörend) bekannt, deren Benutzungsgebühr von wechselnder Höhe ist (1/16 des Brotes, 1/25 des Mehls). In 17 Ortschaften ist ein Recht auf den *Zwanzigsten* bekannt: Es betrifft je nachdem besonders gutes oder erst kürzlich gerodetes Land. Wie der Name sagt, bedeutet es eine Abgabe von ungefähr einem Zwanzigstel der Erzeugnisse dieses Landes. *Grundherrliche Verkaufsgebühren* (Steuer auf Erbschaft oder Verkauf von Land) finden wir in 36 Fällen: Es wird eine prozentuale Abgabe vom Wert des geerbten oder verkauften Kapitals, der *sechste Denier* (Denier = ungefähr Heller oder Pfennig, Anm. d. Übers.), erhoben (= 16,7 %). In neun hauptsächlich weinerzeugenden Dörfern gibt es außerdem das „banvin", ein Bannrecht des Herrn, das darin besteht, daß je nach dem Ort entweder im Mai, im August oder in der Fastenzeit nur er seinen Wein verkaufen darf. In mindestens 47 Ortschaften bedeutet das Recht des Herrn einen Eingriff in die Hofwirtschaft: Es müssen Roggen, Hafer, Hühner usw. an ihn abgeliefert werden; oder es muß Fronarbeit geleistet werden; geringfügig, aber lästig: Zwei bis drei Tage Arbeit auf dem Herrschaftsgut. Diese Abgaben und Fronarbeiten werden in den 47 angeführten Fällen in verschiedenem Grade geleistet; sie hängen davon ab, ob der Hofinhaber ein großer Gespannbesitzer ist (mit drei Paar Ochsen und Schafpferchen), ein mittlerer oder kleiner mit vier oder zwei Ochsen (das heißt mit zwei Pflügen oder nur einem Pflug), ein armseliger Kleinbauer mit Eseln, Maultieren oder sogar Pferden oder nur ein simpler Häusler ohne jedes Gespann. Letzterer zahlt zwar auch Abgaben, die für ihn ins Gewicht fallen, aber geringere als die anderen Kategorien. Nach den Abgaben zu urteilen, besteht die Dorfgesellschaft, mit Mischformen zwischen den beiden Gruppen, aus Landwirten mit Ochsengespannen und Schafpferchen, die Halbpächter großer Güter oder einfache Pächter kleiner Ländereien sein können und Häuslern oder Köttern — Tagelöhnern, Handlangern oder Knechten — ohne Vieh. Der Besitz von Ackervieh und auch von Schafherden, oder allgemeiner, Höhe und Art des Vierfüßlerbesitzes, ist in der Tat das wesentliche Kriterium sozialer Unterscheidung auf dem Dorf. Der herrschaftliche, nach sozialen Kategorien abgestufte Druck lastet sowohl auf den oberen wie auf den unteren Rängen der bäuerlichen Gemeinschaft; daher kann er in Krisenmomenten die ländlichen Gemeinden ziemlich einhellig gegen sich vereinen. Im allgemeinen geben die Dörfler den im Dienst des Herrn stehenden Amtspersonen die Schuld: dem Richter, dem Schreiber und dem Burgvogt, denen Rechtsprechung, Schriftführung und die militärische und zivile Verwaltung des Herrschaftsgebietes obliegen.

Alles in allem legen die Herren den Bauern der Dauphiné ein ziemlich schweres Joch auf.[69] Der den Boden belastende Anerkennungszins ist an und für sich keine schwere Last; aber die sich häufenden Fälligkeiten und die 16,7 % Verkaufs- und Erbschaftsgebühren sind oft beträchtlich und werden von den Dörflern nur schlecht verkraftet.

In der Dauphiné ist ein ziemlich lebhafter Bodenhandel üblich: In jeder Generation wechselt ein Drittel des mehr oder minder anbaufähigen Bodens den Besitzer. Nun machen sich die Privilegierten, und unter diesen eher die Adligen als die Geistlichkeit, diese Beweglichkeit der Bodenfläche zunutze, um große Teile des Landes in der Ebene oder der Halbebene der Niederdauphiné um Romans und Valence und im langgestreckten Grésivaudan-Tal aufzukaufen. Hier werden sich auch bald die frisch geadelten Nachkommen des Richters Guérin niederlassen, die nun de Tencin heißen. Der an Wert verlierende Grundrentenarchipel des Feudaladels wird so rechtzeitig durch einen Kontinent bereits kapitalistisch betriebener Herrengüter ergänzt.

In der Gruppe der adligen Bodensammler bilden die frisch Geadelten, die nun von der Steuer befreit sind, eine sehr dynamische Untergruppe. Von den Bauern, auf deren Schultern nun der Steueranteil lastet, den die neuen Adligen zu zahlen hatten, als sie noch bürgerlich waren, werden sie scheel angesehen.[70] Es ist schwierig, den Prozentsatz der zu dieser Untergruppe der Adelsbevölkerung der Provinz Gezählten genau zu bestimmen. Eine vergleichende Studie der gesamten Sippen des Gebiets von Valence für die Jahre 1594 bzw. 1523 ergibt für den Adel einen Zuwachs neuer Familien von 50,6 % in einundsiebzig Jahren (1523—1594).[71] Unter diesen Familien sind zwar nur 4,4 % des Adelsbestandes von 1594 mit Sicherheit von neuem Adel. Trotzdem besteht die neue lokale Adelsgesellschaft (die genannten 50,6 %) nicht nur aus blaublütigen Zuwanderern, sie muß eine stattliche Anzahl frisch Geadelter enthalten, die als solche nicht offiziell vermerkt werden. Die neuen Adligen, die aus „der Hefe“ des dritten Standes hervorgegangen sind, haben keine gute Presse: Es wird ihnen nachgesagt, daß sie sich rüpelhaft benehmen und ihren Dünkel dadurch ausdrükken, daß sie auf den Friedhof pissen, ihre Schulden nicht bezahlen und Bürgerliche verprügeln.[72]

In Pisançon bei Romans gibt es zu Beginn des 17. Jahrhunderts solche ganz neue, kaum dem Bürgertum entwachsene Junker; unter ihnen die

Guérins (Söhne des Richters), die Jomarons, die Velheus, die Costes, die Loyrons, manche von ihnen Erzschurken, deren Hände noch rot sind vom Blut der Rebellen von 1580. Dieser Mafia gehören zusammen *mit wenigen Anderen* in Pisançon 3 438 (steuerfreie) *séterées** von insgesamt 7 353, das heißt 46,8 % der anbaufähigen Bodenfläche.[73] Grund genug, Frustrationsgefühle hervorzurufen; sie waren ja 1579/1580 auch schon an die Oberfläche gedrungen.

Das Verhalten von Neuadligen, Altadligen und sonstigen Herren geht Hand in Hand mit einer Offensive, die auf dem Lande von Nutznießern der Religionskriege betrieben wird; auch diese schneiden sich zwischen 1560 und 1600 einen Löwenanteil heraus. Sie tun das mit Hilfe der sogenannten „rente constituée" (etwa: verbriefte Rente), die nichts anderes ist als ein verzinsliches Darlehen in einer Form, die von der zeitgenössischen Kirche zugelassen ist. Damit wird so mancher rechtschaffene Mann und unglückselige Schuldner bis auf die Haut ausgeplündert.[74]

Demgegenüber ist der Zehent nicht sehr hoch. Theoretisch ist dieser die Abgabe eines Zehntels der Ernte. Er wird zugunsten von Männern der Kirche – Bischöfen, Kapitelherren, Abteien oder auch Pfarrern der Kirchengemeinden – von den Haupterzeugnissen der Landwirtschaft erhoben. Die große Untersuchung, die hier bereits benutzt worden ist und die um 1700 in der Dauphiné durchgeführt wurde, macht es möglich, die Höhe dieser „Dezimalabgabe" für 335 *dîmeries* oder Zehenteinzugsbezirke genau zu bestimmen. Diese 335 Einzugsbezirke entsprechen den 271 Dörfern der Wahlgebiete Romans und Vienne. Die um 1700 zusammengestellten Zahlenangaben finden für das Ende des 16. Jahrhunderts eine frühere Bestätigung durch verschiedene, punktuelle Quellen. Es zeigt sich, daß der Abgabensatz in den 335 *dîmeries* für Getreide oder „großes Korn" nicht ein Zehntel beträgt, wie es die Etymologie des Wortes „Zehent" nahelegt, sondern meiner Berechnung nach nur etwa ein Zwanzigstel (ganz genau $1/20{,}1$ oder 4,98 %). Der Satz ist in den 106 Dörfern oder 126 *dîmeries* des Wahlgebiets Romans etwas geringer, nämlich ein Zweiundzwanzigstel des Korns (4,55 %); und etwas höher in den 165 Ortschaften oder 209 *dîmeries* der Wahleinheit Vienne: ein Achtzehntel des Korns ($1/18{,}2$ oder 5,49 %). Diese Sätze sind maßvoll; sie sind für den zehentpflichtigen Bauern nicht erdrückend.[75] Sie sind auch deutlich geringer als die im Languedoc und einem Teil der Pyrenäen. Dort betragen sie 8 oder 9 oder auch 10 %, also fast das Doppelte der Sätze in der Dauphiné. Daher die verhältnismäßig gerin-

* 1 Séterée Land entspricht etwa ¼ Hektar. 3438 Séterées sind ungefähr 859,5 ha *(Anm. d. Übers.)*.

ge bäuerliche Aggressivität gegenüber den zehentberechtigten Geistlichen in der Gegend von Romans um 1579/1580. Sie werden nicht als Unterdrücker empfunden, und Proteste gegen sie kommen nur sporadisch vor.[76] Ohnehin haben sie schon schwer unter der hugenottischen, antikatholischen Gewalttätigkeit von 1560 gelitten. Sie haben es verdient, daß man sie in Frieden läßt. Infolge der geringen Anzahl hugenottischer Bauern entbrennt der Zorn des Dorfes im wesentlichen in katholischen Kreisen; er tut der Geistlichkeit wenig Leids an; in der Hauptsache richtet er sich gegen den Adel und die weltlichen Herren.

Aber selbst auf dieser Front sollte man nichts überzeichnen. Bei den antiadligen oder antigrundherrlichen Kämpfen, die um 1579/1580 beginnen, sind die Rechte der weltlichen Herren, so drückend sie auch im Vergleich mit der Geringfügigkeit des Zehent erscheinen mögen, nur eine nebensächliche Zielscheibe der aufständischen Bauern. Deren Wut richtet sich hauptsächlich gegen die *Steuerprivilegien* des Adels, Grundherren und andere; sie verübeln ihm, daß er ungerechterweise von den Steuern befreit ist, die der dritte Stand zu zahlen hat. Trotzdem bringt der Bauernaufstand während der Unruhen, die ursprünglich gegen die Steuerfreiheit ausbrechen, es mit sich, daß auch ein paar Schlösser und einige herrschaftliche Abgabenverzeichnisse in Flammen aufgehen.[77].

Zum Abschluß dieser wenigen einleitenden Seiten wollen wir festhalten, daß der Karneval von Romans am entscheidenden Punkt einer Entwicklung in der Dauphiné (1579—1580) stattfindet, die wir Schritt für Schritt beschreiben werden und jetzt schon revolutionär nennen können. Starke Gruppen der Bauernschaft kämpfen, zum Teil mit den Waffen, gegen adlige Räuber, gegen gewisse Aspekte der Grundherrschaft und besonders gegen das adlige Privileg der Steuerfreiheit. Auch das städtische Bürgertum kämpft in unterschiedlichem Grade gegen die beiden privilegierten Stände. In den Städten stehen Handwerker und kleine Leute gegen die reichen Bürger. Und auch der Adel hat wegen der tiefgehenden Spaltungen, die sich in ihm aufgetan haben, seine Einheit verloren: Protestantische Adlige haben sich von ihren katholischen Ebenbürtigen getrennt. So sind alle Elemente vereinigt, an deren Vorhandensein Lawrence Stone[78] die „revolutionäre Situation“ erkennt, wie sie aus dem Ancien Régime geboren wird: Kämpfe zwischen oberen und unteren Klassen; Kämpfe auch innerhalb der Elite, die in sich selbst zerstritten ist. Dazu kommen noch die Kämpfe zwischen der Zentralgewalt (in Paris oder Blois) und der Peripherie (der Provinz Dauphiné, die ihre Steuerhoheit verteidigt). Die bäuerlichen Gegner der etablierten Ordnung werden von der königlichen Armee niedergeworfen. Ohne dieses Eingreifen hätten sich in der Dauphiné hinsichtlich des adligen Steuerprivilegs wahrscheinlich manche größeren Veränderungen vollzogen. (Später, im Jahrzehnt 1630, haben sie sich durchgesetzt, aber auf friedlichem Wege.) Schließlich ist die Dauphiné der Schweiz benachbart. Und in der Schweizer Eidgenossenschaft hatten Revolutionen gegen Grundherrschaft und Adel seit Jahrhunderten ein Fait accompli geschaffen.

Zweites Kapitel
Der Steuerdruck: Bürgerstand gegen Adel

Soll man die Ursache der städtischen und ländlichen Revolte, die sich im Karneval von Romans (1579—1580) verkörpert, in hugenottischen Intrigen suchen? Richter Guérin, der uns unter dem durchsichtigen Schleier der Anonymität einen der Hauptberichte der Episode hinterlassen hat, war davon überzeugt oder aber wollte uns davon überzeugen. Er macht für die Wirren in der Niederdauphiné und im Gebiet von Vienne das unermüdliche Wirken der Protestanten verantwortlich: *Um gut und richtig die Quelle und die Ursache des Diskurses zu verstehen, der nachstehend die Volkserhebung im Lande Dauphiné erklären soll,* schreibt er in seinem geschwollenen Stil, *muß man in erster Linie davon ausgehen, daß den Leuten von der angeblich reformierten Religion* (= Hugenotten), *denen es während der ganzen Wirren im genannten Land nicht gelungen ist, im Vienner Gebiet Fuß zu fassen, obwohl sie es mit allen Mitteln versuchten, nichts besseres einzufallen schien als eine Spaltung unter denjenigen im Vienner Land herbeizuführen, die im Einverständnis mit denen von der „Dorfpartei" in der Nähe von Romans waren.* Die Protestanten waren jedoch ganz und gar nicht in der Lage, im Rhonetal und den Alpen das Gesetz zu diktieren: Ein großer Teil des Volkes, die Gebirgsbewohner und besonders das Volk der Ebene, war katholisch geblieben. Mehr noch, die Hugenotten waren in bezug auf das Problem der in Bünden organisierten Volksbewegung (das Wort *Ligue* [= Liga oder Bund] war zwar nicht ganz neu, aber sehr in Mode und auf jeden Fall „verabscheuenswert") unter sich selbst nicht einig. Manche ihrer hochstehenden Führer hielten die Bünde für gefährlich und gewissermaßen anfällig für etwas, das man heute „anarchistisch" nennen würde. Zu diesem „konservativen" Klüngel gehörte der Chef der Genfer Protestanten, François de Lesdiguières, der damals in der Blüte seiner Jugend stand. Dieser unermüdliche Krieger urteilt über die bäuerliche Rebellion ohne jede Sympathie. Am 13. Juni 1579 schreibt er an Gouvernet: *Wir haben gute Nachrichten, die Bünde machen zwar Lärm, aber sie rühren sich nicht* (A 29, Anm.).[1] Allerdings waren die Bünde, die den Hugenottenführer beunruhigten, die Bünde der Gegend von Montélimar, die von dem bei den Protestanten natürlich nicht beliebten Ultrapapisten Jacques Colas angeführt wurden.

Die Reformierten bildeten in dieser Angelegenheit also keine geschlossene Front; aber auch sonst hätte allein ihre Aktivität in den Gebieten um Vienne und Romans keine Zwietracht säen können, wenn nicht schon vorher eine tiefe Unzufriedenheit im Volke bestanden hätte, die die Gegend zum Aufruhr reif machte. Eine Unzufriedenheit, die in erster Linie durch die Übergriffe der Soldateska verursacht worden war; die Soldaten verwüsteten das Land seit fast zwanzig Jahren, seit 1560 die „Religionskriege" (Protestanten gegen Katholiken) ausgebrochen waren. Sie hatten der Dauphiné das Rückgrat gebrochen. In dieser Beziehung drückt sich der Anonymus (Guérin) sehr klar aus. Wie er schreibt, stifteten die Hugenotten die ländlichen Rebellen zu „Krawallen" an, das heißt zum Losschlagen unter dem Vorwand, *daß sie von den Kriegsleuten zu Fuß und zu Pferd, die in den vorherigen Jahren mehrmals das genannte Land durchzogen und dort unendlich viele Erpressungen und Ausschreitungen begangen haben, mit Füßen getreten und unterdrückt worden sind* (A 29). Um uns mit einem der harmlosesten Beispiele zu begnügen: Zwei Jahre vorher (1577) hatten Soldaten der Regimenter Grillon, Larche und Martinière auf dem Lande einen Haufen Vieh gestohlen, um es dann wieder zu verkaufen.[2] Als die Regimenter durch Romans ins Languedoc marschieren wollten, beschlossen deshalb die Stadtregenten, daß sie nur Kompanie für Kompanie passieren dürften; während ihres Durchzugs *haben auf Anordnung der Konsuln die Einwohner ihre Läden geschlossen gehalten und sich bewaffnet auf ihre Posten und an die Stadttore begeben.* Was die Bevölkerung der Stadt nicht daran hinderte, *den Regimentern die ihnen gebührende Höflichkeit und Ehre zu erweisen.* Konsularischer Euphemismus.

Das Erpressen von Vieh und Lebensmitteln, durch das die Herden und die Ernten der Bauern und der Städter (die ja selbst halbe Bauern waren) dezimiert wurden, war nicht nur die Sache individuellen oder kollektiven Diebstahls von Soldaten. Die Bevölkerung hatte auch offiziell Nahrungsmittel an das Militär zu liefern, das viel Fleisch verbrauchte und sogar verschwendete (80 Kilo pro Kopf und Jahr, das heißt mehr als die doch wohlgenährten Pariser der heutigen Zeit). Am 22. Juli 1577 „wird auf Befehl des Herrn von Moidieux, des Generallebensmittelkommissars, die Stadt Romans angewiesen, Rinder, Schafe, Brot und Wein an die vor Pont-en-Royans kampierenden Truppen des Herrn von Gordes zu liefern. Als die Belagerung dieser Stadt plötzlich abgebrochen wird, bleiben 4 500 Brote, die auf Kosten von Romans gehen, ohne Verwendung und müssen unter Preis verkauft werden".[3] Verschwendet wurde immer! Aber auch Geld wurde gefordert: Im Juli 1577 hat die Stadt Romans 600 Écus als Lösegeld für zwei ihrer Konsuln zu zahlen, die von den Kriegsleuten gefangengenommen worden sind. Oder im September 1575, als der Baron von Gordes, damaliger Provinzstatthalter (für den König), nach Romans kommt: Er verlangt für den Unterhalt seiner Krieger eine Subvention, die sich auf 20 Pfund Steuer pro „Steuerhaushaltung“ beläuft.[4]

Gerade die Steuererhebungen, die auf dem Volk lasten, werden von den Steuerpflichtigen sehr übelgenommen. Im August 1578 wird für die gesamte Dauphiné die Einziehung von vier Écus pro Steuerhaushaltung befohlen. Diese Écus sollen dazu dienen, sowohl fällige Steuerbeträge als auch die fälligen oder übernommenen Schulden beider Seiten, der Katholiken und der Protestanten, zu bezahlen. Zahlen sollen alle! Gott wird die Seinen belohnen.

Klar, daß Hugenotten und Papisten aufschreien, wenn ihnen bewußt wird, daß sie alle für die Ausgaben aufkommen müssen, die auf der anderen Seite der Barrikade von der Partei ihrer Gegner gemacht worden sind. Wenn man sich allerdings auf den weitschweifigen Bericht des Notars Eustache Piémond aus dem Marktflecken Saint-Antoine verläßt, eines „braven Soldaten Schwejk“ der kriegführenden Dauphiné, so wurden diese vier Écus ohne großes Zähneknirschen gezahlt. Aber nun soll im Oktober 1578 eine neue Kopfsteuer von zwei Écus vierzig Sols pro Haushaltung erhoben werden (P 63). Auch diese wird noch ohne Protest bezahlt. Dann, wenig später, sind es fünfzehn Écus sieben Sols drei Deniers pro Haushaltung *für die laufenden Landesgeschäfte.* Mit anderen Worten, zur Bezahlung der Schulden und Ausgaben der Region und der Provinz. Damit ist das Maß voll. *Die Sache ist zu übereilt und zu unerträglich für das Volk nach all den schweren Schlägen, die ihm der Krieg zugefügt hat* (P 63). Wozu soll es gut sein, sein Geld herzugeben für eine Kriegführung, die einen zugrunde richtet? Das hieße ja, Öl ins Feuer zu gießen statt in das Räderwerk. Denn nun schwindet in der Dauphiné die Hoffnung auf Frieden. Im gesamten übrigen Reich herrscht seit dem königlichen Reichsfrieden von 1577 im großen und ganzen Ruhe; aber in der ausgedehnten alpinen Provinz stehen Hugenotten und Papisten einander noch immer in blutigen Fehden gegenüber. In manchen Stadt- und Landgemeinden der Dauphiné hofft man deshalb auf die *Beschwerdehefte** des regionalen dritten Standes, die im nationalen Rahmen am 16. März 1577 in Blois vorgelegt werden. Diese *Hefte* waren die große Hoffnung. Es wurde darin der Wunsch geäußert, daß alle diejenigen, die für eine der beiden kriegführenden Parteien Kopfsteuern erhoben hatten, Rechnung legen und „zurückerstatten“ sollten. Die Rechnungslegung sollte in Gegenwart und unter dem Vorsitz provinzfremder Kommissare erfolgen, die einer Komplizenschaft mit denen, die sie zu verhören hatten, den Schuldigen, nicht verdächtig sein konnten.

---

* „Les Cahiers de doléances“ *(Anm. d. Übers.).*

Die Forderungen des Volkes gingen aber noch weiter. Mit Blick auf das Zusammentreten der Provinzstände (oder Repräsentantenversammlung der drei Stände der Dauphiné), das in Kürze in Grenoble stattfinden sollte, protestierten die Gemeinden gegen die enorme Höhe der königlichen Steuern und anderer Besteuerungen und Abgaben, die zur Kriegskostendeckung erhoben wurden. Sie beklagten sich darüber, daß all dies den Steuerpflichtigen *nur nackte Erde und Fels* ließe. Vor allem aber forderten sie, daß Adel und Geistlichkeit ihren Anteil, ihren gerechten Anteil, zahlen sollten. Und daß der *plebejische dritte Stand* nicht überlastet werde (wie der Verfasser der Protestschrift, von lateinischer Bildung geprägt, schreibt).

Wohlgemerkt, es ist nicht die Rede von gleicher Lastenverteilung auf die drei Stände. Wir sind im Jahre 1579, noch nicht im Jahr 1789. Aber mit allem Nachdruck wird dem Wunsch Ausdruck gegeben, daß die erst kürzlich Geadelten, die alle oder fast alle ehemalige Bürgerliche und reich mit Ländereien und Häusern gesegnet sind, nicht ipso facto durch Erwerb ihres ganz neuen Adels von der Steuerpflicht entbunden werden. (Diese Entbindung hat nämlich die Wirkung, daß ihr bisheriger Anteil am Steueraufkommen mehr oder minder automatisch denjenigen ihrer Mitbürger aufgebürdet wird, die im Bürgerstand verbleiben.) Man will vermeiden, daß der dritte Stand in Stadt und Land überbelastet wird. Weiter fordert man, daß Adel und Kirche für Land, das vorher „Bauernland", also nicht adlig war und das sie kürzlich vom dritten Stand erworben haben, Steuern bezahlen. Solches Land ist nämlich steuerfrei durch den „Adel", in den es kraft seines Erwerbs durch Privilegierte „erhoben" wird. Da die Gesamtsumme der von der Provinz aufzubringenden Steuer dieselbe bleibt, muß ein erheblicher Bruchteil der Steuerlast zusätzlich vom übrigen Land getragen werden, das in den Händen der Nichtprivilegierten bleibt und bereits schwer besteuert ist. Selbstverständlich sehen die Adligen und sogar die Geistlichen die Dinge anders. Vor allem die Neuadligen, die kaum ihrem geringen Stand entwachsen und daher besonders adelsstolz sind: Sie wehren sich dagegen, besteuert zu werden wie gewöhnliche Plebejer.

Bereits vor dem Zusammentreten der Landstände, das im Frühjahr 1579 erfolgt, führen diese Forderungen zur Abfassung der *Hefte*, die zwischen August 1578 und dem folgenden Februar niedergeschrieben wurden: eine regelrechte Sammlung von Beschwerden, zusammengestellt zu dem Zweck, der für 1579 vorgesehenen großen Frühjahrsversammlung der Provinz vorgelegt zu werden. In den *Heften* wurden die Privilegierten angegriffen, die, wie wir gesehen haben, beschuldigt wurden, sich ihrer Steuerpflicht zu entziehen. Ein um so skandalöseres Verhalten, als der Kriegszustand im Prinzip von jedem verlangte, in die Tasche zu langen, um die Verteidigung der Menschen und der Interessen der Provinz, wenn nötig durch Waffen, zu stärken (P 64). Die Führer und Anführer, die, soweit sie keine Analphabeten waren, diese Texte geschrieben hatten, beriefen sich dabei auf alte Privilegien der Dauphiné, nach denen im Prinzip Adel und Geistlichkeit dazu verpflichtet waren, gemeinsam mit dem Bürgerstand zu den öffentlichen Lasten beizutragen: So wurden die *Provinz*privilegien zum Argument des Kampfes gegen *soziale* Privilegien. Eine gerechte Umkehrung der Dinge! Diese Führer beriefen sich auf ihre Zugehörigkeit zum plebejischen dritten Stand, das heißt dem bäuerlichen und städtischen Bürgerstand, der in den Dorf- und Stadtgemeinden verkörpert war. Aber ohne seine vornehmen Elemente und seine angesehenste Oberschicht von müßiggehenden Rentenbeziehern, protzigen Talarträgern, reichen Kaufleuten und Finanzschmarotzern, eine Oberschicht, die teilweise die Sache des Adels vertrat; und vor allem die der Anwärter auf den Adel, den Preis, den sie eines Tages für sich oder ihre Kinder zu gewinnen hofften.

Die Aktivisten des „*plebejischen* dritten Standes", *dessen Tränen flossen bis zur Erschöpfung,* betrieben eine mehr oder minder offene oder geheime Agitation und Propaganda. Anscheinend waren sie es, die den Gedanken des Steuerstreiks und sogar der Abschaffung der Steuer unters Volk trugen: *Sie gewannen das Volk durch Weiterführung seiner gerechten Beschwerden, indem sie zu verstehen gaben, daß keine Kopfsteuer mehr gezahlt werden sollte* (S. 64). Propagandisten und Aktivisten, von denen es plötzlich wimmelte, zogen von Stadt zu Stadt, von Dorf zu Dorf; sie machten den Inhalt der *Hefte* bekannt; sie nahmen die Schwüre der zur Gemeindeschaft zusammengefaßten Bewohner entgegen. Sie verkündeten den Steuerstreik, dessen Prinzip dann tatsächlich im April 1579 von de Bourg in der Ständeversammlung in Grenoble verfochten wurde. Dieser Beginn „objektiver" Rebellion war vermischt mit Ergebenheitsadressen an den regierenden König, Heinrich III. *Gemeinde nach Gemeinde schwor, zu leben und zu sterben für die Bestrebungen der obengenannten Hefte durch untertänige Klageführung vor seiner Majestät.*

An diesem Punkt unseres Berichts kann eine „Pause" von Nutzen sein. Man sieht bereits, daß die Revolte vielfältige Ausgangsgründe hatte; aber sie alle haben sich rasch auf die Steuerfragen und die Vorlegung der *Hefte* zugespitzt, in denen die Beschwerden des dritten Standes niedergelegt waren. Bevor ich den Faden des Berichts über die Entwicklung, die zum Karneval von Romans führt, wiederaufnehme, möchte ich zwei Vorfragen stellen. Erstens: Ist die Steuerschraube, die von den Unzufriedenen beanstandet wird, in dem Jahrzehnt 1570 und besonders um 1578, am Vorabend der Revolte, wirklich so bedrückend? Zweitens: Was hat es eigentlich mit der Steuerfreiheit der Privilegierten auf sich, die der nichtadligen Bevölkerung keine Ruhe läßt? Sollte man nicht zum besseren Verständnis der Revolte kurz die Geschichte dieser Steuerfreiheit und der Feindseligkeiten skizzieren, die sie im gemeinen Volk erzeugt hat?

Erste Tatsache: Der Bauernkrieg in der Dauphiné und seine städtische Folgeerscheinung, der Karneval von Romans, stehen durchaus im Zusammenhang mit der kürzlich vorgenommenen Steuererhöhung samt den Konsequenzen, die diese Erhöhung für die Steuerpflichtigen bedeutet, die sich vom Fiskus erdrückt fühlen. In dieser Beziehung ist die Kopfsteuerkurve (direkte Steuer) in der Dauphiné zwischen 1523 und 1589 sehr überzeugend (graphische Darstellung auf S. 49).
Es handelt sich natürlich um die zum Realwert berechnete Kopfsteuer (hier in Weizen). Die Nominalwertkurve wurde durch die Inflation aufgebläht, die sich auf Preise und Steuern niederschlägt; sie ergäbe eine falsche, sehr übertriebene Vorstellung von dem angeblich kontinuierlichen Anstieg des Aderlasses durch den Fiskus.

Der Realwert läßt keinen Zweifel: In den Jahren 1566–1584 ist über die Dauphiné die stärkste Steuerflut hereingebrochen, die ihre Bewohner seit dem ersten Viertel des 16. Jahrhunderts erlebt haben. Zwar hatte es um 1536 und 1543, auf dem Höhepunkt der Kriege Franz' I., zu denen beigetragen werden mußte, schon einmal noch drückendere Steuern gegeben. Die Alpenprovinz hatte zu jener Zeit einen Großteil der fiskalischen Finanzierung des königlichen Schatzes ge- oder ertragen. Aber damals waren die Abgaben noch erträglich: Gestärkt durch die Renaissance und das „schöne" 16. Jahrhundert vor den Religionskriegen, erlebte die Dauphiné eine Phase des Aufschwungs und relativer Blüte von Bevölkerung und Wirtschaft. Sie konnte zahlen. Und sie zahlte, wenn auch nicht ohne Murren. Aber was kümmerte das die Machthaber? Offene Revolte kam nicht in Frage. In der Periode von 1566 bis 1584 hat sich die Lage verändert. Die Menschen in der Dauphiné haben Geschmack an den Waffen gefunden oder sich nach Jahrzehnten des Bürgerkriegs wenigstens an sie gewöhnt. Sie lassen sich nicht mehr scheren wie die Lämmer. Und es fehlt jetzt auch nicht an triftigen Gründen zur Klage. Die Provinz ist von Krieg, Pestilenz und Hungersnot ausgeblutet. Vor 1560 schwoll die Zahl der Steuerzahler im lebhaften Rhythmus der Bevölkerungszunahme an. Nach diesem Datum erreicht sie ihren Höhepunkt oder nimmt sogar ab (in Romans zum Beispiel ist der Rückgang deutlich). Auch der besteuerbare Reichtum geht zurück. Dieser Rückgang zeigt sich auf allen Ebenen, ob es sich um das Gesamteinkommen oder um das errechnete Pro-Kopf-Einkommen der Steuerpflichtigen handelt. Diesmal schadet das Verhalten der Obrigkeit

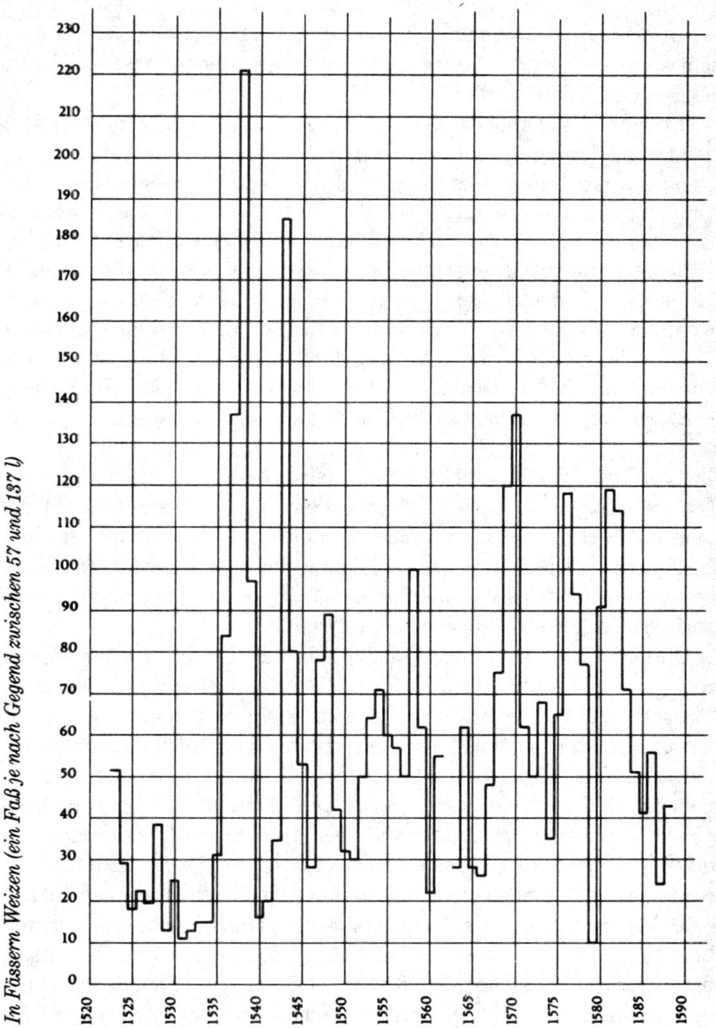

Steuerauflage in der Dauphiné umgerechnet in Weizen (Höhe der direkten Steuer nach van Doren; Weizenpreis nach den Registern der Rechnungskammer von Grenoble).

der Wirtschaft: In den Jahren von 1566 bis 1572 und von 1575 bis 1578 erhebt sie sehr hohe Steuern (Wert in Weizen); höher als alle, die im Verlauf des vorangegangenen, blühenden 16. Jahrhunderts vor 1560 gezahlt worden waren (mit der Ausnahme der bereits erwähnten beiden fiskalischen Extreme um 1536 und 1543).

In dieser Hinsicht hat die Revolte von 1579 ihre „Nützlichkeit" erwiesen, wenigstens für den Augenblick. Die 1579, im entscheidenden Jahr des Aufstandes, in der Dauphiné und in Romans ausgeschriebene Steuer setzt der verheerenden Steuerschraube von 1574 bis 1578 ein Ende. Sie ist die niedrigste an Realwert, die es während der ganzen Zeitspanne von 1523 bis 1589, also während zwei Dritteln des Jahrhunderts, gegeben hat. Doch gleich nach Niederschlagung der Revolte im Frühjahr 1580 beginnt sich die Höllenmaschine des Fiskus wieder zu drehen, und zwar mit einer Stärke ohnegleichen: Eine neue Drehung der Steuerschraube, die sich scharf von der Milde der Steuern von 1579 abhebt, verstärkt zwischen 1580 und 1584 den Druck auf die Steuerpflichtigen ganz erheblich.

Zweite Frage: Die Steuerfreiheit von Geistlichkeit und Adel als Ursache für das Gefühl der Benachteiligung bei den Bürgerlichen; und die Privilegien bzw. Nichtprivilegien der gesellschaftlichen Gruppen in bezug auf die Besteuerung. Wie sieht in diesem Punkt die jahrhundertealte Mentalität des dritten Standes in der Dauphiné aus? Hier erlaube man mir einen kurzen flash-back — eine Rückblende wie im Film.

Die Grundidee, die bei den Einheimischen der Dauphiné trotz ihres Irrealismus sehr lebendig ist, ist folgende: Sie sind überzeugt, daß sie im Prinzip seit 1341 von der Kopfsteuer vollständig ausgenommen, das heißt von der direkten, regelmäßigen Steuer befreit sind. In jenem Jahr lag der damalige Kronprinz von Frankreich (dessen Titel *Dauphin* sich vom Namen der Provinz ableitet, deren Souverän er ist, Anm. d. Übers.) krank danieder. Von seinen Beichtvätern bearbeitet, dehnte er die Steuerfreiheit, die die meisten Stadtgemeinden des Gebietes durch die ihrem Funktionieren zugrunde liegenden Freiheits-Charten ohnehin schon besaßen, auf alle seine Untertanen aus. Als Nachfolger des Dauphins Humbertus II. legten bis in das 17. Jahrhundert hinein alle Könige von Frankreich Wert darauf, diese Pauschalbefreiung offiziell beizubehalten. In der Theorie und in purer Heuchelei; denn sie scheuen sich durchaus nicht, Steuern zu erheben, die sie schamhaft mit dem Namen „freiwillige Spende" schmücken. Aber die Heuchelei ist ja bekanntlich der Tribut des Lasters an die Tugend. Für den Bürgerstand ist die Erinnerung an die „Befreiungstat" von 1341 sowohl im Jahre 1550 wie im Jahre 1630 ein fester Bestandteil der nie veraltenden Sammlung bürgerlicher Freiheiten der Dauphiné.[5] So träumen denn im 16. Jahrhundert die Bürgerlichen von einer Steuerfreiheit, die allen drei Ständen, nicht bloß dem Adel und der Geistlichkeit, gewährt werden sollte. In diesem Sinne, aber nur in diesem Sinne, ist die Revolte utopisch, „vergangenheitskonservierend".[6] Sie steht dem realistischen Steuerdenken der Staatsmänner und der kühlen Bürokraten der Monarchie gegenüber, einem Realismus, in dem schon die zentralistische Zukunft angelegt ist. Wir werden aber sehen, in welch engen Grenzen sich die angebliche Rückwärtsgewandtheit der Rebellen hält, die mehr auf ein Ideal als auf Fakten gerichtet ist. In Wirklichkeit sind sie keine utopistischen Konservativen, sondern Reformisten und zeitweilig sogar Revolutionäre.

Nun haben sich jedoch örtlich in bezug auf die Kopfsteuer manche sehr reale Freiheiten, die den Bürgerlichen ganzer Städte gewährt wurden, bis in die Mitte des 16. Jahrhunderts gehalten. Zum Beispiel in Montélimar noch bis 1550.[7] Es ist daher verständlich, daß dreißig Jahre später die Revolte gegen den Fiskus in dieser Stadt akut wird. Aufgrund der von Eltern und Großeltern weitergegebenen Überlieferungen erinnert sich Montélimar noch im Jahre 1580 genau an das eine Generation zurückliegende lokale goldene Zeitalter, als die Bürger der Stadt örtlich keine Steuern bezahlten.

Diese *reale* Steuerbefreiung ist örtlich, auf Montélimar beschränkt geblieben und nicht auf die ganze Dauphiné ausgedehnt gewesen. Trotz der theoretischen Steuerfreiheit, die ihnen ihr Souverän 1341 beschert hat, zahlen die Dauphiné-Bürger des späten Mittelalters und der Renaissancezeit deftige Steuern. Aber immer in Form sogenannter freiwilliger Beiträge; einer der ersten Fälle dieser Art ereignet sich 1357 durch Zahlungen an das Schatzamt des Dauphins Charles, nach der Gefangennahme König Karls des Guten. Diese „gefälligen Gaben" sind die Materialisierung des guten Willens der Einheimischen und vor allem ihrer Freiheit, ihrer Nicht-Dienstbarkeit, ihrer Abgabenfreiheit und ihres allgemeinen Konsenses, den die Versammlung der drei Stände der Provinz ausgedrückt hat. Nachzulesen in dem *Essai sur le don* (Das Geschenk) von Marcel Mauss.

Hier nun ist der Ort des zweiten Zündstoffs (oder vielmehr des zweiten Bestandteils des Zündstoffs, Salpeter auf Kohle). Er liegt im 16. Jahrhundert dem Steuerprotest zwischen Rhone und Nordalpen zugrunde. Ich meine die *besondere* Befreiung von der direkten Steuer, die die beiden privilegierten Stände genießen. Eine tatsächliche, keineswegs utopische Steuerfreiheit! Nach allem, was man weiß, scheint sie zwanzig Jahre oder etwas mehr nach dem ursprünglichen und symbolischen Akt von 1341 ihren Anfang genommen zu haben. Sie läßt sich bis (spätestens) auf die Ständeversammlung der Dauphiné vom Juni 1370 in Romans zurückverfolgen.

Von da an wird sie bis zur Zeit Richelieus als Regel und unbestrittene Tatsache betrachtet. Eine durch Ausnahme bestätigte Regel: Gelegentlich haben auch Adlige und Priester diese oder jene sich aus den Zeitläuften ergebende Steuer an den Staat zu zahlen, aber ohne daß daraus ein Präzedenzfall entsteht. Der Akt von 1370, der so gut hineinpaßt in das, was zur allgemein gültigen Weltanschauung des französischen Adels geworden ist, behält also mehrere Jahrhunderte hindurch den Wert eines selbstverständlichen Rechts, und das trotz der Tatsache, daß die Umstände, unter denen er zustande kam, vorübergehender Natur waren. Zu jener Zeit handelte es sich nämlich darum, die Privilegierten der Dauphiné für die Unternehmungen des Königs von Frankreich zu gewinnen (die Steuerbefreiung des Adels ist in ganz Frankreich immer ein Nebenprodukt des monarchischen Zentralstaates). Gleichzeitig versuchte der König auch, auf Schleichwegen den „freiwilligen" von der Dauphiné gebilligten Beitrag mit den *gemeinen* Einnahmen der königlichen Domänen zu vermischen.[8] Dazu brauchte er eine Menge hochgestellter Helfershelfer in der Provinz. So befreite man eben die Adligen, um dem übrigen Volk die Steuerschraube besser anziehen zu können.

Von nun an steht die Kulisse, vor der sich, lange Zeit später, die *soziale* Tragödie der *fiskalischen* Revolte in der Dauphiné abspielen wird. Im 15. und noch stärker im 16. Jahrhundert entwickelt sich der Kampf zwischen dem dritten Stand, der behauptet, daß auch er *wie alle* von der Steuer befreit sei, und den beiden ersten Ständen; diese beiden genießen *spezifische* Steuerfreiheiten, die wirksam sind; es ist verständlich, daß es dem dritten Stand widerstrebt, sie für rechtens zu halten. Für die Bürgerlichen ist es eine logische Selbstverständlichkeit, daß im Geiste des Akts von 1341 *niemand* zahlt. Oder aber, wahrscheinlichere Möglichkeit, daß *alle*, einschließlich Adel und Geistlichkeit, ihren Anteil der „freiwilligen Geschenke" an die königliche Schatzkammer bezahlen.

Wichtigster Schauplatz dieses Konflikts sind die Landstände der Dauphiné, die seit dem letzten Drittel des 14. Jahrhunderts regelmäßig jährlich zusammentreten. Ein paar Worte mögen dazu dienen, diese erhabene Institution vorzustellen, eine Vorstellung, die zum Verständnis dessen beitragen soll, was seinen Höhepunkt im Pathos des Karnevals von Romans finden wird.

Was sind, nach ihren Anfängen im Spätmittelalter und in der Renaissance, die Landstände der Dauphiné im 16. Jahrhundert, wie setzen sie sich zusammen? Selbstverständlich sind ihre Strukturen, die ich als Momentaufnahme einer Synthese festhalte, bei weitem nicht starr; die Religions- und Bürgerkriegswirren der Jahre 1560—1580 halten sie nach verschiedenen Richtungen hin in ständigem Fluß.

Die Einberufungsliste oder -Rolle der Landstände umfaßt laut Dussert[9] 36 Vertreter der Geistlichkeit, 270 Adlige (die im Prinzip Herren großer Güter mit eigener Gerichtsbarkeit sind) und 115 Personen des dritten Standes. Letztere sind die Konsuln der Städte und einer Anzahl kleiner Marktflecken oder auch Dörfer. Viele dieser Ortschaften unterstehen unmittelbar der Verwaltung des Königs und Dauphins; einige liegen auf dem Gebiet von Grundherrschaften. Infolge dieser willkürlichen Zusammenstellung sind eine Reihe der von 1579 bis 1580 an der Revolte beteiligten Kirchengemeinden, die teils in Grundherrschaftsgebieten, teils aber auch in Königsland liegen, bei den Landständen nicht vertreten. Dadurch entstehen zusätzliche Spannungen. Ganz allgemein aber, und welches auch immer die Modalitäten der Stimmabgabe sind, die bei den Sitzungen der Stände erfolgt, hat der Adel nach Zahl und Rang eine unbestreitbare Vormachtstellung in der Provinzialversammlung.[10] Für ihn arbeitet sein Ansehen und mehr noch die absolute Mehrheit! Im dritten Stand haben die großen oder privilegierten Städte (die „zehn Städte" der Dauphiné, mit Grenoble, Vienne, Valence, Romans u. a.) das stärkste Gewicht. Aber die *anderen* Städte und auch die Dörfer sind durchaus imstande, lautstarke Forderungen anzumelden; das ermöglicht es ihnen, sich von den beiden privilegierten Ständen und der „Hautevolée" der „zehn Städte" zu distanzieren.

Die Ständeversammlung hat eine politische Rolle (Beschwerden etc.). Sie hat auch und vor allem eine finanzielle Rolle (grundsätzlich hat sie über die Steuern zu beschließen; auch ist sie zumindest teilweise verantwortlich für Umlage und Einziehung der Steuern sowie die Aufsicht über das gesamte Steuerwesen der Dauphiné, einschließlich Reichs- und Lokalsteuern). Auch militärische, religiöse und wirtschaftliche Angelegenheiten sind Teil ihres Aufgabenbereichs.[11]

Halten wir uns an die aufschlußreichen Steuern: In einem Teil der Dauphiné, im Südosten, den südlichen Alpen, besteht eine zumindest relative Steuergerechtigkeit. In den Gegenden um Gap, Embrun, Briançon, im Oisans und den Baronien ist man von alters her an die Führung von Grundbüchern gewöhnt; jede Gemeinde, ob Stadt oder Dorf, hat die ihren. Sie sind zwar weniger perfektioniert als die unsrigen heute, erlauben aber immerhin, die Steuer nach Maßgabe von Fläche und Fruchtbarkeit des Bodens umzulegen. Dadurch ist mit Ausnahme einer kleinen Zahl von spezifisch adligen und von der Steuer ausgenommenen Ländereien *aller* Grundbesitz, der bürgerliche, wie es sich von selbst versteht, aber auch der der Adligen und der Geistlichen, je nach Größe und Güte des Bodens abgabepflichtig. In diesen glücklichen Zonen nehmen daher die steuerlichen Auseinandersetzungen niemals die Schärfe an, für die sie in der mittleren und nördlichen Dauphiné bekannt sind. In dem sonnigen Bergland kennt man das frustrierende Gegeneinander nicht, das in den Gebieten von Romans und Grenoble herrscht, wo die von der Steuer befreite Klasse der Adligen und Geistlichen der städtischen und ländlichen Klasse der Bürgerlichen, die sich vom Steuerdruck erdrückt fühlt, feindlich gegenübersteht. Jedes Familienoberhaupt, ob blaublütig oder nicht, ob im abgabenfreien Dienste Christi oder nicht, zahlt einigermaßen korrekt das von ihm Geforderte.

Der Gründe für diesen glücklichen Zustand sind viele, und es würde zu weit führen, sie im Detail anzuführen. Nur soviel, daß diese kleinen Zonen der Süd-Dauphiné okzitanischer Zunge sind (sie unterscheiden sich also durch starke Nuancen von den französisch-provenzalischen Dialekten, die in der Grenobler Region gesprochen werden: Die Grenze zwischen dem Okzitanischen und dem Französisch-Provenzalischen verläuft von Osten nach Westen mitten durch Romans). Das „Okzitanien" der Süd-Dauphiné bildet daher eine Kulturgemeinschaft mit der Provence und dem Languedoc, die beide auch okzitanisch — und grundbuchpflichtig sind.

In diesen beiden Provinzen existieren nämlich die Kataster oder Grundbücher schon seit urvordenklichen Zeiten, entsprechend dem römischen Recht, das im frühen Mittelalter von südfranzösischen Juristen wiederbelebt wurde. Natürlich wirkt das Beispiel der Provence und des Languedoc auf den Süden der Dauphiné ansteckend. Ganz allgemein zerfällt das Königreich Frankreich in „südstaatliche" Zonen mit *Real*steuern (oder Ertragssteuern) und nördliche Länder mit *Personal*steuern. Die Steuern sind real, wenn sie, gestützt auf den Kataster, gleichermaßen für die „Realität" allen Landbesitzes gelten, auch für den der Adligen (der Fall des Oisans). Die Steuer ist persönlich (und ungerecht), wenn sie unter Ansehung der Person auferlegt wird, wobei die einen steuerfrei sind (weil adlig oder geistlich), die anderen besteuert werden (weil bürgerlich). Die Grenze zwischen nördlicher „Personenbezogenheit" und südlicher „Realität" (oder Objektbezogenheit) des Steuersystems verläuft schräg zum gesamten Süden Frankreichs; und wie wir gesehen haben, geht sie auch mitten durch die Dauphiné. Fügen wir noch hinzu, daß im Oisans zum Beispiel das Vorhandensein sehr starker Gemeinde- und Gebietsinstitutionen, wahrer Gebirgsrepubliken von fast helvetischem Charakter, die bäuerliche Kontrolle gestärkt und instand gesetzt hat, die Adligen wie jedermann zur Besteuerung zu zwingen.

So spitzen sich die echten Steuerkonflikte hauptsächlich mehr im Norden zu, in den Gebieten von Romans, Vienne und Grenoble, den Regionen personeller Besteuerung. Die Konflikte werden noch dadurch verschärft, daß Vergleiche möglich sind: Die geknechteten Steuerzahler der schlecht weggekommenen Gegenden wissen ja, daß einige Meilen weiter die anderen Bewohner der Dauphiné, im Oisans oder der Umgebung von Gap, unter einem steuergerechten Regime leben. Unter diesem Gesichtspunkt unterscheidet sich die Lage in unserer „geteilten" Provinz von der ebenso unangenehmen, aber weniger dramatischen, die man im Norden findet, zum Beispiel in der Normandie oder der Ile-de-France. Dort leiden die Bauern ebenfalls unter der Steuerlast, aber sie sind umgeben von Gebieten, die den ihren gleichen, in denen die Adligen auf alle Fälle von der Steuer befreit sind. Der Zorn des Dorfs kann also nicht, wie in der Dauphiné, durch frustrierende Vergleiche verstärkt werden.

Die südlichen Gebiete der Dauphiné sind jedenfalls vom Bauernkrieg in der Provinz (1578—1580) nicht betroffen; da sie ein Katastersystem und eine Realsteuer, also Steuergerechtigkeit haben, gibt es wenig Unzufriedenheit unter den Steuerzahlern; nebenbei bemerkt, herrschen in dieser Region gegen Ende der 1570er Jahre teilweise die Hugenotten, was spezifische Probleme schafft, die sich von denen, um die es in diesem Buch geht, sehr unterscheiden. Dagegen hat das Gebiet an der mittleren Rhone und der unteren Isère (Montélimar—Valence—Vienne—Romans—Grenoble) die Aufstände des Jahres 1579 in großem Umfang erlebt: Während einer früheren Periode waren die mit der vom Volk als ungerecht und ruinös angesehenen Steuerbefreiung, der Mutter der sozialen Spaltung, verbundenen Fragen allmählich herangereift. Es handelte sich hierbei einerseits um eine teilweise Steuerbefreiung der Städte und insbesondere der städtischen Bourgeoisie im Gegensatz zu den überbelasteten Steuerpflichtigen auf dem Lande. Es handelte sich andererseits um die Steuerfreiheit der Privilegierten (Adlige, Geistliche und Würdenträger) im Gegensatz zu der Besteuerung, die auf dem Kleinbürgertum lastete (das sowohl die Bauern wie die Masse der Bürgerlichen umfaßte, die nicht Würdenträger waren). Das führte zu einem Zweifrontenkampf, der bereits seit 1530 bzw. 1550 währte: Die Front Stadt/Land und die Front Privilegierte/Bürgerstand.

Die Front Stadt/Land ist die erste, an der sich im 16. Jahrhundert der Konflikt zuspitzt. Das ist auf zwei Gründe zurückzuführen: Übereignungen von Landbesitz und Anziehung der Steuerschraube. Übereignungen: Der Bevölkerungszuwachs der Renaissance, der sich in der aktiven Rodung auch weniger guten Bodens niederschlägt, macht den Boden rarer, kostbarer und begehrter. Die vornehmen Städter, Adlige und vor allem Amtsinhaber und Großbürger, schnappen den Bauern das Land schamlos vor der Nase weg; die Bauern, deren Zahl ständig steigt, hätten dieses Land gern für ihre eigenen Höfe bewahrt. Eine an sich schon konfliktreiche Situation. Nun spielt aber die Steuer wieder einmal eine Rolle bei der

Verdeutlichung des Antagonismus: Die vornehmen Städter werden nämlich von der Steuerbehörde nicht am Ort ihres neu erworbenen ländlichen Besitzes eingeschätzt, sondern an ihrem städtischen Wohnort, Valence oder Grenoble. Die Tatsache, daß sie vor kurzem in den Dörfern der Umgebung Land gekauft haben, das sie nun besitzen, ändert nichts an der Steuerquote, die sie in der Stadt zu entrichten haben, da diese nur auf der Grundlage ihres städtischen Vermögens errechnet worden ist. Die derart zugunsten der Steuererleichterung der Vornehmen begangene Ungerechtigkeit wirkt sich zuungunsten der Dörfler des ländlichen Kirchsprengels aus, in dem die Städter Besitzer geworden sind: Die Steuer, die vorher der von den Vornehmen um seinen Besitz gebrachte Bauer in seinem Dorf bezahlte, wird nämlich weiter an diesem Ort erhoben, aber nicht etwa von dem neuen Erwerber, der ja nicht dort wohnt, sondern von den anderen Bauern, deren Quote entsprechend erhöht wird.

Jeder Landerwerb, durch den ein „Auswärtiger“ (mit anderen Worten, ein nicht im Dorfe wohnender Käufer) in einer Landgemeinde in den Besitz eines vorher bäuerlichen Grundstücks kommt, äußert sich in einer Erhöhung der Steuer für die anderen Bauern, die in dieser Gemeinde verbleiben. Die Wut der Bauern, die sich daraus ableitet, wird im 16. Jahrhundert besonders heftig: zu dieser Zeit nämlich, inmitten einer Periode des Wachstums der Bevölkerung, der Wirtschaft und der Städte, vollzieht sich die Eroberung des flachen Landes durch die städtischen Notabeln in einem ungleich intensiveren und bedrohlicheren Tempo, als es zur Zeit der geschrumpften Wirtschaft des 15. Jahrhunderts der Fall gewesen ist. Und der Fiskus lehrt die Bauern, ob sie wollen oder nicht, ihre Groschen zu zählen, und sie haben Groschen. Die daraus entstehenden Konflikte werden in dem großen landwirtschaftlichen Umland Grenobles ganz besonders deutlich um 1540; und in Romans bereits in den Jahren 1513—1515; 1579/1580 ist Romans eine der Städte, in denen der Antagonismus zwischen dem Land und der städtischen Elite am ausgeprägtesten ist. In diesem Sinne ist das romanaisische Gebiet ein Nachzügler der spezifischen Konflikte der Mitte des 16. Jahrhunderts.

So zeichnen sich vor dem Hintergrund des Steuerproblems die besonderen Widersprüche dieser Epoche ab: auf der einen Seite die bäuerliche Welt der Familienwirtschaft, in der sich infolge des Bevölkerungszuwachses, der eine Zerstückelung des Bodens und Lohnsenkungen mit sich bringt, gewisse Verarmungstendenzen bemerkbar machen; auf der anderen Seite die Welt der städtischen Oberschicht, die sich auf dem Lande zum Promotor eines Kapitalismus ihrer eigenen Art macht; sie raffen Grundstücke an sich und bilden daraus neue Einheiten. Die Steuerungerechtigkeit spielt dabei die Rolle eines Katalysators.[12]

Zweiter Faktor der Verschärfung der Gegensätze: Das Anziehen der Steuerschraube. In der Dauphiné, wo sich die Reihenfolge von der des Languedoc unterscheidet, gibt es dafür Daten, Ziffern und Messungen. Nach der relativen Milde der Steuer im ersten Drittel des 16. Jahrhunderts erfolgt das Anziehen der Steuerschraube zum erstenmal genau im Jahre 1536, aus Anlaß der Kriege zwischen Franz I. und Karl V., die den Einfall der kaiserlichen Truppen in die Provence mit sich bringen. In diesen Jahren (1536—1538) schnellen alle *direkten* Steuern nach dem Nominalwert (in turonensischen Pfunden) und mehr noch nach dem Realwert (Weizen) drastisch in die Höhe: Ihr Gesamtwert in Weizen erhöht sich je nach dem Jahr auf das Fünf- oder Achtfache. Später erfolgt dann eine gewisse Milderung oder Verringerung des Steuerdrucks, aber die milde Steuer von vor 1536 wird nie wiederhergestellt. Die Schwelle nach oben ist endgültig überschritten worden.

Die Schraubendrehung von 1535 bis 1538 ist derart intensiv, daß sich in ihrem Gefolge die ältesten und geheimsten Rachegelüste Luft machen. Die versteckten Skelette kommen aus den Schränken heraus. Die Menschen sind verbittert darüber, daß sie an die Schatzkammer des Königs oder der Provinz soviel zu zahlen haben; so beginnen sie, fieberhaft einzelne Steuerfreiheiten und die Ungerechtigkeiten zu kritisieren, von denen manche Begünstigte fett werden. Die Landstände der Dauphiné erneuern die Gesuche, die sie schon 1524 vorgelegt hatten: Sie verlangen, daß Montélimar und Gap ihrer Steuerfreiheit verlustig gehen. Franz I. kommt in seinem Schreiben vom April 1537 aus dem Feldlager Hesdin theoretisch dieser Bitte nach. Das Steuerprivileg der beiden Städte wird aber erst im Jahrzehnt 1550 abgeschafft; da erschallt die Sturmglocke des Belfrieds von Gap mit vollem Klang, um den Einwohnern die schmerzliche Kunde zu bringen, daß sie künftig Steuern zu zahlen haben wie jedermann. Trotzdem beziehen sich die Konsuln der beiden Städte noch 1614 gelegentlich auf ihr früheres Privileg.[13]

Doch sind bereits zwischen 1530 und 1540 Montélimar und Gap nicht die einzigen Zielscheiben. Es herrscht eine allgemeine Feindseligkeit des Landes gegen die Städte, besonders die großen Städte. Wegen der Grundstückskäufe durch die städtische Oberschicht, die, wie wir gesehen haben, ipso facto die Steuerbefreiung nach sich ziehen. Wegen der schockierenden Ungeniertheit und Hemmungslosigkeit der Städte, die ihre beherrschende Stellung in den verschiedenen Provinzinstitutionen dazu benutzen, Lasten auf die Dörfer abzuwälzen: Zum Beispiel drücken sie sich darum, der königlichen Armee Quartier zu geben; sie wird auf dem flachen Lande einquartiert, auf Kosten der Bauern und der Tugend der Bäuerinnen. Die Entschädigungszahlungen für diese militärischen Einquartierungen oder „Etappen“ sind mit unendlichen prozessualen Auseinandersetzungen verbunden, in deren Verlauf die Vertreter der Dörfer im Dschungel der Verfahren und Buchhaltungen lernen, sich gegen die Notabeln zu wehren. Auf der anderen Seite lassen die Städte die „königlichen Anleihen“, die theoretisch nur für die „befestigten Städte“ ausgeschrieben werden, in Steuern umwandeln, die vom ganzen Land getragen werden. Das heißt: von der bäuerlichen Landwirtschaft. Solche Praktiken illegaler Überwälzung sind ein ärgerliches, aber nicht unbedingt unvermeidliches Nebenprodukt der Kriegsfinanzierung. Während des Jahrzehnts 1540 sind sie geläufig. Als mittelbare Folge jedoch tragen sie die bäuerliche, antistädtische Revolte in sich, „wie die Wolke den Regen“.[14]

Diese Revolte vollzieht sich auf dem Rechtsweg, in politischen Formen, also praktisch gewaltlos. Sie ist aber darum nicht weniger wirksam. Die Zeit der bäuerlichen Gewaltanwendung auf diesem Gebiet kommt erst vierzig Jahre später, vor dem Hintergrund allgemeiner blutiger, plebejischer Aggressivität, die das Kennzeichen der Religionskriege ist. In den 1540er Jahren bilden die konsularischen Gemeinderäte, die als ländliche Elite die Dorfbewohner vertreten, von Fall zu Fall Verbände oder „Syndikate“ (eine Art Vorläufer der Bauernbünde, aber unblutig). In diesen sind etwa zehn oder zwanzig Dörfer zusammengefaßt, die sich zur rechtlichen Verfolgung bestimmter Ziele zusammentun. Sie engagieren mutige Rechtsanwälte wie Louis Faure, um ihre Sache vor den regulären Instanzen der Provinz, die vom Parlament oder den Landständen eingerichtet sind, zu vertreten. Hier zeigt sich die gesellschaftliche Nützlichkeit des weitverzweigten französischen Rechtssystems von damals mit seinen richterlichen Beamten und seinen Anwälten: Es ermöglicht in vielen Fällen, ohne gefährliche Anwendung von Waffengewalt die Forderungen der Dorfgesellschaft friedlich weiterzuleiten und zu kanalisieren. Weder damals noch zu irgendeiner anderen Zeit ist die Bauernschaft jemals der passive, plumpe „Sack voll Kartoffeln“ gewesen, von dem Karl Marx einmal gesprochen hat.

Trotz der städtischen Gegenoffensive, die mit kleinen Geschenken, mit Trüffel- und Melonenspenden und mit Schmiergeldern an beeinflußbare Richter vor sich ging, gewann schließlich der bäuerliche Gedanke der Steuergerechtigkeit der 1540er Jahre einen Teil der Parlamentsrichter von Grenoble und manche Fraktionen der Landstände. Um so mehr, als Adlige und Geistliche sich bei weitem nicht automatisch mit dem Bürgertum der Städte gegen die Landbewohner solidarisieren. Die Städte wiederum hegen den Hintergedanken einer zukünftigen Klage gegen adlige oder geistliche Privilegien, der sie veranlaßt, sich nicht allzu gründlich einzusetzen. Auf diese Weise erreicht 1548 die Forderung der Bauern letzten

Endes sogar König Heinrich II. selbst, als er bei einem Besuch im „Midi“ Rat hält.

Die Umstände im Jahrzehnt 1540 sind einer Anerkennung der bäuerlichen Interessen günstig: Die neue Drehung der Steuerschraube, die 1542 zur Finanzierung des Krieges erfolgt (graphische Darstellung I) war fast ebenso stark wie die von 1536; die Existenzkrise von 1544/1545 hat die schlecht verteilte Steuer noch verhaßter gemacht. Das Anwachsen der Städte, die immer stärker werdende Aktivität der Landaufkäufer, die in den Städten wohnen, haben die „Rüpel“ in bezug auf das Problem der dem Fiskus entzogenen Bodenkäufe empfindlich gemacht. Die Steuerprivilegien der Städte sowie die Schaffung von Arbeitsplätzen durch die städtische Expansion bewirken außerdem, daß sich viele Bauern in der Stadt niederlassen, wodurch das Paradox der fiskalischen Überausbeutung der Landbewohner noch unterstrichen wird.[15] Wohlberaten führt Heinrich II. 1548 einen großen Schlag: Im Edikt von Lyon (30. September 1548) entscheidet er, daß aller ländlicher Besitz, der von Stadtbewohnern seit 1518 (= dreißig Jahren) erworben worden ist, künftig in den Dörfern auf den Namen seiner städtischen Eigentümer für die Steuer eingeschätzt werden müsse. Die finanzielle Erleichterung, die daraus für die Landbewohner erwächst, ist eindeutig. Jetzt steht der monarchische Staat hinter ihnen. Später folgen dann die Ausführungsbestimmungen; sie sind willkommen. Denn der dritte Stand von 1552, in Stadt und Land, ist gerade im Begriff, seine Einheit wieder zu schmieden. Das geschieht, um besser gegen die Steuerfreiheiten der Privilegierten kämpfen zu können, insbesondere gegen die der Geistlichkeit (es ist schon die Zeit der beginnenden protestantischen Unruhen, den antiklerikalen Themen kann man bereits entnehmen, wo's langgeht). 1552 werden sich Anwälte und Konsuln als Vertreter der Städte bzw. des Landvolks über die Annahme der Bestimmungen des Edikts Heinrichs II. einig: Besteuerung der seit dreißig Jahren von städtischen Bürgern erworbenen Güter auf dem Lande. Sie trifft den städtischen Eigentümer und nicht den bäuerlichen Landwirt oder Hofbesitzer. Diese leicht zustande gekommene Übereinkunft beweist, daß dieser Konflikt weder unversöhnlich noch unlösbar war. Im Gegensatz dazu ist der bald beginnende Kampf (um die Abschaffung der Nichtbesteuerung) zwischen den Bürgerlichen in Stadt und Land und den Privilegierten von blauem Blut oder Tonsur viel härter.[16] Er bricht in der Dauphiné um die Mitte des 16. Jahrhunderts aus und kulminiert in der kriegerischen Auseinandersetzung von 1579/1580. Dann flammt er noch einmal auf, um zwischen 1595 und 1639 zu einem vorläufig besseren Ende zu führen.

Diese Wende vom antistädtischen Kampf der Jahre 1540 zur Antiadelsaktion der Jahrzehnte 1550 und 1570 bis 1580 ist in ihrer Art ebenso entscheidend, jedenfalls aber genauso typisch, wie 1788/1789 der Übergang der französischen öffentlichen Meinung von der antiabsolutistischen Mentalität (die drei Stände und ihre Versammlungen vereint gegen staatliche Willkür) zum Antiprivilegiendenken; dabei wird dann die Verweigerung der „Abstimmung nach Köpfen" durch die Privilegierten eine wesentliche Rolle spielen.

Aber schon jetzt und in der Dauphiné des 16. Jahrhunderts enthüllt das „erste Stadium" (das antistädtische) des regionalen Konflikts einige Merkmale, die sich ziemlich lange erhalten werden: Zunächst konzentriert sich der Antagonismus in denjenigen Zonen (Städte und Land) der Dauphiné, die am meisten verstädtert und am weltoffensten sind und den meisten Handel treiben. Entlang der großen Wasserstraßen, Rhone und Isère, im Quadrat Vienne—Valence—Romans—Grenoble. Dagegen bleiben die Gebirgsregionen von Allevard im Norden und von Die im Süden aus unterschiedlichen Gründen (Rückständigkeit bzw. Katastrierung) in all den Kämpfen relativ passiv. In zweiter Linie gibt es oder bildet sich schon in dieser Zeit ein eigenständiges bäuerliches Bewußtsein, auch auf Organisationsebene; das zeigt sich 1550 durch die (wenn auch kurzlebige) Schaffung von *Beauftragten der Dörfer* bei den Landständen. Solche Beauftragte werden später, in dem für unseren Gegenstand wichtigen Jahr 1578, von neuem bestellt, diesmal mit mehr Erfolg.

Schließlich tritt in dieser ganzen Angelegenheit die entscheidende Rolle dessen zutage, was man mit van Doren „die Zentralisierung des Renaissancestaates" nennen könnte. Die eigentlichen königlichen Eingriffe (1537, 1548) waren drastisch und schwerwiegend. Nichtsdestoweniger spielt sich der Hauptteil der Handlung in der Provinz auf der Bühne der Landstände und der drei „Ordnungen" ab — auch wenn die Entscheidungen andernorts fallen. Die Landstände haben, ob gern oder ungern, in eigenem Namen enorme Summen für die königliche Kriegsführung erhoben und ausgegeben. Doch in der Buchhaltung des Reiches sind diese Summen nicht einmal aufgeführt, da das Geld am Ort eingezogen und ausgegeben worden ist! So sind in den Jahren 1537/1538 in unserer Provinz 662000 Pfund für „außergewöhnliche Parzellen" (für den Krieg in den Alpen) erhoben worden, ohne daß ein Heller dieser Summe über Loire oder Seine hinauskam; die Steuerzahler der Dauphiné stimmen ein lautes Geheul an, aber das Pariser Becken will nichts davon hören und kann auch nichts bekommen. Von Paris oder Blois aus gesehen ist die Dauphiné im Jahr 1537/1538 ein Schlaraffenland, wo keine Steuern gezahlt werden. Von Grenoble oder Romans aus gesehen, ist sie hoch besteuert. Es genügt daher nicht, sich das zentrale Budget oder die Buchführung des Königreichs anzusehen, die sich beide über unsere Finanzgeschichte ausschweigen, um den Sinn des großen Ringens zu begreifen: Es stellt in der Tiefe der Provinzen die Bauern gegen die Städte und die Bürgerlichen gegen die Privilegiengesellschaft.

Die Anfangsphase oder „erste Runde" der Schlacht zwischen Adel und Bürgerstand spielt sich von 1550 bis 1556 ab. Die Einsätze sind hoch. Natürlich denkt in den unteren Klassen offiziell niemand daran (Hintergedanken sind ja bekanntlich frei), die Güter zu besteuern, die dem alteingesessenen Adel von altem Geschlecht gehören. Das käme einer Gotteslästerung gleich, und niemand könnte ohne Zittern daran denken. Hat man je so etwas gesehen: Daß der König und Steuereinnehmer seinem getreuen Adel ein Stück lebendiges Fleisch herausschneidet? Undenkbar! Allerdings weiß jeder, daß der und jener angebliche Adlige von altem Geschlecht in Wirklichkeit nur der Nachkomme eines Metzgers oder Schankwirts ist, der im vorigen Jahrhundert geadelt wurde. Aber es gibt gewisse Tabus, die man anständigerweise vorerst noch nicht entweihen darf. Dafür ist der Adel aber an anderen Stellen verwundbar. Die Bauern sind noch ganz berauscht von dem Fortschritt, den sie 1548 erzielt haben, als ihnen die Besteuerung der kürzlich von auswärtigen städtischen Bürgern erworbenen Güter gelungen ist. Als logische Folge wollen sie nun (unterstützt vom städtischen Bürgerstand, auch den Reichen), daß die neu von *Adligen* (oder Geistlichen) erworbenen *bürgerlichen* Güter besteuert werden. Ebenso sollen die bürgerlichen Güter im Besitz frisch Geadelter besteuert werden. Diese Neuadligen (oder die Bürger, die sich darauf spitzen, geadelt zu werden wie der romanaisische Richter Antoine Guérin) gehören denn auch zu den aggressivsten Gegnern der revoltierenden Bauern des Jahres 1579. Wen's juckt, der kratzt sich. Im Jahre 1553 wird nicht gegen das Wesen des Adels protestiert wie 1789. Aber er wird an seinen äußeren, den am meisten Ärgernis erregenden, brüchigsten Rändern (Neuadel und frisch erworbener Bürgerbesitz) angegriffen und von dort her ausgehöhlt. Die gesamte Tendenz des Jahrhunderts, das 1560 zu Ende geht, ist ja geprägt von der langanhaltenden wirtschaftlichen Expansion der Renaissance: Diese Tendenz drängt den Adel (und vor allem den aufstrebenden Adel, der in den Städten wohnt und noch vor kurzem bürgerlich war), sich den bäuerlichen Grund und Boden anzueignen. Das geht einher mit dem allgemeinen Anwachsen der Städte, denen daran liegt, sich auf dem flachen Land Einkünfte und Versorgungsquellen zu sichern. Das liegt auch an der Entwertung der alten Grundrentenherrschaft mit feststehenden Abgaben und umgekehrt an der immer größer werdenden Rentabilität des Landbesitzes der Aufkäufer, der entweder durch Eigenbewirtschaftung oder durch Verpachtung genutzt wird. Wir müssen hier hinzufügen, daß bei der Großoffensive gegen die Steuerfreiheiten der Pseudoadligen oder der adligen Pseudobesitzer jeder städtische Bürgerstand, das heißt jede Stadt (von den Dörfern zu schweigen), seine eigene Forderung vorbringt, die oft in Widerspruch zu der der anderen steht. Das Bürgerstandskonzert ist mehr als einmal eine Kakophonie. Das wird auch eine der Ursachen der zeitweiligen Niederlage sein. So wünschen beispielsweise die Einwohner von Grenoble die Besteuerung der *Konsistorialanwälte* ihrer Stadt; diese „Konsistorialen" sind beamtete Anwälte, die angeblich von hohem Stand sind, da sie zum Parlament von Grenoble gehören. Sie bestehen daher auf ihrer Steuerfreiheit, die das niedrige Volk der Hauptstadt der Dauphiné erbost. In Valence liegt die Bevölkerung nicht mit den Rechtsanwälten, sondern mit den Professoren der einheimischen Universität im Streit. Haben doch diese Mandarine die Kühnheit, zu glauben, daß der Professorensessel, auf dem sie sitzen, ihr Blut blau macht, ihnen den Adel garantiert und ihre Steuerpflicht aufhebt.[17] Hinzu kommt, daß die Städte weiterhin vergeblich auf zwei Fronten kämpfen. Sie schielen noch immer nach dem Land und geben die Hoffnung nicht auf, eines Tages die von ihnen für mißbräuchlich gehaltene Besteuerung, die die Bauern 1548 dem Landbesitz auswärtiger städtischer Bürger aufgezwungen haben, wieder abschaffen oder senken zu können. Der so ohne Zusammenhang und verstreut geführte Kampf der Bürger gegen die Adligen ist von Anfang an wenig aussichtsreich. Zu sehr ist das heterogene Gemisch Bürgerstand in innere Kämpfe verwickelt, in sich selbst zerstritten. Es gibt nicht *einen* Bürgerstand, sondern Bürger*stände*. Stadt gegen Land, ehrenwerte Notabeln gegen Handwerker, Städte zweiten Ranges gegen die großen „zehn Städte" der Dauphiné, Valence gegen Grenoble usw. Die Aufzählung all der Streitigkeiten wäre endlos und würde dazu führen, daß man sich fragt, ob es gerechtfertigt ist, ein Wort wie *Bürgertum* als vereinheitlichenden Begriff zu verwenden (das gleiche gilt übrigens für den Adel, einen anderen Käfig voller Kampfhähne, die allerdings die stärkeren Waffen haben). „Ancien Régime, dein Name ist Vielfalt."

Diverse Akte, „Vereinbarungen" oder Kompromisse markieren den Verlauf der aus der Steuerfrage hergeleiteten Spannung der fünfziger Jahre zwischen Bürgerstand und Privilegierten: 1553 Vergleich zwischen den drei Ständen. 1554 „Vereinbarung": Sie wurde von den Delegierten der beiden dominierenden Stände durch Gewalt oder Einschüchterung den teils verängstigten, teils bestochenen Vertretern des dritten Standes aufgezwungen. 1556 schließlich der königliche Urteilsspruch. Durch ihn wird der Mißerfolg des dritten Standes in dieser ersten Runde vollständig. Die Entscheidung besagt, daß adliger Besitz jeder Art von der Steuer ausgenommen bleibt, gleichgültig ob er neu erworben ist oder nicht, ob er neu Geadelten gehört oder nicht usw. Diese Neubestätigung der diversen Steuerfreiheiten bedeutet eine schwere Niederlage für den dritten Stand, von dem sich eine Minderheit in Stadt und Land im Hinblick auf diese Angelegenheit einseitig politisiert hatte. Immerhin sind einige Konzessionen errungen worden: Beschränkung der Zahl der konsistorialen Anwälte und der Universitätsprofessoren von Valence — die aber auch weiterhin von der Steuer befreit bleiben. Vor allem teilweise Beschränkung der Steuerprivilegien der Geistlichkeit; denn die Periode hugenottischer oder mit den Hugenotten sympathisierender Gärung treibt bereits Blüten. Der schlaue Heinrich II. hat gespürt, daß er in diesem Punkt die Unterstützung der beiden weltlichen Stände, des Adels und des dritten Standes, haben würde, die sich ein Vergnügen daraus machten, in diesem Fall der römischen Kirche eins auszuwischen.

Man ermißt die Tragweite der vorläufigen Niederlage des dritten Standes in den 1550er Jahren besser, wenn man bedenkt, daß die bäuerliche und auch bürgerliche Forderung nach einem allgemeinen Provinzialkataster, der die Besteuerung adligen Besitzes leichtgemacht hätte, sang- und klanglos von der Bildfläche verschwunden war. Es muß aber gesagt werden, daß unter den damals herrschenden Umständen die Bürgerlichen weniger stark motiviert waren als früher und als sie es später auch wieder sein werden. Der Steuerdruck der 1550er Jahre bleibt gemäßigt (s. graphische Darstellung I). Er erreicht nie die Stärke von 1530, 1576—1580 oder 1630, eine Zeit viel intensiverer bäuerlicher Proteste. In den fünfziger Jahren kann der von der Steuer nicht allzu schlecht behandelte dritte Stand es sich leisten, vorerst einmal die Pille des Weiterbestehens der Steuerbefreiung für andere Gruppen zu schlucken. Diese anderen Gruppen sind vornehmlich Adlige und Neugeadelte aller Art. Letztlich zwar geschlagen, hat der Bürgerstand vorher hier und da einen recht ansehnlichen Kampfgeist bewiesen. Ich denke da zum Beispiel an „die Union“ der Stadt Die und von 18 Dörfern, die sich um 1550 in einer pro-hugenottischen Zone zur Bekämpfung des Steuerprivilegs von bestimmten Priestern gebildet hatte; sie erreicht, daß alle Neuerwerbungen an Grund und Boden durch diese Geistlichen besteuert werden und daß auch das Erbe, das ihnen von ihren bürgerlichen Familien vermacht wird, mit Steuern belegt wird. Was die Geistlichkeit von Die mit hörbarem Zähneknirschen hinnimmt.

Aber das sind Einzelfälle; im allgemeinen hatten die Dorfbewohner zu schnell und zu leichtfertig geglaubt, man könnte von dem ersten Erfolg, der Besteuerung der „Auswärtigen“ (1548), zur allgemeinen Besteuerung der Junker fortschreiten. Dazu kommt es aber erst 1639 oder gar 1789. Die Dörfler und ihre neuen städtischen Freunde in Romans und andernorts waren auf einen zu starken Gegner gestoßen; es war nicht so leicht, den Stier bei den Hörnern bzw. den Adel bei seiner Steuerfreiheit zu packen. Nach der Niederlage in den fünfziger Jahren mußten die bürgerlichen Verbündeten ein Vierteljahrhundert lang kurztreten. Einige ihrer Schritte sollten sich jedoch als bedeutungsvoll erweisen: Einer der Hauptvertreter der Dauphiné-Städte, der während des Jahrzehnts 1550 bei Hofe die Interessen der Bürgerlichen gegen die Adligen zu vertreten hatte, war Gabriel Loyron, Konsul von Romans. Die Familie Loyron zählt zur guten romanaisischen Bourgeoise. Nun hat aber Jean Serve, genannt Paumier, der 1579/1580 Führer der Rebellen von Romans sein wird, Anfang der 60er Jahre eine geborene Loyron geheiratet. Natürlich wird das Unternehmen Serve einen eigenen, weil handwerklichen, Charakter haben. Trotzdem wird eine gewisse Kontinuität sozio-politischer Militanz in dieser Familie durch ihre Verbindung mit Serve-Paumier deutlich.[18]

Die italienischen Kriege und die Kämpfe mit Karl V. unter Franz I. und dann Heinrich II. haben also örtlich eine Bumerangwirkung gehabt; sie haben als Katalysator gewirkt, da sie im Zusammenhang mit dem Steuerstreit die innerbürgerlichen, innergesellschaftlichen Risse enthüllten, die das Gebäude der Dauphiné durchzogen. So wurde durch die Kriege und die Ansprüche des Fiskus ein bürgerliches Schauspiel inszeniert: In ihm standen sich bei dem jährlichen Ritual der Ständeversammlung die Gruppen und Stände gegenüber: Landbewohner — Städte, dritter Stand — Adel plus Geistlichkeit.

Von 1560 an beschreiben die Religionskriege einen zweiten Zyklus regionaler Streitigkeiten. Sie polarisieren sich zuerst um Fragen des Ketzertums. Nach 1575 aber stehen erneut die sozialen Spaltungen im Vordergrund. Diese Entwicklung ist allgemein: In einem anderen Zusammenhang vollzieht die Liga in Paris eine analoge Wendung.

Wer oder was ist nun in der Dauphiné verantwortlich für diese neue späte Wendung zum sozialen Kampf? Erinnern wir dabei zuerst an die beiden neuen Drehungen der Steuerschraube — wieder zwei weitere — 1567—1570 und 1576—1578 (ohne die von 1580—1582 zu erwähnen, die in meinen Überlegungen keine Rolle spielt, da sie sich in der Periode *nach* dem Karneval von Romans ereignet). Während dieser beiden Zeiträume erreichen die direkten Regionalsteuern (nach ihrem Realwert, abzüglich der Inflationsrate) fast wieder das Niveau oder „die Kaufkraft" der Jahre 1537—1543. Und das in einer Provinz, die nicht mehr die kräftigen Muskeln und die roten Wangen der vergangenen Renaissance im zweiten Drittel des 16. Jahrhunderts besitzt; sie ist wirtschaftlich und demographisch verwüstet, seit 1560 ausgeblutet durch den Bürgerkrieg und sein Gefolge von Plagen; dadurch wird der Anstieg der Steuerlast nach 1567 um so unerträglicher (graphische Darstellung I).

Bei der Durchführung der beiden neuen Steuererhöhungen der Periode von 1567 bis 1578 nehmen die königliche Steuerbehörde und die ihr unterstehende regionale Verwaltung schlechte Gewohnheiten an. Zwischen 1567 und 1576, während der stärksten Steigerung des Steuerdrucks, führen die Kommissare des Königs und dessen ständiger Provinzstatthalter bedrohliche antirepräsentative bzw. antilegale Neuerungen ein: Sie erlegen ohne die formelle Einwilligung der Landstände Steuern auf; sie tun das mit Hilfe von Beamten des Parlaments, entweder des Statthalters selbst oder der „Länderbeauftragten". Im Prinzip sind diese *Beauftragten* die Vertreter der Landstände zwischen den Sitzungsperioden; de facto handeln sie oft wie Strohmänner der königlichen Verwaltung. Im Oktober 1578 bringt eine *Ratsversammlung des Königs,* die der „reine Schwindel" und eine Karikatur der Landstände ist, von denen die Bewilligung der regionalen Steuerauflagen abhängt, das Faß zum Überlaufen: Dieser „Rat" wird ad hoc von einigen Vertretern des Grenobler Parlaments und von einigen Notabeln gebildet, die zu allem ja sagen und aufs Geratewohl aus den drei Ständen ausgewählt worden sind.[19] Die Reaktionen des Bürgerstandes auf diese verschiedenen Maßnahmen, die alle als Ungerechtigkeiten empfunden werden, sind lebhaft und zahlreich.

Zwischen 1570 und 1580 bewahrt der Steuerkrieg einige seiner klassischen Umrisse und Strukturen (dritter Stand gegen Adel; niederer Bürgerstand und Bauern gegen den hohen Bürgerstand und gegen die talartragenden städtischen Adelsanwärter). Aber das Stadium der reinen Verhandlung zwischen den „Ordnungen", wie es sich während des zweiten Drittels des 16. Jahrhunderts herausgebildet hatte, ist nun trotz fortdauernder Aktualität bereits überholt.

Die Verhandlung ist *überholt:* Es dauert nicht mehr lange, bis man (im Jahre 1578) handgemein wird und Blut fließen läßt. Denn nun, da sich die Eliten ein wenig von den religiösen Problemen abkehren, und sich vom Protestantismus, dem sie sich in den sechziger Jahren zugewandt hatten, oft wieder abwenden, erhält das Streitobjekt Fiskus wieder seine volle Bedeutung. Dazu kommt, daß seit Beginn der Bürgerkriege jeder Handwerker bewaffnet ist und tagsüber den langen Dolch, nachts das Schwert trägt.[20] Von nun an kann man sich um die Steuer und das große Geld schlagen.

Nichtsdestoweniger wird die Verhandlung *fortgesetzt,* und das mit voller Kraft. Hier profiliert sich seit der Ständeversammlung von Blois im

Jahre 1576 bis zum Besuch Katharinas von Medici in der Dauphiné im Jahre 1579 die große bürgerliche Gestalt des Jean de Bourg, des erzbischöflichen Richters von Vienne und Delegierten bei den Landständen von Blois im Jahre 1576.

Drittes Kapitel
1576: Die Beschwerdehefte Jean de Bourgs

Über die Anfänge de Bourgs selbst und über seine Familie ist uns vor der Mitte des Jahrzehnts 1570, in dessen Verlauf er das Licht unserer Geschichtsquellen erblickt, nicht viel bekannt. Wir können annehmen (aber das ist reine, durch Wahrscheinlichkeit verstärkte Spekulation), daß de Bourg aus dem juristischen, ehemals kaufmännischen und ursprünglich dem Handwerk entstammenden Bürgertum kommt, jenem Typ der Bourgeoisie, der den städtischen Verwaltungen ihre vornehmen Konsuln stellt. Bei seinem Erscheinen in den Archiven ist Jean de Bourg direkt nach dem Erzbischof bereits der starke Mann von Vienne. Im Oktober 1576, als er vom dritten Stand des Vienner Landes zu dessen Repräsentanten in Grenoble und dann in Blois gewählt wird, ist de Bourg Rechtsgelehrter, Doktor der Rechtswissenschaft und erzbischöflicher Richter von Vienne, einer Stadt, deren Erzbischof auch ihr regierender Herr ist. Ein anderer de Bourg, Laurent, ist erster Konsul.[1] Die Familie des Richters hält Vienne „zwischen ihren Füßen".

Zur Vorlage bei den Reichsständen in Blois verfaßt Jean de Bourg selbst das Beschwerdeheft des dritten Standes, ein von dem der beiden privilegierten Ständen getrenntes Heft. Denn, Zeichen der Zeit, eine Einigung zwischen dem dritten Stand und den beiden anderen Ständen erweist sich als unmöglich.

Die von dem Vienner Richter vorgelegte Schrift ist ein fesselndes Dokument.[2] Es ist ein Ausdruck dessen, was man heute wohl „die linke Intelligentsia" der Dauphiné nennen würde. Zuerst definiert sie die Gefühle der Benachteiligung und die Forderungen des dritten Standes in bezug auf die beiden ersten Stände. Die Unzufriedenheit ist, neben anderen Ursachen, aus der „Steuerfreiheit" entstanden. Von ihr profitieren Adel und Geistlichkeit, darunter auch die immer zahlreicher werdenden Neuadligen und solche Mönchsorden, deren Ordensregel sie eher zu strikter Armut verpflichtet: Bettelmönche und Kartäuser. Adlige und Priester haben, so de Bourg, „die schönsten Besitzungen", den schönsten Grund und Boden der Provinz. Sie müßten daher ihren Anteil am Steueraufkommen bezahlen sowie ihren Anteil an den Kosten der *Etappen* und der *Magazine* (Vorratskammern mit Weizen, Wein, Fleisch, Hafer, Heu, Stroh, Kerzen für das Militär); beides muß von der Provinz für durchziehende Truppen bereitgestellt werden; natürlich ist der dritte Stand der einzige, der es aus seiner Tasche finanziert. Vergessen wir auch nicht (da Grenoble ja weit entfernt liegt vom Sitz der Zentralgewalt in Paris oder Blois) das ärgerliche Problem der Reisekosten. Wer finanziert die Reisen der diversen Provinzdelegationen zu den diversen Hauptstädten? Vorläufig der dritte Stand allein. Und (weiteres Ärgernis) wer nimmt an den reisenden Delegationen teil? Adlige und Priester natürlich. Auf Kosten des dritten Standes frönen sie dem Tourismus. Dieses Verfahren bringt Nachteile nicht nur steuerlicher Art mit sich: Laut de Bourg wird der dritte Stand auf diese Weise daran gehindert, sich in eigener Person dem König in Paris oder Blois zu Füßen zu werfen, daran gehindert also, dem Monarchen seine spezifischen Forderungen vorzutragen. Dem „Heft" zufolge gebe es kein Ende der Aufzählung all dessen, was die beiden ersten Stände nicht bezahlen: So haben sie es zum Beispiel versäumt, beim Erlöschen einer Weinsteuer und bei der Abschaffung einiger Schmarotzerpfründen ihren Anteil an der Entschädigungssumme zu bezahlen. Solche Ungerechtigkeiten ergeben sich unter anderem aus dem Mechanismus der Provinzialregierung: Von den acht ständigen *Beauftragten* der Ständevertretung der Dauphiné sind sechs Adlige und zwei — Geistliche. Kein Bürgerlicher. Gemeinsam mit dem ad hoc bestellten Rechtsvertreter des Staates, der neben ihnen die Landstände zwischen den Sitzungsperioden vertritt, sind sie ihren Freunden und Gevattern von Adel und Geistlichkeit treu ergeben! Den bürgerlichen Konsuln der zehn großen Städte der Dauphiné gelingt es nicht, sich in diesen Prozeß einzuschalten. Auf diese Weise ist der dritte Stand sowohl ökonomisch wie politisch hintangesetzt. Fügen wir noch hinzu, daß weder die Beauftragten noch der Prokurator Hemmungen haben, sich selbst von der Steuer befreien zu lassen und unter allen möglichen Vorwänden den dritten Stand für ihre eigenen Bedürfnisse zur Kasse zu bitten.

Das Heilmittel de Bourg zufolge? Man gestatte dem dritten Stand, eine von den beiden anderen Ständen getrennte Versammlung zu bilden. Das ist das Gegenteil der Forderung von 1789! Das strategische Ziel unterscheidet sich im Abstand von zwei Jahrhunderten nicht allzusehr. Unterschiedlich ist die Taktik. Die Forderung lautet, daß der getrennt von den anderen Ständen versammelte dritte Stand seinen eigenen Rechtsvertreter wählen solle; ein solches Amt hatte es bisher noch nicht gegeben. Diesem „Prokurator" soll in jedem Amtsbezirk eines Landvogtes oder Seneschalls ein Beauftragter oder stellvertretender Beauftragter des dritten Standes zur Seite stehen, dessen Posten ebenfalls noch geschaffen werden müßte. Die Stimmen dieser neuen Delegierten des Bürgerstandes in der Versammlung der Beauftragten der Landstände würden es dem dritten Stand gestatten, bei der Umlegung der Steuern mitzureden und die Steuerfreiheiten der Privilegierten einzuschränken.

Aber Geistlichkeit, Erbadel und Neuadel sind nicht die einzigen Zielscheiben de Bourgs und seiner Vienner und romanaisischen Auftraggeber aus dem dritten Stand. Obwohl selbst Stadtrichter, steht de Bourg manchen seiner hochgestellten Kollegen, mit anderen Worten gewissen Elementen der Hohen Gerichtsbarkeit, kritisch gegenüber: In den Artikeln 28 und 31 des von ihm verfaßten *Hefts* beschuldigt er das Parlament von Grenoble, sich aus dem steuerlichen Aderlaß, den der dritte Stand erleidet, zu fette Gehälter zuzuteilen. Außerdem greift er die Inhaber unnötiger und erst neuerdings geschaffener Ämter an; wie er sagt, verursachen sie nur Kosten und sind zu nichts gut, weil sie bereits bestehende Institutionen überlagern.

Nach den Geistlichen, den Adligen und gewissen hohen Richtern attakkiert de Bourg die „Finanzhaie" der Provinz: Die Städte der Dauphiné seien bis über den Kopf verschuldet (3 550 000 Pfund Schulden seit zehn Jahren, von 1566 bis 1576, behauptet de Bourg, dem ich die Verantwortung für diese Zahl überlasse). Die Personen, die die Gelder der Provinz verwaltet haben und dabei unehrlich verfahren sind, müßten veranlaßt werden, das unrechtmäßig Erworbene wieder herauszugeben. Die Herausgabe der von ihnen einbehaltenen Restsummen (mit anderen Worten von Schuldsummen, die sie absichtlich nicht bezahlt, sondern für sich behalten haben) kann zur Schuldentilgung der Gemeinden verwendet werden. De Bourg wendet sich auch gegen die „ausländischen Händler", wahrscheinlich Schweizer und Savoyarden; später, im 17. Jahrhundert werden sie *Salzherren* genannt; es sind Geldgeber oder Unternehmer. Nach Vereinbarungen mit dem Bevollmächtigten des Königs von Frankreich haben sie das alleinige Recht auf die Exportverträge für das Salz aus den Sümpfen des Languedoc erworben, das für das Ausland im Norden und Osten der französischen Alpengrenzen bestimmt ist. Damit berauben sie die Kaufleute und Fuhrunternehmer, die bisher in der Dauphiné mit dem Salz aus dem Süden ihr Brot verdienten, ihrer Erwerbsgrundlage. Weiter übt de Bourg heftige Kritik an den Steuereinnehmern in Grenoble. Diese lassen sich unter diversen Vorwänden stattliche Provisionen bezahlen, die sie dem Steueraufkommen entnehmen. Sie setzen auch bei der Steuerzahlung den Preis für Gold- oder Silbermünzen, die sie in turonensischen Pfunden berechnen und dann in ihren Kassen horten, sehr hoch an. Praktisch wie immer, verlangt de Bourg die Schaffung von eigenen Steuereinnehmerposten in jedem Amtsbezirk; sie würden den Steuerzahlern näher stehen und könnten von diesen besser kontrolliert werden. Zum Schluß erhebt der Verfasser der *Hefte* noch Vorwürfe gegen eine letzte Kategorie von „Finanzhaien“: Die Gläubiger der Städte, die großen Börsen der Provinz oder Lyons. Er hat nichts gegen einen Zinssatz von jährlich acht Prozent für ihre Anleihen; aber er verlangt, daß ihnen für die Dauer eines Moratoriums von zehn Jahren verboten werde, die Kapitalrückerstattung zu fordern (Artikel 74).

Der gesamte, alles dominierende Komplex (alle Privilegien des Adels, der Geistlichkeit und auch der Reichen oder der hohen Amtsträger) wird also von de Bourg behandelt, der unerschrocken wie Don Quichote, sicher ist, daß ihm alle Sancho Pansas der Dauphiné-Städte Gefolgschaft leisten. Aber wie steht es mit der Unterstützung der Bauern für ein solches Programm?

Sicher hat sich de Bourg die „Bauernfrage“ selbst gestellt. Die Artikel 64 und 71 seines *Hefts* protestieren gegen die Landaufkäufe der neuen Herren; sie haben billig oder aufgrund einer Vergabe diesen oder jenen Teil der königlichen Güter erworben.[3] Dort lassen sie in ihrem eigenen Namen von ihren Strohmännern die Gerichtsbarkeit rein willkürlich ausüben. Sie mißachten Gemeinderechte, die den Dörfern normalerweise gewährt wurden, wie Weiderechte, das Recht auf Brennholz, das Recht zum Bau von gemeinschaftlichen Mühlen, Taubenschlägen, Backöfen und Keltern. Im Sinne eines hergebrachten, volksfreundlichen Royalismus verlangt de Bourg, der König möge seine veräußerten Güter wieder selbst in die Hand nehmen, da seine Majestät seinen Untertanen auf jeden Fall mehr Gerechtigkeit angedeihen lasse als die kleineren Herren. Im *Heft* wird in Artikel 77 auch gefordert, daß die Herren und ihre Vertreter aufhören sollen, sich in die Versammlungen der Gemeinderäte einzumischen. De Bourg ist gegen antibäuerliche Übergriffe der herrschaftlichen Gewalt in Rechtspflege und Polizei. Aber die Grenzen seiner probäuerlichen Haltung sind eng gezogen: Er sagt kaum etwas über die anderen bäuerlichen Klagen, die doch Legion sind (in bezug auf Rechtsprechung, Feudalrechte etc.). Als der Stadtbürger, der er ist, hält er das Interesse seiner Klasse für verschieden von dem der Landbewohner. In Artikel 73 wendet er sich gegen das Übermaß an Abgaben, die den bürgerlichen Städtern, die Grund und Boden auf dem flachen Lande kaufen, von den Dorfkonsulaten auferlegt werden. In Artikel 89 fordert er eine Besteuerung nach dem Wohnort des Steuerpflichtigen. Diese Forderung ist ein Testfall! Sie bedeutet, daß die städtische Bourgeoisie nur für ihr in der Stadt gelegenes Vermögen besteuert werden soll und nicht für die Erwerbungen von Grundbesitz auf dem Lande. Was darauf hinausläuft, daß diese Steuern zusätzlich von den Dörflern aufgebracht werden müssen. Vor allem diese Divergenzen Stadt/Land führen als angehende Konfliktstoffe zur Schwächung des

Bürgerstandes vor der endgültigen Niederschlagung seiner Revolte im Jahre 1580.

Solche Widersprüche, die unter den damaligen Umständen unvermeidlich waren, vermindern durchaus nicht den hohen Wert des von de Bourg verfaßten *Hefts* als tönendes Echo und Auslöser – Verstärker der Aktion des dritten Standes. Ein Mann der Renaissance und Nacheiferer Bodins, aber gleichermaßen um die Achtung der Repräsentativinstitutionen der Landstände besorgt, schöpft der Vienner Jurist die Rechtfertigungsgrundlage für seine politische Philosophie aus den Schriften der antiken Autoren. Dadurch profiliert er sich; er ist der großen Mehrheit des revoltierenden Volkes des 16. und 17. Jahrhunderts mit ihrer rein empirischen Motivierung weit voraus.[4] Als Mann von Bildung liefert er für die revolutionäre Praxis seiner „Basis" die Theorie. In einem Stil, der schon die Forderungen des 18. Jahrhunderts ankündigt, betont er mit Entschiedenheit den Gedanken der *Gleichheit.* In seinem *Heft* schreibt er, die regionale Ständevertretung sei ursprünglich geschaffen worden, um den dritten Stand in *offiziöser Gleichheit* mit den beiden anderen Ständen zu erhalten (Art. 3). Weiter unten (Art. 5) spricht er von der Gleichheit zwischen den Städten, die bei der Umlegung der Steuer beachtet werden müsse. Besonders aber stellt er in Reaktion auf die Steuerungerechtigkeit, unter der der dritte Stand wegen der Privilegierten leidet, als wünschenswertes Axiom auf, daß die *Gleichheit, die in jeder Gesellschaft erforderlich ist* (sic) *beachtet werden müsse*, was bewirke, *daß jedermann an seinem Platze mit Leichtigkeit zahlen könne* (die Steuern, Artikel 51).

Natürlich handelt es sich noch nicht um eine Gleichheit des Rousseauschen Typs zwischen allen Menschen, von denen jeder frei und mit gleichen Rechten wie die anderen geboren wurde. Was de Bourg anstrebt, ist eine Funktionsgleichheit zwischen den Ständen im Rahmen der ständischen Gesellschaft. Er führt seine Forderung ausdrücklich auf den Gleichheitsgedanken Ciceros zurück; in der Schule oder auch später hat er die politischen Schriften des Römers gelesen (Artikel 53): *Denn wie Cicero bezeugt, verursacht derjenige, der einen Teil des Volkes begünstigt und den anderen verachtet, dessen Ruin und Untergang. Es ist bekannt, daß der arme dritte Stand in der obengenannten Gesellschaft und Union einem toten Zweig ähnelt, der dem Baum oberflächlich angeheftet ist; er erhält nichts von dessen Wurzelsäften, die doch den ganzen Körper ernähren sollten. Der dritte Stand erhält von dieser Gesellschaft nur Lasten und Unbequemlichkeiten. Und infolgedessen ist er sichtlich in Gefahr, auszutrocknen und zu verdorren.*

Halten wir uns nicht bei dem Vergleich mit einem lebenden Organismus auf, der aus dem Denken des Mittelalters stammt: Die Gesamtgesellschaft ist ein Baum. Dementsprechend ist der dritte Stand ein großer Ast, dem der restliche Organismus seinen gerechten Anteil an den belebenden und befruchtenden Säften verweigert... Dagegen ist die Bezugnahme auf Cicero von großer Bedeutung. Es handelt sich dabei um den Cicero des dritten Teils der *Gesetze*, den Verfechter eines egalitären Vertragsdenkens in früher Zeit. Im Namen der fundamentalen Gleichheit oder Parität der Menschen vertritt der Philosoph die Theorie eines harmonischen Gleichgewichts zwischen den verschiedenen Gesellschaftskörpern, aus denen sich die menschlichen Gruppen zusammensetzen. Sie beeinflußt das gesamte relevante Denken des mittelalterlichen Abendlands in der Zeit des ständischen Gleichberechtigungsdenkens vor Rousseau, vom Humanismus des florentinischen 15. Jahrhunderts[5] bis zu Grotius. De Bourg ist nur ein bescheidener Provinzrichter in seiner latinitätsbewußten Stadt Vienne. Dennoch reiht er sich ein in den breiten Strom dieser Ideen. Im Vergleich zu seinen berühmten Mitstreitern wie Grotius hat unser Mann das einzigartige Verdienst, aktiv geworden zu sein und zur Theorie die Praxis gesellt zu haben. Er wollte das – soweit es ihn betraf, bürgerliche – Ideal einer bestimmten Gleichberechtigung der Stände in die Tat umsetzen.

Das Denken de Bourgs wurzelt in einer regionalen Tradition. Seit einem halben Jahrhundert hatten der dritte Stand, die Städte und Dörfer der Dauphiné entweder jeder für sich oder alle zusammen in reinem Empirismus unaufhörlich die *égalation* oder Gleichbehandlung der Haushaltungen in bezug auf Lasten, Steuern und dergleichen mehr gefordert, eine Gleichbehandlung, die sich, wie man hoffte, nach der Zahlungsfähigkeit jeder gesellschaftlichen Schicht oder jedes Gemeinwesens richten würde. Franz I. hatte (im Jahre 1537) gelegentlich ein offenes Ohr für dieses Verlangen nach Gleichbehandlung gezeigt.[6] Andererseits hatte sich de Bourg über diese aus dem Alltag erwachsenen Traditionen, die ihm selbstverständlich waren, zu erheben gewußt. Mit seinem aus der antiken Philosophie ererbten, aber erweiterten Gesamtkonzept von der wünschenswerten Gleichberechtigung der Stände, aus denen sich die Gesellschaft zusammensetzte, erhob sich de Bourg über das Niveau, das seine Vorgänger erreicht hatten, aber auch über dasjenige mancher seiner hervorragendsten Nachfolger. Fünfundzwanzig Jahre später wird der Jurist und große französische Historiker Pasquier zum Fürsprecher des dritten Standes der Dauphiné; er rechtfertigt den notwendigen Übergang zur *realitätsbezogenen Kopfsteuer* in dieser Provinz mit historischen und geographischen Fakten; er beruft sich darauf, daß die Dauphiné als Ganzes zu den Ländern mit Realsteuer im Süden des Königreichs gehöre; deshalb müßten die Menschen dort Steuern nach Maßgabe ihres Grundbesitzes bezahlen und nicht „unter Ansehung der Person" (Personalsteuer) wie in der Normandie oder im Anjou. Doch Pasquier[7] unternimmt nicht, was de Bourg mühelos tut[8], einen Höhenflug in die Gefilde eines egalitären Systems, das auf der ciceronischen Universalität sozialer Natur beruht.

Aber auch auf platonischer Universalität: Betrachten wir die Ideen de Bourgs über die Zeit und über die „immanente" Gerechtigkeit: Über die historische Zeit und ihre zerstörerischen oder verderblichen Wirkungen spricht das *Heft* (Artikel 52) eine sehr deutliche Sprache, die ausdrücklich platonischem Gedankengut entspringt: *Es wird ihnen* (den beiden privilegierten Ständen) *nichts nützen, zu sagen, daß sie schon immer im Besitz der Regierung über den dritten Stand gewesen sind; denn es gibt keinen Brauch, kein Privileg, kein Gesetz, keine Ordnung, die nicht jedesmal Veränderungen und Korrekturen erfahren haben, wenn Notwendigkeit und Selbstverständlichkeit es erforderten; das bezeugen die Gesetzgeber, und Platon sagt im vierten Buch seiner Gesetze, man muß immer Hand anlegen und an den menschlichen Gesetzen etwas reparieren, vergleichbar mit Gemälden, die von der Länge der Zeit leicht unsichtbar werden, wenn man sie nicht mit dem Pinsel erneuert.* De Bourg nimmt an anderer Stelle (ebd. Artikel 2) dieselbe Idee wieder auf und erläutert sie: *Es ist im Lauf der Zeit (die alle Dinge verdirbt und verändert) dazu gekommen, daß besagter Prokurator und die Beauftragten der Stände sich nicht an dasselbige Amt und die Tätigkeit gehalten haben, für die sie geschaffen und eingesetzt worden waren* (das Amt, das nach de Bourg darin bestanden haben soll, „den dritten Stand in offiziöser Gleichheit mit den beiden anderen Ständen zu erhalten"), sondern daß diese Männer sich in Wirklichkeit *zu Richtern und Gegnern des dritten Standes gemacht haben, dem sie unendlich viel Kummer und Ausbeutung bereitet haben, unter der Ihr Volk durch die Beschlagnahmungen dieser Beauftragten leidet.*

Die Bezugnahme auf Plato ist absolut typisch: Mit griechischen Texten oder lateinischen und französischen Übersetzungen vertraut, besaß de Bourg eine gründliche hellenistische Bildung (an anderer Stelle, in Artikel 76 des *Heftes,* nennt er als vorbildliches Beispiel Solon von Athen, der die Schulden, unter denen das Volk litt, gleichmäßig auf die ganze Gemeinschaft verteilte). Nach dem vierten Buch der *Gesetze* von Plato besteht nämlich „das Leben der Menschen nur aus rein zeitlichen Wechselfällen, die von einem Gott, vom Zufall, von der Gelegenheit und etwas Geschicklichkeit regiert werden" (aus dem Französischen in der Ausgabe Badé, S. 55). „Die politischen Regime werden eines nach dem anderen durch Kriege, durch Seuchen, durch die Unbilden des Mangels gestürzt" (Krieg, Pestilenz und Hungersnot, wie unser eigenes Mittelalter später sagt).

Sollte es sich nach de Bourg darum handeln, von den *schlechten* Bräuchen — die eine *tyrannische, leoninische** Gesellschaft im Verlauf einer langen Zeit eingeführt hatte, in der vergessen wurde, daß in einer Gemeinschaft jeder *an den Annehmlichkeiten und Unannehmlichkeiten* (Artikel 54) *teilhaben soll* — zu den *guten* Bräuchen der alten Zeit zurückzukehren, zu einem vergangenen goldenen Zeitalter, wie es zum Beispiel in der Regierungszeit Ludwigs XII. bestanden haben soll, des Königs, unter dem es fast keine Steuern gab? Wenn es das wäre (und eine gewisse Stelle des *Heftes* in Artikel 76 könnte den Glauben erwecken, daß es so ist[9]), dann ginge das Denken de Bourgs nicht über jene Oberflächlichkeit hinaus, die ein späterer Historiker den revoltierenden Massen des 16. Jahrhunderts, deutschen wie aquitanischen, bescheinigt hat. Denen lag (wie er sagt) als guten Reaktionären nur daran, „den staatlichen Modernismus abzulehnen und wieder an eine alte Ordnung anzuknüpfen, von der sie beklagten, daß ihre Symbole und ihre Werte abgewertet und langsam durch andere ersetzt würden".[10] Aber eine solche Formulierung wäre zu eng. Das Ideal de Bourgs ist nicht einfach zurückzuführen auf die Sehnsucht nach einigen alten, in der Erinnerung biederer Menschen zur Idylle versteinerten Bräuchen. Das wirkliche Modell de Bourgs ist vor allem die *Justitia* (Artikel 29 des *Heftes*) in der Glorie ihrer universellen und strahlenden Abstraktion und in der besten ihrer irdischen Inkarnationen, wenn diese weder entartet noch verderbt worden sind: *Die Justiz und ihre Beamten sind für das Wesen des Menschen ebenso notwendig wie eines der vier Elemente, . . . jeder soll ihre Zunahme und ihre Einführung fördern und wünschen. Denn so wie niemand ohne die Teilnahme der vier Elemente auskommen oder leben kann, so gibt es auch keinen, der ohne Rechtsprechung lange bestehen oder seines Lebens sicher sein kann.*

Wenn es so ist, daß die Justiz zur Erhaltung aller Stände da ist und daß sie in Nachahmung der Sonne (die ihre Strahlen gleicherweise auf alle Wesen der Erde sendet) ihre Tätigkeit auf jeden von ihnen verteilt, entspricht es dann nicht der Vernunft (wenn schon Ihre Beamten der Justiz und der Rechnungskammer vom Lande Dauphiné unterhalten und bezahlt werden müssen), daß die beiden ersten Stände, welche die schönsten und größten Ländereien besitzen, ihren Beitrag zu der Summe von 34 000 Pfund (zur Bezahlung der Justizbeamten des Parlaments und der Beamten der Rechnungskammer) *leisten müßten; diese Summe haben aber die genannten Beauftragten* (der Landstände) *gegen jede Vorschrift und Pflicht ganz auf das arme Volk* (des dritten Standes) *abzuwälzen erlaubt.* Aus diesen Stel-

* Anspielung auf die Fabel vom „Löwenanteil" *(Anm. d. Übers.).*

len errät man, was der Vienner Richter gelesen hat: Cicero und Platon natürlich, aber auch Bodin.*

Trotz seiner Nähe zu den antiken Klassikern steht de Bourg auch den Bestrebungen der Masse nahe, die weder Platon noch Cicero gelesen hat. In seiner *Histoire des Croquants*[11] (Geschichte der Bauern) hat Yves Bercé eine Statistik des Wortschatzes der aquitanischen Aufrührer von 1594 zusammengestellt, wie er sich aus den Texten ihrer Manifeste ergibt, die von kleinen, mit den Nöten des Volkes vertrauten Kleinstadtjuristen verfaßt worden sind. An der Spitze dieser Aufzählung stehen die Schlüsselworte; sie beziehen sich auf die moralischen und religiösen Antriebe der Masse, die sich nach ideal guter Justiz sehnt und gereizt ist über die schlechte Justizpraxis der Gerichte. An erster Stelle dieser Sprachliste stehen die Wörter *Gott* (18mal), *gerecht* und *Gerechtigkeit* (10mal), *gute Menschen* (18mal) und als Ausdruck des Gegenbildes *Diebe* und *Diebereien* (14mal). Es könnte nicht besser ausgedrückt werden: Der Revolte des Volkes im letzten Viertel des 16. Jahrhunderts liegt nicht nur die nostalgische Rückwendung zu alten Bräuchen zugrunde, sie stützt sich auch auf ein ethisch-religiöses Wertsystem, das den Massen unbewußt vertraut ist und das durch eine klassische, schon von griechisch-lateinischer Antike beeinflußte Bildung sichtbar gemacht wird.

Nach den Reichsständen von Blois gerät de Bourg für zwei Jahre in eine Art halber Vergessenheit.[12] Aber im April 1579, auf dem Höhepunkt der Revolution in der Dauphiné, begibt er sich zu den Landständen in Grenoble. Der dritte Stand ist noch in voller Euphorie über den militärischen Sieg der *Communes* (Dorfgemeinschaften) bei Châteaudouble einige Wochen zuvor (s. unten, 3. Kapitel). De Bourg kann deshalb besonders kühn handeln; er legt ein ausführliches neues *Heft* mit 44 Artikeln vor (das *Heft* von Blois hatte 100 enthalten), die nun den Katalog der Forderungen des dritten Standes für das kommende Jahr darstellen. Außerdem richtet de Bourg noch vier Monate später, im August 1579, „kurze Warnungen an die Königinmutter" Katharina von Medici, die zu Besuch in die Dauphiné kommt. Sie sind eine nützliche Ergänzung der 44 Artikel vom April.[13] Diese 44 Artikel sind nicht, wie Athene dem Haupte des Zeus, in voller Rüstung dem Gehirn de Bourgs entsprungen, aber sie sind von seinem persönlichen Stil geprägt; sie sind eine Fortsetzung der 100 Artikel von 1576

---

* Französischer philosophischer Schriftsteller im 16. Jahrhundert. Hauptwerk: *Traité de la République* (Abhandlung über die Republik), eine Widerlegung Machiavellis mit Eintreten für eine von den Generalständen kontrollierte Monarchie *(Anm. d. Übers.)*.

und auch Teil der wegweisenden Leitsätze einer demokratischen Bewegung und gewisser „Grundlagenhefte" (P 63), deren Niederschrift in den Städten und Dörfern des Vienner Landes zwischen Oktober 1578 und März 1579 stattgefunden zu haben scheint.

Die in dieser Weise ergänzenden 44 Artikel de Bourgs sind nicht so reich an Philosophie (Platon, Cicero, Solon von Athen) wie die 100 Artikel desselben Autors aus dem Jahre 1576. Sie sind gedrängter und enthalten mehr konkrete Einzelheiten. Zu ihnen besitzen wir auch oft feindselige und gehässige, aber immer präzise Kommentare, die einige Monate später, im August 1579, vom regionalen Adel und vor allem von der auf einer Reise durch den „Midi" befindlichen Katharina von Medici gemacht werden (unten, 3. Kap.).

Das gedankliche Konzept de Bourgs ist im Jahre 1579 knapper, aber kühner als drei Jahre vorher: Die gute alte Vergangenheit, die gesunden Traditionen der *Freiheiten* der Dauphiné werden zwar am Anfang der 44 Artikel unterstrichen, aber die Zukunft wird als offen, positiv freiheitlich dargestellt. Die zeitlosen Werte (Gerechtigkeit, Gleichheit) werden höher bewertet als vergangene *Bräuche* (die Tradition). Der Jurist de Bourg tröstet in diesem Punkt den Philosophen: *Der gegenwärtige Zustand ist stark verändert und der Vergangenheit unähnlich. Wenn die Notwendigkeit es erfordert, wie es jetzt der Fall ist, gibt es kein Gesetz oder Statut, keinen Brauch und kein Privileg, für welche es nicht erlaubt wäre, neue Anordnungen zu erlassen, wenn die sichtbare und klare Nützlichkeit es erfordert, wie in diesem Fall, wo es nach der Rechtsordnung offenkundig ist.*

Das Kernstück der 44 Artikel bilden wie immer die Steuerbefreiungen der *Herren von Kirche, Adel und hohem Beamtentum.*[14] (Die Trennungslinie verläuft zwischen den hohen Würdenträgern — Parlamentariern und anderen, die keine Steuern zahlen und ipso facto zum Lager der Privilegierten gehören — und den unteren Amtsträgern, die Steuern zahlen und ihren Blutsbrüdern aus dem dritten Stand die Treue halten.) In bezug auf diese Probleme gehen de Bourg und seine Freunde noch über die 100 Artikel von 1576 hinaus: „Es wird ein *Kataster* des bäuerlichen und nichtadligen Grundbesitzes angelegt werden wie im Languedoc und in der südlichen Dauphiné." Dadurch wird es möglich gemacht werden, die Landerwerbungen der beiden ersten Stände zu besteuern; das ist das erste Mal[15], daß in dieser Provinz das erwünschte Prinzip einer Realsteuer in vollem Umfang aufgestellt wird! Also ein großer Fortschritt im Vergleich zum *Heft* von 1576. Mit der Kopfsteuer sollen nach dem Wunsch von 1579 alle seit 100 Jahren geadelten Sippen belegt werden, von denen es nur so wimmelt. Ebenso der nichtadlige Grundbesitz, der von Privilegierten jeder Art erworben worden ist (denn mit diesem Besitz hat es bisher eine unglaubliche Bewandtnis: Er zahlt weder Steuern wie das Volk noch den Zuschuß zum Heerbann der Adligen, noch den Décime, die Abgabe des Klerus an die Krone. Er ist eine steuerliche Unperson, ein reiner Skandal). Außerdem sollen künftig die Kriegskosten von *allen* Privilegierten getragen werden, einschließlich der Altadligen von vor hundert Jahren. Für de Bourg kommt es nicht mehr in Frage, daß die Adligen den *Fisch* essen (= sich des bewaffneten Schutzes erfreuen, den ihnen die Provinz zur Verfügung stellt), sich aber nicht um die *Gräten* (= die diesen Schutz begleitenden Steuern) zu sorgen brauchen. Dagegen macht de Bourg dem niederen Klerus ein geschicktes Zugeständnis: Die Pfarrer mit einem Einkommen von weniger als 200 Pfund jährlich sollen, wie er sagt, steuerfrei sein. Man versteht, daß sämtliche Adlige, diejenigen neueren und älteren Datums, aufschrien (auch wenn die Altadligen zu Konzessionen auf dem Rücken der Neuadligen bereit gewesen wären). Katharina von Medici, die zu dieser Zeit gerade die Dauphiné besucht[16], stimmt in den Chor der Privilegierten ein. Den Adel als Ganzes zu besteuern stünde für die Königinmutter im Gegensatz zu allen Traditionen des *Brauchs in Frankreich*. (Aber welchen Brauchs? Welchen Frankreichs? Im Languedoc, das immerhin seit dem 13. Jahrhundert „französisches" Gebiet ist, werden die Adligen durchaus besteuert!) Die Italienerin Katharina, sonst so begabt mit florentinischem diplomatischem Gespür, hat sich in diesem Punkt kurzsichtig gezeigt. Ein halbes Jahrhundert später wird Richelieu sich weniger besessen von adligem „Klassenbewußtsein" zeigen; er hat Verständnis für die steueregalitären Bestrebungen des dritten Standes der Dauphiné. Allerdings wird der Kardinal im Austausch für sein großes Verständnis in der Frage der Gleichbehandlung die Umstände dazu benutzen, die regionale Ständeversammlung endgültig abzuschaffen und abzuwürgen, was noch von den Freiheiten der Dauphiné übriggeblieben ist. Eine Hand gibt, die andere nimmt.

Was die Artikel über die Macht[17] und die sie ergänzenden Warnungen an die Königinmutter angeht, so ist bezeichnend, worin de Bourg und der dritte Stand einerseits, der Adel und Katharina andererseits, übereinstimmen und nicht übereinstimmen: Adel und Königin widersetzen sich kategorisch den Maßnahmen zur Wahl eines Sonderprokurators für den dritten Stand; sie widersetzen sich auch der Verdoppelung des dritten Standes (oder genauer gesagt, der Verdoppelung der Zahl der Beauftragten des dritten Standes, die dazu dienen sollte, das Gleichgewicht mit den Beauftragten aus den Reihen der Privilegierten herzustellen). Diese beiden Maßnahmen würden in der Tat die Macht des dritten Standes in der Provinzversammlung verstärken. Daher die Feindschaft der Königin und des Adels gegen sie. Indessen hätten aber beide nichts gegen eine Begrenzung der Gehälter und der Zahl der Beamten, die nach dem allerdings utopischen Wunsch des dritten Standes auf das Niveau der Zeit Ludwigs XII. herabgesetzt werden sollte, der Zeit des absoluten Beamtenminimums in Frankreich[18].

Die ganze Provinz jedoch, dritter Stand und Privilegierte, ist sich darin einig, daß die Salzpacht (die Erhebung der Salzsteuer) den Landständen der Provinz wieder zurückgegeben werden sollte, in deren Hände sie von 1547 bis 1574 gelegen hatte; und daß sie den Ausländern abgenommen werden sollte. Dadurch würden Arbeitsplätze für 10 000 Menschen der Dauphiné geschaffen werden, behauptet der dritte Stand (?).

Manche bereits erwähnten Forderungen des dritten Standes haben das Ziel der Rückgabe grundherrlicher Gerichtsbarkeit an die *königlichen* Beamten auf Gütern, die vormals Krongüter gewesen sind und an private Herren abgetreten wurden (wobei die großen Erwerber im allgemeinen bürgerlicher Herkunft sind). Ein solches Verlangen stört nur die kleine Minderheit großer Landaufkäufer, die vom dritten Stand (den sie ausbeuten) und vom Adel (für den sie eine Konkurrenz bilden) nicht gern gesehen sind. Daher sind sich alle darin einig, in diesem Punkt das Gesuch des Bürgerstandes zu unterstützen. Die Bauern haben sich übrigens im Frühjahr 1579 gegen die schlechten Beamten erhoben, die von diesen Gutskäufern bestellt worden sind.

Schließlich enthalten die 44 Artikel auch noch diverse rein bäuerliche Forderungen (Art. 18, 33 und 42). Diese treten in voller Schärfe zutage, seit die Landbewohner durch die 1578 erfolgte Schaffung eines *Beauftragten der Dörfer* im dritten Stand besser vertreten sind: Die Bauernstimme ist jetzt hörbarer. Diese Stimme fordert die Niederreißung nutzloser Schlösser; das Verbot der berittenen Jagd der Adligen durch Weinberge und Getreideäcker; die Rückgabe der Allmende (Wälder, Sümpfe und Weiden), die sich die Herren auf Kosten der Gemeinden unrechtmäßig angeeignet haben ... Es ist bezeichnend, daß weder der Adel noch auch die Königin dem dritten Stand in bezug auf diese drei Artikel Widerstand geleistet haben. Die empfindlichen Stellen, an denen der Konflikt Privilegierte/Bürgerstand sich entzündet, sind mehr die Ausweitung der Macht des dritten Standes, die den beiden ersten Ständen gefährlich erscheint, und außerdem das *fiskalische Ausnahmerecht*, das zu einer lukrativen Pfründe des Privilegs geworden ist. Das fiskalische Ausnahmerecht und die Machtausübung in der Provinz: Das sind die beiden Säulen, auf denen zur Zeit die überlegene Stellung der Privilegierten ruht.

Der Zusammentritt der Landstände im April 1579 bleibt nicht gänzlich fruchtlos. Zwar klammern sich die Adligen und besonders die Neuadligen, die spüren, daß die Herren vom alten Adel sie mit Vergnügen im Stich lassen würden, siegreich an ihre Steuerfreiheit (P 73). Aber die Kirche zeigt sich kulanter. Der dritte Stand seinerseits erlebt eine beträchtliche Steigerung seines Selbstbewußtseins. Am 12. April, mitten in der Sitzung, kündigt er durch den Mund de Bourgs einen Steueraufschub an, faktisch einen Steuergeneralstreik. Dieser Streik werde so lange andauern, wie Seine Majestät nicht auf die 44 Artikel des *Heftes* 1579 geantwortet habe. Die Steuerverweigerung steht nicht allein.[19] Der Streik dehnt sich auch auf die fällige Schuldenzahlung an die Gläubiger der Provinz aus, wie die Familie Henry, die reichen Bankiers in Lyon. Bestreikt werden auch noch fällige Schuldenzahlungen an die „Hauptleute", eine Art Condottieri, Befehlshaber einer Söldnertruppe, der die Verteidigung der Provinz obliegt. Prinzip und Durchführung dieses Streiks werden kurz nach Abhaltung der Landstände vom Rat der Stadt Vienne bestätigt; dieser ist am Ostermontag 1579 zusammengetreten, um den Bericht de Bourgs über den Verlauf der Landstände zu hören. Auch von der Versammlung des Vienner Bezirks wird der Streik unterstützt; in ihr treten am 24. April 1579 die Delegierten von 17 Ortschaften, teils Kleinstädten, teils Großdörfern zusammen. Es sind etwa zwanzig Personen: Notable Landwirte und sonstige Notabeln, manchmal Notare oder Burgvögte (der Burgvogt ist nicht immer ein Adliger, sondern oft ein Bürgerlicher, dem der Grundherr die Verwaltung und die Verantwortung für das Schloß oder die Burg und die dazugehörige Burgherrschaft überträgt). Sie wählen in dieser Versammlung gemäß den Beschlüssen von 1578 einen *Beauftragten der Dörfer* (= der Bauern) des Bezirks Vienne. Der neue *Beauftragte* ist ausgerechnet Maître Barrin (wahrscheinlich ein kleiner Notabler), der Delegierte der halbbäuerlichen und ziemlich aufrührerischen Gemeinde Beaurepaire.

Die Landstände von 1579 mit ihrer automatischen Mehrheit von Privilegierten waren dem für sie geheiligten Prinzip der Steuerfreiheit der Privilegierten treu geblieben (daher als Gegenschlag der Steuerstreik). Dagegen hatten sie in der heiklen Frage der Machtverteilung ein wenig nachgegeben. Sie hatten zugestanden, daß die zu schaffenden, jeweils in einem Bezirk gewählten offiziellen Delegierten des dritten Standes neben der Delegation der beiden anderen Stände an den Sitzungen mit dem Generalstatthalter Maugiron teilnehmen sollten, um diesem mit ihren Kenntnissen beizustehen. Am 24. April 1579 wählt nun die Versammlung der 17 Ortschaften des Bezirks Vienne eine Gruppe von 18 bis 20 Vertretern: Sie haben den Auftrag, sich gemeinsam (eine wahre Prozession!) zum König zu begeben, um am Fuß des Thrones die Sache der Steuerstreikenden zu vertreten. Unter diesen zwanzig Personen sind selbstverständlich auch Jean de Bourg und der Vienner Konsul Claude Ravinel sowie der Dorfbeauftragte. Diese drei ziehen auch in das beratende Gremium um Maugiron ein.

Zur selben Zeit zeichnet sich auch eine bürgerlich-städtische, sehr systematische Politik der Entmilitarisierung der Städte von der offiziellen Soldateska ab. Valence, Romans und Montélimar haben dieses Problem schon im Zuge der Februarereignisse von 1579 (darauf kommen wir noch zurück) geregelt und ihre Garnisonen ausgewiesen. Am 26. April 1579 folgt Vienne ihrem Beispiel: Der lokale Militärgouverneur Pierre de Saint-Marc wird von seinen Bürgern zum Rücktritt gezwungen oder abgesetzt; er übergibt seine Funktionen heiteren Gemütes. Gleichzeitig aber verfolgen de Bourg und die Seinen mit Unruhe die militärischen Vorbereitungen des Vienner Adels und des Grafen von Tournon. Beide haben sowohl Geld eingetrieben wie je 400 Mann ausgehoben. Es handelt sich wahrscheinlich um den Ausgangspunkt für eine Gegenoffensive gegen den dritten Stand.

Doch hat diese Wachsamkeit durchaus nichts Revolutionäres: Am 9. und 10. Mai entrüsten sich die Delegierten des dritten Standes, unter anderen de Bourg, über die Ermordung von Adligen und das Niederbrennen von Burgen durch bäuerliche Trupps in der Nähe von Romans. Eine Kluft beginnt sich also aufzutun zwischen dem reformistischen, gemäßigten städtischen Bürgertum und den entfesselten Elementen der Bauerngemeinden, die zur Gewalttätigkeit gegen die Macht ihrer Herren bereit sind.[20] Ein weiteres Anzeichen: Am 19. Mai 1579 lehnen die Vienner Notabeln die Vorschläge des Jacques Colas, des Chefs der bäuerlich-städtischen Heeres von Montélimar zu einer Aktionsgemeinschaft ab. Sie werden als aufständisch und bürgerkriegsträchtig zurückgewiesen. Hält de Bourg Colas für einen Heißsporn? Der Richter von Vienne ist ein Verfechter friedlicher, gesetzgeberischer und nicht kriegerischer Wege . . . Auf sehr lange Sicht, in der alle Beteiligten sterben, hat er recht behalten: Im Laufe des Jahrzehnts 1630 wird der lange Kopfsteuerprozeß für den dritten Stand günstig, für die Steuerfreiheit der Privilegierten ungünstig entschieden werden.

Anfang August 1579 hält sich Katharina von Medici auf einer historischen Reise in die südlichen Provinzen des Königreichs in Grenoble auf (nach Montélimar und Romans). Wir haben bereits gesehen, daß ihre Antwort auf die 44 Artikel in den beiden wesentlichen Punkten (fiskalisches Ausnahmerecht und Machtteilhabe des dritten Standes) negativ ist. Was de Bourg selbst betrifft, dessen mit Festigkeit gemischte Mäßigung ich ausdrücklich erwähnt habe, so verläuft sein Zusammentreffen mit der Königinmutter stürmisch. Katharina nennt de Bourg einen *Aufwiegler* und liest ihm die Leviten (4.—5. August 1579). Sie kann ihn nicht dazu bringen, von dem Auftrag, der ihm von den Notabeln des Vienner Landes gegeben worden ist, abzugehen: Sich direkt zum König nach Blois zu begeben und die Probleme nicht von der Königinmutter entscheiden zu lassen. Katharina hat nämlich für ihre Reise nach Grenoble von ihrem erlauchten Sohn keine Vollmachten erhalten. De Bourg mag es nicht, daß man ihm seine Zeit stiehlt: Er wendet sich lieber an den Lieben Gott als an dessen Heilige oder Mutter. Katharina ist empört über die ihr bezeigte Nichtachtung, die sie flegelhaft findet. Trotz scheinbarer Versöhnung beharren der Richter aus Vienne und *die Italienerin* bei der Trennung auf ihren Positionen: *Er* hält an den Forderungen des dritten Standes fest; *sie,* vernarrt in das Adelsprivileg, lehnt sie ab.

So militant de Bourg auch ist, so ist er doch, wie wir gesehen haben, weniger radikal als die Bauerngemeinschaften, wenn sie handeln. Katharina ist dieser Unterschied bewußt. Doch wirft ein aufschlußreiches Vorkommnis ein Licht darauf, welch starke Resonanz die Stellungnahmen de Bourgs in den Städten der Dauphiné finden: Wir sind in Grenoble am 4. April 1579 gegen 9 Uhr abends. Die Stadt spricht nur von der Standfestigkeit de Bourgs: Er besteht darauf, den König zu sehen, bei dem allein die Entscheidung liegt. Man erzählt sich auch, daß die Grenobler Konsuln in diesem Punkt ihre bürgerlichen Auftraggeber verraten haben und daß sie gemeinsam mit den Adligen die Königin gegen de Bourg unterstützen. An diesem Abend, zwischen acht und neun Uhr, befanden sich die Herren de Saint-Jean, d'Octavéon und de Triors (alle drei Adlige) in der (Grenobler) Gaststätte zum Hirschen in Gesellschaft der Herren de Doville und de Caulis (ebenfalls Adlige), als Maître Bastien, Chirurg in Grenoble, erschien. Ein Gespräch spann sich an. *Saint-Jean sagte zu Bastien, daß die Leute von Grenoble* (= die Grenobler Konsuln) sich als anständige *Männer erwiesen hätten, da sie sich jenen* (= de Bourg) *widersetzt hätten, die nicht wollten, daß die Königin mit ihrer Meinungsverschiedenheit* (= zwischen dem dritten Stand und den Privilegierten) *befaßt würde. Worauf der Chirurg Bastien* antwortete, daß nichts entschieden sei *und daß der Adel zu den gemeinsamen Kosten und anderen Lasten beitragen müßte, oder andernfalls würde man binnen kurzem eine ungewöhnliche Bewegung erleben,* (die) *hunderttausend Menschen das Leben kosten würde, wenn die Adligen nichts beitrügen. Bastien fügte folgende Worte hinzu:*

„Denkt an die Schweizer!“

Und er wiederholte sie zwei- oder dreimal. Woraufhin genannter Herr von Saint-Jean ihm in äußerstem Zorn erwiderte:

„Was wollt Ihr tun? Eine Vesper (= Massaker) *machen, wie die Schweizer sie ihrem Adel bereitet haben?“*

Und der Chirurg antwortete:

„Ich sage nichts anderes."

Daraufhin sagte genannter de Caulis (auch ein Adliger) *zu dem Chirurgen:*

„Schweigen Sie. Sie hindern sie am Spielen."

Weil die genannten Herren de Doville und de Triors Tarock spielten. Eine Viertelstunde später sagte genannter Chirurg zu von Saint-Jean:

„Nehmen Sie mir nicht übel, was ich gesagt habe, da ich es von de Gamot erfahren habe, der es überall in der Stadt ausposaunt und das Volk mit seinem Alphorn und einem grünen Zweig um sich geschart und geschrien hat:

„Denkt an die Schweizer!"[21]

Und das wiederholte Bastien zwei- oder dreimal.

Dieses ärgerniserregende Vorkommnis wird stracks der Königinmutter hinterbracht. Wütend versammelt sie die Delegierten des dritten Standes in der Wohnung Maugirons und zwingt sie, allen voran de Bourg, die blutrünstigen Aussprüche Bastiens und Gamots zu verurteilen (was für jene selbstverständlich ist). Die beiden werden auf die vereinten Vorstellungen Katharinas und des Herzogs von Savoyen, der an diesem Tage mit tausend wohlbewaffneten Reitern zu einem offiziellen Besuch in Grenoble anwesend ist, ins Gefängnis geworfen. Gamot wird vom Militärgericht zum Tode verurteilt; aber nachdem er beim König gegen diese Strafe Berufung eingelegt hat, wird er, dank der energischen Intervention der wichtigsten Städte der Provinz (Valence, Romans und wahrscheinlich Montélimar) zu seinen Gunsten, wieder freigelassen. Die Städte stellen sich hinter ihn *in allem, was er in Verfolgung der Interessen des dritten Standes getan hat. Sie kennen ihn als ehrbaren und den Interessen des Volkes ergebenen Mann.* Die Freilassung Gamots fällt zusammen mit der Abreise Katharinas von Medici; sie verläßt Grenoble und die Dauphiné. Wenn die Katze ausgeht, tanzen die Mäuse.

Die Sache mit Gamot ist interessant. Obwohl von de Bourg nachträglich desavouiert, handelt Gamot doch im Geist der Aktion des Vienner Richters zur Interessenvertretung des dritten Standes in Stadt und Land. Gamot wird beschuldigt, in der Dauphiné ein Agent der helvetischen Demokratie, das Auge der Schweiz zu sein. Eine aufrührerische und dabei karnevalistische Persönlichkeit. Er schwingt die Abzeichen der egalitären, bäuerlichen Revolution: Den grünen Zweig, den gleichmachenden Rechen; die Zwiebel, das Alphorn Schweizer Art; solche Alphörner läßt er in Menge herstellen, um damit die Gemeinden der Dauphiné auszustatten. Von Beruf ist er Amtsanwalt beim Parlament in Grenoble. Er verkörpert so die untere Schicht kleiner Juristen, die sich mit den Forderungen des in egalitären Geburtswehen liegenden dritten Standes identifizieren. Und das im Gegensatz zu den Herren vom Parlament, die mit Kind und Kegel samt Adelsprädikat ins Lager der Privilegierten übergegangen sind. Gamot ist beliebt; er ist der Führer des niederen dritten Standes in Grenoble wie Paumier in Romans; die Bürgerlichen lieben ihn, angefangen von den Konsuln der Städte, die ihn kräftig unterstützen und seinen Kopf retten, bis hin zu den Dörfern der Valloire, in denen er die Revolution gegen die Grundherren predigt. Es ist die Zeit, in der in der Schweiz die Legende der demokratischen, antiadligen Figur Wilhelm Tells die größte Verbreitung hat; sie beginnt auch über die Grenzen der Kantone hinaus, nach Savoyen und in die Dauphiné zu dringen; Gamot mit seinem Schweizer Alphorn, seinem grünen Zweig und seinem nivellierenden Rechen ist also eine Art Eidgenosse kleinen Formats, für den Export bestimmt. Er ist der Wilhelm Tell der Armen; Symbol des Trugbilds von der physischen Vernichtung der Adligen, die das Volk gar nicht wirklich will, die aber wie ein blutiges Banner von denen geschwungen wird, die im Namen der Massen sprechen.

An dieser Stelle endet die persönliche Tätigkeit Jean de Bourgs. Noch im Oktober 1579 bekräftigt die Versammlung der Stadt Vienne ihr Festhalten an den Forderungen der *Hefte*; an den 100 Artikeln von 1576 und den 44 Artikeln von 1579 gegen das fiskalische Ausnahmerecht der Privilegierten. Und zwar trotz des Druckes, den Leyssin, der jüngere Bruder des Generalstatthalters Maugiron, auf die Vienner ausübt. Leyssin möchte sie dazu bewegen, daß sie der brüchigen, von der Königinmutter zusammengeflickten Wiedervereinigung der drei Stände Treue schwören. Einige Tage später, vor dem 14. November 1579, stirbt de Bourg. Er hat in der Dauphiné die zweite Phase der aus doppeltem Grund (Steuer und Privilegien) entstandenen Bewegung angeführt, die Phase von 1576 bis 1579. Die erste Phase hatte sich in der Mitte des 16. Jahrhunderts vollzogen. In der dritten Phase wird die Bewegung endlich siegen: In ihrem Verlauf werden im Jahre 1639 die Adligen der Provinz der Steuer unterworfen, mindestens für diejenigen ihrer Güter, die sie von Bürgerlichen erworben haben. Diese dritte Phase verläuft während großer Teile der Regierungszeiten Heinrichs IV. und Ludwigs XIII. Aber schon zu de Bourgs Zeiten zeigte sich, was man als Sollbruchstelle bezeichnen könnte: Aufgrund der Kontakte mit dem Languedoc, der Provence und der Südost-Dauphiné, wo die Güter der Adligen seit langem im Kataster aufgeführt wurden und ihre Besitzer Steuern zahlten wie alle anderen auch, erwachten als allererste französische Gebiete die Nord- und die West-Dauphiné aus ihrem langen dogmatischen Schlaf. In diesen Gebieten war die Kopfsteuer bis dahin noch zur Hälfte eine persönliche Steuer. Nun, im Jahre 1576, wurde diesem Teil der Dauphiné die fiskalische, antibürgerliche Ungerechtigkeit, unter der er zu leiden hatte, klar bewußt. Die daraus folgenden Revolten sind von ganz anderer politischer und weltanschaulicher Größenordnung als die für die herkömmlichen Bauernbewegungen charakteristische. Diese sind als „primitive Rebellen" für diverse geographische Gebiete von Hobsbawm, Porchnev, Mousnier, Bercé, Pillorget und anderen beschrieben worden. Der Kampf wird in der Dauphiné auf hohem Niveau ausgetragen. Die Stadt Vienne mit ihrer Richterschaft und das umliegende Land sind nicht die einzigen, die dabei zu Worte kommen. Montélimar und vor allem Romans haben ebenfalls einiges dazu beizutragen. Und zwar Gewichtiges.[22]

Viertes Kapitel
1578: Die maßvolle Revolte des Jacques Colas

Schon vor dem langen Umweg durch die Dauphiné Franz' I., Viennes und Jean de Bourgs haben wir zu Beginn des vorigen Kapitels die ersten tastenden Schritte einer verschworenen *Union* der Gemeinden im Jahre 1578 vermerken können. Sie schlossen sich für die Ziele, die in den *Beschwerdeheften* enthalten waren, gegen den Fiskus und die Privilegierten zusammen. Die neue Protestorganisation verdiente eigentlich kaum den Namen „Organisation"; sie war segmentär strukturiert, ihre Beschlüsse wurden in den einzelnen Ortschaften gefaßt, so daß das Ganze einen flexiblen Bund bildete. Es war mehr eine Geisteshaltung als ein System verfaßter Mitgliedschaft. Dem entsprach auch der Name: *Ligue,* das heißt *Bund.* Es ist dasselbe Wort, das in den Jahrzehnten 1580 und 1590 die Pariser *ligueurs* (Bündler) benutzen. Diese vertreten den Willen der städtischen Bürger, aber unter Berufung auf den katholischen Glauben; sie sind ein Produkt der Hauptstadt und der „guten Städte" der Provinzen. „Liga" oder „Bund" nennt sich auch (1594) die *Ligue des Croquants et Tard-avisés*[1] *(Bund der Bauern und Spätaufgeklärten)* des Périgord. Diese *Croquants* sind „royalistische" Bauern (Anhänger Heinrichs IV.); sie stehen den Fanatikern des Ultrapapismus (der Pariser Ligue), die in Paris allmächtig sind, feindlich gegenüber. Und doch haben auch sie sich, genau wie jene, zur Verteidigung ihrer ständischen Interessen zu Gemeindekörperschaften zusammengeschlossen.

In der Dauphiné (1579—1580) geht die Initiative der lokalen kämpferischen Bünde von Pont-en-Royans und vor allem von Montélimar aus. Von dieser Stadt und ihrem flachen Umland aus breitet sich das Phänomen langsam aber stetig nach Norden und Nordosten aus: In Valence wie in Romans gehen die Dinge, vom Standpunkt der Notabeln aus gesehen, im Februar 1579 völlig schief. *Diese Form der Volksunion wurde „Ligue" genannt, welchselbige in Montélimar begann und nachher in Valence und andernorts,* schreibt der Notar Eustache Piémond (P 64).

Zunächst Pont-en-Royans: In diesem Marktflecken wird die erste Initiative geboren; sie bringt die Umtriebe eines gewissen Bouvier, eines Haudegens örtlicher Provenienz, zum Scheitern. Im April—Mai 1578 bemächtigte sich dieser Hauptmann Bouvier, ein *ruheloser Mensch, der nur den*

Krieg liebt, durch einen Überraschungsschlag für einige Zeit der Burg von Pont-en-Royans, gefolgt von einem Dutzend Soldaten oder roher Kerle seiner Art. Er hoffte, von diesem Stützpunkt aus in der Umgebung ungeschoren ähnliche Raubzüge ausführen zu können wie sein Freund und Komplize Laprade weiter im Süden von Châteaudouble aus. Der strategische Plan war die Bildung einer Gangsterachse Châteaudouble—Pont-en-Royans, zur Erpressung des Handels; und das während des unsicheren Burgfriedens, der zwischen dem katholischen Maugiron und dem Hugenotten Lesdiguières geschlossen worden war.

Aber das hieß, die Rechnung ohne die neue Energie der Gemeinden zu machen, die in dieser Region aus der Selbstorganisierung der Protestanten erwachsen war. Die Einwohner von Pont-en-Royans sind in der Mehrzahl Hugenotten oder von den Hugenotten des Fleckens beeinflußt; sie erfahren sehr schnell, daß die groben Kerle Bouviers durch die Ermordung eines Wachsoldaten die Burg oberhalb ihrer Ortschaft in Besitz genommen haben. Nachdem Alarm geschlagen worden ist, vereinigen sich die Einwohner von Pont-en-Royans mit benachbarten namentlich bezeichneten Dorfgemeinden. Alle zusammen belagern sie Bouvier in seiner neu eroberten Festung. Der Räuberhauptmann hält nicht lange aus. Er ergibt sich, weil er keine Lebensmittel hat; da er mit dem Leben davonkommt, verzieht er sich, trotz der Soldaten, die ihm sein Freund und Komplize Laprade zu spät sendet. Das ist die erste bewaffnete Aktion der Gemeinden oder Gemeinschaften: Schon im Frühjahr 1578 leitet sie als Vorläufer den Bauernkrieg ein, der Ende 1578 und Anfang 1579 massiv ausbrechen wird.[2] Bemerkenswert ist die Rolle, die in dieser Angelegenheit der ländliche Reflex gegen den Gesetzesbrecher, den Räuber spielt. Die Zeiten der Hochachtung vor dem „Gesetzesbrecher" Mandrin (Louis Mandrin, im 18. Jahrhundert ein berühmter Bandenchef, 1755 in Valence gerädert, Anm. d. Übers.) sind noch nicht gekommen. Allerdings wird sich Mandrin im 18. Jahrhundert gegen die staatlichen Strukturen und (wie er sagt) zugunsten des armen Volkes vergehen. Bouvier und Laprade dagegen beuten rücksichtslos sowohl Bauern wie Kaufleute aus.

Doch nicht in Pont-en-Royans, sondern (weiter südlich) in Montélimar, Stadt und Land, kommt die Bewegung zur vollen Entfaltung. Und zwar nicht in Form gelegentlicher Ausbrüche, sondern als ununterbrochene und dauerhafte Revolte. Montélimar — im Unterschied zu dem kleinen Flecken Pont-en-Royans eine bedeutende Stadt — liefert allerdings durch eine bereits bestehende städtische Zelle schon der Eingangsrevolte die logistische Unterstützung. Mit der neuen Entwicklung in Montélimar im August 1578 erscheint zum erstenmal das Wort *Bund* (Ligue), nicht nur das Wort *Gemeinden*, die einzige Bezeichnung, die bis dahin von den Chronisten gebraucht wurde (zum Beispiel im Zusammenhang mit Pont-en-Royans). Die Bezeichnung *Liga* existiert zwar schon im politisch-religiösen Sprachgebrauch der Zeit, aber um 1576/1577 wurde sie nur auf die große *Union* oder die *katholische Liga* im Norden Frankreichs angewandt, anders ausgedrückt, im papistischen Paris und den Nordprovinzen des Königreiches. Es ist durchaus möglich, daß die Worte *Liga* und *Union*, die später, 1579/1580 in der Dauphiné allgemein gebraucht werden, aus dem Vokabular der „Nordstaaten" übernommen worden sind, das von der Hauptstadt aus auf mündlichem oder schriftlichem Wege bis südlich von Lyon vorgedrungen ist. Aber selbst wenn die Ligen und Unionen der Dauphiné (wie die der Pariser) ihren Ursprung in den Zunftbrüderschaften der Städte gehabt haben, so haben sie deutlich einen weniger konfessionellen Charakter als es 1579/1580 in der Ile-de-France der Fall ist. Manchmal sind sie katholisch, wie im Raum Montélimar; manchmal „pro-protestantisch", trotz des Katholizismus ihrer Mitglieder: so in Romans. Aber weit mehr als religiöse Vorstellungen vertreten sie *ständische*, sogar revolutionäre Interessen, die einfach bäuerlicher oder stadtbürgerlicher Natur sind. Bis zu dem Tage, an dem die große Liga „la grande Lévrière", die wahrhaft papistische Union des Herzogs von Guise und der Pariser im 1580er Jahrzehnt ihren Schatten auf die Dauphiné ausdehnen wird. Aber das ist eine andere Geschichte.

Die anfänglichen Beweggründe der ersten bündischen Bewegung in der Dauphiné seit dem Sommer 1578 sind Angst vor den Räubern und Angst vor dem Fiskus, diesem anderen Räuber. Schon im August 1578 machen sich die erste Volkserregung und vor allem die Anzeichen von Organisierung in Montélimar bemerkbar. Die sommerliche Steuereinziehung verursacht oder enthüllt vielmehr das Vorhandensein einer steuerfeindlichen Vereinigung, deren Führer ein gewisser Faure mit dem Beinamen Barletier ist. Wahrscheinlich ist dieser ein Mann in bescheidenen Verhältnissen. Eine steuerfeindliche Tradition oder, allgemeiner ausgedrückt, die Tradition der Bekämpfung des staatlichen Steuerwesens wird in den folgenden vierhundert Jahren in der Dauphiné lebendig bleiben: Denken wir hier wiederum an den Schmuggler Mandrin (18. Jahrhundert) mit seinem Kampf gegen die Tabakpächter und den Zoll oder auch an den Gastwirt Nicoud (20. Jahrhundert) mit seiner Auflehnung gegen die „mobile Steuerbrigade". Im Jahre 1578 richtete sich die Unzufriedenheit zunächst gegen die von anderen Städten übereilt angenommene Entscheidung, an den Rechnungshof in Grenoble 36 000 Pfund für seine Beamtengehälter zu bezahlen.[3]

In diese bereits erregte Stimmung platzte die Nachricht von einer

Steuererhöhung von vier (oder sechs?) Écus pro Steuerhaushaltung, die von den Landständen für Juli–August 1578 beschlossen worden war. Diese Summe ist an sich nicht übermäßig hoch. Aber sie kommt zu ungeeigneter Zeit (und die darauffolgenden höheren „Steuereinsammlungen" noch viel mehr). Das Bruttolandwirtschaftsprodukt der Region ist auf einen sehr tiefen Stand gesunken, beurteilt man es nach der Höhe des Zehenten in den Nachbargegenden.[4] Die Krise ist da! Die neue fiskalische Auflage trifft auf den Widerstand der kurz zuvor von Faure–Barletier gebildeten „Liga". Diese rekrutiert sich anscheinend (ganz wie die romanaisische oder die Pariser Liga) aus den Handwerksbruderschaften und aus dem Volk der kleinen Leute im allgemeinen. Vidal Baume, *Eintreiber* (= Steuererheber) der Steuerauflage vom Sommer 1578, berichtet dem Rat der Stadt Montélimar[5], *daß es etliche Leute gibt, die aufgrund der Liga, die sie mit Jean Barletier gebildet haben, überhaupt nicht bezahlen wollen.* Barletier setzt sich nicht gleich durch; er bringt die Sache auf legalem, juristischem Wege (der legale Weg ist immer *eine* Seite der Plebejerbewegung; die andere, spektakuläre Seite ist der offene, massive Übergang zur gewalttätigen Illegalität) vor das Parlament von Grenoble. Von den hohen Parlamentsbonzen verlangt Faure-Barletier eine Überprüfung der konsularischen Rechnungsbücher seiner Stadt, die überfällig sei. Das Parlament macht in diesem Punkt ein Zugeständnis, indem es dem Prinzip der Rechnungslegung zustimmt; es akzeptiert auch, daß nur die Hälfte der für den Sommer vorgesehenen Steuerquote bezahlt werde. Dieser halbe Erfolg führt uns vor Augen, wie sehr die Forderungen des kleinen Handwerkervolks von Montélimar den Forderungen ähneln, die wenig später von ihren Freunden in Romans erhoben werden. „Lohnerhöhung" wird nicht verlangt – eine solche Forderung wäre bei den kulturellen Gegebenheiten der damaligen Zeit gar nicht denkbar gewesen –, obwohl die unzufriedenen Handwerker und Taglöhner zumindest zum Teil armselige Lohnempfänger sind. Statt dessen wendet man sich gegen die hohen Amtsinhaber, die der Provinz vorstehen. Man verweigert einen Teil oder gar (im Überschwang der Gefühle) die ganze Steuer. Man verdächtigt die Geschäftsführung der Stadt, wie sie bisher von der städtischen „Elite" oder der „Mafia", von der Montélimar beherrscht wird, ausgeübt wurde. Diese „mafiose Elite" wird zu Recht oder Unrecht beschuldigt, sich durch Manipulierung der städtischen Groschen, die von der Steuer zuvor aus den Armen herausgepreßt worden waren, „die Taschen gefüllt" zu haben. Ob Wahrheit oder Demagogie, dieselben Themen werden im nächsten Jahr beim Volk von Romans zur Selbstverständlichkeit.

Die Montilianer (= Bewohner von Montélimar) stehen schon in dieser Zeit nicht allein. Im Oktober 1578 ist die Volkserregung in den Dörfern des

Rhonetals, die Montélimar umgeben, so stark und organisiert geworden, daß sie in den Archiven erscheint. Auslöser dieses neuen Selbstbewußtseins, das sofort in Bewaffnung umgesetzt wird, sind die Verwüstungen, Plünderungen, Entführungen und Vergewaltigungen junger Mädchen, die seit Anfang August von der in einer der Ortschaften einquartierten Truppe räuberischer Soldaten begangen werden. Im Oktober 1578 beginnen die Konsuln der betroffenen Kirchensprengel im förmlichen Auftrag ihrer Wähler von Dorf zu Dorf einander zu schreiben; sie formieren sich so in einer „segmentarischen" Organisation (horizontal, nicht hierarchisch). Sie bilden aus den Bauern ihrer Gemeinden, die schon daran gewöhnt sind, ihre Töchter, ihre Ernten und ihre Ziegen mit Waffen zu schützen, eine kleine Armee; diese bringt das Raubgesindel zur Vernunft.[6] Der „Stadtrat" des Marktfleckchens Donzère tritt der *Union* bei; im Oktober 1578 beschließt er, Freiwillige zu bezahlen; sie sollen in der Bauerntruppe als Bewaffnete dienen. Donzère hatte die schrecklichen Drohungen des protestantischen Führers Montbrun (1575) nicht vergessen, der an die katholischen Konsuln des Ortes geschrieben hatte: *Wenn Ihr den Hugenotten nicht Eure Steuern bezahlt, werde ich bei Euch Menschen und Vieh niedermetzeln, Eure Häuser und Scheuern verbrennen.* Die Leute von Donzère wollten sich in Zukunft gegen solche, in der Niederdauphiné alltäglichen Erpressungen durch Gewalt schützen.[7] Wenn man den abstoßenden Text Montbruns liest, dann versteht man, daß als Antwort darauf der katholische Fanatismus in dieser Gegend extrem gewesen ist. Er macht aus Jacques Colas, dem Führer von Montélimar, im Jahre 1578 zuerst einen beliebten Antihugenottenführer, dann, im Jahre 1590, einen ultrapapistischen Mann der katholischen Liga.

Die demokratische und „segmentarische" Organisation der vereinigten Dörfer des montilianischen Raums kann sich nun auf einen sich als natürlich anbietenden Zusammenschluß mit der städtischen Liga vorbereiten, die im August von Faure-Barletier gebildet worden ist. Dieses Bündnis wird den Kampf auf „eine höhere Ebene" tragen (dieses Klischeewort ist in diesem Falle durchaus zutreffend). Auch die anderen großen Städte machen der Reihe nach mit (trotz interner Meinungsverschiedenheiten in den Stadtregierungen): Von Montélimar aus nach Norden, Valence, Grenoble und vor allem Romans.[8]

Am 1. November 1578 tritt der Generalrat (ein maximal erweitertes städtisches Gremium) in Montélimar im Stadthaus zusammen. Es handelt sich um eine „Generalversammlung", die für viele Bewohner der Stadt zugänglich und auch auf die aktiven Minderheiten aus den unteren Klassen ausgedehnt ist. Tatsächlich steht im Sitzungsprotokoll, daß achtzig Mitglieder der von Faure-Barletier geleiteten städtischen Liga bei diesem

„Rat“ anwesend waren. Die Episode wirkt wie die Hauptprobe dessen, was sich drei Monate später in Romans abspielen wird. Nur der Ausgang ist verschieden.

Auf der Tagesordnung steht eine Stellungnahme der Delegierten der *Union* der Dörfer, die bereits gebildet, bewaffnet und kampfgewohnt ist. Die Unionsdelegierten, vertreten durch einen gewissen Coste, berufen sich auf den königlichen Reichsfrieden von 1577, der in der Dauphiné noch nicht in Kraft getreten ist; sie beklagen sich über die Diebstähle, Lösegeldforderungen und sonstigen Ärgernisse, die von den Soldaten und Räuberbanden beider religiösen Parteien begangen werden. Und an denen lokal die Hugenotten teilnehmen. Coste weist auch darauf hin, daß seine Freunde von der Union bereits eine Abordnung zum Generalstatthalter Maugiron geschickt haben; seine „Freunde“ möchten, daß alle Diebe und Gauner in die Hände der *Herren von der Justiz* überstellt werden; sie selbst unterstellen sich „gerne“ der Autorität der *Herren vom Parlament.* Wie Coste hinzufügt, hat Maugiron ihrem Wunsche entsprochen. Er hat ihnen geantwortet, „anderen Städten davon Mitteilung zu machen“. Kontakte zwischen den Städten sind hergestellt. Romans, Valence und Crest haben schon versprochen, sich der Bewegung anzuschließen. Coste und die Seinen ersuchen die Stadt Montélimar, sich nun auch der Bewegung anzuschließen. Dank der Unterstützung der Partei Faure-Barletiers und der Schützenhilfe der Notabelnfamilie Colas wird diesem Ersuchen stattgegeben. Montélimar ist von nun an ein aktiver Teil der *Union.*

Man sieht, daß es sich, zumindest den Worten nach, um ein gemäßigtes Vorgehen handelt: Man wendet sich oder erinnert nur an die bestehenden Einrichtungen der Provinz oder auch des Königreichs: königliches Friedensedikt, Generalstatthalter Maugiron, Parlament, gesetzlich verankerte Rechtsprechung, bäuerliche Gemeinwesen, Städteverband (die wichtigsten „Zehn Städte“ der Dauphiné bilden schon seit langem eine legale, anerkannte Instanz). Auch im Vienner Gebiet nehmen Amtsbezirksversammlungen „die Sache in die Hand“.

Von hier aus teilt sich die Bewegung in zwei Strömungen: die eine zieht sich nach Norden (auf Valence, Romans und die Valloire zu); diese wird trotz der besten Absichten der Welt objektiv aufrührerisch und sogar revolutionär; sie gebiert die Vorgänge in Romans und dem romanaisischen Umland, die sich auf katholische, aber unzufriedene Bauern und Städter stützen. Diese scheuen sich nicht vor einem kompromittierenden Bündnis mit den Hugenotten gegen die papistischen Notabeln. Sie begehen alle möglichen Ausschreitungen gegen die Grundherren und stoßen Drohungen gegen die Notabeln aus. Dagegen ist die andere Strömung, in Montélimar und Umgebung, ausgesprochen hugenottenfeindlich. Diese zweite, montilianische und papistische Richtung ist vielleicht von religiösem Bewußtsein bestimmt, das bei den Menschen der äußersten Süd-Dauphiné noch im traditionellen Glauben verhaftet ist. Aber auch augenblickliche Umstände spielen dabei eine entscheidende Rolle: Für Romans wie für die Valloire (also den nördlichen Sektor der bündischen Bewegung) kommt die stärkste Bedrohung der Gemeinwesen und ihrer Menschen von den katholischen Söldnern. Dagegen stellen in Montélimar und den umgebenden Niederungen die hugenottischen Söldner Lesdiguières' die wesentliche Gefahr dar; sie betätigen sich in dem Bergland, das sich östlich von diesem Teil des Rhonetals erhebt, in der Voralpenregion von Gap, Die und den Baronien ... Daher der romanaisische Radikalismus: *Mit* den Hugenotten gegen die einheimischen Notabeln. Daher umgekehrt die montilianische Mäßigung: Die katholischen Notabeln der äußersten Süd-Dauphiné lassen sich nicht lange bitten, um sich gegen die Hugenotten an die Spitze der Land- und Stadtbünde zu stellen ... und sie zu mäßigen. Daher die Warnungen und Ordnungsrufe, die vom Süden an den Norden gerichtet werden: Die Stadtobrigkeit von Donzère hatte sich beispielsweise schon im Oktober 1578 der montilianischen *Unionsbewegung* angeschlossen; aber bereits im Februar 1579 und vor allem im April 1580 distanziert sie sich von den Adelsfeinden und Protestantenfreunden der romanaisischen Region.[9] Sie gibt gute Gründe für ihre Hugenottenfeindlichkeit an: Sie mißtraut den jungen einheimischen Protestanten; *sie ist beunruhigt über die Gefühlserregung zwischen dem dritten Stand und dem Adel;* über die *großen Ausschreitungen, Plündereien und Metzeleien, die der dritte Stand im Verein mit den Hugenotten begangen hat.* Dieser Text beweist, daß schon im Winter 1578–1579 in der Volksbewegung der Dauphiné Divergenzen zwischen den beiden Richtungen, dem Norden und dem Süden, den Pro-Hugenotten und den Pro-Papisten aufgebrochen sind.

In Montélimar gibt es leichtes Spiel für einen wagemutigen Katholiken von Rang. Der etwa dreißigjährige Jacques Colas ergreift die Gelegenheit beim Schopf. Seine Familie geht zurück auf Vorfahren, die im 15. Jahrhundert Schuhmacher, im 16. Gerber mit Sitz in Montélimar gewesen sind.[10] In langsamem, aber sicherem sozialem Aufstieg geht die Familie lange vor der Geburt unseres Helden von der Werkstatt zum Konsulat und zum Schreibtisch über. Der Vater, Claude Colas, ist Rechtsanwalt; Jacques selbst studiert 1572 zunächst an der Universität Valence; er hat daselbst die Funktion eines *Fürsten der Jugend,* der auch *Rektor* genannt wurde. Der „Fürst" wurde unter den ortsansässigen, aus dem Lande stammenden „Scholaren" ausgewählt, zwischen denen ein natürliches Gemeinschaftsgefühl bestand. Jacques Colas bestätigt in dieser Hinsicht eine Regel, die wir auch sonst noch oft finden: nämlich, daß die Triebfedern der diversen Revolten der Dauphiné in den Jahren 1579—1580 in den Jugendorganisationen, den Folkloregruppen und ihren Führern gesucht werden müssen.

Andererseits ist Colas gewalttätig, ein Straftäter und schnell blutvergießender Hitzkopf, wie sie in dieser Zeit der Wirren Legion sind. Trotz seines hundertprozentigen Papismus hat er nichts von einem Chorknaben. Dieser Schönredner, von dem Katharina von Medici im Jahre 1579 sagt, er sei *anmaßend und toll*, hat während seiner Studienzeit einen seiner Kameraden getötet. Dank seiner mächtigen, ortsansässigen Freunde war er dem Gefängnis, in dem er unter Mordanklage eingekerkert war, entkommen. 1575 wird Jacques Colas, noch nicht dreißigjährig (dank der Unterstützung seines Vaters), Vize-Seneschall von Montélimar, als dieses Amt durch den Tod des vorigen Inhabers frei wird. Jacques kauft das Amt. Diese „Vize-Seneschallerie" erfüllt als Amtsbereich und Gerichtsbehörde die Aufgabe eines Transmissionsriemens: Sie ist das Verbindungsglied zwischen den Grenobler Zentralbehörden, die die ganze Provinz regieren, und den Stadt- und Dorfgemeinden der montilianischen Region. 1576 ist Jacques Colas einer der Delegierten der Dauphiné bei den in Blois tagenden Reichsständen. Dort trifft er regelmäßig mit de Bourg zusammen. Er gehört zu einer gemäßigten Strömung, die den Verfechtern eines „Kampfs bis zum bitteren Ende" vom Typ des Parisers Versoris feindlich gegenübersteht. Ein fanatischer Anhänger der katholischen Liga (wie Colas fünfzehn Jahre später), will Versoris dem König *Körper und Seele, Eingeweide und Gedärme* weihen, um die Posaune des Krieges gegen die Protestanten zu blasen.[11] Im Verlaufe einer Sitzung nimmt Colas sogar persönlich Stellung gegen Versoris. Dann kommen die Rückkehr in die Niederdauphiné und die Ereignisse von 1578 im montilianischen Raum (Bildung von *Bund* und *Union* der Bauern und Bürgerlichen). Wahrscheinlich hat die Familie Colas anfänglich gezögert. Als Säulen der örtlichen Ordnung haben Vater und Sohn Colas, Claude und Jacques, im August 1578 die Bildung der Plebejergruppe Faure-Barletier in ihrer eigenen Stadt nicht sehr gern gesehen. Aber im entscheidenden Augenblick, im Oktober 1578, entschließen sie sich: An der Seite des Bundes von Faure-Barletier, zu dessen Gunsten sie die Stellung wechseln, führen sie ihre gute Stadt Montélimar ins Lager der *Union* gegen die Banditen. *Ich bin ihnen gefolgt, also werde ich ihr Führer!* Ein Glanzstück an Kühnheit: Jacques Colas nutzt sein hohes Amt als Vize-Seneschall, das ihm die Macht am Orte gibt. Ganz legal stellt er sich an die Spitze der gesamten Unionsbewegung im montilianischen Raum, die ohne ihn gebildet worden ist. Hat er katholische Beweggründe? Die Aussicht, sich mit den Herren Banditen zu messen, die in seiner Gegend zufällig Hugenotten sind, hat dem eifrigen

Papisten wohl nicht mißfallen (aber noch ist er kein fanatischer Vertreter der katholischen Liga; das wird er erst später, im reifen Alter werden).

Man sieht, wie sich das Wirken des Jacques Colas langsam ändert oder auch entwickelt. Im Jahr 1577, bis Mai 1578, ist er einstweilen nur der Hüter des königlichen Reichsfriedens, der kürzlich erlassen, aber in unserer Provinz noch nicht beachtet worden ist.[12] Seine legalen Funktionen als Vize-Seneschall machen ihn für diese Rolle des Friedensstifters geeignet. Er erscheint hier in recht günstigem Licht, als Mann der Ordnung und nicht als der Friedensstörer, als den man ihn in seiner Jugend geschildert hatte und als den man ihn auch in einer späteren Epoche seines Lebens wieder bezeichnen wird. Im August 1578 ist Colas besorgt über die Ausschreitungen des von den Hugenotten halb unterstützten Banditen Laroche. Dieser hat sich in der Burg Roussas verschanzt, von der aus er ungestraft seine Beutezüge unternimmt. Im Februar 1579, gerade als die romanaisischen Unruhen beginnen, organisiert Colas technisch geschickt die militärische Aktion der *Gemeinden* gegen Laroche; am 24. Februar erstürmt er Roussas an der Spitze von 1200 Bündischen. Obwohl der Bandit Verstärkung durch dreißig Edelleute erhält — eine bezeichnende Tatsache —, muß er nach vier Tagen fliehen und den Sieg Colas überlassen, der damit seine Weihe als Hugenotten-, Adels- und Banditenfeind erhält.[13] Der neue *Unions*führer trägt also am Ende des Winters 1578—1579 zum Fall zweier Räuberburgen bei, Roussas und Châteaudouble (oben, 3. Kap.); deren Garnisonen hatten bis dahin mit halber Duldung der Hugenotten in für die Bewohner schmerzlicher Weise das offene Land verwüstet. Diese beiden Erfolge verleihen Jacques Colas Führerstatur. Als Politiker und als Anführer des bewaffneten Kampfes koordiniert er die Energien der örtlichen Bevölkerung im Kampf gegen die Kriegsherren; mehr verlangen sie nicht. Die Einnahme von Roussas vierzehn Tage vor der von Châteaudouble dient letzterer als Vorbild.

In dem von Colas gehaltenen Sektor „entartet" der Bauernkampf gegen die Unsicherheit nicht oder kaum zu einem Kampf gegen die Herren (wie es weiter im Norden der Fall ist). Die segmentarische Organisation der Gemeinden im Gebiet von Montélimar hatte zunächst, im Oktober 1578, als egalitärer Zusammenschluß funktioniert. Seit im November Colas die Führung übernommen hat, wird sie vertikalisiert: Sie wird unter dem von oben her kommenden Anstoß des neuen Chefs ein System zentralisierten Handelns, eine hierarchische Pyramide, deren höchste Spitze von nun an der Führer ist.

Diesem Führer gelingt es zudem, auch andere Ortschaften der Niederdauphiné zu gewinnen. Zum Beispiel Pierrelatte, in der Nähe des Comtat Venaissin (heute ein Teil des Departements Vaucluse, Anm. d. Übers.), das sich bis dahin zu oft mit dem Banditen eingelassen hatte; dieser konnte sich dort mit Nahrungsmitteln versorgen und gewährte den Einwohnern gegen Bezahlung Schutz. Der Bandit hatte in Pierrelatte so viele Komplizen, daß Maugiron in einem Brief vom 8. August 1578 dessen Einwohnern wegen ihrer nachsichtigen Zusammenarbeit mit dem Banditentum die Leviten lesen mußte. Dann begannen die Dinge schiefzugehen. Pierrelatte hatte sich gegen allzu drohende Forderungen Laroches aufgelehnt. Einer seiner Abgesandten war sogar von den Dörflern mit Stockschlägen traktiert worden. Daraufhin hatte der vormalige Beschützer einige Häuser des Städtchens in Brand gesteckt; die Brandstiftung war begleitet von einem Drohbrief an die Konsuln (21. Februar 1579), in dem neue Requirierungen angekündigt wurden. Die Gelegenheit beim Schopf packend, bot Colas den Pierrelattern sofort seine Dienste gegen den Banditen an, der sie jetzt terrorisierte. Am 22. Februar 1579 schreibt er: Um Laroche zu bekämpfen, *biete ich Euch alles an, was in mir ist, und mein Leben, das ich für Euch von ganzem Herzen einsetzen werde.* Die Einnahme von Roussas überzeugt schließlich die Leute von Pierrelatte; von nun an stellen sie Colas reichlich Freiwillige für den Kampf gegen die Friedensstörer zur Verfügung.[14]

Von April 1579 bis zum Anfang des folgenden Jahres nutzt Colas auch weiterhin seinen offiziellen Rang als Vize-Seneschall und seinen halboffiziellen Titel eines Führers der montilianischen Bünde. Kraft der doppelten Vollmacht, die ihm daraus zufließt, läßt er Handschreiben über Handschreiben in die umliegenden Dörfer tragen. Er bittet darum, daß jedes von ihnen einige Soldaten aushebe; daß sie sich vor den Banditen in acht nehmen, daß sie in diesem oder jenem der Hauptorte Generalversammlungen von Gemeindedelegierten abhalten. Obwohl es ganz legal ist, wird sein Vorgehen von den Leuten „mit Adelsprädikat" und von den höchsten Behörden der Provinz, ja des ganzen Königreichs, nicht gern gesehen: In einem Brief vom 18. Juli 1579 beschreibt ihn Katharina von Medici, die Colas gerade in Montélimar begegnet ist, nicht ohne anzügliche Bosheit als einen *der wichtigsten Chefs des Bundes; er ist ein anmaßender, toller Geist, auf den die Herren vom Adel gelegentlich recht starken Neid haben.*[15]

Trotz seiner relativen Mäßigung waren die Beziehungen Colas', dem anerkannten Führer des dritten Standes, zum Adel nicht frei von Schärfe. Seine pro-bürgerlichen Stellungnahmen waren zwar nicht revolutionär, jedoch den beiden privilegierten Ständen gegenüber von einiger Entschlossenheit. In einer großen „programmatischen" Schrift vom Mai 1579, der es nicht an Würde mangelt, erinnerte Colas daran, daß der dritte Stand, ob katholisch oder protestantisch, die Hauptlast der Auflagen des königlichen Fiskus zu tragen hatte, die bekanntlich für den Unterhalt des

Kriegsvolks bestimmt seien. Der dritte Stand würde infolgedessen stärker ausgeblutet als die Adligen; er sei daher berechtigt, zu den Waffen zu greifen, *wie es treuen Untertanen seiner Majestät geziemt,* um dem Reichsfrieden Achtung zu verschaffen.[16]

Der aufrührerische Aspekt des Aufrufs zu den Waffen wurde in der Rhetorik Colas' durch die Notwendigkeit von Friedensliebe und Königstreue verschleiert (aber ich bezweifle, daß der König von Frankreich mit der in seinem Namen erfolgten Erhebung einverstanden war!). Im Größeren ist das Geringere enthalten: Das Recht zum bewaffneten Aufstand schließt in der Vorstellung Colas' ipso facto das Recht zur selbständigen und selbstbestimmenden Vereinigung der Bürgerlichen ein. In derselben Schrift, die im Mai 1579 zirkuliert, erklärt Colas, daß ihm eine große Tatsache bewußt geworden ist: Der Adel ist aufgrund der Bauernunruhen in der Valloire mißtrauisch gegen den dritten Stand geworden (und gegen ihn, Colas: siehe zwei Monate später, im Juli 1579, was die eben zitierte Katharina von Medici über den *Neid* des Adels auf Colas sagt). Aber der Vize-Seneschall von Montélimar ist nicht der Ansicht, daß das Heilmittel gegen das Mißtrauen der Adligen darin besteht, die Arme sinken zu lassen. So wie der dritte Stand von 1789 in einer späteren Epoche die anderen Stände auffordern wird, *sich ihm anzuschließen,* um seine eigene Vorrangstellung besser deutlich zu machen, will Colas – der gewiß nicht voraussieht, was sich zwei Jahrhunderte später ereignen wird –, *daß der dritte Stand alle ehrbaren Männer sucht, um sie für die Versammlung der vier Städte, nämlich Valence, Romans, Crest und Montélimar*[17] *aufzubieten, wohin alle Konsuln der Städte und Gemeinden einberufen werden.* Der Plan ist also der, den Eliten des städtischen Bürgertums in den drei protestierenden Städten (Valence, Romans und Montélimar) die Initiative zuzuschanzen, um unter ihrer Führung die Dorfvorsteher und die kleinen bäuerlichen Notabeln (die „Konsuln") zusammenzurufen. Auf diese Weise würde die Einheit des dritten Standes in Stadt und Land von der Basis bis zur Spitze hergestellt werden; daraufhin würde der dritte Stand an einige von ihm sorgfältig ausgewählte Vertreter der Adligen und der Geistlichen herantreten und sie bitten, ihre Freunde aus den beiden privilegierten Ständen zusammenzurufen, um mit dem Bürgertum Mittel und Wege zur Wiederherstellung oder Erhaltung des Friedens zu erörtern. Solch ein Programm ist zwar gemäßigt; aber es teilt den Bürgerlichen den ersten Platz zu.

Der Versuch Jean Colas' macht anschaulich, was in der Dauphiné im Jahre 1579 ein geschickter, entschlossener Krieger-Politiker tun kann, wenn die Umstände ihm günstig sind. Im Rahmen der regulären Rechtsprechungsvollmachten, die er besitzt, kann er über die Unterstützung der herrschenden Klassen seiner Stadt hinaus auf die der städtischen und bäuerlichen Massen seiner Region zählen, soweit eine Minderheit von diesen bereit ist, sich unter seiner Führung in Bewegung zu setzen. Er kann also den dritten Stand in vollem Umfang für das Unternehmen einsetzen, mit den beiden anderen Ständen zu verhandeln, wozu diese sich nur ungern hergeben. Der Vergleich mit dem, was Colas hier tut, ermöglicht uns ein besseres Verständnis der spezifischen Probleme, die sich weiter nördlich (in Romans) stellen: Hier sind die Bürger und die Handwerker der Stadt von einer Einigung weit entfernt, vielmehr stehen sie in manchmal sogar gewalttätiger Opposition zueinander. Die Strategie Paumiers, des plebejischen Führers der Revolten von Romans und Umgebung, hat so mit der von Colas wenig Ähnlichkeit. Paumier hat ja keinerlei Amtstitel; es fehlt ihm der Rückgriff auf das Gesetz, das den Kopf des Colas mit einem so attraktiven Glorienschein umgibt. Aber auch der Ausgang ist bei beiden sehr verschieden: Nach 1580 spricht von Paumier niemand mehr. Im Gegensatz dazu versteht es Colas, sich und seine bündischen Freunde des montilianischen Raums geschickt aus der Affäre zu ziehen. Er verhindert, daß sie von der Repression, die mit Hilfe der Ordnungspartei von König und Parlament geübt wird, betroffen werden. Ja, er erreicht, daß seiner guten Stadt Montélimar zwei weitere Jahrmärkte zugebilligt werden. Der im Umgang mit der Macht geschickte Mann setzt von nun an auf das Kriegsglück Mayennes, der Herzöge von Guise und anderer großer Parteigänger der katholischen Liga. Die Anziehungskraft dieser mächtigen Liga wird für ihn unwiderstehlich. Nun strebt er auch über seinen bürgerlichen Rahmen hinaus und erreicht im Zuge des sozialen Aufstiegs seiner Familie den Adel für sich und seine Nachkommen. Er wird Herr auf Saint-Gobain! Er schwenkt um auf den katholischen Extremismus und wird ein aktiver Kämpfer in der großen Liga oder ultrapapistischen nationalen Partei. Die demokratischen Allüren dieses superkatholischen Sammelbeckens können diesem Manipulierer von Massen nur gefallen. In seiner neuen Rolle als Adliger, der in zweiter Ehe auch hochadlig verheiratet war, findet er ein tragisches Ende. Als großer Ligachef, vormaliger Gouverneur von La Fère en Picardie, erbitterter Feind Heinrichs IV. und als solcher zum König von Spanien übergegangen, fällt er im Jahre 1600 im Kampf.

Die Karriere Colas' ist interessant: Führer des dritten Standes, aber feindlich gegenüber dessen extremsten, für eine Bauernrevolution charakteristischen Elementen, wechselt er nach und nach das Lager; durch eine Art Verschiebung von links nach rechts und von unten nach oben findet er sich letzten Endes in den Reihen desselben Adels wieder, den er als junger Mensch so heftig bekämpft hat (allerdings ist der ultrakatholische Adel in den 1590er Jahren der Verbündete des Pariser dritten Standes, der selber ultrapapistisch ist).[18]

Im Zusammenhang mit der Revolte der Dauphiné ist der Fall Colas ein guter Beweis dafür, daß die Justiz auf der Provinzebene in sich selbst gespalten war. Es gibt juristische Amtsinhaber der Stadt und der Region, wie de Bourg und Colas, die sich auf die Seite der Volksbewegung stellen. Andere, wie Guérin (Richter von Romans) und die Parlamentarier von Grenoble beteiligen sich von ganzem Herzen an der Niederschlagung der Rebellion. Aber es ist ja wohl gerade eine Eigenheit dieses vierten Standes (der Justiz), hin und her gerissen zu sein zwischen dem dritten Stand (aus dem sie kommen) und dem zweiten (dem Adel, dem sich viele juristische Würdenträger durch Adelsverleihung eingliedern). Die besonderen Umstände Montélimars und vor allem Viennes, wo es (im Unterschied zu Romans) keine Bartholomäusnacht gegeben hat und wo das Gewicht der Handwerkerschaft weniger stark ist, erklären zweifellos, daß das Vienner Großbürgertum, einschließlich seiner Gerichtsbarkeit, sich dem dritten Stand mehr verbunden fühlt als dem Adel. In Romans dagegen hat sich die örtliche „Elite“ in der Bartholomäusnacht mit dem Blut der hugenottischen Bürgerlichen befleckt; auch steht sie denkbar schlecht mit der zahlreichen und aufsässigen einheimischen Handwerkerschaft. Sie neigt daher natürlicherweise zu der extremsten katholischen Partei und zu der Gesellschaftsschicht, die dann später, ab 1792/1793, die Aristokratie genannt werden wird.

Fünftes Kapitel
1579: Der erste Karneval Serve-Paumiers

Von nun an wollen wir uns also mit Romans und seinen Wirren befassen.

Nicht nur das reale Unheil, das der Krieg mit sich brachte, war für die Bauern der Region ein Grund zur Besorgnis. Seit zwei Jahren hatten nicht nur symbolhafte Unglückszeichen ihre Unruhe gesteigert. Am 8. November 1577, zur Zeit des Neumonds, war ein Komet erschienen *wie ein Stern*, der dem Mond folgte; *er warf sein Licht auf die aufgehende Sonne und hatte eine Länge von zwei Klaftern* (P 56). Diese erstaunliche Erscheinung hielt einen Monat an, wobei ihr Licht allmählich an Stärke abnahm. Das Ereignis erschien als böses Vorzeichen und stiftete Unruhe bis nach Lyon. Ein gewisser François Junctin brachte aus diesem Anlaß bei einem Lyoner Drucker eine Broschüre von 16 Seiten Oktavformat heraus, eine *Abhandlung darüber, welche Gefahr es bedeuten muß, daß der Komet am 12. des laufenden Monats November 1577 bemerkt worden ist, welcher noch heute in Lyon und an anderen Orten gesehen wird.* Eine ernster zu nehmende Tatsache: Im Winter 1577–1578 war ungeheuer viel Schnee gefallen, und die Schneeschmelze setzte erst im April 1578 voll ein. Nußbäume und Reben erfroren. Die tödliche Kälte verringerte den Nußölertrag und erweckte (zu Unrecht?) Befürchtungen für die kommende Weinernte. All das wurde dann später als Vorzeichen kommenden Unglücks gedeutet: *Es war eine Warnung und ein Vorbote, um uns das Unglück vorauszusagen, das danach gekommen ist durch Revolte des Volkes, durch Krieg, Pestilenz und Hungersnot und andere Geißeln, mit denen Gott uns heimgesucht und das Volk gezüchtigt hat.*

Während des folgenden Sommers bemerkten Menschen mit phantasievollem Geist noch andere beunruhigende Symptome: *Im August 1578 sah man auf den Blättern der Kirschbäume, der Pflaumenbäume und der Haselnußsträucher Zeichnungen in Form von Schlangen.* Das erzeugte beim Volk große Verwunderung, die noch durch andere Zeichen verstärkt wurde. *Mehrere sagten, man habe in Eiern und Heringen kleine Schlangen gefunden (P 62).* Daraufhin enthielten sich manche Verbraucher der Eier und der Heringe.

Jedoch war das Jahr 1578 für die Landwirtschaft keineswegs eine Katastrophe: Kalter Winter, heißer, trockener Sommer. Solche meteorologischen Bedingungen behagen dem Weizen und mißfallen auch dem Wein nicht, zumindest nicht jenen Reben, deren Knospen den Aprilfrost überleben. Im Gegensatz zu den pessimistischen Voraussagen wurde in jenem Jahr eine ordentliche Getreide- und Weinernte eingebracht. Gut und nicht zu teuer. *Der Wein kostete nur einen Sol der Topf und der Scheffel Weizen sechs Gulden.* Nur über das Obst war zu klagen, *es war wurmstichig wegen der Trockenheit.*

Es genügte jedoch nicht, aufgrund des günstigen Wetters eines Jahres unter guten Bedingungen zu produzieren. Es mußte auch verkauft werden. Da aber drückte der Schuh. Trotz des vom König 1577 erlassenen Reichsfriedens von Poitiers hatte im romanaisischen Raum das Banditentum auch 1578 noch nicht aufgehört. Kaufleute wurden überfallen. Der Viehhandel auf beiden Ufern der Isère war unterbrochen, der Geldumlauf gestört. Das antiinflationistische Edikt von 1577 hatte ein für alle Mal den Wert des Écu auf drei turonensische Pfund oder 60 Sous festgesetzt. In Friedenszeiten hätten die Silberlieferungen aus den spanischen Bergwerken Mexikos eine stimulierende Wirkung auf die Wirtschaft ausüben können. Aber in der langen Reihe von Wirren, gegen die die Region zu kämpfen hatte, konnten weder das Währungsedikt noch das mexikanische Silber ihre volle segensreiche Wirkung entfalten.

Die bündische Volksbewegung mußte bei der schwelenden Unzufriedenheit im Raum von Romans eine ziemlich starke Unterstützung finden. Die Bewegung beginnt hier in der Baronie Clérieu, im Dorf Marsas. In diesem ländlichen Sprengel lebte eine teilweise hugenottische Bevölkerung, die unter der antiprotestantischen Repression gelitten hatte. Einer vom Gerichtshof von Romans angeordneten Repression; denn das Stadtgericht herrschte im Namen des Königs auch auf dem Lande.

Blut schreit nach Blut. Protestanten von Marsas waren infolge eines Spruchs des romanaisischen Gerichts während des vorhergegangenen Krieges hingerichtet worden. Ihre im Dorf überlebenden Verwandten dürsteten nach Rache; sie wollten die Richter der Stadt diese Toten büßen lassen. Es war eine Form ländlicher Vendetta, wie sie oft am Anfang von Revolten steht.

Von Anbeginn an richtete sich die Aktion gegen den Richter Antoine Guérin, den Hauptverantwortlichen für die Beschlüsse des Gerichtshofs von Romans. Dieser Mann steht von nun an in der vordersten Linie, bis hin zum Schlußakt, dem Karneval von Romans. Fügen wir noch hinzu, daß in Marsas die herrenfeindlichen Gefühle – wie in der gesamten Bauernschaft der Gebiete nördlich von Romans – sehr heftig waren.

Um Marsas, das mit der Revolte begonnen hatte, konkretisierte sich bald der Zusammenschluß der rebellischen Kirchengemeinden. Es fand eine erste Versammlung statt, an der die Männer von Marsas und einer anderen Ortschaft mit Namen Chantemerle teilnahmen, eine *Versammlung, zu der eine große Zahl liederlichen Volks aus mehreren benachbarten Dörfern eingeladen war* (A 30).

Der Hinweis auf das *liederliche Volk* aus der Feder Guérins soll die Teilnahme extremistischer Randfiguren nahelegen, die für die bäuerliche Masse mit ihren Pflügern und anderen manuellen Arbeitern nicht repräsentativ wären. Jedoch ist die von Anfang an bestehende Beteiligung bäuerlicher Hugenotten an der Erhebung nicht gleichbedeutend mit gesellschaftlicher Marginalität, ganz im Gegenteil: Die protestantischen Landwirte entstammen auch im 16. Jahrhundert im allgemeinen der wohlhabenden Bauernbevölkerung. Faktisch haben sich die Dorfgemeinden als solche mit ihren regulären Instanzen (gewählte Konsuln – die aber vielleicht in diesem Fall von dynamischen Aktivisten ersetzt worden waren, die sich die Umstände zunutze machten, um das Konsulat an sich zu reißen) von Anfang an an der Revolte beteiligt. Diese war alles andere als ein brutaler Ausbruch der Bauern (Jacquerie*) in dem Sinne, der dem Wort üblicherweise und oft böswillig gegeben wird. Für den Anfang ist die Gemeindebeteiligung *wahrscheinlich*. Für den Fortgang der Unternehmung ist sie *sicher*. Guérin weist nämlich darauf hin, daß zu den Bauernversammlungen, die sich nach der ersten Versammlung vom Januar 1579 bildeten, *der größte Teil der Dorfbewohner in einem Umkreis von sechs Meilen* berufen wurde (A 30). „Der größte Teil", das heißt im demokratischen Sinn die Mehrheit. Wenn Guérin das sagt, der kein Freund der Rebellen ist und diese als eine Minderheit von Friedensstörern hinstellt, dann stimmt es: In dieser Sache gibt es eine Dorfdemokratie. Der Notar Piémond seinerseits berichtet bei der Schilderung des Massakers, das dreizehn Monate später den Karneval von Romans beschließen wird, daß bei der Nachricht von den Ermordungen *rund um Romans eine große Zahl von (ländlichen) Gemeinden zusammenströmte, um zu den Waffen zu greifen, ungefähr 1500 Mann* (P 89).

Diesmal treten die regulären Institutionen der Dorfgesellschaften (die Gemeinden) eindeutig als solche in Erscheinung, um den „Kommunarden" von Romans zu Hilfe zu eilen.

Die Bauernerhebung hatte von Anfang an einen folkloristischen Charakter: Die ersten Versammlungen finden im Januar 1579 (A 30) statt, also bereits in der Karnevals- oder zumindest Vorkarnevalszeit. Denn in der Dauphiné beginnen die Festivitäten gleich nach dem Dreikönigstag

---

* Von „Jacques", ein etwas herabsetzender Name für den Bauern, in etwa zu vergleichen mit „deutscher Michel" *(Anm. d. Übers.)*.

(6. Januar)[1]. Die Generalversammlung der Dörfler von Marsas, Chantemerle und anderen Orten vollzieht sich im Gewande eines „reynage“, die französisch-provenzalische Form für „royaume“=Königreich. Coynart[2] glaubt, „daß bei diesem Volksfest Wettbewerbe ausgetragen wurden, deren Gewinner zum König der Jugend erklärt wurde, die er dann bis zum nächsten Fest befehligte“. Fest steht, daß die erste aufrührerische Versammlung aus Anlaß der Winterspiele zusammentrat; diese wurden von der männlichen, sportlichen Jugend im Wehralter bestritten. Ihre Krönung war die jährliche scherzhafte Wahl eines Königs für den Dreikönigstag oder den Karneval. An den dazugehörigen Zeremonien war die katholische Kirche eifrig beteiligt.

Von der Institutionalisierung der Bewegung, die sowohl burlesk wie ernst und sakral war, bis zu ihrer Ausrüstung mit leichten Waffen (keine Rede von Artillerie in diesem ersten Stadium der Revolte), war es nur ein kleiner Schritt, der schnell vollzogen wurde. Die Rüstkammer Saint-Étienne-en-Forez mit ihren Erz- und Kohlebergwerken war nicht weit; dort tummelten sich die Schmiede wie Höllenteufel vor der Glut ihrer Herde; mit kräftigen Schlägen auf ihre Ambosse stellten sie Schwerter, Helme und Büchsen her. Ein Waffenschieber oder „Eisenwarenhändler“ war nur zu bereit, die Kampfwerkzeuge nach Romans zu bringen oder bringen zu lassen. In dieser Stadt, ihrem Hauptort, besaßen die Landwirte einiges Geld; sie verschafften sich Waffen, für die sie zahlten. *Die Dörfler begannen, sich in der genannten Stadt Romans mit Waffen auszurüsten auf dem Wege über einen Schmied oder Eisenwarenhändler aus Forez, der große Mengen davon in diese große Stadt brachte* (A 30).

Was sich da vorbereitete, war ein Bauernkrieg „auf sechs Meilen im Umkreis“ (die historische Meile = 4 km, Anm. d. Übers.), in Regionen, die sich über ungefähr 1800 Quadratkilometer erstrecken konnten, das heißt 0,3 % des heutigen Frankreichs oder 100 Dörfer, in denen, nach Guérin – der aber vermutlich wieder übertreibt (A 34) – 14 000 Büchsenschützen rekrutiert werden konnten. Ein Bauernkrieg von der Art derer, die Frankreich in dem sehr langen 17. Jahrhundert noch in großem Ausmaß kennenlernen sollte.

Waffenkäufe sind das Vorspiel zu Waffentaten. Die erste Schlacht fand in Marsas statt, der Drehscheibe der Revolte. Ihr Ziel waren die militärischen Einheiten. Durch ihre teils wirklichen, teils legendären Ausschreitungen hatten sie den Haß der Bauern auf sich vereinigt. Die Schlacht wurde vom Läuten der Sturmglocke und dem Klang der Alphörner begleitet, hölzernen Trompeten, wie sie in der Alpenwelt und damit der Schweiz gebräuchlich sind.[3] Ausgelöst wurde sie vom Durchzug einer Chevaulegers-Kompanie unter dem Befehl Jean de Bourrelons, Herr auf Mures und

Gouverneur von Embrun. Die Kompanie zog auf ihrem Marsch nach Flandern durch Marsas. Sie wurde von den Bauern so heftig angegriffen, daß sie, *nachdem sie einige Männer und Pferde verloren hatte, gezwungen war, in aller Eile im Schloß Jarcieu Zuflucht zu suchen, das der Herzogin von Anjou gehörte* (A 31). Einige Zeit später konnten die Männer Bourrelons sich in die Gegend von Lyon zurückziehen. Aber die Mitglieder des Bauernbundes hatten ihnen während des Getümmels Waffen und Rüstungen abgenommen. So viele, daß die Sieger sich etwas zu hitzig um die Beute stritten, *und es folgte daraus zwischen den Bünden einige Zwietracht wegen der Verteilung der Beute, die sie der genannten Kompanie entwendet hatten.*

Nachdem sie sich rasch wieder miteinander versöhnt hatten, griffen die „Bündler", die nun Blut geleckt hatten, wieder an. Diesmal hatten sie es auf ein ganz großes Wild abgesehen. Es handelte sich um nichts weniger als die Kompanie des Großpriors von Frankreich[4], eines natürlichen Sohnes Heinrichs II. und Gouverneurs der Provence. Die Bauern verjagten seine Truppe ohne den geringsten Respekt vor dem zwar unehelichen, aber immerhin königlichen Blut ihres Befehlshabers oder Besitzers. Die Edelleute der ehrenwerten Kompanie, in der es viele Adlige gab, versuchten es vergeblich mit allen Arten ehrbarer Angebote an ihre Verfolger. Sie versprachen sogar, für die Waren, die sie kaufen würden, den doppelten Preis zu zahlen. Die guten Absichten kamen zu spät. Die Kompanie des Großpriors *war gezwungen, sich auf Querfeldeinwegen weit zu entfernen* (A 31), begleitet von Zurufen des Abscheus, von Anzüglichkeiten und einigen schlagenden Argumenten, mit denen sie von den „Bündlern" bedacht wurde.

Jedoch ist die Lage bis zu diesem Zeitpunkt (Januar 1579) noch nicht außer Kontrolle geraten, wenigstens nicht im Raum Romans. Die Dörfer oder ein Teil von ihnen haben sich zwar in mäßigem Umfang schon erhoben. Aber die Stadt im Kreis ihrer Dörfer verbleibt *im Gehorsam Seiner Majestät.* Dumpfe Angst breitet sich unter den Notabeln dieses kleinen Winkels der Dauphiné aus, den Landedelleuten und den großen Tieren der Stadtgerichtsbarkeit. In diesen privilegierten, mächtigen Kreisen neigt man zu der Ansicht, daß es gut wäre, *wenn die exemplarische Bestrafung solcher Aufrührer schnellstens erfolge, ehe sich das Feuer immer mehr entzünde.* Aber natürlich ist es schon zu spät. Nun beginnen auch die Gruppen der Hugenotten, sich trotz ihrer Minderheitsposition *unter einem verschleiernden Vorwand* zu rühren. Sie sind das Verbindungsglied zwischen Stadt und Land, wenn ein solches Verbindungsglied überhaupt nötig ist. Denn jede Woche kommen Bauern in die Stadt, um auf den Jahrmarkt oder den Wochenmarkt zu gehen, wo sie Vieh und Getreide verkaufen. Auf den Plätzen, in den Läden, im Wirtshaus beim Schoppen Wein lösen sich die Zungen. Das bäuerliche Beispiel wirkt ansteckend auf die Unzufriedenen der Stadt, deren Aufmerksamkeit bereits durch städtische Wirren erregt worden ist, die sich seit einiger Zeit im Raum Montélimar ereignen. Der Fall Romans ist insofern von besonderem Interesse, als hier das Land als Auslöser für die Stadt wirkt und nicht umgekehrt. Das bleibt so bis zum endgültigen Zusammenbruch. Allerdings zählt die Stadt ja ein gutes Drittel Landwirte zu ihren Bewohnern.

Die unzufriedenen Städter kommen aus den Kreisen der Tuchmacher, Kardierer und Wollkämmer, die in dieser textilverarbeitenden Stadt zahlreich sind. Die einander ablösenden Wirtschaftskrisen, unter denen Romans gelitten hat, schlugen seit 1560 (dem Beginn des Bürgerkriegs) in einem Rückgang der städtischen Bevölkerung zu Buche; sie führen auch zu einem stärkeren Interesse der Handwerkerschaft an der allgemeinen Lage. Die Männer werden politisch; sie werden aufgeschlossen für die Möglichkeit einer Konfrontation im regionalen oder gar nationalen Maßstab.

Die Handwerkerschaft ist ein mehrschichtiges Milieu: Von oben wird sie wirtschaftlich von einigen Handelsherren (Verkäufern von Rohmaterial und Käufern von Fertigfabrikaten) beherrscht, deren Sympathien meistens der Ordnungspartei gehören.[5] Die Masse der Handwerkermeister sind kleine, aber stolze Fabrikanten mit Familienunternehmen und Läden. Die Gesellen bilden das eigentliche Proletariat oder „Vorproletariat".

Die Quellen sprechen eine klare Sprache: Die Handwerksmeister haben (häufig gefolgt von den Gesellen ihrer Werkstatt) als erste die Fahne der Revolte oder wenigstens der Straßendemonstration in der Stadt erhoben. Zwanzig Jahre vorher waren sie zunächst auch für die hugenottische Propaganda anfällig gewesen. In Romans wie in Toulouse waren um 1560 die Wollkämmer die ersten gewesen, die, mit der schmierigen Hand ihr Glas erhebend, die Psalmen Marots angestimmt hatten (Jean Marot, Ende des 15. Anfang des 16. Jahrhunderts reformierter Dichter am hugenottenfreundlichen Hof von Navarra, wo zwei Generationen später der nachmalige Heinrich IV. von Frankreich geboren wurde. Anm. d. Übers.). Von Anfang an hatten sie „die Calvinschen Gemeinheiten" verbreitet. In Romans-Stadt haben neben ihnen immer auch andere Handwerksberufe oder schnell zur Auflehnung bereite *Mechaniker* eine Rolle gespielt; und dann die „Auswärtigen", Eingewanderte aus der Umgebung oder von weiter her. Diese kamen, um die niedrigen Arbeiten zu übernehmen (Handlangerdienste aller Art), die die eingesessenen Bewohner von Romans nicht verrichten wollten. Sie sind oft mit den einheimischen Notabeln, die ihnen nicht wohlwollen, unzufrieden und schenken den Reden der

Agitatoren bereitwillig Gehör. Dieser Zündstoff entflammt sich im entscheidenden Moment, dem Februar 1579, und wird bald zum großen Feuer. Nachdem der Brand in der Stadt einmal ausgebrochen ist, wirkt er wiederum auf das Land zurück; er *gibt den Dörflern solchen Mut, daß sie Dinge tun, an die sie anfänglich nicht zu denken gewagt hätten* (A 32).

In Romans fängt alles am 3. Februar 1579 an. An diesem Tag (St. Blasius) ist das Tuchmacherfest. In dieser Stadt wird ja viel Wolle gekämmt und gewalkt und eine Menge Tuch fabriziert. Die Leute aus diesem Handwerk und einige andere *veranstalten also eine ziemlich große Versammlung, so groß, wie sie ihrer Zahl in genannter Stadt entspricht. Sie veranstalten einen Waffenappell.* Sie wählen einen Hauptmann und Fahnenträger, dessen Funktionen für ein Jahr gelten. Soweit ist alles in Ordnung und den Regeln entsprechend. Die Zeremonie lockt eine Menge Menschen an. Das ist normal. Neben zwanzig bis dreißig wohlhabenden Tuchmachern, der Creme des Gewerbes, gibt es in der Stadt eine Menge kleiner Fabrikanten und schließlich die Gesellen. Und die Kardierer, die durch das Rohmaterial, das sie verfeinern, den Tuchmachern nahestehen, die wie sie Wolle verarbeiten. Die feierliche Versammlung verwandelt sich in einen militärischen Aufmarsch. Bewaffnung ist obligatorisch, denn die städtischen Genossenschaften haben wie die mittelalterlichen Zünfte das Recht zum Waffentragen. Oder nehmen sich das Recht. Darin unterscheiden sie sich von den Bauernorganisationen, die im Prinzip nicht das Privileg auf den Besitz von Schwertern, nicht einmal von Hakenbüchsen genießen. Wie wir gesehen haben, müssen sie sich ihre Mordwerkzeuge in Saint-Étienne besorgen, wenn sie sie brauchen.

Die Wahl des St.-Blasius-Tages hat seine Bedeutung in den Volksbräuchen. In seinem großartigen, leicht verrückten Buch sieht M. Gaignebet den heiligen Blasius als eine Art von Bär, als Herrn der Winde; dem Bären gleich, wenn er im Februar (2. Februar, Lichtmeß) aus seinem Winterbau herauskommt, soll er durch einen ungeheuren, weithin hallenden *Entwinterungsfurz* den Beginn des Neuauflebens der Natur anzeigen; der Bär, der sich nur durch seinen Furz auszudrücken vermöge, vollziehe mit diesem lauten Schall die uranfängliche Frühlingsweihe. Ohne so weit gehen zu wollen, halten wir mit A. Van Gennep[6] fest, daß der heilige Blasius in dem Kult, den ihm die Älpler weihen, wirklich eine Art pflanzlicher Gottheit ist, ein Gott des Landbaus, der Befruchtung und der Musik. Bei seinem Martyrium ist er jedoch mit eisernen Nägeln, Kämmen und Karden zerrissen worden. Es ist dabei normal, daß die Kardierer und nach ihnen die Tuchmacher oder Weber ihn zu ihrem Schutzheiligen gemacht haben; deshalb fängt an seinem Namenstag ihre Revolte bzw. ihre Herausforderung an.

Nicht nur die Textilarbeiter verehren den heiligen Blasius. Ackerbauer und Landarbeiter, die sich niemals bitten lassen, wenn es darum geht, in Romans „die öffentliche Ordnung zu stören", sind ebenfalls Schützlinge dieses beliebten Heiligen. In der Dauphiné, in Savoyen und den Unteralpen wird am St.-Blasius-Tag die Messe für das Gedeihen der kommenden Ernte gelesen, wird das Frühjahrssaatgut gesegnet (man sehe auch 1580 die *Dreschflegeltänze* in Romans); an langen Tischen essen Ackerbauer und Viehzüchter das mit dem Kreuzeszeichen versehene Brot. Dann ziehen sie in einer Prozession an der Statue des Heiligen vorbei, wobei sie eine blumengeschmückte Tanne tragen. Die Fruchtbarkeit der Erde[7] ist mit der der Paare verbunden: St. Blasius zwinkert den Mädchen zu, die hübsch brav zu ihm beten; sie opfern ihm etwas, und dafür schenkt er ihnen einen Schluck Wein und im Laufe des Jahres einen Galan. Als Heilkräftiger sorgt St. Blasius für den freien Durchgang der Winde durch die Kehle: Er heilt Halsschmerzen und Katharre. Wer Wind sät, wird Sturm ernten: Der kleine Gott des Lebens ist in Romans auch der Gott des Sterbens. Er ist der Schutzheilige der Heilig-Geist-Genossenschaft, der es obliegt, die Toten zu begraben.[8] Diese Genossenschaft oder „Bruderschaft", die sich um die Kirche Sainte-Foy im plebejischen Osten der Stadt zentriert, steht in der Endphase des Paroxismus von 1580 eindeutig auf seiten der Aufrührer. Durch ihre Feiertage, die Ausruhen bedeuten, sind die Heiligen Freunde der Arbeiter. Der heilige Blasius ist ein Genosse der Revolten.

Das St.-Blasius-Fest von 1579 hatte das Gesicht eines militärischen Aufmarschs angenommen, aber auch eines Volksfests oder *reynage*[9]. Es folgte ein weiterer, kühnerer Schritt. In festlicher Stimmung oder auch angeheitert hatten die Handwerker bei ihrem Aufmarsch einen Hauptmann der Tuchmachermiliz gewählt. Wahrscheinlich auch einen Karnevalskönig zur Feier ihres „Königsreichs". Nun setzten sie außerdem noch einen politischen Führer ein! Zusätzlich zu der üblichen Ernennung (des Milizhauptmanns) *wählten sie einen Chef nicht so sehr für sich selbst, sondern, wie sie sagten, damit er einer Sache diene, die sie Erholung und Erleichterung für das Volk nannten* (A 32).

Der Notar Piémond gibt einen Bericht von dieser Wahl, die am 9. Februar 1579 stattfand.[10] Er nimmt dabei kein Blatt vor den Mund. Ihm zufolge wurde die Wahl nicht nur von den Tucharbeitern, sondern vom *gemeinen Volk* von Romans im ganzen vorgenommen. Es handelt sich mit anderen Worten aller Wahrscheinlichkeit nach um eine recht stattliche Gruppe von Männern aus den handwerklichen und auch landwirtschaftlichen Berufen, die sich in der Stadt in ihren Genossenschaften oder auch außerhalb versammelt hatten.

„Der glückliche Erwählte“ ist der Hauptmann Jean Serve, genannt Paumier. Gebürtig aus Montmirail, wie Piémond berichtet.[11] Also aus einem Dorf der Region und aus ländlichem, wohl sogar bäuerlichem Milieu. In seiner Jugend in die Stadt eingewandert. Was ihn von der vornehmen beziehungsweise mehr oder weniger vornehmen Elite der in Romans geborenen Notabeln trennt, die stolz sind auf ihre städtische Identität. Doch ist Paumier Handwerksmeister der Stadt geworden, in der er seinen Wohnsitz genommen hat: ein sozialer Aufstieg.

Das Ansehen, das er bei seinen Mitbürgern genießt, ist nicht nur beruflicher Art. Es beruht auf sportlichen und kriegerischen Leistungen wie auf Erfolgen in Handel und Gewerbe. Im September 1575 hat Jean Serve an Scharmützeln mit Banditen teilgenommen, die sich für Hugenotten ausgaben. Das hat ihm eine Verwundung durch eine Kugel eingebracht. Anfang 1579, noch vor den Ereignissen, von denen gerade die Rede war, haben ihn seine Anhänger zum Schützenkönig gewählt. Soll man daraus schließen, daß er im Umgang mit Feuerwaffen geschickt war und ein gutes Auge hatte? Die Hakenbüchse war in Romans bei den Wettbewerben an die Stelle des alten Bogens getreten, mit dem auf den *Papagei* geschossen wurde. Das Schützenfest wurde im schönen Monat Mai oder auch am Tag des heiligen Sebastian (20. Januar) gefeiert, des Heiligen, der bekanntlich mit Pfeilen gespickt worden ist; er wurde als Beschützer vor der Pest verehrt. Früher mit Pfeilen, jetzt mit Büchsenschüssen, galt es, einen Vogel abzuschießen, der, aus Holz, aus Ton oder auch lebendig, hoch oben auf einem Pfosten befestigt war. Dieser *Papagei* gehörte neben anderem zum festen Bestand der romanaisischen Geselligkeit auf kriegerischem, religiösem folkloristischem Gebiet. Dank ihm gab es zwischen Valence und Romans einen Geist sportlichen Wettbewerbs, aber auch eine Waffengemeinschaft, die zu Zeiten von Bürgerkrieg und Städtebündnissen wertvoll war.[12] Paumier umgibt das Prestige der Feuerwaffen, in denen er aktive und passive Erfahrungen gesammelt hat. Jedoch erweist er sich im Verlauf der späteren Ereignisse als nicht sonderlich kampfbegierig. Aber er ist auch noch in anderer Weise eine lokale Sportgröße. Seine Geschicklichkeit beim *jeu de paume* (eine Art Handballspiel, das im alten Frankreich auch bei Hofe viel geübt wurde, Anm. d. Übers.) hat ihm den Beinamen Paumier (von *paume* = Handfläche) eingebracht, mit dem er viel öfter genannt wird als mit seinem Familiennamen Serve, der nach und nach ganz in Vergessenheit gerät. Trotz seiner ländlichen Herkunft war der Tuchmacher und -händler Jean Serve in der romanaisischen Gesellschaft recht gut vorangekommen. Schon seine erste Eheschließung mit Antoinette Thomé (27. Februar 1560) war eine Meisterleistung. Die Thomés, eine Juristenfamilie, die, wie es sich gehörte, dem Kaufmannsstand entstammte, hat das ganze 16. Jahrhundert hindurch bedeutende Funktionen am Gericht von Romans und sogar am Parlament von Grenoble ausgeübt.[13] Einer der bekanntesten Thomés wurde im Karneval ein (gemäßigter) Widersacher Paumiers. Nach dem frühen Tode Antoinettes, die ihm eine Tochter namens Monille hinterließ, heiratete Paumier am 20. November 1562 Marguerite Loyron; auch sie gehörte einem ehrenwerten Geschlecht der Bourgeoisie von Romans an.[14]

Nach seiner Steuereinschätzung zu urteilen ist Paumier nicht reich; aber er ist auch nicht arm.[15] Die Handwerker von Romans haben ihm eine prominente Stellung eingeräumt, weil er, abgesehen von seinen sportlichen Fähigkeiten, mit 45 Jahren wohl zu den bekanntesten, einflußreichsten Männern seines Standes gehörte, der sich sowohl großer Beliebtheit als auch relativ glänzender Beziehungen in der guten Gesellschaft der Stadt erfreute.

Indessen wirkten das „Charisma" Paumiers und seine Führereigenschaften weit über die Stadtmauern hinaus in das Land und die Nachbarstädte hinein. Guérin erkennt diesen Einfluß auf die Dörfer und Nebenstädte widerstrebend an. Er schreibt (A 34): *Nachdem Paumier durch Bündnisse und Geheimbünde einen Teil des Volkes von Valence an sich gezogen hatte, dessen Bürger er dadurch untereinander spaltete, hatte er auch die Dörfler im Umkreis von Romans und bis in die Valloire* (die Valloire ist ein auf Ebene und Bergtäler sich erstreckendes Landwirtschaftsgebiet nördlich von Romans) *an sich gezogen, von denen er 14 000 Büchsenschützen bewaffnen ließ, die ihm ergeben waren* ... Auch Katharina von Medici, die sich am 18. Juli 1579 in Romans aufhält, bekommt das Ausmaß von Paumiers Prestige zu spüren; in einem von diesem Tag datierten Brief an ihren „Herrn Sohn" (Heinrich III.) schreibt sie: *Ihr Hauptmann namens Paumier, seines Zeichens Tuchmacher und -händler*[16]*, genießt so großen Kredit und Autorität bei den Bünden, daß er mit einem einzigen Wort alle aus dieser Stadt und der Umgebung in Marsch setzen kann.*

Von seinen Feinden wird uns Paumier geschildert als ein *Mann mit schlechten Manieren und so flegelhaft, wie man sich nur vorstellen kann* (A 33); ein Grobian, der der Königinmutter keinen Respekt bezeigt; kurz, ein Maulheld des Pöbels, ein ungehobelter Klotz nach dem Bilde des wilden Mannes oder des Karnevalsbären.

Es wird uns auch erzählt, er sei von außen manipuliert worden; dieser Halbkönig sei nur ein Königsnarr, *den man das Narrenzepter tragen lassen müsse.* Vor allem ist er nach Ansicht seiner Gegner einzig dazu fähig, das *auszuführen, was die Drahtzieher beabsichtigen, um so mehr, als er aus eigener Erfindung nichts zu tun versteht.* Klassische Beschuldigungen gegen einen Volksführer.

In Wirklichkeit war Paumier vermutlich ein guter Redner. Das war auch nötig, um eine solche leitende Funktion auszuüben. Nichtsdestoweniger hat er in kritischen Situationen Beweise von unleugbarer Mäßigung geliefert; sogar von übertriebener Mäßigung, sogar von Unentschlossenheit. Sie passen nicht zu dem Bild des viehischen, gewalttätigen Kerls, das Guérin später von ihm zeichnet. Und was die „Drahtzieher" angeht, die ihn benutzt haben sollen wie einen Hampelmann, so gibt es nicht den mindesten Beweis für ihre Existenz. Es stimmt allerdings (in diesem Punkt enthalten die Unterstellungen Guérins ein Körnchen Wahrheit), daß Paumier in der Provinz viele Verbindungen und Sympathien hatte. Sowohl in Grenoble wie in Valence und Montélimar. Im Nordwesten, im Osten und im Süden machten ihn seine hugenottischen Freunde mit den reformierten Kreisen des Lyoner Raums bekannt (P 65), vor allem aber mit den protestantischen Hochburgen der Regionen Champsaur, Trièves, der Baronien, eines Teils der Region Valence, der Landstriche um Die und besonders Gap, wo Lesdiguières unschlagbar war; kurzum, mit all den kleinen Alpenregionen, in denen die Messe teilweise abgeschafft war und der katholische Klerus durch die Sektierer Calvins seines Vermögens und seiner Einkünfte verlustig gegangen war.[17]

Die Anfänge der „Herrschaft" Paumiers werden von Guérin mit schrekkenerregenden Worten beschrieben. *Er begann mit so viel Taktlosigkeit und Bestialität zu befehlen, daß er von allen anständigen Menschen gefürchtet wurde* (A 34). Man beschuldigt ihn des Einbruchs in das Gemeindehaus und eines „18. Brumaire" im Rathaus. *Er fing damit an, in das Konsularhaus einzudringen, ließ dort die Ratsversammlung erneuern und an Stelle der anständigen Leute, aus denen diese bestand, andere aus seinem Gefolge einsetzen*[18]*, die dieses Amtes ebenso unwürdig waren wie ein Schuster des Vorsitzes eines souveränen Gerichtshofs* (A 34).

Die (wiederholte) Anspielung auf Schuster, Vorsitzende von Gerichtshöfen und anständige Leute ist typisch. Sie grenzt zwei gesellschaftliche Räume ab: Den der Handwerker von Tuch, Leder usw. und den der ehrbaren Leute, die sich eng um den kleinen Kern gruppieren, der von Richtern, Offizieren, Adligen, reichen Bürgern, betuchten Landbesitzern und großen Kaufleuten der Stadt gebildet wird. Kleinunternehmer auf der einen, Patrizier auf der anderen Seite. Selbstverständlich gibt es auch solche Handwerker und Bauern unter den romanaisischen Einwohnern, die den „Aufwieglern", die ihre Gesellschaftsgruppe zu vertreten behaupten, nicht folgen; aus alter Anhänglichkeit unterstützen sie noch immer mehr oder weniger passiv die „großen Tiere", denen bisher die Herrschaft über die Stadt vorbehalten war.

Über die Revolution oder mindestens Konfrontation Paumiers spricht

Eustache Piémond mit weniger Schaum vor dem Mund und nicht so feindselig wie Guérin, dafür aber präziser und ebenso eindeutig. In bezug auf die Ereignisse im Februar 1579 schreibt er: *Nachdem das gemeine Volk von Romans den Hauptmann Paumier zu seinem Chef gewählt hatte . . ., nahmen sie die Schlüssel genannter Stadt* (zu den Stadttoren) *den Hauptleuten ab und besonders dem Hauptmann Antoine Coste und anderen Notabeln, die die Bewachung der Stadt unter ihrem Befehl hatten* (P 65).

Daß das Volk mehrere hochgestellte Persönlichkeiten und besonders solche, denen die strategische Überwachung der Stadttore oblag – Konsuln oder deren speziell zu obersten „Türhütern" bestellte Beauftragte –, abgesetzt hat, geht auch aus einem Vergleich mit dem hervor, was Piémond über Valence sagt: Dort haben die Volksbündler trotz aller „Unverschämtheiten", die sie begangen haben, wenigstens die *Ehrenwertesten an Ansehen* aus den alten bürgerlichen Eliten von Valence auf ihren Posten und an der Macht belassen. Die Massen in Valence, oder was für sie stand, waren also weniger offensiv als in Romans.

Am 10. Februar 1579 ereignet sich in einem großen Saal des Rathauses von Romans die erste und entscheidende Konfrontation zwischen der Partei des Volkes und der Gemeindekörperschaft. Im Prinzip handelte es sich um eine zwar stürmische, aber von den Stadtvätern den Unzufriedenen regulär gewährte „Audienz". Etwa tausend Menschen drängten sich in diese Audienz. *Es haben sich drinnen vor dem Herrn Richter und den Herren Konsuln eine große Menge Menschen der genannten Stadt präsentiert, Handwerker und Bauern bis zu mindestens tausend an der Zahl.*[19] Tausend Menschen, von denen aus Platzmangel einige Hundert draußen auf der Straße blieben, bei einer erwerbstätigen Bevölkerung (erwachsen und männlich), die 2 000 Seelen kaum überschritten haben dürfte. Der Grad der Mobilisierung ist also beträchtlich. Darin zeigt sich nicht nur die Unzufriedenheit, sondern auch die Organisierung des Volkes (Genossenschaften usw.). Wie unsere Quellen besagen, kamen die Forderungen von den Handwerkern; aber auch von den „stadtbürgerlichen Bauern", die, wie wir gesehen haben, mehr als ein Drittel der Stadtbevölkerung ausmachen! Die verschiedenen demonstrierenden Gruppen verlangen, daß die Kopfsteuer von fünfzehn Écus, deren Einziehung zusammen mit zusätzlichen drei Écus pro Haushaltung am 3. Januar begonnen hatte, aufgeschoben werde bis zum nächsten Zusammentreten (im April/Mai 1579) der Landstände der Provinz.[20] Diese Kopfsteuer von fünfzehn Écus hatte den Zorn der Städter erweckt, das Pulverfaß entzündet und das *Murren des Volkes*[21] hervorgerufen. In diesem Punkt stimmen die Romanaiser völlig mit der übrigen Bevölkerung der Dauphiné überein, die gegen die Steuern protestiert. Hinsichtlich der vorigen Kopfsteuer (nach einigen Quellen 18, nach anderen 6 oder 7 Écus) verlangen die Demonstranten in starken Worten einen Aufschub „und daß sie nicht vor dem nächsten 18. Juli eingezogen werde". Auch die spezifische Forderung der Handwerker, ob Kleinunternehmer oder einfache Arbeiter und Gesellen, die das Rückgrat der Volksbewegung bilden, wird nicht aus dem Auge verloren: „Wir wünschen, daß die in Romans hergestellten Erzeugnisse nicht mehr mit Sonderabgaben belegt werden."[22] (Diese Abgaben sind Gemeindesteuern auf einige Erzeugnisse.) Kurzum, es muß sich etwas ändern: Die romanaisischen Gewerbetreibenden haben es satt, daß die Frucht *all ihrer Arbeit für die Bezahlung von Abgaben und Kopfsteuern draufgeht.* Noch im November 1579 treten die Bäcker und Metzger von Romans gegen die Erhöhung der indirekten Steuer auf Brot, Vieh und Fleisch in den Steuerstreik. Drei Monate später wird einer der Führer der großen Karnevalsrevolte vom Februar 1580 ein Metzger namens Geoffrey Fleur sein.[23]

In einer kleinen Stadt vollzieht sich die Revolution unter Menschen, die einander kennen. Ihr Haß ist konkret, von Herzen kommend und persönlich. Haß der Kleinen gegen die Großen; von einer ganz bestimmten Plebs empfunden. Konkreter als bloßes, abstraktes „Klassenbewußtsein". Er richtet sich gegen die zu gut Weggekommenen, die hier die Gemeindefinanzen verwaltet haben. Die tausend Kläger verlangen deshalb (in einem Behördenkauderwelsch, das ein Stadtschreiber aufgesetzt hat) *gemeinsam Rechnungslegung über Restsummen der verwendeten Gemeindegroschen seit dem Jahre 1564 bis zum gegenwärtigen; und daß Überprüfung dieser Rechnung von solchen durchgeführt werde, die vom Publikum ernannt werden, damit der Unterdrückung, die dem armen Volke angetan wird, Einhalt geboten werde.*[24] Das angeführte Datum, 1564, fällt ungefähr zusammen mit dem Herrschaftsantritt Antoine Guérins in seinem städtischen Richteramt.

Mit den Anschuldigungen wegen Veruntreuung lokaler und regionaler Kassenbestände stand Romans nicht allein. Auch in Grenoble wollte man den *dicken Geldkatzen* an den Kragen. Mit anderen Worten, anrüchigen Finanzleuten, reichen königlichen Amtsinhabern oder *Offizieren,* Kommissaren und Geschäftemachern oder Steuerpächtern jeder Art. Solche Kerle machten die Hauptstadt der Dauphiné unsicher. Besonders ein gewisser Monsieur de Saint-André tat sich unter ihnen hervor. Wie Lyonne[25] schreibt, *beklagte sich das Volk über die schlechte Verwaltung der Finanzen und über diejenigen, durch deren Hände diese gehen; daß sich ihre Masse oder der größte Teil davon in zwei oder drei Börsen Grenobles befinde, in der Hauptsache in der des Herrn von Saint-André; die anderen sind die der Kommissare und anderer Beamten des Landes ...* (Es sieht so aus, als hätten die Kommissare der Landstände der Dauphiné auch bei den lokalen *Finanzen* ihre Hände mit im Spiel gehabt: Eine skandalöse Doppelrolle).

Trotz der langanhaltenden Inflation der vorangegangenen Jahre oder Jahrzehnte (die eigentlich als gnädige Vorsorge für die Schuldner gedacht war), hatten Dörfer und Städte der Provinz ungeheure Schulden angehäuft. Nun stellten sich die Aufrührer vor, daß das von den Grenobler Finanzhaien zurückgeforderte Geld zur Schuldentilgung der Gemeinden verwendet werden würde (P 65). Wenn nötig, erklären die Hitzköpfe der Region, „brauchte man sich nur" der Vermögenswerte *des Herrn von Saint-André zu bemächtigen, und sie für Rechnung des Landes zu verkaufen, um dieses Land von einem Teil seiner Schulden zu befreien.*[26] Daß die Verschuldung der Dauphiné zu einer fixen Idee geworden ist, ist verständlich: Die Provinz hat zu dieser Zeit „eine Schuldenlast von 50 000 Écus (oder 150 000 Pfund)"; sie zahlt dafür einen jährlich auf 14 % festgelegten Zinssatz an die Darlehensgeber, die Bankiers Henry von Lyon.[27]

Die oben angeführten Forderungen sind an sich nicht dazu angetan, die öffentliche Ordnung schwer zu erschüttern: Ermäßigung der königlichen und Gemeindesteuern, Rechnungslegung durch die Verwalter des Stadthaushalts, die beschuldigt werden, in die eigene Tasche gewirtschaftet zu haben, Wutausbrüche gegen die Finanzpiraten von Grenoble und Lyon – als Äußerungen des Volkszorns sind sie selbstverständlich und legitim.

Auch die Forderung nach Steuergleichheit und Abschaffung der Steuerfreiheit des Adels tauchte wie überall sonst auch in Romans auf. Sie klang den Privilegierten und besonders den Neuprivilegierten unangenehm in den Ohren. Am 4. Februar 1579 hatten die Konsuln von Romans, die sich bereits von der Volkserregung stark bedrängt fühlten, selbst gegen die Befreiung von der Kopfsteuer protestiert, die dem Romanaiser Jean Souffrey zuerkannt werden sollte; er war zum Einnehmer der Steuern für Nebeneinkünfte ernannt, als kleiner Beamter also ipso facto von der Steuer befreit worden.[28] Das ganze ausgehende 16. Jahrhundert hindurch ist unsere Stadt erfüllt vom unsinnigen Geschrei Antoines (junior) de Manissieu, eines lokalen Adligen; wie es scheint, hatten seine Vorfahren „sich erniedrigt" indem sie Kaufleute wurden, womit sie die Steuerpflicht auf sich gezogen hatten wie der Kirchturm den Blitz. *Mein Ahne Guillaume de Manissieu,* schreibt sinngemäß besagter Antoine desselben Namens, *hat siebzehn Kinder gehabt. Sein Erbe Antoine* (senior) *mußte daher Händler werden, um seine Brüder zu ernähren. Jean de Manissieu, ältester Sohn dieses Antoine senior, hat seinerseits fünfundzwanzig Kinder gehabt! Um seine Brüder zu unterstützen, mußte er weiterhin Handel treiben. Aber mein Vater Guillaume de Manissieu hat dem König gedient und adlig gelebt, ganz wie ich* (Antoine junior bezieht sich dabei auf die Briefe Heinrichs III. aus dem Jahre 1576).[29] Daher „befreie man uns, die Familie Manissieu, von der Steuerpflicht". Man kann sich denken, daß die Romanaiser, auf die die Steuerlast der Manissieus zurückgefallen wäre, wenn man dieser adlig-kinderreichen Argumentation stattgegeben hätte, davon nichts wissen wollten. Darüber hinaus aber erschienen die Forderungen des Volkes durch den Stil der Straßendemonstrationen, von denen sie begleitet wurden, der Ordnungspartei schon als halber Aufstand.

Die „Unruhestifter" neigten stark dazu, sich zu bewaffnen, was natürlich ihren Fall noch verschlimmerte. Sie hatten die Schlüssel der verschiedenen Stadttore an sich genommen. Nun verlangten sie kraft ihrer Schlüsselgewalt, daß die Tore wachsam kontrolliert würden, ohne damit die Passanten zu belästigen. Die Kontrolle sollte denen, die sie ausübten, ermöglichen, die Soldateska, die wegen ihrer Plünderungen und ihrer Unterdrükkungsmaßnahmen gegen die in Bewegung geratene Plebs immer gefürchtet wurde, am Eindringen in die Stadt zu hindern. Sie sollte ihnen aber auch die weniger unschuldige Möglichkeit geben, sich mit ihren Freunden und Komplizen, den *Bündlern* in den Dörfern des „flachen Landes", in Verbindung zu setzen.

Auch in den nahen Städten lag der Aufstand „in der Luft". Der Chronist Piémond lobt das Volk von Valence wegen seiner Mäßigung (P 65). Es habe, wie er sagt, Verstand genug gehabt, die wichtigsten Notabeln der Rhonestadt auf ihren Posten und in ihren Ämtern zu belassen. Hat Piémond, der mit dem Herzen auf seiten der Bündler oder doch der Gemäßigten unter diesen war, die Lage in Valence in zu rosigen Farben geschildert? Faktisch nahmen am 15. Februar 1579, fünf Tage nach den geschilderten Ereignissen von Romans, die Dinge in Valence eine Wendung zum Ernsteren, um nicht zu sagen zum Tragischen. Allerdings war die Stadt schon von den Emissären Paumiers bearbeitet worden (A 34). Ein beliebter Führer, der Müller Bonniol aus der eine halbe Meile von der Stadt entfernt liegenden Albon-Mühle, hatte die Dinge fest in die Hand genommen.

Ausgangspunkt der Unruhen von Valence im Februar 1579 ist eine in der Stadt in Garnison liegende berittene Kompanie; sie untersteht letztlich dem Generalstatthalter der Provinz, Maugiron.[30] Diese Reitertruppe war von drei oder vier Infanteriekompanien unter dem Befehl der Herren de Champes, de La Bastide und de Triors flankiert. Was immer die Beweggründe für die Stationierung des Kriegsvolks gewesen sein mögen, die Bevölkerung der Stadt hatte die Schäden, die die Soldaten anrichteten, satt und mehr noch die täglichen Unterhaltskosten, für die sie aufkommen mußte. Am 4. Februar 1579, in der Karnevalszeit, die *das Blut erhitzt* (direkt nach dem Brauchtums- und Konfrontationsfest des St.-Blasius-

Tages in Romans) wandten sich die Konsuln von Valence höflich an Maugiron, *um ihn anzuflehen, seine Kompanie aus der besagten Stadt Valence zu entfernen und abzuziehen und sie an einen Ort zu versetzen, wo sie besser in der Lage wäre, den Dienst des Königs zu versehen.*[31] Das Motiv, das die Konsuln von Valence mit vollendeter Scheinheiligkeit für ihre Bitte angaben, war, daß es sich um eine „Kompanie zu Pferde" handele. Ihre Stadt mit ihren engen, kopfsteingepflasterten oder lehmigen und immer schlechten Straßen *eigne sich besser für die Bewachung durch Infanterie.* Schnell wurde zu Taten übergegangen: Am 15. Februar erhob sich ein Teil der Stadtbevölkerung (wahrscheinlich der untere dritte Stand aus Handwerkern und Ackerbauern) unter der Leitung des Müllers Bonniol. Das Ziel: Die königliche Armee aus der Stadt zu verjagen. Zu diesem Zwecke erbaten die Städter die Hilfe der Bauernbünde. Sie wurde ihnen nicht versagt (A 35). *Sie ließen alle Bünde* (der Dörfer) *aufmarschieren, um die königlichen Truppen niederzumetzeln,* schreibt Guérin mit böswilliger Übertreibung.

In Wahrheit gab es nicht das geringste Gemetzel. Mit Hilfe der Bauern setzten die Aufrührer von Valence die vier Kompanien, die bisher in ihren Mauern in Quartier gelegen hatten, höflich vor die Tür. Nur einer der vier Kompaniekommandeure versuchte, Widerstand zu leisten: *Der Herr de La Bastide wollte sein Wachlokal nicht verlassen, obwohl man ihn gebeten hatte, zu gehen.* Das bekam ihm schlecht. Doch nicht *zu* schlecht. *Es war nicht der Augenblick, den Helden zu spielen. Er wurde durch einen Hellebardenstoß am Arm verwundet* (P 65). Diese bescheidene Aufspießung entschied den vollständigen Abzug des Kriegsvolks. *Von nun an bewachte sich die Stadt ohne Garnison* und aus eigener Kraft ihrer Bewohner.

Nach ihrer Vertreibung aus Valence waren die Kriegsleute noch nicht am Ende ihrer Pein. Sie verließen das zur Stadt gehörige Umland und *nahmen verschiedene Wege* (A 35). Die Reiter versuchten einen Rückzug auf „vorbereitete Stellungen": Sie konnten sich nicht zurückziehen, ohne durch Romans zu ziehen, wo sie vorhatten, sich selbst und ihre Pferde wieder mit Proviant zu versorgen (A 35). Zu ihrem Unglück waren die Schlüssel der Tore von Romans in andere Hände übergegangen. Diese vielzitierten Schlüssel, die nun mehr denn je zu strategischen Objekten wurden. Wie Guérin, der wohl der Regentin Katharina von Medici, für die er seinen Tatsachenbericht verfaßt hat, seinen Eifer zeigen will, mit einiger Komik schreibt, war *die Grausamkeit der Aufrührer von Romans derart, daß sie die Reiter schleunigst aus ihrer Stadt hinaustrieben.* Man muß darunter verstehen, daß sie ihnen den Eintritt in die Stadt verwehrten; daß sie sie am Fuß ihrer Wälle unter Spottworten vorbeiziehen oder entkommen ließen. Sie gaben ihnen nicht einmal das Almosen eines Sacks Hafer für ihre Pferde oder eines Schlucks Wein für ihre Kehlen. Zum Spaß *zeigten* die Aufrührer *den Reitern den Kolben der Hellebarde* (auch hier wieder diese Waffe!) und schrien dazu (obszöne?) Beleidigungen. Schon jetzt karnevalistische Riten der Verhöhnung und Verkehrung. Im Jahr darauf, im richtigen „Karneval von Romans", werden wir deren volle Entfaltung sehen.

Die „Grausamkeit" der Romanaiser war in Wirklichkeit unblutig; sie vollzog sich außerhalb der Mauern. Dank der Beziehungen der städtischen Rebellen zu den Kirchgemeinden auf dem Lande veranlaßten sie *die benachbarten Dörfer, die Sturmglocken zu läuten, um die Reiter* Maugirons *in Stücke zu hauen* (A 36). Von nun an wurde den Reitern, von denen viele „blaues Blut" in den Adern hatten, von der ländlichen Guerilla, die jedoch nicht sehr bösartig war, gehörig zugesetzt. In den Ohren das Dröhnen der Sturmglocken, verteilten sie sich. Sie praktizierten die Taktik der „kleinen Häufchen auf der Flucht": Sie mußten sich *in ganz kleinen Trupps entfernen und marschierten die ganze Nacht hindurch auf ungewohnten Querfeldeinwegen.* Nachdem sie lange genug geflohen waren, erreichten sie schließlich einige entlegene Siedlungen, wo die erschöpften „Krieger" endlich Zuflucht und Nahrung für sich und ihre Pferde fanden.

Eine wenig glorreiche Niederlage ohne wirklichen Kampf. Es ist der erste Sieg der Bündischen. Eine typische Episode: Einer der adligen Reiter der Kompanie Maugirons, Herr de Vallins, besaß etwa einen Kilometer von Romans ein Landwirtschaftsgut. Die Aufrührer der Stadt verboten ihm ausdrücklich, sich auf seinem „Land" auszuruhen, und hinderten ihn mit Gewalt daran, *sich mit seinen Pächtern und Bediensteten in Verbindung zu setzen* (A 36). Durch die Hintertür macht sich hier bereits die adelsfeindliche Komponente Luft, die dann für die Erhebung in Romans und besonders für den Bauernbund der Umgebung charakteristisch wird. Die Unterwerfungsbeziehung zwischen der privilegierten Klasse und den Bauern, die für sie arbeiten, wird in Frage gestellt.

In Romans wie in Valence hat der Aufstand im Februar 1579 noch nicht richtig begonnen. Es wird noch verhandelt. Die Konsuln von Romans halten sich an das Versprechen, das sie den tausend Kläger-Demonstranten gegeben haben. Sie schicken einen Abgesandten zu Maugiron, um diesem die Forderungen der Stadt und der Handwerker zu überbringen. Schon am 13. Februar antwortete Maugiron schriftlich mit einigen beschwichtigenden Sätzen. Dem Sinne nach: „Suchen Sie mich auf *mit jemandem aus dem Volke* (= jemandem aus der Plebs bei Ihnen). Die augenblicklichen Steuersätze sind von meinem Vorgänger Gordes festgesetzt worden, sie sind nicht meine Schuld; *ich selbst möchte dem ganzen Volk der Dauphiné zu Gefallen sein; ich habe das Volk dieses Landes sehr gern, denn ich bin der Sohn eines Vaters, der es vierzig Jahre lang regiert hat"* usw. Immerhin enthielt der Brief auch das Versprechen, „für den Augenblick" kein Geld mehr von der romanaisischen Bevölkerung zu erheben.[32]

Der königliche Generalstatthalter Maugiron war nur einer der Pole der öffentlichen Gewalt in der Dauphiné und nicht immer der mächtigste. Die wichtigsten Dinge, die in Grenoble entschieden wurden, waren auch Sache der Landstände und des Parlaments. Dort herrschte lebhafte Unruhe. Diese regionalen Gremien, in denen die Privilegierten dominierten, befürchteten eine Vereinigung der Unzufriedenen von Romans mit den Protestanten Lesdiguières', die das Bergland von Gap besetzt hielten; ebenso eine Vereinigung mit den Bauernbünden in der Valloire und dem Niedervienner Land, die schon jetzt mit ihnen zusammenarbeiteten. In diesem Fall würde der ganze Süden und Westen der Dauphiné der königlichen Gewalt entzogen werden und zur Dissidenz übergehen.

Jedenfalls hatten die Vorfälle in Romans die Provinzbehörden unvorbereitet getroffen. Die Stunde gewaltsamen Vorgehens gegen die Bewegung von unten war noch nicht gekommen; die Erregung war zu allgemein. Die Vertreter der Macht konnten von ihr hinweggefegt werden. Der Kommissar der Landstände Basset schrieb daher am 13. Februar 1579 an die Konsuln und Einwohner von Romans einen freundlichen Brief.[33] *Wir haben von einiger Unruhe in Eurer Stadt gehört . . . Wir senden Euch Maître Michel Thomé* (aus Romans und Rat im Parlament von Grenoble) *wegen der alten Freundschaft, die er für Euch hegt, da er ein Mitbürger von Euch ist . . . um auf die sanfteste und beste Art dagegen vorzugehen.*

Die Wahl Thomés zum Bevollmächtigten bei den Behörden in Romans, um diese bei der Stange zu halten, war nicht schlecht. Die Familie des parlamentarischen „Gesandten" war in Romans ansässig. Seit mehreren Generationen, genau gesagt seit 1484, hatte sie vorsitzende Richter oder Anwälte des Königs am Gerichtshof von Romans gestellt.[34] Die Familie und Michel Thomé selbst hatten aktiven Anteil genommen an dem langen Rechtsstreit, den die Stadt, das Volk und das Großbürgertum von Romans mit einem ihrer Mitherrscher (der andere Mitherrscher war der König von Frankreich), dem Domkapitel von St. Barnard geführt hatte. Der Streit war mit einem Sieg ausgegangen: Den Kapitelherren wurden die Krallen beschnitten, und sie mußten sich der Stadtbürgerschaft beugen. In der Stunde, in der das Großbürgertum nun nicht mehr mit dem Kapitel, sondern mit den gehässigen Forderungen der „unteren" Klasse konfrontiert war, schien die Beauftragung Thomés ein guter Griff zu sein: Der Bevollmächtigte war durch Heirat ein Verwandter Jean Serve-Paumiers. Der Grenobler Parlamentarier schien denn auch bei seinem Besuch in seiner

Geburtsstadt zunächst einen klaren politischen Erfolg zu haben.[35] Er wurde (am 16. Februar 1579) im Konsularhaus von der Generalversammlung des großen Rats der Stadt empfangen. Mit ihm kam ein anderer Parlamentsrat, der auch romanaisischer Herkunft war: Jean de Lacroix, Nachkomme eines Münzmeisters der Stadt. Im Gefolge Thomés und Lacroix' bemerkte man noch Jean Rabot als Vertreter der Versammlung der drei Stände der Provinz; und schließlich den Mann, der bis zum Schluß der böse Geist der Notabeln von Romans und der Schlächter des kleinen Volks sein sollte: Antoine Guérin, königlicher Richter am städtischen Gericht, Schriftsteller und begabter Historiker, eine Gestalt aus einem schwarzen Roman, dessen Hände sich schon in der Bartholomäusnacht 1572 mit dem Blut der Hugenotten befleckt hatten.

Den Herren aus Grenoble sitzt die Ratsversammlung gegenüber, die geschlossen angetreten ist: vierzig Räte und die vier Konsuln; sie hören sich die Ansprache an, die Michel Thomé vom Stapel läßt.

Thomé rennt mit seiner Rede offene Türen ein; er bedauert das Ungemach der Religionskriege; er erinnert an den guten Willen des Königs, Maugirons und des Parlaments, die alle versuchen, die schmerzliche Steuerschraube nicht zu stark anzuziehen. Er verweilt bei den Vorteilen der Eintracht unter den Bewohnern von Romans. Zum Schluß bringt er mit einem abgedroschenen Thema einige Tränen zum Fließen: *Meine Familie stammt aus dieser Stadt, sagt er, ich bin hier geboren, ich bin Euer Mitbürger, ich bin einer von Euch.*

Einen Augenblick lang schien es, als hätte diese Beredsamkeit, die mit dreihundert Jahren Vorsprung der Suada heutiger Redner bei Landwirtschaftsverbänden ähnelt, ihren Zweck erreicht: Nach ihrem Ende machte sich im Gemeinderat Bewegung bemerkbar, und es gab sogar Applaus für den Grenobler Redner.[36] Trotzdem antworteten ihm zwei Vertreter der „parlamentarischen" Opposition: ein Amtsanwalt namens André Ferrier und der Tuchmacher Guillaume Robert-Brunat, der für die ständischen Interessen des Tuchbekleidungsgewerbes eintrat; dieser war neben Paumier einer der Führer der Protestbewegung.

Bei alledem lag während der bewegten Wochen des Februar 1579 die Macht mindestens ebensosehr bei der Straße wie beim Konsularhaus. Von den Amtsinhabern gut empfangen und sogar verwöhnt, hatte Thomé dennoch über die Behandlung zu klagen, die ihm jene zuteil werden ließen, die er in seinem Innern bereits als Umstürzler empfand. *Er schonte sich nicht, um das Volk auf den rechten Weg zurückzuführen ... aber er erhielt von diesem Volk viel Unwürdigkeiten durch besagte Aufrührer und Aufsässige, so daß er sich wieder nach Grenoble zurückziehen mußte* (A 36).

Die Mission Thomés ging ruhmlos zu Ende, nur zu Anfang von Erfolg begleitet, was Guérin einige von alpiner Erfahrung inspirierte illusionslose Bemerkungen entlockt: *So wie es unmöglich ist zu verhindern, daß ein Gebirgsbach alle Wälle durchbricht, die man gegen ihn aufrichtet, so hat das überschäumende Volk ohne Rücksicht auf die tugendhaften Ermahnungen des Rates Michel Thomé sich nicht zurückhalten können.*

Nachdem auf diese Weise die Autorität des Parlaments lächerlich gemacht worden war, mußte Michel Thomé voller Groll gegen die Aufrührer, die ihm solches angetan hatten, den Rückweg nach der Regionalhauptstadt antreten, ohne konkrete Resultate mitzunehmen. Übrigens verbirgt Guérin in seinem späteren Bericht seine Geringschätzung für Thomé nicht; dieser Parlamentarier ist für den Richter nur ein Weichling. Eine Zeitlang spielte sich nun alles unter den Einwohnern von Romans ab; und in den Beziehungen zwischen Romans und den Landleuten der Umgebung, die sich an der Hoffnung auf die Bünde erhitzten.

Immerhin gab es eine Konzession: Als Romans darum ersuchte, *die Schatzmeister und alle, die Gemeindegelder verwaltet haben, zu zwingen, Rechnung über diese zu legen,* gab das Parlament von Grenoble diesem Gesuch statt (P 65). Daraus entstanden nicht enden wollende Rechenschaftslegungen in Romans und anderen Gemeinden, Rechnungslegungen, *die nur Übel verursachten,* von dem die Aufwiegler für ihre adels- und verwaltungsfeindliche Propaganda profitierten . . . In Romans selbst entstand aus den Rechnungslegungen eine immer gespanntere Lage. Das *ehrbare* Bürgertum der Stadt spaltete sich je nach den Umständen in mehrere Gruppen. Diese faßten unterschiedliche Beschlüsse.

Manche dieser ehrbaren Bürger waren einfach entmutigt: Denn *sie sahen, daß diese aufrührerische*[37] *Truppe von Tag zu Tag durch die Straflosigkeit ihrer Missetaten zunimmt und daß sie nicht von der Justiz gezüchtigt werden kann, die dazu nicht die genügende Kraft hat.* Diese defätistischen Patrizier wählten, zumindest vorübergehend, das Exil. Sie verließen ihre Stadt; *sie begaben sich nach Grenoble oder an andere Orte,* wo die Lage nicht so gespannt war wie in Romans selbst. Sie verschafften sich ein wenig Luftveränderung und warteten ergeben, *daß es Gott gefiele,* die Dinge in ihrer Stadt *in Ordnung zu bringen* (A 35). Eines Tages würden sie brav wieder nach Hause zurückkehren.

Richter Guérin stand den „Paumieristen" ebenso feindlich gegenüber wie diejenigen seinesgleichen, die ins Exil gingen. Er war nur politischer und auch mutiger als die Flüchtlinge. Später, als er sich stark genug fühlt, wird er unnachgiebig und grausam. Jetzt sucht er nach Aussöhnung, nach einem Mittelweg. Seine Entschlossenheit, Romans niemals zu verlassen, ist unbestreitbar; auch 1586, während der Pest, die die Hälfte der Bevölkerung tötet, desertiert er nicht.

Guérin entrüstet sich scheinheilig über die flegelhaften Manieren des *aufrührerischen Haufens*; wie eine wahre Meute (A 35) *kam er jederzeit in das Konsularhaus* und in den großen Saal des Franziskanerklosters, einen zentralen, bequem gelegenen Versammlungsort, um dort einen unerträglichen Druck auf die Bonzen des Rathauses auszuüben. Ohne daran etwas ändern zu können, stellt der Richter die Kompromißlosigkeit der Rebellen fest, *die alle auf einmal reden wollten* und schrien *„Wir wollen ...“* Unmöglich, etwas zu hören oder zu verstehen in diesem Karnevalsdurcheinander. Die Leute sollten doch wenigstens einen Sprecher ernennen, der sie vertreten und der ein bißchen nachgiebiger, ein bißchen gemäßigter sein würde als Paumier. Mit Hilfe einiger Notabeln der bürgerlichen Partei versuchte Guérin unter Anwendung einiger letztlich aber unnützer Listen, die aufrührerische Menge zu manipulieren, *damit dieses Volk eine einzige Person ernenne, die für alle sprechen sollte.* Dem Richter, der nicht ohne Kenntnisse der Antike war, schwebte dabei eine dunkle Erinnerung an den *Tribun* vor, der im Namen der römischen Plebs deren Forderungen vertrat. Unser Mann dachte sich, daß man so die *Respektlosigkeit und die Unflätigkeit* der Kollektiväußerungen vermeiden könnte, die die Menge bis dahin in großer Unordnung von sich gab. Die Wahl, auf die die Notabeln insgeheim das Volk hinlenken wollten, fiel wieder einmal auf einen Tuchmacher, den aus Romans gebürtigen Guillaume Robert-Brunat. (Die Tuchmachergilde galt entschieden als das verantwortlichste und einflußreichste Element, wenn es darum ging, die Handwerkerplebs in der einen oder anderen Richtung zu mobilisieren). Guérin zufolge war *dieser Mann von recht gesundem Geist, mit dem er bei richtiger Anwendung viele Dinge hätte verbessern können.* Das heißt, daß man von ihm erwartete, er solle die Stelle Paumiers einnehmen und als Verbindungsglied zwischen Guérin und den „unteren“ Klassen wirken. Vergebliche Hoffnung. Das Manöver, das dem Richter ständig vorschwebte und das darin bestand, einen Volksführer für sich zu gewinnen, sollte ihm erst später gelingen, in der Person des Seilers Laroche, eines früheren Freundes von Paumier. Brunat gegenüber mißlang es: Statt die Klassenkämpfe zu beschwichtigen, heizte der revolutionäre Tuchmacher sie nur noch mehr an.

Kaum hatten die „ehrbaren Bürger“ und die „Empörer“ den außerordentlich hinkenden Kompromiß auf die Person Brunats geschlossen, das morsche Brett zwischen den beiden Lagern, als schon wieder neue Probleme auftauchten; sie zwangen Paumier, der immer noch der wahre Chef der Unzufriedenen war, zu neuen Überlegungen. Die von Lesdiguières befehligten Hugenotten hatten sich auf den Höhen der südlichen Alpen eingenistet. Sie wollten *den Ehrgeiz und die Großmannssucht* (A 37), von denen, laut Guérin, das Herz Paumiers geschwellt war, zu ihren

Gunsten ausnutzen. So traten sie in Verhandlungen mit ihm ein; es kam zu *Versprechungen und gegenseitigen Zusicherungen.* Mehrere Treffen oder *Besprechungen* wurden zwischen ihnen und ihm arrangiert. Sie fanden in zwei Dörfern der Gegend statt: In Petit-Saint-Jean und in St. Michael am Hang. Soll man wirklich glauben, daß der Held des Volkes von Romans bei dieser Gelegenheit ganz gewöhnliche Schmiergelder angenommen hat? Oder brauchte er vielleicht Geld für seine Truppen? Immerhin scheint es, als ob sie (die Hugenotten), um Paumier für ihre Partei zu gewinnen, diesem *eine gewisse Summe in Silber aushändigten, die 1 200 Écus betragen haben soll.* Das ist zumindest das Gerücht, das die „ehrbaren Bürger" von Romans voll christlicher Nächstenliebe über ihren Gegner in Umlauf setzten. Als gute Katholiken oder wenigstens entschlossene Mitglieder der katholischen Partei (was nicht unbedingt dasselbe ist) waren sie über die Zusammenkünfte mit den Hugenotten beunruhigt; sie betrachteten diese als *das sicherste Mittel zum Untergang der Stadt Romans.* Mit anderen Worten, zum Einzug der Genfer Sektierer in die Stadt, wo sie dann, unter dem Vorwand, Paumier zu dienen, die Herren würden.

Die ohnehin schon reichlich unüberschaubare Lage wurde noch komplizierter durch das Auftreten eines dritten oder vierten Spitzbuben, eines Bandenchefs namens Laprade[38], in der Nähe von Romans. Antoine de la Salle, bekannt unter dem Namen Hauptmann Laprade, war in der Nähe von Romans in einer recht wohlhabenden Familie geboren worden und mit Claudia de la Salle verwandt, der Gemahlin des Herrn von Triors. In seiner Jugend war Laprade Protestant gewesen und hatte unter dem Befehl Lesdiguières' in der hugenottischen Truppe gekämpft; er hatte noch immer gute Kontakte zu den Gläubigen der „angeblich reformierten" Religion. Seit 1577 hatte er sich selbständig gemacht; er war ein Raubritter geworden, der in eigener Sache und für die eigene Tasche Krieg führte und plünderte. Der nahe scheinende Friede (ein Irrtum der Perspektive, der auf dem Friedensedikt von 1577 beruhte) ließ ihn befürchten, arbeitslos oder ins Gefängnis geworfen zu werden. Um dieses erbärmliche Ende zu vermeiden, bemächtigte er sich, Gott weiß wie, der Festung Châteaudouble, einer der bedrohlichsten Festungen der Dauphiné. Dort verbarrikadierte er sich und machte von Zeit zu Zeit in einem gar nicht kleinen Umkreis seine Ausfälle, die ihn bis an die Mauern der Städte des Flachlandes, Romans, Valence und sogar Montélimar führten, von wo er den Städtern Beleidigungen zuschrie. Er plünderte Reisende und Kaufleute aus und verlangte Lösegeld für ihre Freilassung. Wenn sich herausstellte, daß die gefangengenommenen Herren seine anspruchsvollen Forderungen nicht sofort erfüllen konnten, sperrte er sie ein.

Ein erster Zwischenfall eröffnete die Feindseligkeiten zwischen Laprade und den Romanaisern. Am 12. März 1578 bemächtigte sich der Raubritter des Herrn Jean Guigou, eines Großhändlers unserer Stadt, der einer gutbürgerlichen und konsularischen Familie angehörte. Er war unterwegs in Geschäften für den Herzog von Savoyen. (Diese Verbindung zwischen einem großen Notabeln von Romans und einem der mächtigsten Potentaten der benachbarten Regionen entbehrt nicht der Pikanterie.) Die Lage, die Laprade in der Gegend von Valence und dem Niedervienner Land geschaffen hatte, wurde 1578 und Anfang 1579 unerträglich. Der Handel war durch den in seiner Festung unangreifbaren Banditen teilweise oder (um Châteaudouble herum) gänzlich gelähmt. Die Händlerklasse hatte daher ein starkes Motiv, mit dem Fußvolk aus Handwerkern und Bauern eine Einheitsfront gegen das Bandenwesen zu bilden. Im Januar 1579 wurde Laprade besonders kühn. Er überquerte die Rhone und bemächtigte sich der auf dem rechten Rhone-Ufer gelegenen Burg Soyans im Vivarais. Er hatte sogar die Absicht, sich zum Herrn der Burg Pipet zu machen, was ihm die Kontrolle über die Stadt Vienne gegeben hätte, kein Pappenstiel... Jedoch konnten die rasch benachrichtigten Vienner Konsuln die Absichten des Missetäters vereiteln.

Obwohl er hier den kürzeren gezogen hatte, tat Laprade überall sonst, wonach ihn gelüstete. Im Mai 1978 hatte er (zum großen Ärger des Königs von Navarra, des künftigen Heinrichs IV. von Frankreich) Abgesandte der Schweizer Kantone festgehalten. Diese kamen aus dem Süden zurück und mußten, um nach Hause zu kommen, durch die Dauphiné reisen; dabei wurden sie gefangengenommen. Die höchsten Regionalbehörden, die sonst heftig untereinander zerstritten waren – der königliche Statthalter Maugiron und der Hugenottenführer Lesdiguières –, taten sich zusammen, um Laprade, „ihren Bruder und guten Freund", anzuflehen, seine Aktivitäten einzustellen. Der vornehme Lump kümmerte sich nicht um ihre Briefe, so respektvoll sie auch waren. Er hatte guten Grund anzunehmen, daß Lesdiguières und die Reformierten, die sich aus Effekthascherei von ihm distanzierten, ihn insgeheim noch immer für einen der ihren hielten. Und nicht nur ihn, sondern auch einige andere Banditen, die sich als Parteigänger der Hugenotten ausgaben.[39]

In dieser zweideutigen, elektrisch geladenen Atmosphäre stellte sich für Paumier und seine Getreuen das Problem ihrer Haltung zu Laprade. Es war eine heikle Angelegenheit, da sich Paumier mitten in Verhandlungen mit den Hugenotten befand, die für den Exprotestanten oder auch Protestanten Laprade noch immer gewisse Sympathien hegten.

Es scheint, daß sowohl die Empörer von Romans wie die Räuber von Châteaudouble mit dem Gedanken spielten, Laprade solle sich mit seinen Leuten dem Bauernbund, Paumier und den Hugenotten anschließen!

Ob wahr oder nur zur Hälfte falsch, diese Gerüchte ließen die Bourgeoisie von Romans erzittern. Tatsächlich war allein der Gedanke beunruhigend, daß *Laprade, der in Châteaudouble befehligt, das Versprechen haben könnte, Chef zu werden und nachher in besagte Stadt Romans eingelassen zu werden* (A 37). Die Handelsherren von Romans sahen darin neue Gründe, den Raubritter zu fürchten. Waren ihre Befürchtungen gerechtfertigt? Es scheint, als ob tatsächlich in Charpey, einer Ortschaft der Gegend, eine ziemlich große Versammlung zu Verhandlungszwecken stattgefunden habe: Dort kamen Handwerker, *Ackerleute und andere vom dritten Stand des besagten Bundes von Paumier mit einigen Hauptleuten und Soldaten besagten Laprades zusammen* (A 37). Dieser Zusammenschluß von Banditen und Bündischen konnte zum *völligen Ruin des Landes* führen. *Der liebe Gott*, schreibt Guérin, *wollte kein solches Unheil.* Er eilte den ehrbaren Bürgern zu Hilfe. Der Bund des Volkes bestand in der Mehrzahl aus Bauern, schon aus Gründen der Bevölkerungsstruktur, die zu 85 % ländlich war. Dieser Bund konnte, wie es heißt (die Zahl ist vielleicht übertrieben) mit 14 000 Büchsenschützen rechnen. Als unterscheidendes Merkmal trugen diese Gelegenheitssoldaten *keine Schnur an ihrem Hut;* sie versammelten sich schnell, wenn der Schall aus dreihundert Alphörnern ertönte, die sie auf Anraten des Grenoblers Gamot hergestellt hatten, um einander von Kirchgemeinde zu Kirchgemeinde besser rufen zu können. Diese Tausende eher schlecht bewaffnete Landleute hatten keine Lust (nicht einmal aus Gründen höherer hugenottenfreundlicher Strategie), sich unter den Befehl eines Wegelagerers, Haudegens und tragikomischen Schloßherrn wie Laprade zu stellen.

Mehrere Bauernführer, die sich in diesem Punkt von Paumier unterschieden, lehnten es also ab, mit Laprade, dessen Räubereien sie nicht vergessen hatten, Freundschaft zu schließen. Entweder aus Wut darüber oder mißtrauisch einen Hinterhalt befürchtend oder auch einfach wieder seinem Trieb zum Plündern gehorchend, *sammelte Laprade schnell alle seine Reitertruppen, überrannte besagte Dörfer und tötete 100 bis 120 Menschen, darunter Frauen und kleine Kinder; er plünderte und verwüstete Vieh, Möbel und die Lebensmittel in den Scheuern* (A 38).

Das bedeutete den Bruch zwischen Laprade und Paumier. (Er wurde jedoch nicht völlig vollzogen: Paumier, der mit allen Wassern gewaschen und ein raffinierter Politiker war, ließ zwar die ländlich-militärische Offensive gegen Laprade zu und forderte sogar dazu auf; aber er hütete sich, persönlich an der direkten Aktion teilzunehmen, die den Abschluß der Offensive bildete.)

Der mehr als halb vollzogene Bruch paßte der Clique Guérin gut in den Kram. Diese Clique beherrschte Romans gegen die feindliche Gruppe, die

Leute Paumiers. Die Guérin-Gruppe haßte Laprade, haßte aber auch die Hugenotten, von denen sie wegen der blutigen Erinnerungen an die von ihr selbst herbeigeführte lokale Bartholomäusnacht viel zu befürchten hatte.

Unter diesen Bedingungen wurden aus rein taktischen Gründen neue Bündnisse gegen das Banditentum geschlossen, die eine Heilige Allianz herstellten. Paumier war der Drahtzieher; er hielt sich etwas außerhalb des Handgemenges, lenkte und beobachtete mit Interesse und raffinierter Klugheit die Entwicklung.

Schon im Februar 1579 zogen die Bauernbünde voller Zorn über die Niedermetzelung einiger ihrer Mitglieder in den Kampf gegen Laprade. *Aus dem Kommandogebiet des Hauptmanns Paumier* (der in den Dokumenten bei dieser Gelegenheit mit dem Titel *Generalhauptmann* der Niederdauphiné-Bewegung erscheint) wurden die Gemeinden der Valloire, der Region Valence und andere aufgerufen, schleunigst in großer Zahl und bewaffnet zu kommen, um die Festung des Räubers Laprade und seiner Spießgesellen zu stürmen, ihren Räubereien ein Ende zu machen und die Provinz von solcher Unterdrückung zu befreien (P 66). Man beachte, daß hier die ausdrücklich genannten *Gemeinden* und Paumier, ihr Generalhauptmann, an die Stelle der ohnmächtigen oder hilflosen königlichen Institutionen in ihrer Verkörperung durch den Generalstatthalter Maugiron treten. *Weder das Friedensedikt noch Herr von Maugiron hatten die Räubereien Laprades verhindern können*, bemerkt Eustache Piémond mit leicht ironischem Bedauern.

Das Zusammentreffen der Bünde war auf den 1. März 1579 in Romans festgesetzt, dem Hauptquartier Paumiers und der ganzen Bewegung der Niederdauphiné. Tatsächlich versammelten sich an diesem Tage 4 000 Bündische in der Tuchmacherstadt, darunter gute Soldaten aus dem Volke *unter der Führung und dem Befehl ihrer Chefs und Hauptleute. Von da begab sich die ganze Schar unversorgt* (materiell völlig unvorbereitet) *nach Châteaudouble, als ob Laprade sich bei ihrem ersten Anblick sofort ergeben würde* (P 66). Der unter der Autorität Paumiers getroffene Beschluß des Bundes schuf eine für Maugiron und das bürgerliche oder stark verbürgerlichte Konsulat von Romans sehr peinliche vollendete Tatsache. Drei Tage nach dem Durchzug der bündischen Scharen (3. März 1579) entschlossen sich die Konsuln und die Gemeindekörperschaft von Romans nach langem Zögern endlich, sich auf die Seite der Bauern gegen die Banditen zu stellen.

Etliche Argumente veranlaßten die Stadtväter von Romans, Männer der Notabeln, zu diesem neuen Schritt; zuerst waren da die Freunde Paumiers, die seit kurzer Zeit als außerordentliche Mitglieder im Rat der Stadt saßen; sie ahnten auch, daß Maugiron selbst, der Mann der Monarchie also, sich an die Spitze der Belagerer von Châteaudouble stellen würde, um jedes revolutionäre Übermaß zu vermeiden. Warum also weniger päpstlich sein als der Papst? Es war besser, sich sofort *im Gehorsam seiner Majestät*[40] auf die Seite des verhaßten Paumier zu stellen. Darüber hinaus *erwarteten* die unter den hohen Mauern von Châteaudouble lagernden Bündischen selbst *Hilfe und Beistand* von der offiziellen Stadtobrigkeit von Romans. Die Gefahr war auf jeden Fall nicht sehr groß, denn die vorsichtigen, sich nach beiden Seiten deckenden Stadtväter hatten zur Kenntnis genommen, daß Laprade endlich von *denen von der angeblich reformierten Religion desavouiert* worden war. (In Wirklichkeit stimmte das nur halbwegs: Würde der Bandit die Bündischen besiegen, würde Lesdiguières ihn wieder benützen.) Auf alle Fälle und welche Hintergedanken die Hugenotten auch hegen mochten, war es gut – wie es in der gewundenen Resolution weiter heißt –, sich dieses Laprade zu entledigen, dieses Feindes der Landbevölkerung, aber auch der Städter und Kaufleute, des *Störers der öffentlichen Ruhe.* Es wurde beschlossen, alle Mittel einzusetzen, „aufs Ganze zu gehen“, wie wir sagen würden, *und zur Belagerung die bestmögliche Truppe von Männern der Stadt zu entsenden, Fußvolk und Reiter samt der nötigen Munition.* Zwei aus der Stadt gebürtige Hauptleute wurden zu diesem Zweck von den Konsuln ausgewählt: Ein gewisser Beauregard für die Kavallerie und der Seiler Laroche für die Infanterie.[41] Die Wahl Laroches ist nicht ohne Bedeutung. Als einflußreiches und aktives Mitglied des Volksbundes vertrat er in der Stadt eine Art dritte, gemäßigte Partei. Er war ein ehemaliger Freund Paumiers, mit dem er sich aber verfeindet hatte. Wenig später, im entscheidenden Moment, wird er die Partei der Notabeln ergreifen und den Untergang der Rebellen herbeiführen.

Beauregard und Laroche erhielten Vollmacht, ihre Truppe zusammenzustellen, *um die Männer auszusuchen und zu wählen nach ihren Fähigkeiten* (ebd.), um sie der Banditenfestung entgegenzuführen. Die Abteilung Laroche war schnell gebildet und machte sich sofort auf den Weg zur Belagerung Châteaudoubles. Die beiden Gruppen der Bündischen von Romans, Laroches und Paumiers, waren also bei dieser Belagerung in großer Zahl vertreten.[42] Außerdem hatte entweder die eine oder die andere Gruppe, genau weiß man das nicht, die beiden Kanonen mitgebracht, die Gordes, der frühere Generalstatthalter (gestorben 1578), zur Benutzung durch die Stadt in Romans zurückgelassen hatte.[43]

Die nächste Etappe in Richtung Heilige Allianz war schnell erreicht: Es handelte sich um nichts Geringeres als die Teilnahme Maugirons selbst an der Belagerung von Châteaudouble.[44] Er tat dies, wie man heute in einem gewissen Jargon sagen würde, „unter dem Druck der Massen“. Die

Begründungen, die er vorgab oder sich selbst gab, waren humanitär und entsprachen, warum auch nicht, der Wahrheit. Er war Generalstatthalter des Königs für die Gesamtprovinz, und er glaubte, daß Laprade seine improvisierenden Belagerer in der Luft zerreißen würde, wenn nicht die königliche Armee oder die „regulären Truppen" die Angelegenheit Châteaudouble in die Hand nehmen würden. Da Laprade ein wenn auch eigenwilliger Verbündeter des Protestanten Lesdiguières war, konnte ein solches „In-der-Luft-Zerreißen" dem Ultrakatholiken Maugiron nicht genehm sein, *der richtig voraussah, daß, wenn nicht andere als dieses Volk sich einmischten, alles in Auflösung geriete und* (Laprade) *eine solche Schlächterei machen würde, daß sie für immer im Gedächtnis bliebe* (A 38). Die Bündischen ihrerseits waren nicht von vornherein gegen Maugiron. Sie wollten, daß er ihnen zu Hilfe käme; und mit ihm Berufssoldaten und auch der Adel des Landes, die militärische Klasse. Das „Volk" gab daher bei der Ankunft Maugirons seine Zufriedenheit zu erkennen; es *flehte Maugiron an, mit ihm zu kommen und daß er an willigem Adel und Soldaten mit sich bringe, was er könne, um diese Burg einzunehmen samt diesem Laprade* (A 38).

Um die Wahrheit zu sagen: Unter den Belagerern „beobachtete man seinen Verbündeten wie einen Feind". Maugiron hatte zwar nicht das Pulver erfunden, aber er besaß gesunden Menschenverstand. Er wollte sich an die Spitze der Bewegung stellen, um zu verhindern, daß sie zum sozialen Krieg würde. Auch die Beweggründe der Bündischen waren nicht alle lauter. Für sie war Châteaudouble nur eine Etappe. War vielleicht das eigentliche Ziel, mit dem sie in Gedanken spielten, Grenoble? Stimmt diese Hypothese, was zwei unserer Quellen unabhängig voneinander behaupten, dann wollten sie nicht einfach einen gewöhnlichen Gangster wie Laprade angreifen, sondern das tragende Element der Provinz: Das Parlament von Grenoble, die Schatzmeister und andere Finanzbeamte, die von ihnen beschuldigt wurden, sich die Taschen mit den Groschen der Steuerzahler gefüllt zu haben. *Und von dort* (wenn sie Châteaudouble besiegt hätten) *wollten sie die Stadt Grenoble angreifen, um den Staat und die Justiz zu stürzen ... und um zu verhindern, daß die Schatzmeister entkommen und entfliehen.* Eine solche Flucht wäre leicht zu erklären durch die Furcht dieser Schatzmeister bei dem Gedanken an Rechnungslegung.

Der Grenoble-Plan der Bündischen, einstweilen nur eine Phantasterei, war vielleicht eine geringere Tollheit als es den Anschein hatte. Grenoble, eine große Stadt, hatte unter der Leitung des Amtsanwalts Gamot ebenfalls seine Handwerkervolkspartei, mit der die Bündischen als Trojanisches Pferd rechneten. Sie erwarteten viel von dieser *Truppe aufrührerischer Spießgesellen,* die in der Hauptstadt der Dauphiné *anfingen, sich als*

Rebellen aufzuspielen und, äußerstes Majestätsverbrechen, *anfingen, sich gegen die Autorität des souveränen Gerichtshofes des Parlaments aufzulehnen.*[45]

Die wahnwitzige Hoffnung, Grenoble zu nehmen, minderte in den Augen Paumiers den Wert Châteaudoubles. Er besaß eine nicht geringe strategische Intelligenz. Auch scheint es, als habe er trotz seiner sportlichen Leistungen keinen ausgesprochenen Geschmack am Kampf gehabt. So blieb er in Romans oder kehrte vielmehr schnell dorthin zurück, denn die Stadt war in Erwartung von Besserem seine eigentliche Bastion. War er unentschlossen? Wollte er abwarten? Er ließ seine Freunde vom Bund, Bauern und Städter, in Châteaudouble unter seinem Oberbefehl, aber ohne seine Anwesenheit, ihre Rolle spielen. *Paumier und seine führenden Komplizen wollten Romans nicht verlassen und ließen die anderen oben genannten Bündischen die Posse von Châteaudouble spielen* (A 39).

Nachdem sich Maugiron entschlossen hatte, verließ er Grenoble am 5. März 1579 mit einigen Truppen (P 67); er brachte zwei Kanonen mit, die auf dem ersten Teil des Wegs den Fluß hinabgeschifft wurden. Eine winzige Artillerie; aber genug um, ganz wie im ausgehenden Mittelalter, eine Festung zu Fall zu bringen. Als er in Begleitung seines Adjutanten, des Herrn von Saussat, in Châteaudouble eintraf, fand er dort eine ziemlich chaotische Lage vor: Es war die Zeit der winterlichen Rebenbeschneidung; viele der belagernden Bündler, die nur Gelegenheitssoldaten, aber von Beruf Winzer waren, dachten nur daran, so schnell wie möglich in ihre Weinberge zu kommen, um dort lieber das Rebmesser als die Hakenbüchse zu schwingen. *Sie dachten nicht daran, länger in Châteaudouble zu bleiben, sondern sofort zurückzukommen, um ihren Weinberg zu bestellen* (A 39). Außerdem gab es bei den Belagerern nur eine jämmerliche oder gar keine Intendantur; unter den schlecht ausgerüsteten Soldaten gab es viele, deren einzige Nahrung aus den Vorräten bestand, die sie in ihrem Sack mitgebracht hatten: neue Gründe zu schleunigster Desertion. *Sie hatten weder überlegt noch vorgesehen, was sie für eine Belagerung brauchten und hatten nur ihre Mantelsäcke voll Lebensmitteln mitgebracht, nach deren Verzehr sie zurückkehren und alles lassen wollten* (A 39). Paradoxerweise war es der Belagerte, der durch reine Passivität im Begriff war, die Belagerer auszuhungern, so daß die Belagerung nach einigen Tagen auf jämmerlichste Weise zu Ende zu gehen drohte. *In der Tat begann der größte Teil dieser biederen Soldaten nach zwei Tagen auseinanderzulaufen, sich nachts davonzumachen.*[46] Ungeübt im Disziplinhalten, hielten es die Anführer nicht für nötig, *die Lagereingänge zu schließen* (A 39), was ihnen ermöglicht hätte, ihre Leute am Ort festzuhalten. Kurzum, es herrschte völliges Durcheinander.

Im ersten Moment drohte die Ankunft Maugirons, der doch erwartet worden war wie der Messias, die Auflösung noch zu beschleunigen. Manche „weiche“ Partisanen fürchteten, der Generalstatthalter würde sie schelten, weil sie den „Hartschädeln“ und den Extremisten des Bundes gefolgt waren. Auch diese „Weichen“ dachten daran, sich davonzumachen, um den Vorhaltungen Maugirons zu entgehen. Maugiron, als Diplomat und *in der Furcht vor Tumulten*, verstand es, *voller Sanftmut* mit allen zu reden (P 67). Die Belagerung konnte weitergehen.

Im übrigen nahm der Generalstatthalter nun das Volksunternehmen der Einschließung von Châteaudouble in eigene Regie, um es mit Geschicklichkeit fortzusetzen. *Er machte überall Ordnung, so daß es weder an Lebensmitteln noch an Kriegsmunition fehlte* (A 39).

Nun, da sie durch die Anwesenheit Maugirons über die Wahrung der sozialen Ordnung beruhigt waren, leisteten Städte wie Romans, wo die traditionellen Machthaber zwar erschüttert, aber nicht aus der Macht verdrängt worden waren, ihren vollen Hilfsbeitrag gegen Laprade. Andere Städte wie Vienne und kleinere Orte wie Saint-Antoine, die von furchtsamen oder rückständigen kleinen Notabeln geleitet wurden, hatten es bisher abgelehnt, als offizielle Gemeindekörperschaft mit dem Bund zusammenzuarbeiten; da sich nun Maugiron hinter die Volksinitiative gestellt hatte, blieb ihnen nichts anderes übrig, als ihre Haltung zu ändern; auch sie entsandten also Verstärkungen gegen Laprade. Von den Gemeinden wurde eine Abgabe von 333 Écus pro Kompanie (mehr als 9 Pfund oder 3 Écus pro Soldat) zum Unterhalt der Truppen erhoben.[47]

Am 10. März 1579 fand in Romans eine sehr große Versammlung der Gemeinden der Dauphiné statt, bei der Städte und Ortschaften durch ihre Konsuln oder Delegierte vertreten waren.[48] Das war die Institutionalisierung der Heiligen Allianz. Es wurde beschlossen, die Anstrengungen zur Einnahme von Châteaudouble zu verdoppeln. Aber auch das *Beschwerdeheft* und die Forderungen nach Abschaffung des Steuerparadieses für die Privilegierten wurden nicht vergessen. Die ganze Provinz durchlief ein Schauer jubelnder Erregung. Es war eine Gefühlsaufwallung des Volkes, wie sie im Buche steht.

Richtige Flitterwochen. Die Koalition zwischen dem Bund und den königlichen, den Provinz- und Gemeindebehörden schien felsenfest. Auch das Parlament von Grenoble engagierte sich: Es entsandte erneut den Ratsherrn Thomé nach Romans, um die Bewohner dieser Stadt zu veranlassen, ungeachtet der Differenzen ihrer Stadtväter in bezug auf Paumier, ihre Pflicht gegenüber Maugiron zu tun.[49]

Kurzum, Laprade mußte sich hüten. Von den Hugenotten halb fallen gelassen, war er nun hinter den Mauern Châteaudoubles der Artillerie

Maugirons ausgeliefert. Mutlos geworden, kapitulierte der Bandit beim ersten Kanonenschuß (um den 15. März 1579). *Ohne Hoffnung auf Hilfe übergab Laprade die Stadt* (in Wirklichkeit ein Dorf) *und die Burg Châteaudouble dem Seigneur de Maugiron* und erhielt *freien Abzug für sich und die Seinen mit Waffen und Gepäck* (P 69). Er zog nach Osten über die Alpen, wo er in Begleitung einer Handvoll Männer in der Markgrafschaft Saluzzo Zuflucht fand; für kurze Zeit konnte er einige alte geheimprotestantische Freundschaften zu seinen Gunsten mobilisieren: Der Marschall von Bellegarde, der mit den Hugenotten der Dauphiné verbandelt war, nahm ihn auf, überließ ihm ein Platzkommando ... und ließ ihn nach mehreren Monaten eines unbekannten Verbrechens wegen erdolchen.[50] *So enden solche Kerle,* lautet die philosophische Schlußbemerkung Eustache Piémonds.[51]

Châteaudouble, das während so langer Zeit in den umliegenden Dörfern Schrecken verbreitet hatte, zahlte für den Banditen, der sich auf seinen Wällen niedergelassen hatte. Als Sicherheitsmaßnahme *ließ Maugiron die Burg schleifen, niederreißen und dem Erdboden gleichmachen* und in die Stadtmauern (= des dazu gehörigen Dorfes) große Breschen schlagen.[52]

Der Sieg über Laprade gebot dem Bandenwesen Einhalt; zuvor war Roussas gefallen, der Stützpunkt des Hauptmanns La Cloche und die zweite Banditenfestung der Region.[53] Das Verdienst des Sieges von Roussas kam Jacques Colas aus Montélimar und seinen Bauern zu (s. oben, 2. Kap.).

Châteaudouble und auch Roussas hatten die außerordentliche Komplexität der Kräfte und Gegensätze deutlich gemacht, in die die gesellschaftlich-politischen Gruppierungen der Dauphiné geistig und geographisch aufgeteilt waren. Zählen wir die diversen Tendenzen oder Schattierungen auf: Im Südosten der Provinz Hugenotten, die unter sich wieder in Anhänger und Nichtanhänger Lesdiguières[54] zerfielen; Bauernbünde und städtische Bünde der unteren Schichten: In diesen gibt es hugenottische oder hugenottenfreundliche Elemente (im Raum von Romans); im Süden (Montélimar) sind sie entschiedener prokatholisch; vor allem aber zerfallen sie in zwei Fraktionen – was im Falle Romans am deutlichsten wird –, eine gemäßigte (Laroche) und eine eher aggressive (Paumier). Hinzu kommt, daß selbst innerhalb der bäuerlich-städtischen Bünde die Propaganda der Bauern ihre eigenen Ziele verfolgt und die Bewegung in eine nicht voraussehbare Richtung drängen kann, gegen die Banditen und später gegen die Grundherren. Schließlich gibt es an den „Schalthebeln" noch die Notabeln der Groß- und Mittelstädte und die Adligen; die beiden Gruppen sind wegen der Steuerfrage untereinander zerstritten, haben sich aber beide aus Abscheu vor der Unordnung den höchsten katholischen Instanzen der Provinz angeschlossen: dem Parlament von Grenoble und dem Statthalter der Dauphiné. Dieser, zur Zeit ist es Maugiron, kontrolliert einen Teil der Streitkräfte des Landes. Zwischen all diesen Gruppen bewegt sich Paumier mit einer Geschicklichkeit, die er im nächsten Jahr nicht mehr haben wird; er spielt ein kompliziertes Spiel: Zunächst verhandelt er mit den Hugenotten, ja auch mit Festungsbanditen und Wegelagerern. Dann wendet er sich unter dem Druck seiner Bauernfreundschaften gegen das Banditenwesen. Zuletzt gibt er seiner Partei freie Hand zu einem unsicheren Bündnis mit den königlichen und Grenobler Behörden und den städtischen Notabeln, obwohl sie doch die natürlichen Feinde seiner Person und seiner Politik sind; aber auch sie wenden sich in letzter Minute, oder wie es in der Bibel heißt, „in elfter Stunde" gegen Laprade.

Der Fall Châteaudouble erhielt vom Standpunkt Maugirons und der Notabeln aus erst seinen vollen Sinn als Auftakt zu einer Wiederherstellung der Ordnung, bei der Bauern, Handwerker und Bünde wieder ihre „Pflicht" tun würden, von der sie sich in den vorangegangenen Monaten entfernt hatten.

Maugiron unternahm den Versuch einer solchen Wiederherstellung, und eine Zeitlang schien es ihm zu gelingen. Unter den zerstörten Mauern von Châteaudouble berief er die wichtigsten Anführer und Hauptleute der Bündischen und Gemeinden in sein Quartier, wo er ihnen eine kleine Beschwichtigungsrede hielt (P 69). Im wesentlichen *dankte er ihnen für ihren guten Willen, für den Eifer, mit dem sie ihr Leben und ihr Vermögen für die Befreiung und Freiheit des Vaterlandes aufs Spiel gesetzt hatten.* Nichtsdestoweniger waren aber die anfänglichen Divergenzen nicht aus der Welt geschafft. Trotz des gemeinsamen Triumphs über Laprade hatte Maugiron nicht vergessen, daß am Anfang der Belagerung von Châteaudouble Beschlüsse des Volkes und der Bauern gestanden hatten, die von den Machthabern keineswegs gebilligt wurden. Er fügte daher seiner Rede hinzu: *In Zukunft unternehmt es nicht, euch zu bewaffnen und zu Felde zu ziehen ohne den Willen und den Befehl des Königs.* Maugirons Rede folgte dem Prinzip Zuckerbrot und Peitsche: Der Anfang eures Unternehmens *war zu gewagt und gefährlich. Aber das sei euch vergeben unter der Bedingung, es nicht wieder zu tun. Ich gebe euch Urlaub, in eure Häuser zurückzukehren und in Frieden und im Gehorsam eurer Obrigkeit zu leben, so wie Gott es befiehlt.*[55]

Die Bündler lassen sich davon nicht verunsichern. Einer oder mehrere von ihnen, die uns unbekannt geblieben sind, nahmen das Wort, um Maugiron zu antworten. Höflich, aber bestimmt gaben sie in der Form nach, aber nicht im Inhalt: *Wir haben die Waffen nicht gegen die Hoheit des Königs ergriffen, sondern in seinem Dienst. Wir wollen dem Friedensedikt Achtung verschaffen* (P 69–70). Ihren Worten nach war dieser Wille zum Frieden am Widerstand der Garnisonen des Kriegsvolkes und an den Diebereien Laprades und seiner Spießgesellen gescheitert. So mußte zu Taten geschritten werden.

Am Schluß kam es zu einem Kompromiß zwischen den noch immer bewaffneten Bündischen und Maugiron, der sich in Gegenwart dieser Waffenträger so geschmeidig zeigte wie ein Samthandschuh (aber die „eiserne Faust" war nicht weit). Sie ersuchten den Statthalter, sich der Forderungen ihres *Heftes* anzunehmen; sie baten ihn, ihnen, den Männern des dritten Standes, zu helfen, einen Teil ihrer Steuerlast auf Adel und Geistlichkeit abzuwälzen, was im übrigen den traditionellen Regeln und Privilegien der Dauphiné gemäß sei. Also gemäß den Freiheiten der Provinz. Ganz im Geist Jean de Bourgs ...

In die Enge getrieben, versprach Maugiron in unbestimmten Worten, sich für Absichten dieser Art während der bevorstehenden Sitzungsperiode der Landstände einzusetzen. Er hatte das letzte Wort (P 70): *Bleibt friedlich, seid nett zueinander und habt Geduld bis zur nächsten Ständeversammlung.*

Maugiron, der als Kind der Provinz den französisch-provenzalischen Dialekt beherrschte, verfügte über eine Beredsamkeit, die den Einheimischen gemäß war; sie konnte vorübergehend, wenn auch nicht lange, die feindseligen Haltungen besänftigen. Nun sollte sie auch in Romans ausprobiert werden. Maugiron ließ sich in diese Stadt, der Hochburg der ganzen Bewegung, von seinem üblichen Berater Thomé begleiten, dem Abgesandten des Grenobler Parlaments.

In allgemeinen Worten beklagte sich Maugiron vor dem Stadtrat über die *Gerüchte und neuen Umtriebe,* die es kurz vor der Belagerung von Châteaudouble in Romans gegeben hätte.[56] Konkreter warf er den rebellierenden Handwerkern der Paumier-Gruppe vor, *sich der Schlüssel bemächtigt und den Hauptleuten ihre Ämter als Schlüsselbewahrer entzogen zu haben,* aufgrund derer sie normalerweise die Verantwortung für das Öffnen und Schließen der durch die Wälle führenden Tore hatten. Enorm wichtige Schlüssel. Ihr Besitz bedeutete die Kontrolle der Tore und möglicherweise das Eindringen der ländlichen Freunde der Bündischen in die Stadt ... In ihrer ganzen materiellen Gewichtigkeit rückten die Schlüssel wieder in den Mittelpunkt der politischen Auseinandersetzung.

Wie immer warf man den Bewohnern von Romans ihren Extremismus, ihren Radikalismus vor: Ihr habt es gewagt, etwas zu tun, was nicht einmal die Bündler von Valence versucht haben, sagte Maugiron ungefähr: „Ihr habt andere Schlüsselbewahrer eingesetzt." Ein nicht zu überbietendes Sakrileg!

Die *Doppelherrschaft*, die in Romans existierte, wurde bei dem Besuch des Statthalters stillschweigend anerkannt. Einerseits gab es den „Hauptmann" Paumier, „Gouverneur" des arbeitenden Volkes, der sich als Herr der Stadt gerierte; und tatsächlich Herr über die Wälle, manche Arbeiterviertel und die „außerordentlichen" und „zusätzlichen" Mitglieder des Stadtparlaments war.

Auf der anderen Seite die Amtsinhaber: Die Konsuln, der romanaisische Gerichtshof; der Richter Guérin, ergebener Diener des gesellschaftlichen und politischen Systems. Guérin und die Konsuln hatten sich moralisch gleichsam im Konsularhaus und im Franziskanerviertel verschanzt.

Guérin, den man ersucht hatte, Maugiron im Rathaus im Namen der gesamten (erweiterten) Ratsversammlung zu antworten, bat in ziemlich trivialen Worten den Statthalter der Provinz, *die begangene Schuld und die Unzufriedenheit, die man ihm bereitet haben könnte, zu verzeihen.* (Natürlich waren der Richter und seine Freunde an dieser *Schuld* nicht beteiligt, da sie sich nach Kräften bemüht hatten, auf der Straße und in den Gemütern für die Ordnungspartei zu werben.) Der bis dahin ziemlich bedeutungslose Verlauf der Sitzung endete mit einem wesentlicheren politischen Akt: Alle Mitglieder des Rates oder der *Gemeindekörperschaft* von Romans, *die Hand feierlich zu Gott erhoben*, leisteten einstimmig dem König und Maugiron den Treueeid; sie schworen, niemals die Waffen gegen die Oberhoheit des Königreichs und der Provinz zu ergreifen.[57]

Paumier gegenüber verhielt sich Maugiron mit vollendeter Heuchelei: Bei einer Begegnung, über die uns sonst keine Details bekannt sind, *vertraute* er ihm *die Ehre der Stadt und den Gehorsam gegenüber dem König an* (P 70). Ohne zu erröten, schwor der Tuchmacher alles, was von ihm verlangt wurde. Aber als Akrobat des stillen Vorbehalts fügte er, ähnlich wie seine Genossen bei Châteaudouble, sofort hinzu, daß die Aktion des Bundes, die von ihm geleitet wurde, nur den einen Sinn hätte, *die gerechte Verwirklichung der Privilegien zu verfolgen, in deren Genuß das Volk gemäß dem Willen der Dauphin-Könige zu kommen wünsche.* Natürlich handelte es sich dabei um die *Freiheiten der Dauphiné* oder Steuerprivilegien, so wie sie von den Bürgerlichen ausgelegt wurden; danach hatten Adel und Geistlichkeit ihren Beitrag zu den Steuern zu leisten, die nicht nur auf den mageren Schultern des dritten Standes lasten dürften, der seinerseits durchaus bereit sei, „aus freien Stücken" seinen Anteil zu „spenden". Paumier hatte also in der Kernfrage nichts zugestanden. Wieder einmal hatte er in diesem Jahr Nachgiebigkeit mit Festigkeit zu verbinden gewußt. 1579 trat er für die *Hefte* der Dauphiné ein, die de Bourg verfaßt hatte. Vier Monate später zeigte er die gleiche Haltung Katharina von Medici gegenüber. Das Jahr 1580 sollte weniger glücklich für ihn sein.

Der Aussöhnung zwischen Maugiron und Paumier war von vornherein nur oberflächlich. Um so mehr als nun auch in der Provinzhauptstadt selbst die Dinge ins Rollen kamen. Während Maugiron unter den Mauern von Châteaudouble bei den Bündischen seine Pflicht tat und dazu die normalerweise in Grenoble stationierten regulären Truppen mitgeführt hatte, besetzten die Konsuln dieser Stadt, die doch Vertreter der Ordnung, jedenfalls aber weniger radikal waren als Paumier, das vorübergehend vom Militär entblößte Terrain. Schon am 15. März riefen sie das Volk zu den Waffen auf; die Einwohner wurden von der Stadtverwaltung aufgefordert, von nun an ständig das Schwert zu tragen und ihre Waffen für den Notfall bereitzuhalten.[58] Am 19. stellten sie eine Milizkompanie von 300 Mann auf, die dem Befehl von vier Bürgern der Stadt unterstand. Am 27. März 1579 lief in der Stadt das Gerücht von der Rückkehr Maugirons um. Die Konsuln und der Rat der Stadt ließen sich davon aber nicht beeindrukken. Mit Stimmenmehrheit und Maugiron zum Trotz lehnten sie jede künftige Stationierung einer Berufssoldatengarnison in ihrer Stadt ab (wie es in der Vergangenheit, vor der Expedition nach Châteaudouble, der Fall gewesen war). Und in den Vorstädten. Damit folgten die Grenobler Konsuln dem Beispiel der Majestätsbeleidiger oder Empörer von Valence, das ihnen am 5. Februar 1579 gegeben worden war. Sie fürchteten jedoch, daß der Statthalter die Rückkehr seiner Kanonen zum Vorwand nehmen würde, um zugleich mit diesen einige Soldaten in die Stadt einzuschleusen. Deshalb erboten sie sich, wenn nötig die von Châteaudouble zurückkehrende Artillerie selbst in Empfang zu nehmen und auf ihre Kosten bis nach Grenoble zu geleiten.[59] Das alles geschah im Namen der *Union*, eines Bundes, der nun keineswegs rein bäuerlich, sondern sehr städtisch, zum Fürchten städtisch war: Die *Union* umfaßte nun die legalen und manchmal auch illegalen Behörden mehrerer großer Städte: Valence, Romans, Grenoble. In ihr koalierten ein Teil des großen Bürgertums und die Handwerker. In Romans allerdings begannen sich diese Gruppen bereits wieder stark voneinander zu entfernen.

Bei seiner Rückkehr nach Grenoble war Maugiron höchst verblüfft von dem Schauspiel, das sich ihm in den Straßen seiner „guten Stadt" bot: *Als er ankam, fand er, daß die in der Stadt wohnhaften Mitglieder der Union in großer Zahl und Belegschaft unter Trommelschlag auf Wache zogen, worüber er in Zorn geriet* (P 71). Eine Nacht lang überlegte der Generalstatthalter; dann, am nächsten Tag, berief er die Konsuln und eine Versammlung der Stadt ein (Ratsversammlung oder Einwohnerversammlung? Man weiß es nicht genau). Dies Treffen fand vor dem Palast statt (des Parlaments?). Dort sprach der unermüdliche Maugiron in blumiger Sprache zu der Menge *und wies auf die Gefahr hin, die für das Volk daraus entsteht, wenn es gegen die Obrigkeit seines naturgegebenen Fürsten zu den Waffen greift.* Wie man sieht, hielt Maugiron nicht viel von den Treuegelöbnissen der von ihm Regierten für den Monarchen. Hatte er unrecht? Nach dem Argument „Fürst" oder „König" kam die „parlamentarische" Begründung. In der Hauptsache sagte Maugiron zu seinen Zuhörern: „Ihr solltet so etwas nicht tun" *in einer Stadt wie Grenoble, wo der Sitz des Parlaments ist, der Ratsversammlung des Königs* (P 71). Das Grenobler Großbürgertum hatte sich nämlich gegen die geadelten Richter (des Parlaments) gewandt. Im Grunde hielt Maugiron nun zum drittenmal – mit einigen der lokalen Situation angepaßten Änderungen – die Rede, die er schon in Châteaudouble und in Romans gehalten hatte. Der Berufssoldat wurde plötzlich zum Podiumsstrategen. Gewissenhaft betrieb er ein Gewerbe, das dem eines Politikers oder eines Wahlkandidaten unserer Tage ähnelt. Ich glaube fast, daß dieser Generalstatthalter weniger dumm war, als seine zahlreichen Feinde von ihm behaupteten.

In Grenoble, einer volkreichen und betriebsamen Stadt, hatte er nicht viel Glück mit den Reaktionen auf seine Ansprache. Die Antwort, die ihm der auf der Stelle von der Versammlung beauftragte Sprecher gab, war scharf und absolut negativ. Der Redner forderte klar und deutlich die künftige Zugehörigkeit Grenobles zum „Bund" (eine Zugehörigkeit, die der kommende Winter wieder in Frage stellen sollte). Er sagte: *Die Stadt Grenoble gehört zur Union von Vienne, Valence, Romans und anderen, um sich von den Garnisonen zu befreien und in Frieden zu leben gemäß dem Edikt Seiner Majestät.* Der weitere Verlauf der Rede bringt erneut die zwei wesentlichen Forderungen der Grenobler zum Ausdruck, die, wie wir gesehen haben, auch die Forderungen der anderen Gemeinden des Landes sind: Sie wollen *ihre Städte selbst bewachen ... als gute Patrioten* (es handelt sich nicht um einen auf Frankreich, sondern rein lokal oder regional bezogenen Patriotismus); und ihre begründeten Anliegen weiter verfolgen, *ihre gerechten Vorhaltungen, die in den „Heften" des Volkes enthalten sind* (P 71). Im Klartext: Die gefürchteten „Garnisonen" vom Stadtgebiet fernhalten und einen Teil der Steuer von Adel und Geistlichkeit bezahlen lassen. Kurzum, Frieden und Steuergerechtigkeit. Das klingt recht gemäßigt. Doch die Bezugnahme auf de Bourg und die *Hefte* ist der allen gemeinsame Nenner.

Dieser städtischen Entschlossenheit gegenüber und in der Gewißheit,

daß Starrsinn nutzlos wäre, ließ Maugiron seine Würde Würde sein und gab nach. Er *bot den Grenoblern seinen Beistand an;* er spiegelte ihnen die Hoffnung einer Versöhnung aller Gesellschaftsgruppen durch die nächste Ständeversammlung vor, *wo die drei Stände einander in die Arme fallen und gegenseitig anerkennen würden, so wie sie einander anerkennen sollten* (P 72). Alles in allem reagierte Maugiron auf die schweren Probleme der Klassenkämpfe, in denen die Provinz steckte, mit der Empfehlung gegenseitiger Umarmung. *Umarmt euch, ihr Lieben, seid nett zueinander,* rief er in die Runde in Grenoble wie in Châteaudouble.
Mit seiner Vorsicht und seiner hinhaltenden Taktik versuchte Maugiron, sich einer Lage anzupassen, die in Bewegung geraten und gleichzeitig fließend und angespannt war; stellenweise sogar fast revolutionär. Besonders in Romans und den umliegenden Dörfern.

Trotz der Küsse, die Maugiron, Guérin und Paumier für die Schaulustigen ausgetauscht hatten, blieben in Romans die Handwerker und Ackerbürger, die den letzteren umgaben, auf der Hut; eine ziemlich große Volksmasse stand hinter ihm. Darunter einige Hundert, vielleicht sogar über tausend aktive Parteigänger, die fähig waren, auf die Straße zu gehen. Der stets wohlinformierte Guérin spricht von 750 Bündischen in Romans zu Anfang des Jahres 1580 (A 71); eine Zahl, die von einem beträchtlichen Grad der Mobilisierung zeugt, wenn man bedenkt, daß die *erwachsene männliche* Stadtbevölkerung kaum mehr als 2 000 Menschen betragen haben dürfte. Romans befindet sich 1579 wahrhaft „in Revolution".

Die Einnahme von Châteaudouble hatte die Herzen der Bündler vor Stolz höher schlagen lassen. Guérin, dem immer daran liegt, das Verhalten der Rebellen anschaulich zu schildern, schreibt darüber (A 40): *Unsere Bündischen kamen stolzgeschwellt nach Romans zurück, so sehr, daß man sie kaum anzusehen wagte.* Man muß sich den unglaublichen Vorbeimarsch der Sieger in ihren ruhmreichen Lumpen in den Straßen von Romans vorstellen. Sie haben einen der größten Bandenchefs des ganzen Raumes ausgeschaltet. Die Tat ist großartig. Nun soll sich die Bourgeoisie der Stadt in acht nehmen ... Von Eitelkeit gebläht, haben die Bündischen die Kühnheit, in der Stadt zwei Kanonen für sich selbst zu behalten, die rechtmäßig im Besitz der Stadt sind. Sie hatten sie mitgenommen und dann nach dem Kampf gegen Laprade von Châteaudouble wieder mit zurückgebracht, zusammen mit ihren Wagen und dem Gepäck. Viel später sollte einmal die Frage, wer über die Kanonen verfügen dürfte, zu schwersten politischen Erschütterungen führen (ich denke an die Pariser Kommune im Jahre 1871). Die Bündischen *wagten zu behaupten, die Kanonen gehörten ihnen.*

Mehr noch, die Bewegung begann sich gegen die Grundherren zu richten, gegen den Adel, gegen alle „Edelleute“. Diese Tendenz drückte sich, wie wir noch sehen werden, unterschwellig in theoretischen Manifesten aus. Aber sie machte sich vor allem in einem gefährlichem Stil des Umgangs, im täglichen Verhalten bemerkbar. Die Bündler von Romans und andernorts, die von Châteaudouble zurückkehrten (A 40), *drohten den Edelleuten, die etwas bessere Häuser hatten, sie zu stürzen.* Diesmal gilt das Zeugnis Guérins den *mündlichen* Verlautbarungen der „Rebellen“. Der Adel oder wenigstens in seinem Namen einige Edelleute hatten immerhin dabei mitgewirkt, den Banditen Laprade, der den Bauern verhaßt war, aus Châteaudouble zu vertreiben, seine Bande zu liquidieren. Aber Dankbarkeit hat in der Politik keinen Platz. Die politischen Klassen, auch die unteren, können „kalte Monstren“ sein; *die Bündischen und Bauern erkannten die Wohltat nicht an, die ihnen in Châteaudouble durch besagten Adel zuteil geworden war* (A 40).

Die verbalen oder mehr als verbalen Auslassungen gegen die Edelleute und sogar gegen die bestehenden grundherrschaftlichen Strukturen breiteten sich wie ein Lauffeuer rund um unsere Stadt aus: *In Romans und den umliegenden Dörfern gab es keinen noch so kleinen Rüpel, der sich nicht für einen ebenso großen Herrn hielt wie der Herr selbst* (A 40). Diese Zeilen Guérins sind kostbar für uns; sie überliefern – was sehr selten vorkommt – reales bäuerliches Denken.

Der herrenfeindliche Geist war weit verbreitet. Man begegnet ihm verhüllt und gedämpft, ohne skandalöse Gewalttaten weiter südlich, im Raum Montélimar, wo der regionale Bund im Prinzip bescheidenere Ziele verfolgt als in der Umgebung von Romans. Als die Einwohner und Konsuln von Marsanne sich im Sommer 1580 einen „Abgeordneten“ nach ihrem Herzen wählen wollen, werden sie von ihrem Grundherrn, dem Seigneur Louis d'Eurre d'Oncieu, vormals Generalstatthalter der Provence und verwandt mit den besten Familien der Dauphiné und der Provence, barsch zur Ordnung gerufen. Er schreibt den Konsuln: *Ich denke nicht, daß Ihr den Stil des Bundes* (der Bauern) *nachahmen wollt, der darin besteht, sich dessen zu bemächtigen, was Euren Oberen gehört; laßt Euch besser beraten und unter meiner Anweisung und Gebot; und laßt Euch nicht zu perversen Illusionen und gegen alle Rechtsbestimmungen überreden.*[60] Dieser Brief Louis d'Eurres ist an die Konsuln und die Gemeinde gerichtet, das heißt an die winzige des Lesens und Schreibens kundige Elite (Gemeindeschreiber usw.). Diese Elite ist offiziell die Dorfvertretung, aber sie unterscheidet sich von den anderen Dörflern nur dadurch, daß einige ihrer Mitglieder fähig sind, einen Brief und noch dazu einen in französischer Sprache zu lesen und abzuschreiben. Es ist also tatsächlich die

Gemeinschaft, Basis und Spitze, die bei dem schändlichen Versuch ertappt worden ist, Macht und Vermögen des Herrschenden oder des „Oberen", das heißt des Grundherrn, angreifen zu wollen. In der Tat lagen Marsanne und seine als extremistisch geltenden Nachbardörfer mit Colas und der gemäßigten Leitung des regionalen Bundes im Streit. Colas war gerade über die allzu adelsfeindliche Haltung dieser Dörfer beunruhigt, die theoretisch seinen Direktiven folgten. Seiner Meinung nach bedrohte ein *Haufen von Niemanden so viele tapfere Edelleute.* Es scheint sogar, als habe Colas daran gedacht, diese Dorfgemeinden, die „links" von seinem eigenen Bund standen, mitleidlos niedermetzeln zu lassen.[61] Man sieht, daß Colas, obwohl er seine politische Laufbahn mit adelsfeindlichen Schlagworten begonnen hatte, in diesem Punkt weniger radikal war als viele seiner Anhänger.

Die Wortwahl im Brief Louis d'Eurres ist an sich interessant: „. . . *perverse* Illusionen, gegen alle *rechtlichen* Bestimmungen, gegen die *Oberen,* die *Gebote* . . .". Es sind dies fast die gleichen Worte, die bereits 1562 vom hugenottischen Adel der Niederrhone und der Cevennen um Nîmes gebraucht wurden, als er die protestantischen Bauern zurechtwies, die mit Berufung auf das Evangelium die gesamten Herrenrechte, die Lehen, die Grundherrschaft und den Zehent abschaffen wollten.[62]

In Romans selbst war die Auflehnung der Handwerkerschaft gegen die Adligen von Justiz, Handel und Konsulat unblutig geblieben. Aber die Kämpfe gegen die Grundherren, die im Frühjahr 1579 sporadisch in den umliegenden Dörfern aufflammen, sind „roher". Hier wird getötet – in manchen Fällen mit vorhergehender Folter.[63] Man ist weit entfernt von dem im Grunde theatralischen Charakter der Klassenkämpfe in Romans (obwohl auch dieser Charakter sich im letzten Augenblick verändern wird . . .). Guérin notiert in dem ihm eigenen Stil diesen Unterschied zwischen Stadt und Land (A 62). *Was die Dörfler betrifft,* schreibt er, *so begingen sie unendlich viele Ausschreitungen, Morde und Brände, schlimmer als die Leute der genannten Stadt* (Romans). In der Baronie Clérieu, einem großen Herrschaftsgebiet in der Nähe von Romans, vergriffen sie sich zuerst am Apparat der Herrschaft, das heißt an dem politisch-juristischen Vertreter des Grundherrn (Richter), dem militärischen Gewalthaber (Burgvogt) und der Bürokratie (Schreiber). Es handelte sich dabei um eine winzige Bürokratie, die wahrscheinlich nur aus diesem einen Schreiber bestand: *In besagter Baronie Clérieu waren sie so verrucht, den Richter, den Burgvogt und den Schreiber in Ausübung ihrer Pflicht zu töten, und sie taten es grausam und mit großer Langsamkeit* (A 42). Nach diesen unglückseligen gefolterten und ermordeten Untergebenen erreichte die

Empörung allmählich die Adligen selbst, die von den Bauern aus verschiedenen Gründen in ihren Herrenhäusern belagert wurden: Furcht vor einer Adelsverschwörung, alte bäuerliche Feindschaft, in der Fron herangereift, Haß gegen die Neuadligen, die keine Steuern zahlten. Aber auch der ausdrückliche Wille, die Grundherrschaft abzuschaffen oder wenigstens auszuhöhlen.

Die Bewegung fand ihren Höhepunkt im Brand des Schlosses des edlen Herrn Dorbain, gefolgt von der Ermordung dieses Herrn (A 42). Über diesen blutigen Vorgang erhält man Klarheit durch den Vergleich zweier Berichte. Der eine ist wild adelsfreundlich und bauernfeindlich; er stammt von Guérin. Der andere, von Piémond, ist für die Bauern, feindselig gegenüber Dorbain wie gegen Adlige seines Schlags, feindselig sogar gegenüber dem Adel im allgemeinen.

Ein Edelmann (schreibt Guérin mit Blick auf Dorbain, den er nie mit Namen nennt), *der einen besonderen Feind unter den Bauern hatte, wurde von einer großen Zahl Bauern in seinem Haus angefallen, wo er sich verteidigte und einige tötete.*

Man bemerkt sofort die Anonymität der Person in dieser Schilderung. Ist das so, weil es ein offizieller Bericht an Katharina von Medici oder die Regierenden am königlichen Hof sein soll? Jedenfalls geht Guérin über solche Kleinigkeiten wie Eigennamen (zum Beispiel Dorbain) hinweg; vielleicht findet er, daß sie für die auf nationaler Ebene Herrschenden überflüssig sind, da sie ihnen sowieso nichts sagen. Oder will er eventuelle Nachfragen vermeiden, die der bauernfeindlichen These, auf die es ihm ankommt, schaden würden? Glaubt man Guérin, der die Geschichte in diesen wenigen Zeilen erzählt, so erklärte sich das Unglück Dorbains aus einer tiefen Feindschaft der Bauern gegen den edlen Herrn.

Piémond seinerseits sieht die Probleme anders und differenziert die Problematik. Bei ihm heißt es: *Gegen Ende Juni 1579* (er irrt sich, die Ereignisse fanden im April statt[64]; Guérin ist mit Daten genauer als er) *lief das Gerücht um, daß Herr Dorbain in seinem Hause Edelleute, eine Anzahl Neugeadelter, versammelte und daß sie beschlossen, Rache zu üben. Das war der Anlaß, daß aus allen Dörfern die Bauern sich in großer Zahl versammelten und zu seinem Haus zogen.*

Gleich zu Anfang stellt Piémond die Bauern als unschuldig hin; er hält sich an die Neuadligen: Wegen der Steuerfreiheit, die sie seit kurzem genießen und wegen ihres Parvenü-Hochmuts ziehen sie sich den Haß der Menschen des dritten Standes zu, die Steuergerechtigkeit wollen und eine empfindliche Haut haben. Auch die Schuld an den Vorfällen verschiebt der Notar von Saint-Antoine von den Bauern auf die Adligen: Nicht der Haß der Bauern, sondern adlige Rache steht am Anfang.

Wie bereits deutlich geworden ist, hatte Guérin seine Erzählung sehr verdichtet, weil diese verkürzte Fassung besser zu seiner vorgefertigten These von der Schuld der Bauern paßte. In einem Satz hatte er den Angriff der Dörfler und die Notwehr Dorbains zusammengefaßt. Um seine Haut zu retten, hatte dieser einige der bäuerlichen Angreifer töten müssen.

Der Bericht Piémonds über diesen blutigen Vorfall ist vollständiger und wahrscheinlich exakter, auf alle Fälle der Sache Dorbains und seiner adligen oder neuadligen Komplizen sehr unbekömmlich. Er schreibt: *Bei der Nachricht von der Ankunft* (der Bauern) *zog sich Dorbain rechtzeitig zurück* (aus seinem Haus). *Als die Haufen sahen, daß er nicht da war, gingen alle nach Hause und gaben den anderen Gemeinden Bescheid.*

Zu bemerken ist, daß Piémond den Ausdruck „Gemeinden" gebraucht, was bedeutet, daß es sich nicht einfach um einzelne Bauern handelt, sondern auch um Kollektivinstanzen, möglicherweise regulärer und konsularischer Art, wie sie für jedes Dorf repräsentativ waren; daneben kann der Ausdruck auch das Eingreifen bewaffneter Gruppen des Bauernbundes bedeuten.

Was wird in dieser Sicht bei dem vielleicht naiven, aber zumindest ehrlichen Piémond aus der „Notwehr", die Guérin-Tartuffe zugunsten Dorbains vorgibt?

Der Notar berichtet weiter: *In derselben Nacht, als Dorbain wußte, daß der* (bäuerliche) *Haufen sich zurückgezogen hatte, kehrte er mit seinem Haufen nach Hause zurück.* Einmal dort, berieten sie, wie sie sich im Hause verteidigen würden, wenn der Haufe wiederkäme (P 74).

Bis hierher ist alles normal. Aber die Affäre spitzt sich zu und wird übel werden für den Ruf Dorbains und das Leben einiger Landarbeiter.

Nachdem er in seinem Hause angekommen war, ließ Dorbain drei seiner Nachbarn rufen, arme Taglöhner, die gewöhnlich in seinem Hause für ihn arbeiteten.

Als sie kamen, fragte er sie:

Wer sind die Leute, die in mein Haus gekommen sind. Wo sind sie her?

Worauf die drei Taglöhner antworteten, daß sie (die Eindringlinge) *so zahlreich waren, daß sie* (die Taglöhner) *sie nicht erkannten.*

Aber Dorbain wußte, daß sie (die Taglöhner) *mehrere Edelleute an diesem Ort* (seinem Haus) *versammelt gesehen hatten und daß sie die Geheimnisse seines Hauses kannten, und er ließ sie aus dem Hause führen und auf sie einschlagen, bis er sie tot glaubte.*

Einer von ihnen lief zu Tode verletzt davon. Er starb zwei Tage danach. Bevor er starb, *erzählte er, was sich ereignet hatte und daß sie bei ihrer Niederschlagung den Herrn Dubois erkannt hatten und einige andere Nachbarn Herrn Dorbains* (P 75).

Wie man sieht, gibt es einiges zu sagen zu dem kurzen Satz Guérins: *Herr Dorbains verteidigte sich und tötete einige.* In Wirklichkeit hat Dorbain, ein gefährliches Subjekt, durch seine Freunde oder gedungene Mörder wie seinen Komplizen Dubois, kaltblütig einige seiner eigenen Arbeiter ermorden lassen, von denen er fürchten mußte, daß sie seine Absichten und gefährlichen Geheimnisse ausplaudern würden. Das Verbrechen dieses Edelmanns konnte bei seinem Bekanntwerden nur zu verstärkter Empörung unter den Bauern führen. Nach der Verteidigungsreaktion, von der wir durch Piémond erfahren haben, kommt nun die Bestrafungsreaktion.

Von diesem Punkt an stimmen die beiden Berichte überein. Nichtsdestoweniger gibt Piémond mehr Einzelheiten als Guérin; im Gegensatz zu dem Notar von Saint-Antoine, der nichts zu verbergen hat, gibt der Richter von Romans letzten Endes nur spärliche Informationen, zumindest über diese Episode, die nicht viel Wasser auf seine Mühle liefert.

Auf jeden Fall scheint es, daß beim Bekanntwerden der Morde durch den sterbenden Taglöhner Gemeinden und Truppen des Bundes sich erneut in Marsch setzten, um ihre Toten zu rächen: *Bei dieser Nachricht beschloß das Volk, diese Kränkung zu rächen* (P 75). *Unter dem Geläut der Sturmglocken versammelten sie sich* (A 42). *Mit 800 bis 900 Mann kamen sie zurück, in der Absicht, das Haus Dorbains zu stürmen* (P 75).

Schon vorher von dieser für ihn bedrohlichen Expedition benachrichtigt, wartet der Hausherr die Ereignisse nicht ab, sondern türmt. Da sie ihn nicht töten können, begnügen sich seine Feinde damit, sein Haus in Brand zu stecken, nachdem sie es geplündert haben; sie trinken den Wein und essen die Vorräte, die sie vorfinden (P 75). Die Vendetta der Bauern fühlt sich um ihren Rachemord betrogen. So setzt sie den „roten Hahn" aufs Dach. *Als der Edelmann Dorbain ihre große Zahl sah, die ohne Grund von Stunde zu Stunde anwuchs, fand er eine Möglichkeit zu entkommen und für diesmal sein Leben zu retten; nicht aber seine Habe und sein Haus, das geplündert und anschließend verbrannt und zu Asche wurde* (A 42).

Nach dem Haus Dorbains wird auch das Haus Dubois' angezündet, der an der Ermordung der drei Taglöhner beteiligt war (P 75). *Die Wut* (der Bauern) *war noch keineswegs verraucht,* schreibt Guérin, *deshalb steckten sie das Haus eines anderen Edelmanns, eines Nachbarn in Brand, und dann zogen sie weiter, um noch einem anderen Edelmann dasselbe anzutun* (A 42).

Wie man aus diesem Text ersehen kann, möchte Guérin uns glauben lassen, daß der „rote Hahn" von Natur aus ansteckend ist: Wird die von der Fackel der Wütenden spontan entzündete Flamme von Schloß zu Schloß fliegen? Möglich wär's. Die zweite Brandstiftung allerdings entbehrt nicht der „Rationalität", auch wenn sie eine Untat ist. Bei Piémond, der die Komplizenschaft Dubois' mit Dorbain beschreibt, kommt das zum Ausdruck. Das Leben der beiden Spießgesellen bleibt momentan verschont; aber ihre Schlupflöcher sind vernichtet.

Dorbain, der Herr des verbrannten Gutshauses, kann sich einbilden, daß er am Leben bleiben wird. Aber er braucht nicht lange zu warten. *Es muß gesagt werden,* schreibt Guérin, *daß danach, am 19. April 1580, er* (Dorbain) *von diesen Bauern durch einen Büchsenschuß getötet worden ist, als er die Ruine seines Hauses besichtigte* (A 42).

Guérin vermeldet diesen Mord mit der Knappheit einer Zeitungsmeldung und schreibt ihn auf das Konto der Bauernunruhen, um ihn in den Augen seiner hochgestellten Pariser Leser so schwarz wie möglich darzustellen. Dabei ist er wieder einmal zugleich exakt (was die Tatsachen angeht) und voreingenommen (in bezug auf die Beweggründe). Er unterläßt es nämlich mitzuteilen, daß die Tötung des Edelmanns zwar ein Verbrechen war, aber auch als Vergeltungstat für den blutigen Mord an den drei Taglöhnern angesehen werden kann. Darüber hinaus unterläßt es Guérin auch zu berichten, daß Dorbain schon vor diesen Ereignissen in puncto Verbrechen kein unbeschriebenes Blatt war. Dagegen ist Piémond eher eifrig darin, diesen Punkt zu beleuchten, selbst wenn er sich über das Datum von Dorbains Tod irrt. Er bezeichnet diesen Herrn als Vatermörder. *Dieser Herr Dorbain war nach allem, was man hörte, ein Aufrührer und Umstürzler, und als solcher wurde er von einigen, die ... von Romans zurückkehrten, getötet, an derselben Stelle, wo er dem Vernehmen nach seinen Vater getötet hatte* (P 75).

Kurzum, Guérins Darstellung der Ereignisse ist in bezug auf Fakten und Daten nicht unrichtig. Der Heuchler muß ja irgendwo auch die Wahrheit sagen. Aber abgefeimt wie er ist, hat er seine Erzählung manipuliert und gekürzt. Piémond, auf dessen Kalender man sich nicht unbedingt verlassen kann, ist wahrhaftiger als der Richter, wenn es sich um die Beweggründe der Bauern gegen Dorbain und seinesgleichen handelt. Das Parlament von Grenoble, das doch so voreingenommen ist gegen den Landbund, wird Piémond unausgesprochen gegen Guérin Recht geben: Als es 1580 gegen die Bündler des Karnevals von Romans und ihre bäuerlichen Freunde vorgeht, bestraft es nämlich verschiedene Taten, so zum Beispiel „die Plünderung des Gutshauses Gaste in Payrins am 18. Februar 1579; und die Ermordung des Richters, des Burgvogts und des Schreibers der Baronie Clérieu in Veaunes im April 1579"[65]; aber es hütet sich, ein Wort zu verlieren oder ein Urteil zu fällen über „die Plünderung und die Inbrandsetzung der Häuser Dorbains und Dubois'" und über den Mord an Dorbain. Obwohl die Grenobler Bonzen dem Adel und dessen Privilegien, an denen sie selbst teilhaben, durchaus günstig gesinnt sind. Durch die Übergehung der feindlichen Handlungen gegen Dorbain, die doch der öffentlichen Ordnung so sehr zuwiderlaufen, bestätigen sie stillschweigend die präzisen Anschuldigungen, die Piémond gegen Dorbain vorbringt, Guérin aber verschweigt. Der Richter verschleiert, daß Dorbain die Bauern in einen Hinterhalt gelockt hat; damit kündigt er bereits den Hinterhalt an, in den er selbst Paumier locken wird.

Diejenigen Adligen, die sich von dem Aufruhr im Frühjahr nicht bedroht fühlen, nehmen solche Einzelheiten nicht zur Kenntnis; sie machen sich auf alle Fälle auf das Schlimmste gefaßt. Im Juni 1579 bietet der Graf von Tournon, der sich im Jahr darauf bei der Repression der Bauern hervortun wird, 400 Bewaffnete auf, die für jede Eventualität gerüstet sind.[66] Was wiederum dazu führt, daß bei den Bauern „große Angst" erweckt wird.

Bei diesen schrecklichen Vorkommnissen, den Brandstiftungen und Morden des Frühjahrs 1579, gab es für die Notabeln einen einzigen, zwar geringfügigen, aber unleugbaren Trost: Die blutige, mordbrennerische, radikale Bewegung der Bauernschaft blieb auf den Raum Romans beschränkt: *Wir sind froh, daß anderswo* (= in der restlichen Dauphiné) *die Bauern bescheiden geblieben sind*, schreibt Basset, Kommissar der Landstände, in einem Brief vom 12. Mai 1579. Er empfiehlt darin den Konsuln, aufzupassen, um neuen Unruhen vorzubeugen und um *solche barbarischen Umstürzlergruppen zu verhindern*.[67] Wieder einmal lagen Romans und sein Umland im Herzen des Sturmgebiets.

Es ist anzunehmen, daß dieser Anfall burgenfeindlicher Pyromanie über das Herrenhaus und die Person seines Besitzers hinaus dem Geflecht von Abgaben und Pflichten galt, die der Herrenfamilie von seiten der Bauern geschuldet waren. Die ländlichen Aufrührer zögern jedenfalls nicht, sich an der Akte zu vergreifen, in der jeder Bauer offiziell seine Abgabenpflicht anerkennt und die dementsprechend einfach die *Anerkennung* heißt. Was verbrannt wird, ist das Register, in dem alle diese *Anerkennungen* eingetragen sind und das in der aus dem Norden Frankreichs eingeführten Juristensprache *terrier* (ungefähr: Verzeichnis der grundherrschaftlichen Rechte) heißt. Die Offensive des Dorfes entartet oder entfaltet sich zum Angriff gegen die Verzeichnisse, der gelegentlich von Morden und anderen Formen der Gesetzwidrigkeit begleitet wird. Bauern, die nach Ansicht Guérins von Paumier angestiftet waren oder sich auf diesen beriefen, *töteten den Hauptmann Monluel, Rentamtmann des Herrn Grafen du Bouchage, der die Neueintragung der Anerkennungen dieses Grafen im Dorf Auterive vornahm; sie bemächtigten sich seiner Verzeichnisse und verbrannten sie, nachdem sie seine Börse und die seiner Gehilfen sowie deren Mäntel, Schwerter und andere Kleidungsstücke geraubt hatten* (A 42).

Die Verbrennung der grundherrschaftlichen Register ist bedeutungsvoll. Das *terrier* (= Verzeichnis) repräsentiert den Einbruch des geschriebenen Wortes und der quantitativen Modernität in die archaische, mehr oder weniger gutmütige Welt des Feudalrechts; die Neuerung wurde von den Bauern für sehr effizient und daher gefährlich gehalten. Die *Verzeichnisse* werden auch kurz vor der Französischen Revolution wieder angegriffen werden. Babeuf, der als Kenner des Feudalrechts eine Zeitlang selbst solche Verzeichnisse herstellt, wird aus Reaktion gegen sich selbst zu einem der wütendsten Vorkämpfer des Radikalismus in Stadt und Land werden. Weniger bekannt ist, daß im Raum Dauphiné–Savoyen oder wie er heute heißt, „Rhone–Alpen", die Erstellung solcher Verzeichnisse schon im 16. und 17. Jahrhundert Gegenstand lebhafter bäuerlicher Gegenoffensiven war. Sie wurden im allgemeinen von den hochgestellten Zeitgenossen sehr zu Unrecht für lächerlich gehalten. Nur der besondere Umstand des Bauernkrieges von 1579 veranlaßt Guérin, eine dieser gewalttätigen Handlungen gegen den Hauptmann Monluel, den Aufsteller eines Verzeichnisses, zu erwähnen. In Savoyen sind im 17. Jahrhundert, um 1680, die bäuerlichen Attacken gegen die neuen Register der Herrschaftsrechte sehr ernst; die Papiere adliger Familien erwähnen manchmal mit Ausdrücken des Entsetzens Meutereien solcher Art; nur in dieser Quelle privater Archive werden sie von dem savoyardischen Historiker Jean Nicolas aufgestöbert.[68] Die Justizarchive der südöstlichen Provinzen lassen sich nicht soweit herab, uns eine Darstellung dieser „kleinen" Zwischenfälle zu geben, die sie für unwichtig halten. Und doch enthüllen sie die Entwicklung einer zweifachen, gegensätzlichen Modernisierung: Modernisierung der Herren zur Bürokratie; Modernisierung der Bauern zur Empörung.

Die gegen den Adel gerichtete ländliche Unzufriedenheit wurde durch ein meteorologisches Ereignis verschärft, das zu einer anderen Zeit kaum Bedeutung gehabt hätte. *Am 16. April 1579 erhob sich ein scharfer, kalter Wind, der ganz unnatürlich für die Jahreszeit war* (P 72). Am nächsten Tag, dem 17. April, Karfreitag, wurde aus diesem Wind Schnee. Es fror Stein und Bein. Das Unglück wollte es, daß im Wein und auch in den Nußbäumen, deren es in der Dauphiné so viele gibt, schon der Saft gestiegen war. Sie erfroren. Das genügte, um die Hoffnung auf die Weinlese und die Ernte für Nußöl zunichte zu machen oder zumindest zu schmälern. *Aus diesem Grunde kostete der Topf Wein, der in der Osterwoche noch 14 Deniers gekostet hatte, an Ostern* (nach dem Frost) *36 Deniers und bei der kommenden Weinlese 48 Deniers.* Das Pfund Nußöl *stieg von 6 Liard* (ein Liard war eine kleine Kupfermünze. Anm. d. Übers.) *auf 4 Sols.* Offenkundig sahen die Spekulanten (das heißt die Besitzer eines zu verkaufenden Weinvorrats) die künftige schlechte Weinernte voraus. Schon im Frühjahr begannen sie, den Weinpreis zu erhöhen.

Diejenigen Weintrinker, die nicht selbst Winzer waren und ihr Getränk mit ihren Groschen kaufen mußten, nahmen das widrige Ereignis nur murrend hin. Ein Hufschmied, guter Trinker und wütend über die Teuerung des Weins, wurde darob zum Gotteslästerer: *Wenn ich Gott erwischen würde, der den Wein hat erfrieren lassen, ich würde ihm den Kopf abreiben, wie ich es mit dem Eisen mache, das ich schmiede.* Vier Stunden später starb der lästerliche Schmied am Schlag ...

In dieser Atmosphäre – städtische Unruhe, bäuerlicher Aufruhr, kleine Landwirtschaftskatastrophe – wird am 19. April 1579, ausgerechnet in der Frostperiode, in Grenoble die Provinzialversammlung der drei Stände der Dauphiné eröffnet. Die Vertreter des dritten Standes oder „des Volkes"[69] legen dort einen äußerst kämpferischen Eifer an den Tag. Die Heftigkeit des Bürgerstands von 1579 läßt in manchen Augenblicken an das zukünftige, unnachgiebige Verhalten denken, das den dritten Stand der Dauphiné im Jahre 1789 auszeichnet. Sie bildet einen Gegensatz zu den beiden herrschenden Ständen, deren Reaktionen ausgeprägte Divergenzen verraten: Der von de Bourg geschonte Klerus[70] ist zu Teilzugeständnissen geneigt. Trotz der Steuerfreiheit, die ihm zusteht, ist er bereit, die Kopfsteuer für jüngst von Bürgerlichen erworbenes Gut zu zahlen. Wodurch vermieden würde, daß den Teilen des restlichen Bodens, die noch nicht von Priestern erworben und noch in der Hand des dritten Standes sind, eine entsprechend größere Steuerlast auferlegt würde.

Der Adel dagegen zeigt sich zäh und will durchaus nicht mit sich reden lassen: Seine Meinungsverschiedenheit mit dem dritten Stand in bezug auf die Steuern betrifft sowohl den Erwerb bürgerlichen, auch „bäuerlich" genannten Bodens durch Adlige und die Steuerbefreiung für neu Geadelte. Dieses den Neuadligen gewährte Privileg ist natürlich den Steuerpflichtigen, die weiter im dritten Stand verbleiben, ein Dorn im Auge. Denn sie wissen, daß, wie im Fall der Geistlichkeit, ihr Steueranteil um ebensoviel erhöht wird, wie durch die Steuerbefreiung ihrer nun adlig gewordenen ehemaligen Standesgenossen entfällt. Besonders die Bauern in den Dörfern sind wütend über solche Mehrbelastung.

Diese beiden Punkte werden von den Edelleuten in der Provinzversammlung vehement verteidigt: *Der Adel weigerte sich sehr, irgendwelche Kopfsteuer für neu erworbenen bäuerlichen Boden zu bezahlen;* und andererseits, *die neu Geadelten verhinderten alles, was sie konnten* (P 73). (Diese Hartnäckigkeit der Neuadligen darf nicht verwundern: Kaum dem Bürgerstand und seiner Steuerpflicht entronnen, haben sie keine Lust, wieder damit belastet zu werden. Mischlinge sind oft größere Rassisten als Reinrassige.)

Aber auch der dritte Stand war nicht einig. Es zeigten sich die Meinungsverschiedenheiten zwischen der Clique der in der Versammlung vertretenen gemäßigten Notabeln – die sich zwar standhaft den Steuerprivilegien von Adel und Geistlichkeit widersetzten, aber entschlossen waren, keinen Aufruhr der Landbevölkerung zu dulden – und den radikalen Führern vom Schlage Paumiers, die als Vertreter des „plebejischen dritten Standes" auftraten. Schon am 12. Mai 1579 richteten die Delegierten des dritten Standes bei den Landständen, Männer der Ordnung und Mäßigung, eine versöhnliche Verlautbarung an ihre Auftraggeber; sie erklärten sich darin betrübt über *die Exzesse und grauenhaften Taten, die dieser Tage in den Nachbardörfern von Romans vollbracht* worden waren. Mit besonderer Energie verurteilten sie *den Mord an dem Richter, dem Burgvogt und dem Schreiber von Clérieu.* Sie verurteilten auch die Burgenverbrennungen, *die Verbrennung der Häuser der Herren Dorbain, Dubois und Gaste und andere Unverschämtheiten.* Die Notabeln, die diese Rügen erteilen, beglückwünschen sich dazu, daß die ansteckende ländliche Unordnung sich nicht über den Raum Romans hinaus ausgebreitet habe, der wie immer die Avantgarde extremistischen Protestes sei. Machen sie sich selbst etwas vor? Oder täuschen sie ihre Auftraggeber? Auf jeden Fall sehen sie in dieser relativen Beschränkung der Unordnung eine positive Garantie für den letztlichen Erfolg der im *Heft* des dritten Standes enthaltenen Forderungen.[71] Schließlich erinnern sie daran, daß ein Minimum an Eintracht nötig sei unter der vierfachen Oberhoheit von König, Statthalter, Parlament von Grenoble und Justiz, mit anderen Worten, *Seiner Majestät, des Herrn de Maugiron, unserer Herren vom Gerichtshof und anderer richterlicher Beamter.* Dieser Text, der zur Befriedung dienen sollte, war von Basset gegengezeichnet – stellvertretend für die Konsuln der verschiedenen Gemeinden des Landes, hauptsächlich der städtischen, sofern sie einen Delegierten bei der Ständeversammlung hatten. Unter ihnen selbstverständlich die „zehn wichtigsten Städte" der Dauphiné.

Drei Lager zeichneten sich also ab oder begannen sich zumindest im dritten Stand oder dessen aktiven Minderheiten deutlich abzuzeichnen: Städtische Oligarchien; handwerkliche Plebejer (auch diese städtisch); bäuerliche, in diesem Fall unkontrollierte Elemente: Aus Rache oder Haß stürzten sich diese gelegentlich plündernd auf Herrenhäuser. Zwischen Handwerkern und Bauern blieb die Solidarität schlecht und recht bestehen.

Zwischen den städtischen Oligarchien und der Plebs in Stadt und Land schwand sie trotz der einstigen Gemeinsamkeit gegen die steuerlich Privilegierten dahin.

Diese Spannungen und Risse waren leicht erklärlich: Der Kampf auf dem Lande radikalisierte sich, wurde brutaler. Diese „Radikalisierung" war nicht jedermanns Geschmack. Schließlich lebten auch die Städte, die berühmten „zehn Städte" der Dauphiné, von der Bodenrente und, allgemeiner, von den Einkünften aus der Landwirtschaft; diese kamen direkt oder indirekt, durch Schenkungen oder Geldausgaben der Notabeln, der ganzen Stadtbürgerschaft zugute. Unter diesen Umständen lag es nicht im Interesse der Städte, daß die Flammen der Bauernrevolte das ganze System ergriffen, auf dem die Leistungen der Landwirtschaft beruhten: Zehent, Abgaben an den Grundherrn und auch Verpachtungen.

Selbst unter den Bauern waren manche erschrocken über die blutigen Taten, derer sich im Namen des Bundes die Entschlossensten schuldig machten. Richter Guérin nutzte diese für innere Streitigkeiten günstigen Umstände aus; mit der ihm eigenen Witterung hatte er sie bald gespürt. *Mit einem Brief, der das Herz einiger Aufrührer rührte* (A 42), gelang es ihm, gewisse Bündler zu beschwichtigen und die Verbrennung eines Schlosses zu verhindern.

In Romans selbst sahen die gemäßigten Elemente der *Union* oder des „Bundes" den Brand der befestigten Herrenhäuser, dessen Rauchwolken man von den Wällen aus sehen konnte, mit Unbehagen. Schon im Sommer 1579 begann die Spaltung in der Handwerkerpartei. *Durch hinterlistige Machenschaften fand man* (man = Guérin und Freunde vermutlich) *einen Weg, einen Soldaten der Stadt namens Laroche zum Feind Paumiers zu machen.* Laroche war Seiler von Beruf, ein Mann des Tuchgewerbes also, ganz wie in einem anderen Zweig der Tuchmacher Paumier. Die beiden Männer waren Gevattern, seit einer von ihnen bei der Taufe eines Sprößlings des anderen Pate gestanden hatte. *Laroche und Paumier waren seit ihrer Jugend gute Freunde und zusammen im Krieg gewesen.* Sie hatten zusammen die Union oder lokale Liga gegründet und ihr beide angehört. Als zu Anfang 1579 Serve-Paumier in einem „Schützenkönigreich" zum Schützenkönig gewählt wurde, wurde Laroche zu seinem „Diener" oder *Adjutanten* ausgerufen.[72] Die Freundschaft zwischen den beiden Männern war der greifbare Ausdruck des Bündnisses zwischen dem Plebejerbund (Paumier) und den halbhandwerklichen Elementen der bürgerlichen Stadtviertel (Laroche). Sie zerbrach am Bündniswechsel in der Stadt, der dem blutigen Drama des Karnevals von 1580 vorausging.

Laroche wurde nämlich gemäßigt und schloß sich mehr und mehr den

Notabeln an. Er ließ sich von Guérin einwickeln, während Paumier, obwohl von gleichem sozialem Niveau[73], extremistisch blieb; oder doch jedenfalls deutlich verschieden von den Stadtvätern. Der Anlaß für den Bruch zwischen den beiden Männern, die beide Führer in ihrer gemeinsamen handwerklichen Protestfraktion waren, waren gewisse Äußerungen Laroches, der sich über die bäuerlichen Gewalttaten erschrocken zeigte und damit das Mißfallen Paumiers erregten:

„Wenn die Aufrührer mit den Gewalttaten so weitermachen, wie sie es getan haben, wird es so viele Gehenkte geben, daß sie zum Himmel stinken" (A 43).

Diese Äußerungen ärgerten Paumier. Er fürchtete (mit Recht), daß er auf der ersten Fuhre derer Platz nehmen würde, die von den „ehrbaren Bürgern" auf den Galgen geschickt würden. In seiner Wut bedrohte er Laroche. Vielleicht wollte er ihn töten. Eine Gruppe gemäßigter Bündler und auch (insgeheime) Mitglieder der Ordnungspartei, halfen dem Feind Jean Serves, seine Haut zu retten und besseres Wetter abzuwarten. *Mit der Hilfe vieler Freunde, die er in der Stadt besaß und ehrbarer Bürger, die ihn unterstützten, leistete Laroche Widerstand* (A 43). Die Notabeln waren glücklich, in diesem Mann ein Gegenfeuer gefunden zu haben; einen diskreten Agenten, durch den sie einen Fuß ins gegnerische Lager setzen konnten. Sie halfen Laroche, heimlich für zehn bis zwölf Tage aus der Stadt zu verschwinden. Dann hatten sich die Wogen geglättet. Noch immer auf gespanntem Fuß mit der unnachgiebigsten Fraktion seiner ehemaligen Partei, konnte der Seiler doch in die Stadt zurückkehren und dort seiner gewöhnlichen Beschäftigung nachgehen. Bis zur nächsten, diesmal entscheidenden Konfrontation.

Die Spaltung der romanaisischen Partei im Frühjahr 1579 war nur ein allerdings typischer Sonderfall in einer Atmosphäre allgemeinen Auseinanderrückens von Gemäßigten und Radikalen (in der Stadt). War dieses Auseinanderrücken auf dem Lande, zwischen den kleinen Notabeln und den unkontrollierten Elementen der Gemeinden weniger ausgeprägt? Die heilige Allianz war vergessen; vergessen die Umarmungen zwischen Edelleuten und Bündischen, die gleich nach dem Fall Châteaudoubles ihre Blüte erlebt hatten. Das Volk verlor sowohl seine adligen Verbündeten wie seine innere Eintracht, seinen Zusammenhalt. Der Adel *begann in eine größere Wut gegen das Volk zu geraten als je zuvor* (P 75). Die Führer der *Union* oder des Bundes desavouierten diejenigen ihrer Mitglieder, die an der Brandstiftung des Hauses Dorbain beteiligt waren. Das ließ die Pyromanen kalt, obwohl ihre Chefs ihnen exemplarische Bestrafung androhten. Diese Drohungen wurden jedoch niemals in die Tat umgesetzt. Der Führungsstab des Bundes ergriff aber die Gelegenheit, um die ursprünglichen pazifistischen und defensiven Ziele in Erinnerung zu bringen, die er seiner Aktion gesetzt hatte. Es galt, sich gegen Feinde zu schützen und *in aller Demut* (P 76) zu erreichen, daß den im *Heft* de Bourgs enthaltenen Wünschen und Forderungen stattgegeben würde.

Zur selben Zeit, als *die wichtigsten Führer der Union,* wie der Notar von Saint-Antoine schreibt, von den Missetaten der kleinen Bauernerhebungen abrückten, breitete sich in Romans selbst Aufruhrstimmung aus. Als erstes wandten sich die zahlreichen Männer der Gruppe Paumier (ich betone: die Männer, denn die Frauen scheinen an der städtischen Bewegung nicht beteiligt gewesen zu sein) gegen die Konsularoligarchie. Es ging um Fragen des großen Geldes. Große Diebstähle waren angeblich von den geschäftsführenden Gemeindebeamten begangen worden, die auf Kosten der Armen und der Steuerzahler den Reichen gefügig waren. Die von der Partei des Volkes vorgebrachten Beschuldigungen, die von Guérin geleugnet, von Piémond (P 88) aber für wahr gehalten werden, waren nicht unbedingt falsch. *Ihre Ausbrüche,* schreibt Guérin, *richteten sich in dieser Stadt zunächst gegen die Konsuln und gegen die Verwaltung von Romans, die sie beschuldigten, mehr als zwanzigtausend Écus entwendet zu haben.*[74] 20 000 Écus, das heißt 60 000 Pfund, eine Riesensumme für die damalige Zeit. Die „Aufrührer" verlangten die Rückerstattung dieses Geldes, *um die Schulden der Gemeinde Romans zu bezahlen.* Beträchtliche Schulden: Die dazugehörigen Schuldscheine befanden sich zum Teil in den Händen von Finanzleuten oder der *großen Bosse* von Grenoble und Lyon. Die Volkspartei hatte durch ihre Freunde, die kürzlich zu Stadträten ernannt worden waren, *Rechnungsprüfer* bestellen lassen; diese zeigten sich unfreundlich gegenüber den Notabeln, die die Macht ausgeübt oder den Gemeindehaushalt verwaltet hatten und deren Rechnungen sie nun nachrechneten. Die provisorisch eingesetzten Rechnungsprüfer wichen der Maffia der früheren Konsuln, die alle miteinander befreundet oder verwandt waren, nicht von den Fersen; dieser Maffia, die Guérin, der gute Soziologe, als die Gesamtheit *der meisten notablen* Bürger und Kaufleute von Romans definiert, die in einem Zeitraum von zwanzig Jahren alle oder fast alle einmal Konsuln gewesen waren (A 41). Diese „zwanzig Jahre" wiesen auf das Datum 1560 hin, das heißt auf den Beginn der Religionskriege; sie hatten die Stadt in eine Krise gestürzt, aus der sich nun der Volkszorn nährte, ein Zorn, der sich gegen die steuerliche Überbelastung und gegen die Amtsverletzer im Rathaus richtete.

Man suchte Streit mit den vormaligen Konsuln. Man verlangte von ihnen die Zinseszinsen der entwendeten oder angeblich entwendeten Summen. Dieser Buchführungszank führte nach und nach zu einer Situation, in der beide Seiten blockiert waren. Sie hielt mehrere Monate an. Die „Prüfer" waren zwar nicht imstande, ihre Gegner zur Zahlung zu bewegen, weigerten sich aber, die „Schlußbilanz" zu ziehen. Auf diese Weise ließen sie über den Notabeln und vorherigen Amtsinhabern einen Verdacht schweben, der vielleicht begründet war. Daraufhin begannen die größten Hitzköpfe aus dem Volk von Plünderung und Zerstörung der Häuser der Männer der Ordnung zu reden, die *sich auf Kosten der Armen bereichert hatten;* zumindest aber wollte man sie zur Rückerstattung zwingen. Diese schweren Drohungen, vor allem die zweite, sind die Ursache für die unheimliche Maskerade, mit der im Februar 1580 der Karneval von Romans seinen Anfang nehmen wird. In dieser Beziehung wird Guérin von Piémond bestätigt.

Zum Druck der Plebejer in der Stadt kam das Drängen der Bauern oder der Dörfer. Dieser zweifache Druck bezog seine Stärke unter anderem aus der Doppelrolle Paumiers als Führer beider Bewegungen: der handwerklich-städtischen und der bäuerlich-kriegerischen. Antoine Guérin hatte ein gutes Gespür für diese bedrohliche Koalition von Stadt und Land. Sie zeigte sich auch im Zusammenhang mit den Geschäftsführungs- und Finanzproblemen in so anfeuernden Losungsworten wie „Nieder mit den Spitzbuben". *Es war den Aufwieglern nicht genug,* schreibt der Richter, *die Leute aus der Stadt so schlecht zu beraten; außerdem haben sie die Dörfler in der Hoffnung gewiegt, durch diese „Buchrevisionen" an viel Geld zu kommen.* Auf diese Art konnten die „Aufwiegler", wie Guérin sie in seiner verletzenden Sprache nennt, *alle zusammen einen einzigen Vorwand konstruieren und sich der Landbevölkerung bedienen, um ihre schlimmen Unternehmungen durchzuführen* (A 41). Immer wieder geht es um den Gedanken, die Schulden der Dörfer aus den Rückerstattungssummen zu bezahlen, die von den großen „Betrügern" der Stadt zu erwarten sind.[75]

Die Partei des Volkes begnügte sich nicht damit, die Verwaltung der städtischen Finanzen in Frage zu stellen. Die Rebellen, die hinter Buchhaltern und Exkonsuln her waren, *griffen auch die Justizbeamten an und ließen sich Akten von Kriminalprozessen ausliefern; sie befreiten eigenmächtig Häftlinge aus dem Gefängnis und schlugen Türen und Fenster der königlichen Gerichtsschreiberei in Romans ein* (A 41). Dieses gewalttätige und „schlimme" Betragen richtete sich letzten Endes im städtischen Bereich[76] gegen die herrschaftliche Justiz oder den Recht sprechenden Staat, dessen drückendes System der Dauphiné und besonders Romans in seiner ganzen Schwere vom französischen Königtum in der Person des Königs/Dauphins auferlegt worden war. Schon seit langem nämlich war den Kapitelherren von Saint–Barnard zu Romans, den ehemals mächtigen Herrschern oder Mitherrschern der Stadt, ein Großteil der städtischen richterlichen Gewalt entzogen worden. Was sie verloren hatten, hatte der König/Dauphin hinzugewonnen; seit dem Ende des Mittelalters war er nach und nach zum Mitherrscher und Herrscher, zum obersten Gerichtsherrn im Stadtgebiet geworden. Seine Herrschaftshoheit (die nicht immer gutmütig war) war derzeit verkörpert in der Person seines Beauftragten Antoine Guérin, dem höchsten Richter des Gerichtshofes von Romans. Ein Angriff auf die lokale Justiz[77], Erpressung von Prozeßakten, Gefangenenbefreiungen und Fenstereinschlagungen in der Gerichtsschreiberei hieß soviel, wie mit Hammer und Meißel einem der Eckpfeiler der Gesellschaftsordnung zu Leibe zu rücken, die zugleich königlich und feudal-herrschaftlich begründet war; der Richter Antoine Guérin war das anerkannte Haupt der Konsulargruppe, der deus ex machina der Romanaiser. Er war Mitglied des Patriziats, der Gemeindekörperschaft und der Rechtsprechungsbehörde; damit hatte er seine Finger überall und betrachtete sich als den wahren Herrn der Stadt.

Der Angriff auf die Justizbehörden ist eine direkte Folge der Ereignisse zu Beginn der Revolte in der Dauphiné. Die Bauern von Marsas, die Auslöser der ganzen Bewegung, hatten sich gegen den Gerichtshof von Romans erhoben, faktisch gegen Guérin. Denn der Richter hatte, wahrscheinlich in der Zeit der Bartholomäusnacht, den Befehl zur Hinrichtung einiger ihrer Verwandten gegeben. In Romans selbst wurden Erinnerungen bewahrt, von denen in der Öffentlichkeit nicht gesprochen wurde, die aber viele im Gedächtnis trugen; Erinnerungen an die Bartholomäusnacht von 1572. „Jemand" hatte im Gefängnis der Stadt etwa zehn an diesem Tag vorsorglich eingekerkerte Hugenotten einräuchern und dann (durch maskierte Männer) umbringen lassen. Dieser anonyme „Jemand" war, wie man bereits ahnt, Guérin, der Mann der Karnevalsmasken und schon vorher des Rauchs, der Tarnungen und des Erstickungstodes. Verständlich, daß unter diesen Umständen manche Protestanten sieben oder acht Jahre nach der Ermordung der Ihren beschlossen, in aller Stille die Paumierbande gegen die Guérinbande zu unterstützen. Der Richter war ein Hugenottenfresser, ehemals selbst Hugenotte oder Hugenottensympathisant. Niemand ist ein so eifriger Verfolger wie der Renegat. Im Karneval von Romans wird es auf beiden Seiten von Renegaten wimmeln.

Wie dem auch sei, ob lokale Opfer der Bartholomäusnacht oder Gehenkte von Marsas, es gab zu viele Leichen in zu vielen Schränken in Romans und besonders hinter der hohen Mauer des Stadtgerichts. Und alle diese Leichen verbreiteten denselben Gestank: Sie klagten Guérin an, den Mann der „Justiz" in der Stadt. Sonderbare Justiz. Und sonderbare Maffia. Geeignet, die Wut der plebejischen Demonstranten anzufachen, sie zur Zerstörung aller Räumlichkeiten des Gerichts herauszufordern.

Trotz der Doppelherrschaft in Romans war es den Empörern nicht möglich, die wahren patrizischen Herren der Stadt aus ihren Posten zu verdrängen: den Richter Guérin und die Konsuln oder wenigstens die Guérin-Treuen unter ihnen, die der herrschenden Oligarchie angehörten, aus der sie durch Kooptation rekrutiert wurden. Alles spricht dafür, daß Paumier vermutlich mit einem Hintergedanken spielte. Oder einfacher gesagt, er hielt eine Strategie in Reserve, die er für den Augenblick geheimhielt: Da er wußte, daß er aus eigener Kraft allein nicht siegen konnte, hoffte er für später auf die möglichen Erfolge des Gebirgsgenerals, des Hugenotten Lesdiguières. Paumier hatte ihn immer geschont, selbst als die Basis der Bündischen sich gegen manche Verbündeten der Protestanten kehrte. Der Plebejerchef von Romans kannte das enorme Kriegsführungstalent Lesdiguières'; er rechnete damit, daß die Hugenottenarmee eines Tages von den Höhen um Die und Gap herabsteigen und die Katholiken oder sogenannten Katholiken Maugirons in die Flucht schlagen würde. Sie würde in Romans, an den Schalthebeln der Stadt, eine Koalition einsetzen, in der hugenottische Patrizier und papistische, aber antiguérinistische Handwerker und Ackerbürger vertreten sein würden. Sie würde Guérin aus der Stadt jagen oder töten.

Das Kalkül Paumiers entbehrte nicht der Grundlage.[78] Eines Tages, im Jahre 1590, wird sich Lesdiguières im Auftrag Heinrichs IV. und mit Hilfe eines Teils der Katholiken der ganzen Dauphiné bemächtigen. Aber das wird lange nach dem Tode Paumiers sein, dem dieser Sieg nicht mehr nützen kann. Außerdem ist es fraglich, ob Lesdiguières den romanaisischen Führer an den Früchten seines Triumphes hätte teilnehmen lassen, wenn er noch gelebt hätte. Der zukünftige Konnetabel bediente sich zwar manchmal der seiner Ansicht nach zu unruhigen Plebs, liebte sie aber nicht. Im Alter bekehrte er sich obendrein zum Katholizismus!

In Erwartung der eventuellen siegreichen Offensive der reformierten Gebirgler hieß es, sich in Romans zu organisieren, um zu überleben. Die Plebejer waren nicht imstande, den Gegner hinwegzufegen. Würde die Zukunft demjenigen gehören, der bis zur letzten Viertelstunde aushielt? Man war genötigt, die Positionen des Feindes zu untergraben. Eine Taktik, die für den Augenblick wirksam war, aber gefährlich und unzulänglich angesichts eines so teuflischen Gegners wie Antoine Guérin. Im Vergleich zu diesem wirkte der gute Paumier in den entscheidenden Augenblicken wie ein Unschuldslamm.

Die städtischen Bündischen versuchten also, die untergeordneten Posten zu besetzen, die im Gemeindeleben unentbehrlich, außerdem zahlreich und auf alle Fälle den am wenigsten Reichen und Glänzenden der städtischen Gemeinschaft zugänglich waren. Sie strebten danach, sich in

Ämtern wie dem des Kopfsteuereinnehmers oder des Kopfsteuerverwalters oder anderen entsprechenden städtischen Ämtern einzunisten. Sie *machten die gröblichsten und aufrührerischsten Handwerker, die sie finden konnten, zu Verwaltern der Gemeindegeschäfte* (A 41).

Auch in der militärischen und paramilitärischen Organisation der Stadt wurde die Volkspartei aktiv. In Romans gab es schon seit langem eine Art Miliz von *Gesellen* der Stadt[79]; diese Miliz war auch in den Reihen der Zunftbruderschaft *Abtei der Bogen- und Armbrustschützen* der Stadt vertreten. Jedes Jahr organisierte die *Abtei*, die zwar nicht auf religiöse Feierlichkeiten verzichtete, aber weder priesterlich noch klösterlich war, auf einem vor der Stadt eigens dafür reservierten Platz ein *Papageienschießen*. Der Titelgewinner wurde zum *Armbrustkönig* ernannt, ein Titel, der im Lauf der zweiten Hälfte des 16. Jahrhunderts mit der Verbreitung der Feuerwaffen ganz selbstverständlich durch den Titel Büchsenkönig ersetzt oder ergänzt wurde. (Wie wir gesehen haben, war Paumier kurz vor den Ereignissen in Romans ein Jahr lang Büchsenkönig. Seine Leistung als Schütze hatte ihm große Popularität bei den Massen und einen politischen und gesellschaftlichen Aufstieg eingebracht, der keiner vorhergehenden Wahl oder der Bestätigung durch die Konsuln bedurfte.)

Die Aufgaben dieser Gesellen- und Armbrustschützenmiliz waren keineswegs auf die Pflege des Brauchtums beschränkt, vor allem, seit die Religionskriege wüteten. Es galt nämlich, Plünderungen von Banditen, Wegelagerern und durchziehenden Soldaten zu verhindern, vorausgesetzt daß deren Zahl nicht zu groß war für die schwachen Kräfte einer städtischen Miliz. Außerdem mußten die Stadtmauern und Tore bewacht und die Stadt vor Pestkranken, Fremden usw. behütet werden. Ein Oberhauptmann und Hauptleute der verschiedenen Tore und Stadtviertel an der gemauerten Einfriedung der Stadt befehligten die Gesamtheit bzw. die Abteilungen dieser wenig imponierenden städtischen Truppe. Normalerweise wurden sie direkt oder indirekt von den Konsuln oder dem Stadtrat ernannt.[80] Aber im Jahre 1579 brodelte in der Mannschaft der Ungehorsam. Die Teilzeitsoldaten waren Handwerker aus dem Volk und hörten nicht auf, es zu sein, nur weil sie die Büchse auf der Schulter trugen. Sie bemühten sich, ihre Hauptleute loszuwerden, und mehr als einmal gelang es ihnen, andere zu ernennen.[81] *Sie rotteten sich gegen ihre Hauptleute zusammen, die sie von ihren Posten entfernen wollten* (A 41). Dagegen wird im Februar 1580 das (guérinistische) Rathaus anscheinend wieder eine gewisse Kontrolle über die Miliz erlangt haben.

Im Jahre 1579 machten sich die Plebejer so vieler *Frechheiten* schuldig, *daß, wer sie aufschreiben wollte, sehr viel Zeit damit verlieren würde* (A 42). Nichtsdestoweniger dürfen wir uns nicht vorstellen, daß die Stadt den

Unruhestiftern völlig ausgeliefert war. Im April 1579 sandte Heinrich III. den Konsuln von Romans[82] einen beschwichtigenden Brief; diese hatten sich nämlich gehütet, zu tief in die diversen Bewegungen der letzten vier Monate verwickelt zu werden. Der König gratulierte den Stadtvätern zur Einnahme von Châteaudouble (bei der sie wirklich erst in elfter Stunde mitgemacht hatten). Er verzieh ihnen die Unruhen und die Unordnung in ihrer Stadt und versprach ihnen, daß *die Erinnerung an all die in Romans eingerissene Unordnung für immer erloschen und begraben bleiben würde.*

Mehr noch: Zu Beginn des Wonnemonats Mai unternahmen die drei Kumpane Maugiron, Thomé und Guérin, mit anderen Worten die Vertreter der Königsmacht, des Parlaments und der städtischen Gerichtsbarkeit, den Versuch einer Normalisierung der Zustände in der Stadt. Thomé, vielleicht von Guérin angestiftet, erließ eine abendliche Sperrstunde. Er verbot das Fluchen und das Raufen. Vor allem aber verpflichtete er die Einwohner und insbesondere die Gastwirte, dem Richter Guérin die Anwesenheit jedes Fremden in der Stadt zu melden: Sie mußten *dem Richter Guérin eine Meldung darüber machen innerhalb einer Stunde nach der Ankunft der Fremden und sich ihrer Feuerwaffen bemächtigen,* auch wenn die betreffenden Fremden Verwandte ihrer Gastgeber waren.[83] Selbstverständlich handelte es sich darum, einen Zusammenschluß der Bündischen der Stadt mit ihren Freunden oder Verwandten aus den Dörfern, Marktflecken und Nachbarstädten zu verhindern. Gasthöfe sind geometrische Orte der umherziehenden und daher verdächtigen Bevölkerung.

Gleichzeitig zeigte sich Guérin, Herr an Bord des auseinandergebrochenen Schiffs der Notabeln, selbstbewußt und gebieterisch. Er ließ den städtischen Rat durch fast zwei Dutzend seiner Getreuen ergänzen und verlangte schamlos die Erlaubnis, sie selbst zu kooptieren. Außerdem ließ er die Publikumstribüne abbauen, von der aus die Romanaiser (und unter ihnen die lauten Protestler) die Sitzungen und Beratungen des Rats verfolgen konnten. Als Vorwand diente ihm, daß diese entschieden zu bejahrte Tribüne unter dem Gewicht der Besucher zusammenbrechen könne. Auch versuchte er, allerdings erfolglos, den Stadtrat in ein von den „Massen isoliertes" Rumpfgremium zu verwandeln, das nach Möglichkeit nur noch unter Ausschluß der Öffentlichkeit beraten würde. Er nahm das relative Scheitern Paumiers zur Kenntnis: Diesem war es nicht gelungen, sich der konsularischen Institutionen zu bemächtigen. Gewiß hatten die Empörer des romanaisischen Frühlings es erreicht, die Hauptleute der Torwachen auszuwechseln und ihren Führern (Serve-Paumier, Brunat, Fleur, Robin) für das ganze Jahr einen Sitz als außergewöhnliche Räte in der Ratsversammlung der Stadt zu erobern. Aber die zentrale Institution der Stadt, das Konsulat, hatten sie nicht zu ihren Gunsten verändern können. Auf alle Fälle waren die beiden Konsuln der ersten beiden Orden (Bernardin Guigou und Jean Thomé) mit der herrschenden Oligarchie verbunden. Sie gehörten ihr an. Der Konsul des dritten Ordens (Handwerkerstand) ist Pierre Philippot; er wird im November 1579[84] einer der eifrigsten bei der Verfolgung der Bäcker sein, die in den Steuerstreik getreten sind. Das heißt, er ist Guérinist. Der Konsul des vierten Ordens (der in der Stadt ansässigen Bauern) ist Antoine Vinet; auch er wird wie Pierre Philippot *nach* der guérinistischen Säuberung, die mit den Konsulatsneuwahlen nach der tragischen Repression vom Februar 1580 zusammenfällt, Mitglied des Rates bleiben. Vinet wie Philippot sind Guérin ergeben. Die 1579er Revolution in Romans hat nur die äußeren Ränder des Institutionengebildes verändert, den Bereich der Stadtviertelhauptleute und der außerordentlichen Stadträte.[85] So hat es zwar in gewissem Sinn eine Doppelherrschaft gegeben; aber keine Machtergreifung.

Trotz ihrer Geringfügigkeit sollten die Vorgänge in Romans doch in die Politik des Königreichs einbezogen werden. Anfang Juli 1579 *kam die Nachricht* (nach Romans), *daß die Königinmutter* (Katharina von Medici) *auf dem Wege in das Land der Dauphiné war* (A 43). Tatsächlich hatte Katharina im September 1578 eine lange Reise in den Süden begonnen. Schön mollig und üppig, eine lebhafte Sechzigerin, mißtrauisch und wohl nicht sehr gebildet (ein italienischer Botschafter sagte von ihr, sie habe *niemals gewußt, was ein Dogma ist*), war sie die geborene Vermittlerin, jedoch zutiefst reaktionär und überzeugt von der Rechtmäßigkeit steuerlicher Adelsprivilegien. Auf dieser Rundreise durch den Süden setzte *die Italienerin* ihr ganzes Verhandlungsgeschick und ihren ganzen Charme ein. Einen Krieg beizulegen war für sie nie eine große Affäre. Doch in einem Midi, in dem Religionskriege und Klassenkämpfe wüteten, lag der Erfolg nicht eben auf der Straße. Nach Romans kam die Königinmutter auf einem Umweg. Sie war zuerst nach Südosten gezogen und hatte erst in Nérac Station gemacht, im heutigen Departement Lot-et-Garonne. Im selben Monat, in dem der Karneval von Romans seine ersten Feuer entzündete, hatte sie in Nérac eine Grundsatzvereinbarung mit ihrem Schwiegersohn Heinrich von Navarra (dem späteren Heinrich IV. von Frankreich, Anm. d. Übers.) und den Hugenotten seines Gefolges getroffen. Als Preis für das Versprechen des hugenottischen Fürsten und seiner Anhänger, sich ruhig zu verhalten, hatten sie von ihr als mageres Geschenk für die Dauer von sechs Monaten vierzehn feste Plätze zuerkannt bekommen[86] (drei in der Guyenne [hist. Provinz in Südwestfrankreich, Anm. d. Übers.] und elf im Languedoc, hauptsächlich in den Cevennen).

Dazwischen hatte *die Italienerin* Unterredungen mit Soffrey de Calignon, dem Delegierten der Protestanten der Dauphiné. Sie machte ihm diverse Zugeständnisse (Dezember 1578), die Heinrich III. einen Monat später billigte.[87] So war bereits durch die Vermittlung Calignons[88] ein erster Kontakt zu Lesdiguières und der Hugenottenbastion in den Alpen der Süddauphiné hergestellt worden.

Von Nérac aus geht die Reise der Königinmutter nach Carcassonne. Einige Tage später nimmt sie vor der Stadtmauer von Montpellier die ambivalente Huldigung einer Stadtbevölkerung entgegen, die in ihrer Mehrzahl hugenottisch gesinnt ist. Die Huldigung vollzieht sich zwischen zwei Reihen Hakenbüchsen. Die Feuermündungen streifen den Wagen der Besucherin ...

In Aix-en-Provence wird sich Katharina deutlich der „sozialen" Schwierigkeiten bewußt, die ihr wenig später in der Dauphiné entgegentreten werden. Nach ihren eigenen Worten findet sie dort „das Gift am Schwanzende". 1578 und 1579 hat ein Bürgerkrieg, wie er oft aus sozialen Kämpfen und aus der Bauernbewegung erwächst, mehrere Gebiete der Provence verwüstet, genauso wie er zur selben Zeit in den Bergen und Ebenen der Dauphiné gewütet hat. Die Organisatoren des Aixer Empfangs unterrichten die Königinmutter über das Ausmaß des provenzalischen Konflikts. In dieser Region ist ein brudermörderischer Kampf im Gange zwischen den *Carcisten* oder Marabus, Anhängern des ultrakatholischen Grafen von Carcès, und den *Razats* oder „rasés", den *„Rasierten"*; zu diesen gehören die Hugenotten, ein Teil der Katholiken (gemäßigte) und die *Kommunen*, das heißt die Protestbewegung in den Gemeinden in ihren städtischen, handwerklichen und bäuerlichen Formen. Die Koalition der *Razats* ähnelt den Bünden, die sich in der Dauphiné um Jean de Bourg und Paumier gebildet haben. Es gehören ihr aber auch einige Adlige an. Die Wogen der Erregung gehen ziemlich hoch; 1579 hat es im Dorfe Callas sogar einen Bauernaufstand gegeben.[89] Der dortige Grundherr war ein Bauernschinder. Vergeltung: Er wird von der ländlichen Partei in der Dorfgemeinschaft, die ihm feind ist, ermordet (im Dorfrat von Callas gab es noch zwei andere Richtungen: Eine war für den Herrn des Dorfes, die andere für seinen Sohn).

Auch bei den provenzalischen Turbulenzen spielt noch der Groll gegen den Fiskus eine Rolle. Man findet daraus resultierende Unruhen um Aix und Marseille, ganz wie in der Dauphiné und in allen Ländern mit Landständen im Norden und Süden des Königreichs. Auch die Provence erlebt ihren *Kopfsteuerprozeß* zwischen Edelleuten und drittem Stand. Dieser große Rechtsstreit zeitigt seine Folgen, obwohl die Steuerumlage hier ausgewogener ist als um Grenoble und Valence.

In Aix und in Avignon gibt sich Katharina große Mühe, die Carcisten, Razats und gemeinen Leute wieder zu versöhnen. Es gelingt ihr schlecht und recht; dann zieht sie weiter gen Norden, wo noch schwierigere Probleme sie erwarten.[90]

Der Besuch der Königinmutter in der Dauphiné beginnt am Donnerstag, dem 16. Juli 1579. Sie erreicht die große Alpenprovinz von Süden her, denn sie kommt von Avignon. Ihren Einzug in die Dauphiné hält sie in Montélimar, der ersten großen Stadt. Dort wird sie von den militärischen, gesellschaftlichen und religiösen Amtsträgern empfangen. Es sind anwesend: Der Generalstatthalter Maugiron mit einem Gefolge einheimischer Adliger, *einer guten Truppe mit ihm befreundeter Edelleute;* dann der Bischof von Grenoble, Guillaume de Saint-Marcel d'Avançon, der bekannt ist für seine Protestantenfeindlichkeit und seine negative Haltung den Volksbünden gegenüber; außerdem einige Beamte des Parlaments von Grenoble.

Kurz nach ihrer Ankunft in Montélimar begegnet Katharina dem lokalen Chef der Volksbünde Jacques Colas, der auch gegen die Hugenotten eingestellt ist (darin unterscheidet er sich von Paumier und den anderen Bündischen weiter nördlich, die für gemeinsame Aktionen mit den Reformierten sind).

Die Königinmutter hält mit ihrer Meinung über Colas nicht hinterm Berg: Sie erklärt ihn *für anmaßend und tollköpfig,* einen erklärten Feind des örtlichen Adels. Er und die Seinen, die anderen Bündischen und der ganze dritte Stand der Dauphiné wollen die Adligen der Steuer unterwerfen; in den Augen der hohen Frau ist das ein Skandal. Trotz ihres Wunsches nach Wiederherstellung von Frieden und Eintracht zwischen den Klassen glaubt sie felsenfest an die Berechtigung der Adelsprivilegien. Das bedeutet sie in klaren Worten den „führenden Köpfen der Bünde und Gemeinden von Valence", die zu ihrer Begrüßung gekommen sind; sie liest ihnen gründlich die Leviten. Dem Sinne nach sagt sie ihnen folgendes: *Ihr Bürgerlichen, zahlt eure Steuern; versucht nicht, den Adel dem Fiskus zu unterwerfen; hört auf damit, meine königlichen Garnisonen aus euren Städten zu vertreiben; haltet Frieden untereinander.* Das ist in vier Sätzen die Zusammenfassung der Ermahnungen, die Katharina den Valencianern und den Montilianern an den Kopf wirft, bevor sie die Stadt verläßt, um ihre Reise fortzusetzen.[91]

Die nächste Etappe ist Valence, wo der Empfang in der Form herzlich, den Taten nach aber mißtrauisch ist. *Die Kriegsleute von Valence,* schreibt Katharina[92] über die Bürgermiliz dieser Stadt, die bei Jahresbeginn die Berufssoldaten vertrieben hatte, *sind mir nicht einmal entgegengekom-*

men. Sie hatten Angst, ich könnte mich mit dem Adel der Stadt bemächtigen. Sie haben die ganze Nacht Wache gehalten.

Am 18. Juli 1579 kommt *die Italienerin* in Romans an. Die Paumieristen, die noch über die Straßen und Stadtmauern herrschen, während die Guérinisten die Konsulargebäude besetzt halten, hatten *beschlossen, ihr die Stadttore zu verweigern.* Das wäre möglich gewesen, da die Paumieristen die Schlüssel zu diesen Toren in Händen hatten. Sie waren Guérin durch die Finger geschlüpft. In ihrem Wunsch, der Königin ihre Stadt zu verbieten, gingen die Handwerker von Romans so weit, ihre Freunde aus der Umgebung, *eine große Zahl Nachbarn,* einzuberufen, um ihnen zu helfen, die Tore zu befestigen. Dann legte sich die Militanz; die Romanaiser sahen ein, daß sie ihre Kräfte überschätzt hatten. Sie machten eine Kehrtwendung und beschlossen, *die Italienerin* so gut wie möglich zu empfangen. Katharina schreibt am 18. Juli: *Die Leute aus dieser Stadt sind mir in großer Zahl entgegengekommen. Sie waren gut bewaffnet. Ihr Hauptmann namens Paumier, Tuchhändler seines Zeichens, hat mir eine kurzgefaßte Ansprache gehalten.* Nach dem Zeugnis Katharinas ist der Chef der romanaisischen Bünde damals auf dem Gipfel seiner Popularität und seines Einflusses in der Region. Sie schreibt: *Ich sage Euch, daß dieser Paumier so viel Kredit und Autorität bei diesen Bünden hat, daß auf ein Wort von ihm alle in der Stadt und ihrer Umgebung marschieren werden ... Es wäre mir sehr lieb, mit ihm zu sprechen.* Das Treffen Paumier–Katharina findet unverzüglich statt. Sie fragt ihn: *Warum seid Ihr gegen die Autorität des Königs, meines Sohnes?* Als Antwort hält der Plebejerführer eine kleine Rede, die uns dank zweier voneinander unabhängiger und übereinstimmender Berichte gut bekannt ist.[93] Er sagt: *Ich bin ein Diener des Königs, aber das Volk hat mich erwählt für die Erhaltung der armen Menschen, die unter der Tyrannei des Krieges leiden, und um in aller Demut den gerechten Forderungen ihrer Hefte Gehör zu verschaffen* (Piémond). Oder aber: *Ich bin vom dritten Stand gewählt worden, um zu verlangen* (daß angenommen werde), *was in den Punkten enthalten war* (den Beschwerdeheften), *die in Grenoble vorgelegt worden sind* (Guérin). Die beiden Mitteilungen, die von Guérin und die von Piémond, sind wichtig: Sie zeigen, daß Paumier, der offenbar des Französischen mächtig ist (er hält eine Rede auf französisch über die französisch geschriebenen *Hefte*), mit de Bourg in bezug auf die bürgerliche Hauptforderung der *Hefte* solidarisch ist: Die Adligen sollen Steuern zahlen. Gerade vor der Beschreibung des respektvollen Kniefalls eines romanaisischen Notabeln vor Katharina erzählt Guérin noch (A 46), daß *Paumier so vermessen war, daß er nicht vor der Königin niederknien wollte, obwohl alle anwesenden Herren* (die Herren aus Katharinas Gefolge) *ihm mehrmals laut zuriefen: Auf die Knie!* Der Marschall von Bellegarde dagegen zögerte einige Monate später keinen Augenblick, sich vor der Königinmutter auf beide Knie niederzulassen. Der hatte sich allerdings viel von ihr verzeihen zu lassen.

Zum Abschluß liest *die Italienerin* auch Paumier die Leviten. Ihn bekümmert das nicht. Sie hält ihn aber doch weder für einen Narren noch für einen Aufrührer wie Colas und de Bourg; vielleicht hat sie ihn sogar recht gemäßigt gefunden. Sie erreicht noch eine zweifache Rückerstattungsaktion: Die Schlüssel der Stadttore werden von den Paumieristen an die Guérinisten zurückgegeben, die als Konsuln und Richter der Stadt die legalen Verwalter sind; die beiden von de Gordes in Romans zurückgelassenen Kanonen, derer sich die einheimischen Bündler bemächtigt haben, werden trotz des Bedauerns der Paumier-Leute nach Lyon geschickt. Dann verläßt Ihre Majestät Romans in Richtung Grenoble. Dort bleibt sie mehrere Monate. Geschickt vermeidet sie jede Entscheidung über die bürgerlichen Forderungen nach Steuergleichheit und wirft den übereifrigen, vom Schweizer Vorbild inspirierten Verteidiger der Plebs in Stadt und Land, Gamot, vorübergehend ins Gefängnis.

Sechstes Kapitel
Streiks und Schulden

Der Besuch Katharinas hatte für kurze Zeit den Konflikt in Romans entschärft. Aber nicht vollständig. Genau zur Zeit des Aufenthalts der hohen Frau, um den 18. und 20. Juli herum, waren unter Beihilfe Paumiers 3000 Bauern illegal in Romans eingedrungen. Sie rotteten sich des Nachts in den Straßen und an den Kreuzungen zusammen, das nackte Schwert unter ihren Mänteln. Wie in Valence waren auch hier die einheimischen Notabeln und die Höflinge der Königinmutter beunruhigt.

Nach der Abreise Katharinas kommt es noch schlimmer; eine Atmosphäre von „Jacquerie" greift im romanaisischen Landgebiet um sich; dort haben die Bauern schon die Steuer und einen Teil des (wenn auch geringfügigen) Zehent der Ernte von 1579 verweigert; nun sprechen sie unverblümt davon, im nächsten Jahr 1580 gegen den Zehent überhaupt und auch die dem Grundherrn geschuldeten sonstigen Abgaben in den Streik zu treten. Hier ist das Zeugnis Guérins, der sogar die Worte der Dörfler zitiert, sehr wertvoll und von höchster Wichtigkeit. Die Bauern beleidigen den Adel und die *besseren Leute* (das heißt die städtischen Notabeln) *durch gemeine und ärgerliche Worte* (A 150). Ebenso wie die rechtmäßigen Abgaben an die Grundherren werden auch die Schulden, die das offene Land den Reichen zu zahlen hat, in Frage gestellt. Städtische Gerichtsvollzieher werden mit ländlichen Steinen beworfen. In Romans selbst ziehen im Sommer und Herbst 1579 Trupps paumieristischen „Räubergesindels" durch die Stadt; sie schüchtern die besseren Leute ein; sie befreien einen Gefangenen, den der Rat Thomé gerade ins Gefängnis führt; dabei setzen sie Thomé das Schwert an die Kehle … Wieder einmal werden also die Elite und die Justiz der Stadt gleichzeitig angegriffen. Die städtischen Notabeln fürchten gar, das kollektive Opfer von 55 Morden zu werden: Die Freunde Paumiers sollen eine Liste dieser fünfundfünfzig zu Ermordenden aufgestellt haben! Die Verbindung zwischen Bauern und Handwerkern wird auf dem Markt von Romans hergestellt; dort werden die Hauptleute des Volkes gewählt; in der ersten Septemberwoche 1579 geht die Rede davon, sich Grenobles zu bemächtigen, da man ja schon Romans, Valence und Montélimar unter Kontrolle hat.[1]

Diese Umtriebe erscheinen um so „verderblicher", als die streitenden Parteien sich dauernd gegenseitig tausend Dinge vorwerfen: Romans befindet sich nämlich zur gleichen Stunde mitten im Steuerstreik des Nahrungsmittelgewerbes. Es handelt sich um Bäcker und Metzger, und wir müssen aus diesem Anlaß noch einmal eine kurze Rückschau halten. In Romans scheint sich bei den Bäckern und Metzgern in den Jahren von 1576 bis 1580 alles um die *Tribute* zu drehen, eine indirekte Steuer, die in die Kassen des städtischen Schatzamts fließt; dieses könnte ohne sie nicht auskommen und sich nicht mit seinem Anteil an der direkten Steuer, der königlichen Kopfsteuer, begnügen, die von den Konsuln eingezogen wird. Der höchste *Tribut* wird anscheinend vom Metzgergewerbe erhoben. Das Metzgergewerbe ist in Romans vereinheitlicht, auch wenn der Fleischverkauf in mehreren Läden stattfindet; es ist im strikten Besitz der Stadt, ein Sektor gemeindlichen „Sozialismus". Das Konsulat duldet keine Konkurrenz, außer bei den Auktionen für die jährlichen Verpachtungen. Das heißt, die Ausübung des Metzgergewerbes wird jedes Jahr an eine Gruppe von Meistern, gelernten Tierschlächtern, verpachtet; sie übernehmen den Ankauf der Tiere (hauptsächlich von Schafen, nur zusätzlich von Rindvieh); sie schlachten, schneiden das Fleisch auf und verkaufen es zu Preisen, die vertraglich festgelegt sind und von denen sie im allgemeinen nicht abgehen. Aus den ihnen entstehenden Gewinnen verpflichten sie sich, an die Stadt eine gewisse Summe in Sous, Liards und Deniers pro Kopf des geschlachteten Viehs zu zahlen. Seit 1545 ist der Tribut des Metzgergewerbes der lukrativste für die Stadt.[2] Er erbringt 369 Gulden pro Jahr, gegen 180 Gulden *Brückengeld* (ein Zoll, den die Gemeinde auf Waren erhebt, die die Isère-Brücke überqueren); 220 Gulden auf den Eingang von auswärtigem Wein usw.

Natürlich muß man eine der Hauptursachen des Konflikts zwischen den Metzgern und der Stadt in der *Höhe* der Abgaben suchen, die jene pro Kopf der geschlachteten Tiere an die Stadt zahlen: Die Steuereinnehmer möchten sie hoch halten, die Metzger niedrig.

Der Antagonismus hat sich drei Jahre vorher angebahnt, am 9. September 1576. An diesem Tag wurde mit Hörnerklang und Trommelschlag eine allgemeine Versammlung der romanaisischen Familienvorstände einberufen. Faktisch handelt es sich um einen großen erweiterten Rat: 4 Konsuln, 40 reguläre Mitglieder plus 60 „außerordentliche" Teilnehmer. Unter diesen Bedingungen können die Oppositionellen ihren widerstrebenden Gefühlen zumindest untereinander Ausdruck verleihen.[3] Die Versammlung besteht in der Mehrzahl aus Handwerkern und Arbeitnehmern, auch bäuerlichen. An diesem Tage gibt es nur unter den zwanzig Ratsmitgliedern aus den beiden ersten Orden oder sozialen Klassen Personen, die mit „Monsieur" oder „Maître" betitelt werden. Nur *ein* „Monsieur" ist unter den

60 außerordentlichen Teilnehmern. Es ist eine andere Welt. Die Plebs. Unter diesen sechzig befinden sich mehrere der Persönlichkeiten (Handwerker), die drei Jahre später, beim Karneval, als Agitatoren bekannt sein werden: Darunter der nahe Verwandte eines berühmten aufrührerischen Tuchmachers, Jean Robert-Brunat, der Tuchmacher François Robin und zwei relativ wohlhabende Metzger: Geoffroy Fleur (künftiger Führer) und François Drevet. Glaubt man dem wenig beredten Protokoll der Sitzung, so haben diese vier nicht den Mund aufgemacht. Aber gerade ihr Schweigen ist bedeutungsvoll angesichts der aktiven Rolle, die sie drei Jahre später bei der Weiterführung der noch schwebenden Angelegenheit spielen werden.

Bei der Versammlung von 1576 erklären die Konsuln, „daß die Stadt 50 000 oder 60 000 Pfund Schulden hat. Sie muß daher *die Tribute erhöhen, um die Zinsen der Schulden zu bezahlen.* Deshalb haben wir diese Generalversammlung der Familienoberhäupter einberufen. [Beweis dafür, daß die Stadtobrigkeit, so untereinander verfilzt sie auch ist, einen gewissen Konsens des Handwerksstandes braucht, wenn sie ihn schröpfen will.] Wir werden also die *Tribute* erhöhen, fährt der Konsul fort. Die Metzger werden jetzt *viermal mehr* an die Stadt abführen, also 12 Sous pro Ochse (statt wie bisher 4 Sous), 8 Sous pro Kalb, 2 Sous pro Hammel (statt eines halben Sou), 4 Sous pro Schwein, 2 Sous pro Ziege ... Die Einnahmen aus dem Abwiegen des Mehls (auf der Gemeindewaage) wird mit einer sechsfachen Abgabe belegt, bis zu einem Sol für den Setier. (Darob heftige Proteste des Herrn Antoine Coste, eines schwerreichen Bürgers, der diese Waage vorübergehend von der hochverschuldeten Stadt übernommen hat.) Der *Tribut* für Konditoren und Bäcker wird auf das Vierfache erhöht, denn die Abgabe wird auf 2 Sous für den Setier Brot festgesetzt (statt 6 Deniers). Das *Brückengeld* wird verdoppelt, auf einen Sou pro Karrenrad, das heißt auf 2 Sous pro Karren. Für die Großgewichtswaage der Gemeinde, deren Benutzung für alle Kaufleute obligatorisch ist, wird das Dreifache erhoben. Für auswärtigen Wein das Vierfache". Diese Beschlüsse werden von der Generalversammlung ohne sichtbare Opposition gebilligt. Nichtsdestoweniger verlangen Metzger und Bäcker zwei Tage später (11. September 1576) mit Unschuldsmiene die Genehmigung zur Erhöhung der Fleisch- und Brotpreise, um die Erhöhung ihrer Tribute auszugleichen. Die Leute können ja rechnen.[4]

Provokationen, oder was als solche empfunden wird, spielen als Auslöser der romanaisischen Aktion eine Hauptrolle. „Provokation" die hohen Provinzialsteuern, die als unerträglich empfunden werden; und, im örtlichen Rahmen, die Abgabenerhöhung, der im Jahre 1576 Handwerker und Ladenbesitzer vom Gemeindefiskus unterworfen werden.

Aus der Versammlung von 1576 wird – gleichsam als Spätzünder – die Protestaktion der Metzger und Bäcker von 1579 hervorgehen. Das Datum September 1576 ist interessant. Politisch fällt es zusammen mit der Versammlung der Reichsstände in Blois, das heißt mit der einleitenden Aktion Jean de Bourgs, deren ideologische Bedeutung für die Proteste von 1579 wir bereits gesehen haben. Wirtschaftlich ist 1576 das Jahr des Scheitelpunkts einer ungeheuren[5] Welle von Preissteigerungen, die etwa zehn Jahre vorher begonnen hat. Zwischen 1549 und 1564 kostete ein Quartal Weizen in Grenoble 100 bis 150 Deniers; zwischen 1566 und 1576 steigt der Preis auf 200 Deniers und darüber, bis auf 310 Deniers im Jahre 1574 (ein Jahr der Knappheit). Diese Inflation ist Teil des lange währenden Preisanstiegs im 16. Jahrhundert. Für die hier erwähnte Dekade (1566 bis 1576) ist sie auch ein Ausdruck des endlich fühlbar gewordenen Einflusses der aus Amerika eingeführten Edelmetalle auf die Währung. Sie ist die wahre Ursache der *Tribut*erhöhungen, die 1576 von den Konsuln verlangt werden. Aber es muß ein Preis dafür gezahlt werden, im wahren Sinne des Wortes; über die Erhöhungen der indirekten Steuern, die sie als Folgeerscheinung bewirkt, werden sich ihre sozialen Auswirkungen bemerkbar machen. Die Unzufriedenheit der Bäcker und Metzger, die mit der der Tuchmacher und Leineweber einhergeht, dieses bedrohliche Bündnis zwischen Lebensmittel- und Textilgewerbe ist eine davon. Diese Menschen werden in Kürze gemeinsam an der Ordnung rütteln.

Von der Unzufriedenheit der Handwerker, Ladenbesitzer und Lebensmittelhersteller war schon im Februar 1577, einige Monate nach der *Tribut*erhöhung durch die Obrigkeit, ein gerüttelt Maß zu spüren. Ein aufschlußreicher Zwischenfall: In jenem Monat mußte der Richter Antoine Velheu, Mitglied einer großen Konsularfamilie (die im Jahre 1579 einen Toten zu beklagen haben wird, den revoltierende Bauern erschlagen haben), ein Protokoll aufnehmen.[6] Der Tatverdächtige ist der Tuchmacher Jean Serve, genannt Paumier. Eben *der* Paumier, der künftige Führer der Rebellen, die bald einen Velheu töten werden ... Er hat einen gewissen Jean Bourgeois heftig beschimpft, einen Oligarchen und Beauftragten der Konsuln; es handelt sich um eine etwas dunkle Angelegenheit, bei der Bourgeois vom Konsulat beauftragt worden ist, einen Zaun um Tempel und Friedhof der Protestanten entfernen zu lassen, da der Friedhof als Folge des Friedensedikts (wahrscheinlich das Edikt von Beaulieu oder das Edikt Monsieurs [„Monsieur“ = Titel des Bruders des Königs von Frankreich; Anm. d. Übers.], das am 7. Mai 1576 erlassen worden und für „die von der Religion“ günstig war)[7] offiziell wieder für reformierte Beerdigungen geöffnet werden sollte. Man kann nicht genau erkennen, ob Paumier in dieser Angelegenheit für oder gegen die Hugenotten ist; dasselbe gilt für seine Gegner vom Konsulat. Man kann nur feststellen, daß die bescheidene Rückkehr der Protestanten auf die lokale Bühne und die gleichzeitige Abhaltung der Ständeversammlung von Blois dazu beitragen, die Atmosphäre in Romans anzuheizen. Die Anekdote wäre an und für sich ganz unbedeutend, würde sie nicht zeigen, welche bannende Macht (für Freund und Feind) der Kriegsheld und örtliche Führer Paumier schon damals über die Massen des volkstümlichen Tempelviertels ausübte. Von den zwölf Personen, die Augenzeugen des beleidigenden Wortwechsels mit Bourgeois gewesen waren, wollte keiner gegen Paumier aussagen; sie verbrachten eine Nacht im Stadtgefängnis, um für ihre schwerfälligen Zungen zu büßen, die den Konsuln mißfielen.

Der in die Karnevalszeit fallende Februar 1577 war, wenn nicht gerade ein „heißer Monat", so doch schwer mit aufrührerischer Spannung geladen. Richter Velheu berichtet in der gleichen Akte über den Fall eines gewissen Adamet Boyer (Leineweber), der sich weigert, dem von den Konsuln mit der Einziehung der Kopfsteuer beauftragten Notabeln die Steuer zu entrichten. Daraufhin will einer der Konsuln einige der von Boyer gewebten Leinenstücke beschlagnahmen. Der Weber, flankiert von einem seiner Freunde, Jean Vallier, genannt Pataud, jagt ihn mit der Mistgabel davon. Velheu wirft Boyer ins Gefängnis. Aber er muß ihn gegen Kaution wieder entlassen, denn der Leineweber ist Korporal der städtischen Miliz. Wer wird seine Männer auf Wache schicken, wenn ihr Korporal hinter Gittern sitzt? Zum Schluß noch ein dritter Zwischenfall aus derselben Woche: Der reiche Hauptmann Coste, eines der großen Tiere von Romans, wird von dem Bäcker Antoine Fresne, genannt *Weißbrot*, laut beschimpft (dieser *Weißbrot* ist nicht irgendwer: 1579 wird er einer der Führer der Streikbewegung sein, 1580, nach dem Karneval, einer der Gehenkten).

Diejenigen, die im Stadthaus sitzen (die Konsuln und der Rat), *sind nichts als Spitzbuben, die es sich im Haus der Stadt von den Geldern der Stadt wohl sein lassen. Wenn der Konsul* (der in meinem Stadtviertel dafür zuständige) *kommt, um mir die Kopfsteuer abzuverlangen, werde ich ihn verprügeln.*

Der Zwischenfall wird für so ernst gehalten, daß alle amtierenden Konsuln Velheu bei seiner Untersuchung unterstützen.

So ist also schon in der Karnevalszeit 1577 der Zündstoff angehäuft, der den Karneval 1579 und dann den von 1580 zum Entflammen bringt: Wut gegen die übermäßige Kopfsteuer; gegen die Unredlichkeit der Gemeindekamarilla und das ihr unterstellte[8] Wohlleben; Gruppenaktion der Leineweber, Tuchmacher, Bäcker und der unteren Chargen der Stadtmiliz („Korporale"): Sie bilden einen feindlichen Block gegen die Elite zugunsten inoffizieller Führer wie Paumier und Weißbrot. Diese sind bereits jetzt in der Lage, die Plebs für Kämpfe zu mobilisieren, die aber vorderhand noch punktuell sind.

1579 liegen die Dinge noch klarer: Um den Protest der Handwerker zu verstehen, der bald zu einem Steuerstreik werden wird, braucht man sich nur an den wichtigen Brief [9] zu halten, den der Tuchmacher Guillaume Robert-Brunat am 16. Mai 1579 an *Unsere Herren vom Parlament von Grenoble* sendet und in dem er hinter seinen schönen Namenszug stolz die Worte *für das Volk* setzt. „Der Hauptmann Brunat, ein Berater Paumiers" (P 89), tritt in dieser Zeit als Volkstribun auf; die Handwerker erkennen ihn an, Guérin toleriert ihn. Auch Brunat wirft in seinem Brief die Frage der städtischen *Schulden* auf; die von ihm vertretene Ansicht hat vielleicht paranoische Züge, aber sie wird – und das zählt – von seinen Anhängern geteilt; sie unterscheidet sich von der, die von den Maffia-Konsuln des Jahres 1576 vorgetragen wird. Die Stadt ist verschuldet? Das ist nicht, sagt Brunat, die Schuld der Zeitläufte, sondern ganz einfach der ehemaligen Konsuln (der vorangegangenen zwanzig Jahre[10]); sie haben sich unredlich verhalten. Wie Lumpen. Weiter schreibt er: „Früher (= vor 1579) haben die damaligen Konsuln *viel Geld der Einwohner und Hintersassen von Romans in Händen gehabt* (sie haben diese Summen durch die reguläre Eintreibung von Steuern und Tributen erhalten). Statt aber diese Steuergroschen zur Bezahlung der normalen Lasten der Stadt, wie die Zahlungen an das königliche Schatzamt oder die Begleichung der laufenden Gemeindeausgaben, zu verwenden, haben die Konsuln das Geld für sich behalten und für ihre persönlichen Zwecke verwendet." Schuld daran ist natürlich nicht nur eine mögliche Unredlichkeit der Konsuln, sondern auch das selbst für die damalige Zeit unglaublich zurückgebliebene Buchführungssystem der Stadt Romans. Es gab keine zentralisierte Buchführung, wie sie zur selben Zeit beispielsweise in Montpellier bestand, sondern jeder der vier Konsuln verwaltete als sein persönliches Reich ein Viertel der Einkünfte und ein Viertel der Ausgaben der Stadt. Ein Konsul konnte die Steuer in einem Stadtviertel einziehen und dann davon einen Arbeitnehmer (aus einem anderen Stadtviertel) bezahlen. Ein unentwirrbares Knäuel! Veruntreuungen wurden dadurch leicht möglich.[11]

Für den Vereinfacher Brunat liegen die Dinge klar, allzu klar. Die Konsuln von 1578 und den davorliegenden Jahren *sind Schuldner beträchtlicher Summen.* Zum Beweis führt unser Mann die Buchprüfungen an, die von den Romanaiser Aufrührern kraft der dem Parlament von Grenoble Anfang Frühjahr 1579 abgerungenen Ermächtigung vorgenommen worden sind. Die Konsuln, fügt Brunat hinzu, sind Profitgeier: *Von diesen*

Groschen, die durch ihre Hände gegangen sind, hat jeder Konsul seinem Rang entsprechende Profite gemacht. Deshalb hat die um ihr Geld gebrachte Gemeinde Romans *sich in Unkosten stürzen müssen*; sie hat *Geld leihen müssen, um die Summen zu ersetzen, deren Schuldner diese Konsuln sind*. Natürlich war sie gezwungen, *für diese Anleihen Zinsen zu bezahlen*. Hier haben wir wieder das Problem der „20 000 Écus" städtischer Schulden[12], das die Aufrührer von 1579 beschäftigt, wenn sie die konsularische Geschäftsführung der Großbürger und Kaufleute der letzten zwanzig Jahre angreifen.[13] Für sie ist das Problem nicht die Währungsinflation, sondern die Korruption in der Gemeinde.

Nach Brunat und den paranoischen Gerüchten, die im Volke umlaufen, sind die „verbrecherischen" ehemaligen Konsuln sogar noch weiter gegangen. Mit beispielloser Verderbtheit haben diese im Rathaus sitzenden Schurken der Gemeinde die Summen geliehen, die dieser durch deren eigene Schuld fehlten; sie haben ihr also ihr eigenes Geld geliehen; dann haben sie sie zu dem enorm hohen Zinssatz der Zeit (10 % und darüber) Zinsen zahlen lassen. Sie haben sogar Zinseszinsen zahlen lassen, wenn die Zinsen nicht zur vorgesehenen Zeit von der Stadt bezahlt wurden! *Dadurch sind die Schulden der Gemeinde immer größer geworden*, was niemals geschehen wäre ohne diese Schuldnergeschichten und wenn die Exkonsuln ordentlich Buch geführt hätten. Das Resultat ist eine Art Finanzsaug- und -druckpumpe: Die Konsuln des Vorjahrs haben versäumt, ihre Vorgänger vom vorletzten Jahr zur Rückzahlung zu bewegen, woraufhin diese ihren Nachfolgern das Geld geliehen haben, das sie von der Stadt gestohlen hatten. Daher die hohen städtischen Schulden, über 50 000 Pfund.

Die Abhilfe, nach Brunat: 1. Die schuldnerischen Exkonsuln erstatten der Stadt Kapital und Zinsen ihrer bis dahin geheimgehaltenen Schulden; 2. Die späteren Konsuln, die versäumt haben, von ihren Vorgängern zu fordern, was diese schuldig waren, sollen dazu verurteilt werden, selbst die Zinsen der Summen zu bezahlen, die sie hätten zurückverlangen müssen!

Erschreckt über die Gärung im Volk von Romans und bestrebt, den Antragstellern der Form nach Genugtuung zu gewähren, nimmt das Parlament das Gesuch Brunats widerwillig entgegen. Die Rechnungslegungen und diversen Rückerstattungen werden stattfinden, wenigstens im Prinzip.[14] Aber unter der Kontrolle des Richters Guérin (was heißt, daß sie nicht zu Ende geführt werden!) ...

Die Brunatsche Aktion lief darauf hinaus, die gesamte konsularische Oligarchie von Romans anzuklagen. Sie wurde zur Kasse gebeten: Das hieß, ihr den Krieg erklären.

Nach den Konsularlisten umfaßte diese Oligarchie mehrere Familien neuerer Konsuln: die Familien Bernardin *Guigous*, Jean *Thomés*, des edlen Herrn und Stallmeisters Jean de *Solignac*, der adligen Herren de *Manissieu*, Antoine *Costes*, des Maître Jérôme *Velhèu*; dem müßte man Jean de *Gillier* hinzufügen sowie Gaspard *Jomaron* und natürlich die auf dem Gipfel angekommene Parvenufamilie des Richters Antoine Guérin. Das sind die Familien, die in den Kopfsteuerlisten von 1583 mit den höchsten Quoten erscheinen werden. Während das Volk von Romans im Jahre 1583 durchschnittlich zwei bis drei Écus Steuern zahlt, zahlen diese zehn Familien (außer wenn sie wegen mehr oder minder echten Adels von der Steuer befreit sind) mindestens zehn Écus und im Durchschnitt 18 bis 20 Écus Steuerquote[15], das heißt das Sechs- bis Zehnfache der durchschnittlichen romanaisischen Quote.

Es ist ausgeschlossen, daß die Handwerker diese Oligarchie von der Macht verdrängen können. Alles, was sie erhoffen können, ist, daß die Hugenotten Lesdiguières' im Fall ihres Sieges den Stadtrat in die Gewalt der protestantischen Bourgeoisie geben (die aber nur aus Taktik Freundschaft mit der Handwerkerschaft hält). Im Grunde verfolgen der Tuchmacher Brunat, der Metzger Fleur und deren Freunde ein bescheidenes Ziel: Sie stellen nicht einmal die Einteilung des Rats in vier Orden (Patrizier, Kaufleute, Handwerker, Bauern) in Frage, die der Gliederung der Gesellschaft entspricht. Sie greifen nicht das Wertsystem an, sondern die Normengerechtigkeit. Ihr Streben geht einzig und allein dahin, den Stadtrat durch außerordentliche Räte zu erweitern, die niemand anderes sind als die Führer der handwerklichen Plebs. So kommt es, daß am 23. März 1579[16] Jean Serve-Paumier, Tuchmacher, Guillaume Robert-Brunat, Tuchmacher, und François Robin, Handwerker unbekannten Gewerbes (der aber wie die beiden anderen nach dem Karneval von 1580 verurteilt werden wird), als *„Außerordentliche"* an der Ratsversammlung teilnehmen. Sie können an den Mehrheitsverhältnissen bei weitem nichts ändern, aber sie beeinflussen die Diskussion und die Beschlüsse; das stimmt so sehr, daß schon die Vorstellung, daß sie da sind (wo sie nicht sein dürften), dem Richter Guérin kalte Schweißausbrüche verursacht.

Sie sind da, in der Tat. Und wie sie da sind![17] Bis zum Jahresende! Noch am 22. November 1579 sind bei der Generalversammlung der Stadt (in Wirklichkeit dem erweiterten Rat) 68 Personen anwesend. Auf diese entfallen neben den Konsuln und vierzig Vertretern der vier „Orden" der Stadt 22 außerordentliche Räte und unter diesen am Ende der Liste die wohlbekannten Namen der Aufrührer der Stadt: Jean Serve-Paumier, Guillaume Robert-Brunat, Geoffroy Fleur, Jacques Jacques, François Robin, Jean Jacques. Am 5. Dezember 1579 sind nur vier Konsuln und elf Ratsherren in der Sitzung (ordentlicher Rat); unter ihnen Paumier (Jean

Serve). Die erörterten Fragen sind wichtig: Getreideaufkäufe, Klagen gegen die Ausfuhr von Korn aus der Stadt, Steuerstreik der Metzger und Bäcker. Am 11., 14. und 26. Dezember 1579 lösen Serve-Paumier, Geoffroy Fleur und Jacques Jacques einander ab, um beim ordentlichen Rat anwesend zu sein. Am 11. und 14. Januar 1580, mitten im Karneval und kurz vor dem mörderischen Zusammenprall, bei Erörterung der städtischen Schulden, nehmen Guillaume Robert-Brunat und Geoffroy Fleur an der Ratssitzung teil. Am 10. und 12. Februar 1580, mitten im Karneval und kurz vor dem mörderischen Zusammenprall, beraten Jean Serve-Paumier (der zu dieser Zeit in einem Bärenfell auftritt), Jacques Jacques und ein anderer Aufrührer, Antoine Nicodel, mit der Ratsversammlung; sie gehören ihr als Mitglieder des Handwerker*ordens* an. Auf der Tagesordnung stehen Fragen wie: Schließung der Tore, die von den Stadtviertelhauptleuten bewacht werden (und die oft selbst Freunde der Plebejer sind); und wieder einmal das ewige Problem der städtischen Schulden. Ein ganzes Jahr lang, bis zur blutigen Repression Mitte Februar 1580, haben die Mitglieder der Partei des Volkes an der Ratsversammlung teilnehmen können. Sie besaßen also zahlreiche Möglichkeiten, sich zu informieren in bezug auf Probleme wie Steuern, Unterstützung der Armen, Delegation zur Ständeversammlung, Rechnungslegungen, Getreideversorgung und natürlich auch die berüchtigten Gemeindeschulden.[18]

Im Prinzip sollten die der „Partei des Volkes“ ergebenen Ratsherren einen großen Schlag gegen das städtische Schatzamt und die Vermögenden führen. Sie sollten die Reichen, die Exkonsuln, kurz, die Mächtigen, zum Zahlen zwingen, damit die drückenden Schulden der Stadt (insgesamt 55 000 oder 60 000 Pfund) zurückgezahlt werden konnten. Das wäre zwar nicht unbedingt „revolutionär“, liefe aber auf eine Unterminierung der stabilen Vermögenswerte hinaus (die Rückerstattung von 60 000 Pfund wäre keine kleine Sache, denn die mittelmäßig mit Geld gesegneten Reichen von Romans sind nur reich im Vergleich zu den unteren Klassen der Stadt und im Vergleich zu den notorisch armen Leuten). Deshalb stehen der Bourgeoisie bei der Aussicht auf eine erzwungene Rückzahlung die Haare zu Berge. Der ganze Karneval der Armen von 1580 wird nach dem Motiv getanzt werden: Reiche, gebt der Stadt das unrecht erworbene Gut zurück (P 88). Ein Tanz, der zum ohrenbetäubenden Rhythmus von Trommeln, Hörnern, Schellen, Schwertern, Besen, Rechen, Dreschflegeln und in Totenkleidern zelebriert wird. Die Reichen interpretieren das auf ihre Art; sie überinterpretieren, mit Guérin an der Spitze: *Die Armen wollen uns unser Gut nehmen* (in der Tat); *aber auch unsere Frauen; sie wollen uns töten, uns sogar aufessen…* Die Frage der Schulden, der wucherischen Verschuldung, der „Leibrenten“, die die gesamte gesellschaftliche Landschaft des 16. Jahrhunderts beherrscht, geht sehr weit, viel weiter, als es für uns moderne Menschen aussieht. Sie löst in den gefährlichsten Zonen des kollektiven Unbewußten, bei den Armen natürlich, bedrohliche Illusionen aus; aber auch und vielleicht mehr noch in den Phantasien der „Großen Angst", die die Angstvorstellungen der Reichen beherrschen. Sie wird zum „Messer zwischen den Zähnen".

Beachten wir, daß das Vorgehen Brunats und seiner Tuchmacherfreunde sich im Grunde gar nicht so sehr von dem de Bourgs unterscheidet. Das romanaisische Pathos ist im Jahre 1579 eine Kopie des dauphinischen Pathos von 1576. De Bourg hatte nämlich vorgeschlagen, daß die unerträglichen Schulden *aller* Städte der Provinz aus den Rückzahlungen der „schuldnerischen" Grenobler Finanzhaie getilgt werden sollten, die man zur Rückerstattung ihrer Schuld zwingen müßte.[19] 1579 wird er von Brunat plagiiert, der in bescheidenerem Maßstab dasselbe vorschlägt ... doch im beschränkten Rahmen von Romans. Nur sind die jeweilig anvisierten Gesellschaftsgruppen nicht von der gleichen Größenordnung: De Bourg greift über die regionalen Finanziers hinaus die Gesamtheit der privilegierten Orden, Adel und Geistlichkeit, an. In dieser Hinsicht ist er ein Vorläufer der kämpferischen Dauphiné von 1789. Die Empörer von Romans dagegen wollen nur den Patriziern ihrer kleinen Stadt an den Kragen.

Die städtischen Schulden bringen uns zurück zu dem Problem der *Tribute*, der indirekten Steuern. Wie wir gesehen haben, machte dieses Problem den Romanaiser Handwerkern seit den „unheilvollen" Beschlüssen der Gemeindeverwaltung von 1576 die Köpfe heiß. Um die berüchtigten Schulden zu tilgen, hatten die patrizischen Konsuln in jenem Jahr beschlossen, die von den Handwerkern erhobenen Tribute um das Doppelte, Dreifache und Vierfache zu erhöhen. Nun wollten die Handwerker der Oligarchie mit gleicher Münze heimzahlen: Ihr Anführer, der Tuchmacher Brunat, schlug 1579 vor, die Schulden durch Ausschöpfung des unrecht erworbenen Geldes aus den Taschen der Oligarchie abzubauen. Als logische Folge verfügt der Metzger Geoffroy Fleur die Bestreikung der Tributerhöhungen, da diese aus der Sicht seines Freundes Brunat zur Tilgung der städtischen Schulden durchaus nicht mehr nötig sind.

Die Steuerstreikenden sind die Männer vom Fleisch- und Brotgewerbe. Zuerst die Metzger: Infolge des Metzgereimonopols der Stadt sind sie eng in den öffentlich-gemeindlichen Wirtschaftszweig eingebunden, und ihr Protest richtet sich im wesentlichen gegen die fiskalischen und politischen Einrichtungen der Stadt. Ihre Haltung ist logisch, und es wäre unsinnig, sie der Engstirnigkeit zu zeihen. Der jährliche Pachtvertrag der Metzgerei ist vom 7. April 1579 datiert und am 12. Februar erneuert worden, genau am Schluß der Karnevalsereignisse. Der erste der beiden Pachtverträge trägt neben den Unterschriften der Konsuln (Verpächter) den schön geschnörkelten Namenszug des Metzgers Geoffroy Fleur (Pächter). Nach dem Karneval von 1580 wird er gehenkt werden. Noch andere Personen, darunter die mächtige Metzger- und Bäckerfamilie Terrot, sind unter den Pächtern; die Terrots sind zweifellos Analphabeten. Einer von ihnen, mit Namen Claude, wird nach dem Karneval, im März 1580, verurteilt werden. Am 12. Februar, bei der Vertragserneuerung, sind dieselben Personen anwesend, außer Fleur, der sich vertreten läßt; er ist zu dieser Zeit mit der Leitung des Volkskarnevals beschäftigt und hat keine Lust, den patrizischen Konsuln allzu nahe zu kommen.

Bei der Unterzeichnung der beiden Pachtverträge, deren Laufzeit (normalerweise) von Fastenzeit zu Fastenzeit geht (= Fastnachtsdienstag, Fest des Fleisches), verpflichten sich die Metzger, die Metzgerei mit Ochsen, Schafen und Kälbern zu versorgen. Sie werden den vorgesehenen *Tribut* zu dem erhöhten Satz des Jahres 1576 an die Stadt zahlen. Sie werden das Ochsenfleisch zu 15 Deniers das Pfund und das andere Fleisch, einschließlich frischen Schweinefleischs, zu 18 Deniers verkaufen. Kranke werden von ihnen zu 22 Deniers das Pfund auch in der Fastenzeit beliefert. Sie reservieren für die Händler der Stadt das Fett der geschlachteten Tiere zu einem Preis von 3 Deniers das Pfund Kerzen. Die Konsuln garantieren ihnen das Schlachtmonopol in Romans; sie bringen das Vermögen der Stadtgemeinde in die Pacht ein, die Metzger ihr eigenes Vermögen und ihre Person. Soweit scheinen alle zufrieden ...

Es ist anzunehmen, daß die Schwierigkeiten schon Ende Juni 1579, bereits vor der Ankunft Katharinas von Medici, begonnen haben. Am 2. Juli fordern Guérin und zwei Ratsmitglieder, denen die Überwachung des Metzgergewerbes obliegt, den *Tribut*einnehmer der Stadt (Tribute der Metzger, Bäcker u. a.) auf, 192 Écus zu bezahlen, die er den Konsuln schuldet. Der Einnehmer protestiert und erklärt, er schulde nur 100 Écus.[20] Schon am 27. Juni war bei einer Kontrolle erwähnt worden, daß Geoffroy Fleur bei den Konsuln mit 16 Écus 50 Sols in der Kreide stünde. Er hatte offenbar seinen persönlichen kleinen Streik begonnen.

Am 10. September 1579[21] ist die Erinnerung an den Besuch Katharinas von Medici verblaßt; die Versprechen beiderseitiger Eintracht sind vergessen, der Streik in voller Entfaltung. Er fällt zusammen mit einer starken Erregung unter den Bauern und den Städtern, die sich auf den Märkten in Romans bemerkbar macht. Es werden Hauptleute des Volkes gewählt, Anführer ernannt, *damit die „Gemeinen" sich Grenobles bemächtigen können.*[22] In dieser Atmosphäre halben Aufstands können Metzger und Bäcker sich erlauben, die Bezahlung der durch den Gemeindebeschluß von 1576 verfügten enormen Tributerhöhung zu verweigern. „Und dabei profitieren sie doch", sagen die wütenden Konsuln, „von den Fleisch- und Brotpreisen"; sind denn diese Preise nicht seit zehn Jahren entsprechend erhöht und der allgemeinen Inflationstendenz angepaßt worden? Die handwerklichen Lebensmittelhersteller und -händler streiken nicht nur wegen der Tributerhöhung, sondern gegen das Tributwesen als solches! Unter diesen Umständen wird man sich nicht wundern, daß beim nächsten Karneval (Februar 1580) die Reichen die Nahrungsmitteltarife dazu benutzen, sich einen Jux mit den Handwerkern zu machen. Doch Scherz beiseite. Im September 1579 klagen die unglücklichen Konsuln darüber, daß sie (wegen Ausbleibens der fetten Tribute von Metzgern und Bäckern) weder die städtischen Schulden noch die Gehälter der Schulmeister, noch die Reparaturen an Mauern, Brücken, Brunnen, Turmuhren und dem Stadthaus bezahlen können; bei dem altertümlichen, aufgeteilten Verrechnungssystem in Romans wäre das Geld aus diesen Tributen sofort diesen Zwecken zugeführt worden. Die Konsuln flehen deshalb den Richter Guérin als Inhaber der Justizgewalt demütig an, den Säumigen die notwendigen Befehle zu erteilen. Der Richter ist mehr als willig: Er befiehlt ihnen, sich zu fügen. Vergeblich. Der Guérinsche Blitzstrahl scheint stumpf geworden zu sein!

Am 17. und 30. Oktober 1579 neue Aufforderungen an die Metzger: Mindestens fünfzehn von ihnen, sowohl Unterzeichner wie Mitverantwortliche des Pachtvertrags vom letzten Frühjahr, sind in den Steuerstreik getreten. Darunter wieder einige der großen Namen der künftigen Karnevalsunruhen und der darauffolgenden Repression: Claude Terrot und vor allem François Drevet, der größte Schlächter von allen (er hat 324 Hammel geschlachtet).

Aus den Dokumenten vom Oktober 1579 ist zu ersehen, daß der Streik im wesentlichen seit dem Sommer stattfindet, zwischen dem Johannistag und St. Michael. In einem Fall hat er allerdings schon vor dem Johannistag, am Ende des Frühjahrs, angefangen. Jeder Metzger ist im Durchschnitt mit 7 Steuer-Écus in Verzug (das ist ein Rückstand von mindestens 100 Écus oder 300 Pfund, nicht wenig für eine kleine Stadt wie Romans: Zu jener Zeit sind 300 Pfund die Einkünfte aus einem guten, üppigen Getreidezehent auf dem flachen Land). Die Metzger hatten in drei Sommermonaten im Durchschnitt jeder 201 Hammel, eineinhalb Ochsen, 3,2 Kälber, 2,7 Kühe und 4,7 *Brancos* oder *Bravos* (?) geschlachtet. Das bedeutet bei fünfzehn Metzgern und für elf Monate (nimmt man die Fastenzeit aus) einen Jahreskonsum in Romans von 11 055 Hammeln, 82 Ochsen, 176 Kälbern, 148 Kühen und 258 Brancos. So daß wir sagen können, daß im großen ganzen jeder Romanaiser mit Ausnahme der Kleinkinder jährlich seine zwei Hammel und sein „Ochsenzehntel" verspeiste, was nicht zu verachten ist. (Bekanntlich ist der Fleischkonsum in den Städten immer höher gewesen als auf dem Land.) All das unterstreicht die Bedeutung des Metzgergewerbes in unserer Stadt im 16. Jahrhundert. Die rebellischen Metzger, teilweise Analphabeten, teilweise des Lesens und Schreibens kundig, sind stark miteinander versippt: Von den fünfzehn Streikenden tragen drei den Familiennamen *Olivier*, zwei *du Conseil*, zwei *Thibaud*, und vier *Terrot*. Alle arbeiten unter dem gemeinsamen Pachtvertrag mit der Gemeinde; manche arbeiten auch in noch engerer Partnerschaft als „Metzgerpaar": Da einige von ihnen den Dokumenten nach eine halbe Kuh oder ein halbes Kalb schlachten, setzt das die Existenz eines Partners voraus.

Man sieht, welch bedrohliche solidarische und vermögende Kraft das Konsulat von Romans gegen sich aufgebracht hatte. Um so bedrohlicher, als sich in der Gruppe der fünfzehn Schlächter ein harter Kern von fünf Metzgern (darunter Drevet, ein du Conseil, zwei Thibaud) gebildet hatte, der erklärte, den *Tribut* nur zu dem niedrigen Tarif von vor 1576 bezahlen zu wollen; drei andere, etwas vorsichtigere, verpflichteten sich zur Zahlung ihres Anteils am *Tribut*, „sobald die anderen zahlen würden" oder „dieser Tage".

Im November 1579 traten im Gefolge ihrer Brüder und Freunde von der Metzgerei auch die Bäcker in den Streik.[23] Auch sie lehnten nun die hohen Tarife von 1576 ab. (Zwar hatten sie sie in den Jahren 1577 und 1578 hingenommen wie die Metzger auch; aber jetzt war die politische Lage eine andere.) Unter den aufsässigen Bäckern finde ich einen weiteren Claude Terrot, wahrscheinlich mit der rebellischen Sippe Terrot verwandt, die zugleich über Fleisch und Brot herrscht. Insgesamt kennen wir die Namen von neun Streikenden des Bäckergewerbes. Sie lehnen die Abgabe ab, die von jedem Setier Brot zu entrichten ist, sowie die beim Mehlabwiegen erhobene Gebühr. Acht von ihnen wollen zu dem früheren günstigen Tarif von sechs Deniers pro Setier Brot (und nicht zwei Sous oder 24 Deniers) zurückkehren, der vor 1576 gültig war. Ein einziger streikender Bäcker zeigt sich gemäßigter und ist bereit, eventuell zu zahlen, *wenn die anderen zahlen*. Die Hauptforderung ist die Rückkehr zum „alten Brauch" (vor 1576). In diesem Punkt sind die Bäcker rückwärtsgewandter als Jean de Bourg es gewesen ist.

November, Dezember 1579: Der Streik geht weiter! Die Konsuln wissen nicht mehr, wo ihnen der Kopf steht. Sie bitten den Richter Guérin, nochmals einzugreifen. Und dieser erteilt in seiner autoritären, wütenden und großzügigen Handschrift den Metzgern und Bäckern noch einmal den Befehl, sich als Steuerzahler wieder pünktlich zu erzeigen.[24]. Vergebens.

Januar 1580: Beim Herannahen des Karnevals ziehen Abordnungen der Streikenden zum Rathaus. Am 25. Januar ist die Reihe an den Bäckern und Konditoren, die von dem Bäcker und Töpfer Mathelin des Mures angeführt werden, der ebenfalls zu denen gehört, die zu Ende des Winters gehenkt werden; sein Backofen wird für Brot und Töpfe benutzt. Die Abgeordneten des Handwerks von Brot und Backofen erklären den Konsuln, daß sie ablehnen, Opfer der Inflation zu sein. Sie wollen, daß die erhöhten Gebühren *allen* Steuerpflichtigen der Stadt auferlegt werden (also *auch* den bürgerlichen Grundeigentümern); und auf alle Waren (nicht nur auf Brot, Getreide und Mehl). Solange das nicht geschehen wird, lehnen die Bäcker und Konditoren die Erhöhung ihrer Tribute auf die Tarife von 1576 ab. Am gleichen Tag erfolgt eine ähnliche Erklärung der Metzger; im großen ganzen sind deren Forderungen eine Wiederholung der Bäckerargumente.

Ganz natürlich werden Metzger und Bäcker einige Tage später (Februar 1580) unter den Hauptaufwieglern des Karnevals sein. Sie werden auch einen schweren Tribut an Gehenkten entrichten: Fleur, Mathelin des Mures und andere. Der Sieger Guérin wird sie nicht davonkommen lassen. Schon am 26. Februar, sogar noch vor den bald darauf folgenden Erhängungen, wird er die führenden Streikenden bestrafen, die er als solche für schuldig erklärt: Des Mures, Fleur, die Frau Weißbrots (zum erstenmal auch eine Frau!), Claude Terrot, Guillaumin Gazon und andere. Die Konsuln ihrerseits betonen im Februar 1580 wie im September 1579 den Zusammenhang zwischen dem Steuerstreik des Nahrungsmittelgewerbes und dem dringenden Problem der Schulden. „Wegen des Tributestreiks sind unsere Kassen leer", sagen sie; „wir können die Gläubiger der Stadt nicht mehr befriedigen!" Worauf Fleur und des Mures, wenn sie es könnten, von ihren Galgen herab ihnen zu Recht oder Unrecht antworten würden: Ihr Diebe, es ist eure Sache, die städtischen Schulden zu bezahlen; ihr braucht dafür nur das Geld herauszurücken, das ihr widerrechtlich behalten habt.[25]

Der Metzger- und Bäckerstreik in der Stadt erschöpft bei weitem nicht Ursachen und Beweggründe der Ereignisse des Februars 1580. Diese sind vielmehr die Fortsetzung breiterer regionaler Auseinandersetzungen, die sich im Herbst 1579 und im Winter 1579–1580 abspielen. Schon Anfang November jagt ein böses Vorzeichen den Menschen von Romans unangenehme Schauer über den Rücken. Piémond beschreibt das so: *Am Montag, dem 9. November 1579, bei Einfall der Nacht, gab es ein schreckliches Gewitter mit fürchterlichem Regen. Es war Winterwetter. Am Kreuz von Volleu bei Romans waren drei Männer aus dieser Stadt, aus Valence kommend, auf dem Rückweg nach Romans, während es blitzte und donnerte. Zwei von ihnen bekreuzigten sich. Der dritte machte sich über sie lustig und sagte: „Ihr habt große Angst, der Teufel wird sich hüten, euch etwas zu tun, ihr schlagt zu schöne Kreuze für ihn.“ Im Augenblick, wo er diese Worte sprach, schlug der Blitz ein! Der Lästerer fiel tot um, ohne daß den anderen etwas geschah, die nur den Schrecken davontrugen. Man sagt, daß der vom Blitz Erschlagene einer von der Religion* (Protestant) *war und daß er in der Vergangenheit dabei geholfen hatte, die St. Barnard-Kirche* (in Romans) *zu verwüsten und zu zerstören.* Salbungsvoll fügt Piémond hinzu: *All das ist ein hinreichendes Beispiel dafür, daß man sich nicht lustig machen soll über Menschen, die das Kreuz schlagen und jederzeit zu Gott beten* (P 85). Dieser Zwischenfall war jedoch, gemessen am Steuerstreik, bedeutungslos; dieser dehnte sich immer mehr aus. Nicht nur die Fleisch- und Brotläden von Romans waren von der Erregung ergriffen. Nun wurden auch die indirekten Steuern anderer städtischer und ländlicher Gemeinden davon betroffen. *Am Anfang des Novembermonats wurde in Grenoble beschlossen, den Gemeinden, die sich geweigert hatten, die Kopfsteuer zu bezahlen, 15 Écus 10 Sols pro Haushaltung aufzuerlegen;* und außerdem *eine Kopfsteuer von 2 Écus und 40 Sols zur Durchführung der Landesgeschäfte* (P 86). *Aber das arme Volk sah sich fast einer Hungersnot ausgesetzt wegen der Unfruchtbarkeit des Jahres* (in der Tat hatten die starken Regenfälle des Oktobers 1579 die Saaten beschädigt, was auf eine schlechte Ernte hinzudeuten schien; die Weinernte des Vorjahres aber, die den Dörfern durch den Weinverkauf frisches Geld hätte einbringen sollen, mit dem sie die Steuer bezahlen konnten, war durch das Erfrieren der knospenden Reben im Frühjahr 1579 unergiebig gewesen). Daher antwortete „das Volk“ durch den Mund seiner Delegierten bei der Ständeversammlung, daß es die beiden Kopfsteuern vorerst nicht bezahlen könne. Dabei wurde außer dem üblichen Geschrei die antiadlige Forderung nach Steuergleichheit wieder laut, so wie der Teufel aus der Flasche schnellt: *Wenn der König unseren Heften* (den Beschwerdeheften) *ihr Recht angedeihen lassen wird,* sagen die Delegierten der Gemeinden, *hoffen wir, daß jeder rechtmäßig seinen Teil beitragen wird* (daß die Privilegierten Steuern zahlen). *Und danach werden wir die zweifache Kopfsteuer bezahlen.*

Die erste Reaktion des Parlaments von Grenoble, dieses Verteidigers bestehender Gesetze und des fiskalischen Ausnahmerechts, ist angesichts der plebejischen Herausforderung repressiv: *Auf diese Weigerung hin ließ der Gerichtshof des Parlaments alle diejenigen aus den Gemeinden, die sich in Grenoble befanden, einsperren,* um sie zu zwingen, ihre Auftraggeber zur Zahlung zu bewegen. Aber „das Volk“ gibt nicht nach und spricht sogar von Volkserhebung: *Sie wollten nicht gehorchen, sondern das*

Volk murrte vielmehr, es wolle sich erheben. Daraufhin lassen die Parlamentarier die Gefangenen frei. Zuckerbrot und Peitsche: Da die Gewalt versagt hat, versucht man es jetzt auf die sanfte Tour: Am 4. Dezember 1579 zeigen sich die in Grenoble versammelten *Landstände* wendiger als das Parlament. Sie senden einen Herrn Montanier, einen „Dörferkommissar", in die Valloire (P 86, Anm. 1). Er hat den Auftrag, die Börsen der Gemeinden und die Herzen der Einwohner zu öffnen; er gibt zu verstehen, daß die Kopfsteuer von 2 Écus 40 Sols pro Haushaltung nur für die Sicherheit des Landes verwendet werden soll. Beachten wir, daß dieser Kommissar eine Doppelrolle hat: Er ist eingesetzt, um die Interessen der Dörfer wahrzunehmen, dient aber auch dazu, ihnen die Befehle der Mächtigen zu überbringen, ihnen die Pille zu versüßen.

Die Erregung der Bauern wäre vielleicht abgeklungen, wenn nicht Phänomene, die „große Angst" erzeugten, die Nachfolge angetreten hätten. Wieder einmal ist es die immer zur Unruhe bereite Valloire, die den Resonanzboden bildet. *Zur selben Zeit erhielten die Gemeinden der Valloire die Nachricht, daß der Graf von Tournon seine Kompanie von Reitern und Fußvolk zusammenzog.* Diese Militäransammlung unter dem Befehl des gefürchteten, wilden de Tournon beunruhigt die Geister. Sie vollzieht sich nahe der Stadt Tournon. Da die Valloire-Landschaft genau gegenüber auf dem linken Rhoneufer liegt, sind ihre Bewohner besorgt. Sie sind rebellische Bauern: infolgedessen hat sie der adlige Herr von Tournon nicht in sein Herz geschlossen; und das beruht auf Gegenseitigkeit. Sie erinnern sich noch sehr gut an *die Drohungen, die er gegen sie ausgestoßen hat, indem er sagte, er würde über ihre Leichen gehen* (P 86). Auf der linken Flußseite ziehen daher *die Valloire-Bewohner in Waffen zum Rhoneufer;* sie wollen damit Herrn von Tournon daran hindern, den Fluß zu überschreiten und sie auf ihrem Territorium niederzuwerfen. Falscher Alarm: Der gute Katholik Tournon scheint sich nur eines kleinen Hugenottenflekkens auf dem rechten Ufer, im Vivarais (Ardèche), bemächtigen zu wollen.

Eine Sorge löst die andere ab: Kaum ist Tournon vergessen, da wird die öffentliche Meinung von Merle und Mende erregt: An Weihnachten 1579 bemächtigt sich der Condottiere Merle, ein gräßlicher Lump im Dienst der Hugenotten, der bisher katholischen Stadt Mende im Landstrich Lozère. Um diesen Überraschungscoup leichter durchführen zu können, bewerkstelligt er ihn während der Mitternachtsmesse; die Leute von Mende sind in der Kirche; das Geläut einer riesigen Glocke mit Namen *die Ohnegleiche* übertönt den Lärm, den das Eindringen des Condottiere verursacht. Welch denkwürdiges Fest: Das Gemetzel, das Merle in der Stadt anstellt, ist die Fanfare zu neuen Kriegshandlungen zwischen den beiden Religionen im ganzen französischen Süden.[26] Um das Maß vollzumachen, verbreiten sich zu gleicher Zeit wieder neue Gerüchte über soziale Kämpfe. Die Vorzeichen sind nicht gut: *Im Januar 1580 war am Tag der Bekehrung Pauli* (15. Januar) *schönes klares Wetter. Und es erhob sich ein großer Wind, der nach dem alten Sprichwort Krieg ankündigte ... der schlimmste Krieg für das Volk, den es je gegeben hat* (P 87) ... *In diesem Januar 1580 erfuhr man in der Dauphiné, daß der Adel des Landes mehrere Regimenter Fußvolk aufstellte, um den Dritten Stand auszurotten. Das Volk war darob über die Maßen erstaunt, von den Machenschaften zu hören, die im Gange waren ...*

In punkto Machenschaften ist es aber in Wirklichkeit der dritte Stand, der die Offensive ergreift. Die bündische Bewegung breitet sich immer weiter aus; sie springt vom linken auf das rechte Ufer der Rhone, von Osten nach Westen, von der Dauphiné ins Vivarais. Letztere Bewegung vollzieht sich in der Höhe von Valence, im Süden der vom Grafen von Tournon kontrollierten Zone und außerhalb der Reichweite der Bauernverfolgungen, die er unternehmen könnte.

Am 3. Februar spricht Guérin in einem Brief an seinen alten Komplizen Hautefort, dem ersten Präsidenten des Grenobler Parlaments, mit einiger Bestürzung von den „Volkserhebungen, die sich seit einigen Tagen im Vivarais abspielen[27]": *Eine große Zahl Volks aus beiden Religionen hat sich zusammengerottet, um, wie sie sagen, alle Einhebungen von Deniers und Steuern vom Volke ungültig machen zu lassen* ... In Wahrheit hatten die Kopfsteuerverweigerung, die Drohungen, die Steuereinnehmer zu töten – propagiert von Wanderagitatoren wie einem gewissen Fournier in der Gegend von Privas –, im Vivarais seit Oktober 1579 nicht mehr aufgehört.[28]

Diese bäuerliche, „bireligiöse" Bewegung wirft, wie üblich mit begründetem Zorn, das Problem der militärischen Besetzung des Landes durch die Garnisonen Landfremder Soldateska auf. Solche Garnisonen gibt es in den Städten und Burgen des Vivarais genauso wie in der Dauphiné. Die Forderung nach Frieden ist daher auf beiden Seiten der Rhone gleichermaßen tief empfunden. Am 2. Februar 1580 (an Lichtmeß) schreibt der Bischof von Valence, Charles Gelas de Leberon, der um seine Stadt und seinen Bischofsstuhl bangt: *Sie sind vom Bund des Vivarais: sie sind zu Felde gezogen, um alle diejenigen zur Beachtung des Friedens zu zwingen, die ihn zuvor verweigert haben.*[29] Im Vivarais, einer Diözese des Languedoc, wo die Adligen Steuer zahlen, stehen nicht, wie in der Dauphiné, die Steuervorrechte im Mittelpunkt des Volkszorns.

Die Bündler der Dauphiné hatten sich Führer aus dem Handwerker- und Bürgerstand gewählt. Die des Vivarais, die weniger fortgeschritten und mehr im Grundherrschaftssystem steckengeblieben sind, bringen durch einige „freundschaftliche Rippenstöße" den einen oder anderen einheimischen Adligen, wie Herrn von Saint-Serge oder Herrn von Pierregourde dazu, sich an die Spitze ihrer Bewegung zu stellen. Das wird sich bei ihnen als Gewohnheit erhalten.[30] Der Bischof schreibt weiter: *Ein Edelmann führt sie an, sie haben ihn mit Gewalt gezwungen, ihr Chef zu werden; ich glaube, er heißt Saint-Serge.* Die vivaraisischen Bündischen des beginnenden Karnevals sind zahlreich und organisiert.

Von den Wällen von Valence auf dem linken Ufer aus sieht man auf dem gegenüberliegenden Rhoneufer, in der Ardèche, ihre gut geführten Scharen. Wie der Bischof von Valence schreibt: *Wir haben* (auf dem rechten Ufer) *in der Ebene zwischen Les Granges und Crussol einen Schützentrupp entdeckt, der ungefähr 500 Mann umfassen mochte und der in geordneten Reihen unter Trommelschlag marschierte.* Wie gewöhnlich sind die Trommler dabei. Aber es kommt schlimmer: Am Nachmittag oder abends wird die Burg Crussol, eine alte Festung auf dem Gipfel eines mächtigen Felsens gegenüber von Valence, von den ländlichen Scharen in Brand gesteckt. Zuerst von den Hugenotten (1573), dann von den Katholiken und Staatstreuen besetzt (1579–1580), hört Crussol an diesem Tage auf, ein befestigter Platz zu sein; von nun an kann es nicht mehr im Namen einer der kriegführenden Parteien die Bauernschaft erpressen.[31]

Die vivaraisischen Bünde haben ihre eigenen Charakteristiken (adlige Führung, relativ „eng" gesteckte Ziele, die fast rein friedlich und kaum „gesellschaftsfeindlich" sind). Diese besonderen Merkmale der vivaraisischen Rebellion der Jahre 1570–1580, die gemäßigter ist als die der Dauphiné, werden lange fortbestehen, bis in ihre Ausläufer im 17. Jahrhundert. Das hindert jedoch den Richter Guérin nicht, im Vivarais wie in der Dauphiné beunruhigt die Vorliebe für zumindest taktische Bündnisse der Bauernbünde mit der Hugenottenpartei festzustellen; die natürlich zur etablierten Kirche und zu der vom König ausgehenden offiziellen Gewalt in Opposition stand. Nach Guérin, der die Lage von der anderen, ebenfalls in Unruhe geratenen Rhoneseite her beobachtet, *wundern sich* verschiedene Personen, *daß am Anfang solcher Unternehmungen* (der Bündischen des Vivarais) *Angriffe gegen Katholiken und solche Orte stehen, die für den König sind.*[32]

Zur Stunde da in Romans der Karneval zu lodern beginnt, gerät das ganze mittlere Rhonetal auf beiden Ufern in Aufruhr. In Valence schwelt das Feuer unter der Asche: Der Montilianer Jacques Colas, der gemäßigte Führer des Bundes, hat die Kontrolle über seine Gefolgschaft verloren und, wie Guérin schreibt, *in dieser Stadt den Argwohn und Trotz des Volkes erfahren. Als er das sah, ist Jacques Colas sehr mißmutig nach Montélimar zurückgekehrt.*[33] Der Bischof von Valence hat nicht die Möglichkeit, wie Colas die aufgeregte Stadt mit seiner Heimatstadt zu vertauschen. Er ist es sich schuldig, in seiner Bischofsstadt auszuhalten und dort die Partei der „besseren Leute" gegen das „kleine Volk" zu stützen, das seit einiger Zeit von dem Müller Bonniol, dem „Obersten" Fortunat de Dornes und dem Ratsmitglied der Stadt Guillaume Savinas aufgewiegelt, vertreten und angeführt wird. Am 26. Februar 1579 hatte Savinas den Abzug der restlichen Truppen Maugirons aus Valence verlangt.[34] Am 19. März 1579 hatte eine von den Konsuln nolens volens genehmigte Versammlung des „kleinen Volks" von Valence Fortunat de Dornes, einen waffenerprobten Mann, zum Obersten und „Superintendanten" der Volkswehr der Stadt gewählt.[35] Am 30. April 1579 hatten der Müller Bonniol (mit wahrem Namen François Chevalier, ein politischer Volksführer) und ein gewisser Sanglard den Versuch gemacht, Kriegsleute aus dem Vienner Land, das heißt bewaffnete bündische Bauern, nach Valence einzulassen. Eine unerträgliche Vorstellung für die Notabeln, aber auch für einen Teil des „kleinen Volkes" selbst; einer davon ist ein gewisser Antoine Moet; er zeigt dem Stadtrat die Machenschaften seines früheren Genossen Bonniol an.[36] Es sieht demnach so aus, als habe in Valence dieselbe Spaltung zwischen „harten" Bündischen wie Bonniol und gemäßigten wie Moet stattgefunden, die wir schon in Romans zwischen Paumier und Laroche gesehen haben. Wobei der Testfall wie so oft die Entscheidung darüber war, die bäuerlichen, mit den radikalsten städtischen Elementen verbündeten und möglicherweise zum Plündern geneigten Truppen in die Stadt einzulassen oder nicht.

Anfang Februar 1580 hat sich die Lage in Valence noch bei weitem nicht beruhigt. Mit einem Auge nach der Vivarais-Seite der Rhone hinüberschielend, wo die Feuerbrunst von Crussol noch flackert, stellt der Valencianer Prälat Charles Gelas de Leberon betrübt fest, *daß dies arme, schlecht beratene Volk auf Anstiftung der „Tobsüchtigen", deren es noch immer eine große Anzahl und mehr als ich möchte in der Stadt gibt, in Neid* (auf die Notabeln) *geraten ist.* Charles Gelas hat sogar das Schlimmste befürchtet: *Sie sind so weit gegangen, mir großen Kummer zuzufügen, mir und den Guten* (den „besseren Leuten"), *die von meiner Partei sind.*[37] Immerhin gelingt es dem Prälaten, die Geister am Sitz seiner Diözese durch einige Vorhaltungen zu beruhigen, für die er sich die größten Hitzköpfe vorknöpft. Valence bleibt während des Karnevals verhältnismäßig ruhig.

In Romans dagegen treibt alles der Krise und der darauffolgenden Auflösung zu. Wie Maugiron am 12. Februar 1580 an den König schreibt[38].

... immerhin fürchte ich nur Romans. Denn Valence steht unter dem Regiment eines guten Mannes, eines treuen Dieners, der Bischof des Ortes ist. Aber die Spaltung von Romans macht mir viel Kummer und Angst ...

Im vorliegenden Fall heißt Romans immer viel mehr als Romans. Man muß darunter auch die Dörfer im Norden verstehen, die sich schon im Vorjahr meistens als aufrührerisch erwiesen haben. Den Hintergrund des städtischen Dramas bildet Marsas, bildet Chantemerle, bildet die Valloire.

Marsas wiederholt im Februar 1580 haargenau das Experiment vom Februar 1579. Die Verwüstungen durch das Kriegsvolk sind in diesem Dorf Beweggrund oder Vorwand für halb kriegerische, halb folkloristische Zusammenkünfte zu Lichtmeß 1580. Wenn man einem Brief Guérins glaubt, handelt es sich bereits um militärische Zusammenkünfte: *Letzten Dienstag, am Tag unserer Lieben Frau* (Lichtmeß), *haben sich unsere Nachbarn ringsum* (die Dörfler) *mit Waffen und Trommeln und 15 oder 16 Fähnlein an der Zahl in Marsas versammelt, aber ohne irgendeine Unordnung zu machen.* Fünfzehn oder sechzehn Fähnlein, das heißt ungefähr 1 500 Mann[39] aus mehreren Sprengeln, die sich auf einem ihrer Territorien zusammengefunden haben.

Die Valloire ihrerseits, die 1579 im Winter und im Sommer in solcher Erregung gewesen und immer bereit war, die Waffen gegen einen realen oder imaginären Feind, Katholiken oder Grundherren zu ergreifen, entsendet erneut einige ihrer entschlossensten Bewohner nach Romans: *Am Lichtmeßtag* (2. Februar 1580) *kamen in diese Stadt mehrere aus der Valloire, um an der Versammlung teilzunehmen ... ihnen war sehr daran gelegen, daß diese Versammlung schnell durchgeführt würde;* ihre Sprache war *voll von Drohungen und anderen Leidenschaften, die ich* (Guérin) *nach ganzem Vermögen zu dämpfen versuchte.*[40]

Während der Richter Fluten der Beredsamkeit verströmt, um die Eindringlinge aus der Valloire zu beschwichtigen, die dann auf Grund einer mißverstandenen Rückberufung bald auseinandergehen sollten, ereignet sich im inneren Kreis der Bevölkerung von Romans ein anderes und kurioses Ding: Paumier verkleidet sich als Bär.

Siebtes Kapitel
Antoine Guérin von Romans, Meister der Volksbräuche

Wie im Jahre 1579 beginnt auch 1580 in Romans alles wieder an Lichtmeß (2. Februar) und St. Blasius (3. Februar). Diese beiden Feiertage sind in Stadt und Land der Beginn der bewegten Karnevalszeit.

Schon Ende Januar haben in der Dauphiné-Stadt lautstarke Vorbereitungen stattgefunden. Ihrem üblichen Brauch gemäß, haben die zu ihrem Umzug rüstenden Tuchmacher gegen den 30. und 31. dieses Monats *berittene Ausrufer durch die Stadt geschickt, um das Volk aufzufordern, sich zu bewaffnen und auszurüsten, um den gewohnten Umzug zu veranstalten* (A 152). Es war diesmal nicht nur die Wiederholung eines Rituals, es war auch die Feier des ersten Jahrestages der halben Unabhängigkeit von der staatlichen Herrschaft; des ersten Jahrestages eines Systems der Doppelherrschaft, dessen Ränder paumieristisch und dessen Kern guéristisch war. Paumier, der Volksführer, scheute sich nicht, sich an diesem Aufmarsch, bei dem die Tuchmacher sich wie edle Ritter in Waffen und zu Pferde bewegten, sichtbar zu beteiligen. *Es muß beachtet werden, daß einer der Leute zu Pferde dieser Paumier war* (A 152). Auch die zu Trauerzügen und Militärmärschen gehörigen Trommeln waren in diesen Tagen mit von der Partie: *Von da an begannen sie, mit Trommeln und Waffen durch die Stadt zu ziehen.*

Als Lichtmeß-Bär ausstaffiert, begab sich Paumier ins Stadthaus. Die Sitzungsprotokolle der Stadt registrieren nämlich seine Anwesenheit bei den Beratungen von Januar-Februar 1580.[1] *Man sah Paumier in einem Kleid aus Bärenfell in das Konsularhaus kommen und dort einen Rang und Sitz einnehmen, die ihm nicht zukamen und an die er vorher nicht gewöhnt war* (A 153). Dies „bärenhafte" Eindringen wird von dem Richter als Symptom seines Machtwillens gedeutet. Ein gesetzloser Wille selbstverständlich. Das alles gab den *Scharfsichtigsten zu denken, was sie schon immer geahnt hatten, daß er* (Paumier) *große Umtriebe im Schilde führen mußte* (A 153). Wie immer übertreibend und fabulierend, unterstellt Guérin Paumier, diesem Wunderkind des Ruhmes, „pandauphinische" Absichten, die er sichtlich aufbauscht: *Dieser Paumier hat sogar öffentlich gesagt, jeder solle wissen, daß es in der ganzen Dauphiné niemanden gäbe, der ihm befehlen könnte.* Ernster zu nehmen ist vermutlich die Unterstellung Guérins von einer geheimen Verständigung zwischen den „Paumieristen" und den Hugenotten. Die Bärenhaut konnte eine protestantische Verschwörung verdecken. *Derart, daß die besseren Kreise* (von Romans) *beschlossen, das Verhalten Paumiers und seiner Anhänger wachsam zu verfolgen, da diese Anhänger, sogar die Anführer dieser Bünde, wie schon oben gesagt, meistens von der Religion* (reformiert) *waren, was sie* (die besseren Kreise) *mehr bekümmerte als der Rest* (A 153). In Wirklichkeit waren die bündischen Anführer kaum Hugenotten; aber sie ließen sich tatsächlich mit protestantischen Abgesandten ein. Ein Jahr vorher war auch Jean Guigou noch einer von diesen gewesen. Dann war er ins Lager Guérins übergegangen.

2. Februar: Das Auftreten des Bären. 3. Februar: St.-Blasius-Tag. Fest der Drescher, der Wollkämmer, deren Kämme den Leib des Heiligen bei seinem Martyrium zerrissen haben. *Als dieser Tag gekommen war, fanden sich gut sechshundert aus diesem Gewerbe in Waffen und Ausrüstung zusammen* (A 152). Sechshundert Tuchmacher in Romans? Die von Guérin angeführte Zahl ist übertrieben … Aber sechshundert Familienoberhäupter aus allen möglichen Handwerkszweigen; und Hunderte von Männern, Handwerksmeister und einfache Arbeiter, waren tatsächlich in der Tuchmacherei und Wollkämmerei und in den Werkstätten und Läden der Stadt beschäftigt. Zählt man sie alle zusammen, Tuchmacher, Kardierer und andere, selbständige Arbeiter, kleine Meister und Angestellte, dann kommt der Aufmarsch des Mannsvolks gut auf die Zahl von sechshundert Personen. War es eine politische Kundgebung, eine militärische Einschüchterungsdemonstration? Guérin legt es nahe. Er hat nicht völlig unrecht, selbst wenn er wie gewöhnlich die Wirklichkeit bis zur Karikatur vereinfacht: *Dabei ging Paumier und seinen Anhängern das Herz derart auf, daß er nun sicher war, sein Unternehmen durchführen zu können und daß der Tag nahe war.* Es handelt sich selbstverständlich um das Unternehmen, die Macht der Notabeln völlig zu brechen, ein Plan, den Guérin Paumier willkürlich unterstellt. Nicht daß dieser unschuldig wäre … Aber er war meiner Ansicht nach nicht der Narr, sich ohne Verstärkungen in ein Abenteuer dieser Art zu stürzen. Ohne Verstärkungen, das heißt ohne Lesdiguières. Ohne die Hugenotten.

Die Hauptsache des St.-Blasius-Festes ist nach wie vor sein folkloristischer Inhalt: *Die Männer des Tuchmacheraufmarsches rannten um den Hammel und veranstalteten ihr „Reynage"* (Königreich) *wie im Vorjahr.* Dieser Teil der Feiern fand am 3. Februar statt, zog sich aber noch über die folgenden Tage hin; zuerst gab es ein Wettrennen zwischen Teilnehmern des Zuges, besonders jugendlichen; dann erfolgte die Preisübergabe an den Sieger des Wettrennens, den theoretisch schnellsten Läufer (wenn bei dem Spiel nicht gemogelt wurde); der Preis war ein Hammel bzw. kastrierter Widder. Wahrscheinlich wurde das Tier gehetzt und durch Sensenwürfe getötet.[2] Zum Schluß gab es ein „Reynage", einen „Königsumzug", auf den wohl ein Bankett folgte, an dem zu diesem Zweck gewählte Persönlichkeiten einer karnevalistischen Phantasiehierarchie teilnahmen. Der Hammelkönig konnte zum Beispiel von seinem Kanzler, seinem Prior usw. begleitet werden, die alle kostümiert waren. Vermutlich war der Hammelkönig einer der Führer oder sonst eine herausragende Persönlichkeit der Partei des Volkes. Aber wir wissen sonst kaum etwas über ihn. Die von Guérin im Hinblick auf diese Vorgänge gebrauchten Worte *„wie im Vorjahr"* sind aufschlußreich: Trotz Säbelgerassel und Stiefellärm befinden wir uns noch immer in der alljährlichen, karnevalistischen und fürs erste friedlichen Wirklichkeit alter Bräuche.

Das ist so wahr, daß Guérin in einem Brief, in dem er am selben Tag (3. Februar 1580) brühwarm über die Ereignisse berichtet, sich in keiner Weise über den fröhlichen St.-Blasius-Umzug, der vor seinen Augen stattfindet, ereifert. Der Richter ist vielmehr besorgt über die Unruhen in Valence, durch die Jacques Colas nach Montélimar zurückgedrängt worden ist; und über die chronischen und immer wiederkehrenden Unruhen der Bauern von Marsas und der Valloire. Der Umzug der romanaisischen Tuchmacher ist für ihn einstweilen vor allem ein alter Brauch. Erst später, im Licht der weiteren Entwicklung, wird Guérin ihn umdeuten; und auch im Licht der Verschwörung, die er, Guérin, gerade auf kleinem Feuer anzuheizen beginnt.

Das Hammelkönigreich mit seinem Umzug war erst ein Teil des Volksvergnügens, das an Lichtmeß und vor allem am St.-Blasius-Fest seinen Anfang nahm. Am 3. Februar und den folgenden Tagen wurde überall in den Straßen von Romans und besonders den Handwerkerstadtvierteln getanzt, und zwar Tänze, die in der damaligen Sprache „Branle" (= *Hopser*, ein Rundtanz, d. Übers.) genannt wurden. *Sie tanzten in der Stadt den Branle,* schreibt Guérin, Welchen? Es gab nämlich mehrere Rundtänze solcher Art. Manche Tanzgruppen *traten mit Schweizer Trommeln, mit Schellen an den Füßen und nackten Schwertern in den Händen auf* (A 152). Es handelte sich dabei also um einen „Schwerttanz" (mit Scheintötung?), wie man ihm in vielen Gegenden der Dauphiné, Deutschlands und Italiens begegnete.[3] Die Fußschellen erinnern an das Schellenzepter des mittelalterlichen Narren; erinnern auch an Rabelais und das Herunterholen der Glocken im *Gargantua.* Glocken sagen im Belfried der Festung und im Kirchturm die Zeit an; Glocken auf dem Rücken wie bei einem der spanischen Karnevalsfeste; Glocken an den Füßen wie in Romans während der Narrenzeit. Es sind die Glocken der Verwirrung; der verkehrten Zeit. Das Dröhnen der „Schweizer Trommeln“, das Glocken und Schwerter begleitet, hat einen politischen Sinn: Es erinnert an die mannhafte Demokratie nach Schweizer Art, die die „Aufrührer“ angeblich in der Dauphiné einführen wollen. Das Getrommel hat aber auch den Sinn eines dreifachen Signals, dessen Entsprechung man bei vielen Völkern in verschiedenen Teilen des Planeten findet. Ein akustisches, kalendarisches und gesellschaftliches Signal. Die „Trommeln der Trauer“ grüßen und beschwören mit ihrem Dröhnen den alljährlichen Umbruch der Zeit und den Umbruch der (romanaisischen) Gesellschaft.

Eine zweite große Tanzgruppe des St.-Blasius-Festes tanzt ganz anders: *Andere zeigten* (Tänze) *einer anderen Art, wobei einige Rechen trugen, andere Besen und wieder andere Dreschflegel* (A 152) ... und das Kleid der Totengräber.

Gehen wir über rationalisierende Deutungen schnell hinweg: „Die Besen und die Rechen bedeuten wahrscheinlich“, schreibt J. Romans, der Herausgeber der Guérinschen Texte, „daß man die besseren Leute vertreiben, die Dreschflegel, daß man sie verprügeln und das Totenlinnen, daß man sie begraben solle.“[4] Das ist nicht völlig falsch: Einige Monate zuvor war der rebellische Amtsanwalt Gamot in Grenoble verhaftet worden, weil er, wie Katharina von Medici berichtet, *den Rechen getragen und das Volk in Erregung versetzt hat.* Und Hemingway beschreibt in einer berühmten, grauenhaften Stelle in *Wem die Stunde schlägt,* wie „rote“ Bauern mit Dreschflegeln ihre wohlgeborenen Gegner totschlagen. Noch im 19. Jahrhundert jagt der Bauer der Dauphiné seine Töchter mit dem Besen nach Hause, wenn sie sich ungehörig benehmen.

Dennoch ist diese aggressive Bedeutung nicht die einzige: Dreschflegel, Rechen und Besen begleiten auch einen Tanz zu Ehren der Vollendung eines Getreidejahres. In Romans und Umgebung sind wir noch in einem Land, wo der Dreschflegel benutzt wird, um die Körner von Spreu und Spelze zu trennen. (Das gilt nicht für den Süden, das untere Rhonetal, wo die ausgedehnte Zone der mediterranen Getreidepflanzungen beginnt: Dort wurde im Sommer von Pferden und Ochsen das Getreide mit der Walze ausgekörnt.) Im Raum von Romans bleibt es beim winterlichen Dreschen mit Dreschflegeln in gemeinsamer Arbeit. Dem entspringen die Karnevalsriten des St.-Blasius-Tages: Dreschflegel, Rechen und Besen; die ausgebreiteten Ähren werden gedroschen; Korn, Spreu und Spelze werden mit dem Rechen voneinander getrennt und mit dem Besen zusammengefegt. Das ist die Vollendung oder auch der Tod eines Getreidejahres, das Vorspiel zu der Neugeburt, der Frühjahrsaussaat. Beim Karneval der Dauphiné ist der heilige Blasius immer in erster Linie der Schutzherr der Frühjahrsaussaat.

Die Tänzer, die den Tod des Jahreszyklus von Aussaat, Keimen, Ernte und schließlichem „Zu-Tode"-Schlagen tanzen, sind auch ganz einfach Tänzer eines Totentanzes. „Sie trugen ... Dreschflegel *und das Kleid der Toten mit anderen, die riefen, daß, ehe drei Tage vergangen sein würden, das Christenfleisch zu sechs Deniers das Pfund verkauft würde.*" Die Tanzprozession der Korndrescher ist also zugleich der Beerdigungszug, der den Ursprung des Karnevals bildete. Immerhin mit einigen originellen, bedeutungsvollen Merkmalen. Wir erfahren aus der Fortsetzung des Textes (A 160), *daß das Totenkleid von Romans das Kleid des Ausrufers der Heilig-Geist-Bruderschaft ist, daß es zweifarbig, rot und blau, ist und vor den Toten hergetragen wird, die man zur Beerdigung fährt.* Die Heilig-Geist-Bruderschaft ist die Fortsetzung der alten Organisation der Dörfer und Marktflecken des französischen Südostens. Ihre Kapelle befindet sich in der Sainte-Foy-Kirche im Nordosten von Romans, in der Nähe der volkstümlichen Stadtviertel. Sie war der Kern, um den herum sich im Mittelalter die städtische Gemeinde gebildet hat. Ihre Aufgabe ist die Verteilung von Lebensmitteln und Geld an die Armen. Außerdem aber vereint sie die Lebenden und die *Toten*, ein bemerkenswertes Phänomen! Unter der Bedingung, zu Lebzeiten einen besonderen Beitrag gezahlt zu haben, bleiben die Mitglieder auch nach ihrem Tode während einiger Jahre noch Mitglieder des Vereins; sie kommen zu den Festmahlen der Gefährten; an der mit einem Gemeinschaftsmahl gedeckten Tafel sind sie Mann für Mann anwesend, vertreten – durch Arme. So wird es dank der Heilig-Geist-Bruderschaft (deren besonderer Schutzpatron der heilige Blasius ist[5]) möglich, daß Handwerker, Arme – und Tote am Tag des heiligen Blasius brüderlich vereint zusammen auf die Straße gehen.

Hinter diesen Totenfeiern lassen sich auch gewisse kannibalische Phantasien erahnen. Die Rufe *sechs Deniers das Pfund Christenfleisch* aus dem Munde der lebendigen, vorüberziehenden Mitglieder der Bruderschaft sind eine halb ernsthafte, halb karnevalistische Drohung gegen die Notabeln; gleichzeitig sind sie die makaber scherzhafte Aufforderung an die Teilnehmer, das Fleisch der Leichen zu essen, für deren Bestattungszeremonien und Beerdigung sie verantwortlich sind.[6]

Drei Volksriten prägen das St.-Blasius-Fest: Die (Karnevals-)*Krieger* schwingen beim Tanz das Schwert; die *Bauern* klopfen mit dem Dreschflegel auf den Boden und schwingen Rechen und Besen, die Werkzeuge zur Bearbeitung des Getreides; die mit den *religiösen* Feiern betrauten Gefährten vom Heiligen Geist schwingen das Totenhemd.

Diese drei Urformen der Darstellung des *Ausgangsthemas* Karnevalstod (die bäuerliche, die kriegerische und die sakrale) sind wesentlich; neben ihnen treten die hinzugefügten, zweitrangigen Bedeutungen vom heiligen Blasius als Beschützer der Wollkämmer während des Festes von Romans am 3. Februar 1580 kaum in Erscheinung; und das, obwohl der Umzug in erster Linie von der Sankt-Blasius-Bruderschaft der Wollkämmer und Tuchmacher veranstaltet wird, zu denen sich die Heilig-Geist-Bruderschaft gesellt, die ihrerseits dem ursprünglichen Kern lebender und toter Ackerbauern entspricht. Vergessen wir doch nicht, daß gegen 1580 die Ackerbauern 36 % der Bevölkerung von Romans ausmachen.

Die Tuchmacher weben das Leichentuch der alten Welt, das Leichentuch, das sie wehen lassen wie einen Trauerschleier. Die Bauern- und Handwerkertänze des St.-Blasius-Festes sind zwar alter Brauch, aber sie politisieren sich schnell, da sie sich über die ganze Woche hinziehen, die auf das Fest des Heiligen folgt. Diese Politisierung eines „kleinen herumschwofenden Haufens" wird von Guérin bestätigt (A 152): *Sie machten Rundtänze durch die Stadt ... und all die Tänze hatten keinen anderen Zweck, als wissen zu lassen, daß sie uns töten wollten.* Man wird mir entgegenhalten, daß der Richter ein notorisch unglaubwürdiger Zeuge ist. Aber auch der viel unparteiischere Piémond behauptet fest, daß die Tänze über das reine Brauchtum hinausgingen. Er schreibt nämlich (P 88), daß die Leute vom romanaisischen *Bund* oder der *Union* bei den verschiedenen „Königreichen", die sie in der Karnevalszeit zwischen St. Blasius und Fastnachtsdienstag veranstalteten, *mehrere große Essen, Tänze und Maskeraden veranstalteten und während der ganzen Woche bei ihren Branlen und Maskeraden sagten, daß die Reichen ihrer Stadt sich auf Kosten der armen Leute bereichert hätten ...*

Diese Unterstellungen, die im Karneval der armen Leute laut wurden, jagten den besseren Leuten kalte Schauer über den Rücken. *In der Voraussicht, daß sie rückerstatten müßten, fühlten sich mehrere der patrizischen und kaufmännischen Notabeln beunruhigt, und obwohl mehrere von ihnen der Union angehörten, versuchten sie doch, die Aufrührerischsten* (der Mitglieder der Handwerkerpartei) *zu vernichten, und um das zu erreichen und da sie Gehör fanden bei einigen, die gegen den Dritten Stand waren, bereiteten sie ein anderes „Königreich" im Haus der Stadt vor, das am Rosenmontag stattfand ...* (P 89).

Lassen wir dies andere „Königreich", das tatsächlich ab Dienstag, dem 9. Februar, von den „Reichen" organisiert wurde, vorläufig beiseite. Aber halten wir fest, daß man in den Tänzen der Armen die übliche Mehrdeutigkeit (oder Polysemie wie die Linguisten sagen) wiederfindet, die das Kennzeichen von Volksdenken und Volksfestlichkeiten ist. Die Forderung der Handwerker, daß die Reichen *rückerstatten,* hat einen Unterton von Klassenkampf. Sie knüpft aber auch an das eigentliche Karnevalsmotiv der Almosensammlung an, der Neuverteilung der Güter der Erwachsenen an die Jugendlichen und des Vermögens der Reichen an die Bedürftigen. Noch lange nach unserem Karneval von Romans gehen vom 17. bis zum 19. Jahrhundert Generationen von Jugendlichen der Dauphiné am Karneval mit Tänzen und Maskenzügen in die Häuser, um von den gesetzten, verheirateten Leuten, den Familienoberhäuptern, Eier, Würste und sonstige Geschenke an Nahrung oder Geld einzusammeln ...

Die Tänze, Branlen und Maskeraden des St.-Blasius-Festes, die zum Zweck der „Wiedergutmachung" abgehalten werden, scheinen mehr oder weniger sporadisch oder mehr oder weniger intensiv vom Mittwoch, dem 3. Februar (St. Blasius), bis zum Samstag, dem 13. Februar, in den Straßen von Romans angedauert zu haben: insgesamt zehn Tage (P 88).

Sie sind nicht die einzigen Festlichkeiten, die sich auf den Straßen abspielen. Wohl am Samstag, dem 6. Februar, oder Sonntag, dem 7. Februar, zeigt sich ein anderes „Königreich". *Daraufhin entschloß sich ein guter Trupp aus dem Jacquemart-Tor-Viertel, ein eigenes „reynage" zu veranstalten und einen Hahn zu hetzen* (A 153).

Dieser gute Trupp bestand aus gemäßigten Bündischen oder „besseren Leuten", die das relativ gut situierte Jacquemart-Tor-Viertel bewohnten. Es waren „zahme" Bündler, die sich nach und nach mit den „wilden" Bündlern zerstritten oder sich ihnen entfremdet hatten, da diese an der Führerschaft Paumiers festhielten.

Dieser beginnende Bruch bedeutete aber keine Politisierung des Hahnenkönigreichs, zumindest nicht nach außen. Auf der Seite der Reichen schien alles auf rein folkloristisches Vergnügen angelegt. Der (vorher bestimmte?) Gewinner des Rennens um den Hahn war ein junger Mann namens Laigle, der in seinem Jacquemart-Tor-Viertel sehr beliebt war. Dieser Hahn trug also den Namen eines Adlers (Laigle = l'aigle = der Adler, Anm. d. Übers.). Was beim Karneval der Reichen zu einer Fülle von Anspielungen auf die zweifach gesteigerte Männlichkeit dieses „Adlers" führte, der mit dem Kikeriki überhaupt nicht mehr aufhörte; er schmückte sich mit den Federn oder dem geschwollenen Kamm des „Gockels". Die Festivitäten dieses Raubvogel- und Hühnerkönigs aus dem Jacquemart-Viertel dauerten nur zwei Tage (Montag und Dienstag, 9. Februar 1580). *Laigle feierte sein Festmahl zwei Tage lang mit jedweder Fröhlichkeit und Zeitvertreib, die er sich ausdenken konnte, ohne daß während seiner Herrschaft, die nur diese zwei Tage dauerte, von etwas anderem gesprochen wurde als von Masken, Tanz, Jagd und anderem Zeitvertreib* (A 153). Im Jacquemart-Viertel am Fuß des hohen, schmalen Uhrturms ging es also während der achtundvierzig Stunden dieser provisorischen Herrschaft von Maskenzügen, Banketten, Bällen oder Branlen hoch her. Auch die für den ursprünglichen Kern des Karnevals besonders typischen Jagdriten[7] wurden dabei geübt. Offenbar war die Atmosphäre nicht mit Kampfparolen geladen. In dieser Beziehung gingen die Dinge sogar sehr weit, bis zu heuchlerischen Umarmungen. Entweder aus Einfältigkeit oder weil er sich für einen Machiavelli hielt, tat Paumier so, als sei er vom Spiel des Königs Laigle und dem Hahnenkönigreich nicht beunruhigt. *Weder Paumier noch seine Spießgesellen zeigten sich neidisch oder mißtrauisch* (A 151). Der 9. Februar war geprägt vom „Triumph" des Adlerkönigs; wahrscheinlich bestand die Feierlichkeit in einem prächtig einherstolzierenden Umzug und einigen sportlichen Wettkämpfen (A 155, 162). Das Ganze gipfelte in einem abendlichen Mahl des Hahnenreichs: Der angesehenste Gast dieses Banketts war Paumier selbst, der als „Nachbar" gekommen war: Als fairer Spieler hatte er sich beim Liebesmahl des König-Gockels eingefunden. Konnte sich der Volksführer Paumier vorstellen, daß dieser Karnevalsmonarch bald einer seiner Verfolger und deshalb der erklärte Liebling der Damenwelt des romanaisischen Patriziats sein würde? Doch war Paumier zu dem „königlichen" Liebesmahl nicht ohne Schutztruppe erschienen. Er hatte sich (wenn man seinem Feind Guérin glaubt) von ein paar Typen mit Galgenvogelgesichtern begleiten lassen, die er unter seinen Anhängern ausgewählt hatte. *Kurz darauf* (Dienstag, 9. Februar) *kam Paumier mit einigen ziemlich finster aussehenden Gesellen zurück und begab sich zum Abendessen, das der König Adler, der an diesem Tag seinen Triumphzug gehalten hatte, veranstaltete* (A 155).

Man wird bemerkt haben, daß im Laufe der Darstellung unseres Richters der König Laigle zum König Adler (aigle) geworden ist, was im Text die Animalisierung oder auch die Folklorisierung der Ereignisse hervorhebt.

Hinter dem Wogen von Adler- und Hahnenfedern wurde jedoch weiter Politik gemacht. Und Krieg geführt. Am Tag vor dem Triumphzug des Hahns (9. Februar 1580) hatten die Hugenotten erfolglos einen bewaffneten Handstreich zur Eroberung Grenobles versucht (8. Februar). Wütend über ihren Mißerfolg, hatten ihre räubernden Truppen sich auf die kleineren Orte rings um die Dauphiné-Hauptstadt gestürzt, Vizille, Saint-Quentin, La Motte-Verdier. Von heute aus gesehen unbedeutende Scharmützel; das Vorspiel zu dem ebenso belanglosen „Krieg der Liebenden", einem kleinen bewaffneten Konflikt zwischen Protestanten und Katholiken, der 1580 das südliche Frankreich in mäßige Erregung versetzen sollte. Für die zeitgenössische Dauphiné aber hatten diese Kampfhandlungen ihr Gewicht an Blut. Glaubte man dem katholischen Verfolgungswahn, der nicht immer grundlos war, so gehörten diese bewaffneten Truppenbewegungen der protestantischen Seite zu einem Gesamtplan, der von einer Hugenottenversammlung in der Stadt Anduze (Cevennen) ausgekocht worden war. Ein Plan, der die Koordinierung der Aktivitäten ihrer Anhänger auf beiden Seiten des Rhonetals zum Ziel hatte: der Bemühungen Lesdiguières' und seiner Gefolgschaft, der Aktionen der Bauernbünde im Vivarais und dem ganzen Raum von Romans. Im Osten der Rhone hatte sich zum Beispiel der Hugenottenhauptmann Bouvier vor kurzem an die Spitze von fünfhundert wohlbewaffneten Bauern gestellt; gemeinsam hatten sie sich mehrerer Burgen bemächtigt. Um dieser Bedrohung entgegenzuwirken, schloß der Generalstatthalter des Raums Lyon, François de Mandelot, seine geringen Streitkräfte zu einer militärischen und politischen Koalition mit den Streitkräften Maugirons und des Grenobler Parlaments zusammen: Mandelot versuchte, die Delegierten bei den Landständen der Dauphiné (sechs Vertreter der Geistlichkeit, sechs des Adels, zwölf des dritten Standes) für seine Sache zu gewinnen. Einige königliche und papistische Kompanien der Soldateska zogen zu Felde. Der Lärm ihrer Stiefel beunruhigte den plebejischen Teil des dritten Standes in Stadt und Land: Er fühlte sich derzeit von den Männern, die in seinem Namen bei der Grenobler Ständeversammlung das Wort führten, nicht vertreten (P 94).

Maugiron machte sich besondere Sorgen um Romans. Die Stadt hatte eine Reihe von Krisen hinter sich, die noch nicht beendet waren. Auf jeden Fall gab es in anderen Städten der Provinz, die entweder von ihrem Bischof (Valence) oder von ihren Notabeln besser im Zaum gehalten wurden, nichts Vergleichbares.

Zur Zeit, als die Feiern des romanaisischen Karnevals anzulaufen begannen, wirkte Maugiron in der Stadt durch seinen Bruder, den er klammheimlich hingeschickt hatte; und auch durch die Einschaltung Guérins und einiger „besserer Leute", die der Generalstatthalter vor seinen Wagen hatte spannen können. *Es ist mir gelungen,* schreibt Maugiron am 12. Februar 1580[8] an den König, *einige der katholischen besseren Leute* (in Romans) *zu gewinnen, die jedermanns Verhalten überwachen, um den geheimen Umtrieben und Absprachen derer von der* (reformierten) *Religion entgegenzutreten.* Die Ränke Maugirons hatten bei der Inszenierung des scheinbar harmlosen Adler-Hahn-Königreichs eine Rolle gespielt. (Die Veranstalter dieses Königreichs bildeten im Zentrum der Gruppierungen von Romans eine Art politischen „Sumpf", in dessen trüben Gewässern Guérin binnen kurzem fischen gehen sollte.)

Der Einfluß der Maugironschen Intrigen tritt noch viel deutlicher zutage, wenn man die rein patrizische und notable Veranstaltung des folgenden *reynage,* mit Namen Königreich des Rebhuhns, näher betrachtet.[9]

Am Dienstag, dem 9. Februar 1580, dem Tag des triumphalen Umzugs des Adler-Hahns, *beschlossen einige der angesehensten Bürger der Stadt, die sich miteinander auf dem großen Platz unterhielten, ein „Reynage" zu veranstalten* (A 153). Es handelte sich darum, ein Rebhuhn zu hetzen, das heißt einen Wettlauf zu organisieren, dessen Gewinner als Belohnung ein Rebhuhn erhalten sollte. Geographisch gesehen ging dieses „Königreich vom Rebhuhn" von dem Stadtviertel um den großen Platz und die Brücke von Romans aus. Man veranstaltete also ein Fest, das der Form nach folkloristisch, dem Inhalt nach aber politisch sein würde; sein Angelpunkt war die großbürgerlichste Gegend der Stadt mit dem großen Platz als Mittelpunkt und der Brücke als Grenze. Diese Brücke über die Isère verband Romans mit seiner Vorstadt Bourg-de-Péage (entspricht etwa dem dt. Ortsnamen „Mauthausen", d. Ü.).

Dachten die Veranstalter des Rebhuhn-Königreichs, zu denen Guérin persönlich gehörte, nur daran, aus Sympathie mit ihren Nachbarn und Freunden von Adler und Hahn deren Spielen nachzueifern? Diese Deutung, die der Richter mit Unschuldsmiene vorbringt, ist wahrscheinlich nicht ganz unwahr. Aber sie gibt nur einen Teil der Wahrheit wieder. Piémond irrt sich zwar manchmal in den Daten; aber als Sympathisierender der Bündischen sieht er klar in bezug auf die mörderischen Absichten der romanaisischen Bourgeoisie. Er erklärt ohne Umschweife, das *reynage* vom Rebhuhn sei der Gegenschlag der Notabeln mit dem Ziel der Vernichtung. Gegenschlag gegen die reichenfeindlichen Bräuche der Handwerker, deren verborgene Absichten verdächtig erscheinen. Hatten sie denn nicht durch ihre aufrührerischen Branlen beim Hammel-Königreich damit angefangen? Einige Tage später sollten sie mit dem Hasen-Königreich und dem Kapaunen-Königreich wieder rückfällig werden. Unter diesen Umständen verbindet das Rebhuhn-Königreich einen echten städtischen Brauch mit dem armenfeindlichen, mörderischen Komplott, das später daraus erwächst.[10] Vor dem Gemetzel der Jux.

Die „Verschwörer" vom Rebhuhn schmücken sich mit einem Erkennungszeichen. Sie tragen an ihrem Hut einen numerierten Papierzettel. Dieser Zettel mit seiner für die Analphabeten kabbalistischen Zahl unterscheidet die Crème von Romans vom analphabetischen *vulgum pecus. Da der Entschluß plötzlich gefaßt wurde, wurde gesagt, daß alle, die dabei sein würden* (beim Rebhuhn-Königreich) *einen Zettel Papier mit einer Nummer haben sollten, um einander zu erkennen. Und die Zettel wurden auch sofort gemacht und ausgegeben an diejenigen, die anwesend waren; und danach an jene, die dabei sein wollten; und sie steckten sie an ihre Hüte* (A 154).

Dieses an die Kopfbedeckung geheftete Stückchen Papier war ein gewollter Gegensatz zu der Abzeichenlosigkeit, die die Hüte der bourgeoisfeindlichen und meist analphabetischen bündischen Bauern kennzeichnete, die weder Geschriebenes noch Papier kannten. *Sie* (die Bündischen) *haben dreihundert Alphörner machen lassen, um einander zu rufen; und als Erkennungszeichen tragen sie keine Schnur an ihren Hüten.* Das schrieb Lyonne im Jahre 1579 (A 43, Anm. 1).

Etwa sechzig Bürger von Romans finden sich am 9. Februar mit den besagten Zettelchen auf dem großen Platz ein. Die Zahl sechzig im Gegensatz zu den sechshundert Mann beim Umzug der Tuchmacher und anderer Handwerker entspricht in ihrer Größenordnung der Proportion der Notabelnfamilien der Stadt.

Guérin bleibt auch in seiner weiteren Darstellung dabei, den rein spielerischen Charakter dieser Demonstration zu behaupten; die Hinweise auf das „Spiel" selbst sind interessant. *Sie* (die sechzig) *dachten an nichts anderes, als sich darauf vorzubereiten, gut zu rennen* (bei dem Wettlauf, mit dem das Rebhuhn-Königreich seinen Anfang nehmen sollte), *um König zu werden und gemeinsam zu tafeln* (A 153). Der für das Königreich der „Großen" vorgesehene Verlauf hielt sich also an das übliche Vorbild aller „Reynages", ob arm oder reich. Zuerst der Wettlauf, um das Tier (hier das Rebhuhn) zu gewinnen. Darauf die Ausrufung des Gewinners zum Karnevalskönig; und schließlich das Festessen mit seinen verschiedenen Vergnügungen.

Es war aber nicht nur vom guten Essen die Rede. Das Rebhuhn-Königreich sah ganz nach einer abgekarteten Sache aus. Von Anfang an rief es das Mißtrauen der Männer vom Hammel-Königreich hervor.

Paumier selbst, der von den Papierblüten an den Hüten seiner politischen Gegner informiert worden war, begab sich auf den großen Platz, um die Lage zu sondieren. Er witterte sofort ein ihm feindliches Ränkespiel und *dachte, daß es irgendeine Unternehmung gegen die Angehörigen seiner Partei wäre* (A 154). Trotzdem entschloß er sich abzuwarten. Einer seiner Freunde, „einer der aufrührerischsten", der ihn zum Platz begleitet hatte, zeigte sich angesichts der Vorbereitungen zum Rebhuhn-Königreich weniger geduldig. *Er legte die Hand ans Schwert, und es halb aus der Scheide ziehend, begann er in gewaltigen Zorn zu geraten* (A 154). Er stieß Flüche aus, mit denen er den Namen Gottes lästerte. Der wütende Paumierist schlug seinem Chef vor, sich mit ihren Feinden zu schlagen.

Es ist zuviel des Wartens, sagte er zu Paumier. *Wenn sie sich erst einmal untereinander erkennen, sind wir verloren. Wollt Ihr, daß ich dreinhaue?* (A 154).

Wieder einmal bewies Paumier seine friedliche, ja zaudernde Haltung. Er beschwichtigte die kämpferische Wut seines hitzigen Leibwächters und begab sich gleich zu dem Mahl von Adler und Hahn, das gerade an diesem Abend stattfand und zu dem ihn seine Freund-Feinde (faktisch mehr Feind als Freund) eine heuchlerische Einladung geschickt hatten.

Mittwoch, 10. Februar 1580: In Romans nichts Neues. Nur die Vorbereitungen zum Rebhuhnwettlauf (zu Fuß) und zum Komplott (mit Feuer und Schwert) nehmen ihren Fortgang.

Donnerstag, 11. Februar: Auf dem Franziskanerplatz findet der Rebhuhnwettlauf statt. Dieser Platz im Schatten des Mönchsklosters ist einer der beliebtesten Treffpunkte der besseren Leute. Der Männer. Und der Damen auch. Und des braven Volkes, das herbeiströmt, um seine jungen Herren rennen zu sehen. *Am Donnerstag ... fehlte niemand von denen, die sich auf den Rebhuhnlauf vorbereiteten, auf dem Franziskanerplatz, wo sich eine große Menge Damen und Stadtvolk einfand, um den Zeitvertreib zu sehen* (A 155). Interessant ist die Erwähnung der Damen, das heißt der jungen Frauen und Mädchen aus den Häusern der Notabeln. In Romans zieren sie gewöhnlich die Umzüge der Reichen und die königlichen Einzüge ... Zum erstenmal erscheinen in Guérins Bericht weibliche Beteiligte. Der Karneval der Armen war nach all unseren Zeugnissen entschieden männlich, bis hinein in die Kastrationsanspielungen.[11] Frauen waren sicher auch mit dabei; aber als bedeutungslos wurde ihnen die Ehre der Erwähnung nicht zuteil. Im Gegensatz dazu ist die Weiblichkeit ein fester Bestandteil des Karnevals der Begüterten. Das äußert sich schon in der Wahl des Symboltiers (des Reb*huhn*s). Und besonders in der großen Zahl schöner Frauen aus Fleisch und Blut unter den Zuschauern des Wettlaufs. Etwas später werden sie das Pulverfaß anzünden. In Romans sind die Frauen Männersache.

Die technischen Modalitäten des Rebhuhnrennens sind uns unbekannt. Wurde hinter dem Vogel, dessen Flügel beschnitten waren, hergerannt? Wurde er mit Steinwürfen getötet? Wurde er nach dem Wettlauf dem zuerst angekommenen Läufer als Belohnung übergeben? Als politischer Akt war das „sportliche" Ereignis in dem verwickelten Intrigenstück, das in Romans gespielt wurde, auf alle Fälle von Anfang bis Ende vorprogrammiert. Zahlreiche junge Männer – ein paar Dutzend? – im Alter von 18 bis 36 Jahren aus der begüterten Schicht der Stadt hatten sich für das Rennen gemeldet. Man richtete es so ein, *sie* richteten es so ein, daß in Gegenwart der Damen als klarer Erster Laroche ankam und zum Gewinner, also zum Rebhuhn-König erklärt wurde. War es nur ein Scheinkampf? Ein ausgemachter Schwindel? Der Seiler Laroche hatte sich mit seinem früheren Freund Paumier und den Ultras der Partei des Volkes entzweit; er war zum Hätschelkind der romanaisischen Bourgeoisie geworden, dieser Gruppierung von Juristen, Kaufleuten und Grundeigentümern. Als es darum ging, die Handwerkerpartei zu spalten und ihr entgegen zu treten, zögerte diese Klasse nicht, einen Handwerker an ihre eigene Spitze zu stellen. Daher waren die besten Läufer einverstanden, langsamer zu laufen und ihren Atem zu sparen, damit Laroche das Rebhuhn gewinnen konnte. *Das Glück wollte es,* schreibt Guérin ohne Wimpernzucken, *daß der größte, wenigstens der erklärte größte Feind Paumiers, dieser Laroche, König wurde.*[12] Man beachte den Ausdruck „der erklärte" größte Feind. Denn der größte nicht erklärte Feind Paumiers ist, wie Guérin ahnen läßt, Guérin selbst.

Solches Frisieren der Resultate bei Sport und städtischen Spielen war eine häufig geübte Praxis: Beim Bogen- und Büchsenschießen in Carcassonne, wo es einen Vogel oder eine Schlange abzuschießen galt, richteten es die besten Schützen des Ortes so ein, daß der Gewinner einer der Konsuln der Stadt war, selbst wenn dieser ein halbblinder Greis war und *so unfähig, mit seiner Waffe irgendein Ziel zu treffen,* daß er sich den Lauf ins Auge drückte[13]. Der ebenso manipulierte wie unerwartete Sieg Laroches, dessen Läuferqualitäten umstritten waren (vielleicht war er ein Vierzigjähriger mit Bauch), löste Bewegung und mißtrauische Kommentare unter den Männern des Hammel-Königreichs, den Gegnern der Notabeln, aus: Dieser Sieg *gab Paumier und seinesgleichen Anlaß zu vermuten, daß alles handgestrickt und mit Absicht gemacht worden war* (A 153). Schon ein geringerer Anlaß hätte genügt, Verdacht zu erwecken.

Der Volksführer, der bis dahin nicht reagiert hatte, begann sich ein wenig spät zu fragen, ob sich da nicht etwas zusammenbraute. Er unternahm einige Schritte zur Abschreckung des *Rebhuhns.* Über einige sogenannte „blockfreie" Persönlichkeiten, die für ihn die Rolle von „Unterhändlern" spielten (A 155), ließ er den Notabeln Warnungen zukommen. In aller Freundschaft empfahl er ihnen, ihr Fest abzusagen, mit dem einige Tage später (am Rosenmontag, 15. Februar) die Errichtung des Königreichs, die am 11. Februar nach dem Rebhuhnrennen erfolgt war, gefeiert werden sollte: Der Volksführer und die Seinen *versuchten durch Vermittlung einiger von draußen, die sich in Dinge mischten, die sie nichts angingen, die Abhaltung dieses Königreichs abzuwenden* (A 155). Diese menschenfreundlichen Empfehlungen eines „Paumier-der-es-gut-mit-euch-meint" stießen auf taube Ohren; die Notabeln ließen sich nicht einschüchtern; sie führten ihren Plan weiter durch. Dazu gehörte einiger Mut. Denn die Warnung, die ihnen von der Partei des Volkes überbracht worden war, ließ Unannehmlichkeiten voraussehen: Sie war begleitet von der kaum verhüllten Drohung, daß die Bauern aus den Nachbardörfern von Romans, Freunde und Vasallen Paumiers, den Handwerkern Waffenhilfe leisten könnten, um Druck auf die Stadt auszuüben. Es darf ja niemals vergessen werden, daß Romans eine „von ihrem Bauernland eingekreiste Stadt" war, was besonders für das Notabelnviertel der Fall war, das von den Plebejern der Volksviertel und den Bauern der Nachbarsprengel umgeben war.

Was Paumier den Notabeln sagen ließ, war ungefähr Folgendes: „*Wenn Ihr darauf beharrt, die Rebhuhnfeier zu veranstalten, so erweckt Ihr Zweifel in meinen Leuten, was Euch zum Übel gereichen kann und Ihr bereuen werdet, denn* (meine Leute) *sind Nachbarn der Stadt*" (A 155). Man konnte nicht deutlicher sein. Einige Tage später wird Guérin, um im nachhinein das Massaker an den Handwerkerführern zu rechtfertigen (das der Richter als eine Verteidigungsmaßnahme hinstellt), Paumier beschuldigen, es *sich zur Pflicht gemacht zu haben, die Dörfler in großer Zahl in die Stadt einzulassen, um sein Vorhaben zu begünstigen.*[14] Eine vielleicht übertriebene, aber durchaus nicht unwahrscheinliche Beschuldigung. Ähnliches hatte es in kleinem Umfang bereits im Vorjahr 1579 gegeben. Ein halbes Jahrhundert später wird dasselbe sich in Aix-en-Provence abspielen.

Zurück zu unserem *Rebhuhn.* Trotz verschiedener Pressionen von unten weigern sich die jungen und weniger jungen Notabeln, auf ihr *reynage* zu verzichten. Der Katholik Guérin glaubt fest an die augustinische Prädestination, vielleicht auch noch beeinflußt von einem Rest kalvinistischen Gedankenguts, das er unter die äußere Schale eines aggressiven Neopapismus verdrängt hat. Er erklärt daher die Hartnäckigkeit seiner Freunde mit dem Eingreifen des allmächtigen, alles vorhersehenden Gottes von oben: *Wie es unmöglich ist, zu vermeiden, was von Gott vorherbestimmt ist . . . Gott, sage ich, legte in das Herz der ehrbaren Leute solch* (einen) *Willen, daß sie beschlossen, dieses reynage zu machen. Und tatsächlich wurde gesagt, daß es am Montag vor Fastenbeginn gemacht würde* (A 155).

Beachten wir die Ausdrucksweise „Montag vor Fastenbeginn". Diese Bezeichnung deutet im Bericht des Richters auf einen Stilwandel hin; bis hierher hat sich Guérin die ganze Zeit auf den Sonnenkalender bezogen: So sprach er zum Beispiel vom „3. Februar" (Hammel-Königreich) oder vom „9. Februar" (Rebhuhnrennen). Doch von Mittwoch, 10 Februar, oder Donnerstag, 11. Februar, an geht sein Bericht vom Sonnenjahr zum Mondkalender über. Der Rosenmontag und der Fastnachtsdienstag (im Jahre 1580 am 15. und 16. Februar) werden nach dem Mondumlauf berechnet, ganz wie Ostern, von dem die ganze Zeitspanne Fastnachtsdienstag/Fastenzeit abhängt. Fastnachtsdienstag liegt automatisch vierzig Tage vor Ostern, ein Fest, das dem Sonntag nach dem ersten, auf die Frühlings-Tag-und-Nachtgleiche folgenden Vollmond entspricht. Das gesamte Karnevalsspiel folgt diesem Übergang vom Sonnen- zum Mondjahr. Er erfolgt zwischen dem 2. Februar (Lichtmeßtag, wenn der Bär aus seinem Bau herauskommt, um den Sonnenglanz zu betrachten) und dem Fastnachtsdienstag mit dem neuen Mond. In der Mitte seines Berichts macht ihn der Richter durch seine veränderte Wortwahl anschaulich.

Diese Änderung beginnt mit Dienstag, dem 9. Februar, der in der Schrift des Richters das Ende der Sonnenrechnung markiert. Er fällt zusammen mit dem obersten und eigentlichen Karnevalsritus, der Verkehrung von Dingen und Personen. Auf diesem Ritus fußend, erklärt sich unser Rebhuhn-König, der Monarch des Nobelviertels, für einige Tage zum Souverän von Romans. Er beschließt, aus seiner guten Stadt ein Schlaraffenland zu machen, das ein beliebter Gegenstand des okzitanischen Brauchtums jener Zeit ist[15]: Ein Land, in dessen Brunnen Wein fließt, wo die gezuckerten Erdbeeren zu einem Preis verschleudert werden, der sonst für verdorbenen Hering bezahlt wird ... Der Rebhuhn-König Laroche erläßt also in seinem Großen Phantasierat eine auf den 9. Februar 1580 datierte Verordnung. Dieses Datum entspricht genau dem Tag, an dem das Rebhuhn-Komplott seinen Anfang nimmt. Was soviel heißt, als daß diese Verordnung den Kern des Plans der Reichen bildet.

Sie setzt die Preise der Lebensmittel für Verkäufer, Kneipenwirte und Herbergen fest, mit der (scherzhaften) Verpflichtung, sich daran zu halten; dadurch wird die ganze Welt des Essens und Trinkens auf den Kopf gestellt. Was selten ist, wird billig. Und umgekehrt: Zu den höchsten Preisen werden „von nun an“ Heu, Stroh und Hafer, das Futter für die Tiere, verkauft; ebenso wie der Krätzer, der faulige Wein, der sauer gewordene Wein, der ranzige Bodensatz der Fässer, der gesalzene Aal, der faulige oder verdorbene Hering, der magere und der fette Speck (diese Aufwertung des Schweins läßt an gewisse wohlbekannte Seiten des Karnevalsvergnügens denken, wie an das Rabelaissche Festessen mit Schweinernem, Kaldaunenwurst, Blutwurst und anderen Würsten). All diese Preise erreichen ganz oder annähernd oder übersteigen ein turonensisches Pfund.

Im Gegensatz dazu und den Regeln der Umkehrung entsprechend, können die Verbraucher für fast nichts, einige Deniers oder einige Sous, solche Delikatessen erstehen wie den jungen, mit Zimt und Nelken besteckten Truthahn, den Fasan oder das Haselhuhn, das Rebhuhn, das Huhn, den Hasen, die Schnepfe mitsamt ihren Röstschnitten, die Ringeltaube mit Orangen, das Mastkalbfleisch und das Lammfleisch, die Forelle, den Karpfen und den Hecht, den Wein aus Cornas oder Tournon, den Würzwein, den Zentner Erdbeeren mit Rosenwasser und Zucker ...

Im Prinzip stammt dieser Scherztarif von Laroche. Aber wie immer hält Guérin die Fäden in der Hand. Guérin, der an behördliche Verordnungen für die Gastwirte gewohnt ist. Er wird im Lauf seiner Karriere als Großrichter der Stadt noch manch andere erlassen.[16] Nun diktiert oder suggeriert er Laroche den Juxtarif des Karnevals 1580. Durch die komische Auswechslung des Wertes der Nahrungsmittel macht dieser Erlaß die

„Armen“ lächerlich, die den Anspruch erheben, es den Notabeln gleichzutun oder die Rollen mit ihnen zu tauschen, so wie der verdorbene Hering einem Zentner Erdbeeren gleichgesetzt wird.

Diese Preisvorschläge Guérins sind mehr als eine gewöhnliche, einmalige politische Satire. Sie erfolgen an dem heiklen, zentralen Punkt des Karnevalsgeschehens, an dem der Strom der Zeit rückwärts fließt; wenn die Welt kopfsteht. Sie gehören zu einer Kulturtradition, die noch lange nach 1580 weiterleben wird. Das Umkehrungsmotiv ist in der Vorstellungswelt des Volkes vom Mittelalter bis in die erste Hälfte des 19. Jahrhunderts sehr verbreitet.[17] Auf Zeichnungen und in Schriften sitzt der von seiner Frau verprügelte Ehemann umgekehrt auf dem Eselsrücken. Die Mäuse fressen die Katze, der Wolf hütet die Schafe, die ihn auffressen; der Sohn verhaut dem Vater den Hintern. Der Vater, nicht die Mutter, wickelt den Säugling. Der Pflug geht vor den Ochsen her. Die Reisenden ziehen die Postkutsche. Die Henne bespringt den Hahn, der die Eier legt. Der König geht zu Fuß. Der Kranke betreut den Arzt. Der Klient berät den Anwalt. Der General tut Dienst im Kasernenhof. Der Fischer wird gefischt. Der Jäger wird von den Hasen erlegt. Die Gans steckt die Köchin in den Bratentopf. Der Hahn brät den Bauern. Der Karren lädt den Sack auf den zum Karren gewordenen Rücken. Das Mädchen singt ein Morgen- oder Abendlied unter dem Fenster eines Mannes. Die Tiger im Zoo töten in seinem Käfig den Bändiger, der sie fressen wollte. Statistisch bilden Vertauschungen von Tieren untereinander (Katze von der Maus gefressen) oder von Tieren mit Menschen (Bauer vom Hahn gebraten) bei dieser Verkehrung der natürlichen oder kulturell-natürlichen Ordnung die Mehrheit. Der Karneval von Romans macht von dieser Regel keine Ausnahme; der *Tarif* vom 9. Februar tauscht als köstliche oder gewöhnliche Nahrungsmittel für die Menschen die Tiere untereinander aus; oder er tauscht sie selbst mit dem Futter für die Tiere aus (Heu, Stroh, Hafer). Doch die Phantasie Guérins als Schauspielautor und Meister von Brauchtum und Verkehrung hat sich fruchtbar gezeigt: Er hat den Einfall gehabt, die verschiedensten Tiere und Tierchen als Schlachtfleisch miteinander zu vertauschen. Edles Wild und Suppenrindfleisch. Die volkstümliche Bilderwelt benutzt dagegen zur Illustrierung der Wandlungsvorgänge in der Hauptsache lebendige Tiere. Wieder einmal zeigt sich der Karneval von Romans als typisch und trotzdem einmalig.

Das zeigt sich zutreffend auch in der Verdoppelung und Wiederverdoppelung des Symbolgehalts: Unter den Fleisch- und Wildarten, die der Guérin so angelegene Tarif aufzählt, stehen an sichtbarer Stelle einige Wahrzeichentiere, die sonst bei den Feiern der fünf *Königreiche* von Romans auftreten: Hammel, Hahn, Rebhuhn, Hase, Kapaun.

Verwechseln wir nicht Umkehrung mit Umsturz. Zur Unterstützung einer solchen „Verwechslung“ könnte man einige Phantastereien zitieren, die hier und da im Repertoire des Karnevals der Armen auftauchen: z. B. die Verwandlung der Leichen der Reichen in Fleisch zu kannibalischen Zwecken (*zu sechs Deniers das Christenfleisch*); oder auch die Träume der Handwerker von einem Austausch der Güter und der Frauen, von Abschiebung der armen Ehefrauen, um sie durch reiche zu ersetzen (A 171). Solche Visionen, auch wenn sie reine Hirngespinste sind, zielen in der Tat sowohl auf Umkehrung wie auf Umsturz. Aber als Guérin und Laroche im Namen des Karnevals der Reichen den Tarif vom 9. Februar verkünden, wollen sie dadurch, daß sie das Gegenteil ad absurdum führen, vor allem „eine *Ordnung* aufzeigen, in der Natur und Gesellschaft als Tatsachen, die der Gegensatz zu Mythen sind, unveränderlich fest und unantastbar sind“. Sie zeichnen „ein Bild der verkehrten Welt, um die umstürzlerischen Ideen im Gelächter besser aufzulösen“.[18] Dabei vollzieht sich freilich gerade in diesem Bild die Rückkehr des Verdrängten: Was durch den Jux absichtlich lächerlich gemacht werden soll, erscheint in der fixen Idee unbewußt als gegeben. Was aber für den politischen Ausgang zählt, ist die Mentalität des Richters, da er ja das Spiel der Herrschenden anführt. In seinem Fall kein Zweifel: Die Bedeutung des Tarifs ist eindeutig – ihres karnevalistischen Unsinns entkleidet und angesichts der späteren Ereignisse, könnte sie auf eine ganz einfache Formel gebracht werden: *Ordnung, Obrigkeit, Königtum.* Die Menschen austauschen heißt die Beständigkeit der *Funktion,* die sie auf der gesellschaftlichen Stufenleiter ohnehin ausüben, noch stärker betonen.[19]

Die „besseren Leute“ haben sich einen Monarchen gegeben (den Rebhuhn-König). Dieser König Laroche richtet sich im Franziskanerkloster ein, das seine sehr provisorische „Residenz“ oder sein Palast wird, eine für das Ränkespiel seiner Anhänger bequem gelegene Wohnung; das Franziskanerkloster wird zum Anziehungs- und Treffpunkt der ersten „königlichen“ Festivitäten. Ab Freitag, dem 12. Februar 1580, kommt es zu einer wahren Inflation institutioneller, ostentativer Maßnahmen zur Aufrechterhaltung der Ordnung. Da es keine Stadtwachtleute und keine Polizeikompanie gibt, schaffen sich die Vertreter der herrschenden Ordnung einen Karnevalshof und ein Karnevalsheer. Diese Schöpfung wahrt aber trotz allem den Charakter von karnevalsgemäßem Jux und „gesundem“ Scherz (A 155, 156). *Am Freitag* (12. Februar), *Samstag und Sonntag, nach dem Wettlauf* (um das Rebhuhn), *der am Donnerstag stattgefunden hatte, wurde nur von Scherz und Zeitvertreib gesprochen. Ihr hättet in der Stadt nur Kuriere, Gesandte, Quartiermacher und Fouriere gesehen.* Mehrere biedere Bürger der Stadt (oder auch Adlige vom flachen Land, die heimlich in die Stadt gekommen waren) hatten sich demnach als Offiziere, Meldegänger und Behördenvertreter aller Art im Dienste des Karnevalskönigs verkleidet. Die staubbedeckten Kuriere und die Botschafter sind der anschauliche Ausdruck der tragikomischen Errichtung eines mitten in Romans gelegenen souveränen Fürstentums, dem sie ihre Huldigung darbringen. Quartiermacher und Fouriere bezeichnen im voraus die Quartiere der Offiziere vom Gefolge des Fürsten, des Rebhuhn-Königs, der soeben seinen ersten „Einzug" in seine gute Stadt gehalten hat; sie bezeichnen auch die Häuser, in denen die verschiedenen Abteilungen der „königlichen" Armee untergebracht werden sollen. Es handelt sich also um Handlungen zur psychologischen Beeinflussung, in der Guérin Meister ist; er will die widerstrebenden Romanaiser beeindrucken, eine Atmosphäre schaffen, in der sie sich vom Militär eingeschüchtert und bedroht fühlen. Die Handlungen sind keine neuen Erfindungen; für die Menschen der Stadt sind sie eine vertraute Realität, sowohl auf der folkloristischen wie auf der realen Ebene. Romans blickt auf eine alte, fröhliche Tradition königlicher Einzüge zurück. Sie beginnt (spätestens) mit der Herrschaft Franz' I. Außerdem kennt die Stadt eine neuere, finstere Tradition der Einquartierungen von Militärabteilungen, mit allen Unannehmlichkeiten, die daraus entstehen; diese zweite Tradition ist seit 1560, dem Beginn der Religionskriege, sorgsam gepflegt worden. All das ist im Februar 1580 von Narreteien durchdrungen, die eine ernsthafte Aktion verdecken bzw. ihr Vorschub leisten: *Die Kuriere trugen Pakete, die Botschafter begaben sich in die königliche Residenz und baten um Audienz: die Quartiermacher und Fouriere bezeichneten die Haustüren. Kurzum, es wurde alles getan was man konnte, um sich selbst und die Zuschauer zu vergnügen.* Die Straßen sind von fröhlichen Zuschauern und Müßiggängern gesäumt: Sie bestaunen das Kommen und Gehen der Botschafter und Fouriere.

Die Mitglieder der Rebhuhnsekte und allen voran Guérin gehen in der Nachahmung des Königtums (was soviel heißt wie des *französischen* Königtums) sehr weit. Der Monarch Laroche läßt sich bei seinem Ausritt am Freitag, dem 12., und Samstag, dem 13. Februar, von einem (karnevalistischen) *prévôt de l'hôtel* (etwa Generalquartiermeister) begleiten, der seinerseits von einer ihm ergebenen und gehorsamen Bogenschützentruppe flankiert wird. Nach dem geltenden Recht der Dynastie Valois ist aber dieser *prévôt de l'hôtel* ein hoher Amtsträger; in seiner Hand liegen Ordnung und Verpflegung des königlichen Hofes an jedem Ort, an dem der König vorübergehend seine Zelte aufschlägt (in unserem Fall für den Augenblick in Romans). Der prévôt (oder Provost) entscheidet für den Bereich des Hofes und der jeweiligen Stadt, in der dieser residiert, über Straf- und Zivilsachen zwischen dem königlichen Gefolge und den Stadtbewohnern und den Händlern, die dem Hofe folgen.[20] (In der Tat untersteht der umgekehrte Preistarif, von dem hier die Rede ist, der ausdrücklichen Kontrolle des „prévôt“: Er überwacht in dieser Hinsicht das Verhalten der Gastwirte, Herbergen und Ladenbesitzer, die Lebensmittel *an das Hofgefolge* verkaufen [A 156].) Die Auftritte des *prévôt de l'hôtel* am 12. und 13. Februar in den Straßen der Stadt waren von einem kleinen Aufgebot von Polizeikräften begleitet. *Der prévôt de l'hôtel marschierte mit seinen Schützen durch die Stadt, um diejenigen zu bestrafen, die seinen Verordnungen zuwiderhandelten, jenen Verordnungen, die sie* (die Männer des Rebhuhnkönigs) *über die Lebensmittelpreise erlassen hatten* (auch hier handelt es sich wieder um den Verkehrungstarif). In dieser Hinsicht könnte man den Karneval von Romans als die minuziöse Nachahmung der Riten des Königtums im Rahmen des katholisch-heidnischen winterlichen Festzyklus' beschreiben.

Die Erwähnung der Bogenschützen bei dem folkloristischen Umzug des *prévôt* bezieht sich wahrscheinlich auf die Bruderschaft der Bogen- und Büchsenschützen; sie besorgt das jährliche Papageienschießen. In diesem Jahr (1580) scheint sie sich trotz ihres früheren Schützenkönigs Paumier auf die Seite der Notabeln geschlagen zu haben.

Die Polizei in den unterschiedlichen Bedeutungen dieses Wortes und insbesondere die Lebensmittelpolizei, die vom *prévôt* und seinen Schützen symbolisiert wird, ist nicht denkbar ohne die Justiz. Am Sonntag, dem 14. Februar, einem hochwichtigen Tag, hält Frau Justitia mit großem karnevalistischen Gepränge ihren Einzug in die Straßen von Romans: *Wie ein Vorläufer der Strafe, die diese Aufrührer von der Justiz erhalten sollten, kam der Große Rat des Königs in der Stadt an; er bestand aus Präsidenten, Räten, Staatsanwälten, Gerichtsschreibern, Gerichtsvollziehern, Bittstellern und klägerischen Parteien* (A 158). Man könnte wahrlich den Großen Rat des Königs von Frankreich nicht besser beschreiben, denn er bestand in der Tat aus Präsidenten, Räten, Staatsanwälten, Gerichtsschreibern und Gerichtsvollziehern. Seit 1497 vom Staatsrat getrennt, bildete er eine Art Höchsten Gerichtshof, der die Aufgabe hatte, über Reichssachen zu entscheiden, „für die den Provinzparlamenten und dem Pariser Parlament die nötige Unparteilichkeit fehlte“[21]. Der gerissene Guérin kannte sein Recht aus dem Effeff. Er hatte seine Parodie der Justizparade mit Sachkenntnis zusammengestellt. Die einheimische Bevölkerung wußte natürlich gar nichts über den „Großen Rat“ aus Paris. Die burleske Prozession, die sich der Richter ausgedacht hatte, erinnerte sie vielmehr an den Prunk des Grenobler Parlaments (das seinerseits die Erbschaft des früheren Rats der Dauphiné angetreten hatte). Diese erhabene Körperschaft hatte Romans manchmal mit ihrer Anwesenheit beehrt; sie hatte dabei ihren feierlichen „Einzug“ gehalten, prächtig ausstaffiert mit Federhüten, Pelzmänteln und anderer Zierde. Bei dem romanaisischen Umzug fiel die Anwesenheit von „Bittstellern und klägerischen Parteien“ auf. Wahrscheinlich mimten diese die Gesten von Gerichtspersonen und andere entsprechende Verhaltensweisen. Das gab der Gaudi einen zusätzlichen Reiz. Unter dieser possenhaften Schale verbarg sich ein ernsthafter Kern. Guérin wollte das so.

Es ist üblich, daß die Räte und Beamten eines Parlaments ihren Souverän begrüßen, wenn sich dieser auf der Durchreise oder in der Residenz befindet; bei dieser Gelegenheit kommt es vor, daß die erlauchte Person den Vätern des Vaterlands, die ihr ihre Huldigung erweisen, eine Predigt hält und ihnen die Leviten liest. Auch heute noch empfängt der Präsident der Republik die verfaßten Körperschaften. Schon 1579 hatte Katharina von Medici bei ihrem Einzug in die Dauphiné in dieser Art das Parlament empfangen. Sie schrieb (am 18. Juli 1579) an Heinrich III.: *Einige Beamte Eures Parlaments in diesem Lande sind bis nach Montélimar gekommen, wo ich sie gestern morgen vor meiner Abreise durch Maugiron in meine Gemächer rufen ließ; und ich sagte ihnen gehörig Bescheid über alles, was den Anlaß meiner Reise bildete.*[22] Nachdem er nun „in der Stadt angekommen war“, begab sich der von Guérin in Szene gesetzte karnevalistische „Große Rat“ in feierlicher Zeremonie in das Franziskanergebäude, um dem Rebhuhn-König seine Reverenz zu erweisen. In Gegenwart seiner Besucher erledigte Laroche zuerst die laufenden Geschäfte (*er befahl seinen Quartiermachern, sie unterzubringen*); dann hielt er ihnen eine halb närrische, halb echte Rede über die wirklichen Probleme: *Er befahl ihren* (den Mitgliedern des Großen Rats) *sehr ausdrücklich, gerechtes Gericht zu halten, damit sein Volk keinen Anlaß zur Klage hätte und daß er* (der Große Rat) *sie alle* (sein ganzes Volk) *reich machen solle, denn er* (Laroche) *sprach zu den besseren Leuten nur in dieser Art und zu den anderen, die nicht ihre Pflicht tun würden, sprach er nur vom Hängen* (A 158).

Die Gerechtigkeit des Karnevalkönigs Laroche ist selektiv. Sie tut die Tore des Schlaraffenlandes mit seinem Brunnen voll klarem Wein, seinen Gräben voll Würzwein, seinen Mauern aus Kuchen und Konfekt, aus Kalbfleischpasteten, Würsten, Schinken und Stopfwurst weit auf.[23] Aber diese Tore lassen nur die besseren Leute und deren Parteigänger passieren. Laroche gibt nur denen, die schon haben. Die Mitglieder der anderen romanaisischen Partei dagegen, die aus Handwerkern und den unteren Klassen besteht, sollen zum Henker gehen (was für einige von ihnen dann auch Wirklichkeit wird).

Am selben Tag, als der Große Rat des Rebhuhn-Königreichs seinen Umzug veranstaltet, am Sonntag, dem 14. Februar, finden auch einige gegnerische Königreiche oder „Gegenkönigreiche“ statt. Sie werden von Kreisen des Volkes als Antwort auf die „Reichen“ oder auch unabhängig davon gefeiert. Es handelt sich um die *reynages* vom Kapaun und vom Hasen. Ich komme darauf noch zurück.

Um jedoch eine möglichst vollständige Vorstellung vom Karneval der Reichen und von den sie begleitenden Umzügen und Paraden zu haben, muß man auch das, was nach den Königszügen des Sonntags, am Tag darauf, dem 15. Februar (Rosenmontag) geschieht, näher betrachten. An diesem Tag findet nämlich das große Festmahl des Rebhuhns statt, das in seiner übertrieben extravaganten Würde die Krönung der Belustigungen darstellt, die am Donnerstag, dem 11. Februar, begonnen haben. *An diesem Montag morgen, nachdem sich der Rebhuhn-König in seine Gemächer bei den Franziskanern zurückgezogen hat, wo das Festmahl stattfinden soll, verläßt er diesen Ort, um, begleitet von seiner Garde, zur Messe zu gehen* (A 159). Bei dieser „Garde“ haben wir es nicht mehr mit Hilfspolizisten zu tun, wie im Fall der Bogenschützen des *prévôt de l'hôtel,* sondern mit richtigen Soldaten, die für diese Gelegenheit in der reichen oder wohlhabenden Jugend der Stadt angeworben worden sind, einer National-oder Bürgergarde also, wie man sie im 19. Jahrhundert nennen wird: *Seine Garde bestand aus vierzig tapferen jungen Männern, alle mit Helmen und Büchsen ausgerüstet.* Die Büchsen geschultert, den Helm auf dem Kopf ... Man glaubt, einem kriegerischen, papistischen Aufmarsch der Liga um 1590 in Paris beizuwohnen. Ohne die Mönchskutten. Die Panzer, die die jungen Romanaiser auf der geschwellten Brust tragen, sind nicht aus Pappe. Sondern aus solidem Metall aus den Gießereien von Saint-Etienne. Diese in Eisen geschnürten Vatersöhnchen werden *corcelets* (etwa Miederträger) genannt, später wurden daraus die Kürassiere (von „cuirasse“ = Harnisch oder Panzer, Anm. d. Übers.). Sie tragen eine Lanze, die lange Schweizer Lanze von 4,6 bis 5 Metern Länge. Beim Marsch werden sie von ihren *Chefs und Mitgliedern,* das heißt ihren Offizieren und Unteroffizieren angeführt: Hauptleute und Unteroffizierskader oder Gefreite der bürgerlichen Parteigänger der Stadtmiliz. Die vierzig jungen Leute sind – auf eigene Kosten oder auf Kosten ihrer Familien – *sehr gut* (A 159) ausgerüstet. Vielleicht haben auch einige reiche Sympathisanten der Partei der besseren Leute ihr Scherflein beigetragen. Wer weiß, ob nicht Maugiron selbst heimlich mitgeholfen hat, Waffen für seine und Guérins Freunde in die Stadt einzuschleusen. Waffen und auch Adlige. Ob nun einheimisch oder von draußen kommend, am Rosenmontag werden die Mordwerkzeuge aus ihren Ständern genommen. Werden sie in der Stunde, in der beide Parteien ihre Waffen blank putzen und sich aufs Scherzen oder auf das Schlimmste vorbereiten, dem Ernstfall dienen? Doch was können die altertümlichen Schwerter der Handwerker gegen die Büchsen der besseren Leute ausrichten?

Die Phalanx der vierzig jungen Leute ist nicht die einzige Streitkraft der Reichenpartei. Hinter ihrer kleinen Truppe marschieren im Karnevalsumzug *zwanzig bewaffnete und mit eigens für sie hergestellter schöner Bekleidung ausgerüstete Schweizer* (A 159). Sehen wir ab von der „Schönheit" der Gelegenheitsuniformen; in diesem Fall wie in einigen anderen Fällen (A 160) zeugt sie bei den Anhängern Guérins von ästhetischen Vorstellungen über das städtische Leben, die im Gegensatz zur „Unzivilisiertheit" der Volksparteiler stehen. Was nun aber die Schweizer angeht, so können wir nur immer wieder staunen über ihre Vielseitigkeit. Am Beginn unseres Karnevals erzeugt der Gedanke an die Kantone der Schweizer Eidgenossenschaft im Gehirn des Richters Guérin schreckensvolle Bilder von Adelstotschlag, direkter Demokratie und Gemeinden, in denen sich das bewaffnete Volk beim Dröhnen von Alphorn und Trommel zusammenschart, jenen Instrumenten, die bei den Branlen des St.-Blasius-Tages soviel Lärm gemacht haben. Aber als der Fastnachtsdienstag herannaht, verkehrt sich dieses Stereotyp in sein Gegenteil. Jedem seine Schweizer! Was die „besseren Leute" jetzt mit ihren Karnevalsschweizern suggerieren wollen, die in Wirklichkeit biedere, als Berner oder Basler verkleidete bewaffnete Romanaiser sind, ist die magische Wirkung, die von der bedrohlichen helvetischen Infanterie ausgeht, der traditionellen Verbündeten der Könige Frankreichs und daher auch der natürlichen Verbündeten König Laroches; ist doch dieser ein getreuer Untertan Heinrichs III. und ausersehener Chef der Schweizer Abteilungen angesichts der aufrührerischen Narren der Partei des Volkes.

Gleich hinter dem Militär kommt der Zug der Zivilisten, vom Richter Guérin, der sich in den Institutionen viel besser auskennt als der einfache Seiler König Laroche, perfekt organisiert. Zuerst erscheinen die federgeschmückten *Kronbeamten* (unter ihnen bestimmt auch die Mitglieder des Großen Rates, die sich schon am Vortag zur Schau gestellt hatten); darauf der *Kanzler* König Laroches (auch das Königreich der Handwerker alias der „Bund", hat seinen „Kanzler", der kein anderer ist als der Tuchmacher Guillaume Robert-Brunat; es hat seinen „Präsidenten", den Metzger Fleur [A 170]). Es folgen die Mitglieder des karnevalistischen „hohen Klerus", *Almosenier, Bischof, Erzbischof* (A 159); am Ende des Zugs kommen, wie es sich gehört, im Gänsemarsch die Mitglieder des dritten Standes, Juristen und Kaufleute „als solche verkleidet", *ungefähr achtzig der angesehensten Patrizier, Kaufleute und Bewohner der Stadt* (Romans). Beim Karneval von Romans (1580) – wie noch heute bei der Basler Fastnacht (1979) – bereitet jeder Teilnehmer vor Beginn der Belustigungen mit großem Kostenaufwand und nach besten Kräften selbst seine Maske und seine Verkleidung vor: *Diese angesehenen Romanaiser hatten in ihren Wohnungen nichts Schönes vergessen, um sich an diesem Tag zu zeigen und ihrem König Ehre zu machen* (A 160).

Der Umzug der Patrizier fand seinen Ausklang und seine Erfüllung in der Teilnahme an der Messe; diese fand in der großen St. Barnard-Kirche statt. Es war eine wirkliche, echt religiöse Messe; vergessen wir nicht, daß der Karneval Teil des katholischen Kalenders ist. Gleichzeitig war diese Messe aber auch – und das war das Paradox – eine närrische Messe; denn die höchsten (und damit vom Standpunkt der orthodoxen Theologie aus lästerlichen) Ehren wurden dabei den Pseudogeistlichen erwiesen, die sich aus dem Zug herauslösten und sich ganz vorne hinstellten. Wie es sich gehört, gab es während der Messe auch allerlei Burleskes[24]: *Die ganze Messe hindurch hörte die Musik nicht auf. Gesandte kamen von überall her; sogar vom Großtürken kamen vier türkisch gekleidete Männer mit Turban und Krummschwert; nachdem sie Seiner Majestät* (Laroche) *ihre Beglaubigungsschreiben überreicht hatten, setzten sie sich auf den Boden auf einen dicken Teppich, den sie zu diesem Zweck mitgebracht hatten und blieben, solange die Messe dauerte* (A 160).

Turban, Krummsäbel, Orientteppich, nichts fehlt bei diesem Türkenauftritt. Türken wie Schweizer waren Verbündete Franz I., dann der französischen Monarchie überhaupt. Es ist also normal, daß sie auch Verbündete König Laroches sind. Die Ankunft karnevalistischer „Botschafter" aus dem „Ausland" hatte am vorangegangenen Freitag den Triumphzug des Rebhuhns eingeweiht. Am Rosenmontag bilden andere vom Großtürken oder sonstwoher kommende „Diplomaten" den logischen Abschluß dieses Pomps, der sich zwischen zwei Strömen von Botschaftern entfaltet. Ein wirklicher türkischer Kavalier, der „Sultan Zizim", hatte sich übrigens Ende des 15. Jahrhunderts im Raum Romans aufgehalten. Die Erinnerung an seine Ritterlichkeit war in der Überlieferung der einheimischen Elite erhalten geblieben.

Als gesellschaftliche Metapher gehört der Umzug der verfaßten Körperschaften in der Renaissancezeit auf jeden Fall zum Brauchtum der Städte. In Paris konnten Paraden dieses Typs schon in der zweiten Hälfte des 15. Jahrhunderts Zehntausende Menschen aufbieten; jeder einzelne ordnete sich für den langen Marsch in die Genossenschaft oder die Zunft ein, deren Mitglied er war.

In dem Jahrzehnt, in dem sich der Karneval von Romans abspielt, entwirft der Schriftsteller Jean Bodin in der lateinischen Ausgabe seiner *Republik* (1586) eine Soziologie der Städte. Er beschreibt sie als eine einem Tausendfüßler ähnliche Prozession von Menschen, deren einzelne Glieder,

der Länge nach ineinander verschachtelt, sich allmählich entrollen und für das Auge eines auf dem Turm des großen Platzes postierten Beschauers ein Bild der Gesellschaftsstruktur der Stadt darstellen.[25] Gewiß ist Bodins Vorstellung freiheitlich: Er läßt gelten, daß die Reihenfolge, in der die Mitbürger erscheinen, dem Zeremonienmeister jeder Stadt überlassen bleibt, wegen der fast unendlichen Verschiedenheiten der Sitten und Gesetze in den jeweiligen Gemeinschaften. Und dennoch ... Der Autor der *République* zieht ein weitverbreitetes Modell aus seiner Tasche, das ihm taugliche Anweisungen zu liefern scheint, wenn ein Zeremonienmeister in Verlegenheit kommen sollte; es handelt sich um das Regieren einer Stadt in einem monarchischen Land. An der Spitze des Zuges, in dem voraussichtlich die ganze (männliche) Bevölkerung der Stadtgemeinde erscheinen wird, marschiert der König. Dieser steht nämlich außerhalb der Gesamtheit der Bürger, außerhalb der allgemeinen „Ordnung" der Gemeinschaft. Hinter dem König kommt bei Bodin natürlich der Klerus; dann der geheiligte Orden des „Senats" (der Kopf unseres Autors ist voll von Erinnerungen an das alte Rom). Dieser erhabene „Senat" ist ganz einfach das Schöffengremium oder die Konsularkörperschaft, die den hohen (städtischen) Rat bildet. Es folgt der Militärorden: Der Oberbefehlshaber, *Imperator* oder Herr der Soldaten geht unmittelbar vor seinen Herzögen, Grafen, Markgrafen, Landgrafen, Burggrafen, Baronen, Burgvögten, Vasallen und allen anderen Militärpersonen, ob durch Herkunft und erwählte Laufbahn oder durch Aushebung oder nur für diese Gelegenheit in Uniform. (Es kann sich also je nach den örtlichen Umständen um ein Berufsheer, einen Kriegsadel oder eine einfache städtische Miliz wie in Romans handeln; oder um alle drei zusammen. Man wird in dieser Hinsicht bei Bodin ein kurioses Durcheinander von militärischen Rängen und Titeln der aristokratischen Potentaten bemerken; diese Titel sind ja ursprünglich aus der militärischen Rangordnung abgeleitet.)

Hinter den Soldaten ziehen gemessenen Schrittes die Juristen vorbei, bekleidet mit der Toga, die hier den Waffen den Vortritt lassen; es erscheinen das Kollegium der höchsten richterlichen und Anklagebeamten sowie die Richterkurie, gebührend nach ihren Gruppen unterschieden; Redner, Rechtsberater, redegewandte Rechtsanwälte, Kläger, Rechtsbeistände, Amtsanwälte, Schreiber, öffentliche Briefschreiber, Notare, Boten, Pedelle, Praktikanten jeder Art, öffentliche Ausrufer, Sekretäre, Gefängniswärter und die ganze übrige Meute von den öffentlichen Plätzen und dem Justizpalast. Darauf die Ärzte, Apotheker und die Bader. Sodann die Horde der Schulmeister, das „unfehlbare Pedantenvolk" und sonstige Lehrmeister der Jugend: Professoren beider Rechte; Professoren der Medizin; Physiker, Mathematiker, Rhetoriker, Historiker, Dichter,

Grammatiker. Danach Händler, Kaufleute, Zöllner, Finanzleute, Bankiers und Geldwechsler, Makler und Vermittler und andere kommerzielle Berufe. Es folgen die Leute, die sich um Bauch, Knochengerüst und Panzerung der Stadt kümmern: Bäcker, Metzger, Fischhändler jeder Art, Fischer; Küchenjungen, Saucenrührer, Köche; in der Stadt wohnende Bauern und Hirten; Architekten, Waffenschmiede, Zimmerleute, Wagenlenker, Metallverarbeiter, Münzmeister, Goldarbeiter, Juweliere, Gießer, Glaser, Feuerwerker und Feuerlöscher, Heizer der öffentlichen Bäder, Töpfer, Trompeten- und Jagdhornfabrikanten, Elfenbeinschnitzer, Kerzenzieher. Es kommen die Weber und Tuchmacher, die Bearbeiter von Seide, Wolle, Ziegen- und Kamelhaar, von Leinen, Hanf und allem übrigen. Sie verteilen sich auf die Segeltuchmacherei, die Seilerei, die Korbmacherei; das Bekleidungsgewerbe, die Teppichwirkerei, die Herstellung von Wandbehängen, Schiffssegeln, von Papyrus, Papier und Pergament. Es folgen die Riemenschneider, Gerber, Walker, Stoffentfetter, Herrenschneider, Damenschneider, Schuster; darauf die Drucker: Wegen der Neuheit ihres Gewerbes haben sie einen schlechten Rang, müßten jedoch nach Bodins Ansicht wegen ihrer großen beruflichen Qualifikation einen besseren Platz einnehmen. Schließlich erscheint fast am Ende des Zuges eine Kolonne wenig interessanter Personen, Diener der städtischen Lustbarkeiten; unter ihnen Bildhauer und sonstige Hersteller mehr oder weniger nackter Statuen; Maler und Farbenhändler; Flötenspieler; Histrionen, Mimen, Pantomimen, Jahrmarktsringer und andere „Gladiatoren"; Kutscher, Schauspieler, Komödianten, Lakaien, Zuhälter, Kuppler. Beinahe hätte Bodin die Leute von Theater und Spiel ganz an den Schluß der Parade verbannt; er mag sie nicht, denn sie scheinen ihm die städtische Ordnung zu stören. Nach seiner Meinung müßte vor ihnen die ganze Kategorie der schmutzigen, aber nützlichen Berufe kommen, die der Bewältigung oder der Beseitigung des Unreinen oder der Herumtreiberei dienen: Darunter Schwitzbaddiener, Barbiere, Seeleute, Gastwirte, Pferdeknechte, Bestatter, Schergen und Henker ...

Der Umzug Laroches in Romans weist einige Analogien mit der die zeitgenössische Wirklichkeit hautnah reproduzierenden Phantasieprozession auf, die Bodin beschrieben hat: Auch in unserer Stadt nehmen König, hohe Geistlichkeit, Heer, hohe Kronbeamte, das Patriziat und die großen Kaufleute die Ehrenplätze ein; sie haben die ersten und sogar die einzigen Plätze im Zuge des Rebhuhns am Rosenmontag. Aber damit endet auch schon der Vergleich: Bodins Militärs sind wirkliche Heeresbefehlshaber; auf alle Fälle in dem halb realen, halb phantastischen Modell, das dem Autor der *République* vorschwebt. Dagegen ist beim Rebhuhn-Umzug in Romans zwar nicht alles falsch, aber alles steht im Superlativ. Nur die Kaufleute und Patrizier personifizieren zum Teil ihre wirkliche Rolle als Kaufleute und Patrizier; auch sie sind viel aufgeputzter als gewöhnlich. Der „König", die „hohe Geistlichkeit" und die „hohen Kronbeamten" sind jedoch ganz einfach biedere, stolzgeschwellte Notabeln von Romans, die sich die Halskrause umgelegt, die Mitra oder die Krone aufgesetzt haben und die auf diese Weise im gesellschaftlichen Leben einige Stufen aufgerückt sind. Mit ganzem Herzen sind sie in diese sowohl aufgeblasene wie himmlische – und das gemeine Volk unterdrückende – imaginäre Welt eingetreten, die ihre Träume von Ruhm und ihr Größenwahn gebaut haben. Dazu haben sie eine weitverbreitete Organisation benutzt, die in Romans durch die fröhliche Laienabtei Malgouvert („Mauvais Gouvernement" = schlechte Regierung) verkörpert wird, von der noch die Rede sein wird.

Zweiter Unterschied: Die Handwerker und Gewerbetreibenden spielen bei dem Umzug in Romans nicht die Rolle des beruflichen Fußvolks in der Ordensgesellschaft, die ihnen sowohl der Alltag als auch Bodin in seiner Prozession zuteilen. Ganz im Gegenteil gehen sie ihre eigenen Wege und lehnen den Blumenkorso auf dem großen Platz ab; sie schaffen sich an der Peripherie der Stadt, in ihren Wohnvierteln, ihren eigenen tollen Karneval; sie identifizieren sich ganz und gar nicht mit der himmlischen Hierarchie der Orden und Stände mit dem König ganz oben und dem Abortleerer ganz unten; aus ihren Lebensbedingungen als Städter und Handwerker sind sie mit Tanz und Schwertgeklirr wieder zu den uralten Werten von Erde, Tod und Kampf zurückgekehrt, und zwar bereits seit ihrem Hammel-Königreich.

Jean Bodin hatte seine Leser übrigens gewarnt. Er schreibt[26], daß seine Prozession aller Orden und aller Berufe den Keim zu Konflikten über den Vorrang und zu möglichen Revolten des Volkes in sich trägt. Und er fügt hinzu: Wir sollten, außer in dringenden Fällen, Kundgebungen dieser Art vermeiden.

Genau das geschieht in Romans: Während ab Fastnachtssonntag das längst begonnene Rebhuhnfest seinen Pomp entfaltet, wird die Erregung bei dem tollen Karneval der Armen in den Randbezirken der Stadt immer stärker.

Über die Zunahme der Rebellion unter dem gemeinen Volk um den Sonntag (14. Februar) herum berichten unsere beiden Hauptquellen (Piémond und Guérin) trotz einiger Unterschiede im Detail übereinstimmend. An diesem Sonntag werden nämlich wieder neue Königreiche veranstaltet. Ihre Urheber sind die plebejische Handwerker- und Bauernpartei und auch einige Hugenotten (diese machen weniger als 10 % der Einwohner aus). *In Romans,* schreibt Piémond, *wurden am Sonntag vor Fastnachtsdienstag zwei Königreiche veranstaltet als Zeichen gemeinsamer Belusti-*

gung, und von diesen Königreichen veranstalteten das eine die engen Freunde, Verbündeten und Mitverschworenen des Hauptmanns Paumier, General des Bundes, den sie zum Gouverneur der Stadt gemacht hatten (P 88). Bei diesem „reynage" *ging es um einen Hasen, ein Tier von schlechter Vorbedeutung.* Das zweite, auch von Pièmond erwähnte Königreich, wurde *von einigen anderen Angehörigen der Union,* mit anderen Worten, des Bundes, durchgeführt, die auch mit Paumier befreundet waren; *es wurde dabei um einen kleinen Vogel gelaufen.* Der „kleine" Vogel ist ein Kapaun[27] (ein kastrierter Hahn). Die wandelnde Kastration.

Dieses zweite Königreich, mit Namen „Kapaun", wurde auch *reynage der Fronde* (im Provenzalischen, das in Romans gesprochen wurde, fonda oder fonde[28] genannt). Die Teilnehmer an dem sportlichen Wettkampf, mit dem die Kapaun-Monarchie eingeleitet wurde, bemühten sich wahrscheinlich, den Spielregeln gemäß das Tier, den Preis des Tages, mit ihrer Schleuder (= fronde) zu töten. Derjenige der Konkurrenten, dessen Schleuder am besten getroffen hatte, erhielt den Kadaver des unglückseligen Flügeltiers und wurde zum König ausgerufen. Hatte diese Wurfwaffe in der Hand einer unruhigen, rebellischen Jugend, hatte die fronde (= Schleuder) in Romans auf lokaler Ebene bereits die politische, „aufsässige" Bedeutung angenommen, die sie nach der Pariser Revolte von 1648 im ganzen Reich gewinnen sollte?[29] Das ist ziemlich wahrscheinlich. Wie immer sind Sport, Volksbrauch und Politik nur schwer voneinander zu trennen.

Die beiden *reynages* des Volkes bestanden (nach Erledigung der Wettkämpfe und der Schießübungen auf Hase und Kapaun) *aus großen Gelagen, Branlen und Maskenzügen,* die eine Fortsetzung der ausgelassenen Spiele und Reden waren, die schon in der vorhergehenden Woche stattgefunden hatten. Wie immer war der Zweck ein doppelter: Reines gemeinsames Vergnügen in erster Linie. Aber auch gesellschaftliche, politische und der Gemeinderegierung geltende Auflehnung, was aus dem bereits erwähnten Text Piémonds klar hervorgeht: *Bei ihren Tänzen und Maskenzügen sagten sie, daß die Reichen ihrer Stadt sich auf Kosten der Armen bereichert hätten. In der Voraussicht, daß sie zurückerstatten müßten, fühlten sich mehrere notable Patrizier und Kaufleute beunruhigt* (P 88).

Glaubt man Piémond, so wäre das Rebhuhn-Königreich sogar (von Guérin, den Reichen und Laroche) als Reaktion auf die sonntäglichen Hasen- und Kapaun-Reiche organisiert worden: *Mehrere der notablen Patrizier und Kaufleute fühlten sich beunruhigt, so daß sie sich bemühten, die Aufrührerischsten auszuschalten, und um das zu erreichen ... bereiteten sie im Stadthaus ein anderes Königreich vor, welches das dritte war, und am Montag vor Fastnachtsdienstag dort veranstaltet wurde, wo alle Reichen waren . . ., und es wurde dabei ein Rebhuhn gejagt, ein Vogel von besserer Vorbedeutung als ein Hase* (P 89). In bezug auf die Abfolge von Ursache und Wirkung befindet sich Piémond im Irrtum: Das Rebhuhn-Reich findet nicht am Sonntag oder am Rosenmontag, dem 15. Februar, statt, sondern in Wirklichkeit am Dienstag, dem 9. Februar, einem Tag, an dem weder von einem Hasen noch von irgendeinem Kapaun die Rede gewesen war.

Interessant ist jedoch die Analyse, mit der Piémond die drei *reynages* oder „kämpfenden Königreiche" interpretiert, die von Sonntag und Rosenmontag an (14. und 15. Februar) die Bevölkerung von Romans unwiderruflich entzweien. Einige Monate nach dem Ende der Karnevalstragödie, im April 1580, schreibt er über die verschiedenen Raubzüge, die von den diversen, einander feindlichen Parteien, Papisten, Protestanten und was von den Bündischen noch übrig ist, auf dem Lande unternommen werden: *Man wurde von drei Arten Kriegsvolk ausgeplündert, nämlich von den Hugenotten und von den Bündischen, die zur gleichen Partei hielten, und von den Katholiken.* Und dann fügt der Notar von Saint-Antoine hinzu: *Das war auch der* (ahnungsschwere) *Sinn der drei Königreiche von Romans* (P 105).

Folgt man diesem auch durch andere Zeugnisse bekräftigten Text, so repräsentiert das Hasen-Reich (genau wie zehn Tage zuvor das Hammel-Reich) eine der handwerklichen Gruppen und Wohnviertel der Stadt, die am Ort zum Teil von der kleinen, aber einflußreichen romanaisischen Hugenottenpartei unterstützt wird. Die Hugenotten machen grob geschätzt kaum ein Zehntel der städtischen Bevölkerung aus; wie wir später noch sehen werden, haben sie sich während des Karnevals nicht sehr exponiert; trotzdem spielten sie eine Rolle wegen ihrer Beziehung zu der fernen einschüchternden Persönlichkeit Lesdiguières'.

Das Kapaunen-Reich, das sich auf ein anderes Stadtviertel stützt, entspricht einer weiteren Gruppe von Handwerkern und Acker- oder Weinbauern, die in der Stadt wohnt. Diese Menschen sind ebenfalls bündisch-paumieristisch, aber keine Hugenotten; sie verbleiben im katholischen Einflußbereich; da sie aber Bündische sind, sind sie zu Kompromissen mit den Protestanten gezwungen, die von den „Puristen" des offiziellen Katholizismus um Maugiron und die Parlamentarier gehaßt werden. Das den Notabeln ergebene Rebhuhn-Reich schließlich begünstigt ebendiese offizielle katholische Partei, die unter der Führung Maugirons die Protestanten Lesdiguières' erbittert bekämpft. Daher die dreifache, simplifizierende „Gleichung", die Piémond vorschlägt:

Hase = Hugenotten
Kapaun = Bündische
Rebhuhn = Katholiken

Wir kennen keine Einzelheiten über die Form und die politische und religiöse Entwicklung des Hasenreiches mit seinen geheimen hugenottischen Umtrieben. Der Hasenwettlauf im buchstäblichen Sinn hat wohl wirklich stattgefunden, da diese schnelle kleine Kreatur für einen solchen Sport besser geeignet ist als ein Rebhuhn, vorausgesetzt, man betreibt ihn in einem geschlossenen Raum.

Das Kapaunen-Reich dagegen ist uns dank der Schrift des Richters bekannt. Wie Guérin uns sagt (A 158), soll dieses zweite „reynage" am Sonntag, dem 14. Februar 1580, begonnen haben. Paumier soll es sich ausgedacht haben als Antwort und Gegenmaßnahme, um dem Umzug des Großen Rates des Rebhuhnreiches, der ja seinerseits gegen die Paumierbande gerichtet war, etwas Gleiches entgegenzusetzen: *Als dieser Paumier und seine Spießgesellen all diese Dinge sahen* (den Umzug des bedrohlichen Großen Rates) *und er voraussah, was ihm passieren würde* (seine eigene Ermordung durch die Rebhuhn-Leute), *ohne daß es doch Vorsatz von seiten des Rebhuhns war* (der Mord), *entschloß er sich, dieses Fest zu stören, und erfand den Wettlauf um einen Kapaun für die meisten der Ackerbürger und Mechaniker der Stadt.*

Divergierende Auslegungen. Nach Piémond, dessen Text ich schon zitiert habe, ist das Rebhuhn eine offensive Antwort auf den Kapaun (was nicht stimmt). Nach Guérin ist dagegen der Kapaun eine gereizte Reaktion auf das Rebhuhn. Diese Analyse unterstreicht (im Gegensatz zu den „offiziellen" Thesen desselben Guérin) die Verantwortung für die späteren blutigen Ereignisse, die den Notabeln aus dem Gefolge des Waldvogels von Anfang an zugeschrieben werden muß. Ist das aber völlig richtig? Die beiden Königreiche, das Rebhuhn- und das Kapaunen-Reich, können auch unabhängig voneinander durch spontanes Handeln beider Lager der verschiedenen Stadtviertel entstanden sein. Einmal zum Fastnachtssonntag in Gang gesetzt, haben sie aufeinander reagiert. Eine explosive Lage war geschaffen.

Das Hasen-Reich ist zum Teil hugenottisch, da vom Handwerk gegründet (mehrere der Gewerbetreibenden neigen zum Kalvinismus). Das Kapaunen-Reich ist eher bäuerlich; es bleibt daher papistisch; aufgrund des stark ländlichen Stadtviertels, in dem es gegründet wurde, zieht es in erster Linie die auf den Äckern und in den Weinbergen arbeitenden Mitbürger der Stadt Romans an; oder, wie Guérin es ausdrückt, *die meisten der Ackerbürger dieser Stadt;* ihnen stehen immerhin eine Reihe „Mechaniker" (Handwerker bzw. Handarbeiter) zur Seite.

Am Sonntag, dem 14. Februar, versammelten sich also die Ackerbürger und „Mechaniker" des Kapauns, *über zweihundert an der Zahl;* nach dem Wettlauf oder dem Abschießen des Kapauns und nach der Ausrufung

„ihres Königs“, *spazierten sie in Waffen durch die Stadt* (A 159). Wie immer ist Guérins Stil mehrdeutig. Dieser „Spaziergang“ läßt auf friedliche Absichten schließen; aber er wird immerhin „unter Waffen“ gemacht. Ist es ein kampflustiger Spaziergang? Auf jeden Fall ist keine Rede mehr vom Lärm der Dreschflegel, Rechen, Besen und Schellen, der das Schwingen der Gewänder und den (Bestattungs-) Prunk begleitend, einige Tage zuvor auf der Volksseite die symbolisch mordenden Paraden des St.-Blasius-Festes rhythmisch untermalt hatte.

An diesem Sonntag, dem 14. Februar, braut sich für den nächsten Tag, den Rosenmontag, eine Konfrontation zusammen. Würde sie entscheidend sein?

Nichts deutet einstweilen darauf hin. Der Richter schreibt, daß *am Sonntag* die zweihundert Teilnehmer an der Kapaunprozession nach ihrem bewaffneten „Spaziergang“ *beschlossen, ihr Festmahl am Montag abzuhalten, dem Tag, an dem das Rebhuhn-Festmahl stattfinden sollte.* Guérin unterstellt den zweihundert Demonstranten die gleichen aggressiven Absichten, die er selber bereits hegt. Er behauptet, daß diese Männer nichts anderes vorhatten, *als grundlos Streit zu suchen* (mit den Reichen). Aber die Notabeln sind fest entschlossen, sich nichts gefallen zu lassen: Obwohl sie über die bösen Absichten ihrer Gegner informiert waren, *beschlossen die besseren Leute, doch hinzugehen* (mit anderen Worten: zu ihren eigenen Rebhuhn-Feiern am Rosenmontag, in deren Verlauf die Prozession der höheren Orden stattfinden soll, die wir bereits beschrieben haben). *Derart, daß, wenn man* (die Paumierbande) *sie* (die Reichen) *angreifen würde, sie sich wehren würden* (A 159).

Am selben Sonntag, an dem sich alle Wege kreuzen, kommt es zu einer historischen Wiederbegegnung zwischen Laroche und Paumier. Es sollte die vorletzte sein. War es Zufall oder Vorsatz? Der neue „königliche Chef“ der Notabeln, der Strohmann Guérins, und der Volksführer des „Hammel-Reiches“ begegnen einander auf dem großen Platz der Stadt, wohin die Ereignisse der äußerst aktiven Lokalpolitik sie alle beide geführt haben. Trägt Laroche seine Monarchengewänder? Scheinheilig lädt er Paumier zum Rebhuhn-Festmahl ein, das am nächsten Tag, dem Rosenmontag, stattfinden soll (man erinnert sich, daß Paumier vorher bei dem Bankett des Adler-Hahns anwesend war, dessen „Freundschaft“ sich einige Tage später für ihn als blutig erweisen wird).

Diesmal stößt das Anerbieten Laroches auf taube Ohren. Paumier lehnt die Einladung höflich ab. Dann, nachdem sich Laroche entfernt hat, erklärt der Führer des Bundes einigen Versöhnlern, die den Bruch zwischen Rebhuhn und Kapaun gern kitten möchten, seine Ablehnung. Er sagt den Herren:

Wenn ich es vermeiden kann, werde ich mich niemals an einem Ort befinden, an dem mein Feind (Laroche) Triumphe feiert.

Wenn ich an einem Ort bin und er kommt, werde ich seinetwegen nicht weggehen.

Aber ich werde niemals einen Ort aufsuchen, von dem ich weiß, daß er dort ist.

Diese Erklärung in drei Punkten ist klar wie ein Syllogismus; zusammen mit einigen anderen Episoden trägt sie dazu bei, die Persönlichkeit Paumiers zu beleuchten: Ein gemäßigter, überlegt handelnder Führer, der jede Art von Provokation an sich abgleiten läßt, ob es sich um eine Herausforderung zum Streit oder darum handelt, dem Gegner in die Falle zu gehen. Man beachte auch, daß diesem Dialog zufolge das Festmahl formal die Krönung des Triumphes ist, der ein Königreich abschließt (hier das Rebhuhn-Reich).

Die Begegnung zwischen Laroche und Paumier ist der Auftakt zu einem anderen, allgemeineren Treffen. War es unbeabsichtigt? Auf alle Fälle eher feindselig. Die beiden Königszüge, Kapaun und Rebhuhn, ziehen auf der Straße aneinander vorüber. Auf jeder Seite hundertfünfzig bis zweihundert Teilnehmer. Dieses bedrohliche Ereignis findet am Rosenmontag, beim Auszug aus der bereits beschriebenen Messe, statt. Dieser halb sakralen, halb närrischen Messe. Halb christlich, halb türkisch. In den Tiefen des sozialen Geschehens liegen das Tragische und das Komische dicht nebeneinander. Wie wir bereits gesehen haben, hatten sich Laroche und sein Hof am Montag morgen in einer großen Parade verfaßter Körperschaften zu dieser mit Musik und einigen Türken garnierten Zeremonie begeben. *Sobald die Messe gelesen war, zog sich Seine Majestät* (Laroche) *mit oben erwähnter Mannschaft* (den diversen militärischen und zivilen Formationen seines Umzugs) *und vier Türken, die vor ihm hergingen, in seine Gemächer* (ins Franziskanerkloster) *zurück.*[30] Diese Parade erlaubte es Laroche, besitzergreifend die ganze Stadt Romans zu durchqueren, von der St.-Barnards-Kirche bis zu den Franziskanern, von Süden nach Nordosten.

Die vier Türken, die an der Spitze des Zuges marschierten und unmittelbar vor König Laroche einhergingen, waren die ersten, die dem Kapaunen-Zug begegneten. *Sie trafen unterwegs auf die Meute der Leute vom Kapaunen-Reich, das auch die Fronde genannt wurde* (A 160). In den engen Straßen der Stadt zogen die beiden Prozessionen in nächster Nähe, nur mit einigen Zentimetern Abstand, in einer Atmosphäre der Herausforderung aneinander vorbei. In der ersten Reihe des Kapaunen-Zugs trabte eine angsteinflößende, zweifarbige, beleidigende und an den Tod erinnernde Kreatur heran: *Sie ritt auf einem Esel und war mit dem Gewand des*

Ausrufers der Hl. Geist-Bruderschaft bekleidet, einem Gewand in zwei Farben, rot und blau, demselben, das man vor den Toten, die begraben werden sollen, einherträgt (A 160).

Der Esel an der Spitze dieses Beerdigungszugs hat keine geheimnisvolle Bedeutung. In den Volksbräuchen des Rhonetals, ob okzitanisch oder französisch-provenzalisch, ist der Ritt auf dem Esel der Ritt des von seiner Frau verprügelten Ehemanns.[31] Ist der Ehemann selbst nicht auffindbar, wird sein nächster Nachbar rittlings auf den Esel gesetzt; er nimmt die Stelle des unglückseligen Gatten ein, um diesen noch lächerlicher zu machen.

Der Esel an der Spitze der Prozession der „Armen" heißt die Männlichkeit der Reichen anzweifeln, ihnen bedeuten, daß sie nicht die Hosen anhaben und daß ihre Frauen sie verprügeln könnten, um dann anderen, zwar ärmeren, aber virileren Männern zuzustreben: in der blühenden Symbolik bedeutet es auch, daß der nächste Nachbar der Notabeln der Beerdigungsausrufer ist, der sich ein Vergnügen daraus machen wird, bei ihrer Aufbahrung und ihrer Bestattung mitzuwirken. (Noch im 20. Jahrhundert trifft man in Gignac im Departement Hérault beim jährlichen Sinnebelet-Fest den Esel und den Sarazenen [Türken] an.)

Denn Sterbe- und Beerdigungsriten nehmen beim Kapaunen-Zug den größten Platz ein. Das Begräbniskleid aus roten und blauen Flicken, das die Totenausrufer der Heilig-Geist-Bruderschaft anlegen, und die Volksmenge, die ihnen folgt, *sie tragen es absichtlich, um das Gemetzel zu bezeugen, das sie am nächsten Tag veranstalten wollen, an Fastnachtsdienstag, dem Tag, den sie festgesetzt haben, um ihr unheilvolles, verdammungswürdiges Unternehmen auszuführen* (A 160).

Wir können die vom Richter gegen den Kapaun vorgebrachten Anschuldigungen eines Massenmordkomplotts übergehen. In Wirklichkeit ist es Guérin selbst, der Aggressionsabsichten gegen die Männer des Kapaunen-Reiches hegt. Wer schreit: „Haltet den Dieb ..." Immerhin kann nicht geleugnet werden, daß der Richter insoweit richtig liegt, als „die Armen" im traditionellen Karnevalsgeist eine große, symbolische, halb possenhafte, halb ernsthafte Beerdigungsparade ins Werk gesetzt haben. Es handelt sich dabei um einen der Hauptbräuche dieser Jahreszeit: Eine Karnevalspuppe oder manchmal auch ein als Karnevalsmarionette (Bär etc.) verkleideter lebendiger Mensch wird in einem Prozeß abgeurteilt und zum Schein hingerichtet, vergraben, ertränkt oder verbrannt. Im Romans des Jahres 1580 ist die Lage noch komplizierter: Es gibt nämlich *zwei Karnevalsfeste*, das der Plebejer und das der Notabeln, die selbst wieder untereinander geteilt sind.[32] Unter diesen Umständen bilden die Riten von Leben und Tod, von fruchtbarem Wohlstand und tödlichem

Ende im Mikrokosmos unserer in Gärung befindlichen Stadt ein unentwirrbares Geflecht. Schon am Fastnachtssonntag drohte, wie wir gesehen haben, der Große Rat des Rebhuhn-Königs, die Justiz gegen diejenigen Teilnehmer am Karneval des gemeinen Volkes einzusetzen, die nicht ihrer Pflicht genügen würden. Das war das Prozeßmotiv, dem logischerweise der Urteilsvollzug (hier das Gehenktwerden) folgen würde. Das Ganze in der zweideutigen Redeweise, in der sich die romanaisischen Ereignisse auf der Rebhuhn-Seite darstellen. (Das wirkliche Hängen wird aber noch kommen, nur etwas später.) Aber am Tag darauf zahlen die Handwerker den Reichen symbolisch mit gleicher Münze heim. Von Anfang an, schon an Lichtmeß und am St.-Blasius-Tag, haben sie in den Mittelpunkt ihres eigenen Karnevals das Ritual gestellt, das den Tod aufwertet und das Begraben oder die kannibalische Vernichtung des Bösen, des Alten, des Lasterhaften und des Faulen preist. Am Rosenmontag nun verkünden sie den Reichen (im Scherz und mit schwarzem Humor, dem aber keine Taten folgen), daß sie kurzen Prozeß mit ihnen machen und sie beerdigen werden, so wie die Karnevalspuppe begraben oder enthauptet wird. *Die Plebs war so außer Rand und Band,* fügt Guérin hinzu (A 160), *daß Einige, die sich über die Preissätze* (den Tarif) *für die Lebensmittel, von denen oben gesprochen worden ist, lustig machen wollten, wie zuvor* (am 3. Februar, dem St.-Blasius-Tag) *immer wieder riefen:*

„Zu vier Deniers das Pfund Christenfleisch!“ Weiter schreibt Guérin: *Ein so böses und gemeines Wort, daß es mir fast schwerfällt, es zu erwähnen. Aber da es von so vielen gehört worden ist und sogar von Fremden in unserer Stadt, habe ich nicht gewagt, es zu verschweigen.*

Wieder einmal taucht das Kannibalismusmotiv auf; diesmal mit Rabatt: Vier Deniers das Pfund statt sechs Deniers wie in der vorigen Woche. Selbstverständlich handelt es sich nur um einen aus kannibalischen Phantasien geborenen, makabren und geschmacklosen Scherz. Außer in vereinzelten krankhaften Wahnvorstellungen hatten die angeheiterten oder rebellischen Romanaiser durchaus keine Lust, die Leber eines Notabeln zu verspeisen, den sie vorher getötet haben würden. Auch die „Blutdürstigen“ der großen französischen Revolution werden im allgemeinen nur metaphorisch blutdürstig sein und sich hüten, ihren Durst mit dem Blut aus den Adern umgebrachter Aristokraten zu löschen.

Trotzdem ist diese kannibalische Phantasie nicht ohne Interesse. Möglicherweise gehört sie zu den Symptomen einer Psychoanalyse der Geschichte; mit Sicherheit zu manchen spezifischen Karnevals- und Aufruhrriten[33], die ins Kannibalische abgleiten (zum Beispiel in Agen im Jahre 1635 oder in Montpellier im Jahre 1380).

Die lästerliche Parole der Armen, *zu vier Deniers das Pfund Christen-*

fleisch, nimmt Guérin zum Anlaß für einige schlagende Argumente. Seiner Ansicht nach rechtfertigt sie einen spezifischen Gegenschlag von seiten des von Gott persönlich unterstützten Karnevals der Reichen. Es gilt, das unreine Element auszurotten, das sich mit seinen obszönen, das getaufte Fleisch bedrohenden Losungen, die von den Teilnehmern des Kapaunen-Zuges ausgestoßen worden sind, im Herzen der Stadtgemeinschaft eingenistet hat. Ein Karnevalsfest in Romans zieht stets ein weiteres Karnevalsfest nach sich, eines immer mehr der Abschreckung dienend als das andere: *Ich glaube,* schreibt der Richter, *daß Gott sie sofort für diese so bösartige Parole gezüchtigt hat, mehr als für alles andere Schlechte, das sie getan haben* (A 160).

Aber ist in dieser Sache die Anrufung des Christengottes völlig am Platze? Bei ihrem Einschüchterungsumzug hatten es sich Guérin und Laroche angelegen sein lassen, vier Türken, eher zweifelhafte Jünger Jesu Christi, zur Verstärkung der Rebhuhn-Sekte an die Spitze zu stellen. Diese Türken sind im Grunde Teufelsfiguren.

Aber der Richter hat mehr als ein Kaninchen in seinem Zylinder: Für kurze Zeit enthält er sich seiner gewohnten lobpreisenden Berufung auf die katholische Religion und ruft seine alten, in der Schule erworbenen Kenntnisse griechischer Bildung zu Hilfe. Nun nennt er die Kapaunen-Anhänger nicht mehr nur tauffeindliche Gotteslästerer, sondern plötzlich werden sie zu Skythen, die ihre angeborene Roheit gegen das Athen der Dauphiné, die gute Stadt Romans, kehren. Hält sich der Richter für Demosthenes? *Die Skythen und die größten Barbaren der Welt,* schreibt er, *könnten nicht soviel Übles tun, wie diese hier* (die Kapaunen-Anhänger) *sich zu tun vorgenommen und beschlossen hatten* (A 160). Dieser athenische Exkurs ist im Bericht Guérins allerdings sehr kurz. Sehr rasch charakterisiert er die neue Rebhuhn-Partei nicht mehr als „griechisch" (= das Gegenteil der Skythen), sondern als papistisch und sogar ultrapapistisch. Er bezeichnet sie geradezu als „Partei der Messe". Spezifische Anspielung: Sie erinnert an die halb ernste, halb närrische und halb christliche, halb türkische Messe, die zu Ehren der aufgeputzten Gruppe der Notabeln am Morgen des Rosenmontag zelebriert worden ist.

An diesem Morgen nach der Messe haben wir die beiden Königreiche, das Rebhuhn- und das Kapaunen-Reich, in dem Augenblick verlassen, in dem sie in wenig freundschaftlicher Weise in einer engen Straße aneinander vorüberzogen. Eine brisante, aber kurze Begegnung. Beide hatten ihren Weg – in entgegengesetzten Richtungen – fortgesetzt; der Rebhuhnzug konnte also wieder zum Franziskanerkloster zurückkehren, der „Residenz" König Laroches, um dort das Mittagessen einzunehmen. Die Tafel war karnevalsmäßig für 140 Personen des königlichen Gefolges, die sogenannten hohen Amtsträger und die (bis an die Zähne bewaffneten) Pseudooffiziere üppig gedeckt. *Um wieder auf unser Thema zurückzukommen, der König* (Laroche) *begab sich mit der Partei der Messe zum Essen, wo für 140 Personen Gedecke aufgelegt und alles geboten wurde, was gefunden werden konnte* (A 161).

Nach dem Essen begannen an diesem Montag nachmittag des 15. Februar die Stunden des Tanzes: Diese fanden nicht im Kloster, sondern im Gemeindehaus statt. Traditionell wurden Karnevalsbälle (und besonders die Bälle am Rosenmontag und Fastnachtsdienstag) in Romans von der „Abtei“ Bongouvert alias Maugouvert (je nachdem „gute“ oder „schlechte“ Regierung) veranstaltet. Das war eine fröhliche, von jungen und weniger jungen Notabeln der Stadt Romans unterhaltene Genossenschaft, die dem Konsulat unterstand; und auch der Aufsicht des unvermeidlichen Richters Guérin, dem örtlichen Schiedsrichter in Sachen des Volksbrauchs wie für alles andere. Diese „Scherzabtei“ bestand aus Laien; trotzdem hatte sie einen halb religiösen Charakter (sie stiftete Geldsummen zur Wiederherstellung der religiösen Gebäude der Stadt und zur Bezahlung der Fastenprediger). Zu ihren Aufgaben gehörten auch die teils offizielle, teils scherzhafte Beaufsichtigung von Hochzeiten, das Eingreifen bei Raufereien, die Organisierung der Karnevalsbälle und des Zofenballs und die Errichtung des Maibaums, eines hohen Pfahls, auf dessen Spitze sich ein grüner Pinienzweig erhob. Maugouvert richtete diesen hohen Mast im Mai und zu Pfingsten auf dem großen Platz der Stadt zu Ehren der Jungfrauen und der Liebenden auf. Aber schon vor diesen ehedem heidnischen Maifaiern feierten die Maugouvert-Bälle am Rosenmontag und Fastnachtsdienstag die Liebe, die jungen Mädchen und Frauen, die Vorbereitung auf Verlöbnis und Heirat. Mit seinen vielen Notabeln stand das Rebhuhn-Reich in den besten Beziehungen zu Maugouvert, wie die Untersuchung des Grenobler Parlaments betonen wird.[34] Dieses Königreich hatte von Anfang an, schon bei der Preisverteilung für den Wettlauf (Donnerstag, 11. Februar), dem anderen oder dem schönen Geschlecht einen wichtigen Platz eingeräumt, im Gegensatz zu den volkstümlichen Hammel-, Kapaun- und Hasen-Reichen, die, wenn auch nicht gerade frauenfeindlich, so doch wenig auf die Weiblichkeit zugeschnitten waren. Eine solche Kritik konnte an dem Rebhuhnkönig nicht geübt werden. Er erwies sich als Liebhaber der Weiblichkeit: *Laroche begab sich nach dem Essen zum Stadthaus, wo der Ball hergerichtet war mit ziemlich vielen Damen und Jungfräulein der Stadt.* Die Wörter „Damen“ und „Jungfräulein“ sind ein Anzeichen dafür, daß die Frauen, die an diesem Ball teilnahmen, zum großen Teil wiederum zur Gruppe der Notabeln gehörten.

Im patrizischen Herzen von Romans gab es also an diesem Nachmittag eine Welle weiblichen und verliebten Vergnügens. Paare suchten einander, taten sich zusammen, fanden einander wieder. Gleichzeitig gewann das kriegerische Komplott des Rebhuhn-Reiches Gestalt und Kraft im Rhythmus des Tanzes, der jedoch nicht so betont männlich war wie der Schwerttanz, der bei den niederen Klassen und im Hammel-Königreich so beliebt war. Im Rebhuhn-Reich gab es Frauen und Feuerwaffen. Es gab einen erklärten Feind: das Kapaunen-Reich. Fehlte nur noch ein Verbündeter; doch der war in Wahrheit bereits im „reynage" des Adlers vorgegeben. Nun hieß es, Meinungsverschiedenheiten und Kampftruppen umzugruppieren. Zuerst war dazu ein bißchen Liebesspiel- und Karnevalsdiplomatie vonnöten.

Bei der offiziellen Annäherung, die sich vorbereitete, schien der Adler die ersten Schritte auf das Rebhuhn hin zu tun: Dieses ließ sich gern sanfte Gewalt antun. Guérin schreibt darüber: *Während des Balls kamen einige Herolde des Adler-Königs*[35] (A 161). Herold, das heißt ein kriegerischer, waffentragender Bote (wenn auch hier karnevalistisch). Wieder eine Nachahmung des Rituals der französischen und dauphinischen Monarchie. Das Obergewand des Herolds ist an Brust und Leib mit Krone und Königslilie bestickt. In der Hand hält er einen Stab. Kraft des Amtes, das er bekleidet, überbringt er im Namen seines königlichen Herrn freundlichen oder feindlichen Monarchen Einladungen oder Herausforderungen oder Kartelle. Er überwacht auch den Verlauf der Turniere. Die Herolde des Adlers in Romans *überbrachten dem Rebhuhn-König* (Laroche) *ein Kartell, durch welches er* (der Adler) *sich beklagte, daß er* (Laroche), *obwohl er an den Grenzen und Rändern seines Reiches vorübergezogen war, nicht geruht hatte, ihm Besucher zu schicken, noch ihn zu seinem Festmahl einzuladen* (A 161). In der Tat hatten die diversen Rebhuhn-Umzüge in unmittelbarer Nähe des Hahn-Adler-Territoriums (des Jacquemart-Viertels) stattgefunden, ohne diesem den Freundschaftsgruß zu entbieten, der ihm zukam. Der Adler sandte also eine Grenzbotschaft von einem Stadtviertel in ein anderes (hier vom bürgerlich angehauchten Jacquemart-Gebiet in den merklicher elitären Stadtteil am großen Platz und der Brücke). Ein solcher Schritt würde normalerweise zu einer Rauferei an der Schranke oder Grenze führen, zum Zwecke freundschaftlichen Wetteiferns und der Entspannung der Gemüter; solche Raufereien förderten die nachbarlichen Beziehungen in einer Stadt. Der Adler tat so, als glaubte er an ein Mißverständnis zwischen seinem und dem Rebhuhn-Reich (in Wirklichkeit waren ja die Anhänger des Raubvogels Bündische, wenn auch gemäßigte, diejenigen des Wald- und Wiesenvogels dagegen gehörten in ihrer Mehrzahl nicht zur Gefolgschaft des Bauernbundes). In theatralischem Stil fragte der Adler sinngemäß folgendes: „Behandelt mich Laroche von oben herab *wegen des Grolls, den er gegen mich hegt?* Wenn das so ist, *biete ich ihm den Einzelkampf zwischen mir und ihm an*".[36]

Das Angebot eines solchen parodistischen Kampfes zwischen zwei Männern war eine Anspielung auf das Liebeswerben um die Gunst eines Weibchens, das in der Tierwelt den herannahenden Frühling ankündigt. Sie war der Auftakt zu einer koketten Selbstdarstellung des Raubvogels im weiteren Verlauf seiner Rede: „Wenn Laroche *aus Verachtung* (für den Adler) so handelte, *so sollte er wissen, daß der Adler in seinem Flug das Rebhuhn nach Belieben ergreifen könnte, selbst wenn es von einem Felsen geschützt und halb gedeckt wäre.* Dieses doppelte Wortspiel vom Felsen (la roche = Laroche), der das Rebhuhn deckt[37] ist klar. Guérin selbst erklärt seinen Lesern in den hohen Pariser Kreisen (den Hofbeamten, an die er seine Schrift schickt), daß es sich ganz einfach um die fleischliche oder mystische Vereinigung Laroches mit dem Rebhuhn handelt. Es gibt also zwei Anwärter auf das Herz des symbolischen Vogelweibchens: Der erste ist der Hahn-Adler, der romanaisische Supermann, dessen halb Hahnen-, halb Raubvogelnatur ihm gestattet, sich mit rotschwellendem Hahnenkamm aus den Lüften auf seine zarte Beute zu stürzen. Der zweite ist Laroche, der sich bereits in halber Umarmung mit seiner geliebten Rebhenne befindet, der aber sein Konkurrent bald ein Ende machen könnte. Das Thema von den beiden Rivalen, die beide Herz und Hand einer Schönen erringen wollen, ist ein typisches Karnevalsthema. In den Improvisationen des Volkstheaters an Fastnachtsdienstag oder am Rosenmontag erscheint es oft; in Mittel- und Norditalien, das unserer Dauphiné so nahe liegt, deren Kultur mit der der Halbinsel vergleichbar ist, ist es Allgemeingut.[38] Das Thema kann aber auch am Ende des Winters und im Frühling den Anlaß zu Turnieren liefern, die dann im letzten Viertel des 16. Jahrhunderts zu Ringelstechen, Raufereien an den Schranken der Stadtviertel und dergleichen verkommen. Am Ende solcher Kämpfe gewinnt der Sieger die symbolische oder tatsächliche Gunst der Angebeteten. Die Spiele werden in ritterlichem Stil geführt und besiegeln auf sportliche Weise das herzliche Einvernehmen zwischen den Teilnehmern der Turniere, die sich mehr als Wettkämpfer und Rivalen denn als Feinde gegenüberstanden. So hat es sich auch in Romans, an diesem Nachmittag des Rosenmontag zugetragen. *Der Friede wurde schnell geschlossen, denn es gab keine große Auseinandersetzung* (zwischen dem Adler und Laroche); *um diesen Frieden besser zu beschwören und zu sichern, wurde beschlossen, daß sie* (die beiden „Könige") *sich eine Stunde später wieder treffen sollten, zu Pferde und mit gesenkter Lanze, um miteinander um einen Ring zu kämpfen, was auch gemacht wurde* (A 161).

Bekanntlich hat der Wettkampf um einen Ring nicht den kriegerischen

Charakter der früheren Turniere. Der Reiter prescht in gestrecktem Galopp dahin und versucht dabei mit seiner Lanzenspitze einen Ring, der aufrecht auf einem Pfahl steht, aufzuspießen. Die Lanzenreiter können auch statt eines Rings einen *faquin* aufs Korn nehmen. Das (provenzalische) Wort *faquin* bezeichnet eine Puppe oder einfach eine kopfähnliche Zielscheibe, die auf dem Boden steht; der Reiter muß dann diesen Gegenstand mit seiner Lanze treffen oder umwerfen. Wettkämpfe dieser Art, ob um Ringe oder gegen den *faquin* geführt, gehören zu den kriegerischen oder Waffenriten, die ein Merkmal des alten Karnevals sind, auf den einige Monate später die Frühlingsfeste folgen. Solche Kampfrituale sind die Vorläufer, später die Begleiter des erwachenden Frühlings und der Revolte. Auf magische Weise locken sie den Frühling herbei. Sie dienen aber auch der gesellschaftlichen und geographischen Integration. Bei der Hochzeit des Infanten von Savoyen im Jahre 1608, deren Festlichkeiten eine Million Gold-Écus kosteten (davon 150 000 Écus für Eingemachtes und Fackeln), folgte auf das Wettreiten um den Karnevals-Faquin ein riesiges Ballett: Teilnehmer sind die Jäger aus Savoyen, die Fischer von Nizza, die Bauern aus dem Aoste-Tal und die Bäuerinnen des Piemont, die alle ihre eigene Sprache sprechen (französisch, italienisch, provenzalisch). Auf diese Weise ließ sich die Einheit der verschiedenen Provinzen wie die Mehrsprachigkeit des Gesamtgebiets der savoyardischen Herrschaft demonstrieren. So bedeutet auch in Romans das Ringelstechen der beiden Könige – Adler und Rebhuhn – am späten Nachmittag des Rosenmontag, nachdem der Rebhuhn-Umzug feierlich die Grenzen des Patrizierviertels zwischen dem großen Platz und der Brücke bis zum Franziskanerkloster festgelegt hat, die Koalition der beiden Stadtviertel, die bisher halb Rivalen, halb Freunde gewesen sind.

Bei diesem Karussell von *faquin*, Ringelspiel und Stadtviertelkämpfen geht es letztlich um die am Ende des Winters erwachende Sexualität und Fruchtbarkeit, die dann an Ostern, im Wonnemonat Mai und bis zum sommerlichen Johannistag voll erblühen. Im Jahre 1620 sieht Anna von Österreich auf dem Königsplatz in Paris mit einem lachenden und einem weinenden Auge ihrem jungen Gemahl Ludwig XIII. zu. Sie freut sich, daß er so viele Ringe hintereinander aufspießt, während sie auf den noch in weiter Ferne liegenden Tag wartet, an dem er sie zur Mutter machen wird. Ganz allgemein aber sind kleine und große Damen der leidenschaftlich umkämpfte Preis dieser Wettkämpfe, die die Hochzeit einer Prinzessin oder die Liebeslust eines Königs feiern. Das Ringelstechen von Romans macht keine Ausnahme von dieser Norm. Begleitet von Anspielungen auf das Liebesleben des Rebhuhns mit seinem Roche oder seinem Adler folgt auf den Wettkampf ein großer Ball, auf dem sich die Schönen und weniger

Schönen der Stadt ergehen. Der Ball beginnt mit einem Maskenzug, in dem herumscharwenzelnde Gestalten eine glanzvolle Fürstin begleiten. *Nach dem Ringelstechen der beiden Könige,* schreibt Guérin, *führte der Rebhuhn-König den Adler-König und einen Teil von dessen Gefolge sowie seine eigene Truppe zum Abendessen; und sobald sie gegessen haben, gehen sie auf den Ball, wohin ein Maskenzug kommt; nach diesem kam ein anderer, sehr schöner, mit vier Königen, die eine Königin führten, welche so prächtig gekleidet war, daß alles an ihr nur so funkelte.*

Die Nacht, die im Februar früh kommt, senkt sich auf diese gastronomischen und tänzerischen Freuden herab (P 88). Findet der Maskenzug bei Fackelschein oder Kienspanbeleuchtung statt? Mit oder ohne Licht haben wir eine Inflation von Königen. Zwei Könige (Adler und Rebhuhn) sind schon von vornherein an dem Ereignis beteiligt. Man hat ihnen aber noch zwei weitere Könige zur Seite gestellt (so daß es schon vier sind), die auch aus den Königreichen der Ordnungspartei kommen. Und dann dürfen wir auch die drei volkstümlichen Könige des Hammel-, des Hasen- und des Kapaunen-Reiches nicht vergessen. Von Paumier ganz zu schweigen, er selbst ein königlicher Bär, ungekrönter Monarch des Bundes. Acht Könige für eine Stadt von 6 000 Einwohnern. Ein zu ungleiches Verhältnis. Da kann der Zusammenstoß nicht lange auf sich warten lassen.

Am Beginn dieser dunklen und dennoch fröhlichen Nacht des Rosenmontags, in den letzten Augenblicken vor dem Schlußkampf, scheint ein kurzer Rückblick gerechtfertigt.

Zuerst ein kurzer Blick auf die Zoologie oder das endlich komplette „Bestiarium“ dieses Karnevals: Bei den Handwerkern und Ackerbürgern finden wir den Bären, den Hammel, den Hasen, den Kapaun und den Esel (in der Reihenfolge ihres Auftretens). Bei den „Reichen“ den Hahn, den Adler und das Rebhuhn. Das ergibt folgendes Schema:

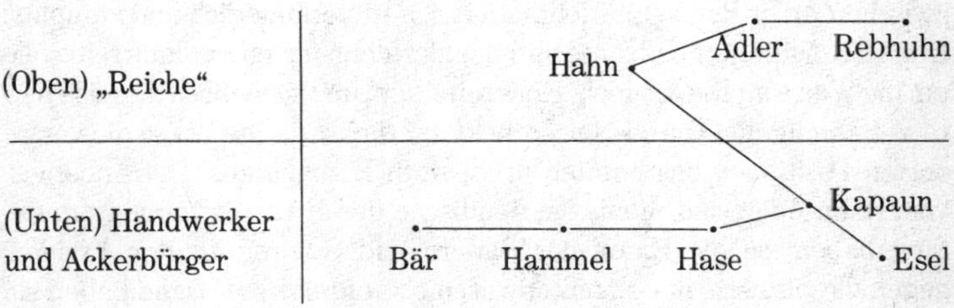

Sofort fallen uns einige Kontraste auf: Die Tiere der Reichen sind Tiere der Lüfte, auf alle Fälle geflügelt. Sie verkörpern die herrschenden, oberen Klassen; oben im Vergleich zu unten; die Lüfte im Vergleich zur Scholle. Das Volk dagegen hat in seiner Tiersammlung nur ein geflügeltes Tier: den Kapaun. Und der ist kastriert, untergeordnet, kurz, schwach im Vergleich zu seinem Kollegen vom Bestiarium der Reichen: Der Hahn stolziert kühn einher, schlägt mit den Flügeln, ruft männlich die Hennen zur Paarung, alles Gesten, die sich mit dem Zustand des Kapauns schlecht vertrügen. Die Tiere der Reichen sind ausgeprägt geschlechtsbetont: unnötig, auf den Fall des Hahns näher einzugehen, der in einer schon sehr weit zurückreichenden Bilderwelt eine Art Phallus auf Füßen und in Federn gehüllt darstellt; aber auch von Adler und Rebhuhnweibchen wird an diesem Rosenmontag nachmittag angenommen, daß sie zusammen ein Paar bilden werden . . .

In Kontrast dazu (P 88) sind die Tiere der Armen kastriert (Kapaun, Hammel) oder von schlechter Vorbedeutung (Hase). Oder aber sie sind als Symbole in sexueller Beziehung einander gleichgültig (Bär, Hammel, Hase, Kapaun, Esel). Mit anderen Worten, es kann keine Rede davon sein, daß sie sich, wenn auch nur symbolisch, paaren wie es im Gegenteil der Fall ist für Adler und Rebhuhnweibchen. Nur der Bär vermag wilde Männlichkeit zu verkörpern, aber diese ist im klassischen Karneval mehr auf zielloses Vergewaltigen als auf die Herstellung eines gewählten Liebes- oder Ehebundes gerichtet. So bleiben denn diese Tiere in beiden Lagern der Symbolik des Doppelkarnevals treu, wie sie sich bereits zu Anbeginn des romanaisischen Geschehens abgezeichnet hat: Wilde und „chthonische" (= erdgebundene) Orientierung des St. Blasius-Festes der Armen, deren Tiere Mächte der Erde sind; hochzeitliche, ätherische Ausrichtung beim Rosenmontag der reichen Klassen.

Abseits von den Symbolen geht es ganz prosaisch um die Formierung neuer Bündnisse und um Kräfteverhältnisse. Das Spiel der Beziehungen zwischen Adler-Reich und Rebhuhn-Reich ist veränderlich und komplex: Erst sind die Könige halb böse miteinander, dann flirten sie, dann reiten sie um die Wette im Ringelspiel, „Hochzeitsflug", und schließlich die gesicherte Verständigung. Dieses Spiel drückt auf theatralische Weise die veränderten Positionen bestimmter Gruppen in Romans aus: Die Anhänger vom Hahn-Adler sind ehemalige Bündische, die abtrünnig werden; am Anfang haben sie die Union der Bauern und Städter für den Frieden, gegen die Steuern, das Banditenwesen etc. unterstützt. Dann haben sie sich von diesem Bund und seinen romanaisischen (harten) Modalitäten abgewandt, wegen der Ausschreitungen und dem „Aufruhr", für die man ihn verantwortlich machte: *Dieser König Adler zeigte mit seiner Truppe, obwohl die meisten vorher dieser „Liga" angehört hatten, daß sie diese Aufrührer weder leiden mochten noch begünstigten* ... (A 161).

Im übrigen hatten, wie es oft in Gesellschaften vom Typ des Ancien Régime vorkommt, persönliche oder vielmehr familiäre Streitigkeiten ihre explosive Wirkung dem eigentlichen politischen Schisma hinzugefügt. Unter den Bündischen, die sich um den Adler geschart hatten, der von nun an auf Leben und Tod mit dem Rebhuhn verbunden war (da diese bedeutungsvolle Paarung durch eine Zeremonie besiegelt worden war, die um so schwerer wog, als sie ritualisiert war), waren einige, die anfänglich *zu den lautesten Schreiern der aufrührerischen Truppe gehört hatten* (der Bande Paumiers). Aber ein ihre Familien betreffendes Ereignis hatte sie abgekühlt (A 162): Einige ihrer Verwandten waren von anderen Gefährten, die ebenfalls Mitglieder der paumieristischen Bündlergruppe waren, angegriffen und verletzt worden. Eine Kampfgemeinschaft ist nicht immer eine Garantie für reine Freundschaft. Die Schuldigen waren wegen versuchten Mordes im Gefängnis von Romans eingekerkert worden. Aber die den Bund beherrschende Clique hatte diese gefangenen Freunde, deren Kerkerhaft doch gewichtige, triftige Gründe hatte, befreien wollen. Zu diesem Befreiungsversuch, der einen glatten Rechtsbruch darstellte, nutzten die Männer um Paumier die starke Stellung aus, die sie noch für kurze Zeit in der Stadt besaßen. Dieser offenbare Mißbrauch reizte die Verwandten der Opfer, die bisherigen Bündischen. Sie wechselten die Partei. Lebt wohl, Hammel, Hase, Kapaun. Sie stießen zu Adler und Rebhuhn, und *nachdem sie sich den besseren Leuten zugesellt hatten, zeigten sie tatsächlich, daß sie sie* (die Parteigänger Paumiers) *nicht liebten; und sie erweckten viel Erstaunen bei der Truppe dieser Aufrührer* (erinnern wir daran, daß im Sprachgebrauch Guérins, des Erzählers, *Aufrührer* harte Bündische oder Paumieristen bedeuten).

Selbstverständlich müssen wir uns das ganze Karnevalstreiben während der ersten Februarhälfte, die Feste, Königreiche und Versammlungen inmitten eines ununterbrochenen Gewimmels von Bauern, Händlern, Maultiertreibern usw. vorstellen, die wegen ihrer Geschäfte oder aus Neugier nach Romans kommen. Auch in Festzeiten hört die Erde nicht auf, sich zu drehen. Die Leute kommen in die Stadt, um Korn zu verkaufen (große Hofpächter, Händler, Maultiertreiber) oder zu kaufen (kleines Landvolk, Verbraucher, die selbst nicht genug Getreide für ihren Bedarf erzeugen). Ende 1579 beispielsweise[39] werden durch das Jacquemart-Tor 240 Sétiers* und zusätzlich durch das St.-Nikolas-Tor 28 Sétiers Korn

---

* Ein Sétier (früheres Maß) = ungefähr 1,5 Hektoliter *(Anm. d. Übers.)*.

eingeführt (die beiden Tore sind die speziellen „Landwirtschaftstore"; sie liegen im Norden und Osten der Stadt und führen in das ebene Getreideland am nördlichen Isère-Ufer. Zur gleichen Zeit kaufen 64 kleine Käufer aus den umliegenden ländlichen Kirchengemeinden 166 Sétiers dieses Korns in kleinen Mengen von 2 bis 3 Sétiers, um sie nach Hause zu ihren Mühlen und Backöfen zu bringen. Einige begüterte Maultiertreiber verfrachten ihre Einkäufe wohl in einen etwas weiteren Umkreis (aber wirklich weit geht es nie); sie kaufen das Korn auf dem Markt von Romans in etwas weniger winzigen „Ladungen" von 10 bis 20 Sétiers (der auf 112 Pfund geeichte Sétier wiegt 56 Kilo). Es handelt sich also höchstens um eine Tonne Korn.

Am 5. Februar 1580, also zu Beginn der Festlichkeiten, werden 71 Landleute gezählt, die in die Stadt kommen, um das „eingelieferte" Getreide „herauszuholen". Am 9. Februar, als der Festestaumel der Königreiche seinem Höhepunkt zustrebte, sind es 63, die ihre bescheidenen Kornkäufe tätigen ... und sich sowohl an dem Vergnügen wie an den Anklagen der Plebejer beteiligen (da es auf diesem Gebiet ein Monopol der Kleinsttransporte mit Maultieren gibt, statt Getreidefrachten auf Karren von größerem Umfang, verstärkt sich ganz von selbst die Zahl der Käufer–Besucher). Man kann diese Aufzählung beliebig fortführen: Am 20. Februar kommen etwa hundert Käufer für 220 Sétiers durch das Jacquemart-Tor. Zwischen dem 21. Dezember und dem 12. Februar sind 3 763 Sétiers in die Stadt geliefert und 4 619 nach draußen verkauft worden ... ein leichtes Defizit. Im Erntejahr 1579/1580, in dem genügend Getreide erzeugt worden ist, kann man sich erlauben, für die Ausfuhr auf die Kornreserven der Stadt zurückzugreifen. Schließlich sind die Vorräte vom letzten Dreschen üppig und die Kaufkraft nicht schlecht, da das Volk in diesem Jahr nur wenig Steuern gezahlt hatte. Das löst eine doppelte Befürchtung aus (die auf beiden Seiten gegeneinandergerichtete Frustrationen mobilisiert): Die Befürchtung des Stadtvolkes, das nicht ohne Unruhe mit ansehen muß, wie das städtische Getreide nach draußen abfließt.[40] Die Angst der Bourgeoisie, daß die zum Weizenkauf in die Stadt strömende Bauerngesellschaft sich auf sie stürzen und sie ausplündern könnte ... Es ist nicht mehr weit bis zum Fastnachtsdienstag, von dem noch niemand weiß, was er bringen wird. Nur Guérin hat seinen Plan, seinen antiplebejischen Blitzableiter oder eher Blitzstrahl!

Romans, 15. Februar 1580, Tag vor Fastnachtsdienstag. Noch ist alles in der Schwebe. Die Nacht sinkt über die stille Stadt herein, die gar nicht mehr so still ist. Überall werden die Messer geschliffen. An den Tischen des Königreichs der Reichen im Franziskanerkloster beginnt diese Nacht mit einer Schlemmerei von Würsten und Schweineschmalz. Enden wird sie in Blut und Tränen. Der Fastnachtsdienstag wird ein Alptraum werden. Dann bleibt nur noch die Aschermittwochstrauer, die übergangslos hereinbrechen wird.

Von Ausnahmen abgesehen, sind die zeitgenössischen Zeugen nicht sehr gesprächig über das, was in unserer Stadt in der Nacht vom 15. zum 16. Februar geschehen ist. Just-Louis de Tournon, der Gouverneur des Vivarais, wirft in einem vom 18. Februar datierten Brief an Katharina von Medici nur ein Streiflicht auf das nächtliche Romans. Er spricht von *einiger Erregung und einer kleinen Exekution* (sic), *die dieser Tage von den Angesehensten der Stadt Romans an einigen von der städtischen Liga* (des Volkes) *und den wichtigsten Chefs derselben* (den Chefs des Bundes) *vorgenommen worden ist.* In einer anderen Botschaft vom gleichen Tag, diesmal an Heinrich III., schreibt er diese romanaisische Vesper einer Unvereinbarkeit der Charaktere von städtischer Elite und Bund zu[41]: *Die Angesehensten dieser Stadt haben nicht länger die Frechheiten und Kränkungen ertragen können, die ihnen seit langem von den Bündischen* (von Romans) *angetan worden sind; am Ende waren sie gezwungen, sich gegen sie zu wenden und auf sie einzuhauen.* Tournon verzeichnet auch, daß mehrere Edelleute, darunter einer seiner eigenen Offiziere, Herr de Veaunes, der Bourgeoisie von Romans Waffenhilfe geleistet haben. *Mit dieser Hilfe haben sie* (die Angesehensten) *einige wenige Männer getötet, sowohl die wichtigsten Chefs dieses Bundes als auch andere Aufrührer.* Es bleibt ihm nur noch übrig, dem Allerhöchsten für diese Niederschlagung der Bündischen zu danken: *Dank Gott ist durch die Hilfe, die ihnen die benachbarten Edelleute seither geschickt haben, den Angesehenen die Stärke verblieben. Dieser Platz* (Romans) *bleibt von nun an unter Ihrem Gehorsam* (den königlichen Befehlen gehorsam) *und dem Adel des Landes günstig.* Eine glückliche Lösung, schließt Tournon an die Adresse des Königs; *denken Sie nur daran,* daß die Stadt Romans *für eine Weile eine der aufrührerischsten in Dero Königreich gewesen ist.*

In einem Punkt ist der Brief Tournons wertvoll: Er bestätigt die Zusammenarbeit, die zwischen der Bourgeoisie von Romans und den Landedelleuten der Umgebung bestanden hat. Davon abgesehen gibt er kaum mehr Einzelheiten als das, was um den 18. Februar herum ein Parteigänger der Bünde namens Sibeuf mitteilt, der im Kampf verwundet worden ist. Nach dreitägigem Getümmel gelingt diesem die Flucht aus Romans über die Stadtmauer auf die Isère zu; von dort aus läuft er weiter und erzählt den Bauerngemeinschaften des flachen Landes, die daraufhin zu den Waffen greifen, *daß die Großen von Romans das Volk massakrierten, worüber das Volk erschrak* (P 89). Das ist alles. Der Notar Piémond und der

Richter Guérin sind in ihren Berichten, deren Faden ich hier wiederaufnehme, ausführlicher.

Nach Piémond trifft die Hauptverantwortung für das Gemetzel einzig die „Reichen" des Rebhuhn-Reichs. Die Anhänger dieses Feldvogels *hatten sich,* wie der Notar schreibt, *für die Nacht* (Montag abend, 15. Februar) *in das Stadthaus begeben, um ihr Königreich zu feiern und um sich darauf vorzubereiten, nicht etwa zu tanzen, sondern über die Gegenpartei herzufallen* (P 89). Es galt, bereit zu sein für einen Handstreich gegen die Männer der Paumier-Bande, die sie zu diesem Zweck umgetauft hatten in „die Aufrührer vom Kapaun". Von Anfang an beschuldigt Piémond die Notabeln, das Blutvergießen geplant zu haben. Und er fährt fort: *Nachdem sie zu Abend gegessen haben* (die Leute vom Rebhuhn), *bereiten sie den Ball vor; ein Maskenzug zieht ein.* Das ist der Maskenzug der „vier Könige und einer Königin", von dem auch Guérin schon gesprochen hat (siehe weiter oben). Dieser prunkvoll glänzende Umzug scheint eine Fülle von Zuschauern, von schaulustigen Bewunderern angelockt zu haben, die aus allen politischen und geographischen Richtungen der Stadt herbeiströmten. Bei dem Gedanken, diesen Maskenzug sehen zu können, *rennt das Volk herbei, sogar manche von der Partei Paumiers* (P 89). Genau zu diesem Zeitpunkt des Rosenmontag, 15. Februar, ungefähr um neun oder zehn Uhr abends, beginnt der Kampf, der nach den Angaben Piémonds von den Rebhuhn-Leuten mit Unterstützung des Adler-Hahns vorsätzlich vom Zaun gebrochen worden ist: *Die Männer des Rebhuhns, die gut gesehen werden konnten von den Leuten der Paumier-Partei* (die gekommen waren, den Maskenzug zu sehen), *kommen voll bewaffnet heraus* (aus dem Ballsaal). *Sie beginnen zu attackieren.* Sie massakrieren die Paumieristen vom Kapaun, die ihnen unterkommen: *Die einen werden getötet, andere verletzt. Die Leute vom Rebhuhn tragen diese Attacke in die ganze Stadt, von einem Wachlokal zum anderen* (P 89). Eine andere bewaffnete Gruppe, die auch aus dem Ballsaal des Rathauses kommt, begibt sich stracks zur Wohnung Paumiers: *Sie gehen vor die Tür des Hauptmanns Paumier; von einigen Personen aus seinem Bekanntenkreis gerufen, kommt Paumier, der nichts von den Tumulten weiß, an die Tür herunter. Er wird durch einen Pistolenschuß getötet* (P 89). Daraufhin wurden noch mehrere Freunde des Anführers, die zufällig anwesend waren oder wegen des Waffenlärms herbeiliefen, *in dem Wüten getötet und niedergemacht* (vom „Kommando" des Rebhuhn-Königs). *Einige entflohen . . .* (P 89).

Über dieselben Ereignisse des Montag abend und der darauffolgenden Nacht berichtet Guérin detaillierter . . . und mit größerer Unaufrichtigkeit. Nehmen wir die letzten Zeilen aus dem Text des Richters wieder auf, die wir weiter oben schon zitiert haben: *Nach dem Ringelstechen führte der Rebhuhn-König den Adler-König und einen Teil von dessen Gefolge sowie seine eigene Truppe zum Abendessen* (A 162). Diesem Kontext zufolge scheint das Abendessen im Franziskanerkloster stattgefunden zu haben. *Sobald sie gegessen haben, gehen sie auf den Ball* (der im Rathaus abgehalten wird). Zu einer Stunde, da die ganze Stadt sang und tanzte, wurde dieser Gang Anlaß zu einem Aufmarsch, bei dem sich ein Zug vom Kloster zum Rathaus begab und dabei einen Umweg über die Gegend der Isère-Brücke machte. Eine folkloristische Parade wie sie im Buche steht: An der Spitze gingen die beiden Könige, Adler und Rebhuhn. Dann ihr beiderseitiges Gefolge. Dann eine erste Maskengruppe oder Maskerade. Darauf eine zweite Gruppe Maskierter: Sie bildete (nach einem bereits zitierten Text) *einen sehr schönen Maskenzug von vier Königen, die eine Königin führten, welche so prächtig gekleidet war, daß alles an ihr nur so funkelte.*

Die Spitze des Zuges mit Laroche und König Adler-Hahn war schon in den Ballsaal eingetreten; dort erwarteten sie die Geigen und eine Fülle Frauen und Jungfrauen der Stadt. Das Ende der Prozession befand sich noch mitten auf der Straße, nicht weit von der Brücke, als nach Guérin, der in diesem Punkt Piémond radikal widerspricht, der Angriff begann. Dieser kam nicht, sagt uns der Richter, von seiten des Rebhuhns, sondern von dessen Gegnern vom Kapaun, die ja in Wirklichkeit gekommen waren, um sich an dem Schauspiel zu ergötzen. Durch den Anblick der prächtigen Königin, ihres Schmucks, ihres Umhangs, ihrer Zierde und ihres Gefolges in angeregte Stimmung versetzt, sollen sie sich auf sie gestürzt haben in der Hoffnung, plündern, vergewaltigen, unter die Röcke und in die Mieder langen zu können und was sonst noch alles ... *Das war die Ursache,* schreibt Guérin, *daß eine Bande von Aufrührern* (vom Kapaun), *die nicht die Geduld hatte, bis zu der im Komplott festgesetzten Stunde zu warten, die erst um sechs Uhr morgens war, als sie sahen, was ihnen eine gute Gelegenheit schien, fette Beute zu machen, sich auf diejenigen stürzten, die die Letzten waren* (im Zug der Königin), *während die Trommeln Alarm schlugen* (A 162). Der Trommelschlag, der so viele Geschehnisse in Romans und auf dem Lande mit seinem Rhythmus begleitete.

Guérins Darstellung ist, wie man sehen kann, von der Piémonds weltweit entfernt; zwar nicht in bezug auf die Taten, aber in bezug auf die Absichten, die den Handelnden aus beiden Lagern unterstellt werden. Der Richter, der Katharina von Medici und dem Hof berichtet, will unbedingt den Anschein erwecken, daß es eine Verschwörung des Kapaun gegeben habe; sie sollte um sechs Uhr am Morgen des Fastnachtsdienstag ins Werk gesetzt werden, gerade vor Tagesanbruch. Aber nach Guérins weiterer Aussage ist sie schon am Abend vorher ausgebrochen, weil die beutegierigen und geilen Paumieristen beim Anblick des gegnerischen Maskenzuges ihre Triebe nicht bändigen konnten und ganz plötzlich in Hitze gerieten bei dem Gedanken, den schönen Damen des Rebhuhns, deren Kavalieren und den Jungfräulein im Ballsaal übel mitzuspielen. Unter diesen Umständen befanden sich die „besseren Leute" oder „die Angesehensten" in Notwehr; sie konnten nicht umhin, dem Ansturm Widerstand zu leisten. Mit anderen Worten: Nachdem die Killer vom Kapaun einige junge Notabeln, die sich am Schluß des Rebhuhn-Zuges befanden, verletzt hatten, machten diese eine Kehrtwendung und boten, wie Guérin sagt, ihren paumieristischen Angreifern die Stirn. Woraufhin letztere (A 162), *da sie sich entdeckt sahen, beschlossen, das Wachlokal an der Brücke, in deren Nähe sie sich befanden, zu stürmen.* (Dieses Wachlokal war mit einer Abteilung der städtischen Miliz belegt, die der „guérinistischen" Stadtverwaltung treu geblieben war.) *Aber sie wurden so schlecht empfangen, daß sie gezwungen waren, sich in ihr eigenes Viertel zurückzuziehen, nicht ohne einiges abbekommen zu haben.*

Hier nun trifft der Text Guérins mit dem Piémonds zusammen: Der Richter beschreibt nämlich den *Ausfall* der Kommandos aus dem Ballsaal; glaubt man diesem dubiosen Berichterstatter, der der Kopf des Unternehmens gewesen ist, so handelten die bewaffneten Gruppen, die da vom Tanz herbeiströmten, in berechtigter Notwehr. (Der Notar seinerseits hält sie für aggressive Killer, die auf eine Strafexpedition aus waren.) Guérin schreibt weiter: *Mittlerweile verbreitete sich das Gerücht bis zum Stadthaus* (wo der Ball stattfand), *daß ein Handgemenge im Gange war* (am Ende des Maskenzugs) *und daß sie alle massakriert werden würden.*

Man bemerke die Umkehrung der Abfolge: In Piémonds Bericht wird die Schlägerei am Ende des Maskenzugs durch den (bewaffneten) Ausfall der „Tänzer" vom Rebhuhn verursacht; in der Darstellung Guérins ist es genau umgekehrt. Lesen wir diesen Text weiter: *... und daß sie alle massakriert werden würden, was die Frauen in solchen Schrecken versetzte und die besseren Leute, die dort versammelt waren, so reizte, daß sie, nachdem sie mit den Waffen, die sie ergriffen hatten, hinausgeeilt waren, zufällig* (sic), *aber mehr noch durch Gottes Willen aus allen, die bereit waren, in den Kampf zu gehen, wenn es hitzig werden sollte, drei Trupps bildeten* (die drei Trupps umfaßten nicht mehr als etwa sechsunddreißig Mann); *einer von diesen ging stracks zur Wohnung Paumiers* ... (A 163).

Es folgt der Bericht (in der Fassung Guérins) vom Tode Paumiers, auf den wir noch zu sprechen kommen. Zunächst erfordert der Text einige Überlegungen.

Als erstes der Zufallscharakter der Organisation der drei bewaffneten Trupps, die die Tänzer der Elite im Handumdrehen bewerkstelligt haben:

Über diesen „Zufall“ kann man nur lächeln! Die drei Trupps von jeweils mindestens zwölf Mann konnten die (sehr echte) Karnevalsbewaffnung benutzen, die das Rebhuhn-Reich am selben Tage und den vorhergehenden Tagen in den Straßen von Romans zur Schau gestellt hatte. Sie konnten sich außerdem aus dem Arsenal der städtischen Miliz bedienen, das in den Waffenständern des Stadthauses aufbewahrt wurde, in dem der Ball stattfand. An der Mobilisierung der drei Korporalschaften war kein Zufall beteiligt: Insgeheim, wie aus einem Brief Maugirons hervorgeht, war sie seit mehreren Tagen vorgesehen.[42] Es fällt auf, daß Guérin, kaum daß er den lächerlichen Ausdruck „zufällig“ benutzt hat, es sich überlegt und statt dessen lieber vom *Willen Gottes* spricht, dem allein Verantwortlichen für den Ausfall und den Sieg des Notabelnkommandos. Gott hat einen breiten Rücken. Als listenreicher Tartuffe hilft Guérin nach besten Kräften der göttlichen Vorsehung, die die Drähte zieht. Oder sollte Gott Guérin selbst sein? *Deus ex machina?* Eine bequeme Identifizierung!

Zweite Überlegungskette: die „Frauen“. Sie verdienen in diesem Zusammenhang einen Abschnitt. In seinem Bericht von den Anfängen des Kampfes scheint der Richter zweimal zu sagen „Cherchez la Femme“. Beim erstenmal beschreibt er die Karnevalskönigin, geschmückt wie eine riesige Reliquie, so prächtig gekleidet, *daß alles an ihr nur so funkelte;* er erklärt, daß der Anblick dieses wandelnden, weiblichen Monarchiemonuments bei Einbruch der Dunkelheit den Sturm der Paumieristen ausgelöst hat, der so um einige Stunden vorverlegt wurde. Glaubt man Guérin, dann hatten diese Männer plötzlich begriffen, daß sie hier gute Beute machen und gleichzeitig auch mit ein paar feinen Damen schäkern und sich verlustieren könnten. Wozu also warten und die Gelegenheit versäumen?

Sodann die zweite Erwähnung des „schwachen Geschlechts“ in dem Guérinschen Bericht: Der Kampfeslärm draußen und die wahre oder falsche Meldung von einem bevorstehenden Gemetzel (dem in diesem Fall Vergewaltigungen vorausgehen würden) *versetzten die Frauen* im Ballsaal *in Schrecken* und lösten Panik aus; diese wiederum erzeugt in den Herzen der Notabeln eine Reaktion zuerst der Verteidigung und dann der Rache gegen das Volk; daraus entsteht der Entschluß zum Handeln.

Ist wohl an diesen Behauptungen des Richters, die von weiblicher Panik als erstem Antrieb des ersten Kampfes sprechen, alles falsch? Ich denke, daß sie ein Körnchen Wahrheit enthalten. In den unteren Volksschichten der südlichen Städte sind die Sitten der Jugend (einer Jugend, die von 16 bis zu 36 Jahren reichen kann) nicht eben fein. In mehreren Artikeln hat Jacques Rossiaud[43] jugendliche Banden von Gesellen und Lehrlingen beschrieben: In den Städten des Rhonebeckens ziehen sie durch die nächtlichen Straßen, „jagen die Weibsbilder“ und verüben gemeinsame Vergewaltigungen. Diese überaus zahlreichen jugendlichen Übeltäter sind charakteristisch für einen großen Teil ihrer Altersgruppe. Sie sind die – bereits milder gewordenen – Erben der Verursacher schwerer Krawalle im 16. Jahrhundert: Damals stürmten während mancher Hochzeiten junge gewalttätige Rowdies in die Kirche, „zerbrachen Kreuze, beschimpften den Priester, schlugen die Neuvermählten" und gingen dann deren Haus plündern. Oder sie entführten das junge Paar zu einem gewaltsamen Bad im Fluß oder in das örtliche Freudenhaus, wo der Abend glanzvoll beschlossen wurde. Dieses brutale Verhalten, das die folgenden Jahrhunderte milderten, aber nicht ausmerzten, schloß zwar Liebesgefühle bei den unteren Volksklassen nicht aus, bildete jedoch einen Kontrast zu der höflicheren, zarteren und ritualisierten Lebensart der jungen Elite beider Geschlechter, die im *patrizischen* Milieu von Romans, Lyon usw. Mitglieder der Abteien Maugouvert waren. Dort wurden gern schöne Worte gemacht, und die Frau, Dame, Fräulein, Novizin oder Mönchlein der „Abtei", war eher Gegenstand der Verehrung als der Erniedrigung.

Die Jugendlichen der „unteren" Klassen hatten die ganze Renaissance hindurch die mittelalterliche Tradition des männlichen Chauvinismus und der phallokratischen Brutalität dem anderen Geschlecht gegenüber beibehalten. Für ihre Haltung gab es eine gewisse Entschuldigung. Sie lebten in einer frustrierenden städtischen Welt: In dieser waren viele junge Frauen für sie nicht mehr verfügbar, da sie von alten Knackern mit zwanzig Jahren Altersunterschied weggeschnappt wurden. Man könnte dem entgegenhalten, daß die jungen, frustrierten Epheben aus den Unterklassen in Ermangelung einer besseren Lösung ihre Triebe in diversen Prostitutionsbetrieben befriedigen konnten: in öffentlichen Häusern oder Bordellen, die offiziell von der Straße aus zu erreichen und im Besitz der Stadt waren; oder in den privaten Bädern, die „überall Betten und nirgends Badeeinrichtungen" besaßen und in denen „üppige Dirnen" zu lockeren Spielen einluden. Es gab auch noch „kleine private Freudenhäuser, die von Kupplerinnen betrieben wurden"; und schließlich Dirnen, die als „Sternschnuppen" auf eigene Rechnung arbeiteten.[44] Aber gerade am Ende des 16. Jahrhunderts, in der Zeit der feindlichen Zwillinge Reformation und Gegenreformation wird die Existenz der Prostitution, die ja auf jeden Fall nur ein Ersatz ist, durch einen Puritanismus in Frage gestellt, der noch keinen Namen trägt; die Bordelle schließen oft ihre Tore; die Aggressivität der jungen Plebejer wendet sich aber auf jeden Fall gern gegen die Frauen und Töchter der Reichen, besonders in Zeiten gesteigerter Sinnenlust oder sexueller Tollheit, die am Ende des Karnevals die Schlemmertage kennzeichnen. Die Jugendabteien bemühten sich, diese Ausbrüche mit den Pseudokönigreichen schlecht und recht zu disziplinieren und in die

Bahnen ritterlicher Höflichkeit, der Verehrung der Weiblichkeit zu leiten und auf dem Fastnachtsdienstagsball Flirts und die Anbahnung von Eheschließungen zu begünstigen. Trotz dieser Bemühungen um Kontrolle bleibt ein Abgleiten immer möglich, besonders in Zeiten, in denen das Volk sowieso in Erregung ist. Die Panik der romanaisischen Bürgerdamen auf dem Ball und die der Jungfräulein aus dem Gefolge der Königin auf der Straße, mit denen sich die Anhänger des Kapauns sicher einige Freiheiten herauszunehmen vorhatten – in den Hintern und sonstwohin kneifen, vielleicht sogar ein bißchen Notzucht – war nicht völlig gespielt und auch nicht ganz unberechtigt. Bestimmt war die weibliche Panik nicht die Ursache, die das Komplott der Reichen provozierte: Guérin hatte dieses von langer Hand vorbereitet. Aber sie beschleunigte die Ausführung, die ursprünglich wahrscheinlich für einen späteren Augenblick vorgesehen war; vielleicht für Fastnachtsdienstag um sechs Uhr morgens, wenn man annimmt, daß Guérin in seinem Bericht nur seine eigenen Absichten auf den Gegner, die Mitglieder des Kapaunen-Reiches, projiziert.

Der Handstreich der Rebhuhn-Männer, die überrumpelt zu werden fürchteten, wurde also vorverlegt als Folge der Aufregung einer ängstlichen Menge, deren Panik sich plötzlich im Ballsaal und vor allem unter den Frauen ausbreitete.

Die Ermordung Paumiers gibt uns erneut Gelegenheit, unsere beiden Zeugen einander gegenüberzustellen: den Richter Guérin und den Notar Piémond. Wie wir gesehen haben, kommt, dem Notar zufolge, Paumier, der nichts von dem Tumult weiß, aus seinem Zimmer im ersten Stock an seine Haustür herunter; jemand aus seinem Bekanntenkreis hat nach ihm gerufen (vielleicht Verrat?). Auf seiner Türschwelle wird er von einem der Männer des Sturmtrupps vom Rebhuhn-Ball durch einen Pistolenschuß glatt niedergestreckt. Diese Version Piémonds wäscht Paumier rein, dem dies freilich nichts mehr nutzt. Sie befleckt Guérin mit dem Blut des Führers, der in dieser Sache ohne Schuld ist.

Die Darstellung Guérins dagegen versucht, einige der Fakten mit Tricks zu verdrehen. (Die Fakten selbst können nicht bezweifelt werden, wenn man sich den ganz persönlichen und uneigennützigen Charakter des Berichts von Piémond vor Augen hält.) Guérin berichtet, daß einer der drei zwölfköpfigen Trupps, die im Ballsaal gebildet worden waren, *stracks zur Wohnung Paumiers ging.* (Vielleicht wußten sie, was sie dort wollten . . .). *Sie fanden ihn draußen vor, in Begleitung von acht oder neun Komplizen* („Komplizen" . . . mit diesem Vokabular werden die von ihm bezeichneten Männer im voraus ermordet . . . Eine solche Bezeichnung verurteilt den Bezeichneten zum Tode. Guérin gebraucht gern solch mörderische Wörter . . .). Paumier war also „draußen mit seinen Komplizen“ (nach Guérin) und nicht „in seinem Haus, ohne etwas von dem Tumult zu wissen“ (Piémonds Darstellung, die Guérin übrigens nicht kennt). Durch die Wirkung einer Sprachsteuerung, in der er Meister ist, suggeriert der Richter sofort, daß sein Hauptgegner, der sich, von Komplizen umgeben, auf der Straße befindet, nicht astrein ist.

Die Abteilung jugendlicher Notabeln aus dem Ballsaal, die sich in Waffen zum Hause Paumiers begeben hatte, wurde von Laroche selbst, dem Rebhuhn-König, befehligt (selbstverständlich besudelte sich Guérin die Hände nicht selbst mit Blut; er überließ die schmutzige Arbeit seinen Freunden und Mitläufern. Dieselbe verschlagene – aber insgeheim mörderische – Haltung hatte er ja auch bei der romanaisischen Bartholomäusnacht 1572 offenbart). Laroche (nach Guérin) nahm also vor Paumiers Tür Aufstellung, und als kleiner Cicero hielt er seinem Exfreund, der sein Feind geworden war, eine Ansprache, in der er ihm *freundschaftlich vorhielt, daß er unrecht habe, sie angreifen zu lassen* (die Leute vom Rebhuhn), *während sie sich die Zeit vertrieben* (während sie sich karnevalistisch vergnügten); *und das entgegen dem Versprechen, das er* (Paumier) *gegeben habe, daß alle in Frieden und Freundschaft miteinander leben sollten* (A 163). Ein neuer Titus Livius, baut der Richter eine Rede auf; er legt sie Laroche in den Mund, um Paumier (dessen Leiche sich nicht verteidigen kann) besser beschuldigen zu können, den Sturm auf den Maskenzug der Rebhuhnkönigin vorsätzlich veranlaßt zu haben. Diese Beschuldigung bildet den Kern des mageren, gefälschten Dossiers, das Guérin vorlegt. Außerdem erinnert der heuchlerische Erzähler in der Ansprache Laroches auch noch an das vage Versprechen, das Paumier Katharina von Medici gegeben hatte, *daß alle in Frieden und Freundschaft miteinander leben* würden. Natürlich ist dieses Versprechen durch die unglücklichen Zeitläufte und die Härte der Menschen immer wieder gebrochen worden. Um so mehr, als dieses Versprechen von der Anerkennung der *Gleichberechtigungshefte* des dritten Standes durch die Königin abhängig gemacht worden war. Eine Anerkennung, die niemals erfolgte.

Aber die Zeit ist zu kurz für Reden. Schnell gehen die Männer der Gruppe Laroche–Guérin zu Taten über, führen sie ihren *Blitzkrieg* von Romans. Der nun folgende Vorgang verläuft gleichsam spiegelverkehrt zu dem, der sich einige Tage vorher, genau am Dienstag, 9. Februar, abgespielt hatte. An diesem Tag hatte, wie man sich erinnern wird, ein Mann der Paumier-Bande versucht, seinen Chef zu überrennen und sich mit erhobenem Schwert auf die Männer der Guérin-Bande zu stürzen. Mit einem Wort hatte Paumier den Hitzkopf zur Ordnung gerufen. Hier geschieht das gleiche und dennoch genau das Gegenteil: Laroche wird von seinen Anhängern

„überrannt". Aber er läßt es sich nur zu gerne gefallen... *Ein junger Mann aus dem Trupp* (Laroches) *bemerkte, daß Leute zu der Tochter dieses Paumier eilten... Da er sah, daß diese Menschen, wenn sie sich versammelten, viel Übles tun könnten, sagte er laut: „Genug des Verhandelns". Und er näherte sich diesem Paumier, der eine Hellebarde in der Hand hatte, und stieß ihm einen Spieß ins Gesicht, auf den sofort zwei Pistolenschüsse und ein Schlag mit dem Schwert erfolgten* (A 163). Der Tod durch den Jagdspieß ist die Todesart des Wildes, des Bären, den Paumier verkörpert hatte und der erlegt worden ist wie im Wald. Aber der ganze Laroche-Trupp hat mit Pistolenschüssen und Schwertstreich mitgeholfen. Durch vorgeschobene Mörder streckt der Rebhuhn-König den Lichtmeßbär nieder. Der Bericht Guérins ist in dieser Hinsicht für die Guérinisten schwer belastend, denn er gibt zu, daß die Waffen ohne jede Provokation gesprochen haben, nachdem erst einmal der Spieß zugeschlagen hatte. Nur der Anfang ist schwer.

Nach dem Tod Paumiers machen sich erste Zeichen der Auflösung in seiner Partei bemerkbar. *Einige entflohen,* schreibt Piémond. Und Guérin sagt genauer, daß das gewaltsame Ende des Volksführers *seine Komplizen* (schon wieder), *die sich an Ort und Stelle befanden, in solchen Schrecken versetzte, daß sie anfingen zu fliehen und davonzulaufen, die einen mit vorbereiteten Seilen über die Mauer, die anderen, indem sie über die Isère schwammen* (A 163). Nach der Panik der reichen Frauen, die der provozierende Vorwand für den Angriff der Freunde der Notabeln gewesen war, geraten nun die Armen oder der Clan der Armen in Panik: Der Zusammenbruch, den sie erzeugt, macht – endlich – den unerträglichen Angstgefühlen, die die Kapaunanhänger wie eine dunkle Wolke über die romanaisischen Eliten verhängt hatten, ein Ende. In der Tat begrüßt Guérin die Folgen der Tötung Paumiers, die kalten Blutes oder doch fast kalten Blutes vollzogen worden war. Betäubt durch den Tod ihres Führers, wie der Richter schreibt, *verloren alle Anderen aus dem Bund zum Teil den Mut, sich zu wehren.* Allerdings will uns Guérin unbedingt weismachen, daß der Hinterhalt, dem Paumier zum Opfer gefallen war, dazu diente, dem Putsch der Handwerkerpartei, der angeblich am nächsten Morgen um sechs Uhr erfolgen sollte, zuvorzukommen. Auch in diesem Punkt ist der Chef der Notabeln keineswegs überzeugend. Zwar ist die Abneigung der Handwerker und Ackerbürger gegen die Notabeln gewiß; aber wenn es auch nicht ausgeschlossen ist, so ist es doch durch nichts bewiesen, daß sie sich in der Nacht, in den ersten Stunden des Fastnachtsdienstag, in Form einer kriegerischen Verschwörung entladen sollte. Angesichts dieses Zweifels verliert die blutige Tat der Guérinisten jede Rechtfertigung als Mittel zur Abschreckung. Wie J. Roman, der doch sehr maßvolle Herausgeber der Erzählung des Richters, schreibt: *Die Verwirrung, die auf den Tod Paumiers folgte, und die geringe Kraft des Widerstands von seiten der Bündler ... lassen vermuten, daß ihre Verschwörung gegen das Leben der „ehrbaren Leute“ von Romans, wenn sie überhaupt stattfinden sollte, noch nicht reif zum Ausbruch war* (A 163, Anmerkung 1).

Achtes Kapitel
1580: Fastnachtsdienstag oder Gott mit uns

Diese Episode ist der Abschluß der eigentlichen Karnevalsphase. Der Fastnachtsdienstag, der mit den zwölf Mitternachtsschlägen der Glocke des Jacquemart-Turms beginnt, ist in diesem Jahr entkarnevalisiert. Oder soll man annehmen, daß dieser blutige Fastnachtsdienstag das eigentliche Wesen des Karnevals verwirklicht, das ja Konflikt bedeutet, Austreibung und Mord (im allgemeinen symbolische Morde, aber in unserem Falle sehr reale): Der Tod „hält Hof in der Krone der Könige" (Shakespeare), einschließlich der Karnevalskönige.

Von nun an sind wir mitten in der Abrechnung, fast könnte man sagen im Bürgerkrieg, da diese Abrechnung viel heftiger ausfällt, als es bei einem gewöhnlichen Zusammenprall in einer Stadt von 7 000 Einwohnern der Fall wäre. Der kleine (von Laroche selbst angeführte) Trupp, der Paumier getötet und den innersten Kern seiner Freunde auseinandergejagt hat, hat sich vergrößert: Sein nächstes Ziel ist nun die Einnahme des St.-Nikolaus-Tors und des Stadtviertels dieses Namens. Es handelt sich um einen ganz am Rande von Romans gelegenen Bezirk, direkt an den Wällen, aber im äußersten Osten der Stadt. Es ist das ärmste und zugleich eines der bäuerlichsten Viertel der Stadt. Die Durchschnittssteuer (nach dem Steuerbuch von 1583, das Einzelheiten über die Stadtviertel liefert) beträgt nur zwei Écus pro Quote.[1] Es gibt dort keine großen Steuerzahler oder Kopfsteuerpflichtigen, deren Quote 13 Écus erreichen oder übersteigen würde. Viele „Pflüger" (ein Wort, das im Süden Frankreichs einfach Landarbeiter oder kleinste Landwirte bezeichnen kann) wohnen in diesem Viertel. Das Steuerbuch von 1583 ist zwar bei weitem nicht vollständig, was die sozialen und beruflichen Angaben betrifft: Es zählt aber immerhin im St.-Nikolaus-Viertel 25 Pflüger auf; sie sind wenig bemittelt, ihre Steuerquote beträgt im Durchschnitt 1,5 Écus pro Familie. Andererseits weist das gleiche Steuerbuch fünfzig Steuerpflichtige mit Handwerksberufen aus: Darunter 13 wenig bemittelte Wollkämmer zu durchschnittlich zwei Steuer-Écus pro Kopf, die oft in den Häusern anderer Eigentümer wohnen, die ihnen ein Zimmer und ihre Werkstatt vermieten; elf sehr mittelmäßig begüterte Tuchmacher, von denen acht nur zwei Écus und die anderen drei kaum mehr pro Kopf zahlen; sodann vier Weber (zu eins bis zwei Écus pro Kopf); ein paar Ladenbesitzer aus dem Lebensmittelhandel, Bäcker oder Metzger, die kaum besser gestellt sind als ihre Kollegen aus der Tuchbranche; und sogar ein wenig verdienender Buchhändler (zwei Écus), der sich unter diese Plebs verirrt hat, dessen Anwesenheit sich aber aus der Nähe der Lehranstalt von Romans erklärt (diese Lehranstalt oder Collège hebt zwar das intellektuelle Niveau der Stadt, nicht aber das wirtschaftssoziologische Niveau des Stadtviertels). In diesem Milieu überwiegen also eher arme Handwerker und bäuerliche Stadtbewohner. Es ist keine Keimzelle großer Führer der städtischen Volksbewegung. Aber so wie es beschaffen ist, stellt dieses Viertel das geeignete Milieu, aus dem sich das Fußvolk der plebejischen Bewegung rekrutiert (und kein Zweifel, daß es dies für die Königreiche von Hammel, Hase und Kapaun gestellt hat).

Guérin und Laroche betrachteten es daher als unerläßlich (um die Stadt völlig zu erobern und die Paumieristen gänzlich auszuschalten), St. Nikolaus in die Hand zu bekommen; andernfalls wäre das Viertel eine Bedrohung für die bürgerlichen Stützpunkte des Franziskaner-, des Jacquemart- und des St.-Barnard-Viertels. Noch ist der Leichnam Paumiers nicht erkaltet, da eilen deshalb die Schergen und Killer Laroches, bis an die Zähne bewaffnet, zum St.-Nikolaus-Tor und zum benachbarten Bistour-Tor, das ebenfalls im Osten der Stadt durch die Mauer führt. *Dieser Trupp,* schreibt Guérin, *begab sich von dort* (dem Ort der Ermordung Paumiers) *zum St.-Nikolaus-Tor und zum Bistour-Tor.* Nach kurzem Kampf, *teilweise aufgrund eines Irrtums der Wachen, die zu den besseren Leuten gehörten, und teilweise aufgrund von bösem Willen* (dem Widerstand der Bündischen des Viertels), *wurden diese Tore eingenommen und dem Namen und der Oberhoheit des Königs* (faktisch der Oberhoheit Guérins: Der König hat einen breiten Rücken) *unterstellt. Nachdem dort sichere Wachen aufgestellt worden waren, kam man zu dem Platz* (dem großen Platz der Stadt, in der Nähe von St. Barnard) *zurück; dieser Platz ist nämlich von alters her der Treffpunkt der besseren Leute* (der Bourgeoisie).

In der Umgebung dieses Platzes fühlt sich die bewaffnete, immer weiter anwachsende Bande Guérins und Laroches in ihrem natürlichen Element. In den „bürgerlich-handwerklichen" Vierteln der Stadtmitte – vom Franziskanerkloster bis zum Jacquemart-Turm und St. Barnard, mit dem Rathaus und dem großen Platz – wohnen nämlich nur wenige in der Landwirtschaft Tätige. Und die zahlreichen Handwerker, die hier leben, sind in ständigem Kontakt mit den Notabeln, deren Häuser teils verstreut, teils gruppenweise in dieser Zone beheimatet sind. Im Franziskanerviertel, das im Nordosten dieser großen Stadtmitte liegt, übersteigt die durchschnittliche Steuerquote 3,2 Écus pro Steuerzahler. Eine relativ hohe Quote.

Nach den zwar unvollständigen Angaben des Steuerbuchs von 1583 gibt es in diesem Viertel nur zwei Pflüger, zwei Wollkämmer und zwei Tuchmacher. Eine sehr geringe Zahl. Diese wenigen, vereinzelten Personen zahlen, wie ihresgleichen fast immer, ein bis zwei Écus pro Kopf. Die typischen Handwerker dieses Viertels leben hauptsächlich von den Bedürfnissen der wohlhabenden Klassen: Ich finde nämlich nicht weniger als drei Metzger, die pro Kopf zwei, drei und vier Écus Steuern zahlen. Zehn Schuhmacher, jeder zu zwei Écus; einer von ihnen zu 5 1/2 Écus (die Vorliebe für Schuhe und für häufigen Schuhwechsel ist eines der Anzeichen der im 16. Jahrhundert in den wohlhabenden Klassen beginnenden „Konsumgesellschaft"). Weiter zwei Gastwirte (zu zwei und drei Écus), von denen einer die Gaststätte *„Zum Rotkäppchen"* betreibt. Zwei Goldschmiede: Einer von ihnen, Jean Arnaud, zahlt 16 Écus 57 Sous Steuern; dieser sehr hohe Betrag reiht Jean Arnaud in die Kategorie der Wohlhabenden ein (zu ihnen zählen im Jahre 1583 die Steuerzahler ab 12 Écus). Der andere Goldschmied, Jean Malbruny, zahlt nur 3 Écus 26 Sous; einer seiner Verwandten des gleichen Namens, Jean Malbruny II., ist Waffenschmied im selben Stadtviertel und zahlt 2 Écus 40 Sols Steuern.

Im Franziskanerviertel spielen die reichen oder einfach patrizischen (das heißt alten) Familien eine große Rolle; unter ihnen die Velheus (Monsieur Maître Charles Velheu, 14 Écus Steuern); die Thomés: vier Steuerzahler dieses Namens, unter ihnen Jean Thomé *der Alte*, vermutlich Parlamentsrat in Grenoble, der wohl nur einen Teil seines Vermögens in Romans hat (12 Écus 8 Sous Steuern); sodann *Jean Thomé der Ältere*, ein Sohn Mathelin Thomés (3 Écus 40 Sols); *Jean Thomé der Jüngere*, Sohn desselben Mathelin (5 Écus 20 Sols) und Philibert Thomé (4 1/2 Écus). Dann noch zwei Mitglieder der Familie Guigou, eines großen Konsulngeschlechts der Stadt, zu 19 und 7 Écus; der Konsistorialanwalt Jean Peloux; und schließlich an der Spitze aller Steuerzahler von Romans der Stadthauptmann Antoine Coste, einer der wichtigsten politischen Führer der Notabeln: Seine Steuerquote, die alle anderen übertrifft, beträgt 96 Écus 30 Sols, nicht mehr und nicht weniger! (Wahrscheinlich hat er großen Haus- und Landbesitz auf städtischem Territorium).

Ein anderer Name erregt indessen in einem anderen Sinn die Aufmerksamkeit: Jean Robert-Brunat, ein naher Verwandter des Volksführers gleichen Namens (Guillaume Robert-Brunat), der beim Karneval von Romans eine Rolle spielt. Dieser Jean Robert-Brunat ist kein armer Mann: Er zahlt 9 Écus 40 Sols Steuern. Eine stattliche Quote. Ein Hinweis darauf, daß manche Führer der Volksbewegung es mit ziemlich reichen Familien aus der Tuchbranche oder anderen aufnehmen können, die ihre Häuser in dem geachteten Franziskanerviertel haben.

Ein anderes, an das eben geschilderte angrenzendes Viertel umgibt den Tempel (die protestantische Kirche, die vermutlich ab 1580 nicht mehr benutzt wurde) und den Morin-Hafen. Es liegt im Süden des Franziskanerviertels, im Westen von St. Nikolaus, kurz, in der östlichen Mitte unserer Stadt, in der „Bürgerbastion", auf die Laroches Bande zählen kann. Dort findet man angesehene Steuerzahler, zu denen der Richter Antoine Guérin selbst gehört. Er besitzt dort ein Haus, in dem er wohnt. Er war geschickt genug, sich dort auf vermutlich völlig legalem Weg gänzlich von der Steuer befreien zu lassen, wohl aufgrund seines Richteramtes, das ihm das Privileg der Steuerbefreiung verleiht. Dann sehe ich im selben Stadtsektor auch noch eine andere mit Hausbesitz ausgestattete, angesehene Persönlichkeit: Garagnol, Vizelandvogt der Stadt- und Landvogtei Saint-Marcellin, deren Gerichtsbarkeit bis nach Romans reicht. Dieser Herr, dessen Familie mit der Guérins verschwägert ist, ist 20 Écus 42 Sous Steuern wert. Zum Schluß noch einige andere reiche Familien: Antoine Bonnaud *der Alte* zahlt 40 Écus 2 Sous Steuern, Antoine Bonnaud II., der Sohn von dessen verstorbenem Bruder, 10 Écus 20 Sols.

Das Viertel um Tempel und Morin-Hafen ist wie das Franziskanerviertel nur wenig bäuerlich: Das Kopfsteuerbuch von 1583 weist nur zwei Pflüger aus, die auf zwei bzw. einen Écu veranschlagt sind. Einer von ihnen ist nicht einmal der Eigentümer seiner Wohnung. Die Seltenheit ländlicher Bewohner erklärt sich nicht nur aus dem in etwa bürgerlichen Charakter des Viertels, sondern auch dadurch, daß dieses weit entfernt liegt von einem nach draußen führenden Tor der Stadtmauer. Der Transport landwirtschaftlicher Erzeugnisse über längere Strecken durch die engen, gewundenen Straßen im Zentrum alter Städte ist zu umständlich. Dagegen findet man in diesem zur Hälfte piekfeinen Viertel einiges eventuell zu Protesten geneigtes Handwerk: vier Tuchmacher (also wenige) zu zwei Écus pro Kopf; drei Wollscherer (zu zwei Écus); drei Damenschneider, drei Tischler usw.; aber vor allem neun Wollkämmer (zu zwei Écus).

Wie in den anderen romanaisischen Stadtvierteln begegnet man auch hier einigen Steuerpflichtigen, die als „arme Leute" erscheinen (von denen fünf oder sechs als solche bezeichnet werden): Witwen, Alte, Kranke, Invaliden oder einfach im Elend Lebende, die „in Anbetracht ihrer Armut" mit weniger als einem Écu sehr niedrig veranschlagt sind (zum Beispiel mit dreißig oder fünfzig Sols). Das bedeutet, daß diese Unglücklichen nicht einmal in den unteren Klassen eine starke Gruppe bilden; die unteren Klassen als solche sind sehr viel besser vertreten durch die handwerkliche und bäuerliche Masse (zu zwei Écus pro Steuerzahler). Die völlig Mittellosen sind weder die Urheber noch die wesentlich Handelnden der städtischen Rebellion, die im Karneval von Romans gipfelt.

Vorletzter Sektor der zentralen Bastion: Das Jacquemart-Viertel[2] ist umgeben von den reichen und halbreichen Zonen. Es ist spät guérinistisch geworden und hat daher ein doppeltes oder gespaltenes Herz. Diese Doppelnatur hat sich bereits im politisch-karnevalistischen Verhalten gezeigt. Zuerst volksbündisch (durch seinen handwerklichen „Kern"), ist das Jacquemart-Viertel – infolge undurchsichtiger Familienfehden und aus diversen anderen Gründen, die die Jacquemart-Bevölkerung von den Paumieristen entfernt haben – im letzten Augenblick zu Guérin und Laroche umgeschwenkt. Dieses Umschwenken hat sich im Verlauf eines diplomatischen und folkloristischen Prozesses vollzogen, in dem Königreiche, Ringelstechen, Paarungen, ein Bankett und dergleichen eine Rolle gespielt haben, alles zu dem Zweck, der Einwohnerschaft des Viertels vor Augen zu führen, wie fest und sichtbar die neuen Bande mit den Notabeln waren. Es ist auch möglich, daß diese Machenschaften zwischen den Stadtvierteln von manchem Kuhhandel begleitet waren: daß den politischen Führern des Jacquemart Konsulats- oder andere städtische Posten versprochen wurden etc.

Diese Zwiespältigkeit des „Überbaus" findet man auch auf der Ebene des soziologischen Unterbaus. Das Jacquemart-Viertel mit dem gespaltenen Herzen „fischt gern auf beiden Ufern".

Einerseits ist dieses Viertel nicht besonders wohlhabend. Die durchschnittliche Steuerquote pro Steuerzahler, deren es 295 gibt, läßt sich auf 2,27 Écus pro Kopf errechnen, was verhältnismäßig niedrig ist. Dieses geringe Niveau paßt gut zu bestimmten beruflichen und sozialen Merkmalen des Jacquemart; es gibt dort nämlich einen wenig begüterten Kern von Handwerkern, die im Jahre 1579 bündisch gesinnt waren: Es sind 16 Wollkämmer – eine hohe Zahl – von denen acht mit einem Écu pro Kopf arm und acht weniger arm sind bei 2 oder 2,5 Écus. Sodann eine verstreute Schar vereinzelter Handwerker in verschiedenen Berufen: Ein Armbrustmacher, ein Damenschneider, ein Töpfer usw. Dagegen sind die in Romans so rührigen Tuchmacher hier nur wenig zahlreich – was das Protestpotential des Viertels erheblich einschränkt: Nur drei ziemlich armselige Tuchmacher (zu zwei Écus pro Kopf). Es werden auch wenig Pflüger unter den Steuerpflichtigen gezählt (im ganzen sieben, darunter ein „Alter", der mit 5 Écus 30 Sols veranschlagt ist; die andern zahlen wie üblich den eher geringen Betrag von 2 oder 2 1/2 Écus pro Kopf.) Auch dieser relativ geringfügige Anteil des landwirtschaftlichen Sektors macht das Jacquemart-Viertel wenig anfällig für die extrem rebellische Haltung, die das mehr als zur Hälfte bäuerliche Kapaunen-Reich an den Tag legt. (Man kann nicht oft genug betonen – und ich werde noch darauf zurückkommen –, daß der Karneval von Romans, so städtisch er auch war, seine

Wurzeln im bäuerlichen Leben der Umgebung hat – seinem Alltag, seiner Politik und seinen Mythen.)

Ein weiterer möglicher Faktor für den Konservatismus des Jacquemart-Viertels im Sinne der Ordnungspartei: Neben den Handwerkern wohnen in dem Viertel nicht wenige gute Bürger. Ich finde dort nämlich sehr alte Namen der romanaisischen Bourgeoisie, von denen manche eher unvermögend sind (Meister Jean Odoard, 4 Écus 50 Sols); und recht große Vermögen an beweglichem und unbeweglichem Besitz, von denen sich einige im Rebhuhn-Reich besonders hervortun (Meister Gabriel Loyron, 40 Écus 21 Sols; Gaspard Jomaron, sehr guérinistisch: 38 Écus Steuern im Jahre 1583).

Ich habe bereits gesagt, daß der strategisch wichtige Jacquemart-Bezirk allseitig von Vierteln umgeben ist, die von der Bourgeoisie beherrscht sind, ohne daß diese die Mehrzahl der Bewohner ausmacht – das Franziskanerviertel, das Tempel- und Morin-Viertel im Osten und Süden. Im Westen und Südwesten wird dieser bürgerliche Kreis um das Jacquemart-Viertel ergänzt durch das relativ vermögende Paradies-Viertel[3]: 234 Kopfsteuerpflichtige und, was recht hoch ist, 2,71 Écus Steuern pro Steuerzahler. In diesem Viertel finde ich wohlklingende Namen von Notabeln, deren Vermögen in der romanaisischen Gesellschaft manchmal schwer wiegt: Jean Jomaron, Laurent de Manissieu (10 Écus Steuern), Jean Guigou (27 Écus). Sodann vornehme Berufe, wenn auch ohne Vermögen: 3 Notare (zu 1,2 und 3 Écus pro Kopf); ein Kunstmaler (ziemlich arm, 1 Écu 20 Sols). Mit ein und zwei Écus pro Kopf sind auch sechs Pflüger unter den Steuerveranschlagten; das fällt kaum ins Gewicht: Das Paradies-Viertel mit seiner Schickeria lebt nicht vom Ackerbau. Dagegen finden sich hier ziemlich viele Handwerker, die schnell zur Stellungnahme *gegen* die Bourgeoisie bereit sind (denn schon kündigt sich die Nähe der Handwerkerbastion Clérieu im Westen der Stadt an). Darunter zwölf Wollkämmer (im allgemeinen zu zwei Écus pro Kopf). Sie sind oft Mieter bei anderen, Reichen oder Adligen. Acht Tuchmacher (auch zu zwei Écus). Scherer, Weber, Sattler. Und auch einige Familiennamen von Leuten, die an der Revolte beteiligt waren: zwei Steuerpflichtige des Paradies-Viertels, ein Mann und eine Frau, führen den Namen *Fleur;* kein Zweifel, daß sie mit dem Metzger Geoffroy Fleur verwandt sind. Dieser wird im Jahre 1580 nach den Karnevalsereignissen gehenkt, weil er in leitender Funktion oder als Präsident an den Handwerker-Königreichen beteiligt war. Eine weitere nach Empörung riechende Persönlichkeit: Im Jahre 1583 läßt sich Michel Barbier, Herr von Chamlong, im Paradies-Viertel nieder; dieser vermögende Rechtsgelehrte und künftige Konsul von Romans (1586) hatte sich 1580 hochherzig den Bauernbünden seines Heimatdorfes zur Verfügung gestellt, für die er ein Führer geworden war. Nach den Ereignissen von 1580 ist er vom Grenobler Parlament zuerst verfolgt und dann amnestiert worden. (Diese Amnestie ermöglicht ihm eine spätere glänzende Karriere als Jurist und als Konsul von Romans.)

Damit haben wir das ausgedehnte zentrale „Bollwerk“ beschrieben, das seiner demographischen Zusammensetzung nach zwar überwiegend aus dem niederen Volk besteht, aber von der Bourgeoisie so weit dominiert wird, daß Guérins Leute mit ihm rechnen können. Es umfaßt vier Stadtviertel: Das Franziskaner-, das Tempel- und Morin-, das Paradies- und das Jacquemart-Viertel. Im Verlauf des langen, blutigen Abends des Rosenmontags haben die bewaffneten Guéristen bereits das Außenviertel St. Nikolaus im äußersten Osten und das gleichnamige Tor eingenommen. Ihre immer gleiche Methode besteht nun darin, *mit den Waffen in der Hand ein Wachlokal nach dem anderen zu stürmen* (P 89), um sich des Westens der Stadt zu bemächtigen. Es ist die Taktik des Horatius im Kampf gegen die Curiatier: Kleine disziplinierte Einheiten vernichten nacheinander schlecht verteilte, schlecht verschanzte Streitkräfte. Unter diesen Umständen sieht man deutlich, von welcher Seite der Angriff ausging; und auf welcher Seite der Vorsatz zum Sturm gefaßt wurde, zumindest im taktischen Sinn: auf seiten des vormaligen Rebhuhn-Reichs natürlich. (Dagegen ist nicht auszuschließen, daß auf strategischer Ebene auch die Paumieristen aggressive Absichten gehabt haben; aber sie hatten weder die Zeit noch die Mittel oder die Gelegenheit, sie auszuführen.)

Nach St. Nikolaus im äußersten Osten gilt der zweite Sturmbockstoß der Mannen Laroches dem Hutmacherviertel, einem anderen Außenviertel, das am entgegengesetzten Ende der Stadt im äußersten Westen an der Stadtmauer liegt. Auch die bewaffnete Gruppe, die diesen neuen Angriff übernimmt, der am Fastnachtsdienstag kurz nach Mitternacht beginnt, hat sich auf dem Rebhuhn-Ball gebildet. Aber es ist ein anderer Zug als der, der Paumier erschlagen und St. Nikolaus erstürmt hat. Guérin schreibt (A 164): *Einer dieser Trupps begab sich in das Hutmacherviertel ... Er stieß dort auf Widerstand und einige Barrikaden.* So waren die Mitglieder dieses Trupps *gezwungen, ihre Hände an den Rebellen* (den Paumieristen des Viertels) *blutig zu machen. Woraufhin diejenigen, die um ihr Leben fürchteten* (unter den Rebellen) *die Festung den besseren Leuten* (den Guéristen) *überließen.* Die „Festung“ ist wohl das Wachlokal am Hutmachertor in der Stadtmauer. Wir werden bald die strategische Bedeutung dieses Tors erkennen, das die Verbindung zwischen den Unzufriedenen der Stadt und den revoltierenden Bauern der nahen Dörfer herstellt.

Ein Wort über das Hutmacherviertel: Sein bewaffneter Widerstand gegen den Befehl des Richters mag den Leser verwundern: Es ist ja ein sehr entfernt vom Stadtkern liegendes Viertel. Innerhalb des befestigten Gürtels bildet es den vorgeschobensten Sektor von Romans. Und es ist auch eine der ärmsten Zonen des Stadtgebiets. Im Jahre 1583 werden im Hutmacherviertel 151 Steuerpflichtige gezählt, von denen jeder durchschnittlich 2,23 Écus Steuern zahlt. Das ist nicht viel. Das Viertel liegt sehr abgeschieden, da es von den anderen Teilen der Stadt (die im Osten liegen) durch einen großen, von Walkmühlen gesäumten Bach, die Presle, getrennt und dadurch von ihnen abgeschnitten ist. Und in dem ganzen, so deutlich abgegrenzten Häuserblock finde ich nicht einen einzigen Notabeln, der als solcher durch Namen oder Vermögen ausgewiesen und im Steuerbuch von 1583 verzeichnet wäre. Die beiden am höchsten veranschlagten Steuerpflichtigen zahlen sieben Écus Steuern (statt der 10, 20, 30, 40 oder 90 Écus Steuern der Elite in den feinen Stadtvierteln). In dem ebenfalls armen St. Nikolaus-Viertel auf der gegenüberliegenden bzw. östlichen Seite von Romans ist die Höchstgrenze nicht sieben, sondern zwölf Écus. Immerhin höher als im Hutmacherviertel. In diesem westlichen Teil der Stadt finden wir fünf Pflüger zu ein oder zwei Écus pro Kopf; einen Kärrner, vordem Diener oder Hausknecht (zwei Écus 6 Sols); einen Lastträger, zwei „Arme" zu einem halben bzw. zweidrittel Écu. Etwas Textilgewerbe (einen Tuchmacher zu zwei Écus; zwei *Bleicher* zu einem und zwei Écus; drei Wollkämmer zu einem und zwei Écus; einen Scherer zu drei Écus). Die große Masse der Bewohner des Viertels (für die das Steuerbuch von 1583 nur Namen und Vornamen ohne Berufsbezeichnung angibt) besteht angesichts einer Steuer von ein bis zwei Écus pro Kopf aller Wahrscheinlichkeit nach aus Handlangern, Landarbeitern und Winzern, die entweder Besitzer winziger Weinberge oder Arbeitnehmer sind, die den Boden für andere bearbeiten, oder auch beim Straßenbau beschäftigt sind. Die Winzer wohnen hier, weil in der Nähe ein Qualitätswein wächst, der *Hutmacherviertelwein*, der bei den romanaisischen Bürgern in gutem Ruf steht.[4]

Dieses westliche Außenviertel, an dem sich die Wolfsbrut des Rebhuhn-Reiches die *Hände blutig macht*, wird als Verbindungsglied zwischen den städtischen und ländlichen Empörern angesehen; zwischen Stadtbund und Landbund. Das ist kaum verwunderlich. Die Winzer- und Bauernplebs des Hutmacherviertels unterscheidet sich erheblich von dem Handwerker- und Bürgermilieu, das weiter östlich zu Hause ist; eigentlich bildet es eine Art Vorstadt innerhalb der Stadtwälle. Mit dem Herzen ist es bei den revoltierenden Bauern draußen vor der Mauer. Deren Interessen, Mühen und Leiden sowie deren Beschwerden sind auch die ihren. Wahrscheinlich war es der Veranstalter des bäuerlichen Kapaunen-Reiches. Paumier, der fast am anderen Ende der Stadt, nicht weit von der Isère, zwischen Rathaus und St.-Nikolaus-Kirche wohnte, hatte nichts weiter zu tun, als sich seiner Schützenhilfe zu versichern. Faktisch war ja der Plebejerkarneval von Romans immer ländlicher geworden: Er hatte als Tuchmacherfest am St.-Blasius-Tag 1579 begonnen und endete mit dem Kapaunen-Reich der Pflüger an Fastnachtssonntag und Rosenmontag 1580.

Der von Guérin befürchtete Zusammenschluß der Ackerbürger mit den mit ihnen befreundeten Landleuten wäre in der düsteren roten Nacht des heraufziehenden Fastnachtsdienstag im Hutmacherviertel fast zustande gekommen. Über diese mißlungene Vereinigung berichtet der Notar Antoine Piémond nur im Zusammenhang mit einem Ereignis, das ich bereits erwähnt habe. Nach Piémond (P 89) gelingt es einem Mann namens Sibeuf, der von den Guérinisten verwundet worden ist, in der schicksalhaften Nacht dem Gemetzel und der in ihren Mauern eingeriegelten Stadt zu entkommen. Er lief, so schnell es ihm seine Verwundung erlaubte, nach dem Dorf Saint-Paul; dort sagte er überall, *daß die Großen von Romans das Volk niedermetzelten, was das Volk erschreckte. Sobald das in der Umgebung von Romans bekannt wurde, versammelten sich die Gemeinden* (die bäuerlichen Dorfgemeinschaften) *in großer Zahl, um in Waffen dorthin zu eilen, ungefähr 1500 Mann, die aber nicht wagten, sich den Toren von Romans zu nähern* (unterschwellig spürt man, daß er das schade findet), *denn wenn sie gleich zum Clérieu-Tor gezogen wären, hätte sie der Hauptmann Roux, genannt Leguire, der sich dorthin gerettet hatte, eingelassen.* (Der letzte Satz bedeutet, daß der paumieristische Hauptmann Roux, der sich in das Wachlokal am Clérieu-Tor „gerettet“ und darin verbarrikadiert hatte, um den Angriffen der wütenden Guérinisten besser zu entgehen, sie in die Stadt hätte einlassen können, wenn er selbst und seine Bauernfreunde etwas geistesgegenwärtiger gewesen wären ... So kam der Zusammenschluß nicht zustande, zum Glück für die Rebhuhn-Leute.)

Der Bericht Guérins gibt über diesen Punkt mehr Einzelheiten als die Erzählung des Notars. Ihm zufolge begann ein Trupp „Aufrührer“ (Paumieristen) in der Kirchenruine Saint-Roman-du-Chapelier in dem Augenblick, in dem der Waffengang der Guérinisten am Hutmachertor siegreich zu Ende gegangen war, die Sturmglocke zu läuten. Auf das unangebrachte Geläut hin rannten die Sieger zur Kirche, wobei sie aus Versehen das Tor in der Mauer, das sie gerade erobert hatten, weit offen stehen ließen. Übrigens hatten die Paumieristen schon *die Riegel und Schlösser dieses Tors aufgebrochen,* um den eventuellen Einmarsch ihrer dörflichen Freunde zu erleichtern. Alarmiert von dem unheilvollen Getöse vom Turm von Saint-Roman begannen auch die Bauern der Landgemeinden im Westen und Norden der Stadt (von denen die meisten sehr aufrührerisch waren), ihre eigenen Sturmglocken zu läuten. Bei diesem Lärm *versammelten sich fast überall die Dörfler mitten in der Nacht beim Klang ihrer Glocken und Holztrompeten.* Fanfaren und Geläut wurden bis in die Stadt gehört. Unter diesen Umständen gelang es, eine bewaffnete Gruppe von 800 bis 900 Dörflern zu bilden und in Marsch zu setzen; *in der Tat erschien diese Truppe unter der Mauer von Romans; und sie kam bis zu einer Mühle, die an das Clérieu-Tor anstößt und bis in den Stadtgraben, mindestens 800 bis 900 an der Zahl. Etwa zwanzig kamen durch das Hutmacher-Tor* (das offenstand) *mehr als dreißig Schritte herein* (in die Stadt). *Sie hätten ihren Vorstoß weiter verfolgt...* wenn sie nicht *erschrocken wären, als sie den Kampf darin* (in der Stadt) *hörten und niemanden vorfanden, um sie in Empfang zu nehmen,* im Gegensatz zu dem Versprechen, das ihnen gegeben worden war (A 164). *So sehr, daß sie umkehrten. Sie verließen das Tor* (das Hutmacher-Tor) *und die Gräben und zogen sich in solcher Verwirrung und Unordnung zurück, daß, wenn zwanzig Mann zu Pferde zur Stelle gewesen wären* (gegen die Dörfler), *diese Männer zu Pferde ein solches Blutbad unter ihnen angerichtet hätten, daß man sich ewig daran erinnert hätte...* Guérin hätte nicht ungern gesehen, wenn in den Stadtgräben ein solches Bauernschlachten stattgefunden hätte. Dem überlebenden Pöbel als Lektion... Aber man hat sich den Tatsachen zu beugen. Das Gemetzel hat nicht stattgefunden. Das erzeugt in dem Richter einen Anfall seiner üblichen Frömmigkeit. Er schreibt: *Man muß wohl glauben, daß es der Wille Gottes war* (die Dörfler zu verschonen). Es wird ihnen kaum etwas nützen: Eineinhalb Monate später (26.–28. März 1580) werden sie im Gemetzel von Moirans ein blutiges Ende finden – 1 500 bis 1 800 Mann springen da über die Klinge.

Die Verbindung des Hutmacherviertels mit dem Landvolk wurde also von beiden Seiten als wünschenswert empfunden, doch zur Verwirklichung kam es nicht. Der Schauplatz des kleinen romanaisischen Krieges hatte sich indessen mehr nach Osten und Nordosten verlagert, in die Gegend des Clérieu-Tors und das Viertel gleichen Namens: Dort befand man sich in der blutigen Nacht vom Rosenmontag zum Fastnachtsdienstag mitten in einer Art fackelbeleuchtetem Theater. *Es darf nicht unerwähnt bleiben,* schreibt Guérin, *daß an diesem Montag* (in der Nacht) *so viele Kinderlein, die sich nicht mehr um den Kampf kümmerten, als wenn er nur ein Spiel wäre, mit Fackeln umherliefen. Das war sehr günstig für die besseren Leute und erschreckte diejenigen, denen nichts verhaßter war als das Licht* (A 168). Vergessen wir nicht, daß Fastnachtsdienstag zwangsläufig vierzig Tage vor Ostern liegt, also zur Zeit des Neumonds. Also in schwarzer Nacht. Die, wie Guérin uns nahelegt, den schlimmen Absichten der Habenichtse günstig ist. Haben die Fackeln, die von den jüngsten Einwohnern geschwungen werden, die Aufgabe, die Schlacht in der Stadt zu beleuchten? Richtig ist jedenfalls, daß der unschuldige Lichterlauf der kindlichen Fackelträger einen langen Schweif von Brand und Mord hinterlassen hat. Er hat den Totschlägern des Rebhuhn-Reichs den Ort ihrer Schandtaten taghell erleuchtet; so konnten sie manchen Paumieristen, der sich sonst in der kalten, hilfreichen Finsternis in einem günstigen Mauerwinkel, hinter den Pfeilern eines Gewölbes oder eines Vorbaus hätte verbergen können, aufspüren und umbringen.

Dennoch ist hier kein Machiavellismus im Spiel. Diese Fackeln sind nicht vorsätzlich; sie sind ein Volksbrauch. Es sind die Brandfackeln der katholischen Feste, ein Merkmal der üppigen Tage, die die Fastenzeit und das Reich der Kinder einleiten. Jedes Jahr zur gleichen Zeit tragen die Kleinen solche Fackeln herum, deren läuternde, lodernde Funktion darin besteht, die schmarotzenden Insekten der Obstbäume, die Ratten und die für Ernte und Brut gefährlichen Feldmäuse symbolisch zu töten. Auf diese Weise wird für das kommende Jahr eine gute Apfel- und Hanfernte gesichert; und auch Eier und Küken für das nahe Osterfest. Ein Läuterungs- und Fruchtbarkeitsritus. Auf mythischer Ebene ist ja der ganze Karneval *unter anderem* eine Fruchtbarkeitsbeschwörung.[5]

In bezug auf die Kämpfe im Hutmacherviertel (in Erwartung der verhinderten Schlacht am Clérieu-Tor) finden wir sowohl im Denken Guérins wie in der romanaisischen Symbolik die Vorstellung vom Kampf zwischen Licht und Finsternis. Einer Finsternis, die von schwarz Geschminkten und Maskierten bevölkert ist. In der bäuerlichen Bevölkerung prägt dieser lärmende Kampf vom St.-Blasius-Tag an das Hammel- und dann das Kapaunen-Reich. Als Kontrast dazu präsentiert sich die gemessene Parade der Vögel (Adler, Rebhuhn, Kirchturmhahn); im Königreich der Reichen wird die Hierarchie der Orden und der höheren Stände vorgeführt. Sie ist verwandt mit einer Hierarchie der Lüfte, als deren Ebenbild sie erscheint. Erde und Himmel. Nacht und Tag. Die christliche, läuternde und befruchtende, erleuchtende Flamme der Brandfackeln nimmt in der dunklen Nacht vor Fastnachtsdienstag in diesem von Guérin mitinszenierten Karneval ihren natürlichen Platz ein. Geschwärzte Toten- und Teufelsmasken; himmlische Flammen der Fackeln. Lumpen und Festkleidung, Vierfüßler und Vögel, Kastrierte und Potente kämpfen an unserem Fastnachtsdienstag auf dem realen Boden der städtischen Klassenkämpfe gegeneinander; auf mythischer Ebene vereinigen sie ihre erdgebundenen, bzw. den Lüften zugehörigen Riten, um die Schmarotzer zu vertilgen und das Jahr fruchtbar zu machen. Der Rebhuhn-König hat den Karnevalsbären getötet. Guérin als heiliger Georg wird den Drachen erschlagen.

Die nicht zustande gekommene Schlacht von Clérieu ist in den frühen Morgenstunden des Fastnachtsdienstag am Rande der Stadtmauer die allerletzte innere Auseinandersetzung. Sie offenbart das Wirken eines Verbündeten, das den Guérinisten wesentlich erscheint. Von Anfang bis Ende des Karnevals hat Er nicht aufgehört, unserer kleinen Dauphiné-Stadt Seine wachsame Aufmerksamkeit zu schenken. Seine Haltung ist um so verdienstvoller, als Er von anderen Sorgen geplagt ist und zu einer Zeit, in der der Wirbelsturm der Religionskriege durch Frankreich braust, Wichtigeres zu tun hat. Die Wiederherstellung der Ruhe und der blaue Himmel nach dem Sturm sind noch weit entfernt, denn die werden sich endgültig erst nach 1600 wieder einstellen.

Zu Beginn der romanaisischen Vorkommnisse, im Februar 1579, hat sich Gott (denn von Ihm ist die Rede), wenn wir dem Richter glauben, vor allem des Lagers der den besseren Leuten feindlichen Bündischen angenommen. Mit anderen Worten: Er hatte sein Augenmerk „dem Volk" und den „Niemanden" geschenkt. Er hatte veranlaßt, daß die Tuchmacher, Wollkämmer und andere, die im Jahre 1579 die aufrührerischen Festlichkeiten des St.-Blasius-Tages veranstaltet hatten, *Herz und Verstand verloren* (A 33); schon im Frühjahr jenes Jahres hatte Er in Seiner unendlichen Weisheit und durch Seine göttliche Vorsehung die Züchtigung der Rebellen vorausgesehen (A 36). Er hatte manche der Dörfler beeinflußt: Obwohl sie Bündische waren, vereitelten sie die Pläne des Banditen Laprade (A 37). Er hatte Laprade selbst des Verstandes beraubt (A 40). Die besseren Leute hatte Er auf dem Wege der Hoffnung wissen lassen, daß Er den Bösen die Zügel nicht zu sehr lockern werde, was diese besseren Leute dazu veranlaßt hatte, vorläufig abzuwarten (A 46). Bei der Schlacht am Hutmachertor gegen Mitternacht hatte Er (Gott allein weiß, warum!) die entsetzliche Truppe der 800 bündischen Bauern gerade noch verschont; sie versuchten jedoch vergeblich, ihren städtischen paumieristischen Freunden zu Hilfe zu kommen. Einige Tage vorher, zu Beginn des Karnevals, war Gott entrüstet über die abscheulichen Flüche, die ein Genosse Paumiers ausgestoßen hatte. Desgleichen hatte Er beschlossen, die kannibalische Losung des Hammel- und später des Kapaunen-Reichs: *Zu sechs Deniers das Christenfleisch*, zu bestrafen (A 152, 154, 160); Er hatte zur Kenntnis genommen, daß sich die besseren Leute aller Unflätigkeiten enthielten.

Wahrscheinlich hatte Gott schon seit Ende 1579 aufgehört, sich nur für die Bündischen zu interessieren (die seit langem nur deshalb Gegenstand Seiner Fürsorge waren, weil Er sie tiefer in ihre Bosheit verstricken und ihre Nase in ihren eigenen Dreck stoßen wollte). Von nun an fühlte Er sich für die besseren Leute als solche verantwortlich. Er hatte ihnen durch den

Mund des Parlamentsrats Thomé, der zum Vermittler bestellt worden war, zur Mäßigung und zum *wait and see* geraten. Dann hatte der Finger Gottes das Weichtier Thomé durch das Panzertier Guérin ersetzt. In dieser neuen Situation hatte Gott es nicht für unter Seiner Würde befunden, sich einen göttlichen Jux zu machen. Er hatte sich im voraus eine Karnevalslist ausgedacht; sie sollte den Notabeln des Rebhuhn-Reichs erlauben, ihre Gegner vom Kapaunen-Reich im Blut zu ertränken; diese List hatte er Guérin eingegeben (A 151). Weit über kleine Winkelzüge hinaus nahm Gott sich nun vor, die schreckenverbreitende Macht Seiner Hand zugunsten der Guéristen zu entfalten. Mit einem Schlag erfuhr das Wort *Volk* nun einen Bedeutungswandel: Unter der Feder des Richters hatte es bisher das „aufrührerische" Volk der Bündischen bedeutet, das sich im Februar 1579 von *seinen Zügeln losgerissen hatte* (A 34). Von nun an galt das Wort *Volk* dem Lager der Gegenseite, dem engelhaften Heer der Guten. Es bezeichnete nunmehr das Volk Gottes, anders gesagt, die besseren Leute, die neuen Kinder Israels: Treu ihrem Gott und ihrem König, sollten sie nun in den Genuß ihrer gutgekühlten Rache kommen. Von jetzt an (Ende 1579) gefiel es Gott, unmittelbar auf das *Herz* der Guérinisten einzuwirken. Dieses Organ ist für Ihn wie ein leeres Gefäß. Er füllt es mit glühendem, der Ausrottung des Paumierismus geltendem Eifer. Am Clérieu-Tor schafft Gott endlich die *Gelegenheit,* die den besseren Leuten zum Sieg verhelfen soll (A 165). Nachdem dieser entscheidende Schritt getan, die Schlacht gewonnen und die Stadt befreit ist, wird Gott gebeten, es nicht dabei bewenden zu lassen. Man wünscht, daß Er seine schützende Hand auch weiterhin gegen die Partei der Bösen über die besseren Leute halten möge (A 170), da Er ja die heißen Gebete der Bourgeoisie und Guérins persönlich erhört habe. Daher zieme es sich, Ihm zu huldigen, Ihm *Ehre und Preis* zu erweisen für den Erfolg der Freunde des Richters (A 171). Wie man sieht, ist der Bericht Guérins von frommer Erbaulichkeit ...[6]

Hier stehen wir vor einem Paradox: In dieser Geschichte des romanaisischen Karnevals sind uns zwar dank Guérin wie durch ein Wunder die täglichen Reaktionen Gottes bekannt geworden, dieses Lückenbüßers unserer Unzulänglichkeiten. Doch wir wissen so gut wie nichts von den intimen Gedanken Paumiers, der als Antiheld ohne Stil und Substanz erscheint, ein „gutmütiger Dummkopf", obwohl er doch der anerkannte Chef der unteren Klassen gewesen ist ... Es muß allerdings dazu gesagt werden, daß aus dem Dickicht unserer Archive überhaupt nur wenige Köpfe auftauchen. Abgesehen von Guérin und Gott ist Romans ergiebiger an Situationen als an Charakteren. Ergiebiger an Soziologie als an Psychologie.

Unterstreichen wir, daß der Gott unseres Richters sich zeitlich einordnen läßt und uns bekannt ist. Er hat seinen Platz in der Zeit nach Calvin und vor Malebranche[7]. Er wirkt selbst auf das romanaisische Gemeinwesen ein, ohne Einschaltung der Jungfrau oder der Heiligen. Darin ist er ein Kind seiner Zeit, revidiert und korrigiert von Calvin; vor der übermächtigen Wiederkehr des Barockkatholizismus mit seiner Mutter-Gottes- und Heiligenverehrung. Vergessen wir nicht, daß Guérin um so fanatischer katholisch ist, als er eine Zeitlang dem kalvinistischen Einfluß seiner Angehörigen erlegen war.[8] Dessen wird er sich allerdings nicht rühmen.

Aber so modern der Gott Guérins in seiner kalvinistischen Tendenz auch ist, so hat er doch auch noch archaische Züge: Er verschmäht es nicht, in Schüben, durch aufeinanderfolgende kleine Ansätze und Improvisationen, in den Ablauf der Dinge einzugreifen, auch in die Angelegenheiten einer kleinen Stadt im Jahre 1580. Ein Jahrhundert später hingegen wird der Gott Malebranches ein konstitutioneller, müßiggehender Monarch geworden sein, ein Vorläufer Louis-Philippes oder Albert Lebruns, der in voller Glorie im Himmel thront. Er wird nicht mehr willkürlich in den Lauf der Welt und der Geschichte eingreifen. Statt seiner läßt er seine Regierung handeln, mit anderen Worten, die Naturgesetze und die gesellschaftlichen Gesetze, die er zu diesem Zweck geschaffen und zur Ausführung delegiert hat.

Dieses Sichberufen auf Gott in den Schriften des Richters wie in den Köpfen der besseren Leute ist übrigens ein Grundphänomen. Höchstwahrscheinlich gilt das auch für Reden und Denken des Gegenlagers, der Männer aus dem Volke. Yves-Marie Bercé hat eine statistische Untersuchung des Wortschatzes vorgenommen, der von den Bauern des Périgord in ihren Schriften und Manifesten gebraucht wird (1595). Erinnern wir daran, daß diese Bauern, die „Croquants", in vielen Zügen ihres Protestes den dauphinischen Bündischen von 1580 ähnlich sind. Nun zeigt Bercés Studie auf, daß das Wort *Gott* in diesem Schrifttum am häufigsten vorkommt. Der Gott der „Croquants" steht „ständig im Dienst einer Justizrevolte" kleinen Maßstabs. Kein Zweifel, daß es sich in den mündlichen Äußerungen unserer Bauern und unserer unzufriedenen Städter in der Dauphiné ebenso anhörte. Allen voran bei Paumier. Der tote Paumier wird zum Christus der Revolte. Nur daß er nicht am dritten Tag aufersteht.

In bezug auf dieses Christentum oder diese Gottgläubigkeit der Rebellen sind wir allerdings aufs Rätselraten angewiesen: Es gibt auf diesem Gebiet keine Texte, die als Basis einer Studie wie der von Bercé dienen könnten. Unsere Bündischen handelten mehr als sie schrieben. Und zu allem Unglück waren sie auch, von den Führern abgesehen, oft Analphabeten. Wir können die Art ihres Denkens nur aus der zu gelehrten Form erschließen, die ihr ihre juristischen Wortführer von de Bourg (1576) bis Delagrange (1600) gegeben haben (siehe letztes Kapitel dieses Buches).

Die Clérieu-Schlacht, was auch immer die geheimen Absichten des Himmels dabei gewesen sein mögen, hat auf der Erde, vor dem Hintergrund von Wällen und Hütten, stattgefunden. Was hat es nun mit diesem Clérieu-Viertel auf sich, wo sich das letzte Drama der bündischen Aktion in Romans abgespielt hat?

Im großen Ganzen ist es ein Viertel mitunter wohlhabender Handwerker. Im Kopfsteuerbuch von 1583 zähle ich 257 Steuerpflichtige, deren Steuerquote pro Kopf durchschnittlich bei 2,61 Écus liegt. Das ist keine ganz unerhebliche Quote. In diesem weder landwirtschaftlichen noch eigentlich armen Viertel finde ich nur fünf Pflüger, die als solche aufgeführt werden (von denen einer arm ist und nur einen halben Écu zahlt, die anderen, wie immer minderbemittelt, zu zwei Écus pro Kopf). Dagegen fünfzehn Wollkämmer, eine hohe Zahl. Auch sie sind eher mittellos, mit ein bis zwei Écus pro Kopf. Sieben Tuchmacher, von denen zwei mit zwei Écus, zwei andere mit drei Écus und zwei, eine bemerkenswerte Tatsache, sogar mit sechs bzw. sieben Écus veranschlagt sind. Diese zwei Leute gehören also zu der Oberschicht unter den wohlhabenden, rührigen Tuchmachern. Ihr Niveau ist etwas höher als das von zweien der großen Führer der bündischen Bewegung, den Tuchmachern Paumier und Brunat. Sodann zwei Weber und zwei Damenschneider (zwei Écus). Das Tuchgewerbe ist sichtlich vorherrschend. Außerdem gibt es noch vier Bleicher und drei Müller zu 1,2 und drei Écus. (An der Presle, einem winzigen örtlichen Flüßchen, liegen Mühlen.)

Das Überwiegen des Sekundärsektors (handwerkliche und gewerbliche Verarbeitung, besonders in der Tuchbranche) im Clérieu-Viertel steht in Kontrast zu der sehr unterschiedlichen Struktur des benachbarten Hutmacherviertels, das im Westen zwischen Presle und Stadtmauer liegt. Hier überwiegt der Primärsektor (Bauern und Winzer).

Andererseits zählt Clérieu praktisch keinen großen Namen der romanaisischen Bourgeoisie und auch kein bedeutendes, auf mehr als zwölf Écus veranschlagtes, Vermögen (wie man sie in der westlichen Mitte der Stadt findet). Immerhin gibt es in Clérieu eine Ausnahme: die Erben der verstorbenen Rätin Velheu, die mit „null" veranschlagt sind (wohl von der Steuer befreit).

Man versteht daher, daß dieses zwar recht wohlhabende Handwerkerviertel, in dem es aber keine Notabeln mit sauber gewaschenen Händen gibt, unter der bisherigen Führung Paumiers die letzte feste Burg des gewerbetreibenden, mit der Bourgeoisie verfeindeten Volkes gewesen sein konnte. Vielleicht ist in Clérieu vierzehn Tage vorher das handwerkliche Karnevalsreich vom Hammel geboren worden.

Trotz des soeben Gesagten versteht man aber auch, daß auch die „besseren Leute“ in Clérieu einen gewissen Einfluß gegen ihren örtlich mächtigeren Gegner vom Bund ausgeübt haben. Und zwar über die verschiedenen wohlhabenden Handwerker, die der Bourgeoisie nahestanden: Nicht alle von ihnen, sogar bei weitem nicht alle, gehörten zur Partei Paumiers. Zu Beginn der bewaffneten Konfrontation von Clérieu, am frühen Morgen des Fastnachtsdienstag, haben sich daher Paumieristen und Guérinisten zwar nicht brüderlich vereint, aber zusammen und kunterbunt durcheinander im Wachlokal am Clérieu-Tor verbarrikadiert.

Dieser Standort – Tor und Viertel des gleichen Namens – war nämlich von großer strategischer Bedeutung. Daher die erbitterte Konkurrenz um seinen Besitz. Das Clérieu-Viertel erstreckte sich nämlich von dem Tor dieses Namens (im Norden) bis zur St.-Barnard-Kirche und bis zur Isère-Brükke (im Süden). Es zog sich also quer durch die ganze Stadt: Wer Clérieu in der Hand hatte, hatte Romans in der Hand.[9]

Vor Tagesanbruch begeben sich die beiden Rebhuhn-Trupps zum Clérieu-Tor: *Diese beiden Trupps, die an Zahl gering, doch von Herzen groß waren* (A 165), *sahen, daß Gott ihnen eine solche Gelegenheit bereitete, die hieß, die Stadt wieder dem Gehorsam vor dem König zuzuführen und die Ehre wiederzugewinnen ... Sie begaben sich zum Clérieu-Tor, wo eine große Zahl dieser Aufrührer* (vom Kapaun) *war, die sich dorthin, vermischt mit den besseren Leuten des Viertels, zurückgezogen hatten ... Alle zusammen hatten sich befestigt und verbarrikadiert.* Mit anderen Worten: Während das Wachlokal an der Isère-Brücke fest in der Hand der Guérinisten und das des Hutmachertors (wenigstens anfänglich) von den Paumieristen besetzt war, bestand die Besatzung des kleinen Wachlokals am Clérieu-Tor halb aus Kapaun-, halb aus Rebhuhn-Leuten. Die Männer der beiden gegnerischen Gruppen, die sich zusammen in dieser „Festung“ befanden, standen bereit, sich aufeinander zu stürzen; aber im Grunde ihres Herzens waren sie dazu weniger entschlossen als die Männer der Ballkommandos, die ihre Tätigkeit in Romans einige Stunden früher begonnen hatten; kurzum, sie waren nicht sehr begierig, sich zu schlagen; sie zogen es vor, noch abzuwarten, nach dem Sprichwort: *Halt' mich oder es geschieht ein Unglück.* Die Situation wurde noch kompliziert durch die Ankunft zweier gegnerischer Gruppen. Aus der Stadt erschienen die siegreichen Guérinisten, die vom Hutmacherviertel kamen, das sie vorher im Kampf erobert hatten. Und von außerhalb der Stadt die pro-bündischen Bauern, die, durch die Sturmglocken aufgescheucht, bis vor die Wälle gezogen waren;

sie konnten nach ihrem Mißerfolg am Hutmachertor jeden Augenblick versuchen, das Clérieu-Tor aufzubrechen und in die Stadt einzudringen.

Würden die städtischen Bündler, die sich im Wachlokal am Clérieu-Tor befanden, unter diesen Umständen nicht die besseren Leute im selben Gebäude einschüchtern oder überwältigen und dann dieses umstrittene Tor weit öffnen und damit das katastrophale Eindringen der Bauern in die Stadt ermöglichen?

Diese nicht unbegründete Furcht[10] – vor dem Eindringen der Bauern, vor Plünderung und Niederlage – hat Guérin im Sinn, als er schreibt (A 165): *Es war zu befürchten, wenn es nicht eher durch Klugheit als durch Gewalt vermieden worden wäre, daß es ihnen* (den Pro-Bündischen im Wachlokal) *gelingen würde, trotz der großen Zahl besserer Leute, die sich mit ihnen in der Festung aufhielten, das Tor zu öffnen; und daß sie so den Feind* (die Bauern), *der sich außerhalb dieses Tores befand, einlassen würden* (in die Stadt). Eustache Piémond bestätigt in diesem Punkt die Aussage Antoine Guérins: Er schreibt: *Wenn die 1 500 Mann in Waffen, die die Bauerngemeinschaften entsandt hatten, gewagt hätten, sich den Toren von Romans zu nähern, wenn sie gleich zum Clérieu-Tor gezogen wären* (P 89), *hätte der Hauptmann Roux, genannt Leguire, der sich dort hinein gerettet hatte* (der sich an der Spitze der Bündischen dort verbarrikadiert hatte), *sie eingelassen* (in die Stadt).

Ein Frontalangriff der Männer Laroches wäre daher für diese gefährlich. Er würde riskieren, die Paumieristen-Gruppe in die Enge zu treiben, was sie in ihrer Verzweiflung dazu veranlassen könnte, das Tor zu öffnen, das unter ihrer Kontrolle stand. Damit könnte der schreckenerregende Zusammenschluß von Stadt und Land Wirklichkeit werden. Guérin hält es für besser, über eine Kapitulation der Bündischen im Wachlokal am Clérieu-Tor zu verhandeln. Seine Darstellung der darauffolgenden Ereignisse verschafft ihm den Vorteil, daß er sich in seinem offiziellen Bericht an die Behörden nachträglich herausstreichen kann.

Am Eingang zum Wachlokal beginnen jetzt also Unterhandlungen. Von nun an hat die Stadt der Patrizier die Stadt der Handwerker an der Gurgel. Die Redekunst eines Guérin kann sich frei entfalten. Es sieht nicht so aus, als habe sich der Richter in den Kämpfen der vorangegangenen Stunden selbst exponiert. Er war eher ein Mann der Tiefschläge als der harten Schläge. Jetzt, beim Schein von Kerzen oder Fackeln, konnte er seinen Hochsitz verlassen; in der Kälte der Nacht kam er, um die Früchte des Sieges zu ernten, die er durch seine Machenschaften zum Reifen gebracht hatte. In seiner Schrift, die immer autobiographischer oder sogar selbstidealisierend wird, schreibt er (A 165): *Das war die Gelegenheit, daß der Herr Richter* (mit der Assistenz einiger, die bei ihm waren und die zu den

Besten gehörten) *mit ihnen* (den Vertretern der Paumieristen im Wachlokal von Clérieu) *zu verhandeln begann. Zuerst fragte er sie, aus welchem Grunde sie gegen den König und die Stadt waren.* Im Denkprozeß Guérins ist also ein weiterer Schritt erfolgt: Jetzt stellt er es so hin, als stünde die Stadt geschlossen gegen die aufrührerischen Bauern, die die Rolle der gefährlichen Klassen spielen. Dadurch werden die städtischen Rebellen aus der Stadtgemeinschaft ausgeschlossen, selbst wenn sie eine starke Minderheit, wenn nicht sogar die plebejische Mehrheit repräsentieren.

Ihr seht selbst die Gefahr, sagt sinngemäß der Richter, der den Männern, die er vor sich hat, eine Rede hält wie eine Gestalt des Tacitus, *ihr seht selbst die Gefahr, in die ihr euch begebt, wenn ihr so weiter macht* (gegen uns); *Gefahr von denen in der Stadt* (von den Guérinisten, das heißt von uns), *wenn ihr Zwang erleiden müßt* (wenn euer Wachlokal von uns gestürmt wird) *oder von denen draußen* (den Bauern), *wenn sie hereinkommen* (wenn ihr sie in die Stadt einlaßt: In diesem Falle, unterstellt der Richter, wird ein allgemeines Plündern losgehen, von dem auch euer Besitz und eure Familien nicht ausgenommen sein werden und für das man euch auf jeden Fall verantwortlich machen wird, da ihr ja die Bauern eingelassen habt). Und weiter geht der Redefluß: *Ihr werdet nicht nur für euch selbst, sondern auch für eure Nachkommenschaft großes Unheil anrichten, ihr werdet die Ursache von eurem und eurer Mitbürger Untergang sein.* (Die Drohung gegen die „Nachkommenschaft“ war real: Mehreren Paumieristen, die später wegen ihrer Beteiligung an den Ereignissen von 1570/1580 verurteilt werden, wird nicht nur der Hals umgedreht, sondern auch das Vermögen konfisziert, das zurückzufordern ihren Kindern untersagt ist.)

Nachdem er so die Angst vor der Peitsche beschworen hat, kommt der Richter jetzt heuchlerisch mit dem Zuckerbrot: *Er versprach und schwor ihnen* (den Rebellenvertretern), *daß ihnen nichts geschehen und daß er sie alle unter seinen Schutz nehmen würde* (A 166).

Guérins Worte fielen wie ein wohltätiger, trügerischer Regen auf das Grüppchen der Eingeschlossenen, deren Stimmung seit dem Tod ihres Führers sehr gedrückt war. *Die Rede des Richters, die noch durch einen aus seinem Gefolge* (einen der hochgestellten Beteiligten) *verstärkt wurde, hatte so viel Kraft, daß, entweder weil sie* (die Paumieristen) *Angst bekamen, als sie sahen, daß von einer anderen Seite* (ein guérinistischer Trupp) *ankam, der gerade das Jacquemart-Tor eingenommen hatte, oder weil* (sie fürchteten), *daß ihnen* (den Paumieristen), *wenn sie sich böswillig zeigen würden, die besseren Leute* (die Guérinisten), *die mit ihnen verbarrikadiert waren, auf den Rücken kämen* (in den Rücken schießen würden), *sie einverstanden waren, sich zurückzuziehen* (das Wachlokal zu verlassen) und dem Richter zu gehorchen unter der Bedingung, *daß ihr Leben gerettet* (geschont) *würde. Und wirklich, plötzlich kamen sie alle heraus*, zerstörten die *Barrikaden und verließen dieses Tor;* sofort wurde es von einer guérinistischen Schar in Besitz genommen, ebenso wie kurz vorher eine andere Gruppe dieser Partei sich die völlige Inbesitznahme des Jacquemart-Tors (im Osten von Clérieu) gesichert hatte. Dieses Tor war für die Guérinbande leicht zu halten: Das Jacquemart-Viertel sympathisierte mit ihr.

Im Grunde gab das letzte Karree der Paumieristen den Kampf auf, ohne ihn geführt zu haben, da es fürchtete, zwischen zwei Feuer zu geraten, zwischen die Feinde diesseits und jenseits der Barrikade. Sie verloren die (nicht gelieferte) Schlacht und damit den (städtischen) Krieg.

Für die Bauern, die Freunde und Gefolgsleute Paumiers, die noch unter den Wällen herumstreiften, war das das Signal zur endgültigen wilden Flucht: *Es zogen sich alle Bauern zurück, die gekommen waren, um in die Stadt einzudringen und in der Unordnung zu plündern* ... (A 166). Die Hand Gottes hatte diese Sache zu einem guten Ende geführt.[11]

Die Version Piémonds über diese Ereignisse bestätigt die Guérins. Immerhin ist sie weniger günstig für den Richter als dessen eigener Bericht. Der Notar teilt nämlich mit (P 89), daß der Hauptmann Roux, genannt Leguire, der die Paumieristen des Clérieu-Tors befehligte, sich nicht Guérin, sondern einem *Herrn von Combovin* ergeben habe, *der ihn davor behütete, daß ihm etwas geschah.* Woraus hervorgeht, daß der Richter nicht unumstritten war, sogar und vor allem bei seinen erbittertsten Gegnern. Man zog es vor, sich eher seinem Untergebenen als ihm selbst zu ergeben. Die späteren Ereignisse zeigten, wie sehr dieses Mißtrauen bei der Kapitulation berechtigt war.

Neuntes Kapitel
Das große Bauernschlachten

Fastnachtsdienstag, 16. Februar. Der Karneval ist vorzeitig gestorben. In den folgenden Monaten vollzieht sich das blutige Ende der Bauernerhebung. Romans selbst aber hört nach den drei Tagen, die die Dauphiné erschüttert haben, allmählich auf, der Mittelpunkt des Wirbelsturms zu sein. Nach dem Steilhang des bewaffneten Kampfs kommt eine flache Strecke. In der vorangegangenen Periode war Guérin für einige Tage als Karnevals-Machiavelli in den Rang eines kosmischen, unheilvollen Symbols aufgestiegen. Nun wird er wieder zum Kreisstadtpolitiker. Allerdings mit Klauen und Zähnen. Das Zentrum des Sturms aber verlagert sich in die Hügel und Ebenen der nördlicheren Dauphiné, zu den Bauernaufständen der Valloire und den Gegenaufständen der Bièvre.

Romans wird an den Rand gedrängt; jedoch bleibt noch viel zu tun, um zum schläfrigen Alltag des normalen Lebens zurückzufinden. Es muß drangsaliert, unterdrückt, geprüft, gehenkt, ausgepeitscht, gevierteilt, gefoltert, auf dem Rost geschleift, konfisziert werden, Geständnisse müssen erpreßt werden. (Der Gerechtigkeit halber bemerke ich, daß die Zahl der Leichen bei der romanaisischen Repression sich in Grenzen hält: Etwa zwanzig bis dreißig Tote, wenn man die im Kampf Getöteten und die nachträglich Gehenkten zusammenzählt. Während die Massaker auf dem Lande, einige Monate später, weit über tausend Opfer kosten. Diese relative Mäßigung in der Stadt ist auch ein Ausdruck des ungeheuren Ungleichgewichts zwischen städtischer Bevölkerung, die einstweilen noch eine Minderheit ist, und ländlichen Volksmassen, die die große Mehrzahl sind.)

Der Richter, die Seele der Unterdrückung in seiner Stadt, wacht zunächst darüber, daß sich das nur mangelhaft gelöschte Feuer nicht wieder entzündet. Der letzte Paumierist vom Clérieu-Tor hat sich kaum ergeben, als Antoine Guérin bereits Hilferufe an die verschiedenen Provinzgewalten richtet, die interessiert daran sein könnten, die kleine, von der Volksmenge in die Isolierung getriebene städtische Elite zu unterstützen. Drei Briefe: einen an Maugiron, den Statthalter; den zweiten an das Grenobler Parlament; den dritten an den nächsten hohen Regionalbeamten, in dessen Landvogtei Romans gelegen ist: an Garagnol, den Vizelandvogt von Sant-Marcellin, der mit dem Richter verschwägert ist. Beiläufig sei darauf hingewiesen, daß Antoine Guérin nicht um die Hilfe der Beauftragten der

Landstände oder der „Drei Stände" der Dauphiné gebeten hat. Obgleich diese neben Maugiron, dem Parlament und dem Vizelandvogt eine der wichtigsten Regionalgewalten repräsentieren. Dazu muß gesagt werden, daß die Landstände (und vor allem der dritte Stand) nicht von vornherein mit den ultrarepressiven Vorstellungen des Richters von Romans übereinstimmten (worin sie sich von den anderen Gewalten unterschieden). Sie waren auch nicht geneigt, über die blutigen Unternehmungen Guérins einfach hinwegzusehen. Zu Recht oder Unrecht hielten sie wahrscheinlich ihn und seinen Feind Paumier, jeden in seiner Art, für zwei einander entgegengesetzte Radikalinskis. Dagegen waren Maugiron, das Parlament und der Vizelandvogt nur zu bereit, sich von dem Richter manipulieren zu lassen.

So ließ denn Guérin *an Herrn de Maugiron schreiben und ihn anflehen, die Stadt stark zu machen* (ihr neue Truppen zu senden), *um diesen Feinden* (den Paumieristen) *Widerstand zu leisten.* Er ließ auch an die *Herren vom Parlamentshof* (in Grenoble) schreiben. Schließlich sandte er *drei verschiedene Boten zu Fuß und zu Pferde mit Briefen an den Herrn Vizevogt von Saint-Marcellin aus, um ihm über alles zu berichten* (A 166).

Diese brieflichen Maßnahmen waren ungenügend. Die Langsamkeit der Zustellung, die bürokratische Schwerfälligkeit des Parlaments und Maugirons ... mehrere Tage sollten vergehen, ehe es zu Resultaten kam. Noch bevor das zermalmende, aber schwer in Gang zu bringende Räderwerk sich zu drehen begann, sandte der unermüdliche Guérin einen romanaisischen Edelmann seiner Partei aus, um schleunigst die Edelleute der Umgebung nach Romans zu berufen. Diese waren wütend auf die Bauern und Bündischen, die Burgen niedergebrannt und gegen Neuadlige protestiert hatten. Sie waren daher entschlossen, sich mit dem unversöhnlichsten Teil der romanaisischen Bourgeoisie zu verbünden. So erwies sich vor Ort die Einheit einer gewissen Bürger- und Adelselite. In den ersten Morgenstunden des Fastnachtsdienstag wurde *ein in der Stadt lebender Edelmann, der alle Taten dieser Nacht* (die Niederschlagung des Kapauns) *mit angesehen hatte und die Zeichen davon an der Hand trug, durch das Brükkentor aus der Stadt* hinausgeschickt, mit dem Auftrag, *einige benachbarte Edelleute zu benachrichtigen. Diese beeilten sich,* am nächsten Tag (Fastnachtsdienstag) morgens um acht Uhr *in einer Stärke von zwölfhundertsieben bis -acht Soldaten* (A 167) in der Stadt zu erscheinen. (Diese Ziffer scheint für eine Stadt von 7000 Einwohnern enorm und übertrieben.) Aus anderen Quellen wissen wir, daß die edlen Herren von Montelier, von Charpey, von Brette und von Bayanne sowie die 200 Mann starke Kompanie Antoine de Solignacs, des Herrn auf Veaulne, schon am Morgen des Fastnachtsdienstags in der Stadt angekommen waren (wo sie Polizeiarbeit verrichteten). Die Anwesenheit Antoine de Solignac-Veaulnes selbst, der eng mit der Oligarchie von Romans sowie mit dem durch Maugiron und den Grafen von Tournon symbolisierten hohen Adel beider Rhone-Ufer verbunden war, ist bedeutsam. Die paar Hundert Edelleute und Söldner begannen, sich auf Kosten der Stadt in den Gaststätten zu vergnügen; unter der Fuchtel Guérins verpflichtete sich die Stadt, ihnen bis zur Ankunft der regulären Abteilungen Maugirons Mahlzeiten, Unterkunft und Hafer für ihre Pferde zu liefern. Die regulären Abteilungen kamen mit 105 Edelleuten am Freitag, dem 19. Februar, *ungefähr um zwei Uhr nachmittags* an (A 166). In der Zwischenzeit war die Stadt völlig abgeriegelt geblieben (P 89). Die frischen Truppen wurden von der „Bevölkerung“ (ohne die Paumieristen oder auch mit deren Beteiligung) *mit soviel Jubel, wie man nur sagen kann*, empfangen. War dieser Nachkarnevalsjubel, zwei Tage nach Aschermittwoch, eine Art Nachholung des Fastnachtsdienstagsvergnügens, das wegen des Kapaunen-Gemetzels nicht hatte stattfinden können? Möglich wäre es. Jedenfalls waren die Bourgeoisie und vielleicht auch gewisse „untere“ Schichten eher erleichtert, daß sich das Gespenst eines immer riskanten Eindringens revoltierender Bauern von der Stadt entfernt hatte und *man auf so billige Art von der Tyrannei der Bauern und der Bündischen befreit worden war* (A 167).

Zu der Kompanie Maugirons gesellte sich eine bestimmte Anzahl Adliger (ein gutes Hundert) aus Saint-Etienne-de-Saint-Geoirs; dort in der Bièvre, reifte der Gegenbauernaufstand heran. Wie Eustache Piémond (P 90) sehr richtig schreibt, *zeigt das, daß die Leute von Romans* (die Guéristen) *mit dem Adel liiert waren.* Diese „Gegenbauern“, deren blaues Blut oft frischen Datums war, begnügten sich nicht damit, in der Stadt zu wüten; diese befand sich ja unter militärischer Besatzung. *Sie machten auch Ausfälle in die Dörfer und schlugen die Bauern tot wie Schweine, was zur Folge hatte, daß mehrere* (Bauern) *in die Wälder flohen, um das Ende der Schreckenszeit abzuwarten* (P 90).

In Romans stehen die Behörden mehr denn je unter der Kontrolle Guérins, für den nun die Stunde der Stärke gekommen ist. In der verhältnismäßigen Ruhe, die während der ersten Wochen nach dem blutigen Fastnachtsdienstag herrscht, können sich diese Behörden ihre große Angst ins Gedächtnis zurückrufen und sich der Repression widmen. Sie nutzen die ratlose Benommenheit der unteren Schichten aus. Diese sind ja von der Katerstimmung erfüllt, die auf große emotionale Erregungen des Volkes zu folgen pflegt, besonders dann, wenn sie schlecht ausgehen.

Die Guérinisten nutzen diesen Umstand aus; sie säubern den kleinen Rat der Stadt und den sogenannten „Generalrat“ (der in Wirklichkeit keiner ist). Seine paumieristischen oder „außergewöhnlichen“ Mitglieder werden ausgeschlossen oder eingekerkert. Einige von ihnen werden mit oder ohne vorhergehende Folter gehenkt werden. Dank Guérin wird die Stadt einem ad hoc gegründeten, von dem Richter organisierten außergewöhnlichen, illegalen Rat unterstellt. Sie verhängt über sich selbst eine freiwillige Blockade. Eine Selbstblockade der Stadt, auf Initiative der herrschenden Stadtbürger von innen her bewerkstelligt.

Von nun an kann man in den Rumpfratsversammlungen und dem Pseudogeneralrat in voller wiedergewonnener bürgerlicher Ruhe unter sich das große „Massaker“ bereden, das am Fastnachtsdienstag nicht stattgefunden hat: Den Vernichtungsschlag, den der Hauptmann Paumier gegen die „Ehrenmänner“ der Stadt führen wollte; der tote Volksführer, der sein Verhalten nicht mehr verteidigen kann, wird also angeklagt, er habe zu mörderischen Zwecken, die man sich vorstellen könne, eine große Zahl seiner ländlichen Verbündeten in die Stadt einlassen wollen. Leider sind die Prozeßakten der Repression, die im April 1580 vom Grenobler Parlament in Romans durchgeführt worden ist, verschwunden. Sie allein hätten dem Historiker die Möglichkeit gegeben, sich über die posthumen Anklagen, die gegen das Gedächtnis Paumiers erhoben wurden, ein Urteil zu bilden. So übertrieben sie auch sind, so enthalten sie vielleicht doch ein Körnchen Wahrheit. Aber welche?

Jedenfalls bleibt der revolutionäre – oder vielmehr konterrevolutionäre – Rat, den Guérin geschaffen hat, in der zweiten Februarhälfte nicht untätig. Unter seinem Einfluß treffen die verschiedenen stark gesäuberten regulären Gremien der Stadt mehrere Maßnahmen: Alle Tore von Romans werden zugemauert, außer zweien (dem Jacquemart-Tor und dem Isère-Brückentor), die wie zufällig offen bleiben – in Wirklichkeit, weil sie in den Händen der Notabeln sind. Die „Komplizen“ Paumiers werden entwaffnet und unter Aufsicht gestellt. Die 140 Edelleute, die zur Verstärkung der Abteilungen der Herren de Veaulne und de Maugiron aus der Bièvre und der Valloire gekommen sind, um der romanaisischen Elite gegen die Plebs beizustehen, werden untergebracht und verpflegt. Nicht ohne Murren wird ihnen Hafer für ihre Pferde geliefert. Trotz der ungeheuren Kosten, die sie verursachen, werden diese 140 Adligen gebeten, in der Stadt zu bleiben: Es ist besser, sie da zu haben, solange die vom Volk drohende Gefahr andauert. Auch die Hilfe des Grafen von Tournon wird angenommen. Von der Westseite der Rhone aus, wo sein Bereich liegt, bietet er der Stadt im Namen der Solidarität zwischen adligen und bürgerlichen Eliten seine guten und treuen Dienste an. Die Brotpreise werden festgesetzt: Den örtlichen Bäckern wird bei Strafe verboten, das Brot über dem von dem Richter angeordneten Höchstpreis zu verkaufen. Den Parteigängern Paumiers wird verboten, Möbel aus ihren Häusern zu entfernen und aus Angst die Flucht aus der Stadt zu wählen. *Die aus den Häusern entfernten Möbel werden wieder zurückgebracht.*

Und dann, ab 22. Februar 1580, werden nach und nach unter tausend Vorsichtsmaßnahmen das Clérieu-Tor und das St.-Nikolaus-Tor wieder geöffnet, obwohl sie für die Notabeln „gefährlicher" sind als das Jacquemart-Tor und das Isère-Brückentor. Durch das Clérieu-Tor und das St.-Nikolaus-Tor, die nur von sechs bis sieben Uhr morgens geöffnet werden, können die Pflüger (oder wenigstens diejenigen unter ihnen, die nicht verdächtig sind) aufs Feld gehen. Es ist nämlich die Zeit der Feldbestellung. Selbstverständlich werden die Notabeln oder die Notabelnknechte, die man zu Stadtviertelhauptleuten gemacht hat, sowie deren Unteroffiziere oder *Mitglieder* dringend gebeten, an den Toren gut aufzupassen; am Abend müssen die Pflüger durch das Jacquemart-Tor in die Stadt zurückkehren, was eine bessere Kontrolle erlaubt.[1]

Diese einfachen Polizeimaßnahmen werden ziemlich rasch abgemildert, aber die eigentliche Repression wird ab Anfang März noch verstärkt: Am 2. dieses Monats kommt nämlich eine vom Grenobler Parlament vorübergehend abgeordnete Sonderkammer nach Romans. Sie beginnt hier zu untersuchen, zu richten, zu foltern und zu strangulieren. Die Eingekerkerten, die Guérin nicht der Wut seiner Parteigänger ausgeliefert hatte, müssen sich in acht nehmen. Es steht ihnen Übles bevor.

Diese ganze Episode spielt sich ab in einer Stadt, die finanziell dem Zusammenbruch nahe ist. Einer der wichtigsten Notabeln von Romans, Gaspard Jomaron, befindet sich im Februar 1580 wegen einer großen Forderung des Finanzmanns Herrn de Blanye an die Stadtkasse, im Schuldgefängnis. Am 18. Februar bemühen sich die Konsuln so gut sie können um die Freilassung Jomarons.[2] Was die Verbrauchssteuern oder *Tribute* betrifft, die von den lokalen Metzgern und Bäckern gezahlt werden sollen, so werden sie schon seit Anfang 1579 (wegen der städtischen Wirtschaftskrise) weder richtig erhoben noch verbucht.[3] Allerdings waren Metzger und Bäcker mehr als sechs Monate lang im Steuerstreik gewesen.

Vor diesem kläglichen Hintergrund gehen in Romans die wahnwitzigsten Gerüchte um; sie werden mit dem Segen Antoine Guérins von Februar 1580 bis in den April hinein verbreitet. In seinen Ansprachen an den Stadtrat und in seinem offiziellen Bericht an die Behörden erklärt der Richter, das Ziel der „Rebellen" sei gewesen, *den Fastnachtsdienstag damit zu beginnen, den Adel, die Justiz und sogar die Herren vom Parlamentshof, die Kirchenmänner, alle notabeln Bürger und Kaufleute der Stadt zu töten und danach sogar Frauen zu töten und die Frauen der von ihnen getöteten*

Notabeln zu heiraten und sich ihrer Güter zu bemächtigen, die sie bereits unter sich aufgeteilt hatten und nach alldem den Hugenotten die Macht in der Stadt zu geben (A 171).

Natürlich kann man diesen Gerüchten keinen Glauben schenken, ganz im Gegenteil. Sie sind nur dazu da, die paumieristische Bewegung zu diskreditieren und sie noch härter zu unterdrücken. Ihr dreifacher Inhalt jedoch, Mord, Raub und sexuelle Gewalt (Ermordung der Elite, Aneignung der Güter und Verteilung der Frauen), hat seine Wurzeln in der kollektiven Vorstellungswelt. Er ist ein Teil der geistigen Landschaft der damaligen Zeit, soweit sie emotionale Ausbrüche des Volkes betrifft. Es ist eine Art Analogie zu dem in den zwanziger Jahren unseres Jahrhunderts in manchen europäischen Vorstellungen verbreiteten Bild des Bolschewismus als dem *Mann mit dem Messer zwischen den Zähnen* – das im übrigen einer Vorahnung ähnelt.

Was aber auch immer im Winter oder Frühling für Unsinn geredet worden ist, Romans hört nach dem Februar 1580 auf, im Mittelpunkt der Klassen- und Massenkämpfe der Dauphiné zu stehen. Zwar wird die Stadt zur Stätte der Justizrepression mit tödlicher Wirkung, die eine besondere soziologische Studie rechtfertigt. Aber abgesehen davon wird der Ort von nun an für lange Zeit in einen farblosen, seichten Kleinstadtalltag versinken, allerdings (die Epoche verpflichtet ...) mit einem Hauch von Tragödie.

Die Sitzungsprotokolle des Konsularhauses von Romans sprechen nämlich vom Frühjahr bis zum Herbst 1580 kaum noch von etwas anderem als der Wahl einer neuen (Guérin ergebenen) Gemeindeverwaltung. Die Stadt wird unter der Führung des Richters zu einer *one-man-town*. Ansonsten erwähnen sie die immer schwierige Einziehung der rückständigen *Tribute* oder indirekten Steuern (Metzgerabgabe, Warengewichtsabgabe, Brückenzoll, Abgabe für den Wein usw.); des weiteren die Rechnungslegung der bisherigen Konsuln; die Entsendung von Delegierten zu den nächsten Landständen (eine unbehagliche Mission, da Protestanten und ehemalige Bündische den Reisenden auf beiden Seiten der Isère auflauern). Sie führen die Zulassung einiger neuer Einwohner an (es scheint, daß es nach den Wirren von 1579/1580 bescheidene Ansätze einer Bevölkerungszunahme gegeben hat, bis sie von der Pest des Jahres 1586 jäh beendet wurde). Und dann das ewige Problem der „Armen", aber jetzt noch verstärkt durch den Umstand, daß die übrigen Bewohner auch arm geworden sind; sie haben nichts mehr, was sie den „Armen" geben könnten, oder behaupten es wenigstens, und sie weigern sich, ihren Beitrag zur gemeinschaftlichen Almosenkasse zu zahlen; das führt dazu, daß die mit diesem Problem befaßten städtischen Beauftragten zum allgemeinen

Schrecken mit dem Gedanken umgehen, die Bedürftigen in voller Freiheit in der Stadt betteln zu lassen. Die Stadtväter kümmern sich auch darum, dem Richter Guérin eine mehrstellige Summe als Sonderzuwendung zukommen zu lassen, eine Entschädigung für seine guten, kostspieligen Dienste während der Krise (faktisch hat Guérin selbst seinen Gefolgsleuten im Rat nahegelegt, diesen Vorschlag zu machen). Außerdem zahlt die Gemeindeverwaltung mehr schlecht als recht die „rückständigen" Gehälter: die der Brückenwächter; die der alten Frontkämpfer (schon!) der guérinistischen Konterrevolution; die der Professoren der Lehranstalt. Mit vielem Löcherstopfen wurden die rissigen Stadtmauern repariert; ein Schloß in der Umgebung (Peyrins) wird niedergerissen, weil es sonst in eine Zuflucht für noch immer gefährliche Banditen verwandelt werden könnte. Vor allem aber macht die Stadt immer neue Schulden, um die Steuer zu bezahlen (denn die Steuerpflichtigen sind unwillig); die Schulden werden aber auch gemacht, um Militärabteilungen wie die des Herrn de Veaulne zu unterhalten, die Romans vor einer neuen Revolte behüten sollen. Die Soldaten benutzen einstweilen die Lage, um sich Lebensmittel und Vieh auf dem Lande der Umgebung zu verschaffen. Der Geldbedarf und die hohen städtischen Schulden, um deretwegen die großen Gläubiger der Stadt aus Lyon und sonstwoher unsere Konsuln in den Turm werfen, werden noch drückender durch den im Sommer 1580 aus Nordwesten erfolgenden Einzug des großen Heeres des Herzogs von Mayenne in die Dauphiné; er verlangt Geld, Heu, Korn, Hafer, Wein, Fuhrwerk für seine Kanonen; er soll Romans vollständig von der protestantischen und vormals bündischen Gefahr „befreien". Aber um welchen Preis!

Zur gleichen Zeit vollzogen sich außerhalb von Romans die letzten Aktionen des Bauernbundes und schließlich sein Untergang. In unserer Stadt zerschlagen, waren die Bündischen noch in einigen Marktflecken und besonders auf dem Lande weiter nördlich aktiv geblieben. Der Zusammenbruch in Romans hatte wie eine Bombe eingeschlagen. Viele tauchten unter, gingen in die Wälder, um der Repression zu entgehen, die auch ihnen drohte. Im März 1580 werden über zweitausend von ihnen, mit Büchsen bewaffnet und mit Hugenotten durchsetzt, in Beauvoir (bei Saint-Marcellin) gemeldet; desgleichen in Roybon, Moirans und anderen Orten der unruhigen, ländlichen Valloire.

Diese ländliche Bewegung ist in Bezug auf die so elend zu Ende gegangene bündische Aktion in Romans weitgehend selbständig. Seit Anfang Februar hat sich auch die ländliche Valloire gegen das Übermaß und die schlechte Verteilung der Steuern, gegen das fiskalische Privileg des Adels erhoben. Auf Betreiben Gentillets, eines Beraters Lesdiguières', der ein

Fachmann für Volksrevolutionen Schweizer Art ist, haben hugenottische Agenten diesen Waldbrand heimlich geschürt. Bauern und Handwerker dieser Dörfer lassen ihrem Groll auf die Privilegien aller Art — nicht nur die fiskalischen — von Adel und Geistlichkeit freien Lauf; sie erinnern sich an die brennenden Burgen und die niedergemachten Edelleute des vorigen Jahres; und daran, daß sie im Sommer 1579 der Königinmutter durch die Konsuln der Städte von ihrer Verzweiflung berichtet haben. Doch wie es der dauphinische Historiker Chorier ausdrückt: *Wer zu seinem Herrn von seiner Verzweiflung spricht, droht ihm.* Kurzum, Anfang Februar 1580 stehen 4000 Bauern unter Waffen. Immer wieder beschwören sie das demokratische, adelsfeindliche Beispiel der Schweiz, wo nur der als adlig gilt, der ein guter Mitbürger ist.[4] An ihrer Spitze stehen einige Kleinstadtjuristen, Rechtsanwälte und Notare.

Die Katastrophe der Volksbewegung von Romans im Februar 1580 hat den „Pöbel" der Valloire eher betäubt als demoralisiert. Trotzdem schafft sie die Voraussetzung für einen gewissen Rückgang der Bewegung. Schon im Februar und März gelingt es Maugiron, den doch stark lodernden Aufruhr zu spalten: In einer Konsularversammlung in Goncelin, die er mit versöhnlichen Worten überschwemmt, gelingt es ihm zu verhindern, daß die Revolte bis zu den Gemeinden des Grésivaudan vordringt. Mit stattlichen Verstärkungen versehen, die der zu Hilfe gerufene Lyoner Mandelot bringt, kann er sich dann erlauben, die Valloirianer niederzuschlagen. Diese haben in den Wochen vorher ihren knappen Vorrat an Pulver und Nahrungsmitteln verbraucht. Die Hilfe, die ihnen ihr protestantischer Verbündeter Lesdiguières aus seinen Bergen schickt, kommt nicht rechtzeitig genug. Schlimmer noch, sie teilen ihre Streitkräfte: Die erfahrensten Krieger unter den mit Büchsen bewaffneten Bauern, 500 an der Zahl, verschanzen sich in Beauvoir, das sie in eine Festung verwandeln. Dort stellen sie sich unter den Befehl des Hauptmanns Bouvier, eines alten hugenottischen Routiniers. Das übrige ländlich-bündische Fußvolk, das sowieso schon demoralisiert, weil ohne Verpflegung, ist, kampiert in Moirans am Fuße der Voralpen, ohne Zeit zu haben, sich dort zu verschanzen. Es sind nun weniger als 2000 *erschöpfte und verängstigte* (P 101) Männer. Die Hälfte von ihnen wird in Moirans selbst niedergemacht werden: Am 26. März 1580, von der kleinen königlichen Truppe (1000 Reiter, 3500 Fußsoldaten), die teilweise aus Lyon, kaum aus der Dauphiné stammt und von Maugiron und Mandelot angeführt wird. Es ist ein entsetzliches Blutbad, ein Bauernschlachten, den Massenmorden vergleichbar, die den Bauernaufstand von 1358 und den deutschen Bauernkrieg von 1525 beendeten. In Moirans, erzählt der Notar Piémond, *war das Volk* (= die bewaffneten Bündischen) *bereits ganz erschöpft und verängstigt. Plötzlich näherte sich ein Regiment* (der Truppe Maugirons) *einer schlecht bewachten Barrikade, zerschlug sie und stürmte hinein mit dem Schrei: „Stadt erobert." Das Volk* (der Bündischen) *hatte nicht das Herz, sich zu verteidigen, so daß sie alle getötet und niedergemacht wurden. Immerhin gelang es einigen, sich durch Flucht zu retten. Neunhundert blieben auf der Strecke; außerdem wurden zweihundert Gefangene gemacht; Lapierre* (Hauptmann der Bündischen) *und mehrere andere wurden gehenkt; von den Gefangenen wurden die meisten kaltblütig getötet* (von den Männern Maugirons). *Ich habe Herrn von Tournon sagen hören, daß er mit einem Schwert siebzehn getötet hat, das Beklagenswerteste, Skandalöseste und Schändlichste, was jemals in der Dauphiné vorgekommen ist, mit soviel Witwen und Waisen* (P 102). Chorier berichtet dazu (II, 699), daß einer der wichtigsten Edelleute der Truppe Maugirons *„in dieser Sache den Haß bis zur Niedertracht getrieben hat":* Toll vor Wut, hängte er mit eigener Hand einen seiner ehemaligen Kammerdiener an einem Nußbaum auf; der Mann war durch das ansteckende Beispiel einiger Verwandter und Freunde zu den Bündischen gegangen.

Die siegreichen Truppen erhalten freie Hand zu plündern, ohne daß die Einheimischen hoffen können, je etwas von ihrer Habe wiederzusehen; die Sieger sind ja nicht aus der Dauphiné; sie schicken ihre Beute in ganzen Wagenladungen aus der Provinz hinaus.

Das Gemetzel von Moirans veranschaulicht wieder einmal gewisse wohlbekannte Schwierigkeiten: Selbst eine kämpferische bäuerliche Guerillatruppe kann im Nahkampf einer Stadteroberung oder in geordneter Schlacht einer regulären Armee nur schlecht Widerstand leisten. Jedoch ist diese blutige, aufsehenerregende Episode noch nicht das Ende des Bauernbundes. Seine letzte Bastion in Fort Beauvoir bei Saint-Marcellin ist fest in der Hand ihrer Erbauer; sie haben Verstärkung bekommen von einer Elite hugenottischer Soldaten, gegen die zu kämpfen die mutige, aber nicht tollkühne Truppe Maugirons sich weigert. Vom Fort aus machen die Bündischen Ausfälle, um in der Umgebung zu plündern. Sie nehmen den romanaisischen Kaufleuten der Guérin-Partei Pferde, Korn und Geld ab. Vergeltung! Sie holen sich Munition und Lebensmittel von der Truppe Maugiron–Mandelot. Auch ihre ehemaligen, abtrünnig gewordenen Freunde – Bauern und Städter – greifen sie an und alle jene, die sich gegen sie gewandt haben, um sich durch Unterwürfigkeit den Pardon der Provinzbehörden zu erkaufen. Kurzum, die „Rebellen", zusammen mit den Hugenotten, *ziehen mit Unterstützung des Forts* (Beauvoir) *in Saint-Marcellin ungehindert im Vienner Land hin und her, was den vollständigen Ruin und Jammer dieses Landes verursacht hat und weiterhin verursachen wird, wenn nicht durch Seine Majestät* (Heinrich III.) *schnellstens etwas geschieht* (A 171).

Aber Heinrich III. setzt auf Wechselbäder zwischen Kalt und Heiß. Im Mai und Juni 1580 machen die kürzlich von der Pariser Regierung getroffenen Milderungsmaßnahmen der schweren Justizrepression des Frühjahrs ein (teilweises) Ende. Die Repression war in Romans und in Vienne äußerst energisch gewesen. Das neue gnädige Klima veranlaßt manche Bauern, die bündisch-hugenottische Partei zu verlassen: Sie kehren friedlich nach Hause zurück (P 109). Es bleibt aber noch ein unversöhnlicher Kern übrig: Im Mai und Juni attackiert und plündert er, getreu seinen „burgenfeindlichen" Traditionen, nacheinander die Burg Faverges im Viennois und die Burg Forteresse bei Saint-Etienne-de-Geoirs in der Bièvre.[5] Eine andere Gruppe Bündischer, die mit der „Gegenguerilla" Versteck zu spielen scheint, operiert in der Valloire, wo ihr jede Menge Sympathie sicher ist: Edelleute und Geistliche werden überfallen, ausgeplündert und als Gefangene mitgenommen. Am 6. Juli 1580 sind es hier noch 140 Rebellen, davon dreißig Berittene; sie überfallen die Ortschaft Saint-Antoine, wo sie an entscheidenden Stellen Komplizen haben; sie nehmen das Mobiliar und die Ordensbrüder der Abtei mit, töten einen neunzigjährigen (nicht transportfähigen) Mönch, treiben im Vorbeigehen das Vieh mit . . . Bei ihrer Rückkehr werden auch sie von der im Hinterhalt liegenden königlichen Abteilung des Hauptmanns Beaucressant teils niedergemacht, teils in alle Winde zerstreut (P 112). Am 18. Juli dringen wieder neue Gerüchte über einen möglichen Angriff von Bündischen und Hugenotten aus Fort Beauvoir nach Saint-Antoine. Ein Adliger, Herr de la Cardette, ist nämlich von einer marodierenden Bande getötet worden. Noch ein Toter. *Niemand wagt mehr, das Haus zu verlassen* (P 113). Die Menschen verkriechen sich in ihren Häusern.

Ende Juli trifft die katholische, königliche Armee des Herzogs von Mayenne in Lyon ein. Endlich! 7000 bis 8000 Fußsoldaten, 2000 Reiter, 500 Pioniere, 28 Kanonen (P 115). Insgesamt sechs Regimenter. Mit Schweizern. Der furchterregenden realen Schweizer Infanterie. Ein „heilsamer" Schrecken beginnt sich in der Dauphiné zu verbreiten. Dennoch weichen unsere Bündischen in Beauvoir, im Viennois und sogar in Saint-Antoine nicht aus ihrem Hügelland, das sich an die südalpine hugenottische Igelstellung Lesdiguières' anlehnt. Diese Tapferen strecken weder die Waffen noch verlieren sie den Mut. Sie schmieden weiter ihre Ränke, als ob nichts gewesen wäre: Ein gewisser Lambert oder von Lambert, Rechtsanwalt in Saint-Antoine, treibt zwischen Februar 1580 und dem Sommer ein gewagtes Doppelspiel. Er hält es mit beiden Seiten. Mit Maugiron und mit Lesdiguières. Gleich im Februar 1580 (nach dem Fall Paumiers) verspricht er Maugiron, brav zu sein; er bietet – gemeinsam mit den Vertretern der anderen Gemeinden der Valloire – dem Generalstatthalter die volle Unterwerfung seiner Ortschaft an.[6] Aber vier Monate später verhandelt derselbe Lambert mit Lesdiguières über ein Angriffs- und Verteidigungsbündnis zwischen Protestanten des Berglandes und Bündischen des Vienner Unterlandes.[7] Diese Verhandlungen werden von der protestantischen Versammlung in Die im August 1580 bestätigt (während Mayenne schon im Anzug ist). In der Vereinbarung versprechen die Bündischen, *ins Feld zu ziehen* und sich bestimmter Plätze und Wälle der Städte zu bemächtigen, sobald die Protestanten Verstärkungen durch Reiter und Landsknechte in die Provinz gebracht hätten. Als Gegenleistung verpflichten sich die Hugenotten ihren papistischen Freunden gegenüber, den nichtprotestantischen Orten des Viennois, die ihnen Waffenhilfe leisten würden, Freiheit zur Zelebrierung der katholischen Messe zu gewähren. Die radikalsten Pastoren sind damit nicht einverstanden; aber Lesdiguières, der vor allem ein guter Politiker ist, entscheidet sich für Toleranz. Für das Überleben, wenn auch vielleicht nicht den Erfolg, muß man gegen die staatliche und katholische Bedrohung, die sich mit voller Schwere am nordwestlichen Horizont abzeichnet, die besten Voraussetzungen schaffen.

Unglücklicherweise gibt es aufseiten der Bündischen keine solide Streitmacht, die auf dem offenen Land oder bei einer Festungsschlacht der „Dampfwalze“ der Armee Mayennes widerstehen könnte. Lesdiguières weiß das: Er bleibt in seinen uneinnehmbaren Bergen verschanzt, in denen die Artillerie seiner Feinde nichts ausrichten kann; er läßt es zu, daß seine bäuerlichen Verbündeten in dem hügeligen und ebenen Unterland, das so schwer gegen reguläre Soldaten zu verteidigen ist, von den Truppen Mayennes aufgerieben werden. Dazu muß gesagt werden, daß Lesdiguières ihnen nicht besonders gewogen ist, diesen Bauern, die gegen das Herrentum rebellieren.

Mayenne hat leichtes Spiel. Der dicke, fette General teilt mit unerwarteter Flexibilität Süßes und Bitteres aus. Süßes: Noch vor seinem Einmarsch in die Dauphiné verspricht er nochmals den *Schuldigen der Volkserhebungen* Nachsicht und Amnestie.[8] Bitteres: Denen, die ihm Widerstand leisten, droht der beleibte Herzog mit totaler Gewalt und militärischer Vernichtung. Diesmal sind die Bündischen dran. Im August und September rückt Mayenne längs der Isère in der Dauphiné vor. Wieder einmal begehen seine Gegner ihren ewigen taktischen Irrtum. Statt sich angesichts eines an Zahl überlegenen Feindes wie ein Vogelschwarm über Wälder und Felder zu zerstreuen, nehmen sie den Festungskampf, den schnellen Belagerungskrieg, die offene Feldschlacht an. Idiotisch. Ein Teil der Mayenne-Armee wird gegen sie eingesetzt. Es sind 4000 Mann unter dem Befehl Maugirons. Am 9. September 1580 umstellen die 4000 Soldaten das

Fort Beauvoir, das unter dem Kanonenfeuer der Mayenner fällt. Das ganze umgebende Land wimmelt von königlichen Berufssoldaten; *kurzum, es ist das reine Elend, es gibt keinen Wein* (das Militär trinkt ihn), *das Korn kann nicht gedroschen werden, man muß viel leiden ... Die Marodeure* (plündernde Soldaten) *plündern meilenweit in der Runde, es ist entsetzlich.*

Wie in einen Schraubstock eingezwängt, bleibt den Bauern im Fort Beauvoir nichts anderes übrig, als sich zu ergeben. *Der Hauptmann Ferrant, Befehlshaber dieses Forts, ergab sich, sein Leben wurde verschont; jedoch wurden mehrere Bündische, die sich nicht ergeben wollten und sich im Wald verschanzt hatten, heimlich getötet* (von der Soldateska Mayennes und Maugirons); *andere wurden gegen Lösegeld gefangengehalten* (P 116). Acht Tage später ergeben sich auch die Hauptleute Bouvier und Dallières, Hugenotten, die nicht weit davon die Burg Pont-en-Royans und den Ort Saint-Quentin besetzt halten. Die Einnahme von Pont-en-Royans durch die papsttreuen Soldaten war um so schwieriger, als die dortigen katholischen, von Lesdiguières sehr gut behandelten Einwohner trotz früherer Streitigkeiten mit Bouvier ihren hugenottischen Besatzern völlig ergeben waren.[9] Nach der Kapitulation Bouviers und Dallières' werden mehrere Bauern aus ihrer Truppe von den Leuten Mayennes kaltblütig getötet; andere Soldaten mit mehr Glück werden nach Kriegsrecht behandelt und dürfen sogar ihre Waffen weitertragen: *Diejenigen, die so ihre Waffen trugen, wurden bis in die Nähe von Saint-Quentin geführt; die anderen wurden fast alle gefangengenommen; von einigen* (der Gefangenen) *wurde Lösegeld gefordert; die anderen wurden insgeheim zwischen den Zelten umgebracht. Sibeuf aus Romans wurde dabei getötet. Es gab da einen Soldaten, der auf Verlangen eines Edelmanns für einen Écu einen Bauern des Viertels* (= des Dorfes) *Montrigaud umbrachte. Es war die Zeit der Rache* (der Adligen an den Dörflern). *Seine Durchlaucht* (der Herzog von Mayenne) *vermied und verhinderte, daß den Frauen Gewalt angetan wurde. Es gab da einen Spanier, der ein Mädchen vergewaltigt hatte. Er wurde selbigen Tages an einem Baum aufgehängt.*

Das ist das definitive Ende des Bauernkriegs in der Dauphiné (1578–1580). Mayenne ist aber noch nicht am Ende seiner Mühe. Sein Erfolg gegen die demoralisierten Dorfbanden war zu leicht gewesen. Später (am 6. November 1580) gelingt es ihm, sich nach einer grauenhaften Belagerung des dauphinisch-protestantischen festen Platzes la Mure zu bemächtigen, der von einer Frau, der *Roten Cotte,* verteidigt wurde. Aber es ist ein teurer Pyrrhussieg. La Mure ist nur der Vorgeschmack unüberwindlicher Schwierigkeiten. An ihnen scheitert wieder einmal das Unternehmen, die Dauphiné für den Katholizismus zurückzuerobern. An der uneinnehmbaren, hugenottischen alpinen Gebirgsbastion Lesdiguières' wird sich Mayenne die Zähne ausbeißen.

Das aber hat nichts mit der nun abgeschlossenen Revolte der Dörfer zu tun. Von dieser ist von nun an bei den Provinzbehörden nur noch die Rede, wenn es um Rache oder Verrat geht. Beim Anblick der allerletzten Vergeltungsschläge rauft sich der doch an Horror gewöhnte Piémond die Haare: *Im Dezember 1580,* schreibt er, *zogen die Kompanien Mayennes und andere Söldner durch alle Dörfer bis hin zu den Toren von Lyon und Vienne; sie mordeten und plünderten in allen offenen Dörfern und Städten ..., es war der letzte Ausdruck des Hasses auf den Bund ... dem armen Bauern nachzustellen, der keine andere Hilfe hatte, als die Hände zum Himmel zu heben* (P 124). Gerade um diese Art Ausschreitungen zu verhindern, war die nun gestorbene bündische Bewegung geschaffen worden. Seit November 1580 zeigten auch die Bewohner von Valence antibündischen Eifer: Sie stürzten sich auf die Hugenottenschaft der Umgebung und machten etwa sechzig Menschen nieder: *Diese Valence-Bewohner wurden verdächtigt, mit den Hugenotten liiert gewesen zu sein, sie bewiesen das Gegenteil* (P 122). Valence hat dem sterbenden Löwen den Eselstritt versetzt.

Im Mai 1581 werden noch einige ehemalige paumieristische Untergrundkämpfer, die inzwischen zu Räubern und Wegelagerern geworden sind, an den Galgen gehängt: *Am 6. Mai 1581 wurden sechs Kaufleute aus Montélimar, die vom Jahrmarkt in Saint-Marcellin zurückkehrten, von zehn wütenden Dieben angefallen; die Kaufleute waren keine Feiglinge und wehrten sich aufs äußerste, sie bewahrten ihr Geld und ihre Ware; die Diebe mußten fliehen. Drei Kaufleute wurden verletzt. Bei dieser Gelegenheit wurde Grison de Serre, ein schlechter Kerl, der die Bündischen durch den Wald geführt hatte, gefangengenommen und gehenkt;* am 3. Juni 1581. *Die Straßen wurden etwas sicherer* (P 126).

Das ist das Ende vom Ende. Höchstens, daß die vage Befürchtung bestehen bleibt, die Hugenotten könnten sich noch einmal auf die Unzufriedenheit des Volkes stützen, wie sie es dank Paumier und seinen Freunden in den Jahren 1579/1580 schon einmal getan hatten. Am 15. März 1581 schreibt Bellièvre-Hautefort an den Staatssekretär Louis de Revol: *Ich zweifle nicht daran, daß die Hugenotten verschiedene Pläne verfolgen und daß sie alles versuchen, was sie können, wobei sie sich der Unzufriedenheit der Volksmassen bedienen.*[10]

Diese Befürchtung sollte sich nicht bewahrheiten: Während des Jahrzehnts 1580 wird das arme Volk der Provinz vom Kriegsvolk nach Herzenslust gerupft, ohne zu reagieren. Der romanaisische Karneval und die ihm folgenden Niederlagen hatten ihm den Geschmack an einem neuerlichen Aufstand vergällt.

Zehntes Kapitel
Und die Raben hacken uns die Augen aus

Diese Abneigung rührte unter anderem von der Justizrepression her, die auf die Februarereignisse von 1580 gefolgt war. Es lohnt sich, sie näher zu betrachten; in dem harten, grausamen Licht der Verurteilungen und Hinrichtungen enthüllen sich uns die militanten Kader der städtischen Plebejer. Eine Zeitlang verwandelt sich die Stadt Romans in eine Folterkammer.

Das Blutvergießen vom Rosenmontag und Fastnachtsdienstag verlangte nach einem rechtlichen Nachspiel. Aber die Schuldigen waren je nach der Partei verschieden. Sollten die Paumieristen als Störer der Patrizierordnung gerichtet werden oder die Guérinisten als „Volksmörder"? Die Verbände des dritten Standes, einschließlich der Gemäßigten, neigten zur zweiten Lösung. Das Zeugnis Eustache Piémonds, dessen Sympathie den Bündischen gilt, ist in dieser Hinsicht ganz klar. Seinem Bericht nach verwandten sich die Bewohner der Valloire, *die für das Volk waren,* schon im Februar 1580 bei Maugiron dafür, daß diejenigen, *die die armen Leute totgeschlagen* hatten, gerichtet würden. Zwei von den Kirchengemeinden der Valloire entsandte Abgeordnete begaben sich zum Generalstatthalter der Provinz; die beiden, Montchenu und Lestang, waren Adlige, wahrscheinlich neueren Datums, und Gemäßigte (P 90). Trotzdem waren sie typische Vertreter der lokalen Bevölkerung: Einer war Landvogt des Viennois, der andere war der Delegierte des (Vienner) Adels bei den Reichsständen von 1576 gewesen. Woraus zu ersehen ist, daß der Adel in der mörderischen Wut auf die Bauern bei weitem nicht in sich geschlossen war. Maugiron erklärte diesen Abgesandten der Dörfer, daß in der Tat Gericht gehalten würde, aber... zugunsten Guérins und gegen „das Volk".

In dieser veränderten Atmosphäre treffen am 27. Februar 1580 sechs Grenobler Parlamentsräte in Romans ein, um eine Strafkammer zu bilden; sie haben den Auftrag, in Prozessen gegen die Toten und die Überlebenden über die Besiegten zu richten. Mit ihnen kommen der Vorsitzende Buffévent und der Generalstaatsanwalt Ruzé (P 91). *Drei Kompanien Fußvolk* – mit dem zugehörigen Adel – *geleiten sie.* Dieser Einzug der Parlamentarier in die Stadt Romans entspricht, zum Ernstfall geworden, der besten Tradition der für den Karneval charakteristischen Militär- und

Justizparaden. Diesmal handelt es sich um einen Karneval, der skandalös bis in die Fastenzeit hinein verlängert wird; der Scherz wird mehr als peinlich und bald äußerst blutig. Er vollendet die Demonstration der sichtbarsten Formen der Machtausübung, die während der Karnevalstage mit der possenhaften Prozession der Reichen begonnen hat. Zur gleichen Zeit gefällt sich der Graf von Tournon, der mit einer vierten Militärabteilung Verstärkung gebracht hatte, darin, die Umgebung von Romans mit einem Kleinkrieg zu überziehen; er nimmt mörderische Rache an den Bauern, die ihm Widerstand leisten ... Die Strafkammer in der Stadt kann nun mit ihrer Arbeit beginnen. Zuerst greift sie sich die fetteste Beute heraus. Die drei obersten Chefs des städtischen Bundes, Paumier, Brunat und Fleur, zwei Tuchmacher und ein Metzger, werden in größter Eile vor Gericht gestellt. Da Paumier tot ist, wird nur sein Abbild an den Füßen aufgehängt. Sein Leichnam ist zu verfault, um aufgebaumt zu werden, sagt Guérin, der es sich nicht verkneifen kann. Die lebend verhafteten Brunat und Fleur werden natürlich zur Höchststrafe verurteilt, der leider einige unnötige Ausschmückungen vorausgehen: Sie werden auf dem Rost geschleift, auf den das Bildnis Paumiers gemalt ist; dann nach vorheriger Marterung gehenkt. Das alles bereits in der ersten Märzhälfte 1580. Schnelljustiz. Auch andere romanaisische Handwerker, kleinere Fische als die drei großen Führer, werden in diesen ersten beiden Wochen in An- oder Abwesenheit abgeurteilt.

Durch die Folterung Brunats erhält die Repression, die sowieso nicht nachließ, neue Nahrung. Der revolutionäre Tuchmacher nennt nämlich bei der peinlichen Befragung andere „Schuldige“, darunter auch den prominenten, reichen Michel Barbier, genannt Champlong, der zu diesem Zeitpunkt noch ein wichtiger Führer des Bundes im ebenen Umland von Romans ist. Am 28. März werden drei weitere „Unruhige“ oder Unruhestifter von Romans gehenkt: Es sind der Bäcker und Töpfer Mathelin des Mures, der Bäcker *Weißbrot* und der Landwirt Morat, genannt Ragousse.

Nachdem es derart „Recht“ gesprochen hat, kann sich unser Gericht vom 30. März an einer neuen Verurteilungsserie zuwenden: An diesem Tag wird der Prozeß gegen etwa fünfzehn Handwerker und „Pflüger“ aus Romans eröffnet, die an den Unruhen des ersten Karnevals im Februar 1579 beteiligt waren, wie aus einer ad hoc verfaßten Denkschrift Guérins hervorgeht. Auf diese fünfzehn Männer regnet es Todesurteile durch den Strang, zum Glück für viele von ihnen in Abwesenheit.

Die Parlamentsräte gönnen sich keine Ruhe. Sie führen gleichzeitig auch Prozesse gegen die Führer und Beteiligten der Bauernunruhen in den Dörfern. Es hieß, daß die an den herrschaftlichen Beamten Monluel, Velheu und anderen begangenen Taten viel blutiger und grausamer gewesen seien als die Ereignisse in Romans selbst, die ja vor 1580 nur Psychodramen ohne Blutvergießen waren. Auch in diesen ländlichen Prozessen hagelt es Todesstrafen durch Erhängen; die meisten von ihnen allerdings in Abwesenheit. Denn die Dorfbewohner entziehen sich den Fahndungen leichter als unsere in der Falle ihrer Stadtwälle gefangenen städtischen Aktivisten.

Im April 1580 beschließt dann der Grenobler Gerichtshof oder vielmehr Teilgerichtshof allgemeinere Maßnahmen: Er untersagt die Königreiche wie Kapaun, Rebhuhn, Hammel, Maugouvert usw., die den Rahmen für die Volks- und die Gegenbewegung abgegeben hatten. Vielleicht wird in Romans befürchtet, aus Anlaß der Brauchtumsriten bei den Maifesten könnten neue Unruhen entstehen. Das Verbot verhindert aber nicht, daß die patrizische Abtei Maugouvert-Bongouvert im Laufe der kommenden Jahrzehnte eine neue Blüte erlebt.

Danach scheint im Verlauf der folgenden Wochen die Repression allmählich nachzulassen. Als erstes Symptom einer milderen Richtung erscheint die Freilassung einer Anzahl Verdächtiger, die glücklicherweise nicht im ersten Augenblick der Wut im Februar und März gehenkt worden waren. Ihnen werden nur geringe Strafen auferlegt: das Verbot, Waffen zu tragen oder an den Versammlungen der Stadt teilzunehmen etc.

Am 25. April schließlich, nach neuen Strafverfolgungen in den umliegenden Dörfern, erklärt der Gerichtshof das Verfahren in Romans für beendet. Er begibt sich nach Vienne, um dort ähnliche Arbeit zu verrichten. Schon beginnt die Erinnerung an die Ereignisse ihre erste Schärfe zu verlieren. Auf alle Fälle ist Vienne weniger schuldig als Romans. Die Vienner Repressionsphase ist kürzer und weniger einschneidend als in Romans. Am 10. Juni 1580 erklärt der Gerichtshof seine ganze Arbeit für beendet; mit gebührender Majestät begibt er sich auf den Rückweg nach Grenoble, um dort wieder im Schoß des Parlaments aufzugehen.[1]

Den Akten der Strafverfolgungen entnehme ich die Elemente zu einer umfassenden Studie über die Führer und Beteiligten des Volkskarnevals von Romans; daran schließt sich ein kurzes, eher fragmentarisches und auf Eindrücken beruhendes Bild der ländlichen Aufrührer an, die entweder zur Basis oder zur Führung des dauphinischen Bauernkrieges gehört haben.

Bevor wir uns diesen Menschen zuwenden, die gekämpft haben, verfolgt und verurteilt worden sind, möchte ich jedoch eine Vorfrage regeln. Sie betrifft die Hugenotten: Guérin beschuldigt sie, in die „Komplotte" des Volkes in seiner Stadt verwickelt gewesen zu sein. In diesem Punkt hatte der Richter nicht ganz unrecht. Sicher kam es dem „Ketzer" Lesdiguières auf seinem militärischen Hochsitz in den Oberalpen ganz gelegen, aus der Ferne durch Abgesandte in dem trüben Wasser unserer Stadt zu fischen. Aber in Romans selbst? Haben die einheimischen Protestanten im romanaisischen Karneval eine geheime Rolle gespielt (und wenn ja, welche)? Dazu besitzen wir ein früheres Dokument, das Elemente zu einer Antwort enthält. Am 24. August 1572 (dem Bartholomäustag) verfügt der Richter Guérin, daß die protestantischen Familien der Stadt eine Steuer oder auch Buße zu zahlen haben. (Einige Tage später[2] zeichnet sich der Richter dadurch aus, daß er einen kleinen Massenmord an eingekerkerten Hugenotten organisiert, mit vorheriger Ausräucherung und maskierten Mördern.) Um diese Buße erheben zu können, muß vorher eine Liste der Reformierten der Stadt nebst einer groben Einschätzung des Vermögens der einzelnen Familien angefertigt werden.[3] Diese Liste führt 128 Namen von Familienvorständen auf, also weniger als zehn Prozent der Bevölkerung. Die Masse der einheimischen Städter (neunzig Prozent und darüber) ist also katholisch geblieben oder wieder geworden. Sie hat den ursprünglichen Flirt mit dem Protestantismus, den sie zu Beginn der 1560er Jahre begonnen hatte, abgebrochen.

Die romanaisische „Elite" ist zwar von der hugenottischen Reformation berührt worden, aber nur in geringem Maße. Die „reichen" Hugenotten werden im Jahre 1572 mit fünfzehn, zwanzig oder mehr Pfund besteuert (gegen drei, fünf oder zehn Pfund von Handwerkern und sonstigen „kleinen Leuten"[4]). Unter den Reichen findet man die angesehensten Namen der Hautevolée der Konsularlisten von Romans: Herrn Jean de Villiers (künftiger Konsul und, wie es scheint, auch künftig zum Katholizismus Wiederbekehrter), Jean Guigou (dito), die Herren Jean, Mathelin und Antoine Thomé; Antoine Bouyraud, Jean Magnat, Gaspard Syvet usw. Diese noblen Namen wohlangesehener Leute erscheinen dann wieder im Jahre 1580 in der Partei der Ordnung. Dort bilden sie den Klan der Gemäßigten, der sich (aber ohne Begeisterung) mit dem unnachgiebigen Guérin verbindet. Einer von ihnen ist zumindest vorübergehend, im Frühjahr 1579, ein taktisches Bündnis mit der Partei des Volkes eingegangen. Dann hat er sein Mäntelchen nach dem Wind Guérins gedreht.

Nichtsdestoweniger gibt es unter den Hugenotten von 1572, deren Berufe bekannt sind (leider gibt es Berufsbezeichnungen nur für eine Minderheit), auch ziemlich viele ausdrücklich als Handwerker oder Ladenbesitzer Aufgeführte: einen Händler, einen Notar, aber auch vier Tuchmacher, einen Bleicher, einen Drechsler, einen Seiler, einen Korbmacher, zwei Maurer, einen Schreiner, einen Strumpfwirker usw. Das Beispiel der Nachbarstadt Vienne, wo die Hugenottenschaft der 1560er Jahre überwiegend handwerklich und sonst gut bürgerlich ist, während Pflüger und

Winzer nur einen winzigen Anteil stellen, veranlaßt uns zu der Annahme, daß es in Romans ebenso war.

Diese Feststellung gilt generell für das gesamte protestantische südliche Frankreich der ersten Zeit[5]; man darf aber daraus nicht den Schluß ziehen, daß diese hugenottischen Handwerker die Kader der romanaisischen städtischen Protestbewegung von 1579/1580 stellen werden. Ein einziger Protestant ist unter den künftigen „Bestraften" der Nachkarnevalsrepression von 1580. Es ist Antoine Nicodel, ein Hufschmied, der 1572 zehn Pfund zu zahlen hat. Die anderen Gehenkten oder nur „Bestraften" von 1580 sind nicht auf der Hugenottenliste von 1572. Jedoch hätte sie ihr Alter (gute 30 oder 40 Jahre) durchaus für eine Besteuerung in Frage kommen lassen, wenn sie im Jahr der Bartholomäusnacht Hugenotten gewesen wären. Das Nichtvorhandensein protestantischer Handwerker von 1572 unter den Empörern von 1579 ist jedoch nicht verwunderlich: Die Bartholomäusnacht und das Klima der Furcht, das sie erzeugt hat, haben nach 1572 in Romans eine Massenauswanderung von Hugenotten nach Genf bewirkt; eine der massivsten Auswanderungen, die die Städte des französischen Midi zu verzeichnen hatten.[6] Die Reformierten zogen es vor, so weit wie möglich vor dem gefährlichen Guérin zu fliehen. Oder aber sie schworen ab; sie verließen die „Brunnen des lebendigen Wassers" der Bibel, um zu den „morschen Schläuchen" des Papismus zurückzukehren. Zusammen mit kleinen Reformiertenpogromen genügten dieses Abschwören und der Auszug aus Romans, um die künftige Handwerkerbewegung protestantischer Kader zu berauben. In Wirklichkeit werden die Kader von den katholischen Zunftgenossenschaften (St. Blasius, Heilig-Geist) gestellt; sie waren für die kurzfristige protestantische Diktatur in Romans im Jahre 1562 ein rotes Tuch gewesen. In einem solchen Grade, daß sie für die Dauer dieser Diktatur sogar aufgelöst worden waren.

Fassen wir zusammen: Das gute hugenottische Bürgertum flirtet einige Zeit mit Paumier; dann wechselt es die Stellung und bildet einen Teil der gemäßigten Kader der Gegenbündischen. Das hugenottische Handwerkertum dagegen, durch gewaltsamen Tod und Auswanderung dezimiert, trägt nur am Rande zu den bündischen Kadern der Plebejerpartei bei. Höchstens, daß einige Reformierte sich an einem der Volkskönigreiche, dem Hasen-Reich, beteiligt haben. Das schließt natürlich nicht aus, daß nach dem Blutbad der Bartholomäusnacht, das der Richter organisiert hatte, ein andauernder protestantischer Groll gegen diesen bestanden hat; er trägt zur Anti-Guérin-Welle im Jahre 1579 bei. Und zwar sowohl in Romans selbst als auch besonders in den umliegenden Dörfern (A 30). Das schließt auch nicht aus, daß Paumier und seine Freunde, obwohl katholisch, mit Lesdiguières, dem protestantischen Gebirgschef, intrigieren, der aber die romanaisischen Plebejer bei weitem nicht nach seinem Willen manipulieren kann. Wesentlich bleibt: Der Karneval von Romans ist innerhalb der Stadtmauern vor allem eine Sache unter Katholiken; er stellt Guérin, den aktiven papistischen Chef, den Handwerkerzünften gegenüber, die unter dem Banner ihres Schutzheiligen als Demokraten gegen die Mafia, die die Stadt tyrannisiert, in den Kampf ziehen. Katholiken von unten gegen Katholiken von oben. Es sind diese in der Mehrzahl katholischen „Unruhestifter" der unteren Schichten, denen wir unsere Aufmerksamkeit zuwenden.

Eine statistische Studie der Gruppe der Verurteilten, Gehenkten und Gefolterten, der bis aufs Blut Ausgepeitschten und der in Abwesenheit Gerichteten von März/April 1580 ist nur denkbar vor dem Hintergrund der Gesellschaftsstrukturen von ganz Romans.

Nehmen wir anhand des Kopfsteuerbuchs von 1578 die Unterscheidung in vier „Orden" wieder auf, in die die romanaisische Gesellschaft aufgeteilt ist. Unter den Steuerpflichtigen des *ersten Ordens* hat sich nur eine Persönlichkeit gegen ihre Klassenbrüder mit den Leuten der Paumier-Bande eingelassen: Michel Barbier, genannt Champlong. Dieser Barbier gehört zu den theoretisch zum Tode Verurteilten, aber Überlebenden von 1580; also zu den in Abwesenheit Verurteilten, die eine schon vor den Prozessen umsichtig vorbereitete Flucht vor dem ersten Wüten der Repression gerettet hat; das ist ihnen gut bekommen. Barbier wird einige Monate nach seiner Verurteilung begnadigt. 1586 werden wir ihn als Konsul wiederfinden, im selben Jahr, in dem er sterben wird, nicht am Galgen, sondern in seinem Bett, an der Pest wie einige Tausend seiner Landsleute ...

Ist Michel Barbier im Jahre 1579/1580 wirklich ein Romanaiser? Kein Zweifel, daß er diesen Titel später, im Jahre 1585, verdient, nachdem er in unserer Stadt – zuerst als Rechtsanwalt großen Stils und dann als Konsul – so großartigen Erfolg gehabt hat. Aber 1579 ist es noch nicht soweit: Zu diesem Zeitpunkt ist Barbier noch kein Städter, sondern ganz einfach eine sehr reiche Honoratiorenpersönlichkeit seines Dorfes; er hat seine künftige „Landflucht" noch nicht vollzogen. Zwar besitzt er in Romans ein kürzlich erworbenes Haus. Aber das ist auch alles. Seine Steuerquote für dieses Stadthaus ist übrigens gering: ein Écu. Im Jahre 1580 ist Barbier typisch für eine Gruppe wohlsituierter *Dorfhonoratioren*, die tatsächlich in führenden Positionen an der *Bauernrevolte* teilgenommen haben. Aber er ist weder in unsere eigentlich städtische Revolte verwickelt noch in irgendeiner Weise charakteristisch für deren Führungsmannschaft.

Als Ganzes ist die Gruppe des „ersten Ordens" (sagen wir der Einfachheit halber der *Patrizier*, die vornehm von ihrem Land, von Ämtern und

Zinsen leben) nicht im geringsten an der städtischen Revolte beteiligt. Ganz im Gegenteil: Mit Guérin an der Spitze, Guérin als führendem Kopf bei der Manipulierung von Menschen (nicht aber in der Vermögenshierarchie), repräsentiert diese Gruppe das konterrevolutionäre Element; oder genauer gesagt, das Element der Konterrevolte schlechthin.

Wie steht es nun mit der zweiten Kategorie der Eliten? Zu ihr gehören Kaufleute, Notare und andere Mitglieder des Handelsbürgertums. Sie ist mehr oder weniger reich, lebt aber auf alle Fälle nicht von Handarbeit. Was sie betrifft, ist das Resultat der Analyse eindeutig. Weder die Großen noch die Kleinen dieser Handels- und Notariatsgruppe stellen der Protestbewegung Kader und wie es scheint nicht einmal Fußvolk. Keiner der Verurteilten von 1580 – ob in Abwesenheit verurteilt oder wirklich gehenkt – war im Jahr vorher im Steuerbuch von 1578 unter den Steuerpflichtigen des „zweiten Ordens" verzeichnet.[7] Im Gegenteil scheinen diese, ganz wie die „Rentiers" des „ersten Ordens", zu den tragenden Säulen der Ordnungspartei gehört zu haben.[8]

Kommen wir jetzt zu den Steuerpflichtigen des dritten Ordens, den Handwerkern. Erste Feststellung: Wie man schon aufgrund unserer erzählenden Quellen voraussehen konnte (aber nicht immer aufgrund der Historikerarbeiten, die sich mit „emotionalen Volksausbrüchen" beschäftigen, da die Gegebenheiten von Fall zu Fall verschieden sind), entstammen die wahren Führer der Revolte dieser Gruppe. Von 26 Personen, die von Februar bis April in die *städtischen* Vorfälle verwickelt waren oder ihretwegen verurteilt werden, gehört nur einer der Elite an (Michel Barbier, der aber, wie wir gesehen haben, nicht in der Stadt, sondern auf dem Lande eine Rolle gespielt hat); wir finden auch sieben Mitglieder der Gruppe der Ackerbürger, aber achtzehn Mitglieder der Handwerkergruppe, das heißt 69,2 % der Empörergruppe. Unter diesen achtzehn Handwerkern befinden sich fünf Tuchmacher. Dieser Beruf ist am häufigsten vertreten. Damit bestätigt sich vollauf die Behauptung Guérins von der vorrangigen Rolle der Tuchmacher der St.-Blasius-Bruderschaft bei der Auslösung, der Leitung und Entwicklung der Revolte. Unter diesen Tuchmacherrebellen findet man natürlich Jean Serve, genannt Paumier, das Oberhaupt der romanaisischen und regionalen Aktion, der tot auf der Strecke geblieben war, aber trotzdem noch zum Strang verurteilt und in effigie an den Füßen erhängt wird (1580). Er zahlt 2,2 Écus Kopfsteuer, was auf einen gewissen Wohlstand hinweist und deutlich mehr ist als die durchschnittliche Besteuerung des typischen Romanaiser Handwerkers im Jahr 1579/1580 (1,2 Écus pro Kopf). Ein anderer Tuchmacher ist Guillaume Robert-Brunat, auch er unter Paumier ein Hauptführer des Bundes; im Februar und März 1580 wird er gefoltert und gehenkt; 1578 zahlt er 1,2 Écus Kopfsteuer, das ist der exakte Durchschnitt der Handwerkergruppe, aber mehr als der *Modus* oder die am häufigsten gezahlte Summe dieser Gruppe (0,8 Écus); der Tuchmacher Jean Besson, genannt *Massacre,* der in der Kommunalpolitik von Romans eine bedeutende Rolle spielt, wird im März/April 1580 zur Konfiskation seines Vermögens, zu einer Geldstrafe von 239 Écus, zum Auspeitschen bis aufs Blut, zu zehn Jahren Galeere und darauffolgender Verbannung aus dem Königreich verurteilt. Im Jahre 1580 zahlt er 1,2 Écus Kopfsteuer. Auch der Tuchmacher François Robin war an der Revolte beteiligt, aber seine führende Rolle war wohl weniger bedeutend als die von Serve, Brunat oder Besson-Massacre. Er wird nur zur Einziehung seiner Habe und zu einer Geldstrafe von 35 Écus verurteilt. Der Tuchmacher Jean Jacques wird in Abwesenheit zum Tod durch den Strang und zu 129 Écus Geldstrafe verurteilt. Dieser Jean Jacques ist der am schlechtesten Situierte in der Gruppe der Tuchmacher, die die Fahne der Revolte gehißt haben; er zahlt 1578 nur 0,8 Écus Kopfsteuer. Das ist weniger als der Durchschnitt, entspricht aber genau dem handwerklichen *Modus.* Keine glänzende Existenz, aber auch nicht bitterste Armut. Die beginnt (nach unserer Skala von 1578) wahrscheinlich bei 0,1 oder 0,2 Écu Kopfsteuer, jedenfalls bei weniger als 0,8 Écu.

Nach den Tuchmachern kommen in der zweiten Reihe unserer Repräsentativauswahl der „beteiligten und verurteilten" Führer und „Agitatoren" die beiden Metzger; Geoffroy Fleur, den man den Kanzler des Bundes nennt, wird nach dem Scheitern seines Karnevals gefoltert und gehenkt; 1579/1580 ist er neben Paumier und Brunat eines der Mitglieder des Triumvirats, das den kompromißlosen Bund der Stadt Romans leitet; er hatte es verstanden, die gesonderte Protestaktion der Metzger in den gemeinsamen Kampf der gesamten Handwerkerschaft einzuordnen; 1578 zahlt er 2,4 Écus Kopfsteuer, eine verhältnismäßig große Summe. Sein Kamerad und Gefährte in der Revolte und später im Unglück, François Drevet, ist ebenfalls Metzger; weniger schwer verurteilt als Fleur, gehört er zu den in gewissem Maße Verschonten, die im März 1580 nur dazu verurteilt werden, der Hinrichtung ihrer „schuldigeren Komplizen" beizuwohnen, bis aufs Blut ausgepeitscht zu werden, keine Waffen tragen zu dürfen und ihres Vermögens verlustig zu gehen; vor den Ereignissen von 1579/1580 ist er verhältnismäßig wohlhabend, wie sich das bei einem Metzger von selbst versteht; er zahlt nämlich 2,8 Écus Kopfsteuer, was ihn dem sehr guten Durchschnitt der Steuerpflichtigen der Stadt zuordnet und mehr ist als das, was Geoffroy Fleur zahlt. François Drevet ist der Zweitreichste der Gruppe der „Beteiligten und Verurteilten". Der einzige, der ihn an Besteuerung und Veranschlagung überflügelt, ist der Hauptmann Roux, genannt Lesguire (3,8 Écus Kopfsteuer), auch ein Handwerker von Beruf.

Die Tuchmacher und nach ihnen die Metzger bilden also den Führungskern der bündischen Aktion. Aber auch andere Berufe gibt es in der Mannschaft der Verurteilten: einen Bäcker, Antoine Fresne, zutreffend *Weißbrot* genannt (0,8 Écus Kopfsteuer). Diese Steuerquote ordnet *Weißbrot* haargenau dem *Modus* zu, der die Handwerkergruppe des „dritten Ordens" von Romans kennzeichnet (0,8 Écus, etwas unterhalb des Durchschnitts). *Weißbrot* wird des Verrats angeklagt, da er (zusätzlich zu seinen „Missetaten" in Romans selbst) die Schlüssel von Saint-Marcellin den revoltierenden Einwohnern dieser Ortschaft ausgeliefert habe. Er wird zum Tod durch den Strang verurteilt.

Sodann ein Schuhmacher, Jacques Jacques (ebenfalls 0,8 Écus): Er wird zu Auspeitschung, zehn Jahren Galeere und ewiger Verbannung aus dem Königreich verurteilt. Ein Töpfer und Bäcker: Mathelin des Mures (ebenfalls 0,8 Écus, auch hier wieder der Handwerkermodus). Er wird gehenkt, zahlt 160 Écus Geldstrafe, seine Habe wird eingezogen. Ein Zimmermann: Pierre Lambert, genannt *der Dicke* (ebenfalls 0,8 Écus). Urteil: Auspeitschung, Verbot des Waffentragens, Vermögenskonfiskation. Ein Hufschmied: Antoine Nicodel (1,4 Écus Kopfsteuer, das heißt mehr als der *Modus* und sogar etwas mehr als der Durchschnitt der Handwerksgruppe). Der Hugenotte Nicodel hat sich nicht mit seiner Arbeit an Hammer und Amboß begnügt; er hat wichtige Arbeit bei der Revolte geleistet, wird zum Tode verurteilt und hingerichtet. Unter den Verurteilten finden wir noch die Namen von sechs anderen Mitgliedern der Handwerkergruppe; einer von ihnen scheint Gastwirt und Ausschankbesitzer gewesen zu sein, er wird als „Wirt" bezeichnet. Die genauen Berufe der anderen sind uns nicht bekannt.

Dem Kopfsteuerbuch von 1578, einem außerordentlich wertvollen Dokument, verdanken wir, daß wir die achtzehn Handwerker der Verurteiltengruppe auf der Stufenleiter der romanaisischen und speziell handwerklichen Vermögen vollkommen einordnen können. Keiner der achtzehn ist wirklich reich oder erreicht eine Kopfsteuerquote von zehn Écus und darüber, wie man sie in den beiden Elitegruppen ungefähr zwanzigmal antrifft (denken wir nur an die protzigen Quoten des Maître Gabriel Loyron, 18,6 Écus, oder des Hauptmanns Antoine Coste, 41,4 Écus; Loyron und Coste gehören zu der patrizischen, von ihren Renten lebenden, bzw. zur bürgerlich-kaufmännischen Elite). Aber schließen wir aus dieser Feststellung nicht, daß diese achtzehn in großer Armut leben: Sie ordnen sich nämlich alle um den Durchschnitt herum ein und in der Mehrzahl um den

„guten Durchschnitt" der Vermögen in ihrer eigenen Gesellschaftsgruppe. Zur Klärung unserer Darstellung erinnern wir daran, daß der allgemeine Durchschnitt der Steuerquote in Romans im Jahre 1578 zwar 1,48 Écus pro Steuerpflichtigen beträgt, der Durchschnitt der Handwerkersteuerquote aber etwas niedriger ist, nämlich 1,2 Écus; der *Modus* oder am häufigsten zu zahlende Betrag ist in dieser Gruppe 0,8 Écus. Der Modus der städtischen Gesamtsteuerquote ist der gleiche; auch er liegt im Jahre 1578 bei 0,8 Écus. Eine Übersicht über die gesamte Handwerksgruppe (über die begrenzte Gruppe der Angeklagten und Verurteilten hinaus, die wir anschließend analysieren wollen) zeigt nun aber, daß von ihren 637 Mitgliedern 106, das heißt 16,6 %, ein Vermögen unterhalb des *Modus* von 0,8 Écus Steuer haben; 257, das heißt 40,3 %, liegen genau auf der „Modallinie" von 0,8 Écus, und 274, das heißt 43 %, sind wohlhabender und zahlen mehr als 0,8 Écus.

	Von 18 „Angeklagten und Verurteilten" der Handwerksgruppe		Von 637 handwerklichen Mitgliedern der gesamten Handwerksgruppe	
zahlen eine Steuer von	Anzahl der Personen	%	Anzahl der Personen	%
weniger als 0,8 Écus	0	0	106	16,6
0,8 Écus (Modus)	7	38,9	257	40,3
mehr als 0,8 Écus	11	61,1	274	43
insgesamt	18	100	637	100

Beim Vergleich fällt sofort auf, daß die begrenzte Gruppe der Angeklagten und Verurteilten durchschnittlich etwas „wohlhabender" oder etwas weniger mittellos ist als die Gesamtgruppe, die alle Handwerker der Stadt Romans umfaßt. Diese Schlußfolgerung wird auf jeden Fall ganz deutlich, wenn man die soeben obenstehend benutzten Maßstäbe anwendet. Unter den achtzehn „Angeklagten oder Verurteilten" der von mir als *„begrenzte* Gruppe" bezeichneten Handwerker findet sich nämlich *keiner*, der weniger zahlt als den Modus der Handwerkerschaft, also 0,8 Écus. Während es von diesen in der Gesamtgruppe (s. vorstehende Tabelle) nicht 0 % wie in der begrenzten Gruppe, sondern, wie man sieht, 16,6 % gibt. Betrachten wir nun die zweite (horizontale) Linie der vorstehenden Tabelle: Auf dieser Modallinie von 0,8 Écus sind die Prozentsätze für die „Angeklagten oder Verurteilten" und die Gesamtgruppe ungefähr gleich: 38,9 % bzw. 40,3 %.

Auf der dritten Linie schließlich finden wir elf Personen (der begrenzten Gruppe), das heißt 61,1 %, die mehr als die Modalquote, über 0,8 Écus bezahlen. Dagegen sind es in der Gesamtgruppe nur 274 von 637 Personen (das heißt 43 %, also ein deutlich geringerer Prozentsatz). Demnach ist die begrenzte Gruppe der „Angeklagten oder Verurteilten" als Gruppe etwas wohlhabender (etwas mehr im unteren Teil der Tabelle angesiedelt) als die Gesamtheit der Handwerker.

Heißt das, daß die Repräsentativgruppe der „Angeklagten oder Verurteilten" sich im wesentlichen aus wohlhabenden Handwerkern zusammensetzt? Durchaus nicht. Nur daß die verurteilten Handwerker keine Notleidenden sind, sie gehören zur Mittelschicht der Handwerkerschaft; doch übersteigt ihre Steuerquote nie die magische Schwelle von 3,8 Écus. Aber in der Handwerkermasse, deren stattliche Mehrheit (97,2 %) 1580 keinerlei Verurteilung erlitten hat, findet man einige eher wohlhabende oder sogar Reiche, die im Jahre 1578 diese Schwelle von 3,8 Écus überschreiten. Wir finden hier 15 Personen in dieser Lage, das heißt 2,4 % der Gesamtheit, statt 0 % in der Gruppe der „Angeklagten oder Verurteilten".

Zum Abschluß dieser Untersuchung empfiehlt es sich, die Gruppe der romanaisischen Handwerker in vier Untergruppen zu gliedern, die sich nach geringerem Grad von Armut oder „wachsendem Vermögen" übereinander einordnen lassen. Entsprechend den Maßstäben, die sich aus unserem Stufendiagramm ergeben, können wir (von links nach rechts in nachstehender Tabelle) von einer unteren (< 0,8 Écus), einer unter-mittleren (0,8 Écus Steuerquote), einer ober-mittleren (von 0,8 bis 3,8 Écus) und einer oberen (> 3,8 Écus) Handwerkergruppe sprechen. Das ergibt dann folgende Tabelle:

Gliederung der Handwerker nach %

	untere Gruppe	untere Mittelgr.	obere Mittelgr.	obere Gruppe	insgesamt
A Gesamthandwerksgruppe	16,6 %	40,3 %	40,7 %	2,4 %	100 %
B Verurteilte Handwerker	0	38,9 %	61,1 %	0	100 %
C Vergleich B/A	–	#	+	–	

Aus dieser Tabelle geht hervor, daß die rebellischen Handwerker oder zumindest die führenden und am stärksten engagierten unter ihnen weder aus den Reihen der ganz Armen noch aus dem Häufchen der Reichen ihrer eigenen Gruppe kommen. Sie stammen aus deren repräsentativster Zone, der „modalen" oder unteren Mittelgruppe; und die Einflußreichsten von ihnen (wie Paumier, Brunat, Fleur usw.) auch aus dem guten Durchschnitt und der wohlhabenderen Zone („obere Mittelgruppe").

Diese nur wenig oder sehr relativ wohlhabende Zone, aus der einige der bedeutendsten Führer und Aktivisten der romanaisischen Volksbewegung kommen, können wir anhand der Akten der Justizrepression etwas genauer definieren und erfassen als nur aufgrund der fiskalischen Quellen. Ehre wem Ehre gebührt. Fangen wir mit Paumier, dem Oberhaupt selbst an.[9] Die Entschädigungsverfahren (die nach seinem Tod und der Einziehung seines Vermögens) zugunsten seiner Tochter aus erster Ehe und seiner Witwe durchgeführt wurden, geben uns Auskunft über sein Vorleben und sein bescheidenes, aber unbestreitbar vorhandenes Vermögen. Um 1560–1562, zwanzig Jahre vor den Ereignissen in Romans, dürfte der künftige Führer zwanzig bis dreißig Jahre alt gewesen sein; damals hatte er bereits zwei Ehen geschlossen, beide eher glänzende Partien. In erster Ehe (27. Februar 1560) hatte er Antoinette Thomé geheiratet, eine Tochter des verstorbenen Jean Thomé, eines Kaufmanns aus einer angesehenen romanaisischen Familie, die in der Stadt und im Grenobler Parlament fest im Sattel saß. Die Mitgift der Braut betrug 160 Écus, also ungefähr den Wert von 2,2 Hektar Rebfläche.[10] Antoinette starb kurz darauf, wohl im Kindbett, unter Hinterlassung einer Tochter, die zwanzig Jahre später, nach dem Tode ihres Vaters, noch lebt und vor Gericht das von ihrer Mutter mitgebrachte Vermögen einklagt. Der Witwer Jean Serve (der anscheinend noch nicht Paumier genannt wird) verheiratet sich zum zweitenmal am 20. November 1562 mit Marguerite Loyron, deren Name in den Bürgerkreisen von Romans einen guten Klang hat. Im Frühjahr 1580, nach dem Tode Serve-Paumiers, wird das Eigenvermögen Marguerites, das sich aus Mitgift, Erbschaften usw. zusammensetzt, auf 280 Écus geschätzt, das heißt den Gegenwert von fast vier Hektar Rebfläche. Zu seinen Lebzeiten war somit Paumier Herr über ein von seinen beiden Frauen stammendes Vermögen, das sechs Hektar Rebfläche entsprach. Unter Berücksichtigung seiner eigenen Tätigkeit als Tuchmacher dürfte sein Gesamtvermögen etwa zehn Hektar Rebfläche gleichgekommen sein. Außerdem besaß er in Peyrins (einem Dorf in der Nähe von Romans) Land und einen Halbpachthof, die im ganzen 105 oder 145 Écus, das heißt zwei Hektar Rebfläche wert waren. Das war kein Traumreichtum, aber auch kein Elend; ein anständiges, behagliches Mittelmaß. Von dörflicher und wahrscheinlich bäuerlicher Herkunft (aus

Montmirail), war der junge Jean Serve (im Jahre 1560 zwanzig oder fünfundzwanzig Jahre alt) ein in die Stadt ausgewanderter dörflicher Frauenliebling: verführerisch, sportlich, ein dynamischer Unternehmer des Tuchmachergewerbes. Mit seinen beiden Heiraten, über die seine ganze Familie selig gewesen wäre, hatte er eine doppelte Meisterleistung vollbracht: Er hatte sich mit zwei großen bürgerlichen Geschlechtern der Stadt verschwägert, den Thomés und den Loyrons. Die Thomés übrigens bewahren trotz all ihrer romanaisischen Respektabilität bis zum Schluß eine gewisse Schwäche für diesen Jean Serve, der im Jahre 1560 für so kurze Zeit der Schwiegersohn eines der ihren gewesen ist. Allerdings hat sich die Verheißung eines kometenhaften sozialen Aufstiegs, den die beiden Eheschließungen Serve-Paumiers Anfang der 1560er Jahre voraussehen ließen, in den darauffolgenden zwanzig Jahren nicht wirklich erfüllt. Paumier kommt über eine wohlanständige Vermögenslage nicht hinaus; er bleibt an die Gruppe der Handwerker gebunden; der Durchbruch, der ihm den Zugang zum „Orden" der Kaufleute verschafft hätte, gelingt ihm nicht; er ist auch überaus schwierig für einen Mann, der sich bei der Ausübung seines Tuchmachergewerbes die Hände schmutzig macht. Statt dessen wird er zu einem Fachmann in der Leitung sportlicher, kriegerischer, volkstümlicher und zunftgenossenschaftlicher Verbände mit folkloristischem Einschlag. Was er dabei an bewundernder Freundschaft bei seinen Handwerksgenossen gewinnt, verliert er an Gehör und Hochachtung bei der Bourgeoisie. Schon in den Jahren vor der Revolte stößt Paumier mit Guérin zusammen, einem ungeheuer ehrgeizigen Menschen, der ebenfalls begierig nach sozialem Aufstieg und zu allem bereit ist, um hochzukommen. In diesem ungleichen Duell wird der zu vertrauensselige Tuchmacher den Tod finden. Aber nicht, ohne vorher bewiesen zu haben, daß die mittleren und sogar wohlhabenden Schichten der romanaisischen Handwerkerschaft durchaus imstande waren, ihren Anspruch auf die Herrschaft oder wenigstens einen Teil der Herrschaft in der Stadt anzumelden. Kleine Unternehmer gegen große Patrizier. Bis zum Schluß versteht es Paumier, den wirksamen „Transmissionsriemen" zu benutzen, den für ihn und die Seinen die St.-Blasius-Bruderschaft darstellt: Sie vereint nämlich die Riten der Tuchmacher und die Wollkämmerlegende mit bäuerlichen Volksbräuchen zur Fruchtbarkeits- und Erntebeschwörung.

Nicht für alle bedeutet der Tod Paumiers einen Verlust. In der Weiterverfolgung seiner kalten Rache geht Guérin so weit, sich etwas vom Vermögen des Verblichenen *schenken* zu lassen. 1580 kauft er nämlich für 100 Écus Land, das die Stadt von seinem Feind konfisziert hat; die hundert Écus übergibt er seinem neuen Freund und Mitverschworenen Jean Guigou, dem Verwalter der Geldstrafen der nach dem Karneval Verurteilten.

Aber auf (einen von Guérin soufflierten?) Beschluß des erweiterten Rats gibt ihm die Stadt „in Anbetracht der Dienste, die er der Stadt geleistet hat“[11], die Hälfte der Summe wieder zurück. Mit anderen Worten: Die Hälfte des „gekauften“ Guts vergrößert das Vermögen Guérins, ohne daß es ihn etwas kostet. So trägt Paumier in zweierlei Form zur Fortüne der Familie seines Gegners bei: vor allem durch seinen Fall und nebenbei auch noch durch seinen Grundbesitz. Diese Fortüne sollte im Laufe der beiden kommenden Jahrhunderte geradezu verblüffend werden; verständlich daher, daß das mächtige Geschlecht der Guérins, als es „de Tencin“ geworden ist (ein Geschlecht, aus dem dann d'Alembert, ein berühmter Kardinal und eine zartfühlende Stiftsdame scharfen Geistes hervorgehen), es für gut befindet, Ende des 16. Jahrhunderts in sein Wappenschild einen Apfelbaum (pommier = Paumier) voller Äpfel aufzunehmen. Zwar ist das Wortspiel geschmacklos; der Ursprung des Familienwohlstandes jedoch ist unbestreitbar. Guérin selbst hat bei seiner für tapferes Verhalten und geleistete Dienste im Jahre 1585 erfolgten Erhebung in den Adel folgendes Wappen gezeichnet: „Auf Goldgrund, ein *ausgerissener Apfelbaum* mit grünem Grund und rotem Wipfel, zwei silberne Füße“.[12] Dadurch, daß er den Tod Paumiers herbeigeführt hatte, hat der als gemeinnützig anerkannte Guérin den goldenen Zweig pflücken können. Der phantastische künftige Aufstieg seiner Familie gründete sich auf die politische und biologische Leiche Paumiers ... Wer in Romans die Macht einmal errungen hat, und sei es auf unredliche Weise, der behält sie und wird von ihr erhalten.

Ein anderer Verurteilter, dann Gefolterter und schließlich Gehenkter: Guillaume Robert-Brunat, Tuchmacher und rechte Hand Paumiers. Mit 1,4 Écus Steuerquote reiht sich Brunat etwas höher ein als der durchschnittliche romanaisische Handwerker (1,2 Écus) und knapp niedriger als der allgemeine Durchschnitt der lokalen Steuerpflichtigen (1,5 Écus); seine wirtschaftliche Lage ist also nicht besonders glänzend. Aber die Wirtschaft ist nicht alles: Durch seine *gesellschaftliche* Stellung ist der „Kanzler des Bundes“ ein Mann, der zählt, auf den seine Kollegen hören. Das Netz der Beziehungen, das er zu anderen Führern des Bundes in Stadt und Land unterhält, ist weitgespannt: Die Aussagen, die unter der Folter aus ihm herausgepreßt werden (wenngleich zweifelhaft durch die Bedingungen, unter denen sie gemacht werden), führen im März/April 1580 zu zahlreichen Verhaftungen im Raum Romans. Außerdem hatte Brunat seit langem bei den Finanz- und Steuerangelegenheiten der Stadt ein Wörtchen mitzureden. Bei der örtlichen Bourgeoisie und sogar bei Guérin erfreute sich der Tuchmacher im Jahre 1579 einer gewissen Wertschätzung, hatte Einfluß und Kredit. Im Mai jenes Jahres war er allem Anschein nach der Vertrauensmann der bürgerlichen Konsuln.[13] Zu dieser Zeit hatte der

Richter geglaubt, er könne Brunat als „Volkstribun“ benutzen, um im Interesse der Oberschicht die unteren Klassen zu beeinflussen. Diese Hoffnung war trügerisch.

Außer zum Tod durch den Strang wird Brunat zu 400 Écus Geldstrafe verurteilt, eine stattliche Summe. Als Handwerker mußte er über ein gewisses bewegliches Vermögen verfügen oder wenigstens recht erhebliche Umsätze machen. Land, Weinberge und Familienbande mit guten Familien hatte er nicht. Er war nur Mieter, nicht Eigentümer seines Hauses.[14]

Für sein Tuchmachergewerbe kaufte Brunat Wolle in ziemlich großen Mengen, dreihundert Kilo auf einmal; diese verarbeitete er zu Tuch, wahrscheinlich mit Hilfe von Frau und Kindern und ein oder zwei Angestellten oder Lehrlingen. Dann übergab er das Tuch (das bis zum Verkauf durch ihn selbst sein Eigentum blieb) zur Einfärbung der gewünschten Farbe einem Färber, der es einige Zeit behielt, um es ihm dann wieder zurückzugeben. Es war wohl kein sehr einträglicher Betrieb: Bei seinem Tode hinterließ Brunat Schulden: 170 Écus an Wollhändler und Färber.

Der Metzger Geoffroy Fleur, als „Bundesvorsitzender“ bezeichnet, ist der Dritte im Bunde der Rebellenführer in Romans. Seit 1561 verheiratet, muß er 1579/1580 mindestens vierzig Jahre alt sein. An den Steuerquoten gemessen nimmt er auf der Vermögensskala der Angeklagten und Verurteilten einen guten Platz ein; im Jahre 1578 zahlt er 2,4 Écus Steuern, was etwas mehr ist als die Quote seines Vorgesetzten Paumier und das Doppelte des Handwerkerdurchschnitts. Ein kurzer Blick auf sein unbewegliches Vermögen, das nach seiner Hinrichtung zwangsversteigert und eingezogen wird, bestätigt diesen Eindruck von Wohlhabenheit. Der verstorbene Metzger hatte in Peyrins und in Pisançon, vor den Toren Romans', mindestens sechs Sétérées Land im Werte von 150 Écus besessen; außerdem im Weinbaugebiet ein Stück Rebfläche zu achtzehn Écus, vier Sétérées Land im Werte von 62 Écus, zwei weitere Weingärten zu 82 bzw. 20 Écus. In Romans besitzt er nicht weit vom Hutmacherviertel ein Haus (152 Écus); in einem anderen Stadtviertel eine Stallung nebst Hof, die für 51 Écus verkauft werden. Der bekannte Teil seines Grundbesitzes hat also einen Wert von 534 Écus, den Gegenwert von 7,5 Hektar Rebfläche. Das war ein sehr gutes Vermögenspolster in einer Umwelt, in der viele Menschen in der Bevölkerungsmasse sich mit einem Besitzstand begnügen mußten, der weit unterhalb des Wertes von einem einzigen Hektar (Rebfläche) lag. Dazu kommt noch das zwar bescheidene, aber nicht belanglose bewegliche Vermögen Geoffroy Fleurs. Die Metzger bildeten in Romans nach den Tuchmachern den aktiven Kern der Volksbewegung: Niemand hat sie je für Notleidende gehalten. Geoffroy Fleur macht auch Geschäfte (nicht immer glückliche) mit den Großhändlern seiner Stadt: Jean Magnat, einem Händler und späteren Konsul der Stadt, schuldet er dreißig Écus, die zwischen 1567 und 1580 nicht bezahlt worden sind.[15]

Im Vergleich zu den drei Mitgliedern des Triumvirats, Serve-Paumier, Fleur und Brunat, stehen zwei andere 1580 Hingerichtete auf einer etwas geringeren wirtschaftlichen Stufe: Der Töpfer und Bäcker Mathelin des Mures und der Hufschmied Antoine Nicodel haben 1570 bzw. 1571 geheiratet. Man kann also annehmen, daß sie bei ihrem Tode annähernd 35 Jahre alt sind. Ihre bescheidenen, aber nicht inexistenten „Vermögen" entsprechen einer Steuerquote von 0,8 Écus (Mathelin des Mures) bzw. 1,4 Écus (Nicodel). Das ist etwas weniger bzw. etwas mehr als die durchschnittliche Handwerkerquote (1,2 Écus). Auf jeden Fall ist es mehr als die Quote der Mittellosen von 0,2 Écu pro Kopf. Das Eigenvermögen (Mitgift etc.) der beiden Witwen beläuft sich auf ungefähr 50 bis 60 Écus, also nicht einmal den Wert von einem Hektar Rebfläche. Einer der beiden Männer (Nicodel) besitzt außer Hammer und Amboß ein winziges Stück Land. Mathelin des Mures war noch im Juli 1579 persona grata beim Konsulat, das ihn zu Pferde zu den Bauern der Umgebung schickte.[16] Nebenher führte er auch als Unterpächter die Geschäfte für den Pächter der Herrenrechte des Erzbischofs von Vienne in Romans. Das brachte nicht viel ein: Die Einkünfte daraus werden nach seinem Tode auf vier Écus geschätzt. Der allgemeine Eindruck ist also der von Dürftigkeit. Dasselbe gilt für andere Verurteilte aus dem Handwerkerstand, deren Steuerquote wir nicht kennen, nur ihren Grundbesitz, der unter den Hammer kommt. Ein gewisser Simon Tisserand, *„peyrolier"* (= Hersteller von Kupfergeräten wie Kochtöpfen, Käsekochkesseln usw.), wird wegen Beteiligung an der romanaisischen Revolte von 1580 gehenkt. Er mochte etwa vierzig Jahre alt sein (er hatte 1565 geheiratet). Er besaß auf dem großen Platz des Jacquemart-Viertels neben dem Sainte-Foy-Spital einen Laden, der 16 Écus einbringt (den Wert von 0,22 Hektar Rebfläche). Seine Witwe bekommt 47 Écus aus Mitgiftvermögen zurück (den Wert von 0,65 Hektar Rebfläche). Claude Terrot, ein Metzger mit dem Beinamen *Unterhaxe,* der in effigie gehenkt wird, war wahrscheinlich etwas besser dran[17]: Er wird zu einer Geldstrafe von 129 Écus verurteilt. Er besaß im Hutmacherviertel und in Peyrins Land im Werte von 168 Écus (Gegenwert von 1,3 Hektar Rebfläche).

Das ist das Material, das sich über die verurteilten Handwerker herausfiltern läßt, zu denen fünf Tuchmacher, drei Metzger, ein Bäcker, ein Töpfer und Bäcker, ein Schuhmacher, ein Zimmermann und ein Hufschmied gehören, kurz, eine ziemlich gute Mustersammlung der verschiedenen handwerklichen und fachlich ausgebildeten Berufe.

Ob wohlhabend oder minderbemittelt, ordnen sich alle verurteilten

Handwerker oberhalb der Armutsschwelle ein, sagen wir über 0,7 Écus Steuerquote. Andererseits aber auch deutlich unterhalb der handwerklichen „Oberschicht". Diese umfaßt nach dem Kopfsteuerbuch von 1578 fünfzehn Steuerpflichtige, von denen jeder über 3,8 Écus Steuern bezahlt (während die Spanne der Steuerquoten bei den verurteilten Handwerkern von 0,6 bis 3,8 Écus reicht). Von diesen fünfzehn ziemlich betuchten Personen hat sich keine an der Revolte oder der Volksbewegung beteiligt. Obwohl sie der Form nach zum „dritten Orden" (Handwerker) gehören, haben sie gegenüber den Forderungen ihrer eigenen Gruppe eine vorsichtig abwartende Haltung an den Tag gelegt. In Wahrheit fühlen sie sich dem „zweiten Orden" (Kaufmannsstand) näher. Ein bezeichnender Umstand: Manche reiche oder mittlere Handwerker werden in unseren Annalen einmal „Kaufmann" und ein anderes Mal „Tuchmacher" genannt (wenn sie in dieser Branche tätig sind). Diese Zweideutigkeit zeigt an, daß der Übergang von einem Stand in den anderen zwar schwierig, aber möglich ist. Der strategische Rückhalt der paumieristischen Partei liegt im zentralen Kern, in der Mitte der Handwerksgruppe. Nicht aber in den oberen Rängen, deren Sinn auf ihren (schwierigen) Aufstieg in den Kaufmannsstand gerichtet ist.

Kommen wir jetzt zu den wegen Beteiligung an der Revolte Verurteilten, die aus dem in der Stadt lebenden landwirtschaftlichen Kreis von Romans stammen – dem Kreis der Pflüger, Halbpächter, Kärrner, Land- und Weinbauarbeiter. Was man über ihre Verhältnisse feststellen kann, unterscheidet sich nicht sehr von den Feststellungen, die sich aus der Untersuchung der Handwerkerkreise ergeben haben. Auch die verurteilten Landwirte entstammen nicht dem wohlhabenden oder reichen Sektor ihrer Gruppe, der in einem gewissen Großgrundpächter, einem Mann der Ordnungspartei, Gestalt annimmt; keiner von ihnen überschreitet die Steuerquote von 1,6 Écus. Sie kommen aber auch nicht aus dem Elendssektor: Keine ihrer Steuerquoten liegt unter 0,8 Écus. Die sieben Verurteilten der vierten Ordnung heißen Jean Chapreyssot, Jean Morat, genannt Ragousse, Etienne Romestan, genannt Gosson, Louis Fayol, Jean Lisle, Guillaume Lisle und Jean Troyassier. Die Spanne zwischen ihnen ist sehr klein (Steuerquoten von 0,8 bis 1,6 Écus im Jahre 1578) und entspricht ziemlich genau dem Durchschnitt ihrer umfangreichen Gruppe von 478 Landwirten oder diesen Gleichgestellten in Romans. Der durchschnittliche Landwirt unserer Stadt zahlt nämlich 1 Écu Steuern (gegen 1,5 Écus für den Durchschnitt der Einwohner von Romans), der durchschnittliche verurteilte Landwirt 1,1 Écus, also die gleiche Quote oder kaum darüber wie die seiner soziologischen Gruppe.

Die ein wenig wohlhabenden bis reichen Landwirte zahlen von 1,6 Écus bis zu 12 Écus Steuerquote. Es sind 45, also 9,4 %, der 478 Landwirte der Stadt; sie machen sich in der Revolte die Hände weder schmutzig noch blutig und neigen eher, wie auch die wohlhabenden Handwerker, zu den beiden herrschenden Gruppen; diesen gegenüber legen sie eine Haltung des Abwartens, wenn nicht gar des Einverständnisses an den Tag. Nicht ein einziger „Angeklagter oder Verurteilter" ist unter diesen „Wohlhabenden" zu finden.[18]

Am entgegengesetzten Ende der „landwirtschaftlichen Vermögensskala" finden wir 143 arme Landwirte mit einer Steuerquote unter 0,8 (das heißt zwischen 0 und 0,6 Écus); die Gruppe der mittleren Landwirte, aus der die Verurteilten stammen, zählt dagegen 290 Menschen; und in der Gruppe der Wohlhabenden bis Reichen, in der es keine Verurteilten gibt, sind es 45. Die „Armen" haben wohl mit den verschiedenen „Königreichen" des volkstümlichen Karnevals sympathisiert; aber sie haben der Bewegung nicht eine einzige Führungskraft gestellt. Wenn es eine Beteiligung von ihrer Seite gegeben hat, haben sie Mitläufer, aber keine Aktivisten geliefert.

Als Ganzes ist die Gruppe der Landwirte durch ihre angestammten Genossenschaften, hauptsächlich die Heilig-Geist-Genossenschaft, in die Revolte hineingezogen worden; es hat mit den Bewegungen von 1578/1579 angefangen. An ihnen war die mittlere Schicht kleiner stadtbäuerlicher Parzellenbesitzer sicherlich beteiligt. Doch hat die ländliche Gruppe eher eine ausführende als eine leitende Rolle gespielt, auch wenn am Ende einige ihrer Mitglieder der Repression zum Opfer gefallen sind. Die großen Anführer im Kampf der unteren Klassen von Romans lenken nicht den Pflug, schwingen nicht die Sense. Sie bearbeiten das Tuch oder schneiden Fleisch auf dem Hackblock. Es sind keine Bauern, sondern Tuchmacher oder Metzger wie Paumier, Brunat oder Fleur.

Diese Darstellung der Repression[19], deren trockenen Charakter der Leser mir verzeihen wird, ermöglicht mir im Rahmen meiner punktuellen Untersuchung die etwas konkretere Erfassung einiger Fragen, die sich bei der geschichtlichen Erforschung von Volksrevolten schon seit langem gestellt haben.

Für Boris Porchnev sind die städtischen Revolten der Ausdruck der Unzufriedenheit, der Forderungen und Wünsche einer *Plebejer*gruppe: von Handwerkern und eventuell auch Bauern oder Landwirten, die innerhalb der Stadtmauern leben. Für Roland Mousnier dagegen und im großen ganzen auch für seine Schüler werden die Revolten von Angehörigen der höheren Stände, von Adligen und Amtsträgern manipuliert ... Von diesen wird die Volkswut heimlich geschürt.[20] Durch die Unruhe, die sie in den unteren Klassen stiften, wollen sie der Politik des königlichen Staates, des Trägers der nationalen Zukunft, entgegenwirken.

Für Romans im Jahr 1580 hat Porchnev recht. Oder Rosa Luxemburg, die Theoretikerin der Massenspontaneität. In den Reihen der Führer und Angeklagten der romanaisischen Bewegung gibt es nur einen, der einem höheren Stand angehört. Und der, Michel Barbier-Champlong, ist ein Auswärtiger, der in unserer Stadt kaum Besitz hat und in ihr auch keine Rolle spielt. Die eigentliche Aktivität Barbiers hat sich hauptsächlich außerhalb von Romans, im ländlichen Milieu, abgespielt. Nach der vorstehenden statistischen Erfassung aller anderen Angeklagten ist somit sicher, daß Herz und Hirn der Revolte im Handwerkermilieu und daneben auch im Kreis der Landwirte gesucht werden müssen. Die Tatsache, daß Paumier und seine Freunde Beziehungen zu Lesdiguières und dem protestantischen Adel in den Hochalpen unterhalten haben, bedeutet keineswegs, daß sie von diesem Adel manipuliert worden sind. Sie haben, zumindest in ihrer Stadt, ihr eigenes Spiel gespielt.

Stimmt man in diesem Punkt mit Porchnev überein, dann heißt das, nach der Rolle zu fragen, die im 16. Jahrhundert in einer Stadt wie Romans von der Handwerker- und Bauernbevölkerung gespielt wird.

Eine ungeheure Rolle ... Im Jahre 1578 werden von 1932 Écus Steuern, die von der Stadt gezahlt werden, 764 Écus, also 39,5 %, von der Handwerkerschaft, dem sogenannten „dritten Orden“, aufgebracht. Und 497 Écus, das heißt 25,7 %, von der Bauernschaft („vierter Orden“). Insgesamt zahlen die beiden mehr oder weniger fachliche Handarbeit leistenden Gruppen 65 % oder zwei Drittel der städtischen Steuern. Dafür machen sie allerdings auch 85 % der Steuerpflichtigen aus.[21]

Wie ungerecht auch die Verteilung der Steuerlast gewesen sein mag, sie ergibt sich aus dem aufgearbeiteten Kataster und der Untersuchung der beweglichen Habe eines jeden. Sie entspricht also im großen ganzen der wirtschaftlichen Realität. In dieser Stadt, die weder Verwaltungs- noch Justiz-, noch Garnisonsstadt ist, sind die Produktivtätigkeiten von größter Wichtigkeit (wie heute in einem Industriezentrum). Diese finden ihre Verkörperung – und das ist der Unterschied zu den großbetrieblichen Industriestädten des 20. Jahrhunderts – in gewerblichen Betrieben, dem kleinen Stück Land oder dem Weinberg. Sie geben der Handwerkerschaft und der Kleinlandwirtschaft auf der Grundlage der Familienproduktion ein ökonomisches Gewicht ersten Ranges. In normalen Zeiten sind diese lokalen Wirtschaftsriesen, Handwerkerschaft und Landwirtschaft, so gut wie politische Zwerge. Aber in Zeiten der Revolte ist das anders: In Paris wird die Liga die vielschichtige, unruhige Menge der unteren Justizangestellten, die in der Hauptstadt so zahlreich sind, in den Vordergrund rükken. In Romans sind es Tuchmacher, Metzger und Winzer, die plötzlich in den Vordergrund der Bühne befördert werden, in deren unzähligen Kulissen sie als Maschinisten schon immer vorhanden waren. Dieser Masseneinbruch zwingt die gerissensten, gefährlichsten Häupter der herrschenden Klasse wie Guérin dazu, sie zu überlisten, bevor sie mit ihrer Niederwerfung ein Exempel statuieren.

Die Plebejer stehen nur zeitweilig im Vordergrund; Werkstatt und Landparzelle gehen bis zu politischer Gewalttätigkeit; bei der Rollenverteilung und vor allem der Verteilung der Hauptrollen ist dabei nichts zufällig: Die Handwerkerschaft hält die Schalthebel der Bewegung fest in der Hand. Die Bedeutung der städtischen Bauernschaft ist zwar unleugbar, aber sie spielt nur die zweite Geige. Der durchschnittliche romanaisische Landwirt ist auch ärmer als der Handwerker und steht ganz unten auf der sozialen Leiter.

In beiden rebellierenden Einheiten, der handwerklichen und der kleinbäuerlichen, setzen sich die Reichen und auch die Wohlhabenderen von der bündischen Bewegung ab. Die proguérinistische Haltung der Handwerker des Jacquemart-Viertels ist in dieser Hinsicht typisch. Diese „Reichen" oder „Wohlhabenden" verhalten sich den beiden dominierenden Gruppen der Stadt gegenüber entweder abwartend oder offen unterstützend. Sie sind „Verräter" an ihren eigenen Gruppen.

Der führende Kern der Revolte stößt also die wohlhabendsten Handwerker und Landwirte ab. Nach der anderen Seite hin schließt er auch die Ärmsten und Elendesten aus, die weniger als 0,8 Écus Steuer pro Kopf bezahlen. Der Notar Piémond (P 88) beschuldigt die reichen Romanaiser, sich „auf Kosten der armen Leute bereichert" zu haben. Er sagt aber keineswegs, daß die „armen Leute" die Revolte gemacht haben, die seiner Meinung nach von Paumier und dessen Freunden angeführt worden ist. In Wirklichkeit haben wahrhaft Arme, Notleidende, gesellschaftliche Außenseiter und Bettler wohl an den Kundgebungen des St.-Blasius-Tags, des Kapaunen-, des Hasen-Reiches und anderer Veranstaltungen teilgenommen. Denn Romans hat sowohl eigene Arme hervorgebracht wie auch armen Zuzug von draußen erhalten.[22] Aber zu keinem Zeitpunkt haben sie die Bewegung geleitet oder vorangetrieben; diese ist immer unter der Kontrolle der den Zunftgenossenschaften angehörenden Anführer geblieben; oder in weiterem Sinne unter der Kontrolle der „mittleren Unterklasse" der Handwerker (mit Unterstützung der Landleute); sie entspricht jenen Steuerpflichtigen, die 1578 pro Kopf einen Écu und häufiger zwei Écus und darüber zahlen.

Auch Frauen aus den Volkskreisen erscheinen zu keiner Zeit, weder in den Berichten von den romanaisischen Vorkommnissen noch in den Repressionsakten. Nicht eine einzige ist gehenkt, gefoltert oder verurteilt worden. Glauben wir deshalb aber nicht an eine liebenswürdige Rücksichtnahme des Richters Guérin auf das schwache Geschlecht. In Wirklichkeit haben Frauen in den Kämpfen wohl auch eine Rolle gespielt, aber eine sehr unscheinbare. Im Karneval von Romans finde ich kein Gegenstück zu den *tricoteuses** und *pétroleuses*** der Jahre 1793 bzw. 1871; auch nicht zu den *capitainesses* (weiblichen Gruppenführern) des Valencianer Aufstandes von 1645 und den *branlaires* (von [mettre en] *branle*, in Bewegung setzen, also etwa Anstifterin, Aufwieglerin, Anfeuerin, Anm. d. Übers.) von Montpellier vor der Fronde. Auch die Jugend tritt verhältnismäßig wenig in Erscheinung: Die Köpfe der Volksbewegung, soweit sie bekannt sind, sind keine Jugendlichen, sondern bereits gestandene Männer zwischen dreißig und fünfzig Jahren. Im gegnerischen Lager, in den ihrer Tendenz nach bürgerlichen Adler-, Hahn- und Rebhuhn-Reichen, stehen Frauen und Jugendliche eher etwas mehr im Schein des Rampenlichts: die Damen, Jungfräulein, Novizen und die jugendlichen Krieger der Abtei Bongouvert.

Soviel zu den städtischen Führern der Revolte. Die ländlichen Führer im romanaisischen Raum, in den mehr oder weniger weit entfernten Dörfern außerhalb der Stadtmauern, sind ein ziemlich getreues Spiegelbild der herrschenden Schichten der Dorfgemeinschaft: Auf vierzehn von ihnen kommen dreizehn, deren Berufe uns aus ihrer Verurteilung bekannt sind. Darunter ein einziger kleiner Landadliger, der Hauptmann Cussinel (kein Armer, denn die Gemeinde Sainte-Antoine schuldet ihm 600 Pfund); zwei Burgvögte (erinnern wir daran, daß dieser Titel einer Funktion oder eher noch einem Amt entspricht: sein Träger ist ein angesehener Dorfbürger, aber kein Adliger); zwei Schreiber, die, zwar besser gestellt, annähernd unseren heutigen Rathaussekretären entsprechen; ein Rechtsanwalt; ein Notar; neben diesen ganz selbstverständlich mit Macht oder Gesetz Vertrauten haben wir noch zwei Gastwirte, einen Müller, einen Bürger (ohne genauere Angabe) und zwei Pflüger. Handlanger oder Lohnarbeiter

---

* *Tricoteuses* (Trikoteusen) nannte man die Frauen aus dem Volke, die während der Revolution mit ihrem Strickzeug (= *tricot*) den Sitzungen des Konvents, der Volksversammlungen, des Revolutionstribunals und den Hinrichtungen durch die Guillotine beiwohnten *(Anm. d. Übers.)*.

** *Les pétroleuses de la Commune* (die Petroleusen der Pariser Kommune von 1871) waren Frauen aus dem Volke, die im damaligen revolutionären Kampf in Wahrheit oder der Legende nach Feuer legten und Explosionen verursachten *(Anm. d. Übers.)*.

haben sicherlich auch an den Tumulten und den bewaffneten Aufständen teilgenommen. Aber sie stellten nicht die Kader, denen sie vielleicht sogar manchmal mit blutigen Gewalttaten zuvorkamen. Wir haben für unsere Region keine so präzisen Angaben zu diesen Problemen, wie wir sie über den Flecken Callas im Département Var besitzen: Dort gab es zum Zeitpunkt der Revolte gegen den sehr bösartigen Grundherrn im Gemeinderat eine Clique, die für den Grundherrn, eine, die für den Sohn des Grundherrn und eine dritte (die revoltierende), die gegen das ganze Geschlecht des Grundherrn war.[23] Für die Dauphiné wissen wir immerhin genug, um sagen zu können, daß die Beschlüsse der ländlichen Revolte in den offiziellen Konsulaten und Ratsversammlungen der Gemeinden gefaßt wurden; außerdem in den Organisationen und Versammlungen, in denen sich die zum Zweck von Brauchtumsfesten zusammengeschlossene bäuerliche Jugend traf. Sie alle konnten zeitweise von unkontrollierbaren Elementen aus den unteren Schichten, Lohnarbeitern und dörflichen Randgruppen vor vollendete Tatsachen gestellt werden. Bemerkenswert ist das völlige Fehlen des niedrigen Klerus in der Führung dieser Bauernkämpfe.[24] Welch ein Unterschied zu den *Pitauts** des Südwestens im Jahre 1548; und zu den normannischen „Barfüßern“ *(Nu-pieds)* des Jahres 1639; diese rükken mit ihren Pfarrern an der Spitze zum Sturm auf die königlichen Truppen und die Vollzugsbeamten des Salzamtes aus. Hatte das Ansehen der dauphinischen niederen Geistlichkeit sogar in den katholisch gebliebenen Gebieten unter dem Hugenottenangriff gelitten? Oder waren die Pfarrer durch die Schrecken des Bürgerkriegs zu Feinden jeder Unordnung geworden? Gebranntes Kind scheut das Feuer.

Kurzum, der Vergleich zwischen den beiden dauphinischen Führungsgruppen ist aufschlußreich: Die städtische Führung ist bezeichnend für eine *auseinandergebrochene* Stadtgemeinschaft; Arbeiter der Faust rebellieren gegen besitzende Bürger. Dagegen findet sich in der ländlichen Führung die im großen ganzen geeinigte dörfliche Gemeinschaft gegen die Adligen *zusammen.*[25] Bemerken wir noch, daß es in der Oberschicht der dörflichen Gemeinschaft zu gewissen Überlagerungen kommen kann. Burgvögte und Schreiber können zu Zielscheiben und Opfern der Revolte werden, weil sie (wie zum Beispiel in der Baronie Clérieu) als Komplizen des Grundherrn oder auch als Helfershelfer der romanaisischen Mafia gelten. Aber andere Schreiber, andere Burgvögte, die weiter von Romans entfernt leben, und sogar kleine Adlige wie zum Beispiel in

* Wie *Croquants* eine geringschätzige Bezeichnung (etwa Rüpel oder Lahmärsche) für Bauer oder den Bauernstand, die aber dann – ähnlich wie der Name „die Geusen“ – von den Betroffenen im Bewußtsein ihres Wertes als Ehrenname angenommen und auf die Fahne der Revolte geschrieben wurde *(Anm. d. Übers.)*.

Moras, in Beaurepaire oder Saint-Vallier, sind Führer der Revolte; aus persönlichen oder lokalpolitischen Gründen stimmen sie mit der einheimischen Bauernschaft überein und empfinden Freundschaft für sie. Der ungewöhnlichste Fall ist der des Adligen André de Bouvier; ein Hugenotte, halb Söldner, halb Räuberhauptmann. Als sich die Bauern ganz zu Anfang der Kämpfe auf dem Land erhoben, war er ihr Erzfeind; doch als alle Hoffnung für sie verloren ist und ihnen nichts mehr übrigbleibt, als mit Lesdiguières im protestantischen Untergrund unterzutauchen, da wird er doch in Fort Beauvoir wahrhaftig ihr Anführer (1580).[26] Einige Zeit später geht er aber wieder den umgekehrten Weg, um nun seine neuen Freunde zu verraten.

Aber das sind nur Bagatellen. Was die Hauptsache betrifft, so sind uns die aktiven und führenden Gruppen der Volkserhebung auf dem Lande und beim Karneval von Romans durch die Repression, die sie dezimierte, kenntlich geworden: Auf dem Dorf kamen sie mit Sicherheit aus den einflußreichen oder mittleren Schichten; in der Stadt aus den entsprechenden Schichten der Handwerkerschaft. Dieses Überwiegen der Handwerker in der Führungsspitze der Rebellion ist nicht verwunderlich: Die Empörer des Raumes Romans haben manchmal einen Amtsträger gebeten, sich an ihre Spitze zu stellen. Sie sind dabei immer auf Ablehnung gestoßen.[27] So haben sie sich Führer aus den Reihen des Volkes gewählt, die meistens aus dem Laden oder der Werkstatt kamen. Die vielen in der Stadt lebenden Landwirte (über ein Drittel der Bevölkerung) sind nicht dem Beispiel ihrer Kollegen auf dem Dorf gefolgt, die sich der Führung von Notaren und Schreibern unterstellten; sie haben sich um das Banner der Handwerkerführer geschart, während gleichzeitig die „Festausschüsse" der städtischen Plebs bei ihren ländlichen Volksbräuchen Anleihen machten.

Elftes Kapitel
Modelle, Bruderschaften, Königreiche

Es genügt nicht, anhand der Akten des Grenobler Parlaments eine Grundlagensoziologie der Revolte herauszuarbeiten. In einem umfassenderen Sinn liegt der Karneval von 1580 im Schnittpunkt einer städtischen Bewegung und größerer revolutionärer Ereignisse; letztere vollziehen sich auf dem Lande. Ich will nun diese beiden Aspekte in ihrer ganzen Komplexität analysieren, nach Möglichkeit im Lichte vergleichender Geschichte.

In unserem okzitanischen und französisch-provenzalischen Süden kann man die innerstädtischen Kämpfe zwei Modellen zuordnen, die man der Kürze halber das Karl-Marx-Modell und das Ibn Chaldun-Modell[1] nennen könnte. Beim letzteren Modell handelt es sich nach der von diesem mediterranen Soziologen erarbeiteten Analyse des 14. und 15. Jahrhunderts um Konflikte zwischen Gruppen. In ihnen stehen Familienklans, die beide der reichen, herrschenden Schicht angehören, einander rivalisierend gegenüber (beispielsweise der Konflikt der beiden Adelsgeschlechter in Arles, im Jahre 1644[2]). Jede der beiden Sippen, von denen die eine mehr an der Macht, die andere eher in der Opposition ist, bemüht sich, für ihre Sache Parteigänger aus dem Volk zu gewinnen. Im ersten Modell (das wir der Einfachheit halber „Karl-Marx-Modell" getauft haben) handelt es sich um echten Klassenkampf zwischen Handwerkern, Bauern oder dem gemeinen Volk auf der einen und Patriziern oder Adligen auf der anderen Seite: wie wiederum in Arles, im Jahre 1637. Selbstverständlich gibt es zwischen diesen beiden Modellen oder Polen eine ganze Reihe Zwischenformen; diese sind vielleicht im ganzen sogar die Mehrzahl. Was sie betrifft, so schlägt der einfache Kampf zwischen zwei mächtigen, miteinander rivalisierenden Familiengeschlechtern um in einen Kampf, in dem fast die gesamte herrschende Oligarchie Elementen aus der Volksmasse gegenübersteht. Diese schließen sich in dieser Situation einem der kämpfenden Geschlechter an. Es wird vorübergehend für sie zum Symbol des Zusammenschlusses (die Aixer Revolten, 1649–1651).[3]

Die romanaisische Revolte von 1579/1580 ist ein fast reines Klassenkampfmodell; man könnte unter den verschiedenen städtischen Aufständen zwischen 1570 und 1720 in der provenzalischen, französisch-provenzalischen, aquitanischen Zone usw. noch andere, manchmal weniger klare

Beispiele dafür finden. Das in seinen Bruderschaften organisierte mittlere Handwerk zieht in den Kampf gegen die Oberschicht, die großen Kaufleute und Handelsherren, die hohen Justizvertreter und die in der Stadt lebenden Großgrundbesitzer. Im Fall von Romans und einigen anderen Städten (Arles, Aix usw.) schließen sich auch die innerhalb der Mauern lebenden Ackerbürger, die jeden Tag durch die Stadttore auf die Felder ziehen, der Bewegung der Volksmenge an, in der sie zahlreich vertreten sind. Wie steht es nun mit den Randelementen (Fahrende, Bettler...) oder dem *Lumpenproletariat?* Das gibt es in Romans und macht einige Prozent der Bevölkerung aus. Aber im Unterschied zu anderen Städten und anderen Aufständen, tritt es bei der Volkserhebung kaum in Erscheinung. Auch die Frauen aus dem Volk fehlen. Dagegen werden sie sich in den folgenden Jahrhunderten sehr zahlreich an Hungerrevolten beteiligen. Den Damen der romanaisischen Bourgeoisie begegnet man jedoch in großer Zahl bei den Kundgebungen des Oberschichtenkarnevals, wo sie bewundern oder Gegenstand der Bewunderung und des Begehrens sind.

René Pillorget hat in seinen provenzalischen Statistiken über die Neuzeit dargelegt, daß der städtische Aufstand, in dem zwei Segmente der Gemeinschaft, ein unteres und ein oberes, einander gegenüberstehen, eine der häufigsten Formen in der Typologie der Kollektivaktionen ist.[4] Ab 1579 gesellt sich Romans dazu. Auch die von den Aufsässigen der dauphinischen Stadt erhobenen Forderungen sind Ausdruck lang angesammelter Frustrationsgefühle der Plebejer: Die romanaisischen Handwerker von 1579 haben, ganz wie die revoltierenden kleinen Gewerbetreibenden in Florenz im Jahre 1378, die *Ciompi*, einen wachen Sinn für den Druck, der durch direkte und indirekte Steuern, besonders die Gemeindesteuern, und auch durch Verschuldung auf ihnen lastet. Von der Lohnhöhe der Arbeitnehmer dagegen ist nicht die Rede; die Arbeiten von Pillorget, Castan und Bercé machen deutlich, daß die Abwesenheit von Lohnforderungen im ganzen französischen Süden von 1570 bis 1789 allgemein ist. Die Streikenden des Lyoner Druckgewerbes im 16. Jahrhundert sind ein Einzelfall, typisch für einen neuen Berufsstand. Sie werden lange keine Nachfolger finden. Fügen wir hinzu, daß in Romans das spezifische, kulturelle Gewicht der *Gesellen* oder Arbeitnehmer ziemlich gering ist im Vergleich zu dem kleinster „selbständiger" Unternehmer. Die Forderungen oder Streiks der Arbeitnehmer hatten also keinen Stellenwert in den eigentlichen Forderungen des Handwerks. (Hingegen beteiligen sich die Handwerker einschließlich der Handwerksmeister in großer Zahl am Streik gegen die indirekten Steuern.)

Die Forderungen der Aufsässigen an die lokalen Machthaber führen zu gewissen Ergebnissen: Die Stadtviertelhauptleute werden abgelöst und durch neue ersetzt nach Maßstäben, die den Wünschen des „Volkes“ entsprechen. Die Tuchmacher Jean Serve-Paumier und Guillaume Robert-Brunat, der Metzger Fleur, der Schuhmacher Jean Jacques, François Robin und andere führende Köpfe des Volksbundes nehmen regelmäßig an den Sitzungen des kleinen oder erweiterten Stadtrats teil; während der Ereignisse von Februar-März 1579 ist es ihnen gelungen, als „außergewöhnlich-zusätzliche“ Ratsherren zugelassen zu werden; sie bleiben es bis zum Rosenmontag 1580, dem Tage ihres Todes, ihrer Verhaftung oder ihrer Flucht. Doch sind sie die ganze Zeit über in der Minderheit gegenüber einer Mehrheit, die das romanaisische „Ancien Régime“ unterstützt, das bald erneut triumphieren wird. Es gelingt ihnen auch nicht, in das höchste „Quartett“, das Konsulat, Einlaß zu finden; und sie können den unabsetzbaren Richter Guérin nicht aus seinem Richteramt vertreiben.

Die städtische Mikrorevolution von Romans erinnert auch an die Analysen E. P. Thompsons über die Anfänge von Volksbewegungen. Der englische Historiker spricht bis zum britischen 18. Jahrhundert von einer städtischen Plebs, die sich aus selbständigen Handwerkern und Ladenbesitzern zusammensetzt. Gesellen und andere Arbeitnehmer spielen in dieser Plebs nur eine ziemlich geringe Rolle. Nach dem Beispiel Albert Sobouls nennt E. P. Thompson diese Handwerker- und Ladenplebs „Sansculottes“. Das ewige Sansculottentum unserer traditionellen Städte. Natürlich hat in einer gewerblichen, produzierenden Stadt wie Romans die Handwerksplebs ein stärkeres Gewicht als in der Agrarstadt Arles, wo die Aufstände gewöhnlich Sache von Landarbeitern, Bauern und aus ihrer Klasse ausgebrochenen Adligen etc. sind. Die romanaisische Plebs fordert eine Revision der Gemeindeverwaltungs*normen* für indirekte Steuern, für die Schulden, die Zusammensetzung des Stadtrats usw.; es geht ihr darum, zu gerechteren Normen zurückzukehren; und auch um die Erhaltung traditioneller Werte der Gemeinschaft, die von der Elite und besonders von dem Richter verletzt worden sind. Doch ist die romanaisische Plebs weit davon entfernt, mit Nachdruck neue Gleichbehandlungsrechte zu propagieren. (Die Formulierung solcher Werte ist im Werden; aber es ist Jean de Bourg, das Haupt des Vienner Bürgertums, der sich dieser ideologischen Aufgabe unterzieht.) Im Grunde ist es erst Jean-Jacques Rousseau, der als mutiger Wortführer der Genfer Plebs gegen den kooptierten kleinen Genfer Rat die Ideen der Gleichheit aller Menschen und der Volkssouveränität endgültig in Worte faßt. Aber schon seit 1600 gibt es in der Dauphiné mehrfache Bemühungen in dieser Richtung (s. unten, letztes Kapitel).

In bezug auf die Souveränität sind die Romanaiser deutlich weniger wagemutig als zum Beispiel im Jahre 1599, lange vor Jean-Jacques Rousseau, die Plebejer von Auriol[5], einem provenzalischen Marktflecken. Diese verlangen, daß die Konsuln „durch die Stimmen des Volkes“ gewählt werden. Dadurch würde eine Demokratie wiederhergestellt, die vielleicht (?) in mittelalterlicher Zeit praktiziert wurde. Dadurch würde das im Südfrankreich des ausgehenden 16. Jahrhunderts fast allgemein übliche Prinzip der sich selbst immer wieder kooptierenden Gemeindeelite verschwinden. Und der unwiderstehliche Aufstieg der Mächtigen des Ortes würde gebremst werden, nachdem er seit der Renaissance Hand in Hand gegangen war mit der Erweiterung und Befestigung der königlichen Bürokratie.

Aber Romans, eine richtige Stadt, ist nicht Auriol, das vor allem ein ländlicher Marktflecken ist. In unserer Stadt wird nur wenig an der Kooptierungsgepflogenheit der Gemeindeverwaltung gerüttelt. Die romanaisische Oberschicht, die in der örtlichen Lehranstalt in französischer und lateinischer Sprache unterrichtet wird, ist der hauptsächlich *Patois*, okzitanisch[6] sprechenden und oft der französischen Sprache nicht mächtigen Plebs weiterhin überlegen. Das fast vollständige Monopol auf die örtliche Macht, das sich diese Elite seit 1542 angeeignet hat, wird nur am Rande und vorübergehend von unseren Aufsässigen angetastet.

Und trotzdem bedeuten sie für die romanaisischen Eliten eine potentielle Gefahr. Das erklärt neben anderen Gründen die Heftigkeit der abschließenden Gegenoffensive. Es konnte nämlich wirklich die Befürchtung aufkommen, daß Paumier seine Bauernfreunde gegen die „Reichen“ in die Stadt rufen würde; durch die Repressionsmaßnahmen Guérins wurde dieser Befürchtung der Boden entzogen. Dennoch war sie nicht grundlos: Bei einer heftigen städtischen Revolte in Aix im Jahre 1630 fallen die benachbarten Bauern in die Stadt ein; schonungslos plündern sie die Wohnsitze einiger verhaßter Mitglieder der städtischen Oligarchie.[7]

Noch eine andere Befürchtung wird zum Vorwand für die mörderische Repression: Guérin wirft den Aufsässigen vor, sie hätten das Vermögen der Reichen unter sich aufteilen wollen ... und deren Frauen, die für schöner und jünger gehalten wurden als die der „Armen“. Die zweite Beschuldigung beruht auf einer vielleicht wirklich verbreiteten Phantasie, die sich aus der Tatsache nährt, daß in den Straßen und Häusern der Renaissancestädte zahlreiche gemeinsam begangene Vergewaltigungen an der Tagesordnung sind. Die erste Beschuldigung indessen, die Aufteilung der Vermögen, ist sicherlich eine Verleumdung, soweit es die wahren Absichten der vernünftigen Rebellenführer wie Paumier und Robert-Brunat angeht. Wahrscheinlich entspricht sie aber einem gewissen ebenso dunklen wie verständlichen Trieb und Wunsch mancher besonders hitziger Elemente unter den „Rebellen“. Solchen Tendenzen zur Vermögensaufteilung begegnet man um das Jahr 1609 in der Provence, um das Jahr 1627 im Rouergue und um 1670 sogar im Vivarais. *Alle Reichen in die Höhlen ... Ihr Vermögen wird geteilt ... Die Zeit ist gekommen, wo der irdene Topf den Eisentopf zerschlagen muß* usw.[8] Aber es ist ein weiter Weg bis zur Verwirklichung solcher Phantasien, und er ist nie zurückgelegt worden, wenigstens nicht unter dem Ancien Régime. In Romans wie überall sonst handelt es sich noch um nebelhafte Träume einer Minderheit. Nur die Wiedertäufer von Münster sind im Jahre 1534 weit in diese Richtung gegangen.

Genau gesagt: In die Forderungen der romanaisischen Plebs mischen sich weder apokalyptische, weder protestantische noch biblische noch chiliastische Züge, wie das für die deutschen Wiedertäufer des 16. Jahrhunderts, die Jünger Thomas Münzers (1524) und die des Engländers Winstanley (1650) der Fall ist. Zwar haben sich die städtischen Handwerker der Niederdauphiné in den Jahren 1550–1560 für die hugenottische Reformation begeistert. Aber nach 1570 hat sich die große Mehrheit von ihnen davon abgewandt[9]; die Bartholomäusnacht hat ihnen Angst gemacht, besonders in Romans, wo die Hugenottenführer von Guérin verfolgt und umgebracht worden sind; die Überlebenden haben sich nach 1572 auf den Weg nach Genf gemacht. Und dann hat auch die Tatsache, daß machtbewußte Adlige von großem Format wie Lesdiguières den dauphinischen Protestantismus zu ihrer Privatsache gemacht haben, viele kleine Leute abgestoßen. Faktisch ist die romanaisische Bewegung für uns nicht deshalb so außergewöhnlich interessant, weil sie einer protestantischen Ideologie entspringt; eine solche ist hier nicht vorhanden oder nicht aktiv. Unser Interesse gilt dem großen Reichtum symbolisch und folkloristisch verschlüsselter Sinngebung.[10] Diese liegt den feindseligen Handlungen beider Lager zugrunde und dient ihnen als Rechtfertigung.[11]

Folkloristische oder brauchtumsübliche Verschlüsselung verstehe ich im allgemeinsten Sinne des Wortes: als traditionelle Volksbräuche. Der Karneval von Romans ist selbstverständlich ein integrierender Bestandteil davon, und zwar auf jede Art. Auf dem Gebiet der Organisierung der Bürger und der Plebejer drückt sich das in den Bruderschaften aus: Jede von ihnen übernimmt es, eine der unterschiedlichen Gruppen der Stadt zu gemeinsamem Handeln bei den Festriten zu mobilisieren. Ich zähle kurz vier davon auf: „St. Matthias“ und „Maugouvert-Bongouvert“ für die Oberschicht. „St. Blasius“ und „Heilig-Geist“ für die Ackerbürger und Handwerker der Stadt. (Darüber hinaus gibt es in Romans noch ein gutes Dutzend anderer Gruppierungen oder Bruderschaften derselben Art; sie verkörpern die katholische städtische Geselligkeit. Die „papistische“ Kirche fördert sie. Zu Beginn der 1560er Jahre hat die Hugenottenpartei während ihrer kurzfristigen Herrschaft über die Stadt vergeblich versucht, sie aufzulösen und ihr Vermögen an sich zu reißen.[12]

Die St.-Matthias-Bruderschaft in Romans ist ein *exklusiver* Verein. Er hat seine Kapelle im Franziskanerkloster, dessen großer Saal ein Treffpunkt der Gemeindeeliten und der Ordnungspartei ist. Um 1578–1580 hat er etwa vierzig bis fünfzig Mitglieder, im Prinzip alles große Kaufleute; und gegen 1615 nur noch etwa dreißig. Das elitäre Aufnahmeprinzip ist einer Erweiterung nicht eben förderlich. Unter den Führern und wichtigsten Mitgliedern findet man 1578 die Stadthauptleute Beauregard und Antoine Coste; Jean, Felix und Ennemond Guigou; Sire Jean Bernard; Ennemond Bourgeois-Mornet; den Hauptmann Mornet; Ennemond Ricol, Rathaussekretär usw. Abgesehen von dem etwas besonderen Fall Jean Guigous kann man von all diesen Personen sagen, daß sie auch im Konsulat von Romans und in der Ordnungspartei sowie in der „Abtei" Maugouvert-Bongouvert, dieser anderen Filiale der örtlichen „Hautevolée", eine große Rolle spielen.

Es ist verständlich, daß Kaufleute – Geldleute – ihre Bruderschaft unter den Schutz des heiligen Matthias (Namenstag 21. September) gestellt haben. Der Apostel war ja ursprünglich ein „Zöllner", ein Fachmann für Finanz- und Steuerfragen. Die Bruderschaft rekrutiert aber ihre Mitgliedschaft eher aus den Kreisen der Salzherren. Das Salz ist bereits die große Steuerquelle für Staat und Finanz der Epoche. Es kommt auf Barken aus den Salinen der Camargue die Rhone herauf bis nach Valence, wo es von unseren Händlern übernommen wird. Diese fungieren als Salzsteuererheber. Die Beiträge der St.-Matthias-Brüder sind relativ hoch: Zehn, zwanzig bis dreißig Sous pro Kopf, das Doppelte, das Vier- bis Sechsfache der Beiträge (fünf Sous), die für die St.-Blasius-Bruderschaft gezahlt werden, die sich demokratisch aus Wollkämmern und Tuchmachern zusammensetzt. Die Aufgaben von St. Matthias haben den Charakter einer religiösen Vereinigung (Feiern einer stillen Messe mit Kommunion und eines Hochamts am 21. und 22. September); sie schließen auch Almosenverteilung an die Armen ein.[13] Es gibt aber auch eher verborgene Rollen: St. Matthias funktioniert wie eine „Pflanzstätte oder ein Seminar, in dem Konsuln und Gemeindegrößen herangebildet werden". Es ist die Einheit von Thron und Altar oder hier besser von Rathaus und Altar.[14] Die Brutstätte der örtlichen Macht... Von den 1580er Jahren an spielen die Büßerbruderschaften, die der Richter Guérin persönlich am Orte einrichtet, eine ähnliche Rolle.

Noch wichtiger als St. Matthias ist für uns „die Abtei" Maugouvert oder Bongouvert (schlechtes Gouvernement oder gutes Gouvernement). Ihre aktive Teilnahme am Rebhuhnumzug des Karnevals wird durch ein Schriftstück des Grenobler Parlaments bezeugt.[15] In den Archiven von

Romans kann man sich an Ort und Stelle über diese kuriose Institution informieren.[16]

Die fröhliche Maugouvert-Abtei, die man auch in vielen anderen Städten und Marktflecken des Rhonetals und der Dauphiné findet, besteht aus „jungen“ Männern; sie sind Junggesellen oder verheiratet, ihr Alter variiert von ungefähr 18 bis 38 Jahren. Sie werden entweder *Mönche* (Vollmitglieder) oder *Novizen* (Kandidaten) genannt. Das Ganze wird von einem *Abt* geführt, dem offiziellen Leiter, der für das Konsulat der Stadt bestimmt und gegen vierzig ist. Es gibt auch einen so gut wie unabsetzbaren Schatzmeister. Maugouvert hat vielfache Rollen, christliche und dionysische. Sie betreffen die Fastenzeit (Bezahlung des Predigers) und den Karneval, aber auch den Frühling (das Pflanzenreich), die Machtausübung (im gemeindepolitischen Rahmen), die Liebe (Sexualität und Ehe). Am Fastnachtsdienstag organisiert die Maugouvert-Abtei in Romans den Dienerinnenball; dieses Tanzfest bringt die Kosten für eine Estrade und fünf oder sechs Geiger mit sich, die durch Karnevalssammlungen der „Mönche“ bei der Bevölkerung aufgebracht werden: Eigentlich sollten alle Branlen und Maskenzüge der Zeit zwischen Weihnachten und Karneval wenn irgend möglich von der „Abtei“ kontrolliert werden.[17] Der Abtei ist auch der Hauptmann und der kriegerische Umzug der „Kinder der Stadt“ oder Jeunesse dorée unterstellt: Diese „Kinder der Stadt“ können im Bedarfsfall als Repressions- und Strafkorps bei den antiplebejischen Militärparaden der letzten Karnevalstage eingesetzt werden: So geschehen 1580. Die scherzhafte Seite der Abtei, der wir in den Archivtexten begegnen, ist nur der äußere Anschein einer ernsten und sogar mörderischen Organisation, die mit den Machthabern der Stadt eng verbunden ist. Diese Verbundenheit wird symbolisiert durch die vorrangig der Stadt zugeführten Einkünfte der Abtei aus einer an diese zu leistenden Abgabe bei Eheschließungen. (Die Maugouvert-Abtei beansprucht nämlich die Kontrolle über alle Heiraten und besonders *auswärtige* Hochzeiten[18]; daher erhebt sie eine Abgabe von ein bis zwei Prozent des Wertes jeder Mitgift und von sechzig Sols „pro Elle Tuch von jenen, die eine außerhalb der Stadt gebürtige Frau freien“.)

Die so erhaltenen Einkünfte werden vor allem für Reparaturen des Stadthauses verwandt (Begleichung zahlloser Rechnungen für den Antransport von Steinen, Sand, sowie Maurerarbeiten und dergleichen). Die für die Abtei Verantwortlichen sind alles jüngere oder reifere Männer, deren Namen wir auf den Konsularlisten, den Mitgliederregistern der St.-Matthias-Bruderschaft usw. wiederfinden. Darunter die Guigous, die Bernards und den Hauptmann Beauregard, einen großen Witzbold und echten Kriegsmann der Kriege jener Zeit; der Hauptmann Pierre Bourgeois-Mornet, Schatzmeister auf Lebenszeit von Maugouvert und Abkömmling einer alten romanaisischen Patrizierfamilie, die schon Anfang des 16. Jahrhunderts zur Finanzelite der Stadt gehört.[19] Ich habe bereits auf die „Verfilzung“ der Leiter von Bongouvert mit der St.-Matthias-Bruderschaft hingewiesen. In den 1580er Jahren bringt es Bourgeois-Mornet sogar fertig, gleichzeitig „Schatzmeister“ der Abtei und Konsul zu sein. Ihre höchste symbolische Bedeutung erreicht Maugouvert im Mai. Der Maibaum ist das Wahrzeichen der Dreifaltigkeit Frühling, Macht und Liebe. Die romanaisischen „Mönche“ der Abtei richten dann den (von Maugouvert bezahlten) Maibaum auf; sie schmücken ihn mit Buchsbaum, dem Symbol ewigen Grüns und des Palmsonntags. Als Krone dient eine junge Fichte, auch sie ein Bild des Immergrüns. Derartig geschmückt verkörpert der Maibaum auf magische, halb sakrale Weise den jährlichen Neuanfang pflanzlichen Lebens. Aber gleichzeitig ist er ein politischer Baum. Noch heute wird er im Süden Frankreichs vor dem Wohnsitz neu gewählter Gemeindepolitiker aufgepflanzt. In unserer dauphinischen Stadt trägt um 1577–1580 der jährlich von Maugouvert auf dem großen Platz (des Rathauses) aufgerichtete Maibaum an seinem Sokkel vier Wappen: des Königs von Frankreich, Maugirons, der Stadt und das der Maugouvertabtei selbst.

Und schließlich der Liebesmai, der Liebesmonat . . . Die Eheschließungspolitik der Elite nutzt den Augenblick: Die Maugouvert-Abtei beschenkt die schönen, vornehmen Mädchen und Frauen der guten romanaisischen Familien in dieser Zeit mit silberdurchwirkten Taftseidentüchern. Der Karneval ist die Zeit der Liebschaften; der Mai ist die große Zeit, in der die Leidenschaft entflammt.

Zwischen der Liebe und der Regelung der Hochzeiten besteht ein logischer Zusammenhang; sind diese doch im Grunde das Ergebnis gegenseitiger sexueller Anziehung. Die „Abtei“ Bongouvert belegt alle Eheschließungen der Stadt mit einer Abgabe. Und ihre Mönche veranstalten bei den Hochzeiten von *Auswärtigen* und *Witwern* ein mißtönendes Ständchen mit Blechdeckeln, Töpfen und Trommeln. Dies störende *Charivari* hat eine religiöse, primitiv christliche Funktion: Die Kirche hat Zweitehen lange Zeit mit Mißtrauen betrachtet und ihnen sogar den kirchlichen Segen verweigert. Sie stören in gewisser Weise das Gleichgewicht; der lärmende Klamauk des Charivari stellt es wieder her.[20] Jedes Jahr stellt Maugouvert zur Karnevalszeit eine Liste der in den verflossenen zwölf Monaten erfolgten Eheschließungen auf (zur Erhebung der Abgabe). Karneval ist ja die Zeit der jährlichen Bilanz des Ehelebens, da die nun folgende Fastenzeit vorübergehend die Eingehung neuer Ehen unterbricht. Die Pfarrer der drei Kirchsprengel von Romans, die für diesen Dienst von den

„Mönchen" mit einem Hut beschenkt werden, stellen diese Heiratslisten für Maugouvert zusammen. Ein neuer Beweis für das unauflösliche Band zwischen der fröhlichen Abtei und der in einer Zentralverwaltung und drei Kirchengemeinden organisierten Stadt. So steht Maugouvert-Bongouvert wie ein komisch-ernster phallischer Maigott im Mittelpunkt des Fruchtbarkeitsrituals von Romans, seiner pflanzlichen, ehelichen und politischen Komponente. Maugouvert-Bongouvert entfesselt die dionysische Fortpflanzungsraserei; aber er legt ihr die Zügel der apollinischen Ordnungswerte an, die mit manchmal blutigem Lachen die Freudsche Wiederkehr des Verdrängten in der Anarchie verhindern. Man versteht, daß diese von jungen Männern der Ober- und Mittelklasse bevölkerte Abtei an der mörderischen antiplebejischen Offensive des Karnevals von 1580 stark beteiligt war. Das „schlechte Gouvernement" (mit seinem lärmenden Charivari) ist seiner Natur nach nur das Mittel, durch einen possenhaften Auftritt das „gute Gouvernement" (der getreulichen Beachtung von Ehe- und Sozialvertrag) wiederherzustellen. Nach 1580 überwiegt in den Archiven der romanaisischen „Abtei" mehr und mehr die Schreibweise „Bongouvert" über „Malgouvert" oder „Maugouvert". Die Lehre aus dem Chaos des Karnevals von 1580 hat Früchte getragen. All das hat Ambrogio Lorenzetti schon 1337–1339 meisterlich begriffen, als er sein großes, im Rathaus von Siena erhaltenes Fresko über die Kämpfe zwischen guter und schlechter Regierung malte: In diesem frühesten Gemälde einer europäischen Landschaft gehen ländliches Blattgrün und städtische Eintracht eine harmonische Verbindung gegen die Unordnung in der Stadt ein.[21]

Den beiden patrizischen und halb patrizischen Bruderschaften stehen die beiden Plebejerorganisationen gegenüber, die eine mehr handwerklich, die andere mehr bäuerlich: Es sind die St.-Blasius- und die Heilig-Geist-Bruderschaft. Der heilige Blasius der Dauphiné, dem wir bereits begegnet sind, ist eine vielseitige Persönlichkeit: zugleich ländlich-bäuerlich (mittels verschiedener erdverbundener Riten beschützt er Ernten und Herden), heilkräftig (er heilt Halsschmerzen), sexuell-hochzeitlich (er verschafft den Mädchen Ehemänner) und handwerklich (bei seinem Martyrium von Kämmen zerrissen, beschirmt er Wollkämmer und Tuchmacher; er ist also der natürliche Gegner des heiligen Matthias, des Schirmherrn der Geldleute, Salzherren usw.).

Die St.-Blasius-Bruderschaft der Tuchhandwerker von Romans, die bei den plebejischen Aktionen im Karneval von 1579 und von 1580 so aktiv gewesen ist, ist uns aus einem aus etwas späterer Zeit stammenden Schriftstück der Archive des Departements Drôme bekannt.[22]

Im Jahre 1613, gute dreißig Jahre nach den Ereignissen des romanaisischen Karnevals, zählt diese Bruderschaft mindestens 93 Mitglieder, fast alle als Meister (Tuchmacher) bezeichnet; einige (fünf oder sechs) werden *sieur* oder *sire* (beides Herr) genannt. Es handelt sich um kleine oder kleinste selbständige Unternehmer; manchmal miteinander assoziiert, arbeiten sie als handwerkliche Fabrikanten im Familienbetrieb; unter Umständen beschäftigen sie einen oder mehrere Gesellen. An die Bruderschaft zahlen sie einen kleinen Beitrag (fünf Sous). Wirtschaftlich sind sie abhängig von den Großhändlern, die ihnen die Wolle verkaufen und das Tuch wieder abkaufen. Aber diese Abhängigkeit bedeutet keineswegs auch politische Willfährigkeit. Die St.-Blasius-Organisation hat berufsständische, innungsähnliche Funktionen: Sie nimmt in jedem Jahr die neuen *Meister* ihres Handwerks auf (vierzehn im Jahr 1613). Die Zulassung zur Meisterschaft wird feierlich begangen. Das hindert aber nicht, daß auch einfache Tuchmachergesellen dieser relativ demokratischen Bruderschaft nach uns allerdings unbekannten Modalitäten beitreten können. Sie hat auch „festliche" Aufgaben: Am Namenstag ihres Schutzpatrons, der auch der Tag der Meisterbriefe ist, organisiert sie zum Beispiel einen Ball. Mit Kerzen, Geigen und Glockengeläut... Haben sich die Tänze, mit denen die neuen Meister ihren Eintritt in das Erwachsenenleben feierten, einfach mit den Klamaukballetten der Schellen- und Schwertschwinger vermischt, die am 3. Februar ihr Spektakel gegen die Reichen veranstalteten? Das ist sehr wahrscheinlich. Die St.-Blasius-Bruderschaft ist auch, ganz wie Maugouvert, eine fröhliche *Abtei.* Ihr Leiter ist ein *Abt* (1613 ist es Vincent Sernons). Aber als Abtei eines Berufsstands befindet sich St. Blasius im Konflikt mit Maugouvert, da diese Abtei sich als elitäre, über die ganze Stadt verteilte Oberklassenorganisation versteht.[23] „St. Blasius" ernennt auch einen Hauptmann für ihren paramilitärischen Umzug am 3. Februar und einen König für den Triumphzug ihres *reynage* ungefähr am gleichen Tag. König, Hauptmann, Abt – mit anderen Worten die drei herausragenden Figuren des klassischen dauphinischen „Königreichs" der Feiertage.

Der andere Protagonist der Volksbewegung in Romans ist die Heilig-Geist-Bruderschaft. Stehen „St. Matthias" und „St. Blasius" aus beruflichen Gründen in Opposition zueinander, so bildet auf einer anderen Ebene „Maugouvert" mit seinem Schwerpunkt Eheschließung einen deutlichen Kontrast zu „Heilig-Geist": Heirat gegen Geburt und Tod. Als dritte Person der Dreifaltigkeit interessiert sich der Heilige Geist seinem Wesen nach für die Probleme von Geburt und besonders geistiger Wiedergeburt der Menschenkinder. Einer Wiedergeburt, die für jeden im Sakrament der Firmung, dem Spender der himmlischen Nahrung des Heiligen Geistes, konkret wird; parallel dazu steht die irdische Nahrung[24], die von der Bruderschaft beim gemeinsamen Pfingstbankett ihren Mitgliedern verabreicht wird. Die Bruderschaft befaßt sich auch mit dem Sterben, da sie zu ihren Mitgliedern die (kürzlich) Verstorbenen zählt, die, durch lebende Arme vertreten, an Tanz und Essen teilnehmen; auf diese Weise sind sie noch Teil der Volksgemeinschaft von Romans. Im Futurum definiert sind wir natürlich alle vom Stamm der Toten; aber zu jener Zeit gehörte jeder Tote zum Stamm der Lebenden, wie es auch normal ist in einer Zeit, in der man felsenfest an Geister glaubte und sich über Heil oder Verdammung der Seelen nach ihrem Ableben große Sorgen machte. Dem innersten Kern nach eine Sakralgemeinschaft, aber mit weltlicher Mitgliedschaft, wählt die Heilig-Geist-Bruderschaft ihren (weltlichen) Prior; sie selbst ernennt die Priester, die über ihre religiöse Aktivität wachen, ihre eigentliche Zweckbestimmung. Ihre symbolische innere Einheit erweist sich im Liebesmahl, zu dem die Genossen alljährlich zusammenkommen. In der Zusammenfassung der Masse der Handwerker und mehr noch der Bauern von Romans verkörpert die Heilig-Geist-Bruderschaft als Organisation mittelalterlichen Ursprungs das Urgestein der Gemeinschaft: Sie verleiht den uralten Blutsbanden der Plebejergruppe, die zu allen Zeiten die Kontinuität des romanaisischen Volkes erhalten hatte, erhöhte Bedeutung. Diese Bande waren verschieden, ja das Gegenteil von denen, die Maugouvert vertrat, dieser sonderbare Wächter über eheliches Wohlverhalten, Sittenrichter über Wiederheiraten und geprügelte Ehemänner. Die beiden Organisationen, die der Oberschicht und die der Masse, „Maugouvert" und „Heilig-Geist", traten jedes Jahr im Karneval gegeneinander an (besonders 1580); danach treffen sie im Wonnemonat Mai wieder aufeinander: Die eine pflanzt den grünen Baum, der den Namen des Monats trägt; die andere belebt die Feiern des Pfingstfestes, an dem sich der Heilige Geist in Gestalt feuriger Zungen auf die Häupter der Apostel und Frommen ergießt.[25] Denken wir daran, daß schon im 13. Jahrhundert manche Heilig-Geist-Bruderschaften (etwa in Marseille) das Ferment einer städtischen Bewegung gewesen sind, die sich als universell, gemeinschaftlich, plebejisch, handwerklich, ja revolutionär verstand – und all das unter der utopischen Schirmherrschaft der dritten Person (der Dreifaltigkeit), der kollektivistischsten und zukunftsorientiertesten der drei.[26]

Wenn man es richtig bedenkt, so ist das dauphinische Phänomen von 1578–1580 eine Art Freiluftmuseum aller gesellschaftlichen Organisationsformen („Ideengemeinschaften", Bünde, Herrschafts- oder Genossenschaftsgruppen, Vereine, ständische Gruppen), an deren Entdeckung deutsche Juristen und Soziologen in den Jahren von 1880 bis 1930 gearbeitet haben; die Analysen dieser Gelehrten sind viel zahlreicher, als unsere französischen Zeitgenossen im allgemeinen annehmen, die zu oft die große Tradition der deutschen Wissenschaft auf ihre beiden Teilkomponenten, Marx und Weber, beschränken. Zwei hohe Bäume, vor denen man zu lange den Wald nicht gesehen hat. Bei der Beschäftigung mit Romans und ganz allgemein der Dauphiné um 1580 findet man in Wahrheit diese Ideengemeinschaften, „diese am weitesten vom empirischen Individuum entfernten" Gemeinschaften, die die Kirchen (die römische und die calvinistische) darstellen; und auch der Pariser Staat: Vor Ort ist er durch seine Amtsträger und zeitweilig, 1579, durch Katharina von Medici vertreten. An sehr guter Stelle steht auch der seinem Wesen nach charismatische Bund. Das Charisma seines angesehenen Führers Jean Serve, genannt Paumier, verbindet Dörfer und städtische Plebs. In Romans selbst findet man den Gegensatz zwischen den Verbänden, die ihre Herrschaft nach draußen, nach außerhalb und, wenn man so sagen darf, nach unten durchsetzen wollen, und den Genossenschaften, deren Einheit demokratisch durch Zusammenarbeit ihrer gleichgestellten Mitglieder gebildet wird.[27] Es ist leicht zu sehen, daß diese Dichotomie Herrschaft–Genossenschaft sich mit gewissen Unterschieden zwischen den Gruppierungen deckt, auf die sich je nach der Zugehörigkeit die einzelnen Schichten der romanaisischen Gesellschaft verteilen. Nehmen wir zum Beispiel die „Abtei" Maugouvert: Unter dem Mantel fröhlicher Aktivitäten faßt sie die Jeunesse dorée und sogar manche Erwachsene aus den wohlhabenden Kreisen zusammen. Durch Erhebung von Abgaben mit und ohne *Charivari* übt sie im Rahmen der städtischen Gemeinschaft die Kontrolle über *alle* Heiraten aus, reiche, nicht reiche und arme. Kein Zweifel, daß Maugouvert eine Herrschaftsinstitution ist. Sie verkörpert die Einwirkung der herrschenden Gruppe auf wesentliche Lebensbereiche der gesamten Stadtbevölkerung. Demgegenüber weisen die volkstümlichen oder halb volkstümlichen Bruderschaften, wie die St.-Blasius-Bruderschaft oder die vom Heiligen Geist, viel reinere genossenschaftliche Züge auf. Sie organisieren die Aktivitäten der einen oder anderen Gruppe, zum Beispiel der Tuchhandwerker. Leitende oder beherrschende Funktionen auf der Ebene des gesamtstädtischen Lebens interessieren sie wenig. (Dabei nehmen wir die leitende Rolle aus, die sich die Tuchmacher- und anderen Meister ihren Arbeitnehmern oder „Dienern" gegenüber zuerkennen; aber dabei handelt es sich um ein Verhältnis, das in Volksbräuchen und Symbolen keinen Ausdruck findet; es tritt auch im Karneval von Romans nicht in Erscheinung.)

Trotz der Unterschiede in ihren Zwecken gehören die drei Organisationen „Maugouvert", „St. Blasius" und „Heilig-Geist" (zuzüglich einiger anderer wie die Bruderschaft der Salzherren, „St. Matthias") alle zur allgemeinen Kategorie Verbände oder Körperschaften.[28]

Es ist bemerkenswert, daß der karnevalistische Stoff der romanaisischen Episode (die ins Gegenteil verkehrten Preistarife für Lebensmittel) von Maugouvert und ganz allgemein den bürgerlichen Einrichtungen der Stadt stammt. Das mag erstaunlich scheinen, da diese doch ihrem Wesen nach die Herrschaft und die Hierarchie verkörpern. Mit einigem Nachdenken wird es jedoch verständlich: Um die Gesellschaft vorübergehend auf den Kopf zu stellen, mußte sie zuvor in vertikaler hierarchischer Gliederung, in der aufrechten Position normaler Zeiten, erlebt worden sein. Die Umkehrungsriten eines Herrschaftsverbandes haben in dieser Hinsicht eine wohlgezielte Funktion: Sie wirken erhaltend, integrierend und hierarchisierend; solche Riten bejahen die momentane verkehrte Welt der närrischen Tage nur, um sie während der langen Dauer des normalen gesellschaftlichen Lebens außerhalb des Karnevals desto besser zu leugnen. Letzten Endes ist die verkehrte Welt gegenrevolutionär. Im Gegensatz dazu sind die Genossenschaften der unteren Volksschichten in der Vergnügungszeit des Februar 1580 in einer Weise tätig geworden, die, obwohl symbolisch, altem Brauch entsprechend und, wenn man will, äußerst karnevalistisch, doch in erster Linie militant, aggressiv, aufsässig und, sagen wir ruhig, klassenkämpferisch war. Das Thema Umkehrung hat sie nur wenig interessiert.

Neben den ständisch-religiösen Bruderschaften müssen notwendigerweise die Reynages erwähnt werden. Der Karneval von Romans ist nämlich auf beiden Seiten der Barrikade von der Bildung einer Anzahl „Königreiche" oder *Reynages* als spezifische Feiern und Zusammenkünfte nicht zu trennen. Man begegnet ihnen bei den ersten Volkserhebungen in der Valloire im Februar 1579 (noch im 19. Jahrhundert fallen viele *reynages* der Valloire auf Mariä Lichtmeß oder andere Namenstage von Heiligen im Januar-Februar). Wir haben solche *reynages* auch in Romans im Februar 1579 und besonders im Februar 1580 gesehen. Hier wie auch andernorts sind sie von bestimmten Riten untrennbar: vom Namensfest eines Heiligen (Blasius) oder wenigstens von einer religiösen Feier (Messe); von einer den Hintergrund bildenden berufsständischen Bruderschaft oder fröhlichen Abtei; von Wettrennen zu Fuß oder zu Pferde; von der Tötung eines Tiers, das zum Preis eines Geschicklichkeitskampfes wird (Köpfung eines Hahns usw.), von Thronbesteigungen von Königen und Königinnen und von Pseudobeamten des königlichen Hofes; von burlesken Spektakeln, eventuell skandalerregenden Tänzen, von großen Bällen und großen Gastmählern.

Dabei handelt es sich aber nur um örtliche Beispiele einer viel weiter verbreiteten und völlig festgeschriebenen Praxis: Geschichtsforscher und Volkskundler haben sie für eine begrenzte breite Zone genau beschrieben: Diese Zone erstreckt sich vom Limousin über die Auvergne, den Osten der Guyenne und das nördliche Languedoc bis in die Dauphiné; das Zentrum der *reynages* liegt vermutlich in der Gegend von Puy-en-Velay.[29] Die *reynages* erscheinen mit all ihren charakteristischen Zügen in der zweiten Hälfte des 15. Jahrhunderts (die erste darauf bezügliche Textstelle stammt von 1480, aber die Institution entstand etwas früher). Im 16. Jahrhundert entwickeln sie sich und werden im Volk sehr beliebt; ihren Höhepunkt erreichen sie im 17. Jahrhundert, dem Jahrhundert der Gegenreformation, gegen 1660; dann gehen sie langsam zurück; im 18. und 19. Jahrhundert, sogar noch im 20., gibt es aber noch beachtliche Überreste.*

Sie enthalten folgende Elemente, die von den Forschern sorgsam aufgezählt werden:

a) *Einen religiösen Kern,* der im Mittelpunkt steht. Feier des Namenstages eines Heiligen oder der Gottesmutter; das Ganze ist mit einer Kultstätte der Kirchengemeinde oder einem kommunalen *Gelöbnisfest,* einer heimatlichen Kapelle oder sogar einem wundertätigen Brunnen etc. verknüpft.

b) Wahl eines Königs, einer Königin und von „Hofbeamten", die ernst bis komisch sind. Die königlichen und sonstigen Ämter können der mehr oder minder fiktive Preis eines Wettrennens sein; aber in Wirklichkeit werden sie von den Kandidaten ersteigert, nach Festsetzung der Preise in der Kirche; die Kandidaten müssen zu diesem Zweck dem „Betrieb", der betreffenden Kapelle oder Sakristei, die größtmögliche Menge Geld, Weizen oder besonders Wachs für Kerzen bezahlen (der Pfarrer oder der Sakristan verkauft dann die Reste der abgebrannten Kerzen für seine Rechnung). Man läßt sich zum König krönen, um das Heiligtum besser zu beleuchten ... Die Personen, die auf diese Art ein „königliches" Amt kaufen, sind großzügige Stifter oder Mäzene. Sie machen der Kirche ein großes Wachsgeschenk, um die Ehre zu haben, für einen Tag „Monarch" zu sein; oder sie tun es aus Frömmigkeit; oder zu Zwecken der Lokalpolitik. Überall, im Limousin wie in Romans, steht die ständige Bruderschaft (eines Berufsstands oder der Dorfgemeinschaft) hinter dem alljährlichen zeitweiligen *reynage:* Das Königreich hat etwas Gewerkschaftliches. Die Organisatoren sind die Gruppierungen der Jugendlichen, aber nicht sie

---

* Zum Vergleich mit Deutschland erinnern wir beispielsweise an die Kölner Karnevalsriten und -vereine, die ihren Ursprung ebenfalls teilweise im mittelalterlichen Katholizismus haben *(Anm. d. Übers.).*

allein: Durchaus nicht mehr junge Erwachsene können sehr wohl das Festkönigtum ihrer Stadt beanspruchen. Die *Pognes* von Romans, kleine Kuchen in Form von Kronen, erinnern heute noch an diese Belustigungen.

c) Vergnügungen wie Jagd oder Tötung eines Tieres, Wettläufe und Wettreiten mit Preisen für die Sieger, Tänze, Bälle, Gelage, Lobpreisung der Liebe und Possen werden aus den *reynages* der verschiedenen Provinzen, des Limousin wie der Dauphiné, bezeugt. Der König des Festreiches hat die Aufgabe, die Freigiebigkeit anzuregen: Selbst ein beschränktes Mäzenat gestattet die Verteilung von Geld aus Bürger-, Handwerks- und Bauerntaschen an kommunale religiöse Einrichtungen. Aber der König hat auch eine religiöse Funktion (er wird unter der Stola des Priesters in der Kirche gesalbt, und er feiert einen Heiligen oder einen Sonntag); eine Verführerfunktion seiner Königin und den Mädchen gegenüber *(ich bin der König der Liebenden ohne angemalten Speck*[30], sagt ein Liebeskönig mit einem Hahnenkamm, der seine Don Juan-Phantasien vergnüglich auslebt); eine politische Funktion (durch die Nachahmung des französischen Königtums).[31]

Der Karneval von Romans hat sich weitgehend der festlichen Gepflogenheiten der *reynages* bedient; er wurzelt in der katholischen, kirchengemeindlichen und bruderschaftlichen Kultur seiner Zeit; die Notabeln und anderen Führer, die kleinen und die großen, Plebejer oder Reiche wollen „den Leuten imponieren"; sie verfolgen gewisse Endziele, erhaltende oder umwälzende; sie erreichen sie mit einer bescheidenen Spende von Geld oder Wachs, indem sie während einiger Tage eines Karnevals-, Oster- oder Sommerfestes Könige werden. Die katholische Kultur des Ancien Régime hat das Heilige und das Weltliche, das Religiöse und das Burleske bewundernswert miteinander verquickt; mit dem *reynage* hat sie ein soziales Werkzeug geschaffen, das den unteren Klassen die Möglichkeit verschafft, ihre Stimme hören zu lassen, ihren Spott und manchmal ihre Forderungen. In normalen Zeiten werden die plebejischen politischen Bestrebungen verdrängt; in den sakralen Formen der Festtage finden sie einen Ausdruck. Das gefährliche Unbewußte der Gruppe nimmt vorübergehend in den feierlichen und förmlichen Institutionen des *reynage* Gestalt an. Freud und Durkheim reichen sich hier die Hand in der Synthese aus zügellosem und geregeltem Fest.[32]

Zwölftes Kapitel
Das Winterfest

Nach den Bruderschaften und Königreichen bleibt noch das allgemeine Problem des Winterfestes, genauer gesagt der Festlichkeiten der Vorfastenzeit. Die Frage nach dem Wesen des Karnevals muß für den Bereich der ganzen Dauphiné und des gesamten Südens, ja sogar Europas gestellt werden. Man kann keine Erklärung für das Verhalten der romanaisischen Bevölkerung im Februar (1579 und besonders 1580) finden, wenn man es nicht aus der Perspektive einer vergleichenden Konzeption des Karnevals betrachtet. Des Karnevals, wie er in den verschiedenen provenzalischen[1] und mediterranen Kulturen begangen wurde, aber auch in den französischen, savoyardischen und den schweizerischen, das heißt deutschen. Alle diese Kulturen waren Nachbarn und Verwandte der dauphinischen Zivilisation des 16. Jahrhunderts. Wir wollen in diesem Zusammenhang, zuerst abstrakt und dann konkret zeitlich, zwischen den folgenden Aspekten und Rollen des Karnevals unterscheiden: a) den kalendarisch-jährlichen, b) christlich-heidnischen, c) den saisonal-winterlichen, d) den landwirtschaftlich-fruchtbarkeitlichen, e) den gesellschaftskonfliktlichen, f) den symbolisch-rituellen.

Der Karneval der Dauphiné ist lange Zeit formell als Jahresend- oder Jahreswechselfest begangen worden. Im Mittelalter und manchmal bis ins 16. Jahrhundert begann in der Dauphiné das Jahr einmal am 25. September, ein anderes Mal am 25. Dezember oder auch am 25. März.[2] Der Karneval ist somit eine der Perioden, die das Ende eines Jahreszyklus und den Beginn oder den Neuanfang eines anderen markieren.

Die Anthropologen (Van Gennep, Leach, Turner)[3] haben für diese End- und Wiederanfangsfeste einer zyklischen, hier jahreszyklischen Zeit (im Gegensatz zu der linearen, nach vorwärts gerichteten Zeit des stetigen Werdens) interessante Modelle aufgestellt.

Für Leach, der sich mit allen Kulturarten, christlichen und nichtchristlichen, beschäftigt und sich dabei auf van Genneps Analysen der Übergangsriten stützt, bewegen sich die Festzeiten traditioneller Gesellschaften wie ein Pendel (gleichgültig, welche christliche Glaubensvorstellungen über den Gang der Geschichte und „das Ende der Zeiten“ sie haben mögen). Das Jahr über verläuft die Zeit gleichmäßig normal, schwingt für die kurze Dauer der Feste zurück, um dann im weiteren Verlauf des Jahres (oder der Jahreszeit) wieder ihren normalen Gang zu nehmen. Dieses Wechselmodell entspricht weitgehend unmittelbarer Erfahrung (vom Tag zur Nacht, vom Leben zum Tod usw.). Das Fest setzt also einen ersten „präliminaren Moment" (A) voraus, der die Trennung von der Zeit des normalen Lebens oder des vergangenen Jahres bezeichnet; einen zweiten „einführenden" Moment (B); in ihm wird die Schwelle überschritten – *Übergang* oder Grenzüberschreitung, der Augenblick, in dem das Pendel rasch zurückschwingt, das Intervall, in dem die Zeit rückläufig wird, zurückfließt; die Phase der eigentlichen Umkehrung oder Verkehrung. Folgt ein dritter Moment (C), der Moment des Ausstiegs und des Wiedereintritts oder der Wiedereingliederung in die Alltagszeit; er dauert bis zum nächsten „Wechsel" und so weiter und so fort.

Immer noch nach Leach gibt es deutliche Zusammenhänge zwischen dieser dreiteiligen Periodisierung (A, B, C) des Pendelschwungs und der eigentlichen Karnevalsthematik. Diese Zusammenhänge lassen sich in drei Worten ausdrücken: Verkleidung, Umkehrung, Förmlichkeit. Die *Verkleidung* unterstreicht auf entschiedene Weise den Bruch mit dem Alltagsleben, den Eintritt in die fiktive und sakrale Welt des Festes. Die *Umkehrungs*riten signalisieren, daß man sich nun mitten im Übergangsprozeß befindet, „zwischen zwei Toren", einem Eingangs- und einem Ausgangstor. Sie zeigen an, daß die Menschengruppe, die dem Fest die soziale Basis liefert, vorübergehend auf dem Kopf steht. Nach Turner (oder Sartre) ist das der göttliche Augenblick, in dem die Feiernden miteinander kommunizieren; die Gruppe ist dann „in Fusion", in einem Zustand vermischender Verkehrung. Die *Förmlichkeit* endlich (nicht falsche Nasen oder bemalte Gesichter, sondern Chapeau claque oder Zylinderhut) bedeuten den Eintritt in die Phase C, die Repressiv- oder Wiederherstellungsphase (V. Turner). Die betonte Herausstellung eines förmlichen Gewandes (Talar und Barett des Richters und dergleichen) zeigt ja den Vollzug der pflichtgemäßen Rückkehr zu den Regeln des Alltags an. Die drei Teile des Prozesses sind übrigens je nach Gelegenheit austauschbar, was ihn aber durchaus nicht verändert. Ein Hochzeitsfest etwa, ein Übergangsritus wie kaum ein anderer, beginnt *förmlich* (Zylinder, Smoking, Schwalbenschwanz usw.) und kann in der Orgie eines Balls, eventuell eines Maskenballs, enden.

Schließlich weist Leach auch nachdrücklich auf die Pendelbewegung vom Leben zum Tode (vom Anfang zum Ende des Jahres) und dann vom Tod zum Leben (in der kurzen Wiederauferstehungszeit des Karnevals) hin.

Diese Analyse des englischen Anthropologen läßt sich sehr wohl auf den Karneval von Romans anwenden und über ihn auf andere europäische Karnevalsgepflogenheiten: Die Festlichkeiten am St. Blasius-Tag, die die romanaisische Episode einleiten, sind ein „dionysischer", gewalttätiger und zügelloser *verkleideter* Umzug, mit bemalten Körpern und Gesichtern, Tänzen, Besen, Rechen und Dreschflegeln, Symbolen des Todes. Von da geht es in die Zauberwelt der prächtigen Königreiche, ins Schlaraffenland der provenzalischen Vorfastenzeit, die *verkehrte Welt* und den Bereich des Wunderbaren. Dort gibt es guten Wein und Leckereien umsonst, während der verdorbene Hering zu unerschwinglichen Preisen verkauft wird.[4] Das Defilee des Militärgerichts vom Rebhuhnreich – König, Richter und Soldaten – am Ende der Episode entspricht dem Stadium der apollinischen *Förmlichkeit;* es bereitet die abschließende, blutige Wiederherstellung der Ordnung vor, die Rückkehr zum Alltag. Dieses dreiteilige Schema findet man im okzitanischen und im alten nordfranzösischen Karneval wie auch diesseits und jenseits der Alpen. Am Beginn wird von Maskierten gesammelt; in der Mitte verteilt der Karnevalsmann Schinken und Würste die Fülle; und zum Schluß zieht das feierliche Gericht ein, das diesen malerischen Kerl, der zum Sündenbock wird, erschießt, erhängt oder ertränkt; so wird die Austreibung der Sünde vorbereitet, die Einkehr oder Rückkehr in die Traurigkeit der Fastenzeit.[5]

Hinsichtlich der Einordnung von Karneval und Fastenzeit in die christliche Zeit habe ich im ersten Kapitel des vorliegenden Buches bereits gesagt, was nach meiner Meinung, dem eigentlichen Sinn der Fastenzeit gemäß, dem Begriff des ursprünglichen Karnevals am besten entspricht: Es handelt sich darum, das Heidenleben zu begraben, sich einer letzten heidnischen Ausschweifung hinzugeben vor dem Eintreten in die vierzigtägige Askese des Katechumenen, der dann an Ostern endlich in der Taufe seine geistliche Wiedergeburt erleben wird. Im Grunde verhalten sich die rein karnevalistischen Dinge wie das logische Vorspiel, wie eine vorangeschickte Antithese zu Fasten und Fastenpredigt. In Romans wie überall sonst sind sie in die christliche Zeit „eingezwängt", genauer gesagt, in die katholische (die Protestanten, die das Fasten abschaffen, schaffen damit notwendigerweise auch die Karnevalsvöllerei ab; seit dem 16. Jahrhundert bemühen sie sich dann ganz logisch, auch noch die Überreste dieses Gartens Eden der Sünde auszutilgen). Im „papistischen" System reiht sich der Karneval in den Ablauf eines langen kirchlichen Jahreszyklus ein, der von Allerheiligen bis Advent und Weihnachten reicht und dann mit Karneval, Fastenzeit, Ostern und Johannistag weitergeht. Die romanaisische Episode von 1580 spricht durchaus nicht gegen diese Konzeption: Da werden St. Blasius und der Heilige Geist geehrt; am Rosenmontag wird die

Messe der Reichen gefeiert, die mit allerlei volksbräuchlichen Riten garniert ist.[6] Man sehe sich auch die Pariser Fastnachtsdienstage an mit ihren Prozessionen der Frommen und der wüst Feiernden der Liga, bei denen das Volk die Priester zum Mitmachen zwingt.[7]

Das Problem ist folgendes: Gerade die fastenfeindlichen und Vorfastenfunktionen des Karnevals entfernen ihn maximal von den asketischen Werten des Christentums. Die Fastenzeit verherrlicht die Enthaltung von Speise und Sexualität[8] und einen tugendhaften Lebenswandel. Einst war mit ihr auch eine Friedenszeit, die *Treuga Dei* oder der *Gottesfrieden*, verbunden.[9] Im Gegensatz dazu ist der Karneval ein Tummelplatz der Sünden: Der Völlerei und der Unzucht, der Freßlust (verkehrter Tarif für Nahrungsmittel, Bankette der „Königreiche", schlemmerhaft gesteigerter Fleischgenuß); er bedeutet den Triumph der sexuellen Enthemmung (das jährliche Maximum an Heiraten, Empfängnis und Tanz, Wahl von Königspaaren, latente Gefahr von Vergewaltigung und Raub der reichen Schönen); dazu kommt kriegerische Aktivität oder deren Vorspiegelung in den Schwerttänzen der Armen und der Militärparade der „Elite". In dieser Hinsicht ähnelt der Karneval einem System vorchristlicher oder nichtchristlicher (das heißt ländlich-volksbräuchlicher, ja heidnischer) Elemente. Soweit es darum geht, „das Heidenleben zu begraben"[10], findet in ihm eine direkte Wiederbelebung von Riten statt, die vor dem Christentum bei den heidnischen Winterfesten geübt wurden. Während der Christianisierung der Bauernbevölkerung im ersten Jahrtausend, einer außerordentlichen Zeit des Zusammenfügens von Kulturtrümmern, wurden sie in den Katholizismus des einfachen Volks eingebracht. Zu diesen heidnischen Riten gehören namentlich die Umkehrung bei den Saturnalien, die Tierverkleidungen und die Geißelungen bei den Luperkalien, der Eselsritt usw. Aber schließlich ist das Christentum ja auch eine Religion der *Sünde;* es ist also normal, daß es diese heidnischen Riten total absorbieren konnte; und daß es sich auch das sündenfrohe Karnevalsvergnügen völlig zu eigen gemacht hat unter der Bedingung, es beim Herannahen der Fastenzeit zu verbannen.

Die religiöse Gestaltung ist zweckgebunden und hält sich an die bloße Form. Die Probleme des ursprünglichen Inhalts (Wechsel der Jahreszeit, Fruchtbarkeit des Bodens) und des Klassen- (oder Sippen-)kampfs im Karneval bleiben dabei außer acht.

Die Karnevalsepisode ist jedoch nicht nur – à la Leach – jahreszyklisch im Sinne des heidnischen oder christlichen Kalenders. Sie drückt auch unmittelbar eine jahreszeitliche Gegebenheit aus, steht sie doch genau am Anfang des bevorstehenden Winterendes, eines Haupteinschnitts in einer immer noch halb landwirtschaftlichen und daher naturnahen Zivilisation.

In diesen Bereich gehört der Lichtmeßbär: Als solcher verkleidet hat Paumier eine Zeitlang seinen Ratsherrnsitz im Stadthaus eingenommen. In der Dauphiné und in Savoyen kündigt der Bär das Ende der kältesten Jahreszeit an. Am 2. Februar kommt er aus dem Bau heraus, in dem er überwintert hat; er sieht zum Himmel hinauf; ist dieser wolkenbedeckt, verkündet er, wie es im Volke heißt, daß der Winter vorbei ist; ist er blau, wird die kalte Jahreszeit noch vierzig Tage lang dauern. In diesem zweiten Fall kehrt der legendäre Bär wieder in seinen Bau zurück, wo er seinen Winterschlaf noch einige Wochen fortsetzt.[11]

Dem Lichtmeßbär als zottelhaarigem Wetterpropheten begegnet man in den großen europäischen Bergregionen (Alpen, Pyrenäen ...). In anderen westlichen Ländern, in denen es keine Sohlengänger gibt, übernehmen statt seiner andere, ebenfalls Winterschlaf haltende Tiere dieselbe Aufgabe der Tauwetterprognose. Der Igel (1. Februar) in Irland; das Murmeltier in Pennsylvanien am 2. und 3. Februar (diese Vorstellung ist natürlich von den Siedlern dieses US-Staates aus dem alten Europa mitgebracht worden, aus dem sie kamen und wo sie verbreitet war). Murmeltier und Igel urteilen in bezug auf die Farbe des Himmels, ob blau oder grau, über die vierzig Tage, die der Winter eventuell noch dauern wird – oder auch nicht –, und über ihren eigenen eventuellen weiteren Winterschlaf in der gleichen Weise wie der alpine Lichtmeßbär.

In den Pyrenäen gilt der (verkleidete) Lichtmeß- und Karnevalsbär als Hammeldieb; er wird symbolisch „erschossen", um die Herden besser zu beschützen. Er ist auch ein wilder, zottiger Satyr, ein Sittenstrolch: Mit seinen geschwärzten Pfoten langt er in die Honigwaben und die Busentücher der Mädchen. In Romans wechselt der Lichtmeßbär Paumier von der Vorhersage der Jahreszeit zu aufsässiger Provokation. Vielleicht haben einige seiner jugendlichen Anhänger vor, sich die schönen Patrizierinnen vorzunehmen. Ihm selber ist die teilweise Machtergreifung am Ort wichtiger. Guérin, der ihn haßt, hält ihn keineswegs für einen Tanzbär.[12] Unter seinem zottigen Bärenfell ist Paumier durchaus ein Zoon politicon.

Lichtmeß–Karneval hat nicht nur die Aufgabe, „der Zeit einen Rippenstoß zu versetzen" und damit den Rhythmus der endwinterlichen Jahreszeit etwas zu beschleunigen. Es ist auch die Zeitspanne, von der die Fruchtbarkeit der Ehen, des Bodens und des Gemeinwesens abhängt; sie ist Symbol und Mittel der Austreibung aller Übel und Sünden, von denen Körper und Seele der Menschen befallen werden können und die ihre Gesellschaftsgruppe wie den Umfang ihrer Ernten beeinflussen. Das steht übrigens nicht in Widerspruch mit den katholischen Strukturen: In diesen ist Karneval die Verkörperung ausschweifender Lüste, des Lebensgenusses und

Tanzes, der schweren heidnischen Sünden (Völlerei und Fleischeslust usw.), die in der folgenden papistischen Fastenzeit ausgespien werden. Am St.-Blasius-Tag Anfang Februar 1580 geben die Tänzer in Romans eine pantomimische Darstellung der nährenden Landwirtschaft, die den Dreschflegel schwingt und die Tennen recht und fegt. Und die kleinen Kinder der Stadt schwingen in der abschließenden mörderischen Stunde Mitte Februar die Brandfackeln, mit denen (symbolisch) die Schmarotzer der Obstbäume und Felder vertilgt werden sollen. Die kleinen Fackelträger bannen mit einem Schlage die paumieristischen Feinde der Gesellschaftsgruppe und die Maulwürfe und Wühlmäuse, die Äpfel und Korn gefährden. Der Karneval alten Schlages, vom 2. Februar bis zum Beginn der Fastenzeit, ist in Frankreich noch im 17. Jahrhundert randvoll von symbolischen Sühneopfern; viele davon finden wir auch in der Dauphiné, wie die Waffeln und geweihten Kerzen an Lichtmeß, das Glockenläuten am 5. Februar; Spinnradruhe; Besprengen mit Metzelsuppe; Begraben der drei letzten Voraschermittwochstage; Brandfackeln und anderes mehr. Der mit all diesem Tun oder Unterlassen verfolgte Zweck ist: Das ganze Jahr über Geld zu haben; sich gegen Blitz und Hexerei zu feien; die Hexen der Walpurgisnacht zu verjagen; zu verhindern, daß der Fuchs die Hühner holt und die Mäuse den Spinnfaden abbeißen; während des Fastens den Hunger weniger zu spüren; die Felder vor Wühlmäusen, vor Unkraut und Getreidegicht zu bewahren; die Gärten fruchtbarer zu machen und dicke Zwiebeln wachsen zu lassen; für alle Söhne und Töchter des Dorfes Ehegesponse zu finden[13] ... Der Begriff der befruchtenden Karnevalszeit und allgemein der befruchtenden Winterfeste ist von mehreren Anthropologen und Historikern wie zum Beispiel, Dumézil, Toschi usw. präzise herausgearbeitet worden: Nach ihnen stellen die Toten-, Tier- und Bärenmasken, die sich die Jugendlichen der Gemeinwesen bei den Winterfesten vorbinden, Dämonen und tote Seelen dar; sie bewegen sich unter den Lebenden; sie können im Guten oder im Schlechten das grünende Jahr beeinflussen, das aus dem Eis der kalten Jahreszeit hervorblühen wird. Es ist daher wichtig, daß die ganze Gruppe diesen Masken Geschenke darbringt, daß sie die jugendlichen Maskenträger feiert, damit diese den Menschen ein gutes Jahr und gute Gesundheit verbürgen ... Danach hat diese Höllenbrut allerdings nur noch zu verschwinden. Wie wir gesehen haben, tanzen in Romans an Lichtmeß die Toten mit den Maskierten und Landarbeitspantomimen, die 1580 in einem makabren, schellenrasselnden Charivari ihren gerechten Anteil am städtischen Reichtum verlangen ... Man bemerke, daß eine solche Konzeption nicht zwangsläufig auf weit zurückliegende heidnische Überreste zurückgreifen muß. Der volkstümliche Katholizismus des Mittelalters hat ja fest an das Eingreifen von Geistern und Teufeln in unsere Umwelt geglaubt... So haben Dumézil und Toschi zwar die ursprüngliche Bedeutung mancher Karnevalsverkleidungen analysieren können. Es ist aber nicht sicher, daß sie vom romanaisischen Volk von 1580 noch in diesem Sinne verstanden wurden, selbst wenn sie noch immer zu den Festriten gehörten.[14] Sie waren in den Bräuchen, aber nicht in gleichem Maße im Gedächtnis der Menschen verankert.

Der Karneval hat also eine biologische, landwirtschaftsbezogene Funktion. Aber er hat auch seine soziale Nützlichkeit. Beide sind untrennbar voneinander (ganz wie im Maibaum die politische Macht, die der Liebe dienende Phallusverehrung und das chlorophyllische Grün eine unauflösliche Einheit bilden). In der vielleicht etwas knappen, aber zutreffenden ambivalenten Definition, die Baroja vom Karneval gegeben hat[15], hat er diese Bipolarität deutlich erfaßt. Der große spanische Volkskundler schreibt: „Der Zweck des Karnevals ist, das gute Funktionieren der örtlichen Gesellschaft zu sichern.

1. durch Vertreibung des Übels (des biologischen, gesellschaftlichen oder antichristlich-sündhaften) über die Ortsgrenzen, ehe die endgültig reinigende Fastenzeit beginnt;

2. durch Nachahmung des normalen Verlaufs des menschlichen Lebens mittels aufeinanderfolgender Darstellungen von Geburt, Zeugungsakt, Tod und Wiedergeburt (siehe die kannibalischen Phantastereien in Romans, die nicht nur eine Drohung an die Adresse der Reichen, sondern auch eine Transsubstantiationsphantasie sind);

3. durch Nachahmung landwirtschaftlicher und anderer Arbeit, die für das Überleben der Gruppe wesentlich ist (hier Pflügen, dort, besonders in Romans, Dreschen); und durch militärische Paraden;

4. durch die Veranschaulichung wirtschaftlich wichtiger Tiere (Wild, Hammel, Geflügel, deren symbolische Funktion übrigens in Romans und außerhalb von Romans über diesen reinen Utilitarismus hinausgeht);

5. durch Lärmerzeugung, die der Vertreibung des Bösen und der Fortführung des normalen Lebens dient, usw."

Die Austreibung des gesellschaftlichen Bösen als einer Form der Sünde geschieht durch die *Satire;* diese erscheint immer wieder bei allen Karnevalsfesten, den dauphinischen, italienischen, okzitanischen, girondinischen, schweizerischen, im Pariser Raum usw. Die Schweizer Geschichte zum Beispiel ist voll von politischem oder politisch-religiösem Fastnachtsbrauch: Darin werden im 16. Jahrhundert die Reichen, zu Beginn der Reformation der Papst, im 19. Jahrhundert Napoleon usw. attackiert. In Nord- und Südfrankreich werden Testament und Verurteilung der Karnevalspuppe mit ihren unterschiedlichen Namen zum Anlaß, die Ehebrüche, den Wucher des ganzen Jahres und dergleichen auszupacken. Die Karnevalsfeste von Bordeaux in der Mitte des 17. Jahrhunderts spielen die große Revolte der Ormée nach. Sie sind der Anlaß festlicher Umzüge voller Hohn und Spott gegen Mazarin; in der Atmosphäre des zeitgenössischen Bordeaux, in der Lachen die wirkungsvollste Form des Ernstes ist, drückt die Fronde auf diese Weise ihre klare Forderung nach der (nie verwirklichten) Hinrichtung des Ministers aus, dessen Abbild enthauptet wird. Und dann die langen Wintersaturnalien der provenzalischen Karnevalsfeste, bei denen während der französischen Revolution die bisherige monarchische Ordnung feindselig verhöhnt wird. Vom 16. bis zum 20. Jahrhundert hat der Karneval des Languedoc (Montpellier, Limoux), ganz wie der römische, in völligem Einklang mit dem damaligen Katholizismus, die unglücklichen Juden oder Marranen der Gegend verspottet; aber auch alle mehr oder weniger geheim gehaltenen Laster der einzelnen Menschen des Gemeinwesens. Natürlich bedeuten Satire und der Wille zur Bestrafung nicht blutige Gewalttat. Diese war auch im Programm der verschiedenen Festausschüsse im Februar 1580 nicht vorgesehen, sondern wurde von Guérin durch die Hintertür eingeführt. Aber die Satire selbst ist vom 15. bis zum 19. Jahrhundert eines der beständigsten Elemente des Karnevals diesseits und jenseits der Alpen. Auch bei anderen winterlichen oder sommerlichen Festen ist dieses Element zu finden, allerdings in geringerer Dosis.[16]

Die Sünde oder das Böse aus der Gesellschaft austreiben (wie man es auch aus Landwirtschaft und menschlichem Organismus vertreibt) ist leichter gesagt als getan. Die Natur zu bezwingen ist etwas anderes, als menschlichem Tun zu begegnen. Sich einig zu werden über die Feinde der Fluren und der Körper ist leicht. Schmarotzende Insekten, Mäuse und Maulwürfe sind die Zerstörer der Saat. Schlangen und Gewitter sind eine Gefahr für den Menschen. Gründliches Besprengen mit der Metzelsuppe an Fastnachtsdienstag, eine Kerze an Lichtmeß usw. sind nach allgemeiner Ansicht das Richtige, um diese Gefahren zu bannen.

Doch über die *gesellschaftliche* Bedrohung gehen die Meinungen auseinander. Das Übel für den Handwerker kann zum Beispiel die Abgabe auf Mehl und Fleisch sein; für die Elite der Gemeindeverwaltung dagegen bedeutet diese etwas Gutes, denn sie finanziert ihre Regierung. Umgekehrt ist der rebellische Geist der Plebejer positiv für diese, aber negativ für die herrschende Klasse. Sobald der Karneval nicht mehr rein agrarisch ist, sobald er die Gruppen schildern, das Fest der Stadt oder wenigstens eines Kollektivs sein will, zeigt er unvermeidlich soziale Konflikte auf. Er schafft eine Sprache der Konfrontation, die alles andere als einen harmonischen Chor erzeugt.[17] Im schlimmsten Fall kommt es zur Veranstaltung von zwei getrennten Karnevalsfesten oder sogar zwei Maibäumen in derselben Gemeinde: einen der Armen *(derer, die keinen roten Heller haben)* und einen der Reichen. Ein Baum von links, ein Baum von rechts. Das ist der Fall im Périgord unter Louis-Philippe, in manchem normannischen Dorf im 20. Jahrhundert und auch, allen voran, in Romans (1580). Solche „dualistischen" Folgen der Konflikte auf politischer oder praktischer Ebene können übrigens durchaus mit der bereits besprochenen Funktion des Karnevals als Sinnbild von Jahresumlauf und Jahreszeitenfolge auf mythischer Ebene vereinbar sein[18]: Diese Funktion besteht darin, den Kreislauf der Zeit, des Jahres, der landwirtschaftlichen Arbeit und der religiösen Perioden, wenn möglich mit darstellerischen Mitteln, zu symbolisieren. Die Kämpfe oder symbolischen Wettkämpfe, die ein Kennzeichen des Karnevals sind, gehen mühelos von einer auf die andere Ebene über. Bei den karnevalistischen Turnieren oder Handballspielen (Florenz), den Fußballwettkämpfen am Fastnachtsdienstag (britische Inseln) usw. können zwei Gruppen der Stadt oder des Adels einander gegenüberstehen, zwei Verhaltensweisen (die einen, die weinen, und die anderen, die lachen), zwei Altersgruppen (Verheiratete und Unverheiratete), zwei reale oder durch Verkleidung dargestellte Volksstämme (Engländer und Schotten), die Bewohner zweier verschiedener Flußufer, zweier geographischer Bereiche oder zweier rivalisierender Stadtviertel usw. Aber diese „Duelle" können auch, ohne daß das ein Widerspruch zu dem soeben Ausgeführten wäre, einen Kampf zwischen zwei zugleich folkloristisch-religiösen und chronologischen Einheiten darstellen: Karneval gegen Fastenzeit, Schweinefleisch gegen Stockfisch; oder zwischen zwei Jahreszeiten: Sommer gegen Winter. Vergessen wir doch nicht, daß in der Dauphiné, im Languedoc und in der Provence das politische Leben ganz wie die vier Jahreszeiten in einem jährlichen Rahmen verläuft: Zu Beginn jeden Jahres werden die neuen Konsuln gewählt, zu dem Zeitpunkt, da das frische Gras des Frühlings das tote Stroh von Herbst und Winter ablöst, den Stoff, aus dem die Strohmänner des Karnevals gemacht werden. Es ist daher ganz normal, daß aufgrund einer charakteristischen Doppeldeutigkeit die symbolischen und biologischen Kämpfe zwischen den Jahreszeiten sich mit den Alltags- und Normenkämpfen zwischen politischen Gruppen überschneiden, zwischen den „Amtierenden" und denen, die schreien „raus mit den Amtierenden". Das alles bewegt sich in einem noch vorkopernikanischen Denksystem: Kosmische Zeit und gesellschaftliche Zeit sind unauflösbar miteinander verwoben. Sie beißen sich gegenseitig in den Schwanz; sie erneuern sich aneinander, einem Anthropozentrismus entsprechend, nach dem der (im Mittelpunkt stehende) menschliche Mikrokosmos dem Makrokosmos der natürlichen Umwelt untergeordnet ist. Wie Lévi-

Strauss schreibt, streben die symbolischen Systeme danach, „gewisse Aspekte der *physischen* Realität und der *sozialen* Realität auszudrücken und mehr noch die Beziehungen, die zwischen diesen beiden Realitätstypen bestehen".[19] Der Karneval ist aber schlechthin ein Gewebe aus symbolischen Systemen.

Und trotzdem ist selbst in dieser Sicht, in der das Weltall und das Gemeinwesen, der Kosmos und die Polis eins werden, der Dualismus nicht immer gegeben. Die italienischen Bauern oder die Berner Bürger des 16. Jahrhunderts, die in der Karnevalszeit die jährliche Prozession der Jahreszeiten mimen, führen nicht *zwei* Langzeiten des jährlichen Kreislaufs vor, Karneval–Fastenzeit oder Winter–Sommer, sondern einfach die *zwölf* Monate des Jahres, die wie an den Portalen der Kathedralen durch die einander ablösenden Arbeiten der bäuerlichen Gesellschaft veranschaulicht werden oder auch durch die „zwölf Planeten" usw.

In einer ganz anderen Optik ist auch in Romans der Karneval traditionell pluralistisch, auch wenn er letzten Endes zur Konfrontation eines Parteienpaares wird. Der Pluralismus zeigt sich 1580 ganz klar in mindestens fünf miteinander wetteifernden oder verbündeten „Königreichen". Diese verkörpern Stadtteile, Bruderschaften, fröhliche Abteien, Altersgruppen, gesellschaftliche Gruppen oder Klassen der Stadt. Der Endkampf entspricht dann einem Bündnis Adler–Hahn und Rebhuhn gegen Hase, Kapaun und Hammel. Diese pluralistische Tradition erhält sich über die Jahrhunderte: Der von Calixte Lafosse beschriebene Karneval von Romans um 1840 *erfreut sich in einem Umkreis von zwanzig Meilen eines großen Rufes.* Jetzt sind es nicht mehr fünf Königreiche wie 1580, *sondern gut und gern zwanzig Singvereine mit Dichtern und Schauspielern, die mit dem Thespiskarren von Platz zu Platz ziehen und wetteifern, wer am besten singt und die schönste Dichtung zum besten gibt. Ein angenehmer Zeitvertreib für das Publikum! Gesungen wurde alles, Patois* (= französisch-provenzalisch), *französisch, Kauderwelsch, Spaßiges, Tragisches, Auftritte aus Komödien, politische Couplets, gepfefferte Refrains, Meisterwerke, Albernheiten. Kostenloses Amusement! Die besten Refrains wurden monatelang gesungen, dann war Schluß bis zu den neuen Refrains des nächsten Jahres. Heute* (um 1869, als Calixte Lafosse seine Erinnerungen schreibt) *ist das alles zu Ende, einmal wegen der unbezahlbaren Druckkosten* (für die Stücke und Lieder) *und wegen der Vorzensur.*[20] *Das Thema der Karnevalssketche* (wie sie um 1840 geschrieben und aufgeführt wurden) *war zum Beispiel ein hübsches Mädchen, das sich weigerte, den Fastnachtsdienstag zu heiraten, der daraufhin vor Kummer starb, alles das unter den Augen von Vater Jacquemart. Diese dem Himmel nahe Persönlichkeit, die auf dem Gipfel des so benannten Turmes* (der Uhrturm von Romans) *wohnte, ließ sich herbei, auf die Erde herabzusteigen und dabei zu sagen: „Ich, der Gefährte des Adlers in der Höhenregion, wollte zur Ente werden."* Man sang auf okzitanisch: *„Wäre ich Prophet, ich würde die Isère in sauren Krätzer und die schmutzigen Abwässer von Romans in Schnaps und guten Wein verwandeln."* Wie man sieht, finden sich in den Belustigungen von 1840 die alten Themen wieder, die schon in den romanaisischen oder provenzalischen Karnevalsfesten von 1580 oder dem Ende des 16. Jahrhunderts offen oder unterschwellig vorhanden waren: Verwandlung von Lebensmitteln in ihr Gegenteil (gutes Wasser in sauren Krätzer, Schmutzwasser in guten Wein usw.), Heirat der Strohpuppe Karneval, Abstieg des Jacquemart von oben nach unten, Adler–Ente statt Adler–Hahn. Um so auffälliger ist das Fortbestehen des Pluralismus: zwanzig Singvereine um 1840; fünf Königreiche 1580. Der Karneval von Romans ist zu jeder Zeit nicht nur die „dualistische" Gegenüberstellung von Jungen und Alten oder Reichen und Armen. Sondern wie in Lyon oder in Italien ist er eine Art globale, poetische Beschreibung der Gesellschaft, der Stadtviertel, der Berufe, Altersgruppen, Jugendlichen, männlichen Wesen usw. Er ist all das zugleich. Das befähigt ihn hervorragend dazu, an den Prozessen *gesellschaftlicher Veränderung* teilzunehmen; zwar vollziehen sich diese nach heutigen Maßstäben langsam, sind jedoch trotzdem unbestreitbar in den Städten des 16. Jahrhunderts (Basel, Lyon, Romans), die der Reihe nach von Renaissance, Reformation und Gegenreformation erschüttert werden. Das heißt, daß der Karneval nicht nur eine scherzhafte dualistische und *rein momentane* Umkehrung des Gesellschaftlichen ist, letzten Endes mit dem Zweck, auf „objektiv" konservative Weise die bestehende Welt zu rechtfertigen. Eher ist er ein Instrument satirischer, gesanglicher und epischer Erkenntnis der Gruppen in ihrer Vielfalt; also ein Instrument des eventuell verändernden Handelns im Sinne von sozialem Wandel und möglichem Fortschritt.[21] Im Jahre 1783 kämpfen die *Masken* des revoltierenden Vivarais gegen korrupte Justizdiener im Dienst der Herren. Sie kämpfen für echte bäuerliche und dörfliche Gerechtigkeit.[22] Verfechter der Gerechtigkeit gegen geldgierige Justizvertreter. Dagegen ist wohl selbstverständlich, daß ein antisemitischer Karneval (im neuzeitlichen Montpellier oder Rom) nicht als „progressiv" angesehen werden könnte. Weder das Fest noch der soziale Wandel sind immer eine Einbahnstraße...

Für ihre konfliktuelle und dynamische Gesamtbeschreibung der Gesellschaft haben die Veranstalter des Karnevals von Romans verschiedene symbolische Verfahren benutzt. In diesem Punkt sind sie von ihren jeweiligen Gefolgschaften ausgezeichnet verstanden worden, trotz oder gerade wegen des Hasses, den sie gegeneinander hegten – und der sie zusammenschweißte. Ein Hauptmittel der Ausdrucksweise des Volkes ist die Metapher.[23] Eine symbolische Bedeutung der Nahrung ist im Karnevals*tarif* ausgedrückt worden, den die Freunde Guérins oder Guérin selbst verfaßt haben: Wild, Geflügel, frischer Flußfisch, guter Wein, Gewürze, Luxusobst und Zucker symbolisieren hier die Reichen und deren ostentatives Genießen in der Karnevalszeit. Saure, gesalzene, verfaulte, schlecht gewordene und stinkende Getränke und Nahrungsmittel, das gewöhnliche Schlachtvieh (Hammel, Ochse, Kuh, Schwein) und das Futter der Haustiere (Heu, Stroh, Hafer) sollen die Armen verkörpern, die aber momentan und ironisch durch die hohen Preise einer scherzhaften Verkehrung aufgewertet werden.

Einheitlicher und ursprünglicher ist die Verwendung lebender Tiere: Bär, Esel, Hase und Hammel auf der einen Seite (der Armen); Adler, Hahn, Rebhuhn auf der anderen (der Reichen). Anders ausgedrückt: Gegenüberstellung kastriert–nicht kastriert oder irdische Fauna–himmlische Fauna.

Diese Einteilungsmethoden sind bei anderen Karnevalsfesten oft angewandt worden, aber mehr zu chronologischen als zu soziologischen Zwekken: Kontrast Schwein–Stockfisch (Fastnachtsdienstag–Fastenzeit). Oder in Italien in einem Gelegenheitsgedicht des 16. Jahrhunderts: Gegenüberstellung von Rebhuhn, Fasan, Kapaun, Drosseln, Blutwurst, Tauben (= Karneval) einerseits und Karotten, Lauch, Erbsen, Thunfisch, Aal (= Fastenzeit) andererseits.[24] Verfahren derselben Art sind bei süd- und norditalienischen Karnevalsfesten, so nahe unserer Dauphiné, zu soziologischen und satirischen Zwecken gebraucht worden. In diesem Fall geht es nicht um eine Tiergruppe, sondern um Körperteile eines Karnevalstieres (Esel, Schwein, Truthahn, Wolf usw.), Körperteile, die das betreffende Tier durch Testament dieser oder jener Gesellschaftsgruppe vermacht. So zum Beispiel den Magen den Priestern, das Geschlechtsteil den Frauen, den Kopf den Rechtsanwälten usw. Im Karneval von Montmorillon im Jahre 1705 sind die Schafe die Bewohner, die Wölfe die Steuerbeamten. *Nimm dich in acht, schönes Lämmlein, die Wölfe sind nahe...*

Die „Symbolgrammatik" des Karnevals von Romans spielt auf drei Ebenen: In einem gegebenen Kontext kann jedes Tier eine präzise, besondere, manchmal triviale Bedeutung haben: Der Hahn ist männlich, der Bär ein Wetterprophet, der Hase von schlechter Vorbedeutung usw. In zweiter Linie funktioniert die Gesamtheit der zur Handlung gehörigen tierischen Belegschaft als Wappen, als Schablone oder Schlüssel, „der es möglich macht, die Verschiedenheit der Tierarten als begriffliche Stütze für die gesellschaftliche Differenzierung zu benutzen"[25]; auf diese Art kann man die Einteilung in Reiche und Arme beschreiben usw. Die Soziologie macht der Zoologie oder der Botanik Platz. Marx wird von Tournefort verdrängt.

In dritter Linie ist das Tier „Sündenbock“ für die Sünden der Gemeinschaft ... oder des gesellschaftlichen Gegners; es erinnert an die Arbeit des Züchters und an Jagd- und Sporttätigkeiten (Enthauptung des Hahns, Niedermachen des Hammels durch Hiebe mit der Sichel, Jagd auf das Rebhuhn); es besiegelt die Einheit der verschiedenen städtischen Untergruppen in der anheimelnden Wärme des Festgelages, wo es gemeinsam verzehrt wird. *Sag es mit Fleisch!* Das ist alles ganz klar, selbst wenn die Bedeutungen mehrfach sind und wenn sie mit jedem Fest oder jeder kollektiven Handlung wechseln. Hahn, Adler oder Rebhuhn, das Symbol ist gleichzeitig repräsentativ und funktional; es läßt eine Mehrfachstrategie zu; es ermöglicht diesem oder jenem Teil der Gruppe, sich zum Herrn einer gegebenen Situation zu machen oder Vorteil daraus zu ziehen. Diese Art des Handelns ist im Leben der Gesellschaft von Romans 1580 ganz von selbst angewandt worden: Das übliche Denken ist dort spontan „nominalistisch“; geeigneter, Objekte (Maibaum, Hammel) zu allen möglichen Zwecken einzusetzen, als zur Benutzung abstrakter Begriffe wie Klassenkampf, Reformen usw. Guérin, der Meister des Brauchtums, hat diese Denkstrukturen, die ihm bekannt und durch und durch vertraut waren, meisterhaft zu benutzen gewußt.

Das Symbol ist also für das politisch-folkloristische Festspiel, das der Karneval von Romans ist, ebenso wichtig wie das Programm. Kann man von Symbolen der Reichen und Symbolen der Armen sprechen? Ja und nein. Der gesellschaftliche Abstand zwischen den beiden Gruppen ist nicht so groß in einer kleinen Stadt und einer unglücklichen Zeit, in der alle, auch die „Gutgestellten“, eher kein Geld haben; wenn sich die Gelegenheit ergibt, kann man mit dem Gegner immer ein Symbol austauschen oder teilen, im Grunde gehört man derselben Welt an. 1580 ist der Eselsritt Sache der Armen, die Verkleidung in schweizerische Soldaten das Vorrecht der Mächtigen. Aber in Lyon gehören diese beiden Elemente, der Esel und die Schweizer, ungeteilt zum Karneval der Druckereiarbeiter. Türke und Kurier der närrischen Tage sind 1580 in Romans Verbündete, in Bern 1523 auf zwei gegensätzlichen Seiten. Solche „sozialen“ Unterschiede sind also in bezug auf die benutzten Objekte, Tiere und Symbole nicht absolut.

Trotzdem gibt es sie als allgemeinen Rahmen: Die (letzten Endes) dichotomische Teilung des provenzalischen und süddauphinischen Festes in eine Zeit der Unordnung und darauf eine Zeit der Ordnung ist in Romans ganz deutlich; ebenso deutlich wie am Fronleichnamsfest in Aix oder bei der *Tarasque*-Feier* in Tarascon (erster Akt: Die *Tarasque* ist wutentbrannt, ihre Nüstern speien Feuer; zweiter Akt: Sie wird von der Heiligen Martha gebändigt und zahm wie ein Hündchen). Diese Teilung ist chronologisch und auch geographisch nach Stadtvierteln: 1580 in Romans folgt das Rebhuhn (Ordnung) auf den Hammel (Unordnung); und andererseits schneidet eine Nordsüdachse, die der „Reichen“ (St. Barnard–Jacquemart), eine Ostwestachse, die der Handwerker und Bauern (St. Nikolaus–Hutmacherviertel). Sogar das Feuer wird geteilt: Die Lichtmeßkerzen werden in der Festzeit von den romanaisischen Plebejern monopolisiert; sie bilden einen Kontrast zu den (ebenfalls katholischen) Brandfackeln des Rosenmontag, die von den Kindern der Reichen geschwungen werden.[26]

Auf seiten der Plebejer ist die symbolische Verwendung der Satire offensichtlich. Üblicherweise ist das satirische Werkzeug bei einem gegen die herrschende Kaste gerichteten Protestkarneval die Karnevalspuppe, die dem augenblicklichen Feind ähnlich gestaltet wird: der Papst in Rom, Luther, Napoleon III., Ferkel Ludwig XVI., Zicklein Marie-Antoinette usw. Die Puppe tritt prinzipiell am Fastnachtsdienstag auf; sie hat also in Romans nicht die Zeit gehabt, Gestalt anzunehmen, da das Stadtfest am Tage vorher durch die vom Rebhuhn angezettelten Morde ein Ende gefunden hat. Trotzdem hat sich die Symbolik der Armen in verschiedenem Gewand gezeigt.[27] Sie hat die agrarischen Riten des St.-Blasius-Tages benutzt: Dabei wird mit Dreschflegelgetöse die Vorbereitung der Frühjahrsaussaat und die Vernichtung der Reichen gemimt; sie hat die Eselsparade veranstaltet, eine Art, der Elite zu sagen: Eure Frauen verprügeln euch, und wir setzen euch Hörner auf. Sie hat in Trauerritualen rhythmisch die blutrot-trauerfarbigen Totenhemden der Heilig-Geist-Bruderschaft geschwenkt, um das scheidende Jahr zu begraben und den Klassenfeind zum Fressen feilzubieten. Sie hat den Führern Beinamen gegeben (Paumier, Weißbrot). Sie hat die Gesichter der Herumziehenden beschmiert und so ihren Ausdruck verändert. Die Masken aus Lehm, Asche und Mehl sind ein Symbol für das Teufelswerk der Gespenster; sie verkünden auch unter der Anonymität von Rächermasken die mit Gewalt drohende Geschenkeinsammlung der Jugendlichen als Rache des Volksgerichts an den Ausbeutern in der Gemeindeverwaltung und an den Wucherern, den Blutsaugern des Volkes. Jede dieser Riten führt anhand einer figürlichen Darstellung eine mythische (Aussaat, Kalender, Geister) und eine politische (Klassenkampf) Ebene ein; statt unbrauchbarer abstrakter Begriffe werden dabei dem Volk verständliche, handelnde Personen eingesetzt, die sich ihrer Rolle entsprechend verkleiden.[28]

---

* Die *Tarasque* war die Nachbildung eines tierischen Ungeheuers, die an Pfingsten und am St.-Martha-Tag in einigen Städten des Midi und besonders in Tarascon spazierengeführt wurde *(Anm. d. Übers.)*.

Dasselbe gilt für den Schwerttanz, der in Romans am St.-Blasius-Fest die kriegerische Auseinandersetzung ritualisiert. Das zeitliche Zusammentreffen zwischen dem Fest dieses Heiligen und dem Schwerttanz ist nicht zufällig. Der Brauch wird auf beiden Seiten der Alpen, in Piémont und in der Dauphiné, bezeugt.[29] Toschi und einige andere haben diesen Typus von „Waffenballett", der in Italien, Deutschland, England, Spanien und dem südlichen Frankreich sehr verbreitet ist, gründlich erforscht. In ihm überlagern sich:

a) *ein raum-zeitlicher Ritus.* Die Rose, die während des Spiels aus den Schwertern gebildet wird, weist ebenso auf die vier Himmelsrichtungen wie auf das kosmische Kreisen der Jahreszeiten hin. Tod und Wiederauferstehung eines Menschen (Narr, Harlekin) vollenden sich im Lauf der Handlung;

b) *ein Ritus für die Fruchtbarkeit des Bodens,* eventuell auch die Gesundheit des Menschen und gegen die verschiedenen Heimsuchungen. Dieser Tanz wird in der Provence im Karneval und während der Olivenernte getanzt[30]; in Piémont wird dabei mit dem Schwert eine Furche für das Getreide gezogen. In Cervières in der Dauphiné wird er auch an dem seit Ausgang des Mittelalters jährlich speziell zum Schutz gegen die Pest begangenen St.-Rochus-Tag getanzt.

c) *eine virile, gefahrvolle Initiation der männlichen Jugend* und der Mitglieder der Berufsgenossenschaften; sie charakterisiert den Karneval als kriegerische oder mindestens als Zeit symbolischer Gewalttat. Im Gegensatz zur Fastenzeit, der Zeit des Gottesfriedens[31], in der es verboten ist, das (menschliche) Fleisch zu zerschneiden.

d) eine Proklamierung des Klassenkampfes: Im Piémont macht das tanzende Schwert einem bösen Grundherrn, der die Bauern terrorisiert und ihre Töchter vergewaltigt, den Garaus. Auch ein Hochzeitsmotiv wird sichtbar: Entführung des Mädchens durch den Schwerttänzer; oder die Befreiung desselben aus den Händen des „bösen Herrn". (Der Schwerttanz ist häufig mit so volkstümlichen Motiven wie *türkischen* oder *maurischen* Lustspielauftritten verbunden. Aber in Romans sind die als Türken verkleideten Personen auf der anderen Seite der Barrikade, bei den Reichen. Wieder einmal sehen wir die Mobilität, ja Austauschbarkeit der Symbole.)

Beim Fechttanz unseres Karnevals von 1580 überwiegen die beiden letzteren Bedeutungen (symbolische Gewalttat und gesellschaftlicher Konflikt) bei weitem die beiden ersteren (Kreislauf der Zeit und Gesundheits- und Fruchtbarkeitsbeschwörung). Aber auch diese fehlen nicht in den Ritualen.

Eng verbunden mit dem spielerischen Schwertschwingen ist in

Romans der Gebrauch lärmender, mißtönender Instrumente mit politischer Bedeutung: Schellen, Trommel usw. Sie werden von dieser Zeit an im gesamten provenzalischen und französisch-provenzalischen Raum die Vorzugsinstrumente der Riten, in denen sich in Form von Krawallen und „Unmusik“ Kritik und Auflehnung gegen die herrschenden Gruppen äußert. In dieser Hinsicht hat der Volkskarneval seine eigene Rationalität: Um seine sozialen Ziele zu erreichen, seine Forderungen zu artikulieren, benutzt er die im kulturellen und psychologischen Rahmen seiner Zeit wirksamsten und verständlichsten Agitationsmittel.[32]

Um dem zu begegnen, läßt der Karneval der Reichen alle Minen springen: Er veranstaltet die großen Rebhuhnumzüge, bietet eine ganze Batterie von Überhöhungen und Förmlichkeiten als Gegensatz zu den Karikaturen und Maskeraden. War die Losung der Handwerker- und Landarbeiterreiche die Regression, die Rückkehr zu den Werten von *unten*, von Erde, Tod und lärmender Kakophonie, zu der Symbolik von Schwert und kannibalischer Gewalttat, so verstehen sich die Prozessionen der Elite als kriegerischer Aufmarsch, aber auch als „förmlich geordnete, feierliche Gemeinschaft“, eine Metapher der hierarchischen Gesellschaft; statt der Regression verherrlichen sie den systematischen Aufblick zu den Symbolen der Höhe und des Vogelflugs. Der Überbau behauptet sich gegen den Unterbau; das Surreale gegen das Subreale, der Eisentopf gegen den irdenen Topf. Es ist der Kampf zweier Gerechtigkeitssysteme. Die logische Fortsetzung: Zur Fastenzeit wird mit der Hinrichtung von Paumiers Genossen ein Bestrafungsschauspiel veranstaltet; Kultur triumphiert über Natur. Guérins Festveranstaltung an den närrischen Tagen von 1580 bedient sich aller Traditionen des Schauspielrepertoires der romanaisischen Renaissance, und Gott weiß, daß es deren viele sind: Fast mittelalterliches Mysterienspiel zu Beginn des 16. Jahrhunderts, königliche Einzüge, fromme Prozessionen, Einweihung wundertätiger Leidenswegstationen . . . 1580 öffnet sich der kirchliche Raum der Stadt (St. Barnard und Franziskanerkloster) für burleske Neuheiten und folkloristische, mohammedanische Türken. Ja, der Richter Guérin ist entschieden ein Impresario ersten Ranges, wie es nicht viele gibt. Der (tragische) Zweck heiligt für ihn die Mittel und ist auch unterschwellig in allen komischen oder dramatischen Spannungsmomenten spürbar. Jedenfalls haben sich während der närrischen Tage alle gründlich verlustiert bevor sie sich anschickten, dem Gegner an die Gurgel zu fahren.[33] Der Tod kam fröhlich.

Wie steht es nun in unserem Falle mit den Umkehrungstechniken, die ihren Platz zwischen der Karikatur von unten und der von oben bezweckten Überhöhung finden? Den Anthropologen (Max Gluckmann, Marc Augé, Victor Turner usw.) zufolge ist die Umkehrung die Klimax des Karnevals, der zentrale orgastische Augenblick, in dem die Frauen und die Rollen vertauscht werden: Die Armen nehmen den Platz der Reichen ein und umgekehrt; alles ist auf den Kopf gestellt, der beim Überschreiten der Schwelle frei werdende Säftefluß der Gemeinschaft[34] ergießt sich durch die Lücken der normalen Strukturen und der alltäglichen Hierarchie; danach, wenn die Fastenzeit da ist, wird selbige nur um so besser wiederhergestellt. In Romans steht die Umkehrung zeitlich tatsächlich an einem zentralen Punkt (es ist der Moment des umgekehrten Preistarifs); aber ihre Rolle ist ziemlich oberflächlich. Die Plebejer kümmern sich nicht viel darum. Sie wird vom Gegner, von den Wohlhabenden benutzt; dort spielt sie die Rolle einer taktischen Satire, die von den Reichen dazu verwandt wird, sich über die Partei von unten lustig zu machen; zu Recht oder Unrecht beschuldigen sie diese, sich ihnen gleichstellen, Gesellschaft und Ehen durcheinanderbringen zu wollen. In der Umkehrungsphase in Romans sind Delikatessen billig: Sie gestattet einen kurzen Blick ins okzitanische Schlaraffenland, wo der verdauende Körper König ist[35], die Schlösser aus Kandiszucker bestehen und die Hundeleinen aus Würsten, wo der Konsum üppig zur Schau gestellt wird. Zu Beginn des 17. Jahrhunderts wird Schlaraffenland dann zu einem der Lieblingsthemen der provenzalischen Vorfastenzeit. Der relative Nahrungsüberfluß zur Zeit des guten Königs Heinrich IV. gestattet dieses Aufblühen Schlaraffias, das in den Jahren der mageren Kühe von 1580, mitten im Bürgerkrieg, noch nicht richtig möglich war.[36]

Bei unserem Gang durch den „Wald der Symbole" kommen wir nun zu den verschiedenen Aktionen, Jacquemart, dann Jacquemart–Rathaus, von denen die letzten Tage des romanaisischen Dramas geprägt sind. Sie drehen sich in karnevalistischer Form um die Werte Bündnis, höfliches Benehmen und Liebe.[37] Das Jacquemart-Viertel ist an und für sich ein interessantes Stadtviertel, sozusagen ein zentraler Übergangssektor: Infolge individueller Vendetta-Affären, über die wir nicht viel wissen, hat es seine Bündnispartner gewechselt. Es ist aus dem Lager des Volksbundes (Paumier) zu dem der Ordnungspartei (Guérin) übergegangen. Das Königreich des Viertels war anfänglich nach dem Hahn benannt: Einem Tier, das beim Hahnenkampf (mit einem anderen Hahn) getötet oder von Jugendlichen bei einem Geschicklichkeitswettbewerb enthauptet oder auch von Schulknaben mit Schleuder und Kieselsteinen ums Leben gebracht wird. Der Hahn ist eines der verbreitetsten Karnevalstiere Europas (in der Dauphiné selbstverständlich, aber auch in Italien, Spanien, Süd-

und Nordfrankreich, Deutschland, England, Schottland). Er ist für den Karneval, was der Stier für die spanische Kultur ist. Bis zum Kamm mit Bedeutung geladen, ist der Hahn Sinnbild von Männlichkeit, Mut und männlicher Sexualität. Dieser Hahn will sein Hühnchen decken. Dieser Adler vermählt sich mit seiner Rebhenne. Die Wettkämpfe, das Ringelreiten, die Bälle, die Königinnen, die die Festlichkeiten der letzten närrischen Tage kennzeichnen, deuten sowohl auf den höfischen Kult, den die jungen Reichen den Schönen von Romans weihen, als auch auf die gefährliche Achse, die Guérin und Laroche gegen Paumier bilden. Die Armen, deren Maskenball rein maskulin war (sie haben sich nicht einmal als Frauen verkleidet, was doch das ABC ist), gehen in die Falle dieses schlauen Spiels. Im August haben sie die Pläne Katharinas von Medici vereitelt; jetzt, im Februar, fallen sie gröblich auf den Zauber der Ballkönigin herein, der dazu dient, sie in einen Hinterhalt zu locken.[38] Sie gehen in die Falle der Zweideutigkeit.

Diese Doppelbedeutung von Fest und Konflikt gibt es heute nicht mehr. Daher ist der Karnevalsbrauch in Romans praktisch gestorben. Im 19. Jahrhundert war er noch sehr lebendig. Und vor dem Zweiten Weltkrieg gab es in Romans noch immer die *pantragnes,* Maskenzüge des Fastnachtsdienstag, mit abstoßenden, in Fetzen und Lumpen gekleideten Gestalten: Mit systematisch beschmutzten, geschwärzten und verschmierten Gesichtern zogen junge und weniger junge Narren wild fuchtelnd als Verkörperung makabrer Wesen in Prozession einher. Diese letzten *pantragnes* von 1930 kontrastierten mit dem geschniegelten, nach Noten geregelten Karneval, den die städtische Elite zur gleichen Zeit beim großen Maskenball im Stadttheater feierte.[39] Der besudelte Kittel gegen den Frack, die Straße gegen den Ballsaal ... Alles wiederholt sich.

Dreizehntes Kapitel
Zurück zu den Bauern

Der Karneval von Romans enthüllt nicht nur wie eine photographische Platte ein bestimmtes städtisches Bewußtsein. Er ist in eine breite übergeordnete Strömung eingebettet. Eine zum Teil bäuerliche Strömung: Der Bauernkrieg der Dauphiné ist auf seinem Höhepunkt (1579–1580); aber auch eine allgemein städtische Strömung: Die Städte der Provinz stehen im Kampf, um (unter anderem) zu erreichen, daß der Adel steuerlich gleichbehandelt werde, das heißt, daß er Steuern zahle. Die Adligen sollen zahlen! Damit können wir die doppelte dauphinische Bewegung in eine Typologie der Revolten des Abendlandes im 16. Jahrhundert einreihen.

Diese Revolten finden sich am Berührungspunkt aufeinanderfolgender Typen von Volkserhebungen[1]: Nennen wir sie der Einfachheit halber Typ I (hauptsächlich mittelalterlich) und Typ II (in „klassischer" Zeit).

Typ I: Zu ihm gehören: Die Schweizer Erhebungen vom Ende des 13. Jahrhunderts; die französische *Jacquerie* von 1358; die große englische Bauernbewegung von 1381 und die kleinen britischen Revolten der Jahre 1530–1540; die katalanischen Bewegungen im 14. und 15. Jahrhundert; und vor allem der deutsche Bauernkrieg des Jahres 1525. Diese verschiedenen Episoden haben bestimmte gemeinsame Charakteristika[2]: Sie sind der Versuch der einzelnen Bauern und der Dorfgemeinschaft als solcher oder einer Gruppe davon, die Kontrolle über die Einnahmequellen oder die Elemente von Machtausübung zu erobern oder wiederzugewinnen, die in der natürlichen oder sozialen Umwelt vorhanden sind. Es kann sich dabei um das Kontrollrecht über den Wald, die Jagd, den Fischfang, die Gemeindeweiden oder kürzlich während einer Krise verlassene Grundstücke handeln; weiter um die Kontrolle über den Zehent, eher um ihn festzusetzen oder zu verringern, als um ihn abzuschaffen (die Bauern wollen den Zehent zwar bescheiden halten, ihn jedoch als Zahlung an den Pfarrer und die Armen beibehalten); darüber hinaus geht es um ein Mitspracherecht nicht nur bei der Ernennung des Bürgermeisters, sondern auch des Pfarrers, des Landvogts oder Grundherrschaftsrichters; um die Teilnahme an der Rechtsprechung also und damit um die Begrenzung der Bußgelder, die sich über die „Bauerntölpel" ergießen; um Angriffe auf die Leibeigenschaft oder was davon übrig ist; um die Verringerung der Fronarbeit, der Grundrente, der Erbschaftssteuer; auch um die Senkung der vom Staat erhobenen Steuer; um ein Erbrecht, das die Kontinuität der Bauernfamilie auf dem gleichen Grund und Boden verbürgt; um die eventuelle Vertretung eines spezifischen *Bauernstandes* innerhalb der regionalen Institutionen.

Der Kristallisationspunkt dieser ländlichen Auflehnungsbewegungen ist gewöhnlich die bäuerliche Gemeinde; ihre Ziele und ihre Feinde können in den verschiedensten Richtungen ausgemacht werden, aber ihr großer Gegner ist in der Regel die Grundherrschaft; der Staat, soweit er existiert, ist erst in zweiter Linie ihre Zielscheibe; in dritter Linie kommen dann solche Sündenböcke wie die Städte, die Juden usw. Manchmal, aber nicht notwendigerweise, beziehen sich die Bewegungen auch auf religiöse Gründe oder wie man heute im Jargon der Linguisten sagt, auf einen religiösen „Code": Franziskanische Losungen im England von 1381; evangelische, lutherische Parolen im Deutschland von 1525 *(als Adam grub und Eva spann ... wo war denn da der Edelmann?).* Sie können sogar chiliastische und apokalyptische Formen annehmen: Im Denken Thomas Müntzers verschmilzt die bäuerliche und vor allem die städtische Revolution in Deutschland (1525) mit dem Plan eines Jüngsten Gerichts durch blutige, umwälzende Erneuerung der diesseitigen Welt. Unter diesen Bewegungen hat es einige gegeben, die rundherum siegreich waren, z. B. den Ausnahmefall der Schweizer Kantone, die seit dem 13. Jahrhundert endgültig frei geworden sind. Manchmal gehen sie mit Perioden lange schwelender Krisen einher (Katalonien im 14.–15. Jahrhundert) oder mit einer Zeit anhaltenden Wirtschaftswachstums (Deutschland 1525). Im allgemeinen in geringer, aber manchmal auch sehr kräftiger Dosis enthalten sie gewisse kommunistische, anarchistische oder einfach demokratische *Invarianten;* Invarianten, wie sie von Autoren wie Chomsky und Chafarevitch bei vielen gesellschaftlichen Umsturzbewegungen der gesamten geschichtlichen Zeit aufgezeigt worden sind.[3]

Im Gegensatz zu Typ I, der besonders von 1300 (ungefähres Datum) bis etwa 1530 vorkommt, verkörpert sich Typ II in den typischen Volksaufständen, die zwischen 1520–1550 *(Pitauts* in Aquitanien, *Communidades* in Kastilien) bis ins erste Jahrzehnt des 18. Jahrhunderts (letzte Erhebungen der *Croquants* im Südwesten Frankreichs) stattfinden. Auch die Aufständischen dieses zweiten „Modells" wollen die Macht und die Finanzhoheit ihrer Dorfgemeinschaft und ihrer Höfe erhalten. Wie ihre Vorgänger schlagen sie nach allen Seiten aus, besonders während der Religionskriege, die in dieser Beziehung besonders ergiebig sind, aber auch später: So haben wir Aufruhrbewegungen gegen das teure Getreide; religiöse (prokatholische) Revolten in Westfrankreich; und im umgekehrten Sinn die Aufstände gegen den Zehent, dann wieder die Kämpfe gegen die Grundherren, gegen die Raubritter, die Städte und die Gläubiger. Dennoch findet sich in fast all diesen Revolten der „klassischen" Zeit ein gemeinsamer Zug: Mehr als die Revolten des 14. und 15. Jahrhunderts gelten sie der großen aufsteigenden Kraft der neuen Zeit, das heißt dem Staat, dieser wachsenden, umfassenden und wuchernden Macht. Trotz des oft gefühlsmäßigen „Royalismus" der Rebellen wird dieser Staat, der zu viele Triebe ansetzt, um vertrauenswürdig zu sein, von den Aufständischen gröblich gebeutelt, beschimpft und angegriffen. Gleichzeitig richtet sich die Auflehnung gegen das (königliche) Heer, die (direkte und indirekte) Steuer und die neue Elite der Fiskusbürokratie, der Herrengüterverwaltung und der Schreibstuben. Der Bauer und sein potentieller städtischer Verbündeter sehen ihre Feinde als Ganzes: Der hohe königliche Richter, gegen den sie sich wenden, kann gleichzeitig auch Burgvogt, Gläubiger, Grundherr und Heereslieferant sein; er wird also auf mehrfache Weise persönlich angegriffen. Aber die antistaatliche Färbung wird fast immer sichtbar. Sie wirkt wie ein Lakmuspapier, das sich blau oder orange färbt: An ihr kann man ablesen, ob es sich um Revolten vom Typ II handelt oder nicht.[4] Sie ist das Anzeichen für den Widerstand gegen die unablässig wachsende Verdichtung des Territorialstaates im 16. und 17. Jahrhundert, eines Staates, der selbst mehr und mehr zu einem Faktor ständig stärker werdender sozialer Ungleichheit wird.

Unter diesem Gesichtspunkt sind der Karneval von Romans und der Krieg der dauphinischen Bauern beispielhafte Ereignisse. Im Kielwasser von „Typ I" richten sie sich schonungslos gegen die städtischen Notabeln und auch gegen den Adel und sogar die Grundherrschaft. In dieser Beziehung sind sie radikaler als im 17. Jahrhundert die verschiedenen Ausbrüche der *Croquants* des Südwestens; deren Feindschaft gilt spezifisch dem Fiskus; dem Adel gegenüber sind sie nicht aggressiv.

Und dennoch: Obwohl es in gewissem Grade an Typ I erinnert, gehört das dauphinische Geschehen unbestreitbar deutlich in den Bereich von Typ II. Jenseits der spezifisch städtischen und karnevalistischen Wirren richtet sich dieses Geschehen unzweideutig gegen den Staat und dessen Steuer. Erst über die Kämpfe gegen den Fiskus beginnen die Menschen der Dauphiné sich gegen den Adel aufzulehnen, der ihnen als der große Steuerhinterzieher erscheint. Romans und die Dauphiné, eine Revolte zweifachen Inhalts: gegen den Adel und gegen den Fiskus.

Daß der Karneval von Romans, der von einem Mann (Paumier) gelenkt wurde, der nicht nur Motor einer Stadtrevolte, sondern auch charismatischer Führer der umliegenden Landgemeinden war, mit einer ungeheuren bäuerlichen, adelsfeindlichen Bewußtseinsbildung einherging, die sich gegen die Privilegien der Steuerfreiheit richtete und die im Flachland mehrere Generationen hindurch andauerte, das beweisen im nachhinein, etwa fünfzehn Jahre später, die *Hefte* des ländlichen dritten Standes, die 1596 in jedem größeren Dorf, Kirchspiel oder jeder Burgvogtei verfaßt wurden. Die Erklärungen, die in diesen Dokumenten von seiten der Einwohner abgegeben werden, sollen die Forderung des Bürgerstandes unterstützen, die dem König unterbreitet wird; darin wird das Ende der Diskriminierung des dritten Standes gefordert, der die Hauptlast der Steuern trägt.[5] Sehen wir uns auf dem Mikrofilm, den die Archive des Departements Isère Herrn Chomel verdanken, die zornigen Proteste dieser *Hefte* an: In Chabeuil (Raum Romans) gehören 4 130 Sétérées (fast eintausend Hektar) der Geistlichkeit und dem Adel, sind also von der Steuer ausgenommen. In La Côte-Saint-André ist ein Drittel des Territoriums, das bisher zur Kopfsteuer beigetragen hat, von Privilegierten, meist Adligen, erworben worden; dieser Boden zahlt keine Steuern mehr. In Divajeu sind es im Jahr 1599 ungefähr hundert Hektar. In Fiancey (1596) ist seit 1556, also ungefähr seit Beginn der Religionskriege, ein halbes Tausend Hektar von echten oder angeblichen Edelleuten erworben worden; fügen wir noch etwa zwanzig Hektar im Besitz des Klerus hinzu. Zusammen mit dem Land, das schon vor 1556 in adliger Hand war, besitzen die Edelleute jetzt „fast den ganzen" Grund und Boden Fianceys. In Montéléger besitzen 1596 die Privilegierten drei Viertel des Bodens, der dritte Stand ein Viertel. Wegen ihrer großen Privat- und Gemeindeschulden haben die Nichtadligen der Ortschaft einen großen Teil ihres Landes an Adlige verkaufen müssen. In Montmeyran (1596) haben seit vierzig Jahren Geistliche und Adlige so viel Grund erworben, daß die Hälfte allen Landes Privilegierten gehört; die andere Hälfte, die dem dritten Stand verblieben ist, bringt weder genug Ertrag noch Kapital, um die Schulden zu bezahlen: Sie lasten auf der örtlichen nichtadligen Gemeinschaft. In Pariset besitzen die Privilegierten fast 700 Hektar. In Pipet verfügen Adel und Geistlichkeit über ein Viertel des Bodens. Im Kirchspiel Quaix (1596) ist ein Drittel des besten Bodens seit fünfzig Jahren von den Privilegierten erworben worden. Trotzdem schuldet der verbleibende Rest der Gemeinschaft 18 000 Écus. In Revel, wo die Gemeindeschulden 12 000 Écus betragen, teilen sich die Adligen und der dritte Stand den Grund und Boden je zur Hälfte. In Saint-Paul-Trois-Châteaux, einer durch den Krieg zugrunde gerichteten Gemeinde, besitzen die Privilegierten 150 Hektar in der besten Lage. In Saint-Marcellin und Saint-Etienne-de-Saint-Geoirs bemächtigen sich Adlige zwischen 1570—1580 und 1633 eines Drittels des nichtadligen Besitzes

(Saint-Etienne) bzw. eines Drittels des Gesamtbodens (Saint-Marcellin): Im zweiten Fall können diese Erwerbungen aufgrund der präzisen Angaben in den Notariatsakten in unserer Akte (vom späteren Datum 1633) Punkt für Punkt abgesteckt werden. Die beiden Ortschaften haben übrigens einen großen Wert, die eine wegen ihres Ackerlandes, die andere wegen des Weidelandes. Wir brauchen nur an den heutigen Flugplatz Saint-Etienne-de-Geoirs zu denken, dessen Pisten eine schöne, ganz flache Ebene voraussetzen; und an den berühmten Käse aus Saint-Marcellin. In Beaufort, einer sehr unruhigen Gegend, setzte die privilegierte Klasse sofort nach dem Ende der Revolte von 1580 ihre Landkäufe fort; in diesem Fall wie auch sonst immer wird das Land dadurch steuerfrei. Der Bürgerstand verliert dabei dreihundert Hektar Ackerland, vierzig Hektar Wiesen, fünfzig Hektar Wald und Rebfläche. Über zwei Drittel dieser Käufe werden zwischen 1580 und 1602 getätigt. In Pisançon (vor den Toren von Romans) besitzen im Jahr 1596 der dritte Stand 3 915, Adel und Geistlichkeit 3 438 Sétérées Land. Auf dem Landanteil des dritten Standes lasten 4 987 Écus Schulden, das heißt mehr als ein Écu pro Sétérée. Ein Teil des auf diese Weise privilegiert gewordenen Landes besteht aus Neuerwerbungen; es ist Bürgerlichen von Personen abgekauft worden, deren Adel zweifelhaft, deren Reichtum aber sicher ist. Zu ihnen gehört wieder einmal der nun „geadelte“ Richter Guérin mit vierzig Hektar. Sodann ein „geadelter“ Velheu: drei Morgen Wiese; ein „geadelter“ Gaspard Jomaron usw. Immer wieder unsere guten alten Patrizierdynastien von Romans, deren Blut langsam aber sicher blau wird.

Der Abbé Cavard[6] hat diese Hefte für den Raum Vienne sehr genau studiert und einige sehr präzise Angaben gemacht: In dem bereits erwähnten La Côte-Saint-André, einem wirklich „zentralen“ kleinen Marktflecken, der von den städtischen Eliten Grenobles, Viennes, Romans’ und Crémieus kolonisiert wird, ist alles Grasland in privilegierter Hand. Von den Privilegierten leben ungefähr fünfzehn Adlige am Ort, und fünfundzwanzig sind Auswärtige. Unter diesen vierzig Adligen gibt es sechs falsche oder ganz neue; neunzehn sind von nicht sehr altem Adel, und drei sind Bastarde; der Rest ist wahrscheinlich „echt“. In Saint-Hilaire haben sich etwa zehn Adlige wie Maden im Käse auf mehreren Hundert Hektar Land niedergelassen; der Gemeinde fällt es um so schwerer, ihre 6 000 Écus Schulden zu bezahlen. In Bellegarde (10 000 Écus Gemeindeschulden) besitzen vierzehn Adlige zwei Drittel des Landes. Kein Wunder, daß sich Bellegarde unter der Führung seines Notars im Jahr 1579/1580 energisch gegen die Steuerprivilegien aufgelehnt hat. In Septème weiß sich die Gemeinde buchstäblich nicht mehr zu helfen: Von 1576 bis 1586 haben siebzehn Adlige für mehr als 1 400 Écus Land erworben. Das Dorf ist zu einer Hecke von Edelleuten geworden, wie Kuckucke haben sie ihre Eier in fremde Nester gelegt. Andererseits haben auch die Geistlichen reichen Besitz in Septème. Dabei hat die Gemeinde 20 000 Écus Schulden, die privaten Schulden nicht gerechnet. Und nun lehnt es die Stadt Vienne ab, daß ihre in Septème Land besitzenden Einwohner dort Kopfsteuer bezahlen (es ist der alte Konflikt Stadt–Land über den Ort für die Berechnung der Steuer, der seit 1581 wieder aufbricht[7]). Der von der Stadt ausgehende Druck fällt mit der Offensive des Adels zusammen: Sieben der siebzehn Adligen, die in Septème Land erworben haben, kommen (selbstverständlich!) aus der Gesellschaftsschicht des Amtsadels, die erst seit kurzem dem Bürgerstand entwachsen ist. Die Einwohner von Septème werfen entmutigt die Flinte ins Korn: Viele von ihnen verlassen, von Schulden und Steuern erdrückt, Haus und Hof. Betrachten wir auch Saint-Symphorien-d'Ozon und Solaize: Dort sitzen die Einwohner in der Klemme zwischen den hohen Gemeindeschulden (40 000 Écus) und der zusätzlichen Steuer, die sie wegen der Steuerbefreiung der Privilegierten bezahlen müssen; die Armen sagen von sich, sie seien erdrückt *wie eine Waffel von den beiden Seiten des Waffeleisens*[8]. Unter den glücklichen Auserwählten, für die beide Dörfer ein Steuerparadies sind, befinden sich zwei Adlige aus alter Familie, ein Pfarrer und der örtliche Vertreter einer Abtei; sonst aber der Nachkomme eines reichgewordenen Gastwirts; der Bastard eines angeblichen Adligen und Schwiegersohn eines reichen Mannes; ein Hauptmann, Schwiegersohn eines Gastwirts; der Sohn eines Feldschers; zwei Italiener, einer davon ein ehemaliger Gendarm; eine Notarstochter, Enkelin von Metzgern und Flickschustern; ein Richtersohn, ein Hufschmiedssohn, ein Rechtsanwalt. Der steuerfreie „Adel" von Saint-Symphorien setzt sich wirklich aus Hinz und Kunz zusammen. Um sich mit dem Adel zu schmükken, genügt es offenbar, erfolgreich Ladner, Jurist oder Militärangehöriger gewesen zu sein.

Mehr noch als um die Genauigkeit, mit der Zahl für Zahl die Behauptungen der Hefte belegt werden, geht es mir um die bäuerliche Gedankenwelt, aus der sie wie Lava hervorquellen. Zwei Jahrhunderte vor 1789 ist das adelsfeindliche, jedenfalls dem Neuadel gegenüber feindselige, Bewußtsein in der ländlichen und bürgerlichen Dauphiné auf einem Höhepunkt angelangt. Dieses Bewußtsein sträubt sich gegen die Ausdehnung eines Agrarkapitalismus, der sich an der städtischen Grundrente und den städtischen Absatzmärkten für landwirtschaftliche Erzeugnisse orientiert; seine treibende Kraft sind Adlige neuen Datums, deren Anfangskapital aus dem Gastgewerbe, der Schmiede oder dem Metzgerhandwerk stammt; dieser mit Adelswappen und Adelsprädikat daherkommende Kapitalismus ruiniert und untergräbt die kleine Familienwirtschaft der

Bauern. Diese reagieren heftig. Sie können um so besser handeln, als die relativ repräsentativen Institutionen der Provinz und die Organisationstraditionen des dritten Standes auf lokaler Ebene ihnen eine Kampfbasis liefern, zu der es in anderen Gegenden kein Gegenstück gibt. Ganz zu schweigen von den stimulierenden Beispielen (der Süddauphiné, der Provence und des Languedoc) in nächster Nähe, dem Modell eines das *gesamte* Grundeigentum einbeziehenden Katasters, der Steuerbefreiungen ausschließt; auch für die Privilegierten gibt es keine, wodurch sie in der Provence auch nur sehr wenig privilegiert sind.

Dieser der dauphinischen Bewegung eigentümliche Protest unterscheidet sich stark von dem viel reineren, nicht mit gesellschaftlichen Inhalten beladenen Charakter der Steuerfeindlichkeit der Revolten und der Kampfziele anderer französischer Provinzen im 16. und 17. Jahrhundert. Natürlich macht der Vergleich zwischen verschiedenen Regionen einige Anmerkungen nötig: Möglicherweise hat dasselbe adelsfeindliche Bewußtsein unterschwellig auch anderswo, in der Picardie oder in Burgund, bestanden; aber da es dort keine Einrichtung wie die *Hefte* und anderes gab, konnte es sich nicht ausdrücken, während das in der Dauphiné gründlich der Fall war; im Norden (etwa in Burgund) konnte das erst im 18. Jahrhundert geschehen. Darüber hinaus darf man aber die dauphinische Haltung nicht überbewerten. Sie bleibt in Grenzen. Dem wahren Adel gegenüber ist sie durchaus ehrerbietig, sie wendet sich nur gegen die falsche Münze des Pseudoadels neuen Datums. Es geht ihr hauptsächlich um die Steuerfreiheit der Privilegierten. Dafür läßt sie die Herrenrechte weitgehend unangetastet. Der Höhenflug der Rousseauschen Idee, nach der alle Menschen ohne Ansehung der Geburt gleich sind, ist ihr fremd. Aber so wie sie ist und mit all den erwähnten Einschränkungen, erfüllt mich die Haltung des Flachlandes um Grenoble, Vienne und Romans mit bewundernder Nachdenklichkeit. In dem Zeitraum 1570–1640 ist die Dauphiné, ganz wie Savoyen, wie Piémont, wie die Schweiz, allen übrigen „gallischen“, wenn auch nicht germanischen, Ländern weit voraus in der Schärfe, mit der sie einen gegen Adel, Grundherrschaft und Feudalismus, weil gegen das Steuerwesen gerichteten, vernünftigen Protest erhebt. Die Bauern der Dauphiné empfinden von 1579 bis 1596 die gleichen, durch den Fiskus erzeugten Frustrationen, von denen die Landleute der Nieder-Normandie oder „nu-pieds“ (Barfüßler) der Revolten von 1639 oder die *Croquants* des französischen Südwestens im Jahre 1637 bewegt werden. Aber sie ziehen daraus soziale und gesellschaftspolitische Schlußfolgerungen, die viel weiter gehen. Sollte „das Reich“ (östlich der Rhône) klüger sein als „das Königreich“?

Die beiden Modelle I und II, die sich bei unserem Karneval überschneiden, sind in dem drei oder vier Jahrhunderte langen Strom der Revolten Teil einer Langzeitproblematik. Aber gerade die *Hefte* von 1596 bezeugen, daß daneben auch so etwas wie eine Breitenproblematik besteht: Sie betrifft einen Zeitraum von nur fünfzig Jahren und nicht von vier Jahrhunderten. Sie entzieht sich dem engen Rahmen der Revolten, und bewegt sich stattdessen im Umfeld des friedlichen Rechtswegs. Man kann ja eine kollektive Antisteuer- und Antiprivilegiertenbewegung wie die, die sich in der Dauphiné von 1540 bis 1640 vollzieht und 1580 in Romans ihren Höhepunkt erlebt, nicht völlig erklären, wenn man sich darauf beschränkt, nur die *gewalttätige* Revolte in Betracht zu ziehen. Sonst riskiert man, die Aufmerksamkeit nur auf die „primitiven Rebellen" zu lenken, auf die Randgruppen der Schläger, Schreihälse und Unruhestifter, die „anormalen Typen", die Köpfe, die sich plötzlich an dem oft sinnlosen Teufelskreis der Greuel erhitzen.[9] Man riskiert, nur die vereinfachenden Tageskampfparolen zu betrachten, kriegerische Parolen, die viel zu oft einen demagogischen, ja sogar leicht „schwachsinnigen" Charakter haben; beim roten Schein der brennenden Burgen sprechen diese Parolen von der utopischen Rückkehr zum angeblich goldenen Zeitalter vergangener Epochen; sie appellieren an den guten König gegen den schlechten Minister; sie fordern die Wiederherstellung von angeblichen Bräuchen der alten Zeit ... was erlaubt, sie dann mißbräuchlich eines „tiefen Konservatismus" gegenüber dem „modernen"[10] Staatsdenken zu beschuldigen. Die Historiker der Revolten, Bercé, Pillorget oder Günther Franz, haben klar die Grenzen dieser Forderungen der bewaffneten, kriegführenden Rebellen aufgezeigt.

Es gibt aber eine andere, oft ausdrucksvollere und beredtere Seite kollektiver Auflehnung. Wir begegnen ihr sowohl 1550 als auch 1579, 1595 und 1634. Es ist die gewaltlose Intervention beim Rat des Königs, es sind Prozesse, Rechtswege, juristische Streitigkeiten. Sie ermöglichen, daß im Verfahrensdickicht bewanderte Anwälte unablässig und in wohlgesetzten Worten die Argumente vorbringen, die aus der aufsässigen Bevölkerung kommen, aus den Dorfgemeinschaften und aus der gesellschaftlich zurückgesetzten Schicht der Bürger der Dauphiné.[11] Dafür ist der Kopfsteuerkonflikt in unserer Provinz ein gutes Beispiel. Wie wir am Beginn unseres Buches gesehen haben, beginnt er Mitte des 16. Jahrhunderts; 1576 geht er weiter und erreicht seinen Höhepunkt 1579, kurz vor unserem Karneval; zwischen 1591 und 1639 bricht er in voller Stärke wieder auf. Noch in der Regierungszeit Heinrichs IV. und Ludwigs XIII. steht er in der direkten Nachfolge dessen, was unter Heinrich III. Jean de Bourg begonnen hat. Mit den königlichen Akten von 1634 und 1639 endet er mit einem zwar nur teilweisen, aber bemerkenswerten Sieg des dritten Standes: Aufgrund dieser entscheidenden königlichen Gesetze müssen von nun an alle bürgerlichen Ländereien, die seit zehn Jahren von Adligen erworben wurden, ins Grundbuch eingetragen und ab 1639 versteuert werden; die Kopfsteuer wird jetzt in der ganzen Provinz zur Realsteuer, wie sie es im Südosten der Dauphiné und auch in der Provence und im Languedoc schon immer gewesen ist. Zwar wird die fiskalische Sonderbehandlung der Privilegierten nicht abgeschafft (erst 1789 verschwindet sie ganz), aber im Vergleich zum 16. Jahrhundert wird sie stark eingeschränkt, im Vergleich zu jener schweren Zeit, in der der Adel dem dritten Stand gegenüber handelte „wie ein in einem Hühnerhof losgelassener Fuchs".

Ich will hier nicht die Geschichte des Kopfsteuerkonflikts erzählen.[12] Ich erinnere nur an einige seiner hervorstechendsten Züge und tue das, um den Ort des Karnevals von Romans[13] im Strom der Geschichte genauer zu bestimmen. Durch diesen Prozeß tritt zuerst 1576 (de Bourg) und erneut ab 1595 eine Gruppe „organischer Intellektueller"* des dritten Standes hervor. Sie sind Nachfolger de Bourgs, der zwischen 1576 und 1579 das Denken Paumiers beeinflußt hat. Zu ihnen gehören: Claude Brosse, aus einer ländlichen, mit dem Makel der Bürgerlichkeit behafteten Burgvogtsfamilie. Brosse ist zuerst Burgvogt der Ortschaft Anjou in der Beaurepaire-Ebene, in nächster Nähe der ungestümen, revolutionären Valloire. Dann wird er, von 1588 bis in die 1630er Jahre, Rechtsvertreter der Dauphiné-Dörfer.[14] Antoine Rambaud ist aus Die gebürtig; er wird Anwalt beim Grenobler Parlament. Lateinisch-griechisch gebildet und katholisch, ist er ebenso gegen den Adel wie gegen die Hugenotten. Er beendet seine Laufbahn in Die als verehrter Richter. Claude Delagrange, „ein arbeitsamer Kleinstadtrichter", ist ein kleiner Richter in der Landvogtei Saint-Marcellin. Jean Vincent, Neffe des Vizeseneschalls von Crest, ist Doktor der Universität Valence und Rechtsgelehrter; er ist hochgradig befähigt für eine juristische Professur, lehrt aber nicht. Auch Ennemond Marchier ist Anwalt am Grenobler Parlament.[15] François Guérin oder de Guérin ist Anwalt in Vienne. Er setzt in seiner Geburtsstadt fort, was de Bourg begonnen hat. Dreißig Jahre nach ihrer eigenen Offensive in einer entscheidenden Phase des Kopfsteuerkonflikts, um 1595–1600, machen Delagrange, Rambaud und Vincent einer zweiten Generation von Anwälten des dritten Standes Platz; François Guérin (in keiner Weise mit unserem Richter Antoine Guérin verwandt) ist gegen 1634 ihr bekanntester Vertreter. Claude Brosse, ein „Kanalarbeiter" des ländlichen Kampfs,

---

* Ein von Gramsci geprägter Begriff für Intellektuelle auf den unteren Stufen der Stufenleiter: Landpfarrer, Dorflehrer, Dorfnotare und -rechtsanwälte, die sich der Sache des Volkes annehmen *(Anm. d. Übers.)*.

stellt mit seiner Leistung das Verbindungsglied zwischen den Männern von 1600 und denen von 1630 dar. Alle diese Menschen gehören zu der strategisch wichtigen Mittelschicht von Anwälten, Stadtrichtern und ländlichen Burgvögten, von denen manche, wie der Richter Guérin, den Aufstieg in den Adel vorziehen; im Gegensatz zu diesen wenden sich andere, wie der Anwalt François Guérin, den Gesellschaftsklassen zu, die unmittelbar unter ihrer eigenen stehen; sie machen sich zu Führern des dritten Standes. Sie erfinden eine Ideologie mit halbegalitären Bestrebungen, die sie, so gut es geht, aus dem Bildungsgut ihrer Epoche ableiten. Diese stellen sie in den Dienst des städtischen Bürgertums und der führenden Elemente der dörflichen Gruppen. Die meisten dieser politisch führenden Anwälte waren in ihrer frühen Jugend, um 1570, Schüler des großen Cujas, der an der Universität Valence das römische Recht wiedereinführte. Auch der Richter Guérin hat in Valence studiert. Aber das war vor der Lehrtätigkeit Cujas'. Daher erklären sich vielleicht die Unterschiede in der Mentalität: Diejenige Guérins neigt zu Hierarchie und Aristokratie; die der Richter und Anwälte von 1600, der Verteidiger des dritten Standes, ist egalitärer und demokratischer.

Mit beiden Füßen auf der Erde, dafür aber auch ganz konkret und den Forderungen der Bauern nahe, steht Anfang des 17. Jahrhunderts zunächst das Wirken von Claude Brosse, eines echten ländlichen Führers; er ist so hartnäckig, daß ihn die Grenobler Parlamentarier, die Verteidiger der Privilegien und selbst Privilegierte, zeitweise ins Gefängnis sperren.[16] In den Jahren 1606 und 1608 legt Brosse dem König im Namen der dauphinischen Dörfer verschiedene „Beschwerdehefte" vor, die er selbst verfaßt hat; später, in der Regierungszeit Ludwigs XIII., werden sie von Grenobler Druckern mehrmals neu aufgelegt. Dem Verfasser der *Hefte* geht es in erster Linie um das Unrecht der steuerlichen Sonderbehandlung: Wie immer verlangt er die Abschaffung der automatischen Befreiung von der Kopfsteuer solchen Grundbesitzes, den Adlige von Bürgerlichen erworben haben; desgleichen die Abschaffung der Steuerbefreiung für Pächter und Halbpächter von Adligen; und den Erlaß der Kopfsteuerrückstände seit 1600.

Die Schriften von Brosse sind nicht einfach gegen die Steuer gerichtet. Man kann sie als in gewissen Grenzen gegen die Grundherrschaft, gegen den Adel gerichtet sehen. Darin sind sie vergleichbar mit den *Heften* der Beauce oder mit denen der Dauphiné aus dem Jahre 1576; sie sind aber viel kühner als die der Champagne des Jahres 1614.[17] Claude Brosse macht sich wirklich zum Sprachrohr der bäuerlichen Frustrationen, die ihm von der Generalversammlung der Gemeindekonsuln übermittelt werden. Sie betreffen in erster Linie den Grund und Boden: Deshalb fordert er vom König, daß der dritte Stand den von Adligen erworbenen Besitz zurückkaufen könne, ohne daß diese Rückkäufe in den Kreislauf von Kreditgeschäften und Bodenspekulation geraten. Sodann auch das Problem der Schulden, seien diese privater Natur oder Gemeindeschulden: Brosse will, daß die Gläubiger der Dörfer das Korn der Schuldner nicht mehr auf dem Halm oder in der Scheune pfänden können; daß das Teilmoratorium für die Zinsen vererbter Schuldverschreibungen oder Renten, das Heinrich IV. erlassen hat, auch eingehalten werde. Claude Delagrange geht noch weiter, – geht in diesem Punkt zur direkten Auflehnung gegen die Herrenrechte über; er betont, daß viele Pachtzinsen oder Herrenrechte, die den bäuerlichen Boden belasten, in Wirklichkeit nur alte ererbte Schuldverschreibungen und Zinsdarlehen sind, die früher einmal Zinsen getragen haben; später sind sie als sogenanntes grundherrliches Anrecht von den Erben des Gläubigers, die zu Grundherren geworden sind, zu Lasten der Erben des Schuldners, die damit zu Hintersassen werden, in eine ständige Einrichtung umgewandelt worden.[18] Die juristische Guerilla gegen den Grundherren erscheint in den Heften Brosses in ganz konkreter Weise: zum Beispiel fordert unser Mann die Anerkennung des bäuerlichen Jagdrechts, das für ihn in der Dauphiné traditionell ist. Er verlangt auch, daß keine Verkaufsgebühren (zugunsten der Grundherren) mehr erhoben werden dürfen, wenn ein Grundstück schuldenhalber gepfändet oder verkauft wird; daß aufgehört werde mit der Sitte, fünfzehn Jahre zurückliegende Fälligkeiten von Abgaben an den Grundherrn, die ursprünglich auf Korngrundlage berechnet waren, nun in Geld zu verlangen (noch dazu in einem Jahr der hohen Kornpreise). Diese teilweise Wiederbelebung des Kampfes gegen das Grundherrentum erstreckt sich auch auf die Prozesse der grundherrschaftlichen Richter gegen die Bauern und auch der Parlamentarier, die bei den Bauern sowieso schlecht gelitten sind; auch auf die Übergriffe, die von der Bürokratie und der Polizei begangen werden. In bezug auf die Kirche ist Brosse geteilter Meinung, pro und kontra. Pro: Er will verbieten lassen, daß die Möbel des Pfarrers schuldenhalber gepfändet werden; er möchte, daß die vielen unglücklichen Kirchspiele, die ohne Priester und ohne geistlichen Zuspruch sind, ihren Seelenhirten bekommen. Kontra: Er tritt ein für eine Verringerung der Dezimezahlung (kirchliche Abgaben an die Krone) für ehemals geistlichen Grundbesitz; er möchte die Steuerfreiheit für die Felder aufheben, die eine Abgabe zur Subventionierung der Messe bezahlen. Insgesamt ist Brosse, was die Kirche angeht, für die Pfarrer, aber gegen den fiskalischen Mißbrauch durch den Klerus. Das ist typisch und logisch.

Dann stellt sich für Brosse, der die spezifisch ländliche Sache, die er vertritt, klar von der der Städte trennt, noch das Problem der Beteiligung des bäuerlichen Standes oder „Teilstandes“ an den Repräsentativeinrichtungen der Provinz. Eine Forderung dieser Art in bezug auf den *Stand* der Dorfgemeinschaften wurde bereits im deutschen Bauernkrieg von 1525 erhoben. Brosse möchte, daß *jedes* Dorf bei den Landständen entweder durch einen ad hoc ernannten Vertreter oder durch den Burgvogt vertreten werde, der den aus mehreren Ortschaften bestehenden Bezirk verwaltet, zu dem das betreffende Dorf gehört. Eine noch nie dagewesene Maßnahme! Ihre Durchführung würde es der riesigen bäuerlichen Mehrheit zum erstenmal ermöglichen, ein Gegengewicht gegen die adligen, geistlichen und städtischen Minderheiten zu bilden, die, besonders die beiden erstgenannten, bisher in den Landständen das Gesetz diktiert hatten. Man beachte auch hier wieder, daß die Burgvögte, die, obwohl grundherrschaftliche Beamte, so häufig Bürgerliche sind, von Brosse als ihren Untergebenen nahestehend betrachtet werden; er sieht sie nicht als selbstverständliche Komplizen der Herren, die sie angestellt haben. Schließlich war Brosse selbst ursprünglich Burgvogt. Im Jahre 1600 schreibt er in aller Form, was die revoltierenden Bauern im Jahre 1579 nur verbal ausgedrückt hatten; damals ging ihr Denken für die Geschichte verloren. Nur einige ihrer Parolen waren ganz beiläufig von Antoine Guérin, ihrem Feind, aufgezeichnet worden.[19]

Vierzehntes Kapitel
Die Vorläufer der Gleichheit

Der Forderungskatalog der anderen Fürsprecher des dritten Standes (1596–1630) ist weniger detailliert, aber dafür weisen die Verteidigungsschriften Marchiers, Delagranges, Vincents, Rambauds und de Guérins ein vollständigeres Weltbild auf. Sie stehen der Bauernschaft weniger nahe als Claude Brosse; ihr Interesse gilt mehr dem städtischen Bürgertum und gelehrter Bildung. Selbstverständlich bleibt auch für sie der Kampf gegen die fiskalische Ausnahmebehandlung vormals bürgerlichen, vom Adel erworbenen Grundbesitzes das zentrale Anliegen. Aber von hier an gehen sie weiter zu Betrachtungen über die Macht und die Gesellschaftsgruppe, die deren Funktionieren ermöglicht. Als Vorwand dient ihnen ihre Feindschaft gegen die hohen Amtsträger.[1] „Diese Leute kommen aus unserem *schmutzigen Abschaum*. Sie lassen sich und ihre Kinder adeln und benutzen das dazu, keine Steuern zu zahlen." Die Kritik wird besonders bissig, wenn es sich um sehr hochgestellte Beamte der Rechnungskammer und vor allem um Grenobler Parlamentarier handelt.[2] Diese werden beschuldigt, gleichzeitig Richter und Partei zu sein: Als Privilegierte lassen sie sich von der Steuer befreien; als Rechtsprechungsbeamte beschließen sie auf gerichtlichem Wege ihre und der anderen Adligen Steuerbefreiung. Vincent geht sogar so weit, die Erblichkeit von Ämtern, die den Nachkommen durch Bezahlung gesichert wird, anzugreifen, mit anderen Worten, die „Ämterkäuflichkeit". Auch das Gefängniswesen, die Wärter, die die Häftlinge des dritten Standes mit glühenden Eisen an den Fußsohlen, Nadeln in die Fingernägel und Scheren an den Augenlidern foltern, um sie zur Bezahlung ihrer Steuerbeiträge zu zwingen, kriegen ihr Teil ab.[3] Nebenbei werden auch die Konsistorialanwälte (das sind die höchsten Grenobler Anwälte, die beim Parlament zugelassen sind) beschuldigt; es wird ihnen vorgeworfen, sie seien Müßiggänger, die sich in ihren Büros vom Fett des Volkes mästeten, während die braven Kaufleute des dritten Standes von Grenoble bis Indonesien Blut und Wasser schwitzen müßten, um einen mageren Gewinn einzustreichen.

Das, wogegen mit all den mehr oder weniger saftigen Beschimpfungen protestiert wird, ist das neuerliche und jahrhundertalte Anwachsen des Staates.[4] Er hat sich seit den idyllischen und etwas mythischen Zeiten des guten Königs Ludwig XII. ausgebreitet wie ein Wundbrand; seit jener gesegneten Epoche, in der es siebenmal weniger Beamte gab als jetzt; denn früher wimmelte es nicht wie heute, im Jahre 1600, von Finanzbeamten, die wie Blutegel die Menschen aussaugen und ins Elend stürzen. Es fällt auf, daß die Männer des dritten Standes der Dauphiné mit diesen Argumenten aus allen Rohren gegen den Ämterstaat schießen, aber weder die Salzsteuereinnehmer noch die Generalsteuerpächter, noch die Bankiers oder andere „Schmarotzer" angreifen; nach 1624 dagegen werden diese zu bevorzugten Zielscheiben der Volksrevolten. Ich finde nur einen solchen Angriff, und zwar aus dem Munde Marchiers, der gegen die *Ungeheuer von Kommissaren und Finanzleuten* wettert, die sich *mit den Federn schmücken, die sie uns ausgerupft haben.* Delagrange attackiert obendrein die Professoren der Universität Valence: Sie sollten die Milch der Lehre und den Nektar des Wissens ausgießen; aber sie lehren nicht.[5] Statt dessen lassen sie sich von der Kopfsteuer befreien, während ihre Kollegen in Montpellier und in Toulouse Steuer zahlen.

Zurück zur Macht, zum Staat. Die Revolten des kleinen Volks sind oft als rückwärts gewandt beschrieben worden, als gegen den modernen Fortschritt gerichtet, den die Verstärkung des Staates in der Gesamtgesellschaft darstellt. Nach Yves-Marie Bercé hatten „diese Volksaufstände die Tendenz, den staatlichen Modernismus abzulehnen, wieder an eine Ordnung anzuknüpfen, von der beklagt wurde, daß ihre Symbole und ihre Werte Einbrüche erlitten und langsam durch andere ersetzt würden ..."; sie predigten „die Flucht in die Zeitlosigkeit, die Erneuerung des alten Vätererbes, in das man sich einschließen sollte".[6] René Pillorget sieht in diesen Revolten ein beispielloses Bollwerk der traditionellen Werte.[7] Pierre Chaunu versteht den Aufstand der *Communidades* in Spanien, der mit unseren Revolten vergleichbar ist, als reaktionäre Haltung gegen den Aufbau des modernisierenden Staates.[8] Mousnier hält die Revolten des 16. und 17. Jahrhunderts für die Erbsünde der Ablehnung staatlicher Entwicklung.[9] Günther Franz spricht in bezug auf den deutschen Bauernkrieg von 1525 von einem Kampf für das „alte Recht", das *Gewohnheitsrecht* der deutschen Städte und Dörfer gegen den modernen oder territorialen Staat und sogar gegen das römische Recht.[10]

Bestimmt gibt es einen engen Zusammenhang zwischen dem Kopfsteuerkonflikt und dem Bauernaufstand von 1579/1580; in diesem Konflikt geht es während der beiden nächsten Generationen mit friedlichen Mitteln um dieselben Ziele, denen der Kampf der Karnevalszeit galt. Muß man deshalb annehmen, daß dieser im Wirken der besten Anwälte des dritten Standes dieselbe vergangenheitsgerichtete und gewohnheitsrechtliche Orientierung verfolgt, die Günther Franz und Bercé aufgezeigt haben? Was ich über die beamtenfeindlichen Reaktionen, die feindselige

Haltung gegenüber dem Anwachsen des Staates gesagt habe, die von diesen Anwälten vertreten werden, könnte uns zu einer bejahenden Antwort verleiten. In Wirklichkeit stimmt das aber nicht. Eine so rückständige, reaktionäre Haltung ist kein Merkmal dieser Juristen. Zwar sind sie gegen eine ungeordnete Ausweitung des Staates, durch die ungerechte fiskalische Privilegien gefördert werden; aber ihre Opposition nährt sich im wesentlichen nicht von der Liebe zu einer mythischen guten alten Zeit. Denn gegen die Ungerechtigkeit berufen sie sich ja auch auf die natürliche Vernunft in ihren beständigsten und ihren modernsten Formen: „Es ist nicht einmal das Beispiel der ganzen antiken Zeit", das unserer Forderung nach Steuergerechtigkeit „ihre Form verleiht", schreibt Rambaud, sondern es ist ganz allein „die Vernunft, die wir aus den frühen Quellen der natürlichen Weisheit (der Mutter aller wahren Jurisprudenz) schöpfen und die sich nicht verändert". Und Delagrange schreibt: *Sich auf die Gewohnheit stützen, die leicht zu Übergriffen und Entartung neigt und ein Schild ist gegen die Vernunft, das hieße, die grausamste Tyrannei hervorbringen.* Je mehr das Unvernünftige alter Brauch ist, *um so mehr ist es zu verwerfen!* In diesem Sinne wird die „wütende Besessenheit" der Adligen von ihrer Steuerausnahme verurteilt, die Vorschrift, auf der sie beruht, das „Privileg" selbst, das, wenn nötig, den Platz räumen, beseitigt werden müßte (J. Vincent). In diesem Zusammenhang werden die Briefe Ciceros und die Sitten eines griechischen Stadtstaates angeführt – klassische Bildung ist bei unseren Autoren ein grundlegendes Element –: *Die Spartaner sagen, daß es besser ist, die Gewohnheit zum Schweigen zu bringen, als ihr gegen das Wohl des Volkes zu gehorchen* (Delagrange, S. 15).

In Wirklichkeit dachten die Anwälte des dritten Standes genau das Gegenteil der Geschichtsschreibung von heute, die den damaligen Protest gegen den Fiskus mit frommer Ehrfurcht vor dem alten Brauch erklärt. Sie sind der Ansicht, daß die Wälle zum Schutz des Gewohnten, die außerdem auch noch unsinnig sind, vom Adel und nicht vom Volke errichtet wurden. Diese Meinung wird um 1600 von den Adelsanwälten Expilly und du Fos faktisch geteilt (obwohl sie Gegner von Rambaud, Brosse, Vincent und Genossen sind). Expilly und du Fos wollen den „monströsen, mit Kehricht und Spinnen angefüllten Koloß" zerschlagen, als den sie die im Plädoyer der Anwälte des dritten Standes vorgebrachten „Beweise" ansehen. Um das zu erreichen, erklären sie großartig: *Der Brauch ist der legitime König, das Gesetz ist der Tyrann!* Der Brauch, um den es sich handelt, den die Adligen mit aller Kraft beibehalten wollen, ist natürlich ihre eigene Steuerfreiheit. Als Anwalt des dritten Standes spricht Vincent sogar von *gotischer*, das heißt mittelalterlicher, Barbarei, die die Adligen in dieser Sache kennzeichnet. Der betreffende Brauch ist nur ein unansehnlich gewordenes altes Kleidungsstück, das man nach Meinung der Aristokraten bewahren, nach Meinung der Bürgerlichen auf den Müll werfen soll.

Selbstverständlich sehen sich die Anwälte des dritten Standes in der Praxis veranlaßt, ihre Standpunkte zu differenzieren; sie unterscheiden manche Privilegien und Bräuche als weiterhin gültig von anderen, die Mißbräuche oder Entartungen von Bräuchen darstellen. Delagrange findet in der Regierungszeit Heinrichs IV. Töne, die an die katalanischen Aufständischen des späten Mittelalters erinnern. Er spricht sogar von *schlechten Gebräuchen* und *schlechten Gewohnheiten*. Zu diesen gehört die fiskalische Sonderbehandlung und außerdem die automatische Adelsverleihung an die Bastarde von Adligen; das bedeute die Legitimierung der Unzucht. In dieser Optik erscheint der König nicht als Wächter über alle alten Bräuche ohne Unterschied, sondern als Ausmerzer von Mißbräuchen, dessen Gerechtigkeit anzurufen immer legitim ist.

Dieses rationale Denken setzt eine Geschichtskenntnis voraus, der die Vergangenheit wohl bekannt ist, die aber der Gegenwart den Vorzug gibt. In seiner modernistischen kleinen Schrift von 1599 antwortet Delagrange mit Unterstützung seiner Kollegen den „Konsistorialanwälten" (die für den Adel plädieren), die sich auf *die alten Zeiten, die gute Freundschaft* der früheren Epoche berufen, als der dritte Stand den Adel noch nicht bekämpfte: *Früher stellte sich die Frage der Steuerbefreiung noch gar nicht. Es gab wenig steuerliche Belastungen. Aber heute haben sich die Dinge verändert. Deshalb muß auch die Art des Lebens sich ändern. Jeder muß nach Recht und Vernunft seinen Beitrag* (zur Steuer) *leisten* (S. 279). Dieses Thema kehrt bei Delagrange wie ein Leitmotiv immer wieder (ebd. S. XXIX usw.). *Die Dinge haben sich verändert, die Steuer ist* seit dem 15. Jahrhundert *sehr erhöht worden, die Adligen haben Land vom Bürgerstand erworben,* also müssen sie Steuern zahlen, auch wenn sie es vorher nicht getan haben. Und noch einmal: *Selbst wenn die Antike für die Adligen wäre, müßte das Recht sich der Zeit anpassen, in der wir jetzt leben.*[11] Und gleich darauf spricht er von der Schnelligkeit, heute würden wir sagen der Beschleunigung der geschichtlichen Veränderung: *Die jetzige Zeit* (um 1600) *ist schon verschieden von derjenigen vor den Unruhen* (vor 1560). Zitate aus Tacitus, Seneca und Ovid werden zu Hilfe genommen, aber sie dienen nur dazu, den Vorrang der Aktualität vor dem Früheren zu behaupten: *Wir preisen die Alten, aber wir leben in unserer eigenen Zeit.*

Die gegen die hergebrachte Gewohnheit gerichteten Thesen lassen dem monarchischen Zentralstaat im Norden gegenüber ein heikles Problem entstehen. Im Grunde ihres Herzens verachten und hassen die dauphinischen Juristen das der adligen Sonderbehandlung günstige Gewohnheitsrecht, von dem das Steuerwesen des Französisch sprechenden Nordens bestimmt ist – im Gegensatz zum römischen Recht, das allen Grundbesitz, ob adlig oder nicht, der Besteuerung unterwirft; dieses römische Recht herrscht im Languedoc, in der Provence und in der Dauphiné oder sollte dort herrschen. Die Anwälte würden sich aber dem König und dessen Behörden gegenüber in eine schlechte Position bringen, wenn sie ihre Mißachtung des Gewohnheitsrechts öffentlich zur Schau stellten; deshalb beschränken sie sich darauf festzustellen, daß dieses Recht an der Rhone seine Grenze findet; daß es nur für das *Königreich* (im Westen der Rhone), nicht aber für das *Reich* (im Osten der Rhone) gilt. Ansonsten stellen Jean Vincent und seine Freunde mit boshaftem Vergnügen fest, daß „barbarischere" Völkerschaften als die eigentlichen Franzosen, wie die Polen oder Bretonen, von ihren Adligen durchaus Steuern verlangen. Das Buch Blaise de Vigenères, *Beschreibung Polens* (Paris 1573) war in dieser Hinsicht eine nützliche Informationsquelle für Jean Vincent, der in Geographie ebenso beschlagen ist wie Delagrange in Geschichte.

Versuchen wir, die Anwälte richtig zu verstehen. Für sie, die vor allem Vorkämpfer der Steuergerechtigkeit sind, steht es gar nicht zur Debatte, eine „bürgerliche Revolution" zu machen oder den Ständestaat abzuschaffen.[12] Diese Revolution, wie sie von Max Weber und Roland Mousnier beschrieben wird[13], ist, außer in als schändlich empfundenen Ausnahmefällen, diesseits des geistigen Horizonts der damaligen Zeit nicht denkbar. Die Wortführer des dritten Standes erkennen, wenn auch ungern, an, daß Priester und Adlige den Bürgerlichen einen ersten, bzw. einen zweiten „Ehrengrad" voraushaben.[14] Hält sich jeder der drei Stände auf dem ihm gebührenden Platz, hat der dritte Stand nur den dritten Grad von Ehre. Aber unsere Autoren wollen unerlaubten Manipulationen das Handwerk legen: Durch solche Manipulationen haben die beiden privilegierten Stände die völlige Kontrolle über die Provinzialvertretung (die „Landstände" der Dauphiné) erworben und den dritten Stand zur Statisterie verurteilt. Die Anwälte sind also keine Revolutionäre; aber angesichts einer ständischen Gesellschaftsstruktur, die sie verbessern wollen, ohne sie zu zerstören, treten sie als entschiedene Reformer auf. Das ist gar nicht so wenig und gar nicht so gewöhnlich.

Allerdings hat Richelieu die Gegner daran gehindert, diesen Streit auszutragen, als er 1628 die Landstände der Dauphiné de facto aufhob.[15] In bezug auf seine steuerlichen Forderungen hat der dritte Stand von 1634 bis 1639 mehr Glück. Die in seinem Namen im Jahre 1600 vorgetragene Argumentation hält sich im Rahmen der Ständestruktur: Da alle drei Stände der Provinz über die Steuerbeiträge abstimmen, entspricht es Recht und Vernunft, daß diese auch von allen drei Ständen bezahlt werden und nicht nur von einem.[16] Das ist die Meinung Rambauds. Und er steht damit nicht allein.

Über den ersten der drei Stände, den Adel, haben die Anwälte des dritten Standes eine bestimmte Vorstellung. Sie sehen ihn vor allem in Zusammenhang mit dem Problem von Grund und Boden, diesem Problem, das ja offen oder geheim den Kern jeder bäuerlichen Revolution oder jedes Bauernkrieges darstellt. Lassen wir unsere verschiedenen Verteidiger des Bürgerstandes sprechen. Antoine Rambaud zuerst[17]: *Der Adel hat Besitz ergriffen vom Land des Königs, von den Feldern der Bürgerlichen, von denen der Kirche* (letztere von den hugenottischen Herren beraubt)... *Wir wollen gerne Ihre Maulesel sein, Sire, die Maulesel des Staates, aber nicht die Maulesel der Adligen... Das Naturgesetz verlangt, daß ein neu entstehender Organismus den Verfall eines anderen bedeutet. Der Kauf unseres Besitzes durch den Adel* (Kauf, der das Wachstum des „neuen adligen Körpers" fördert) *hat also unseren Besitz verringert* (= Verfall unseres bürgerlichen Gesellschaftskörpers), und deshalb *muß er unsere Kopfsteuern verringern.* Marchier sieht diese Fragen richtig, übertreibt aber die Dimensionen der Dinge, die er beschreibt.[18] Seiner Darstellung nach hat *der Adel bäuerlichen Boden erworben,* der inzwischen seit hundert Jahren durch die Inflation einen neuen Wert erlangt hat. *Was fünf Sous wert war, ist jetzt hundert Écus wert, das heißt 6000 Sous.* (Augenscheinlich übertrieben: Die Bodenpreise sind nicht um ein so Vielfaches gestiegen. Die Erwerbungen der Adligen haben dazu geführt, daß jetzt *ein einziger Kopfsteuerpflichtiger die Kopfsteuern eines ganzen Dorfes zahlen muß* (denn den Boden aller anderen haben die Steuerfreien an sich gerafft). Claude Delagrange[19] behauptet, daß die Adligen *früher von ihren alten Gütern gelebt haben.* Aber heute können sie *trotz aller Vernebelung und Vertuschung* nicht verbergen, *daß sie unser Vieh und unser Land genommen haben, das Gut der Witwen und Waisen;* sie haben zu billigen Preisen *unseren Boden an sich gerafft,* der durch das *Übermaß der Belastungen entwertet* worden war; durch die Lasten werden die Felder unrentabel, da sie zu drückend sind... Das ist der Grund dafür, daß *wir jetzt handeln,* handeln müssen, wir vom dritten Stand. ... Eine Generation später, gegen 1630, nennt François de Guérin[20] genaue Zahlen: Seit vierzig Jahren sind 187 Familien des dritten Standes geadelt worden ... Die direkte Steuer oder Kopfsteuer hat sich seit einigen Jahren auf 5 000 000 Pfund erhöht, aber der besteuerbare Besitz ist um mehr als die Hälfte (?) zurückgegangen, weil der von den Adligen erworbene bürgerliche Grundbesitz adlig geworden ist, usw. Aus diesem Grunde *hat das Volk in Chalon, Malleville und Saint Baudille kein Stück Land mehr;* auch die Dörfer der Grafschaft Albon haben schwere

Probleme *wegen dieser Erwerbungen.* Die Stadt Valence ebenso: Die von der Steuer befreiten Adligen haben dort 29 der 39 früher bürgerlichen Steuerhaushaltungen erworben. Das sind entsprechend weniger für die Bezahlung der Kopfsteuer. Viele der armen Dörfler, die das Elend verjagt hat, sind gestorben, oder sie betteln auf den Landstraßen. In vier Gemeinden[21] ist im ersten Drittel des 17. Jahrhunderts die Bevölkerung von 1782 Familien auf 972 Familien gesunken, das bedeutet einen Verlust von 45,5 %. Weiter schreibt de Guérin: In dem bereits erwähnten Grafschaftsgebiet Albon haben die Adligen Arbeitstiere und bebaubares Land erworben, das 125 Paar oder Joch Ochsen entspricht (also eine Fläche zwischen 1000 und 2000 Hektar); der daraus folgende Bevölkerungsverlust beziffert sich auf 192 Familien. Man sieht, daß der kühne François de Guérin nicht vor dem Sprung aus der Soziologie in die Demographie zurückschreckt ... Wie hoch auch immer der Anteil der Sterblichkeitskrisen an diesem Bevölkerungsschwund gewesen sein mag, so ist doch gewiß, daß der Steuerdruck und die direkt oder indirekt durch die adligen Landerwerbungen hervorgerufene soziale Krise bei der Ausbreitung von Elend, Tod und Auswanderung ihre Rolle gespielt haben.

Neben gelegentlichen genauen Zahlenangaben gibt es in diesen Ausführungen viel Haß, der sich bisweilen unumwunden und unmißverständlich ausdrückt. Haß und Zorn, die man, wenngleich weniger artikuliert, auch in der Provence, im Südwesten Frankreichs, in der Normandie oder der Beauce finden konnte.[22] Neben dem Landraffen prangern Vincent, Marchier und Delagrange auch den Druck der öffentlichen und privaten Schulden auf die Bauernschaft an. Ein Beispiel: In Pisançon vor den Toren von Romans ist jeder Hektar bürgerlichen Bodens mit Schulden belastet; an Kapital pro Hektar entsprechen sie dem Wert von 44 landwirtschaftlichen Arbeitstagen; an Zinsen vier Arbeitstagen.[23] Die Anwälte des dritten Standes machen mit einiger Demagogie für diese Schulden die Adligen verantwortlich: Die Adligen besitzen den größten Teil unseres Grundes, und der Rest ist ihnen verschuldet.[24] Eine parteiische Übertreibung: Es ist bekannt, daß auch die reichen Bürger öfter als erlaubt Wucher mit dem armen Landvolk treiben ... Nichtsdestoweniger stimmt es, daß die Adligen Ende des 16. Jahrhunderts unter den Gläubigern der Dörfer die stärkste soziale Gruppe noch vor der Bourgeoisie bilden.[25]

Die Bezichtigungen des Adels schlagen leicht in Beschuldigungen des Reichtums um. Das ist ein vereinfachendes Amalgam: Reichtum wird nämlich als Synonym und Erzeuger des Adels hingestellt. Antoine Rambaud (S. 12) stellt ohne Zögern die Gleichung her: *In Wahrheit sind es die Reichen, die adlig werden. Die Steuerfreiheit ist eine Befreiung des Reichtums, nicht des Adels.* Für Jean Vincent (1598, S. 18) sind *die Reichen immer fett und rund, sie mästen sich von unserem Gut.* Ennemond Marchier geht in seiner Analyse noch weiter, fast bis zur Grenze der Paranoia: *Der Adel konspiriert, um den dritten Stand zugrunde zu richten, diesen gestürzten Koloß, dessen Trümmer er unter sich verteilt hat.*[26] Und Marchier kommt zu der Schlußfolgerung: *Unser Untergang ist ihr Aufstieg.* Ohne es zu wollen und ohne es zu ahnen gibt er damit die Parole der zeitgenössischen Croquants des Périgord wieder: *Unser Untergang ist ihr Reichtum.*[27] In einem anderen Kontext sieht später auch Marx zwar nicht mehr das Grundherrentum, sondern den Kapitalismus als kommunizierende Akkumulation von Reichtum an einem Pol und von Armut am anderen. Die Feder Delagranges bringt noch einige weitere antiaristokratische „Nettigkeiten" hervor; es sind meistens Klischees, manchmal aber auch Tatsachen: Die Adligen haben ihre Stellung gewinnbringend ausgenutzt, sie haben während der Religionskriege, wie wir heute sagen würden, „Schwarzmarktgeschäfte" gemacht; *sie haben ihre Lebensmittel und ihr Vieh während des Krieges besser verkauft als im Frieden.*[28] Aufgrund ihrer guten Beziehungen sind sie von den Plünderungen des Kriegsvolks verschont geblieben: *Unsere Felder sind unbebaut, die Adligen haben die ihren ohne Gefahr bebauen können;* die gleiche Beschuldigung findet sich übrigens in den Tagebüchern des Notars Piémond (S. 267). Die Kriegsschäden, die der Adel erlitten hat, hat er sich vom dritten Stand bezahlen lassen: *Wenn die Soldaten dem Edelmann Geflügel wegnahmen, so ließ dieser es sich von den armen Leuten des dritten Standes im Dorf bezahlen. Das Papier würde nicht ausreichen, um alle die Unmenschlichkeiten aufzuschreiben,* die uns (dem dritten Stand) *solcherart angetan worden sind.* Die Adligen gingen, glaubt man Delagrange, in ihrer Verderbtheit so weit, die Plündereien der Soldateska mit eigener Hand (?) anzuzetteln: *Um das Gut ihres Nachbarn zu bekommen, haben Adlige ihn geschlagen, haben ihn von durchziehenden Kompanien Kriegsvolks aufessen* (= plündern) *lassen, ihm sein Vieh zur Bezahlung aller Beiträge seines Dorfes wegnehmen lassen.* Fügen wir hinzu, daß die Adligen faul, ohne gesunden Menschenverstand und mitleidlos sein sollen, dazu lüstern und lasterhaft: *Gesunder Menschenverstand ist beim Adel selten ... Der Edelmann kann mit seinen Lastern und seiner Lüsternheit seine Bastarde adeln lassen.*[29] Ein wesentlicher Vorwurf gegen den Adel gilt seinem Hochmut und seiner Gewalttätigkeit: *Die Adligen sind gewalttätig gegen den dritten Stand ... Sie hassen den Frieden, sie wünschen die Erniedrigung des übrigen Volkes; sie möchten alle anderen in ihren Krallen halten.*[30]

Sind diese gewalttätigen Aristokraten dafür wenigstens richtige Krieger? Eine schwerwiegende Frage! Die Anwälte des dritten Standes haben sich gründlich mit ihr auseinandergesetzt. Die Adligen berufen sich ja auf die angebliche kriegerische Berufung ihres Standes (den „Blutzoll"), um ihre Befreiung von der Steuergeldzahlung zu rechtfertigen. Aber Rambaud und Delagrange wollen sich nicht davon düpieren lassen. Der dritte Stand, sagt Rambaud[31], hat in den Religionskriegen ebensoviel wie der Adel, ja mehr als er gekämpft. *Der Adel Frankreichs hat zwar bei unseren Bürgerkriegen im Heer gedient, der Adel der Dauphiné aber nicht* (der Gegensatz Frankreich–Dauphiné wird von Rambaud der Sache zuliebe übertrieben). *Wenn der Adel wegen seiner Kriegstaten von der Steuer befreit wäre, dann müßte der dritte Stand, der sich ebensoviel und mehr geschlagen hat, noch stärker befreit werden ... Die Adligen sagen, sie seien Soldaten, aber das sind die Männer des dritten Standes auch ... Man kann den heutigen Adel nicht mit den römischen Legionären vergleichen. Die standen immer im Feld,* denn sie waren Berufssoldaten. *Unsere Adligen aber sind keine Soldaten; sie haben deshalb kein Recht auf fiskalische Privilegien wie die Legionäre sie hatten.* In dieser Frage ist der Redestrom Delagranges unversiegbar. Er unterstreicht die Überlegenheit der Kriegsdienste, die der dritte Stand im Bürgerkrieg geleistet hat. Sie leitet sich in erster Linie von dem erdrückenden zahlenmäßigen Übergewicht der Bürgerlichen her, über das der Anwalt gut Bescheid weiß. Im Bürgerkriegsheer kamen *auf einen Adligen hundert aus dem Bürgerstand* (der dritte Stand macht ja tatsächlich 95 % der Gesamtbevölkerung aus). Und gleich fährt er fort: *Das Volk der Dauphiné ist ein gutes Kriegervolk ... Bei den Siegen darf man uns nicht für Null ansehen ... Die öffentliche Würde oder Majestät ist zu unsicher ohne die Stärke der Plebs und ohne die Zustimmung des Volkes.* (Diesen Gedanken hat Delagrange Titus Livius entnommen; seine und seiner Kollegen Zitate aus lateinischen Texten sind gewöhnlich ungenau, was aber nicht heißt, daß sie falsch sind.) Die Litanei geht weiter: *Die Tapferkeit in unseren Bürgerkriegen ist dem Volke geblieben ... Auch wenn man von unten kommt, ist es nicht neu, daß dort mancher Zug seltener Güte und Tugend gefunden wird ...*

Der Rückgriff auf die Geschichte liefert diesem Anspruch auf Kriegerstolz der Bürgerlichen Argumente: *Marcus Agrippa, der von unten kam, war nach Tacitus sehr gut für den Krieg geeignet ... Die meisten römischen Senatoren stammten aus dem gemeinen Volk ...* Delagrange kennt die berühmte Stelle in Cäsars *De Bello Gallico* (6–15) über die Teilung Galliens in drei Stände (Druiden, Ritter und Plebs). Nach Cäsar waren *alle* gallischen Ritter Krieger ..., „was bei unseren Adligen nicht der Fall ist", bemerkt der Anwalt. Daher können diese nicht den Anspruch der Berufssoldaten auf Steuerbefreiung erheben. Auch das Mittelalter wird herangezogen. Das Mittelalter der Dauphiné: Das dauphinische Statut war die Mutter der Freiheiten der Provinz; es bewies aber deutlich (nach Delagrange), *daß der dritte Stand genau wie der Adel auch durch Kampf und Tapferkeit Dienste leistete.* Das Mittelalter Frankreichs: *Bei den Schlachten von Crécy und Montlhéry bestanden die Kompanien zu Fuß aus Männern des dritten Standes.* Haben die Adligen dieser bürgerlichen Argumentation gegenüber immer ein gutes Gewissen? Einer ihrer Verteidiger, Claude Expilly, zitiert dazu eine Redensart: *Ein adliges Geschlecht, das sind hundert Jahre Heerbann, hundert Jahre Totenbahre.* Aus diesem Sprichwort könnte geschlossen werden, daß die Adligen sich nicht allzu viele Illusionen über die ewig währenden kriegerischen Fähigkeiten ihres Geschlechts machen.[32]

Man sieht, wie sich bei Rambaud und Delagrange der militärische Stolz des Bürgerstandes bemerkbar macht; eines Tages wird er dem Adel das Monopol auf die Kriegführung bestreiten. Er wird die Murat, Hoche und Kléber hervorbringen ... Er wird Zehntausende französischer Bauern gen Osten führen. Sie werden einem Kaiser bis nach Moskau folgen ...

Letzten Endes verbergen diese „organischen Intellektuellen" des dritten Standes, als die wir unsere Anwälte zu betrachten haben, nicht ihren Haß auf den Adel. Sie schleudern ihm „das Bitterste, was die schärfste Kritik ihnen eingeben kann", entgegen. Den echten Edelleuten wollen sie wohl einige Tugenden zugestehen, aber diese gehören einer fernen Vergangenheit an, als noch der Ritter ohne Furcht und Tadel lebte. Der aber ist nicht mehr von dieser Welt: *Die Adligen beziehen sich auf Bayard, aber Bayard liebte das Volk.*[33] In diesem Punkt ist Vincent entgegenkommender als Delagrange. Er erkennt an, daß *die Adligen beherzt den ersten Platz in der Provinz einnehmen.* Damit ist er einverstanden: *Dazu berechtigt sie ihr Blut.*[34] Über das Wesentliche aber läßt er nicht mit sich reden. *Keine* (steuerliche) *Sonderbehandlung. Der Adel ist nur eine Sache des Stammbaums.* Aber selbst davon läßt sich Delagrange nicht beeindrucken: *Die Adligen erzählen aller Welt von ihren Stammbäumen und denen der mit ihnen verschwägerten Familien, die aber mehr als zur Hälfte falsch sind.*[35] Von seiner Kritik will Delagrange gern *die zivilisiertesten Adligen* ausnehmen; er erkennt zwar die Existenz von drei Ständen an: Geistliche, Adlige, Plebs; aber er beklagt, *daß die Menge der Adligen* (falsche, neue Adlige und Geadelte) *den wahren Adligen durch unbefugtes Führen ihres Titels schade.*[36]

Dem Adel gegenüber sind die Anwälte des dritten Standes aggressiv. Dagegen nehmen sie der Gesamtgesellschaft gegenüber einen „organizistischen" Standpunkt ein; sie betrachten sie als ein gut strukturiertes Ganzes, von dem der einzelne nur ein Teil ist und in dem Konflikte grundsätzlich nicht am Platze sind. In dieser Hinsicht sind sie weit entfernt von den

Aufklärern und von den Klassenkampfvorstellungen Thierrys, Guizots und Marx'. Kann man aber deshalb die Delagrange, Vincent, Rambaud und die anderen eines „krassen Konservatismus" zeihen?

Nach meiner Ansicht ginge das viel zu weit. Unsere Anwälte verwenden das Konzept einer körperlichen Einheit der Gesellschaft nur, um die Ansprüche des Adels, der sich vor seiner Steuerpflicht der Gesamtheit der Provinz gegenüber drücken will, wirkungsvoller zu bekämpfen. Die Anwälte wollen auch die Würde des dritten Standes wiederherstellen, die ihm als vollwertigem Mitglied der Dreiständegesamtheit gebührt. In diesem Sinne gehen ihre Zielsetzungen in Richtung eines Fortschritts; da dieser aber auf dem Wege über eine Rückkehr zu idealen Normen erfolgen soll, kann ihre Ideologie nachträglich als konservativ und „ständisch" ausgelegt werden.

Der Vergleich der Gesellschaft mit einem Körper ist in dieser organizistischen Optik der Anwälte wesentlich. Hier findet man in kaum verweltlichter, aus dem Sakralen ins Politische übertragener Form die mittelalterliche Idee vom mystischen Leib der Kirche wieder. *Der Adel,* schreibt Rambaud (S. 14), *ist wichtig als Schmuck, Stütze und Stärkung des mystischen Leibs des Staates;* aber gerade seine steuerliche Sonderbehandlung *wäre das Gegenteil* des Brauchs der ganzen Antike. Auch Vincent stößt in das Horn des geistlich-staatlichen Vokabulars[37]: *Wir, der dritte Stand, wollen nur, daß wir als ein Glied des mystischen Leibes anerkannt werden ... des mystischen Leibes, der immer verschiedene Teile und unterschiedliche Ränge gehabt hat: Senat und Plebs in Rom; Druiden, Ritter und Plebs in Gallien.* Man sieht, daß der dritte Stand verlangt, daß seine Verschiedenheit von den anderen ebenso anerkannt werde wie er selbst.

Vom mystischen Leib geht es zum Leib an sich; der biologische Mikrokosmos wird dem gesellschaftlichen Makrokosmos gleichgesetzt, der ein Abbild der Welt oder des vorkopernikanischen Universums ist. *Der Leib,* schreibt Rambaud (S. 94–100), *das ist die polis* (= die geordnete Gesellschaft). *Der Kopf ist der König. Die Arme sind der Adel; die Füße der dritte Stand* (sic). *Die Arme* (also der Adel) *müssen das Essen zum Munde führen;* das tun sie aber nicht, wegen der berüchtigten steuerlichen Sonderbehandlung. Denn dieser dem königlichen Kopf so nahe Mund ist nichts anderes als *der gemeinsame Geldbeutel,* der königliche Schatz. *Die Geistlichkeit ist das Herz. Dieses Herz ist zu sehr vom Zehent angeschwollen. Es muß einen Teil davon hergeben.* Was aber den dritten Stand betrifft, dessen Platz im Bereich der Füße ist, so lastet auf ihm das Gewicht des ganzen Leibes: *Der Landmann, also der Mann des dritten Standes, der Grund und Boden hat, wird am meisten belastet.* Das muß aufhören, geändert werden, man muß wieder ein besseres Gleichgewicht herstellen ...

Die Provinz selbst ist auch ein „Leib". Nach Vincent (1598, S. 29) muß man *den „Leib" der Provinz durch seine normalen Funktionen und die gemeinsame Unterstützung, die ihm die Gesamtheit seiner Mitglieder schuldig ist, bewahren.* Marchier (S. 137) drückt das in weniger „leiblicher" Sprache aus: *Der Adel muß sich am* (Unterhalt) *der Provinz beteiligen, von der er den größten Teil* (des Bodens) *besitzt.* Delagrange (1599–2, S. 14) kommt wieder auf die Vorstellung vom Körper zurück: *Wir leugnen nicht den Unterschied zwischen Adel und drittem Stand, aber wir leugnen, daß der dritte Stand nichts gilt. Der dritte Stand ist das dritte Glied des Körpers.* Und er prägt die Metapher: *Wenn ein Glied des Körpers* (zum Beispiel der Adel) *alle Säfte* (allen Reichtum) *erhält, verfault der Körper. Wenn die Säfte allen Gliedern zufließen, ist der Körper gesund.* Die Vorstellung vom Körper läßt die Hierarchie unter der Bedingung gelten, daß diese nicht die Gerechtigkeit in Frage stellt (S. 72–80). *Die Grundlage ist die Vernunft. Jeder soll in seinem Stand belassen werden.* Die Adligen sollen sich damit begnügen, *den Staat und die höchsten geistlichen Ämter* zu verwalten.

Nach dem Bild vom Körper kommen die Vergleiche mit Mutter oder Eltern, die von patriotischen Bezügen untrennbar sind: Ihr Adligen, ruft der Anwalt des dritten Standes aus, schlagt nicht die Brust, die euch genährt hat, weigert euch nicht, der Provinz euren Beitrag zu leisten, dem Vaterland, eurer gemeinsamen Mutter. *Das Vaterland,* schreibt Vincent (1598, S. 16–22), *ist wie die Eltern. Ein Herz aus Fleisch und Blut muß mit ihm fühlen. Die drei Stände sind Glieder desselben Körpers, derselben Provinz, die ihre gemeinsame Mutter ist.* Gestützt auf einen Satz von Tacitus lehnt Vincent den Klassenkampf, die *Zwietracht,* unbedingt ab. Im Gegenteil: Die Privilegierten sollen ihren Anteil an der Steuer bezahlen, um die Glieder des gemeinsamen Körpers besser zu einen. In der Rhetorik Vincents kommen die patriotischen Zitate aus dem heiligen Ambrosius denen aus Tacitus zu Hilfe (ebd., S. 31). *Der natürliche Instinkt, das gemeinsame Verlangen aller hochherzigen Menschen, das dem menschlichen Wesen von seiner Entstehung an innewohnt,* muß die drei Stände veranlassen, *alle dem Vaterland, unserer gemeinsamen Mutter, zu Hilfe zu eilen.* Vernunft und Natur sind hier die „nährenden Brüste"* einer bestimmten Denkart, die im Westen seit dem aristotelischen und thomistischen Mittelalter geläufig ist.

Nach den Analogien mit dem Körper kommen die Vergleiche aus dem

* Im Original: *les deux mamelles;* Anspielung auf den berühmten Ausspruch von Sully (1559–1641), Freund und Minister Heinrichs IV.: „Labourage et pâturage sont les deux mamelles dont la France est alimentée" = Ackerbau und Viehzucht sind die beiden Brüste, von denen Frankreich genährt wird *(Anm. d. Übers.).*

Pflanzenreich. Sie sind einer Bevölkerung, der der Maibaum soviel bedeutet, vertraut. Vincent (1598, S. 22) betont: *Die Provinz ist unteilbar wie ein Baum.* Aus dieser Unteilbarkeit des Baums wie der Provinz folgert Vincent, daß die die Steuergerechtigkeit verbürgenden Kataster, die schon in den Kantonen Gap, Embrun und Briançon üblich sind, in der ganzen Provinz eingeführt werden müssen. Vom Baum springt Vincent (1598, S. 26) auf die Rebe über. *Der König ist wie ein Rebstock, er benötigt den Pfahl* (= das Volk). An anderen Stellen wird der Rebstock zur Zypresse, um die sich ein ganzer Garten versammelt: *Die Adligen, diese großen Mohnblumen, bieten der einzigen Zypresse* (dem König) *die Stirn, während das Volk am Boden kriecht wie der Portulak* (A. Rambaud).

Die Sonnenmetaphern, die schon Jean de Bourg 1576 in seinen hundert Artikeln verwendet hat, vergleichen die Gesellschaftsstruktur mit dem Weltall; das macht es möglich, dem Adel ganz nebenbei eins drauf zu geben: *Das Volk ist das Meer. Die Adligen sind die Winde* (Gewitterwinde, die die gute Ordnung stören). *Der König ist die Sonne der Gerechtigkeit* (Rambaud). *Der König ist die Sonne und der gemeinsame Vater* (Vincent, 1598, S. 27). *Der König ist die Sonne, der Adel hat für den Glanz, der dritte Stand für die Nahrung, die Kirche für die Gotteslehre zu sorgen. So müssen die drei Stände nicht nur persönlich, sondern auch mit ihrem Gut ihren Beitrag leisten* (Rambaud, 1600, S. 16–17). Diese Sonne ist noch nicht die kopernikanische Sonne (der mechanische *Mittelpunkt* des Systems); sie ist noch „ptolomäisch" (nur eine höhere Lichtquelle). Das Tagesgestirn bleibt völlig selbständiges Glied eines aristotelischen Kosmos'.

Noch eine ganze Reihe weiterer „vereinigender" Bilder fließen aus der Feder unserer Anwälte. Da ist die Rede von Bauten, vom Grundherrschaftswesen, von Ställen, Schiffahrt und Musik:

„Bauten": *Das Volk,* erklärt Marchier in einer Trutzrede an Heinrich IV., *ist für den Staat ebenso wichtig wie der Adel. Es ist der Mörtel, der die Monarchie zusammenhält.* Ohne ihn *stürzt das ganze Gebäude ein, und dann kommt es zur Tyrannei ...*

„Grundherrschaftswesen": *Ein Grundherr hat drei Pachtgüter,* schreibt Rambaud (1600). Diese drei Pachtgüter (die Klerus, Adel und dritten Stand symbolisieren) müssen gemeinsam *den Hirten bezahlen, das undichte Dach des Schlosses reparieren lassen* usw. Was soviel heißt – und von jedermann verstanden wird –, daß auch der Adel Steuern zahlen muß.

„Ställe": *Es handelt sich weniger darum, die Maultiere* (den dritten Stand) *zu beladen, als den großen Berbern und Rennpferden* (dem Adel) *die Zügel anzulegen,* versichert wieder Rambaud (1600, S. 108).

„Schiffahrt": Das in das römische Recht integrierte Rhoneschiffahrtsgesetz *de jactu* schreibt vor, *daß in einem untergehenden Schiff einer den anderen retten muß.* Das ist die Verpflichtung zur Hilfeleistung an Menschen in Gefahr. Die Adligen haben die Pflicht, sie den anderen Ständen gegenüber zu praktizieren (Delagrange, S. II, VIII und 188). Alle Teilhaber eines schiffbrüchigen Lastkahns müssen nach diesem Gesetz ausnahmslos eine Entschädigung für die verlorenen Waren bezahlen (ebd.).

Musik, Orchester und Harmonie: Die Adligen, schreibt Delagrange (S. 225), *wollen ihre Mitbürger wie Leibeigene halten. Sie verderben alles, was in einem Staat harmonische Proportion und Bewahrung ist.*

Bei all dieser Zurschaustellung lateinischer oder hellenischer Gelehrsamkeit[38] verweisen unsere Anwälte logischerweise auf Aristoteles und seine vereinheitlichende Konzeption des Gemeinwesens oder der Polis. Das Ideal ist das Streben nach dem Gemeindewohl, der gegenseitigen Anpassung der Parteien oder Untergruppen als Teile eines natürlichen und gesellschaftlichen Ganzen. Delagrange (S. 182) zitiert den griechischen Philosophen sogar namentlich (*Politik*, 5–1). *In jeder „polis"* (= soziale und politische Organisation) *braucht man eine Rechtsgemeinschaft der Teile dieses Gemeinwesens.* Beim Durchlesen der von Delagrange angeführten Stelle in Aristoteles (*Politik* 5–1) finde ich, daß darin die Rede ist von *Gerechtigkeit*, das heißt von anteiliger Gleichheit. Das kommt der inoffiziellen Gleichheit zwischen den Ständen, die de Bourg im *Heft*[39] von 1576 erwähnt, ziemlich nahe.

Nach Delagrange bedeutet das praktisch, daß *alle Privilegien in einer Notlage erlöschen;* oder auch, unter nochmaliger Heranziehung von Aristoteles, daß *die Adligen ihren Mitbürgern* (= dem dritten Stand), *die unterdrückt werden, hätten helfen müssen.* Der Anwalt erinnert in diesem Zusammenhang an einige Stellen bei Cicero und dem heiligen Ambrosius: *Wer seinen Gefährten nicht verteidigt und sich nicht der Kränkung widersetzt, die diesem angetan wird, ist ebenso im Unrecht, wie wenn er seine Eltern, sein Vaterland und seine Freunde im Stich ließe.*

Aristotelisch ist auch der Wunsch nach Harmonie im Gemeinwesen, der unmittelbar auf das Wünschenswerte im Leben der Dauphiné übertragen wird. Die Harmonie, von der geträumt wird, soll nach Aristoteles und Delagrange (S. 154, 159) darin bestehen, *das richtige Maß zwischen den Teilen und Gliedern des Staates zu erhalten, damit nicht ein Teil die anderen unterdrückt und zu mächtig ist.* Aus der Notwendigkeit dieser harmonischen und quasi musikalischen Proportion im Staate (S. 92) zieht Delagrange die Schlußfolgerung (S. 124), *daß es keinen Staat gibt, der ohne das Volk leben kann.* Dieselbe aristotelische Leier bei Rambaud (1600, S. 15): *Die Harmonie, die Gerechtigkeit und die Proportion des Staates sind notwendig. Jeder Teil des Staates muß zu der Bewahrung des Allgemeinen* (= des Ganzen) *beitragen.*

Diese Vision von der Gesellschaft, die ebenfalls *ständisch* ist, führt zu spezifischeren, manchmal von Aristoteles herkommenden praktischen Anwendungen: Vincent führt aus (1598, S. 28 und 1600, S. 53), *daß Aristoteles keine Steuerbefreiungen in Sparta wollte,* da sie gegen die Frömmigkeit und gegen das öffentliche Wohl verstieße. Kurz noch einige weitere Hinweise auf antike Texte: (*Gesetze,* Buch 5) wird von Delagrange zitiert (S. 182). *Der gute Staatsbürger lehnt die Lasten für den Staat nicht ab, sondern erträgt sie gern.* Laut seiner Rede gegen *Leptines* war Demosthenes gegen Steuerausnahmen in Athen. Solon, der Wohltäter der Verschuldeten, hat sich, wie es scheint, im selben Sinne geäußert. Beide griechischen Autoren werden von Vincent benutzt (1598, S. 23, 18). Betrachten wir nebenbei den Begriff *öffentliches Wohl:* Vincent schlägt eine generelle, monarchisch-demokratische Konzeption des *öffentlichen Wohls* vor, das später von den Jakobinern viel weiter gefaßt wird: *Die Adligen benutzen die Privilegien der Provinz, als ob diese nur für sie da seien* (Vincent, 1598, S. 36). *Die Adligen glauben, daß sie nur für sich selbst geboren sind. Aber nach Perikles, wie er von Thukydides zitiert wird, muß man zuerst das öffentliche Wohl lieben und* – welch schöne Formulierung – *glauben, daß man nicht für sich selbst, sondern für die Welt geboren ist* (ebd.). Unter diesen Umständen muß das *Vielfache,* mit anderen Worten: die Gesellschaft, auf das *Eine* zurückgeführt werden, den König. *Der Fürst ist der Vater des Gemeinwohls* (ebd. 1600, S. 128). Volk und König verweisen auf Gott: *König und Volk sind eng vereint. Für die Steuerbefreiung eintreten heißt gegen das Volk, gegen die Menschenrechte, gegen die naturgegebene Frömmigkeit, sogar gegen die Majestät Gottes sein, der der Schutzherr der Rechte der menschlichen Gesellschaft ist* (ebd. S. 26–27).

Rambaud schließt mit den Vorzügen der Bürgerfreiheiten, anders ausgedrückt, mit der Verurteilung der Knechtschaft: Die Steuerfreiheit der Adligen, sagt er (1600, S. 15), bedeutet für den dritten Stand *eine barbarische Knechtschaft.* Die Verherrlichung der Freiheit hat ihre Quelle in griechischem Gedankengut in lateinischer oder französischer Übersetzung. Sie entspricht aber auch der Theologie aus der Endzeit der Leibeigenschaft, wie sie von Thomas von Aquin und den Scholastikern gelehrt worden ist.

Von Aristoteles aus wird nämlich mühelos der Sprung zur großen christlichen Tradition bis hin zu Thomas von Aquin vollzogen: Im katholischen Denken ist dieser ein Schüler und Schildträger des griechischen Philosophen. Für unsere Anwälte gibt es eine zwangsläufige kulturelle Kontinuität von der (durch die Renaissance erst vor kurzem wieder lebendig gewordenen) Antike zum mittelalterlichen Christentum des glänzenden thomistischen 13. Jahrhunderts, mit seiner Verlängerung über das Tridentiner Konzil hinaus. Die natürliche Vernunft begründet die harmonische Proportion zwischen den Ständen: zwischen Adel und drittem Stand. Sie ist der gemeinsame Nenner zweier kultureller Strömungen, von denen die eine vor, die andere nach Christus verläuft. Wie Delagrange, der Thomas namentlich zitiert, schreibt (1599–2, S. 55), ist *das Gesetz ohne Vernunft nicht Gesetz, sondern Verderbtheit. Die ungerechte Willkür des Fürsten ist nicht Gesetz, sondern unbillig.* Den Kirchenlehrern zufolge ist die Grundlage der Ständegesellschaft das Bild Jesu, der den Cäsaren Abgaben zahlt: *Christus war ein Geistlicher, aber auch adlig* (Sohn Gottes) *und hoher Amtsträger* (großer Gesetzgeber); *er aber zahlte den Tribut* (ebd., S. 25, 26). Delagrange versichert, daß die Adligen, die die Steuern verweigern, die religiöse Frömmigkeit verletzen und mehr noch die *Liebe zum Vaterland,* ein Begriff, der ebenso heidnisch wie christlich ist (ebd., 1599–2, S. 31, 105 u. passim).

Andererseits liefern die Bibel und die Kirchenväter ganz wie die antiken Autoren alle nötigen Belege, wenn es zwischen dem gewohnten (möglicherweise unbilligen) Brauch und dem wahren (immer gerechten) Gesetz zu wählen gilt. König Salomon nimmt nach Delagrange (1599–2, S. 55) im *Buch der Weisheit* (14, 16) in dieser Frage den gleichen Standpunkt wie Plautus, Cicero und Seneca ein: *Wird ein ungerechter Brauch durch die Zeit befestigt, so wird er wie ein Gesetz verehrt, so falsch er auch sein möge.* Der heilige Cyprian und der heilige Augustinus sagen nichts anderes (ebd., S. 107). *Gott hat nicht gesagt: Ich bin der gewohnte Brauch, sondern ich bin der Weg, die Wahrheit und das Leben.* Delagrange (1599–2, S. 27) findet biblische Töne, um steuerhinterziehenden Adligen und hohen Würdenträgern mit der göttlichen Strafe zu drohen, da sie das Laster zum Brauch gewandelt haben. *Die Väter der Adligen haben angefangen, unser Recht zu verderben. Jetzt müssen sie sich dafür vor Gott verantworten. Die heutigen Adligen werden eines Tages von Gott dafür gerichtet werden. Das Laster verbirgt nicht dadurch sein schlechtes Wesen, daß ihm für längere Zeit gehuldigt worden ist.*

Grundlegend ist die Berufung auf die Einheit des Menschen, die sich sowohl aus der Schöpfungsgeschichte des Alten Testaments wie aus dem Evangelium ergibt; sie macht den Adel von Anfang an ungültig. Die revoltierenden Bauern des 16. Jahrhunderts hatten es wohl begriffen: *Als Adam grub ... wo war denn da der Edelmann?* Weniger schlagkräftig, aber mit mehr Einzelheiten spinnt Delagrange (S. 81, 84, 121) dieses Thema lange aus. Aristoteles und Tacitus, die er gelegentlich heranzieht, sind dabei weniger hilfreich als das Alte und das Neue Testament, die die Gleichheit vor Schöpfung und Erlösung verkünden: *Die Stände sind verschieden, aber die Menschen sind nach Tacitus und Aristoteles dieselben. Bürgerliche und Adlige haben gleiches Fleisch, gleiches Blut und gleiche Knochen. Wenn die Adligen natürliche Eingeborenheit* (d. h. angeborenen Adel) *hätten, hätten sie Jesu Blut nicht nötig, um erlöst zu werden. Sie müßten beweisen, daß Adam vor dem Sündenfall* (vor der Erbsünde, mit der alle Menschen gleichermaßen behaftet sind) *einen* (adligen) *Sohn gehabt hat.* Der Adel beruht nicht auf der Schöpfung, *er hat einmal angefangen. Der Unterschied der Adligen von den anderen Menschen ist weder natürlich noch wesenhaft, sondern zufällig ... Der Natur nach sind alle Menschen einheitlich ... Ein Bettler ist ebenso ein Mensch wie ein Adliger ... Wir alle stammen von einem Urvater ab ... Der Adel ist erst später gekommen ...* Unsere Anwälte gehen längst nicht bis zum biblischen Chiliasmus eines Thomas Müntzer oder der Wiedertäufer, die aus der Apokalypse und dem Buch Daniel das Recht auf sozialen Aufruhr ableiteten. Dennoch aber hat der Protestantismus auch in der Dauphiné dazu beigetragen, das Interesse an der Lektüre des Alten Testaments zu wecken. Obwohl Katholiken, lesen unsere bürgerlichen Streiter die *Psalmen,* die *Sprüche* und den *Prediger.* Den Propheten der Hebräer entnehmen sie die Anprangerung der Mächtigen, des Adels durch die Armen. Besonders Delagrange ist in dieser Hinsicht unerschöpflich: In den *Sprüchen* findet er die Theorie vom guten König, dem Freund der kleinen Leute: *Ein König, der getreu den Armen Recht verschafft – sein Thron steht fest für alle Zeit* (Sprüche, 29, 14) ... *Pharao war weniger hart zu seinen Völkern, denen er Geld und Gut zurückgab, als die Adligen zum dritten Stand* (Delagrange, S. 164 u. passim). Von dort geht er über zur Theorie von der Würde der Armen und zum Geheimnis des Wohlstandes der Bösen: *Die Adligen besitzen den größten Teil unseres Grund und Bodens, niemals ist es ihnen so gut ergangen* (Delagrange, S. 217–218). Und zum 72. Psalm: *Sie sind dick und fett, sie schmücken sich mit einem Halsband aus Hochmut, sie sind aufgedunsen von Fett, aus dem das Unrecht quillt.* Dann wendet er sich Gott zu, von dem der König nur das irdische Abbild ist: *Herr, erbarme dich unser! Denn reich gesättigt sind wir mit Hohn. Übersatt ist unsere Seele vom Spott der Leichtsinnigen, vom Hohn der Stolzen.* (Psalm 122, von Delagrange zitiert). *Die gerechte Klage an den König* (Delagrange 1597) stimmt den Psalm 34 an: *Herr, du entreißt den Unglücklichen dem, der ihn peinigt, den Armen und Elenden dem, der ihn beraubt.* Die Kirchenväter und andere Heilige der Frühzeit fallen mit ihren mächtigen Stimmen in den Chor der Protestierenden ein: Der heilige Ambrosius zahlte nach Vincent (1598, S. 15 usw. und 1600, S. 58–59) dem Kaiser Steuern und verkaufte wenn nötig die Abendmahlskelche, um dem Staat zu helfen. Das Glück der Menschen war ihm wichtiger als die Bewahrung edlen Metalls. Warum tun unsere Priester das nicht auch? Und

St. Salvian, Bischof von Marseille im 5. Jahrhundert, Moralist, Vorläufer Jean-Jacques Rousseaus und Prediger der Gewalt gegen die Veruntreuung im Amt[40], wetterte nach Delagrange (1599–2) gegen die Reichen und gegen die Adligen, die sich von der Steuer befreien ließen.

Wie steht es in diesem zugleich von der Antike und von der Theologie geprägten Denken um das Jahr 1600 mit der Forderung nach *Gleichheit*, die schon 1576 von de Bourg klar, aber vorsichtig formuliert worden war (de Bourg forderte, wie wir gesehen haben, „die inoffizielle Gleichheit" der Stände)?

Für Delagrange (S. 173–174) hat die *Natur uns alle gleich gemacht*. Der *Unterschied* zwischen Adligen und Bürgerlichen besteht nur darin, daß die Zulassung zu den ehrenvollsten Ämtern, den Zivilbehörden, in erster Linie dem Adel vorbehalten ist. (Deshalb werden die Parlamentsräte automatisch geadelt.) Äußerstenfalls will Delagrange (S. 174) zugeben, *daß das gemeine Volk zur Führung der Staatsgeschäfte weniger fähig sei* (als der Adel). Aber mehr nicht. Die Ehre des Adels an und für sich ist für den dauphinischen Anwalt keine angeborene Eigenschaft, keine *natürliche Eingeborenheit*, wie es fälschlich von den Aristokraten behauptet wird, die damit die christliche Lehre mit Füßen treten. Ehre ist nichts als eine Belohnung des Königs für erwiesene Dienste: *Wenn der König die Adligen mit Ehrentiteln ehrt, so geschieht das für einen Dienst, den sie ihm wirklich erwiesen haben*, und aus keinem anderen Grunde (ebd., S. 208). Die Adligen sind Dummköpfe, wenn sie sich der Dienste rühmen, die ihre toten Vorfahren geleistet haben, und sich so im Ruhme anderer sonnen (ebd., 1599–2, S. 27).

Darüber hinaus ist die Behauptung von der Gleichheit bei Delagrange gemäßigt, denn er läßt ja die Existenz einer ständischen Ordnung zu. *Wir* (die Anwälte des dritten Standes) *streben weder nach dem Volksstaat noch nach der Gleichheit, wie die Adligen fälschlich behaupten. Aber unsere Privilegien* (die ursprüngliche Steuerfreiheit usw.) *sind die gleichen wie ihre* (Delagrange, 1599–2, S. 232). Die Gleichheit versteht dieser Anwalt also eher adjektivisch als substantivisch. Sie enthält eher Forderungen nach Freiheit (= Nicht-Dienstbarkeit) als nach Macht: *Wir streben weder nach Herrschaft, noch stellen wir uns gegen die Monarchie ... Nach dem Gesetz der Natur werden wir alle frei geboren* (ebd., S. 233–235).

Gleichheit bedeutet einfach, daß die Steuerlast sich nach dem Vermögen und dem Ehrenrang eines jeden richtet, wobei die Proportionen durch königliche Gesetzgebung festgelegt werden, die ein Instrument der Nivellierung ist. Im Prinzip müßten sich alle Mitbürger der Steuer unterwerfen, nach der Formel: „Von jedem nach seinen Mitteln." *Das Edikt von*

Hesdin (Franz des I.) *sagt, daß der König Gerechtigkeit übt ohne Begünstigung oder Ansehen der Person; er will, daß Gleichheit unter seinem Volk bewahrt bleibe und daß jeder nach seinem Rang seine angemessene Last trage* (Delagrange, S. 253). In diesem Zusammenhang sind mit „Volk“ nicht nur die unteren Klassen gemeint, *das gemeine Volk oder das gewöhnliche Volk.* Das Wort umfaßt die drei Stände, einschließlich des Adels (ebd.).

In dieser Beziehung ist Vincent gleichermaßen kühn und zurückhaltend. Er geht von dem Gedanken eines ursprünglichen Kommunismus an Grund und Boden aus: Die Natur hat zu Anfang die Erde für die Menschen frei und gemeinsam gemacht (Vincent, 1598, S. 38). Weniger radikal als Delagrange, erkennt er gleich darauf den alten „Unterschied“ an: *Die Natur hat die Menschen nicht geschaffen, um einer wie der andere zu sein. Es hat zu allen Zeiten verschiedene Ränge gegeben: Senatoren und Plebs in Rom, Druiden, Ritter und Plebs im Gallien Cäsars.* Vincent vergißt auch nicht, daß solche Unterscheidungen nach Schichten auch im Innern des dritten Standes gelten, wo Handwerker und Patrizier nicht in einen Topf geworfen werden. Er erhebt sich sogar gegen eine elementare Gleichheitsvorstellung zwischen den Ständen und geht dabei so weit, zu sagen: *Nichts ist ungleicher als ihre Gleichheit!*

Jedoch auf dem Umweg über eine Bezugnahme auf Solon von Athen, den Befreier der Verschuldeten im 5. Jahrhundert, kommt Vincent zurück zu der bei unseren Anwälten so beliebten proportionalen Gleichheit. *Die Harmonie, die Regel der Proportion, ist der Kitt der Gemeinwesen. Solon teilte das ganze Volk in vier Stände ein, ließ die Vermögen schätzen und beachtete dabei eine solche Gleichheit, daß er befahl, daß jeder* (der Stände) *seiner Proportion entsprechend die Lasten des Gemeinwesens zu tragen habe* (Vincent 1600, S. 319–320). Auch in diesem Fall geht Gleichheit Hand in Hand mit Freiheit oder Nicht-Dienstbarkeit und mit Gerechtigkeit: *Wir sind keine Leibeigenen, keine einer türkischen Tyrannenherrschaft unterworfene Sklaven. Unsere leidenschaftliche Liebe gilt der Gerechtigkeit* (ebd., S. 13, 17). Marchier sagte bereits im Jahre 1595 in seiner Trutzrede gegen Heinrich IV. mit weniger Worten dasselbe. Die (Steuer-)*Lasten folgen den* (Grund-)*Besitzern, wodurch die Gleichheit unter den Untertanen* (ob adlig oder nicht) *eines Staates hergestellt wird.* Mit anderen Worten: jeder soll, was die Steuer betrifft, nach der Proportion seines Grundbesitzes bezahlen. Die Liebe zur Gleichheit hat Marchier allerdings nicht daran gehindert, sich zehn Jahre später, im Jahre 1605, adeln zu lassen.[41]

Bei Delagrange ist der Begriff eines *Naturrechts,* das jedem Menschen, wenn nicht die volle Gleichheit, so doch die Freiheit oder Nicht-Dienstbarkeit zusichert, schon stark ausgebildet. Und zwar bevor der holländische Rechtsphilosoph Grotius diesen Begriff voll entwickelt. *Nach dem Natur-*

recht, schreibt Delagrange (S. 235–239 und 1599, S. 255), *ist die Freiheit natürlich. Was auch immer die braven Schreiberlinge des Adels darüber denken, die Knechtschaft ist gegen die Natur, wir sind keine Leibeigenen.*[42] Rambaud schließt sich diesem Naturalismus an (zweite Verteidigungsschrift, S. 6–7). Er fordert die Anwendung der gerechten Steuerregelung, die in der Provence und dem Languedoc gültig ist, die aber auch und vor allem *zugleich mit dem Menschengeschlecht geboren* worden ist.

Die Gleichheit ist bei Rambaud, dem aristotelischen Musikfreund, untrennbar von dem Begriff einer musikalischen Harmonie zwischen den Ständen. Wie er schreibt (S. 8–9), will *der dritte Stand die harmonische, nicht die arithmetische Regel. Er will nicht aus der Gleichheit Gerechtigkeit machen* (das wäre der „Volksstaat"), *er will gleiches Recht. Aber er will nicht ein gleiches Recht nach der Arithmetik, das alle Dinge nach Gewicht und Form gleich macht. Er will die harmonische Proportion, die aus unterschiedlichen Dingen besteht. Um einen Staat zu bewahren, ist eine gerechte Ordnung nötig, die sich auf die proportionale, harmonische Gleichheit stützt, die zur Einheit führt.*

Obwohl Leser Bodins, lehnt Rambaud die Komplexitäten einer quantitativen, mathematischen Harmonie ab; er überläßt sie den Staatsdienern, die höher gestellt sind als er und seine Klienten. *Wir wollen uns in unserer Darlegung nicht bis zur Betrachtung jener geistigen und mathematischen Harmonie erheben, mit der Bodin das oberste Stockwerk des reichen, prächtigen Gebäudes der Republik erbaut. Das ist eine zu erhabene und zu subtile Lehre für den großen dritten Stand, man muß sie den hohen Herren überlassen, sie ist Sache der Herren Würdenträger* (Rambaud, Zweite Verteidigungsschrift, S. 9). Er hält sich also an die Metaphern seiner geliebten Musik, die vom Volk verstanden und geliebt werden: *Wir möchten nur an die Ähnlichkeit erinnern zwischen der gerechten Regierung eines Staates und der harmonischen Komposition einer Musik mit verschiedenen Stimmen, wie das Volk sie leicht hören und verstehen kann* (ebd.). Die gut proportionierte Steuergleichheit ist die niemals dissonante Vielfalt eines Orchesters: *im Gegensatz zur Demokratie, zu der streiterfüllten, unordentlichen Gleichheit muß jeder nach der Proportion seines Vermögens seinen Beitrag leisten. Wer wenig hat, zahlt wenig. Wer viel hat, zahlt viel. Das ist eine schöne Harmonie verschiedener Töne. Die Einheit ist der alles übertönende, höchste Ton, dem alle anderen zustreben. Zur Einheit streben heißt nicht, alles gleichmachen. Die Einheit in der Musik ist nichts anderes als die Monarchie im Staat.* Der Dirigent ist unter diesen Umständen nicht das Volk, sondern der König, und letzten Endes ist es Gott. So wie alle Teile eines musikalischen Akkords einem einzigen Ton, dem höchsten, zustreben müssen, um ihn zu tragen, so müssen alle Glieder eines Staates ihren

Blick auf den Monarchen richten, *um ihn zu stärken. Diese königliche Einheit* führt dann letzten Endes zum *souveränen Monarchen des Weltalls* (Rambaud, ebd., S. 10–11).

Der unleugbar vorhandene Gleichheitsgedanke unserer Anwälte ist nicht der von 1789, als die Deklaration der Menschenrechte verkündet: *Alle Menschen werden frei und mit gleichen Rechten geboren.* Im Jahre 1600 steckt man dafür noch zu sehr in der ständischen Ordnung, auch wenn man die Stände einander angleichen (jedoch nicht abschaffen will).[43] Man verlangt noch nicht nach uneingeschränktem Individualismus; dieser ist ein Kennzeichen des modernen Gleichheitsgedankens, wie er sich unter dem wachsenden Einfluß von Hobbes, Locke, Rousseau und Adam Smith um 1650–1780 entwickelt hat. In der Konzeption Rousseaus und Lockes ist jeder einzelne soviel wert wie jeder andere und kann sich auf das Naturrecht berufen, um als Gleicher behandelt zu werden. Es wäre daher ein Anachronismus und ein Vorgriff auf die Zukunft, wollte man in bezug auf unsere dauphinischen Streiter der Jahre 1575–1635 an den Versuch einer „bürgerlichen Revolution" denken; ein Anachronismus ähnlich dem, den man begeht, wenn man die großen Revolten des 16. Jahrhunderts in Deutschland und in Spanien vorschnell als „erste bürgerliche Revolution" einstuft. Die Anwälte des dritten Standes lehnen es sogar ab, sich auf das Modell der Schweizer Revolution zu berufen; es ist zu demokratisch, daher für ihre Zwecke kompromittierend: *Wir wollen die Adligen nicht behandeln wie die Schweizer* (= sie ihrer Güter berauben oder gar sie töten). Im Gegenteil sind es nach Delagrange (1599, S. 269) *die Adligen, die am König so handeln wollen* (nach Schweizer Art) *indem sie all seinen Besitz* (des dritten Standes) *nehmen, ohne dafür Steuern zu bezahlen.* Die Anwälte beziehen sich lieber auf das Modell Savoyen, das nicht revolutionär, sondern reformistisch ist: *Der Adel Savoyens zahlt Kopfsteuern für den Grundbesitz, den er vom dritten Stand erwirbt* (Delagrange, 1599–2, S. 30). Das prosavoyische Ideal der Anwälte klammert sich mit Vorliebe an die Monarchie (als solche). Die könnte eventuell absolut sein, würde aber ein Minimum an Steuerproportion und relativer Gleichheit sichern. Tatsächlich zeigt Savoyen Strukturen, die beneidenswert erscheinen: Von 1584 bis ins 18. Jahrhundert arbeitet der Reformismus dieser Region daran, die Felder des Adels der Steuer zu unterwerfen, die Fluren zu katastrieren, die Grundherrenrechte einzuschränken; gleichzeitig beschränken die Herzöge von Savoyen die Machtbefugnisse der Ständeversammlungen. So nehmen sie in Chambéry oder Annecy das Verhalten Richelieus dem dritten Stand der Dauphiné gegenüber vorweg: Laßt mich die Landstände der Provinz abschaffen, die meinen Absolutismus stören, flüstert der Kardinal den Bürgerlichen zu, und ich verpflichte mich, die Steuerfreiheit der Adligen zu vermindern . . . *Gib du mir die Landstände, und ich gebe dir dafür die Steuergerechtigkeit.*[44]

Die Anwälte sind Monarchisten, keine Demokraten. Sie haben Bodin gelesen und folgen dessen Theorien über die Souveränität. Sie erkennen an, daß diese in Frankreich ungeteilt dem Fürsten zusteht und nicht dem Volk. Aber wie sie sagen, darf unter dem Vorwand der Souveränität die königliche Herrschaft nicht zu einer Tyrannei wie die türkische werden. Der Fürst ist dem Gesetz untertan, er darf nicht das Gut seiner Untertanen stehlen, er muß die legitimen Rechte des dritten Standes respektieren.[45]

Im Bewußtsein ihrer (antiken[46] und christlichen, rationalen, gemäßigt, aber fest nach Gleichheit strebenden und monarchischen) ideologischen Grundlage können sich die dauphinischen Anwälte der Geschichte zuwenden. Vom verderbten Brauch gehen sie zurück zum gesunden Brauch; von der entarteten Tradition zu einer höheren Tradition.[47] Am Ende berufen sie sich auf ein Recht mit universeller Anwendungsmöglichkeit. Die doppelte Quelle: das dauphinische Privileg des Mittelalters, das römische Recht. Das dauphinische Privileg. Wie schon de Bourg berufen sich die Anwälte auf den königlichen Akt aus dem Jahre 1341, durch den *alle* Bewohner der Dauphiné einschließlich der Mitglieder des dritten Standes von der Kopfsteuer ausgenommen wurden. Von dem Moment an (1341), als die Zwangssteuer zu existieren aufhörte, gibt es also im Prinzip nur noch den freiwilligen Beitrag, mit anderen Worten, einen von der Versammlung der drei Stände frei akzeptierten Steuerbeitrag; es gibt nur den allgemeinen, das heißt von allen, auch den Privilegierten, zu zahlenden Beitrag. Die Menschen der Dauphiné sind ausnahmslos freie Menschen, das heißt *frei* von Steuer; und alle, einschließlich der Adligen, sind freiwillige Steuerzahler oder sollten es sein.[48]

Danach verlassen unsere Anwälte den königlichen Akt und das 14. Jahrhundert und klettern aufs neue in ihre Zeitmaschine. Mit einem Satz überspringen sie das 13. Jahrhundert und das erste Jahrtausend. Immerhin nehmen sie im Vorbeieilen doch noch einige Daten mit. Es sind gebildete Menschen, Teufel noch mal; sie haben Pasquier gelesen, Fauchet, Gregor von Tours und andere Historiker; sie machen also darauf aufmerksam, daß Ludwig der Heilige, Chilperich, Childebert, kurz, die Kapetinger und die Merowinger, einmal den Adel, ein andermal den Klerus mit Steuern belegt haben.[49] Gestärkt durch diese Frühgeschichte kommen sie sehr schnell zu ihrer Hauptargumentation, mit der sie auf die lateinische Antike zurückgehen: auf das römische Recht.

In seinem *18. Brumaire* sagt Marx etwas spöttisch, die französischen Revolutionäre von 1789/1799 hätten sich in die Kostüme der Römischen Republik drapiert, um sich die ferne Vergangenheit dienstbar zu machen. Aber kann man auch in bezug auf das römische Recht, das unseren Anwälten so am Herzen liegt, von Drapierung, von Kostümierung sprechen? Hier handelt es sich eher um die gelungene Aufpropfung einer großen Kulturtradition auf eine andere: Weit jenseits unserer bescheidenen Juristen hat das aus Rom gekommene Recht das ganze juristische Denken der Neuzeit geformt.

Die Argumentation der Anwälte vollzieht sich auf zwei Ebenen. Zunächst auf der rein historischen: Vincent und Delagrange erinnern an die römischen Staatsmänner, die zu jeder Zeit, in Republik und Kaiserreich, die Aristokraten der Steuer unterwarfen; sie besteuerten Reichtum und Grundbesitz als solche, ohne sich bei dem persönlichen Rang des Reichen oder Grundbesitzers aufzuhalten. Die Grenobler Verteidigungsschriften warten mit einer langen Reihe lateinischer Zitate auf: Servius Tullius schätzt die Vermögen; Cato besteuert die Juwelen; Sulla verkauft die Tempelschätze; die römischen Senatoren zahlen dem Vaterland ihre Steuerbeträge mit Wagenladungen von Kupfermünzen; der Zweite Punische Krieg; Vitellius, Aurelian... Ich kann sie nicht alle aufzählen. Die Verweise Rambauds und Delagranges auf Tacitus und Titus Livius sind nicht immer sehr exakt; aber die vorgebrachten Fakten werden von den beiden römischen Historikern und anderen antiken Autoren tatsächlich angeführt.[50] In ihren Fußstapfen lassen es sich unsere Anwälte nicht nehmen, nach römischer Manier rhetorisch mit einer Intervention der Volkstribune zu drohen, die dem Volk auf Kosten der Aristokraten sein Recht verschaffen würden.[51]

Aber das Band zwischen dem römischen Recht und der Dauphiné geht weit über die rein juristische Rationalität hinaus. Es ist eine koexistentielle Verbindung, eine Liebesehe. Unsere Juristen, denen die lateinischen Quellen, die sie zur Unterstützung heranziehen, wohlbekannt sind, sagen uns, daß sich das Volk der Dauphiné zur Zeit des guten kleinen Alpenkönigs Cottius im Jahre 13 v. Chr. freiwillig dem Römischen Reich angeschlossen habe. Die Intellektuellen aus Die und Grenoble in den Jahren 1570–1600 sind ehemalige Studenten des Professors Cujas, der das bis dahin nachplappernde, schulmeisterliche und alberne Studium an der Universität Valence erneuert hat; weitere Stärkung liefert ihnen der Historiker Pasquier; sie halten sich entschieden für Römer, *Italiker*, ganz wie der nostalgische Languedoc-Bewohner des Jahres 1970 sich als Katharer von Montségur oder als Kamisarde der Cevennen fühlt. Sie schlingen die Toga um ihre Schultern wie später die Konventsmitglieder. Für sie hat es nie eine gewaltsame Eroberung ihres Landes durch Cäsar gegeben. Wie sie es sehenn, sind die Bewohner der Provinz einst aus freiem Willen Bürger Roms geworden. Infolgedessen sind sie Anhänger des römischen Rechts. Gestützt auf diese Ausgangsbehauptung – oder „Gewißheit" –, begeben sie sich noch einmal auf die Rutschbahn der Geschichte: Diesmal geht ihre Talfahrt mit derselben Geschwindigkeit wie vorher ihr Rutsch in die Antike, in die chronologisch entgegengesetzte Richtung. Sie beharren darauf, daß die Beständigkeit des römischen Rechts in den dauphinischen Landstrichen diese mit dem Languedoc und der Provence verbinde, die ebenfalls aus den alten Provinzen, dem „Narbonnais" und dem „Viennois" hervorgegangen sind; außerdem wird in Romans wie in Aix und Montpellier Provenzalisch, das heißt Lateinisch, gesprochen; im Jahre 1600 ist man sich dieser Sprachgemeinschaft sehr bewußt. Daher ist die Dauphiné ein Land des *Reichs* geblieben; diese Bezeichnung bedeutete zuerst das Römische Reich, zu dem das „Narbonnais" und das „Viennois" gehörten; später, im Mittelalter, bedeutete es das Heilige Römische Reich deutscher Nation, dessen *Kaiser* die legitimen Nachfolger der Cäsaren waren. Im 16. Jahrhundert hat sich die Dauphiné infolge verschiedener, manchmal unglücklicher Wechselfälle zwar dem Königreich Frankreich angeschlossen; trotzdem ist sie aber, wie die Anwälte meinen, noch immer Teil des Reiches. In dieser Beziehung stehen sie auf festem Boden: Der kleinste Schiffer, der die Rhone hinab fährt, weiß noch im 19. Jahrhundert, daß er zu seiner Linken das *Reich* und zu seiner Rechten das *Königreich* hat.[52]

Die Zugehörigkeit zum Geltungsbereich des römischen Rechts hat bedeutende Konsequenzen: Keine Rede davon, den demütigenden persönlichen Zwangstribut zu zahlen, der besiegten Völkern auferlegt wird, den schändlichen Tribut, der Kopfssteuer heißt. Das ist angebracht für die Franzosen, die einst langhaarigen Gallier mit den lächerlichen Schnurrbärten. Wir Togaträger der Dauphiné, wir zahlen in der Dauphiné *freiwillig* die *Realsteuer* für das Land, das wir als *Allod* besitzen, mit anderen Worten, als volles, ganzes Eigentum nach römischer Art. Selbst wenn dieses Land eine Erbpacht wäre, so hätte der Erbpächter, ob Bauer oder Bürger, es doch als wahres Eigentum in Besitz. In diesem Punkt lassen unsere Juristen nicht mit sich reden.

Und wer römisches Recht, geschriebenes Recht sagt, sagt selbstverständlich auch Kataster. Diese Grundbücher sind steuerlich viel gerechter als alles, was in dieser Art in der Normandie oder der Ile de France existiert. Man findet sie unter dem Namen Kataster oder *compoix* im Languedoc, in der Provence und im Süden und Südosten der Dauphiné. Noch ein bißchen Geduld, ihr Leute der Dauphiné, sagen die Anwälte, und bald werden alle eure Ländereien, von Norden nach Süden und von Ost nach West im Grundbuch eingetragen werden, wie sie es seit langem sein müßten, wenn man in Grenoble die guten alten Katasterregeln des römischen Rechts befolgt hätte; diese Regeln, die der dritte Stand weiter südlich, in Die, Embrun, Briançon usw., mutig beibehalten hat. Es ist wohl kein Zufall, daß die Stadt Romans die *Hochburg des Katasters* genannt wird, da sie, an der Isère, an der Grenze zwischen südlicher und nördlicher Dauphiné gelegen, seit dem 16. Jahrhundert sich mit aller Macht für die Erstellung eines Grundbuchs einsetzt, in dem jeglicher Landbesitz, Äcker, Häuser, Weinberge, Kastanienhaine, Läden und dergleichen verzeichnet sind.[53]

Die Schriften der Anwälte um das Jahr 1600 herum zeugen von einem erhöhten, stärkeren Selbstbewußtsein des dritten Standes im Vergleich zu den gedrängteren, primitiveren, vielleicht auch ergreifenderen Ausführungen in dem auf Gleichbehandlung dringenden Heft de Bourgs aus dem Jahre 1576. Im Abstand von einem Vierteljahrhundert ist die adelsfeindliche Bitterkeit unter Heinrich IV. noch deutlicher geworden, ausführlicher und mit mehr Einzelheiten belegt; der Stolz des dritten Standes, der sich seiner kriegerischen Fähigkeiten bewußt geworden ist, wird stärker hervorgehoben; die Polarisierung zwischen den beiden Gruppen, dem Adel und dem Bürgerstand, ist ausgeprägter geworden. Gegen 1600 hat sich eine Synthese herausgebildet zwischen christlicher und biblischer Gefühlswelt, die von unseren Anwälten für ihre Argumente mitherangezogen wird, und dem griechisch-lateinischen Gedankengut, das allein de Bourg seine kulturellen Argumente lieferte. Darüber hinaus halten das römische Recht und die Geschichte Frankreichs in entscheidender Weise ihren Einzug in die Arena des bürgerlichen Kampfes gegen die Steuerprivilegien. De Bourg hat also in Rambaud und Delagrange seiner würdige Nachfolger gefunden; sie pflegen das Erbe seines politisch-kulturellen Kampfes. Claude Brosse dagegen wirkt zwischen 1600 und 1630 für die spezifischen Forderungen der Landbevölkerung; er trägt auch zum Bekanntwerden des wirklichen bäuerlichen Denkens bei, von dem Antoine Guérin nur Brocken zum besten gab, die er mit böswilligen Kommentaren würzte.

Die Entwicklung eines intelligent reflektierten Protestes während der letzten beiden Jahrzehnte des 16. Jahrhunderts ist jedoch nicht kontinuierlich in gewaltloser Form vor sich gegangen. Ganz im Gegenteil hat sich während der gedanklichen Entwicklung[54] der „organischen Intellektuellen" des dritten Standes eine Zeitlang ein gähnender Abgrund unter ihren

Füßen aufgetan, der ihnen Unbehagen verursacht, wenn sie einen Blick zurückwerfen. Bauernkrieg (1579–1580), Karneval von Romans, Gemetzel von Moirans ... Das sind böse Erinnerungen und „Erbsünden"; die Adligen sind immer schnell bei der Hand, sie den Bürgerlichen als bittere Vorwürfe ins Gesicht zu schleudern.

Unsere Anwälte haben kein kurzes Gedächtnis. Wohl oder übel müssen sie sich in ihrer Dialektik mit diesem Karneval von Romans auseinandersetzen, den man ihnen als Fehlverhalten entgegenhält. Da sie ihn nicht übergehen können, bemühen sie sich, ihn neu zu interpretieren. So gut sie können, rücken sie von ihm ab. In dieser intellektuellen Übung zeichnet sich Delagrange besonders aus. Er ist ein Großbürger, der zwar dem Adel feindlich gesinnt, aber ebenso ein Gegner der Unordnung ist, zu der sich die unteren Schichten des Bürgerstandes leicht hinreißen lassen; auch ist er ein Mann der gelehrten Bildung, nicht aber des folkloristischen Gedankenguts. So macht er in seinen Plädoyers wohl einige nebensächliche Anspielungen auf das Geschehen in Romans, denen man aber anmerkt, daß es ihm unangenehm ist. Als Hauptargument zugunsten des dritten Standes bringt er in dieser Sache vor, es seien ja gerade die Notabeln des dritten Standes, die Reichen unter den Bürgerlichen mit dem Richter Guérin (der zu dieser Zeit noch nicht geadelt war) an der Spitze gewesen, die das Verdienst am Tode Paumiers gehabt hätten; damit hätten sie die Ordnung auf den Straßen von Romans erzwungen und sich so ihre Sporen bürgerlicher Achtbarkeit verdient; bei dem wiederhergestellten sozialen Frieden hätten alle Notabeln, die Nichtadligen wie die Aristokraten, gewonnen. Letztere müßten dem hohen Bürgerstand (den sie zu Unrecht von oben herab behandeln) dankbar sein, unter Lebensgefahr für ihre Sicherheit eingetreten zu sein. Im Grunde sagt Delagrange zu den Adligen: Ihr verdankt uns das Leben; ohne unseren Beistand hätten euch die Handwerker und Bauern längst umgebracht. Und dabei habt ihr die Frechheit, keine Steuern zu zahlen und uns zu zwingen, dies an eurer Stelle zu tun! Aber geben wir Delagrange selbst das Wort (1599, S. 53): *Ganz allein die Einwohner des dritten Standes von Romans schnitten dem Hauptmann* (Paumier) *die Kehle durch, der der Anführer von einigen Verrückten und Bauern war, die die Stadt tyrannisierten und in Romans selbst und in der Umgegend mehrere Untaten begingen. Untaten nicht nur gegen den Adel, sondern auch gegen reichere und geehrtere Leute aus dem dritten Stand. Die Verrückten nahmen überall da, wo sie sahen, daß etwas zu nehmen war. Wenn nicht der dritte Stand das Nötige getan hätte, ihre Untaten zu bestrafen, so ist sicher, daß die Adligen sich ihrer niemals hätten erwehren können. Daher, ihr Herren Adligen, sprecht uns nicht mehr von diesen armen Verrückten und Ausschweifenden* (den Paumieristen); *sprecht uns nicht mehr von der Liga* (dem *Bund*). An anderer Stelle (1599, S. 264) erwähnt Delagrange noch die *Ausschweifungen einiger Landleute und Arbeiter von geringer Art und Zahl, die sich in der Dauphiné im Jahre 1579* ... gegen die *Adligen und einige Notabeln des dritten Standes erhoben* hätten. Stolz auf seine Formulierung, mit der er die revoltierenden Handwerker und Bauern zwar unfreundlich, aber präzise kennzeichnet, wiederholt Delagrange sie an mehreren Stellen: *Die Erregung und die Raserei dieses Haufens ausschweifender, vernunftloser Arbeiter und Landleute ist von den notablen Personen des dritten Standes in jeder Stadt niedergeschlagen worden, und das hat die adligen Personen vor der Liga geschützt ... Die Wichtigsten und die Vernünftigsten des dritten Standes machten 1580 ein Ende mit der Erregung der Geringsten in Romans.* In Valence waren es nicht die Stadt und ihre Patrizier, *es war Bonniol, der Müller von der Albon-Mühle, eine halbe Meile von Valence entfernt,* der an dem örtlichen Aufstand schuld war, *aber die Justiz* des Königs (die dem legalistischen Herzen Delagranges so teuer war) *hat in Valence immer fortbestanden* (ebd., S. 25). Fügen wir an, daß nicht alle Anwälte des dritten Standes den Revolten so feindlich gegenüberstanden wie Delagrange. Manche beschuldigen den Adel, durch seine Unterdrückungsmaßnahmen die Volksaufstände verursacht zu haben: *Die Adligen tun dem Volk Unrecht an, daher kommen die Aufstände, die das Volk den Adligen gleich machen.* In seiner Trutzrede gegen Heinrich IV. läßt Marchier noch radikalere Töne hören, indem er sagt, daß der dritte Stand und die Dörfer aus Erbitterung über das Verhalten des Adels noch einmal zu den äußersten Mitteln greifen könnten.[55]

Wenn unsere Juristen über die Revolte von 1579/1580 oder das eine oder andere gesellschaftliche Geschehen nachdenken, wird ihnen deutlich bewußt, welch ein Unterschied, ja welche Kluft die begüterte Bourgeoisie von dem niederen Bürgerstand trennt, der leicht zu gewaltsamen Ausbrüchen neigt. Delagrange liefert beispielsweise eine intelligente Analyse der Einfuhrzölle und anderer Abgaben auf Lebens- und Genußmittel (zum Beispiel Fleisch, Mehl und dergleichen). Sie belasten, wie er sagt, die Armen, im Gegensatz zu der auf dem Grundbuch beruhenden Realsteuer, die auf gerechte Art das Zuviel der Reichen und Notabeln abschöpft. Rambaud ist zwar weit entfernt von einer unsolidarischen Haltung dem dritten Stand gegenüber. Aber er stellt sich selbst auf einen Patriziersockel, um von der *idiotischen Schwerfälligkeit und dem geringen Rang* (des dritten Standes) zu sprechen (S. 92), *die ihn* (den dritten Stand) *daran hindern, von Seiner Majestät Gerechtigkeit zu verlangen* (außer über den obligatorischen Kanal Rambaud).

Soweit der Unterschied Handwerker–Patrizier. Auch die Gegensätze Bauer–Städter, die sich im dritten Stand ebenfalls bemerkbar machen, tauchen in den Reden der Anwälte zum Thema Steuerproblem auf. Die Abkommen von Romans im Jahre 1583, die im Rahmen des dritten Standes zwischen den Städtern und den Dörfern der Dauphiné abgeschlossen worden sind, haben den so lange akuten Konflikt zwischen Stadt und Land zugunsten des letzteren geregelt: 1583 wurde nämlich der Beschluß gefaßt, daß die Städter, die in einem der Dörfer Land besitzen, die Steuern jeweils in dem betreffenden Dorf selbst bezahlen. Dadurch wird eine Überlastung der örtlichen Bauernschaft vermieden. Hier haben wir es mit einer unwiderruflichen Konzession des städtischen dritten Standes an den ländlichen dritten Stand zu tun. Sie besiegelt das Treuebündnis des gesamten dritten Standes gegen die Adligen. Trotzdem hat sie die inneren Konflikte zwischen flachem Land und Stadt, die so lange von unbändigem Haß geprägt waren, nicht ganz beseitigt.[56]

All diese sozialen Gegensätze bilden den Hintergrund des romanaisischen Karnevals der Guérin–Paumier; in verschiedenem Grade leben sie nach ihm noch weiter, über 1580–1600 hinaus. Sie dürfen nicht nur „an sich" betrachtet werden. Sie werden getragen von einer Zeitströmung, in der unser Karneval nur einen – wenngleich entscheidenden – vorübergehenden Augenblick darstellt. Will man über die reine Schilderung der Geschehnisse hinausgehen, ist es deshalb zweckmäßig, das chronologische Modell der Proteste und Aufstände zu Hilfe zu nehmen, das Eli Barnavi von der Tel Aviver Universität für die alte „Ständegesellschaft" entworfen hat.[57] Dieses Modell wird von dem israelischen Historiker auf sehr verschiedenartige Rebellionen angewandt: die böhmischen Taboriten, die Wiedertäufer von Münster, die *Communidades* Spaniens, die neapolitanische Revolte Masaniellos, die Pariser Liga ...

Zu Beginn eines jeden solchen „modellhaften" Ablaufs findet man nach Barnavi eine friedliche Einheitsfront, die noch nicht gewalttätig ist. In der Dauphiné ist das die *Union* des dritten Standes in Stadt und Land, Handwerker und Bürger gegen die Adligen und andere Steuerprivilegierte (Geistlichkeit, Parlament usw.). Für diese Bewegung gibt es Belege seit dem Jahrzehnt 1550; sie wird mit stärkerem Nachdruck von 1576 an von Jean de Bourg wiederaufgenommen, dessen charismatische Persönlichkeit die dörflichen und städtischen Gemeinwesen in der Unterstützung seines „Beschwerdeheftes" vereint. In der Folgezeit, wenn die Bewegung in eine heftigere Phase eintritt, werden die ersten *Keime der Spaltung* spürbar; sie machen sich seit Sommer und Herbst 1578 in Montélimar zwischen hohem und niederem Bürgerstand, zwischen Colas und Barletier bemerkbar. Die eigentliche *Spaltung* wird deutlich während des ganzen Jahres 1579 vollzogen: Während die Bauern auf eigene Faust ihren Kampf gegen Adlige und Grundherren fortführen, teilt sich der romanaisische Bürgerstand in zwei Lager, die Notabeln auf der einen, Handwerker und Ackerbürger auf der anderen Seite. Dieser Bruch in der Gesellschaft vollzieht sich wegen örtlicher Politik- und Finanzfragen. Zwei Führer, Guérin und Paumier, treten einander gegenüber; sie stehen auf verschiedenen Stufen der sozialen Leiter. Guérin ist ein gebildeter, machiavellistischer Bourgeois, der auf dem Wege zu seiner nicht mehr fernen Erhebung in den Adelsstand ist; gleichzeitig ist er der unbestrittene Gebieter, der *Boß* der lokalen politischen *Maschine*. Paumier ist noch in dem Stadium, in dem sich fünfzig Jahre vorher der Vater Guérins befand, nachdem er aus seinem Dorf gekommen war. Von bäuerlicher Herkunft, ist Paumier ein Handwerksmeister, der Erfolg gehabt hat; er hat das Ziel, für sich selbst und seine Gruppe einen angemessenen Anteil vom Kuchen der örtlichen Macht herauszuschneiden. Guérin denkt schon daran, sich dem Adel anzuschließen. Paumier denkt nur daran, durch seine Ehen in die Bourgeoisie aufzusteigen.

In dieser „sezessionistischen" Phase dringt der unterschwellig immer vorhandene Trieb zur Gleichmacherei an die Oberfläche.[58] Vor allem aber sind alle Mittel recht, um ihn zu befriedigen. In der deutschsprachigen Welt des 16. Jahrhunderts schöpfen die Massen ihre revolutionären Theorien aus der apokalyptischen, biblischen Vorstellungswelt der Wiedertäufer. Das kleine Volk der Dauphiné bezieht seine Munition aus seiner karnevalistischen Tradition. Die *Königreiche* der Dörfer, die eine auf Volksbräuchen und Religion beruhende Ausdrucksweise der Bauerngemeinschaft und der Jugendgruppen sind, werden mobilisiert gegen die Mißbräuche, die von dem Großgrundbesitz der Adligen und der Patrizier begangen werden. In Romans sind die städtischen Feste von Lichtmeß bis Fastnachtsdienstag die ästhetische Einkleidung, in der die beiden gegnerischen Lager auf symbolische Art ihre Rechte anmelden.

Nach der „Spaltung" kommt das Stadium des *bewaffneten Kampfes* der Plebejergruppen und Bauern gegen die „Eliten". In der Dauphiné wütet er Ende des Winters und im Frühjahr 1580. Während dieses Kampfes erfolgt ein *Bündniswechsel;* dieser wird zwanzig Jahre später von Delagrange und seinen Anwaltskollegen genauestens analysiert: Die Oberschicht des dritten Standes, namentlich in Romans, aber auch allgemein in den Städten, verbündet sich 1580 mit dem Gegner von gestern (gegen den sie vorher den gerechten Kampf zur Aufhebung des Steuerprivilegs geführt hat). Zu ihren neuen Verbündeten zählen die bisher als Feinde bekämpften Adligen, Maugiron, das Parlament, die Ultrapapisten usw. Umgekehrt bemühen sich die Plebejer und Bauern, die den Kampf weiterführen, sich den Rücken durch ein gegenteiliges Bündnis zu decken. Obwohl katholisch, verbünden sie sich gegen die herrschende Klasse mit den Hugenotten Lesdiguières'.[59]

Aber am Ende werden die Plebejer besiegt; von nun an vollzieht sich allmählich eine Rückkehr zu dem früheren Zustand oder der ersten Phase des Modells: Es kommt wieder zum frontalen Kampf oder zur Einheitsfront des dritten Standes, dessen Teile sich wieder zusammengefügt haben. Nach innerer, oft blutiger Zerrissenheit vereinigt er sich wieder, um nur noch den Kampf gegen Adel und Parlament fortzuführen, deren Steuerprivilegien immer noch uneingeschränkt weiterbestehen. Natürlich ist diese „Rückkehr" nicht einfach ein Wiederanfang; geschichtlich hat jede konkrete Situation ihre unverwechselbare Originalität. Der unter Heinrich II. (im Jahrzehnt 1550) und Katharina von Medici (1580) zentralisierte Staat hatte offen die steuerliche Sonderbehandlung des Adels, der als natürliche Stütze des Throns galt, unterstützt. Mit Richelieu schwenkte die Staatsmaschinerie in den 1630er Jahren um: Der Kardinal gibt in gewissem Maße den Steuerforderungen des dritten Standes gegen den Adel statt. Dem Finanzstaat liegt daran, die Steuerzahler zu schröpfen, wer immer sie seien; in der Dauphiné ist er schon dem Justizstaat überlegen, der zu Zeiten Heinrichs II. und Katharinas die Ungleichheit als eine Säule der Gesellschaftsordnung gestärkt hatte.

Diese im Langzeitverlauf miteinander kontrastierenden Modellphasen lassen trotz allem die profunde Einheit des Empörungsprozesses in der „Synchronie" erkennen, anders ausgedrückt, die jeweilige zeitliche Übereinstimmung eines bestimmten Geschehens mit einer bestimmten, während der Langzeit auftretenden Situation. Sogar gesprengt und nach allen Seiten auseinandergerissen, bewahrt der dritte Stand der Dauphiné die Gestalt eines Blocks: In der bereits gespannten Zeit der inneren Spaltung des dritten Standes, im August 1580, ist eine Figur wie der Grenobler Gamot für sich allein schon eine wandelnde Synthese. Dieser hitzköpfige öffentliche Anwalt tritt seit März 1579 unter Assistenz des Feldschers und Barbiers Bastien, der ihm als dröhnendes Echo dient, als Führer der Grenobler Volksbündler und der „Feinde der Finanzleute" hervor.[60] Er gehört zu dem unruhigen Milieu des unteren Justizwesens Grenobles. Viele aus diesem Milieu unterstützen die Sache der revoltierenden romanaisischen Handwerker gegen die „Bonzen" des Grenobler Parlaments, die mit den Aristokraten zusammengehen. Und auch für Gamot und Bastien steht im Mittelpunkt ihrer gewaltsamen Reden die Losung, die von 1550 bis 1640 der gemeinsame Nenner der bürgerlichen Forderungen ist: der Kampf gegen das Steuerprivileg der beiden ersten Stände. *Ihr Herren vom Adel, wenn Ihr keine Steuern zahlen wollt, wird es eine Schlächterei von 100 000 Adligen geben,* sagen Gamot und Bastien dem Sinne nach; dabei weisen sie auch noch auf den blutigen Präzedenzfall der schweizerischen Revolutionäre hin (im nachhinein wird sogar behauptet, Gamot habe eine Ausbildungszeit in den Schweizer Kantonen durchgemacht, um dann in der Dauphiné die Agitation gegen den Adel auslösen zu können!). Nun ist aber dieser Grenobler Störenfried, dieser Gamot, von Kopf bis Fuß die Personifizierung einer Karnevalsfigur, deren man sich auch in Romans nicht zu schämen gehabt hätte. Im Jahre 1579 rennt er durch die Grenobler Straßen und schwingt einen Rechen (landwirtschaftliches Arbeitsgerät und sozialer Gleichmacher), einen grünenden Zweig (Mai, Fruchtbarkeit, Frieden ...) und ganze Zwiebelschnüre (die gewöhnliche, gedärmefreundliche Nahrung der Volksmassen). Der unermüdliche Kämpfer Gamot vereinigt in sich alle Symbole; er ist selbst ein wandelndes personifiziertes Symbol.

Statt nun von der städtischen Bourgeoisie verleugnet zu werden, die doch über die Kühnheit der Handwerker und kleinen Justizbediensteten erschrocken ist, wird der vom Parlament zum Tode Verurteilte aufgrund der Fürsprache der Städte und der notablen Konsuln begnadigt, freigelassen und amnestiert; sie halten ihn „für einen guten und dem Volke ergebenen Menschen".[61] Selbst in Romans schließt die Trennung die Synthese nicht aus: Paumier und Guérin sind Todfeinde. Trotzdem sind sie verbunden in einem Karnevalsbrauch, der für sie beide die gleiche Bedeutung hat; sie spielen in ihm gegensätzliche Rollen und sind dabei beide in ihrem Element. Diese feindlichen Führer, von denen einer durch den anderen getötet wird, handeln kulturell als Brüder.

Hier liegt meiner Ansicht nach der geballte Sinn des romanaisischen Geschehens: Die gleichen Handwerker, die sich im Februar die Gesichter mit Lehm und Mehl maskieren, waren im Jahr vorher die entschlossensten Anhänger der Beschwerdehefte des dritten Standes der Provinz (A 44). Der Karneval von Romans ist als punktuelles Ereignis ein Spiegel der Kultur und der Konflikte einer Epoche. Dazu gehören die rein städtischen Kämpfe, die aus Anlaß kommunaler Probleme Handwerkerschaft und Lebensmittelhersteller gegen das Patriziat aufbringen; die traditionellen Bauernunruhen, die sich gegen ein offensiv und kapitalistisch werdendes Grundherrentum wenden[62]; die heftigen Abwehrreaktionen gegen den Staat und gegen den Fiskus, die beide soziale Gegensätze enthüllen; es gehören auch dazu die katholischen, aus Mittelalter und Renaissance und bald auch aus dem Barock stammenden Festbräuche; die halbgelehrten und halbegalitären bürgerlichen Ideologien, die Zeitgenossen eines ersten Klassizismus, der sich von antiken Autoren nährt ... Der Karneval von Romans erinnert mich an den Grand Canyon

Colorados. Als eine Spur zahlreicher Ereignisse ist er in eine Schichtenstruktur eingebettet. Ein Schnitt mit der Säge legt die geistigen und sozialen Schichten frei, aus denen ein weit in die Vergangenheit reichendes Ancien régime sich zusammensetzt. In der Abenddämmerung der Renaissance enthüllt er eine ganze Geologie farbenreicher Narben.

1.
Wappen Guérins, mit Bezugnahme auf den ausgerissenen Apfelbaum (pommier = Paumier). Nationalbibliothek.

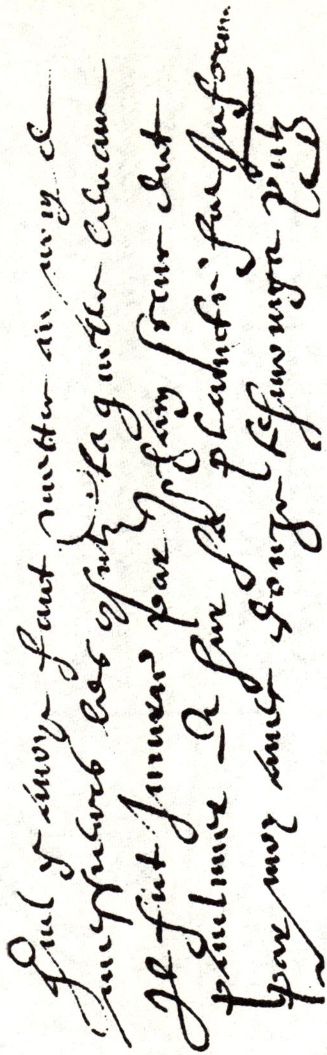

2

2.
Zusammenstoß zwischen Paumier und der Konsularbehörde, schon im Februar 1577. ACR, GG 44/23.

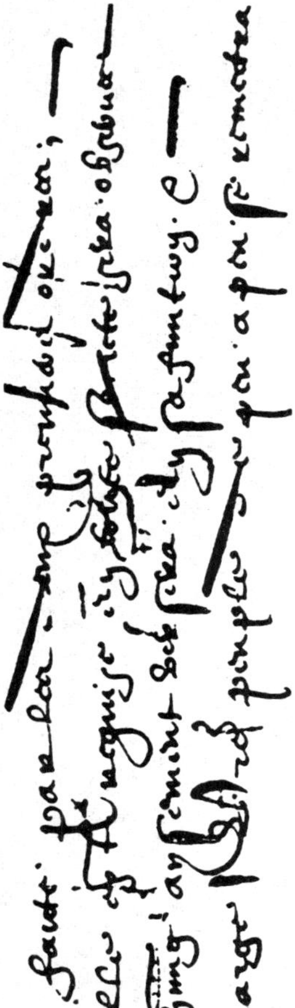

3

4

3.
Beschwerdeschrift de Bourgs in 100 Artikeln, „die Gleichheit, welche in jeder Gesellschaft erforderlich ist . . .“, 1577. ADD, C1023.

4.
Unterschrift des Banditen Laroche „. . . gut Freund und Nachbar . . .“, Februar 1579. ADD, E3387.

6

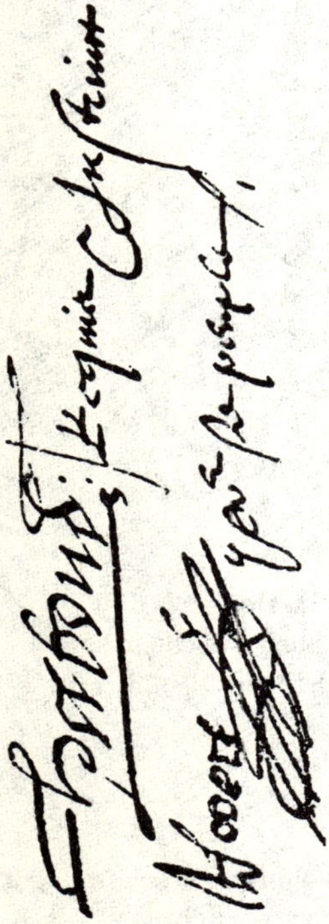

5

5. Unterschrift Guillaume Robert-Brunats, Handwerkerführers, „. . . für das Volk“, 1579. ACR, FF19.

6.
Unterschrift des Metzgers Geoffroy Fleur, eines der Führer der Revolte, 1579. ACR, FF19.

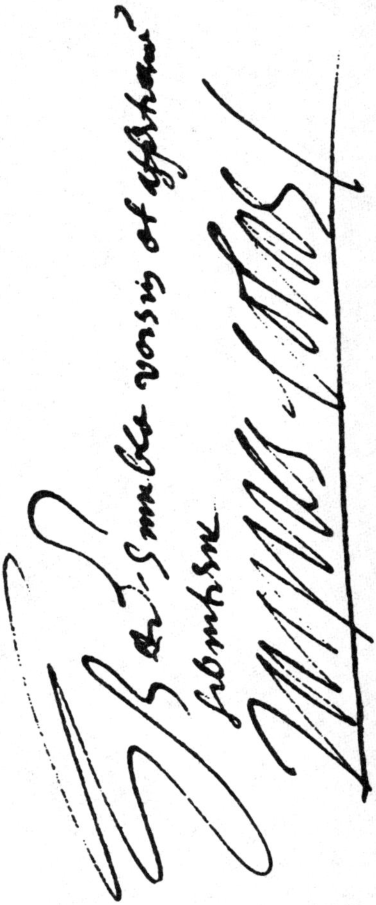

7.
Gebieterischer Namenszug des Richters Antoine Guérin, 1579. ACT,FF19 (63).

8.
Text und Unterschrift von Jacques Colas, „bündischer“ Führer von Montélimar (in Bezug auf den Räuber Laroche), 1579. ADD, E3387.

Anmerkungen

Liste der Abkürzungen

A 41:	„Anonyme Seite 41“ verweist auf die (tatsächlich von dem Richter Guérin geschriebene) von J. Roman, BSASD 1877 (s. Bibliographie) veröffentlichte große anonyme Schrift.
AN:	Nationalarchive
ACG:	Gemeindearchive von Grenoble
ACM:	Gemeindearchive von Montélimar
ACR:	Gemeindearchive von Romans
ACV:	Gemeindearchive von Valence
ADD:	Archive des Departements Drôme.
ADI:	Archive des Departements Isère
ATP:	Volkskunst und Volkstradition.
BM:	Städtische Bibliothek
BN:	Nationalbibliothek (in Paris)
BSASD:	Bulletin der Gesellschaft für Archäologie und Statistik des Departements Drôme
BSSI:	Bulletin der Gesellschaft für Statistik des Departements Isère
1. bzw. 1. t.:	Turonensisches Pfund (Währungseinheit), vergleichbar in der Bedeutung, wenn auch nicht im Wert mit dem heutigen französischen Franc.
MATB:	Museum für Volkskunst und Volkstradition
P 22:	„Piémond, S. 22“, verweist auf die Schrift des Notars Eustache Piémond (s. Bibliographie)
V.D.:	Scott Van Doren (amerikanischer Historiker)

Erstes Kapitel: Städtischer und ländlicher Rahmen

1 ADD, E 1169 (= ACR II 4)

2 In ihrer (unveröffentlichten) Habilitationsschrift über Romans im 15. Jahrhundert nimmt Martine Perrochet 5 Personen pro Haushalt an und darüber hinaus eine Zahl von 0,67 Personen, um die Privilegierten und die Armen zu berücksichtigen, die bei der Zählung der Haushalte nicht mitaufgeführt werden. Bei diesem Koeffizienten 5,67 käme man auf 6594 Einwohner. Aber 5 als Grundkoeffizient scheint mir zu hoch gegriffen. Ich habe ihn auf 4,5 herabgesetzt, habe aber die zusätzlichen „0,67“ beibehalten, im ganzen also 5,17. Auf jeden Fall kann es sich hierbei ja nur um Größenordnungen handeln.

3 ADD, E 3592, Jahr 1366.

4 Die Ziffer ist der Habilitationsschrift für die *École des Chartes* von Martine Perrochet entnommen: *Romans im 15. Jahrhundert* (Stadtbibliothek von Romans, unveröffentlichtes Manuskript).

[5] ACR, CC, Steuerlisten der erwähnten Jahrgänge; und Thomé de Maisonneuve, *Histoire de Romans*, II. S. 571.

[6] ACR, CC 81.

[7] ACR, BB, unter diesem Datum (von Herrn Rossiaud liebenswürdigerweise mitgeteilte Notiz).

[8] Die Pest von Romans, die von Juni 1564 bis Januar 1565 dauerte, soll 4000 Menschenleben gekostet haben (ADD, E 3667). Daraus erklärt sich das Bevölkerungsdefizit des Jahres 1566 im Vergleich zu 1557 und das trotz schnellen Wiederaufholens, das teilweise dem sofortigen Einströmen von Landbewohnern in die Stadt, teilweise der nicht weniger sofortigen Wiederverheiratung der Witwen und baldiger Geburt neuer Kinder zu verdanken ist. (Siehe dazu die Doktorarbeit von G. Delille).

[9] ACR, CC, Steuerliste des Jahres 1566.

[10] ACR, CC 90, Steuerliste von 1570.

[11] ACR, CC 93. Die Steuerliste von 1578 ist in ACR, CC 92 aufgeführt.

[12] ACR, CC 94.

[13] R. Gascon, *Grand Commerce* ... I, S. 350.

[14] ADD, E 3804.

[15] ACR, CC 92, Jahrgang 1578. Dieselbe Einteilung findet sich in den anderen Steuerregistern (zum Beispiel ACR, CC 93, Jahrgang 1582).

[16] Entsprechend dem Wert ihres Landbesitzes, der aus den ständig auf dem laufenden gehaltenen Eintragungen über die Instandsetzung der Güter hervorgeht, zahlen sie nämlich in von mir nachgerechneter Bezifferung von den 1932,4 Écus (1 Écu entspricht etwa einem Taler der damaligen Zeit [Anm. d. Übers.]), die im Jahre 1578 insgesamt von der Stadt aufgebracht werden, 314 Steuer-Écus. Mindestens vier Fünftel der im Kataster eingetragenen Werte beziehen sich auf Grundbesitz, und nur am Rande erscheint weniger als ein Fünftel beweglichen Vermögens. (ADD, E 116 89 = ACR, FF 53).

[17] M. Venard, *L'Église d'Avignon*, S. 1758.

[18] Von Herrn Rossiaud erhaltene Hinweise über den romanaisischen Handel zu Beginn des 16. Jahrhunderts.

[19] Über die vier oder fünf Notare von Romans, siehe auch ACR, GG 19, Jahrgang 1591.

[20] Also 358,2 Steuer-Écus von 1932,4 (entsprechend meiner Auswertung der Steuerlisten des Jahres 1578). Die zur damaligen Zeit erfolgte Auswertung ergab 379,3 Écus von 1952,3, das heißt 19,4 Prozent.

[21] ACR. BB 13, Blatt 317 (= 311 Vorderseite), Generalversammlung vom 25. 3. 1577: Gesuch (abgelehnt) der Herren Jean Thomé, Gaspard Jourdan und Michel Servonnet, Tuchmacher, aus dem dritten in den zweiten Orden überzuwechseln.

[22] Für diesen ganzen Abschnitt siehe M. Venard, *L'Église d'Avignon*, S. 1766 ff.

[23] ADD, E 11600 (ACR, EE 10, Juni 1577) und P. E. Giraud „*Procédure* ...", BSASD 1866, S. 400 ff; ADD, E 3794 (Jahrgang 1547). Man vergleiche auch für eine andere Region J. Adhémar, „*Montlaur* ...", um das Jahr 1663, BSASD, Sept. 1972, S. 353 (ähnliche Exkommunizierungen).

[24] Alle diese Anmerkungen über die städtische Bauernschaft stützen sich auf M. Venard, *L'Église d'Avignon*, S. 1771 ff. Über die Getreideproteste siehe ACR, BB

14, von Dezember 1579 bis Februar 1580.

25 1 Écu = 5 Gulden oder 3 Pfund.

26 Aber die Gesellschaft von Romans ist vermutlich weniger egalitär als die heutige, wohl kaum als gerecht zu bezeichnende Frankreichs, wo 30,5 % der Einkommen (in Romans handelt es sich um Grundbesitz) in der Hand des höchsten Dezils sein sollen. In Schweden, dem egalitärsten Land des Westens, hat das höchste Dezil nur 18,6 % des Einkommens (Malcolm Sawyer, Untersuchung der OECD, nach *Le Nouvel Observateur,* 6. September 1976). Die derzeitige Ungleichheit in Frankreich ist jedoch kürzlich von J. Fourastié bestritten worden.

27 R. Gascon, *Grand Commerce,* I, S. 63.

28 R. Gascon, *Grand Commerce;* und M. Lacave, in *Annales,* Nov.–Dez. 1977.

29 ACR, CC 5, CC 6.

30 ACR, CC 11, 12, 13, 14.

31 ADD, E 3608.

32 ACR, CC 2 und CC 3.

33 J. Soubeyroux, Habilitationsschrift.

34 M. Venard, Habilitationsschrift, S. 1786.

35 ACR, CC 94, Grundsteuerliste; und ACR, CC 5 (Mieter).

36 ACR, CC 5 und CC 94.

37 Viele von mir im Schnitt errechnete Indizien lassen darauf schließen (nach ACR, CC 5), daß im St.-Nikolas-Viertel ein auf 50 Écus geschätztes Haus den Gegenwert von 3 Écus für Miete erbringt.

38 Im 7. Kapitel werden wir Antoine Nicodel nicht als Eigentümer kennenlernen. Seine Witwe dagegen erscheint als Eigentümerin ihres Hauses, ein Zeichen wenn auch geringen Wohlstands.

39 Siehe auch im 7. Kapitel die auf die 1580 verurteilten Handwerker bezogene Studie: In dieser erscheinen sie als kleine oder winzige Eigentümer, doch nicht als „Arme“.

40 Vienner Gemeindearchive Nr. 45 in Cavard, S. 216 (17. 3. 1579).

41 Von 1569 bis 1580 ist der Statthalter von Romans Philippe Philbert, Lehensherr von Cervières-Saint-André: Einfluß null. 1584 ist es Antoine de Solignac, Lehensherr von Veaune, ein Mann Guérins (BSASD, Bd. 8, 1874, S. 29).

42 Dem Grundsatz nach wird die richterliche Gewalt in Romans zwischen dem königlichen Richter und einem jedes zweite Jahr vom Kanonikerkapitel der Stiftskirche St. Barnard, dem Mitherrn der Stadt, ernannten Richter geteilt (siehe z. B. die Schrift von Bouchu, 1698, in BSASD 1873, S. 6). In Wirklichkeit ist diese Teilung rein akademisch: Die ganze Macht der Rechtsprechung ist „königlich“ in den Händen Guérins konzentriert.

43 Père Archange de Clermont, *Mémoires pour ... l'histoire des hugenots de Romans* (Denkschrift zur ... Geschichte der Hugenotten von Romans), Hrsg. Romans 1887, S. 26, Anmerkung 2.

44 ACR, FF 19, 5. 3. 1577.

45 ADD, E 3598: Verordnung des Parlaments von Grenoble (25. 2. 1559) über die Konsulatswahlen in Romans.

46 Eine Konsulatskarriere war mehr oder weniger selbstverständlich, wenn man in der Elite der Patrizierfamilien der beiden ersten Orden geboren wurde, der Fami-

lien Guigou, Coste usw. Für einen einfachen Handwerker scheinen in den Jahren 1565–1585 zwei Bedingungen zur Erlangung des Konsularamtes des dritten Ordens unerläßlich gewesen zu sein: 1. Gute Beziehungen zum Richter Guérin, dem unbestrittenen Machthaber der Stadt. 2. Vorheriger Aufstieg in den Zunftbruderschaften und wahrscheinlich auch als Pächter indirekter Gemeindesteuern. Nehmen wir zum Beispiel den Fall des Bäckers Jean Magnat: Im Jahr 1576/1577 ist er Pächter oder vormaliger Pächter der „Tribute", die die Stadt von den Handwerkszünften, Lebensmittelherstellern und anderen erhebt; im Jahr 1578/1579 (das politische Jahr, das im Frühjahr 1579 zu Ende geht) ist er dritter Konsul von Romans geworden: Die Geschäfte mit der Gemeinde führen zu Ehrenämtern in der Gemeinde (ACR, FF 19, Jahrgang 1577; ACR, CC 353, Rechnungslegung Magnats über seine vorangegangene konsularische Geschäftsführung von 1579).

47 ADD, E 3597, 25. 3. 1536. (Nach ADD, E 3592 wurden im Jahre 1366 430 Teilnehmer gezählt.)

48 ADD, E 3596 (19. 5. 1542). Dieser Gesetzestext wird in der Folgezeit regelmäßig bestätigt, besonders im Jahre 1622 (ADD, E 3598).

49 ADD, E 3737 (Gesetzestext vom 26. Juli 1558).

50 ACR, BB 14, Bl. 69 Vorders., 70, 71 Vorders. bis 72 Vorders. Gemeindeberatung im Mai des Frühlings 1579; dieses Protokoll ist fälschlich in den Band BB 14 gebunden, der eigentlich im November 1579 beginnt. Der teilweise zerrissene Text bestätigt die Aussage Guérins (A 34), den ein neuerer romanaisischer Historiker zu Unrecht angreift. (Thomé de Maisonneuve, der in diesem Punkte in BSASD, Bd. 18, 1943–45, S. 219, schlecht unterrichtet ist.)

51 Ebd. Bl. 69 Vorderseite. Zur Ernennung der Stadtteilhauptleute, die das Vorrecht der Konsuln und des Stadtrats ist (außer in Zeiten der Revolution wie 1579, wo das „arme Volk" Hauptleute ernennen läßt, die „dem Volke genehm sind") siehe die wichtige Textstelle in ADD, B 1709.

52 L. Gruppi, in der Zeitschrift *Dialectiques* Nr. 17, Winter 1977, S. 40. Vgl. auch M. Foucault, *Histoire de la sexualité* (Geschichte der Sexualität) I, *La volonté de savoir* (Der Wille zum Wissen), Paris 1976, S. 123: „Die Macht... ist nicht eine Kraft, die angeblich einigen verliehen wird: Sie ist der Name, den man einer komplexen strategischen Situation in einer gegebenen Gesellschaft gibt."

53 Dürre 1504, Pest 1505; Abfassung des Mysterienspiels *Die Drei Mönche* (die auf diese beiden Heimsuchungen erfolgte) und Aufführung an Pfingsten 1509. (Kanonikus U. Chevalier, *Mysterienspiel Die Drei Mönche in Romans 1509*, vollständiger Text, Romans 1887).

54 Zu diesem Kalvarienberg mit Verzögerung ACR, BB 23, 7. 1. 1610; und BB 24, 29. Dez. 1617; und vor allem BSASD, Bd. 16, 1882, S. 386 (eine schöne Stelle über ein Wunder im Jahre 1517); Bd. 4, S. 476; Bd. 9, S. 74 und folgende; Bd. 15, S. 238–290; Bd. 17, S. 218; Bd. 18, S. 123; und Ulysse Chevalier, *Notice historique sur le Mont-Calvaire de Romans* (Geschichtliche Anmerkung über den Kalvarienberg von Romans), Montbéliard, 1883.

55 Pater Archange de Clermont, a.a.O.

56 Pater Archange de Clermont, a.a.O.

57 ADD, E 668, Dok. Nr. 14.

58 ADD, E 11599 (= ACR, EE 9); siehe auch unter 7. Kap.

59 *Dictionnaire de Spiritualité* (Geistliches Wörterbuch), Ed. Beauchène, Art. *Carême* (Fastenzeit; sie wird seit dem Konzil von Nikäa im Jahre 325 unserer Zeitrechnung erwähnt).

60 Zu dieser Chronologie siehe die Habilitationsschrift von M. Venard, *L'Église d'Avignon* ... (Die Kirche von Avignon ...).

61 A. Lacroix, *Romans et le Bourg-de-Péage*, Valence 1897, 18. Kap. Siehe auch ADD, E 11649 (= ACR, FF 13 und FF 15); ebd. E 11748 und 11749 (= GG 45 und GG 46). Über den munizipalen Charakter der städtischen Lehranstalten im Frankreich des 16. Jahrhunderts, der später von den Jesuiten und den Oratorianern überlagert worden ist, hat Georges Huppert ein Buch in Vorbereitung, das sich gegen F. de Dainville (S.J.), *La Naissance de l'humanisme moderne* (Die Geburt des modernen Humanismus), Paris 1940, wendet.

62 ACR, CC 491.

63 ACR, GG 21: Eines der ersten Kirchenbücher von Romans, in dem Unterschriften bei Eheschließungen gefunden werden.

64 R. Brenner, *Past and Present*, 1976, S. 63, Anm. 80.

65 Die auf den Bevölkerungsanteil von Adel und Geistlichkeit bezüglichen Schätzungen und die von mir angefertigten Statistiken der Güter, die vor 1602 den Adligen und vor 1635 der Geistlichkeit gehörten, gehen von den Zahlengrundlagen der unveröffentlichten Arbeiten von Madame Perrier und von Rossi über die Wahlkreise von Romans (106 Ortschaften) und Vienne (165 Ortschaften) aus.

In Hektar	Wahlkreise von Romans	Wahlkreise von Vienne	Insgesamt
A) Adliger und geistlicher Besitz (vor 1635)	10 059,34 % A/C = 34,12 %	22 297,24 % A/C = 40,85 %	32 356,58 % A/C = 38,49 %
B) Gesamtheit des besteuerten Besitzes (mit Einschluß dessen, der 1658 und 1693–95 von Steuern befreit wird)	19 420,92	32 290,33	51 711,25
C) Insgesamt	29 480,26	54 587,57	84 067,83

Für mehr Genauigkeit vergleiche man die vielversprechende Habilitationsschrift über die ländliche Geschichte der Dauphiné, die in Kürze von Herrn Bernard Bonnin vorgelegt werden wird. Sie entbindet mich von der weiter ins einzelne gehenden Darstellung der Agrarprobleme, da diese Schrift die Problematik des Themas in ein ganz neues Licht rückt.

66 Dieser Prozentsatzvergleich ist mir von Herrn Bonnin zur Verfügung gestellt worden. B. Bonnin, *Dossier* ... Nr. 22.

67 B. Bonnin, Dossier ..., Nr. 21.

68 Die folgenden Zahlen habe ich aufgrund der von Mme. Perrier zusammengestellten Daten erarbeitet; außerdem habe ich mich auch hin und wieder der Arbeit von M. Rossi (a.a.O.) bedient.

[69] Die folgenden Überlegungen über die Repression durch den Adel, unter der die Bauernschaft zu leiden hat, verdanken sehr viel meinen Gesprächen mit meinem Freund, Herrn Bernard Bonnin.

[70] Die Erwähnung von Übergängen zur Steuerfreiheit durch Erwerb eines mit Adel verbundenen Amtes kommt in den Archiven häufig vor: 1580 wird Henri Guigou, Mitglied einer der Oligarchiefamilien von Romans, für steuerfrei erklärt, da er das Amt des Generalstaatsanwalts beim höchsten Gerichtshof erworben hat. Und in den Parlamentsakten der Jahrzehnte 1570 und 1580 gibt es eine Fülle von Verfahren derselben Art zur Erlangung von Steuerfreiheit. (ACR, CC 354 [Jahr 1580]. S. auch ADI, B 185–195.)

[71] René Valentin du Cheylard, 1960, S. 273–284; vergleiche mit J. B. Wood, 1977.

[72] J. Nicolas, *Habilitationsschrift*, S. 866.

[73] AC Vienne CC 95, usw.

[74] Persönliche Mitteilung von V. Chomel (1977).

[75] Frühere Bestätigungen für die in dem vorliegenden Buch behandelte Periode: Im Jahre 1579 setzt das Parlament von Grenoble einen örtlichen Zehent von 6,6 % auf 3,2 % herab (ADI, B 190; Klage des Pfarrers von Valcroissant gegen seine Zehentpflichtigen). In einem *Eingabenheft des dritten Standes* von 1576 wird ersucht, daß der Zehent gleichmäßig auf 4,8 % (= 1/21stel) festgesetzt werde. In dem Themenkatalog der Rebellion von 1579/80 überwiegen die Beschwerden gegen den Adel bei weitem die gegen den Zehent.

[76] ADI, B 190 ebd., Jahrgang 1579. Im Jahre 1562 wollten sogar die Hugenotten den Zehent nur beschlagnahmen, nicht abschaffen (Cavard, S. 71).

[77] Alle auf den Zehent bezüglichen Berechnungen habe ich auf der Grundlage des wertvollen Zahlenmaterials angestellt, das in den bereits erwähnten Arbeiten von Mme. Perier und von Rossi enthalten ist.

[78] L. Stone, *The causes of the English Revolution*, London, 1972.

Zweites Kapitel: Der Steuerdruck: Bügerstand gegen Adel

[1] Lesdiguières, *Correspondance*, I, S. 31. Die Operationsbasis Lesdiguières' befindet sich zu dieser Zeit in Gap. Man muß sehen, daß die Bauernbünde oft die Rolle von Schachfiguren spielten. Je nach dem Gebiet waren sie Feind oder Freund im Spiel des Hugenotten Lesdiguières, der „heimlich mit dem (obwohl katholischen) Herzog von Savoyen verbündet war, der Einfluß in der Dauphiné zu gewinnen trachtete, und mit dem Marschall von Bellegarde, der seinerseits mit dem Ziel intrigierte, Markgraf von Saluzzo im benachbarten Piemont zu werden" (A. Dussert, Art. von 1931, S. 130–131).

[2] Chevalier, 1876, S. 40–41.

[3] Ebd.

[4] Ebd., S. 36.

[5] Dussert, 1915, 1922, 1931.

[6] G. Frantz, *Bauernkrieg;* Y. Bercé, *Histoire des Croquants* (Geschichte der Bauern), II, S. 679, 680, 687.

[7] Dussert, 1922, S. 43–46 und 282–285.

[8] Dussert, 1315, S. 73.
[9] Dussert, 1922, S. XIV.
[10] Dieselbe Situation in der Ständeversammlung des benachbarten Vivarais (A. Molinier, *Habilitationsschrift*, S. 41).
[11] Zum Vergleich die Berechnungen A. Moliniers, *Habilitationsschrift*, S. 40: Die Landstände des Vivarais, der Nachbarprovinz, beschäftigen sich von 1562 bis 1580 hauptsächlich mit Kriegen und Steuern; von 1743 bis 1779 kümmern sie sich in weit höherem Maße um Handel und Gewerbe, um Brücken und Landstraßen der Provinz.
[12] Van Doren, *Mitteilung* I, S. 26–27 und 76.
[13] Van Doren, *Mitteilung* I, S. 15 und 27; und die graphische Darstellung I. Dussert, 1922, S. 43–46, 183–184, 214–215, 282–284 und 331.
[14] Dussert, 1922, S. 241 und Anm. 2; Van Doren, *Mitteilung* I, S. 21, 25, 27.
[15] Dussert, 1922, S. 241–243 und 296–297; Van Doren, *Mitteilung* I, S. 21–29, 32, 39, und Anmerkung 103.
[16] Van Doren, *Mitteilung* I, S. 32, 53 und Anmerkungen 100, 122; Dussert, 1922, S. 297.
[17] Zum Vergleich J. E. Brink, 1975.
[18] Dussert, 1915, S. 335–339; van Doren, *Mitteilung* I, S. 32 ff.
[19] van Doren, *Mitteilung* 2.
[20] Cavard, 1950, S. 125 und 183.

Drittes Kapitel: 1576: Die Beschwerdehefte Jean de Bourgs

[1] Cavard, a.a.O., S. 175.
[2] A. D. Drôme, C 1023: Text in 100 Artikeln (24. Nov. 1576 und März 1577. Exemplar freundlicherweise von S. van Doren geliehen und von mir mit dem Original verglichen).
[3] Beispiel eines Erwerbs dieser Art, der aber auf 6 oder 9 Jahre beschränkt ist, in einem Brief Katharinas von Medici vom 4. Aug. 1579 an Heinrich III., der einen gewissen Gaspard de Laval betrifft *(Briefe Katharinas von Medici,* Bd. VII, S. 70).
[4] Ausnahme: Die Reden der *Ormée von Bordeaux** in der Mitte des 17. Jahrhunderts sind gespickt mit antiken Verweisen (C. Jouhaud, 1977).
[5] C. Lefort, *Les formes de l'histoire* (Formen der Geschichte), Paris, 1978.
[6] Zu den Forderungen nach Gleichbehandlung zwischen 1530 und 1560 siehe die von Dussert zitierten Textstellen: 1922, S. 214, Anm. I; S. 288, Anm. 2; S. 289, 291, Anm. 2; S. 296 Anm. 3 u. 4; S. 197. Vgl. auch Van Doren, S. 88 und Anm. 98. Es ist sicher, daß der Staat zur Verbesserung der Steuereinziehung ein Interesse an der Förderung der „Gleichbehandlung" der Steuern hat, mit anderen Worten: an

---

* Die „Ormée" war in Bordeaux zwischen 1651 und 1653 (Auflösung am 19. Juli) eine Bewegung zugunsten der Fronde gegen Mazarin. Sie bestand vornehmlich aus Mitgliedern des Kleinbürgertums, die den Tod Mazarins forderten *(Anm. d. Übers.)*.

deren Verteilung proportional zum Vermögen der Regionen, Stände und *gesellschaftlichen Gruppen*. Auch Richelieu wird sich dessen zu seiner Zeit bewußt sein (s. unten, 9. Kapitel; und für die Provence Pillorget, S. 355, 358–359). Siehe auch ACR, BB 15, 654–1580, Gesuch nach allgemeiner, auf das Land ausgedehnter *égalation* für die Schulden aus der militärischen Besetzung von Romans.

7 ADD, C 1024 und A. Lacroix, *Procès des Tailles* (Kopfsteuerprozeß).

8 Umgekehrt hat de Bourg weniger rühmliche Gründe, sich nicht auf die wünschbare Verallgemeinerung der Realsteuer zu beziehen, die Pasquier später verlangen wird. Als Stadtbürger ist de Bourg zwar nicht gegen die Realsteuer an und für sich, aber er wünscht nicht, daß diese allzu allgemein eingeführt wird, denn das ginge gegen die Interessen des städtischen Bürgertums, das dadurch gezwungen würde, Steuern für die Gesamtheit seiner ländlichen Besitzungen zu zahlen. Wie wir bereits gesehen haben, ist de Bourg für eine Steuerpflicht nach dem Wohnort des Steuerzahlers, und er weiß, warum.

9 An dieser Stelle spricht er von jenen – den Geistlichen –, die „nicht aufgrund ihres *alten* Privilegs in den Genuß des Steuerfreiheitsprivilegs kommen dürfen". Er scheint da also die Epoche der *guten alten* Privilegien derjenigen der schlechten gegenwärtigen Privilegien entgegenzustellen.

10 Y. Bercé, Bd. II, am Schluß.

11 Bd. I, S. 274 ff.

12 Die folgenden Ausführungen stützen sich auf Dussert, 1931, S. 134 und passim.

13 Das alles in Dussert, 1931, am Schluß. S. auch B. N. frz. Ms. 15561, S. 22: Neutrale Zusammenfassung der Stellungnahme des dritten Standes durch d'Avançon, Erzbischof von Embrun.

14 Art. 1 bis 14, 28, 30 bis 34, 36 (Dussert, 1931, S. 166 f.).

15 A. Dussert, 1931.

16 Weiter unten, 3. Kap.

17 Artikel 20, 23, 24, 31, 32, 40 der 44 Artikel.

18 P. Chaunu, in *Hist. écon. et soc. de la France* (Wirtschafts- und Sozialgeschichte Frankreichs), hrsg. von F. Braudel und E. Larousse, Paris 1977, Bd. I, 1, S. 35–39.

19 Cavard, *Vienne* . . ., S. 217 f.

20 Piémond, S. 74–76; Dussert, 1931, S. 144.

21 Städtische Bibliothek von Grenoble, Ms. R 80, Bd. XVI, Blatt 64.

22 Das Vorangegangene nach *Lettres de Cathérine de Medici* (Briefe der Katharina von Medici) Bd. VII, Juli–August 1577; Cavard, S. 210–230; Dussert, 1931; Piemond, S. 72–85; Schweizer Quellen, s. oben, vergleiche mit Alfred Berchtold und anderen Autoren: *Quel Tell?* (Welcher Tell?); Payot, Lausanne 1973 (die ersten Kapitel).

Viertes Kapitel: 1578: Die maßvolle Revolte des Jacques Colas

1 Y. Bercé, *Histoire des Croquants*.

2 Später haben die Einwohner von Pont-en-Royans noch unter dem Räuber Laprade zu leiden. Aber Maugiron verläßt sich auf ihren Widerstand, obwohl sie Protestanten sind. (ADD, E 3671 Nr. 2, Brief Maugirons vom 9. 1. 1579, Text auf den ich

3 liebenswürdigerweise von S. Van Doren hingewiesen worden bin.)
Die folgenden Ausführungen nach A. Lacroix, *'Arrondissement de Montélimar* (Der Bezirk Montélimar) Bd. VI, S. 173. S. das *Heft* Jean de Bourgs von 1576.

4 G. J. Goy und E. Le Roy Ladurie, *Les Fluctuations du produit de la dîme* (Die Schwankungen des zehentpflichtigen Produkts).

5 AC Montélimar BB, 22. August 1578 nach A. Lacroix, a.a.O.

6 A D Drôme E 3387 (Brief der Konsuln von Bollène vom 3. August 1578). A C Donzère, BB 2 in ADD. E 6849 von Juni 1577 bis Okt. 1578. Zu dem segmentarischen Charakter der Anfangsunion s. den Brief des Konsuls von Sanzet (19. Okt. 1578) in: Baron de Coston, *Hist. de Montélimar* (Geschichte Montélimars) S. 392. Zum Vergleich: Bercé, *Hist. des Croq.* (Geschichte der Bauern) I, S. 275 (aquitanischer Segmentarismus).

7 Thomé de Maisonneuve, BSASD, 1943–45, S. 113 und Anm. 25.

8 Die folgenden Ausführungen nach A. Lacroix, *L'Arrondissement de Montélimar* (Der Bezirk Montélimar) Bd. VI, S. 174 (Anmerkung über die Gemeinde Montélimar) und Baron de Coston, *Hist. de Montélimar* (Geschichte Montélimars), S. 392.

9 Nach A. Lacroix, *L'Arrondissement de Montélimar* (Der Bezirk Montélimar) Bd. V, S. 113 und ADD, E 6849, BB2, 14. 6. 1577 und 4. 4. 1580.

10 Dieser Abschnitt über Jacques Colas stammt fast ausschließlich aus Coston, *Hist. de Montélimar* (Gesch. Montélimars), S. 272, 366 und passim; und aus Colas de la Noue, *Jacques Colas.*

11 Colas, *Colas,* S. 38–39 nach Lestoile I, S. 197–199.

12 Colas, *Colas* (Briefe), S. 157–161.

13 Thomé de Maisonneuve, 1943–1945, S. 111. Es heißt „Laroche“ (ADD, E 3387, Dokument von Febr.–März 1578) und nicht „La Cloche“, wie Thomé de Maisonneuve fälschlich gelesen und fälschlich wiedergegeben hat.

14 ADD, E 3387, Briefe von August 1578 und Februar–März 1579.

15 Katharina von Medici, *Briefe,* Bd. VII, S. 49.

16 Diese Stelle ist aus Colas, *Colas,* S. 181–185.

17 Bemerkenswert ist, daß Vienne nicht mit aufgeführt wird! Die Vienner Bürger de Bourgs sind augenscheinlich der bedächtige und nicht gewalttätige Flügel der bürgerlichen Bewegung.

18 Über die letzte Lebenszeit von Colas vgl. Colas *(Colas);* Baron de Coston, *Hist. de Montélimar* (Geschichte Montélimars); Brun-Durand, *Biographie du Dauphiné* (Biographie der Dauphiné).

Fünftes Kapitel: 1579: Der erste Karneval Serve-Paumiers

1 Van Gennep, *Manuel ... (Carnaval - Carême)* [Handbuch ... (Karneval – Fastenzeit)].

2 Ch. de Coynart, *Les Guérin de Tencin* (Die Familie Guérin de Tencin), S. 26. Siehe auch weiter unten, 8. Kapitel.

3 Das Alphorn der Schweizer oder savoyardischen Hirten, von dem ich ein Exemplar im Museum von Chamonix gesehen habe, ist ein hölzerner, tütenförmiger, ziemlich langer Kegel, 40 cm lang, mit Schlitzen an beiden Enden und manchmal

durch eiserne Reifen verstärkt.

4 Über diese Persönlichkeit auch B. N. frz. Ms. 15561, Blatt 185.

5 Weiter unten, 7. Kap.

6 A. Van Gennep, *Revue d'ethnographie* (Ethnographische Zeitschrift), 1924, S.136 f.

7 Über die Landwirtschaftsfeste des Januar und Februar in der Dauphiné, siehe auch Pilot de Thorey, S. 12–13.

8 Van Gennep, ebd., 1924.

9 Reynage (franco-provenzalisch und okzitanisch) = frz. royaume = Königreich.

10 Nach Anonymus (= Guérin) am 9. Febr. 1579. Nach einer (falschen) Fußnote zu dem von Piémond veröffentlichten Text, am 10. Febr. Thomé de Maisonneuve, der in diesem Punkte irrt, spricht von einer Wahl am 11. Februar und beruft sich dabei auf Guérin (!): in BSASD, 1943–45, S. 164.

11 Piémond, S. 65. Ein anderer Serve, der Vater des unsrigen, trägt den bezeichnenden Beinamen Montmirail: Guillaume Serve, genannt Montmirail (ACR, CC 92 Steuerrolle von 1578, 3. Orden, Blatt 16, Rückseite.

12 Pilot de Thorey, S. 12. Vgl. mit M. Agulhon, Jeu d'Arquebuse à Aix... Siehe auch über die *Papageienkönige* in Romans ACR, BB 23, 12. 6. 1611, 23. 3. 1612; BB 24, 28. 4. 1614, BB 27, 1. 4. 1628 usw.; ACV, BB 9 13. 7. 1579: Sportbesuch der Papageienschützen von Romans in Valence.

13 Thomé de Maisonneuve, 1943–45, S. 223–224.

14 Brun-Durand, *Biogr.*, S. 350.

15 Unten, 6. Kap.

16 *Marchand* (Händler), und nicht *méchant* (böse) [Irrtum des Herausgebers von Piémond (P 80)]. Den Text habe ich in BN, frz. Ms. 3319, Bl. 79 Rückseite bis 81 Vorderseite, nachgeprüft (durch Vergleich mit der Schreibweise derselben Buchstaben in anderen Worten).

17 All das nach P 65 und vor allem J. Roman, *Catherine de Médicis en Dauphiné* (Katharina von Medici in der Dauphiné), S. 7.

18 Siehe oben, Einleitung.

19 Piémond, S. 65: Fußnote aus dem Sitzungsprotokoll von Romans (das inzwischen verlorengegangen ist) vom 10. Februar 1579.

20 Von Thomé de Maisonneuve zusammengefaßter Text, 1943–45, S. 218. Das Steuerregister von Romans von 1582 (ACR, CC 93) weist 484 Landwirte auf 1335 Kopfsteuerpflichtige aus. Diese außerordentlich hohe Zahl hilft zum Verständnis der Tatsache, daß die romanaisische Konfrontation letzten Endes ihren Ausdruck eher im Rahmen katholischer ländlicher Bräuche als im Rahmen der anfänglichen Bewegung der protestantischen Handwerkerschaft gefunden hat.

21 Piémond, S. 65, Fußnote. Zitate aus dem Stadtregister „BB", das heute verloren ist (10. 2. 1579).

22 Über all dies Thomé de Maisonneuve, 1943–45, S. 218.

23 ACR, FF 19; ADD, E 3743 (57) 12. 11. 1579 (Protok. Romans, Text von S. Van Doren mitgeteilt). Oben, 3. und 4. Kapitel.

24 P 65–66, die bereits erwähnte Fußnote.

25 A 32, Anm. 1.

26 Ebd., s. oben, 1. Kap.: im selben Sinne die *Hefte* de Bourgs.

27 J. Roman, *Catherine de Medicis,* 1883, S. 9; und BSSI, 1890, S. 316.
28 ACR, CC 491 (58).
29 ACR, FF 24; siehe auch ACR, FF 10, FF 11, FF 15, FF 49.
30 ACV, BB 4–2, 1579, in P 65, Anm. 2.
31 J. Roman, angegeb. Art. und P 57.
32 ADD, E 3744/2 (13. Febr. 1579); Thomé de Maisonneuve, 1943–45, S. 221. Zum Vgl. J. Roman, *Documents,* BSSI, 1890, Dok. Nr. 177–178.
33 ADD, E 3744 (3).
34 Thomé de Maisonneuve, 1943–45, S. 223, Anm. 49; und 1941–42, S. 78–80.
35 Ebd., S. 221, 224.
36 Thomé de Maisonneuve, *Histoire de Romans* (Geschichte von Romans).
37 Ich benutze hier und da Ausdrücke wie „Aufrührer" oder „Rebellen", wie sie in meinen Quellen erscheinen; sie sind bequem, wenn auch nicht immer genau zutreffend.
38 Das Folgende nach Brun-Durand, Biogr. Art. *La Prade.*
39 Lesdiguières, *Correspondance* (Briefwechsel) Bd. I, S. 13–15; und S. 33 (Proteste Lesdiguières' gegen die Eroberung von Roussas durch Colas).
40 Protokoll vom 3. 3. 1579 in Romans, in Piémond, S. 66 Anm. 1.
41 P 66, Anmerkung 1 (Sitzungsprotokoll von Romans, 3. 3. 1579 [verloren]). Vgl. auch AC Chabeuil CC 2-2 (42). Quellenangabe durch S. Van Doren.
42 Es ist auffallend, daß es der Konsul des dritten Ordens (= Handwerker), der Bäkker Jean Magnat, ist, dem die Verwaltung der Ausgaben und Kosten obliegt, die durch die von der Stadtobrigkeit von Romans und der Ortsgruppe des Volksbundes unterstützte Expedition nach Châteaudouble entstehen. Das archaische Buchführungssystem von Romans, nach dem jeder der vier Konsuln für einen Teil der Einkünfte und einen Teil der Ausgaben verantwortlich war, ließ eine solche Art der Finanzdelegierung zu. Aber diese erklärt sich auch durch die zumindest teilweisen Sympathien, die der Bäcker Magnat (der selbst politisch gemäßigt war) für die Sache des Bundes der Handwerker und Ladenbesitzer hatte, zu der Paumier, der bestimmt viel radikaler war als Magnat, in der Stadt aufgerufen hatte. (ACR, CC 353, Frühjahr 1579. Jean Magnat und seine drei Kollegen stehen gegen März/April am Ende ihres auf ein Jahr begrenzten Mandats.)
43 A 40, Anmerkung 1. Über Gordes s. P 563.
44 Châteaudouble war der Hauptort einer Schloßherrschaft, die mehrere Kirchsprengel umfaßte (Brun-Durand, *Dict. topog. Drôme* [Topographisches Wörterbuch]). Über die Schwierigkeiten des Bündnisses Lesdiguières–Laprade s. P 67, Anm. 2.
45 Zu allem Vorstehenden s. A 39; und J. Roman, *Doc.* (Dokumente), BSSI, 1890, s. 305.
46 P 67 und A 39 übereinstimmend. Die gleichen Phänomene in der Vendée (R. Aron, *Clausewitz,* II, S. 107).
47 P 67, Anmerkung 2. Sitzungsprotok. Romans v. 20. 3. 1579; P 68 und BSSI, 1890 S. 309–310.
48 ADD, C 1023 von diesem Tag. S. auch BSSI, 1890, S. 307.
49 P 67, Anmerkungen 1 und 2; und P 68, Anm. 1.
50 Brun-Durand, Biogr. Art. *La Prade;* P 69; A 38–39, Anm. 1.

51 S. auch über den Tod Laprades die falsche Version Choriers, II, 657, in P 69, Anm. 1.
52 A 40 und P 69. Der Fall Châteaudoubles fand großen Widerhall, bildete er doch den Gegenstand eines wahrscheinlich (?) kurz nach dem Ereignis auf französisch verfaßten Liedes. Es besingt die Einheit des kleinen Volkes und des dritten Standes. (Vollständiger Text in Colas, *Colas,* nach Le Roux de Lincy). S. Le Roux de Lincy, *Recueil de chants historiques français* (Sammlung französischer historischer Lieder), Paris, 1842, Bd. II, S. 383–388.
53 A 38, Anmerkung; und oben.
54 Lesdiguières, *Correspondance* (Briefwechsel) I, S. XXVI.
55 In der Tat wurde den Bündlern in diesem Geist der Versöhnung ein königlicher „Pardon" gewährt. Sie hätten sich zwar im Winter 1578/79 des Aufruhrs schuldig gemacht, sich aber nach ihrem Sieg über den Banditen von Châteaudouble große Verdienste um die Erhaltung der Ordnung erworben (Chevalier in BSASD, X, 1876, S. 42–43).
56 P 70, Anm. 1.
57 P 70 (Sitzungsprotokoll von Romans vom 16. 3. 1579, verlorengegangenes Register).
58 P 71, Anm. 1.
59 Ebd.
60 ADD, E 6414.
61 Texte von 1579, angeführt in Lacroix, *Arrondissement de Montélimar* (Bezirk Montélimar), Bd. V, S. 111–114.
62 Le Roy Ladurie, *Les Paysans du Languedoc,* S. 393–394.
63 S. ACR, 491 (64) Brief Bassets vom 12. Mai 1579. Basset, ein Kommissar der Landstände, beglückwünscht die Konsuln von Romans zu der Ordnung in ihrer Stadt im Gegensatz zu den Greueln auf dem Lande. Diese Ordnung wird, Basset zufolge, den Romanaisern helfen, ihren *Heften* Erfolg zu verschaffen.
64 P 74, Anm. I, und A 42.
65 P 75, Anm. 1 und ADI, B 2339, Bl. 6800, 11. und 20. Mai 1579; Dussert, 1931, S. 152; Van Doren, *Habilitation,* S. 60.
66 Cavard, *Vienne,* S. 221.
67 ACR, CC 491 (= ADD, E 11534).
68 J. Nicolas, *Habilitationsschrift.*
69 S. oben, 1. Kap.; und BN, frz. 415. 561, Bl. 22; sowie den von Colas veröffentlichten Text, Colas, *Colas,* S. 179–180, nach dem *Bull. Acad. delph.* 1846, Band 1, S. 561.
70 Oben, 1. Kap.
71 Über all das P 73; und P 74, Anm. 1.
72 ADD, E 3620.
73 ACR, CC 92, Jahrgang 1578: François Rochas (= der Seiler Laroche) zahlt 7 Gulden Steuer. Paumier und Brunat, die beiden Anführer der Revolte, die Laroches Feinde geworden sind, sind gleichwohl in derselben Steuerklasse wie dieser: 6 Gulden (Brunat) und 11 Gulden, 3 Sous (Serve – Paumier, ebd).
74 Siehe auch P 88: „Die Reichen, *in Vorahnung der Rückerstattung . . .*"
75 Dieselbe Idee in den *Heften* de Bourgs (oben, 1. Kap.).
76 Vgl. mit der Revolte der bewaffneten *Masken* des Vivarais gegen die Vertreter

des Gesetzes im Jahre 1783 (Sonenscher, 1971, S. 254–255; Molinier, *Habilitation*, S. 914).

77 Über die Justiz in Romans und über die Beziehungen König-Kapitelherren vgl. Thomé de Maisonneuve, BSAD, 1941–1942, S. 78–80.

78 P 65; A 29.

79 Thomé de Maisonneuve, BSAD, 1941–1942, S. 80–82.

80 ADD, B 1709 (Anfang des 17. Jahrh., in Romans).

81 Siehe oben, 1. Kap.

82 V. Chevalier in BSASD, 1875, S. 42–43.

83 Ebd., S. 44.

84 ACR, FF 19, 5. Nov. 1579.

85 Alles Vorstehende nach einem vergleichenden Studium der Listen der Konsuln und der Ratsherren; ACR, BB 15 (Generalversammlung des im Frühjahr 1580 neugebildeten Stadtrats); und BB 12 (Ende des Registers; Blätter der Generalversammlung vom 23. 3. 1579, irrtümlich in BB 12 eingebunden).

86 Paul Van Dyke, *Catherine de Médicis* II, 250 f; Edith Sichel, *Catherine Medic.*, London, 1908, S. 316. J. H. Mariéjol, *Cath. Méd.*, Paris, 1922, S. 290; Irène Mahoney, *Madame Catherine*, New York, 1975, S. 248 (sehr detailliert); Ivo Luzzati, *Cath. Méd.*, Mailand, 1939, S. 376; Jean Héritier, *Cath. Méd.*, Paris, 1959; J. Castelman, *Cath. Méd.*, Paris, 1954, S. 204; Mezeray, *Histoire de France* (Geschichte Frankreichs), Ed. Alès, 1844, I, S. 468.

87 BN, frz. Ms. 3319, S. 123.

88 J. Roman, „*Cath. de Méd. en Dauphiné*" (Kath. v. Med. in der Dauphiné), *Bull. de l'Acad. delphinale* (Blätter der Akademie der Dauphiné), 1. Dez. 1882 (hrsg. 1883).

89 J. C. Brieu, 1868–69.

90 *Briefe der Kath. v. Medici*, Bd. VII, Texte vom Juli 1579.

91 Nach dem Brief vom 18. 7. 1579 in Baguenault de Puchesse, *Lettres de Cath. de Méd.* (Briefe der Kath. v. Med.), Bd. VII, S. 48 – 51.

92 Ebd., *Lettres* Bd. VII, S. 50.

93 Guérin (A 44 f.); Piémond, 78 f.; Katharina von Medici, Briefe aus Romans, datiert vom 18. und 20. Juli 1579. Die bewundernswerte Übereinstimmung dieser drei Quellen verleiht ganz allgemein den Zeugnissen von Piémond und Guérin einen hohen Wert, so parteiisch der letztere auch mancherorts sein mag.

Sechstes Kapitel: Streiks und Schulden

1 Catherine de Médicis, *Lettres* (Briefe), 6. Sept. 1579.

2 ACR, CC 534 (= ADD, E 11 577).

3 ACR, FF 19 (und BB 13, Bl. 273f.).

4 ACR, BB 13, Bl. 230, Rückseite.

5 „Ungeheuer" nach den Kriterien des 16. Jahrhunderts; im 20. Jahrhundert würde man sie für „normal" halten.

6 ACR, GG 44.

7 Dussert, 1931, S. 123.

8 Mit Grund: siehe das große Bankett mit Ball im Stadthaus im Februar 1580.

9 ACR, FF 19 (77).
10 Ebd., und A 41.
11 ACR, CC 353, Buchhaltung eines der vier Konsuln, Bernardin Guigou, 1579: Er nimmt Geldbußen ein usw. (211 Écus Einnahme); er zahlt die Pförtner, den Schullehrer (315 Écus Ausgaben).
12 1 Écu (1 Taler) = drei Pfund.
13 Guérin (A 40–41); wieder einmal ist Guérin, trotz seiner tendenziösen Auslegungen, in bezug auf die Tatsachen genau, das bestätigt ACR, FF 19. S. auch weiter unten die „Guérinsche" Liste der Tiere der verschiedenen „Königreiche" („Schaf, Rebhuhn, Kapaun") von Romans, die durch einen Text der Archive des Grenobler Parlaments (ADI, B 2039, in Piémond, S. 98, Anmerkung) bestätigt wird.
14 Mit Fustier gezeichneter Gerichtsakt, aus der Parlamentssitzung vom 18. Mai 1579 (ACR, FF 19).
15 Steuerliste des Jahres 1583, ACR, CC 94.
16 ACR, BB 12, Bl. 250, 23. 3. 1579 (Sitzungsprotokoll von 1579, irrtümlich in das Register eines anderen Jahres eingebunden).
17 Das Folgende nach ACR, BB 14, unter den angegebenen Daten.
18 S. dazu das Register ACR, BB 14, für die Periode von Nov. 1579 bis Feb. 1580.
19 Oben, 1. Kap.
20 ACR, FF 19 (2. 7. 1579).
21 ACR, FF 19 unter diesem Datum.
22 Katharina v. Medici, *Briefe*, Bd. VII, S. 120–121 (6. September 1579).
23 Schon am 12. 11. 1579 wird der Steuerstreik der romanaisischen Metzger und Bäcker gegen ihre Gemeindeverwaltung bezeugt (ADD, E 3743, Dok. 57, Bl. 2; die Abschrift wurde mir liebenswürdigerweise von S. Van Doren übermittelt).
24 Auch die Abgaben des Pächters der Mehlwaage werden zurückgehalten: ACR, CC 491 (52), im Dezember 1579.
25 Alles Vorstehende nach ACR, FF 19 (namentlich unter dem 10. Sept. 1579 und 22. Februar 1580).
26 Piémond, S. 87; Devic, XI - 1, s. 679; Pontbriand, 1886, 4. Kap.
27 BSSI, 1890, S. 384.
28 V. Chareton, *La Réforme ... en Vivarais* (Die Reformation im Vivarais), S. 85 f.
29 BSSI 1890, S. 383.
30 S. meine *Paysans de Lanquedoc* (Bauern des Languedoc) 1966, I, S. 607 f. (von dem Adligen Roure angeführte Revolte im Vivarais, 1670).
31 Devic, XI - I, S. 564; und Guérin in BSSI, 1890, S. 384.
32 Ebd.; und Devic, XI - I, S. 668–669 und Anmerkungen.
33 BSSI, 1890, S. 385.
34 AVC, BB 9, Bl. 251.
35 Ebd., Bl. 257 und 259.
36 Ebd., Bl. 276.
37 BSSI, 1890, S. 382.
38 BSSI, 1890, S. 391.
39 Fourmanteau, *Finances* 3. Buch, S. 405 (nach Littré). Ein „Fähnlein" soll 100 bis 120 Mann zählen.
40 P 86; und Guérin, in BSSI, 1890, S. 385.

1 AC Romans, BB 14, für die erwähnten Monate.

2 Pierrette Crouzet (unveröffentlichte Doktorarbeit an der Sorbonne über die Ablaßzettel).

3 Toschi, *Origini* (Ursprünge).

4 A 152, Anmerkung. Nach einem leider einzigen mündlichen Zeugnis, das ich gehört habe, gab es einen Dreschflegeltanz in Romans noch am Fastnachtsdienstag 1938, ebenso wie die Verbrennung einer Strohpuppe an diesem Tag.

5 Van Gennep, 1924.

6 Phantasierte und manchmal auch reale Kannibalismusvorgänge kommen bei Gefühlsausbrüchen des Volkes immer wieder vor (s. meine *Paysans du Languedoc* [Bauern des Languedoc], 1966, Bd. I, 398–399).

7 Toschi, *Origini* (Anfänge).

8 Für alles Vorstehende s. BSSI, 1890, S. 391.

9 BSSI, 1890, S. 386–392 (Briefe Bellièvres und Maugirons vom 10. bis 12. Februar 1580).

10 P 88–89.

11 Das trifft für die Dauphiné, aber auch für das Languedoc zu. Auch in dieser Provinz war der Karneval (mit Strohsäcken, Sägeböcken, Stofftieren usw.) hauptsächlich Sache der Männer (D. Fabre, *Fête en Languedoc* [Das Fest im Languedoc]).

12 In unseren Archiven findet sich keine Spur von Laroche, aber Jean Rochas (mit großer Wahrscheinlichkeit der „Laroche", von dem Guérin spricht) wird als außerordentlicher Teilnehmer an der berühmten Generalversammlung vom 9. September 1576 unter der Handwerkerplebs erwähnt (ACR, FF 19 unter diesem Datum, und BB 13, Bl. 273).

13 Bouges, *Histoire de Carcassonne* (Geschichte Carcassonnes), Jahr 1579.

14 AC Romans, BB 14, Bl. 19. Protok. v. 16. Februar 1580.

15 Ph. Gardy, *Habilitationsschrift* (über die Werke des okzitanischen Karnevaltheaterdichters Brueys zu Anfang des 17. Jhs.).

16 ADD, E 3745 (Jahrgang 1588); und oben, 2. Kap.

17 R. Chartier und M. Julia, in *l'Arc*, 1976, Nr. 65.

18 Chartier und Julia, a.a.O.

19 M. Augé, 1977.

20 M. Marion, *Dict. des Inst.*, S. 453; S. Clémencet, 1958, S. 11.

21 Marion, a.a.O., S. 265. Und: Der Große Rat, „allen Gerichten übergeordnete Instanz", ist im 16. Jahrhundert vom engeren Rat des Königs getrennt, der politische und Verwaltungsaufgaben hat. „Er ist ein Ratskollegium; er wird Verwaltungs-, Konflikt- und Ausnahmegericht, und er begleitet den Hof bei dessen Reisen. Er ist im 16. Jahrhundert sehr aktiv. Die Parlamente hassen ihn als gefügiges Werkzeug der Macht". Er hat Räte, Anwälte, Gerichtsschreiber, Staatsanwälte, Gerichtsdiener; im 16. Jahrhundert ist er häufig auf Reisen. Im Gefolge des Königs tritt er im Jahre 1629 sogar in Montélimar zusammen. (Jean-Paul Laurent, in *Guide des recherches judiciaires . . .*, S. 29 f.)

22 Katharina von Medici, *Briefe*, Bd. VII, S. 48.

23 Gardy und Albernhe, *Habilitationsschrift* I, S. 178 (über Brueys).
24 Vgl. die zugleich echt sakralen und burlesken Zeremonien mit pietätvoll schwarz angemalten nackten Teilnehmern bei einer religiösen Feier in Vienne während der Renaissance (Cavard, *Vienne* ..., in dem der Reformation gewidmeten Kapitel).
25 J. Bodin, *République,* lat. Ausg., Paris 1586, am Schluß des 3. Buches, S. 326.
26 Ebd., Fortsetzung des Textes.
27 Irrtum Brun-Durands, des Herausgebers Piémonds, der von einem Hahn spricht (P 88, Anm. 2).
28 L. Alibert, *Dictionnaire occitan-français* (Okzitanisch-französisches Wörterbuch), S. 406.
29 Die *Fronde,* deren Mitglieder und Anhänger *Frondeure* genannt wurden, war Mitte des 17. Jahrhunderts, während der Minderjährigkeit Ludwigs XIV. und der faktischen Regentschaft Annas von Österreich mit Mazarin, eine Widerstandsbewegung des Parlaments und eines Teils des Adels gegen den Hof, bei der es zu Barrikaden in Paris und später zu regelrechten Kämpfen mit den königlichen Truppen kam. Die offene Fronde dauerte von 1648 bis 1653. Der Name stammt daher, daß mit Schleudern spielende Pariser Kinder sich der Polizei widersetzten, die ihnen dieses Spiel verbieten wollte. Jemand verglich im Scherz die Gegner Mazarins mit diesen widerspenstigen Kindern: Der Name blieb haften *(Anm. d. Übers.).*
30 Ähnliche, im übrigen mit aktuellem Geschehen verbundene Persönlichkeiten – Türken und Kuriere – beim Berner Karneval des Jahres 1523 *(Fêtes de la Renaissance,* CNRS, I, S. 363).
31 A. Van Gennep, *Folklore du Dauphiné,* Paris 1932, S. 176; N. Davis, *Society and Culture,* 4. und 5. Kap.
32 Die gleiche Zweiteilung in Bern in der ersten Hälfte des 16. Jahrhunderts (Fêtes de la Renaissance, CNRS, I. S. 364).
33 Siehe meine *Paysans de Languedoc,* I, S. 398–399.
34 P 98 (Ende der Anm. 2).
35 Im Manuskript Guérins lese ich *héraut* (Herold) und nicht *homme* (irrtümliche Lesung J. Romans, frz. Ms. 3319, Bl. 145, Rücks.).
36 Ms. Guérin, BN, frz. Ms. 3319, Bl. 145 Rücks.; von J. Roman ausgelassene Stelle.
37 Für die sexuelle Bedeutung des Verbum couvrir (= decken, bedecken), s. Littré.
38 Toschi, *Origini.* Für alles Folgende s. auch den *Catalogue Héraldique* der Nationalbibliothek.
39 ACR, HH 3 1579–80.
40 ACR, Beratung, BB 14, Dezember 1579 und Januar–Februar 1580.
41 BSSI, 1890, S. 392–394 (zwei Botschaften).
42 BSSI, 1890, S. 391; Brief Maugirons an den König vom 12. Februar 1580.
43 J. Rossiaud, 1976 a und b.
44 J. Rossiaud, „Prostitution ...“. *Annales,* März 1976.

1 278 Quoten; zusammen 555 Écus (Steuerbuch von 1583 nach Stadtvierteln: AC Romans, CC 94). Erinnern wir daran, daß die Steuerquoten der einzelnen Personen in diesem Dokument an absolutem Wert nicht dieselben sind wie (zum Beispiel) die in der Kopfsteuerrolle von 1578, die in dem vorliegenden Buch sonst benutzt werden. Trotzdem bleibt das Verhältnis zwischen Steuerpflichtigen und Quoten das gleiche.

2 „Das Stadtviertel, das am Sainte-Foy-Spital beginnt und sich von dort zur großen Jacquemart-Straße hinunter erstreckt, endet an dem kleinen Platz mit allem, was beim Abstieg rechts liegt" (Bl. 46 des Kopfsteuerbuchs 1583, ACR, CC 94).

3 „Drittes Viertel, beginnend am Paradies-Haus, endend bei Bonanaud und durch die große Portefere-Straße hinunter zur Metzgerei; endet am Haus des Herrn André Flandrin mit allem, was sich rechter Hand befindet" (Kopfsteuerbuch von 1583, Bl. 29, ACR, CC 94).

4 Siehe oben im 4. Kapitel, der karnevalistische Umkehrungstarif.

5 A. Greimas, *Sémantique structurale* . . ., S. 128. Über die durch die Brandfackeln gesicherte Fruchtbarkeit von Pflanzen und Tieren siehe die entscheidenden, von R. Vaultier, *Folklore pendant la querre de Cent Ans* . . . (Volksbräuche während des Hundertjährigen Krieges . . .), gesammelten Schriften, S. 47–50; desgleichen die von Mannhardt, 1875, für ganz Frankreich zusammengestellten Texte und Materialien; und Van Gennep, *Manuel* (Handbuch), Band *Carnaval-Carême* (Karneval-Fastenzeit).

6 M. de Certeau, *L'écriture* . . ., S. 275 ff.

7 Nicolas dealebranche (1638–1715), Pariser Metaphysiker. Hauptwerk: *Recherche de la vérité* (Auf der Suche nach der Wahrheit, *Anm. d. Übers.)*.

8 Ch. de Coynart, *Les Guérin de Tencin* . . ., im ersten Kapitel, das von Antoine Guérin handelt.

9 Im Steuerbuch von 1583 (ACR, CC 94) wird in der Liste dieses Viertels ein Guillaume Espinier aufgeführt, der *auf* der Isère-Brücke wohnt und Pförtner der Stadt ist.

10 R. Pillorget, *Mouvements* . . ., S. 334, gibt für das 17. Jahrhundert das Beispiel von Aix-en-Provence, wo im Jahre 1630 die im Verlauf einer Revolte gewaltsam in die Stadt eingedrungenen Bauern plündern.

11 ACR, BB 12, Sitzung v. 2. oder 12. (?) März 1580, irrtümlich in dieses Register gebunden.

Neuntes Kapitel: Das große Bauernschlachten

1 All das nach BB 14, Sitzungen vom 22. und 29. Februar 1580.

2 ACR, BB 14, Bl. 22 V. 18. 2. 1580.

3 ACR, BB 14, 22. 2. 1580, außerordentliche Ratssitzung.

4 Chorier, II, 697.

5 P 105 und 110; Chorier, II, 701.

6 BSSI, 1890, S. 399.

7 Ebd., S. 413.

8 Ebd., S. 480 (18. 7. 1580).

9 Oben, 2. Kap.; und Chorier, II, 701.

10 BSSI, 1890, S. 444.

Zehntes Kapitel: Und die Raben hacken uns die Augen aus

1 Am 28. April 1580 hat Heinrich III. Maugiron Briefe mit dem Befehl zur Milde und zur Beendigung (der Strafverfolgungen) gegenüber den ehemaligen Bündischen und Revoltierenden übersandt. Er hat sie aus Humanität geschrieben, aber auch wegen der Furcht, die ihm ein neues Bündnis zwischen Bündischen und Protestanten einflößt; während vorher, wie er bemerkt, die Hugenotten die Bündischen fürchteten (städt. Bibliothek, Grenoble, R 80, Bd. 16, Bl. 76).

2 Zweifellos durch die Schuld Guérins hat Romans eine mörderische Bartholomäusnacht erlebt; Vienne dagegen nicht (Cavard, S. 165; und Arnaud, *Histoire des Protestants* ... [Geschichte der Protestanten] für das Jahr 1572).

3 ACR, EE 9.

4 Von den 128 mit der Abgabe Belegten zahlen zwölf 20 oder mehr Pfund; der Rest, also 91 % der Hugenotten, weniger als 20 Pf. pro Familie.

5 J. Estèbe, *Habilitationsschrift.* In Vienne werden auf 128 Hugenotten mit bekannten Berufen 60,2 % (77 Personen) Handwerker, 20,3 % Gutbürgerliche, 14,1 % Händler, 2,3 % Pflüger und Winzer gezählt. Im Vergleich zu ihrer Stärke in der Stadt sind die Handwerker und mehr noch die guten Bürger überrepräsentiert; dagegen hat sich die so zahlreiche städtische Bauernschaft (36 % der Bevölkerung von Romans) so gut wie gar nicht der Ketzerei zugewandt (Prozentsätze und Zahlen nach der Liste in Cavard, *Vienne,* S. 419 f., von mir errechnet).

6 Siehe die Karte Mandrous in der *Revue suisse d'histoire,* 1966.

7 Die Quoten von 1578/79 sind nicht die gleichen wie im Steuerbuch von 1583, ein Jahr, in dem die Steuerquoten und die Globalsteuer höher waren als 1578/79. Das Steuerbuch von 1583 habe ich bei meiner Untersuchung der Stadtviertel von Romans (oben, 8. Kap.) benutzt.

8 Um die Wahrheit zu sagen: Ein als dem zweiten Orden angehörend *Eingetragener* ist in Abwesenheit zum Tode durch den Strang verurteilt worden. Es ist wiederum Michel Barbier (genannt) Champlong, der ausnahmsweise ein zweites Mal in der Gruppe des zweiten Ordens veranschlagt ist (wie auch schon im ersten Orden), da er vorher von einem Mitglied dieses Ordens ein Haus oder ein Grundstück erworben hat. Aber ich wiederhole, daß Barbier nicht im geringsten in die *städtische* Revolte in Romans verwickelt ist.

9 ADI, B 2039 für die Hauptsache des Nachstehenden.

10 3 Sétérées Rebfläche = 72 Écus (ebd.).

11 ACR, CC 354 (1580).

12 Über diesen Apfelbaum, der später schamhaft in einen Lorbeer- oder Olivenbaum umgewandelt wurde, s. Cavard, *Les Guérin de Tencin,* S. 47; G. de Rivoire, *Armorial du Dauphiné,* S. 291; und die verschiedenen *Armoriaux du Dauphiné*

(Anfang des 18. Jhs.), die als Manuskripte in der Nationalbibliothek aufbewahrt werden. Guérins Adelsbrief ist vom Oktober 1581 *(Annales de la ville de Romans,* S. 172). Der Notar Eustache Piémond verwendet im allgemeinen die Schreibweise *Pomier,* um das Haupt der „Rebellen" von 1579/1580 zu bezeichnen.

13 Brunat macht im Auftrag der Konsuln eine Dienstreise (Brief Jean de Gilliers, ACR, CC 491 [79], 25. 5. 1579).

14 ACR, CC 93, Jahrg. 1578: Guillaume Brunat mietet das Haus von dem Eigentümer Ennemond Chosson du Perrier.

15 ACR, FF 19, Text vom November 1580 (Regelung der Erbschaft des hingerichteten G. Fleur).

16 ACR, CC 491 (48), 11. 7. 1579.

17 ACR, FF 19, Metzgereipacht.

18 In der Einleitung (oben) habe ich eine etwas höhere Wohlstandsschwelle für die Landwirte verwendet als in dem jetzigen Abschnitt. Ich habe dabei nämlich das erste Gesellschaftsdezil zur Richtschnur genommen, während ich jetzt nur die Landwirte der Schicht oberhalb von 1,6 Écus abtrenne, der Schwelle, oberhalb derer ich keinen verurteilten Landwirt mehr finde.

19 Was das Ausmaß der Repression betrifft, so hat der Sondergerichtshof des Grenobler Parlaments elf Personen durch den Strang hinrichten lassen, ohne Paumier, der ja schon tot war und nur in effigie gehängt wurde. Außerdem wurden 33 Todesstrafen in Abwesenheit verhängt, also nicht durchgeführt. Siehe A 170; A. Lacroix in BSASD, 1897, S. 394; V. Chevalier, BSASD; 1876, S. 68.

20 Mousnier, 1918; und 1954, S. 460.

21 637 Handwerker + 478 Landwirte = 1115 Kopfsteuerpflichtige von insgesamt 1304 Kopfsteuerpflichtigen (siehe oben, 1. Kap.). Wieder einmal bemerkt man den enormen bäuerlichen Prozentsatz (36,7 %), der neben anderen Faktoren die Erdgebundenheit der Volksbräuche in Romans erklärt. Ich benutze die Ausdrücke Volksbrauch und Brauchtum in ihrem allgemeinen Sinn, ohne den etwas anrüchigen Beigeschmack, den sie durch einen gewissen Gebrauch erhalten haben.

22 Über die Armen in Romans, siehe oben, Einleitung. Die Gemeinderatssitzungen von Dezember 1579 und Januar/Februar 1580 (ACR, BB 14) widmen dem Problem des Almosendefizits, also den Armen, viel Zeit.

23 J. C. Brieu, 1868–69.

24 Dasselbe gilt für die Provence, wo die Führer der Volksrevolten manchmal Amtsträger, aber niemals Priester oder Schwertadlige sind (Pillorget, *Habilitationsschrift,* S. 393).

25 Ländliche Führer: Cussinel, ein Adliger aus Moras; Buisson, ein Müller aus Hauterive; die Schreiber von Saint-Vallier und Beaurepaire, der Burgvogt von Moras; der königliche Notar von Bellegarde, verurteilt zu 1000 Écus Geldstrafe und Tod durch den Strang; der Rechtsanwalt Michel Barbier (aus Saint-Paul); ein Bürger (aus Curson), ein Gastwirt (aus Curson) ein Müller (aus Curson) usw. und zwei Pflüger. Zu diesen Personen siehe die bemerkenswerten Arbeiten von S. Van Doren, *Habilitationsschrift,* S. 321, 353, und sein Artikel in *Sixteenth century Journal,* 1974. Siehe auch Piémond, S. 96, 98, 179.

26 Brun-Durand, *Dictionnaire biographique de la Drôme,* Artikel *Bouvier (A. de).*

27 Katharina von Medici, *Lettres,* Bd. VII, 6. Sept. 1579.

1 Ibn Chaldun, frz. Übersetzung 1967, II, S. 777–779.

2 R. Pillorget, *Mouvements* (Bewegungen), S. 528 f.

3 R. Pillorget, ebd., S. 587–631.

4 R. Pillorget, ebd., S. 388–389. Die häufigsten provenzalischen städtischen Bewegungen richten sich in nachstehender Reihenfolge gegen die Konsuln, gegen die lokalen Justizbeamten (bei uns: Guérin), gegen die königlichen indirekten Steuern, gegen die militärische Obrigkeit. Unter diesem Gesichtspunkt ist Romans im Jahre 1579/80 bewundernswert typisch.

5 R. Pillorget, ebd., S. 170–171.

6 Romans liegt an der Nordgrenze des Okzitanischen und an der Südgrenze des Französisch-Provenzalischen.

7 R. Pillorget, *ebd.*, S. 333–334.

8 *Ebd.* S. 7. Siehe auch meine *Paysans du Languedoc*. 1966, Bd. I, S. 502–608.

9 Neuere Dissertation an der Universität Princeton des amerikanischen Historikers R. Benedict über „Rouen im 16. Jahrhundert".

10 P. Ansart, 1977, S. 105.

11 Zu allem Vorstehenden: siehe für die vergleichenden Studien S. Bertelli „Oligarchies et gouvernement dans la ville de la Renaissance", *Social Science Information*, 1976, XV, 4–5, S. 601–624; über die Randfiguren und Fahrenden Gesellen in den dauphinischen Städten: AC Tain, BB I, 3.–9. August 1578; s. auch M. Mollat und Ph. Wolff, *Ongles bleus ... et Ciompi*, Paris 1970; Ch. de la Roncière, *Florence* (unveröffentl. Habilschrift), Buch III; E. P. Thompson „Mode de domination ... en Angleterre", *Actes de la Recherche en Sciences Sociales*, Juni 1976; und *The Making of the English Working Class*, London 1968, S. 167–172; A. Soboul, *Sansculottes*, S. 442. Über die Genfer Handwerker und über Rousseau, siehe *Histoire de Genève*, hrsg. v. Paul Guichonnet, Toulouse 1974, S. 237 f; über die Handwerker Mittelostfrankreichs und ihre politische Rolle R. Gascon, *Grand commerce ... au XVIe siècle, Lyon* ... Paris 1971, S. 421; über die Typologie der Revolten in Südfrankreich R. Pillorget, *Mouvements*, S. 151, 420, 427 (Text von Bacon); S. 48–51 (Kooptierung in die Ratsversammlungen); S. 58 („die Angesehensten"), S. 182, 198, 223, 233; S. 52 und 169 (Auriol, 1599); S. 512 (Streik der Schankwirte); S. 630 (Aktion der Metzger); S. 630 (Aixer Revolte im Jahre 1630); S. 846 (Draguignan 1659, Bauern gegen Handwerker hinter zwei verschiedenen herrschenden Geschlechtern); S. 656, 666 (Aixer Gerber 1651); S. 717 (herrschende Gruppen im Kampf und bäuerliche Volksbewegung in Aubagne 1656); S. 508 (das Volk gegen die „Großen" wegen des Brückeneinsturzes in Arles im Jahre 1637); S. 162, 164, 169, 930 (Seltenheit einer spezifischen Lohnarbeiteraktion, häufig gegen die Gemeinde gerichtet; vgl. mit Y. Castan, *Honnêteté*, S. 333); S. 320, 333, 344 (Eindringen der Bauern in Aix und Plünderungen im Jahre 1630); S. 386–388 (Statistiken über die Volksbewegungen); S. 7 und 429–31 („revolutionäre" Angriffe gegen die Reichen); und S. 982. Über den Anstieg der Hungerrevolten *nach* der von mir behandelten Periode s. auch Bercé, I, S. 231 (Revolte des kleinen Volks in Villefranche-de-Rouergue); ebd. I, 294 – 5, 326, 334 (Revolte der Handwerker usw. in Bordeaux, Agen). Über die Wiedertäufer s. A. Friesen *„The Marxist*

Interpretation of Anabaptism" in *Sixteenth Century essays*... hrsg. von Carl S. Meyer, Saint-Louis, 1970, Bd. I; und Hans J. Hillerbrand, *Thomas Müntzer, a bibliography,* in *Sixteenth Century bibliography,* Bd. 4 (Saint-Louis, Center for Reform. research, 1976). Allgemeines: Plato, Republik IV, 422e (Reiche gegen Arme in einer Stadt); R. Barthes, *Fragments d'un discours amoureux,* Paris 1977, S. 244 (Verschiebung von Kriegszielen). Robert Dahl, *Who Governs,* Yale 1975 (Übergang der städtischen Gewalt von den Patriziern auf die Plebejer).

12 Eine von den Hugenotten im Jahre 1562 zum Zwecke ihrer Auflösung aufgestellte Liste der katholischen Bruderschaften: Außer den vieren, die wir im folgenden näher betrachten wollen, findet man noch „St. Crispin" (Schuhmacher?), „St. Nikolaus" und „Sainte-Foy" (zwei Kirchsprengel der Stadt), „St. Sebastian" (gegen die Pest und Schirmherr des Vogelschießens), „Sainte-Catherine", „Notre-Dame-de-Mars", „St. Claude", „St. Stephan" und „andere" (Text in BSASD Bd. 9, 1875, S. 138 veröffentlicht. Zu vergleichen mit R. Pillorget, *Habilschrift,* S. 94–95). N. Davis hat in seiner Habilschrift gezeigt, daß nach 1560 die Katholiken von Lyon die dem Glauben treuen Handwerkbruderschaften begünstigen...

13 ACR, HH 8, HH 9 und HH 10 (Akten der St.-Matthias-Bruderschaft von 1578 bis 1583); ADD, E 3796 (ebd. Jahrg. 1614–1616).

14 Cavard, *Vienne,* S. 10; vgl. mit Pillorget, S. 24.

15 P 98, Anmerkung.

16 Akten über die Abtei Maugouvert-Bongouvert von Romans: ADD, E 3797; ACR, GG 41 und GG 42.

17 ACR, BB 22, charakteristische Stelle für die ganze Periode vom 11. Dezember bis 16. Februar (1607). Über die Bezahlung des Fastenpredigers durch Bongouvert s. BSASD, I, 1866, S. 335.

18 ACR, BB 13, April 1577.

19 ACR, BB, nach einer von Herrn Rossiaud freundlicherweise überlassenen Aufzeichnung.

20 Über das *Charivari* in der mittleren Rhone-Gegend unter dem Ancien Régime als Mittel der männlichen Jugend, die Mädchen für sich zu beanspruchen (d. h. sie „Auswärtigen" streitig zu machen), s. A. Molinier, *Habil.-Schrift,* S. 696–697.

21 Die gesamte Schilderung der romanaisischen Abtei Malgouvert-Bongouvert stammt aus den Akten ADD, E 3797; und ACR, GG 41 und GG 42. S. auch G. Duby, *Cathédrales,* S. 315–317; M. Ozouf, *Fête...;* M. Éliade, *Traité...,* 8. Kap.; J. Rossiaud, 1976.

22 ADD, E 3796, Februar 1613.

23 J. Rossiaud, 1975, hat diesen Punkt durch weitere Beispiele veranschaulicht.

24 Duparc, 1958; s. auch M. Vovelle, *Fêtes,* S. 49.

25 Über die enge Verflechtung von Heilig-Geist-Bruderschaft und Einwohnergemeinschaft in Südost- und Mittelfrankreich in Mittelalter und Renaissance, siehe Duparc, 1958.

26 P. Amargier „Mouvements populaires... à Marseille", *Cahiers de Fanjeaux,* Bd. II, S. 305–319.

27 Siehe u. a. die Arbeiten von von Wiese, Schmalenbach usw.

28 Siehe von Tönnies.

29 A. Dauzat, *Le Village et le paysan de France,* Paris, 1941, S. 153 (Karte).

30 Zitiert von J. Rossiaud, 1975.

31 Der König unserer *reynages* kann mit dem im *Goldenen Zweig* von Frazer beschriebenen Festkönig nicht völlig gleichgesetzt werden. Der Monarch Frazers erfüllt durch sein Leben und seinen blutigen oder vorgetäuschten Tod angeblich vor allem Funktionen der Wiederbelebung der Fruchtbarkeit des Bodens. Diese zu ausschließlich auf das Pflanzenwachstum bezogene Sicht wird von heutigen Forschern heftig bestritten (R. Détienne, *Jardin d'Adonis,* S. 9 f.

32 Über die *reynages* und damit verbundene Probleme, R. Bautier, 1945. L. Lamarche, 1958; A. Lacroix, 1881; A. Van Gennep, *Folklore Auvergne,* 1942, S. 179–194; J. P. Gutton, 1975; A. Dauzat, 1941, S. 153; A. Lacroix, 1880; L. de Nussac, 1891; J. Rossiaud, 1976, am Schluß; und selbstverständlich die Texte Guérins und Piémonds (über die romanaisischen Ereignisse); M. Vovelle, *Fêtes,* S. 52; ADD, E 11822, GG I; und E 11949; GG 4; E 11952, BB 3; E 12033; GG 2; M. Ozouf, *Fête;* S. Freud; R. Barthes, *Mode,* S. 263; B. Bettelheim, *Interview,* 1977; Shakespeare, *Der Sturm,* II, 1; G. Duby, *Cathédrales,* S. 21–23.

Zwölftes Kapitel: Das Winterfest

1 Über die Ähnlichkeiten mit der Provence und den provenzalischen Einfluß auf Kultur und Dialekte der Dauphiné, siehe André Devaux (Aufl. 1968), S. 440–441. Im übrigen gehört Romans zum nördlichsten Teil des okzitanischen Raums.

2 A. Prudhomme, „Du commencement de l'année ... en Dauphiné", *Bulletin historique et philologique du Comité des travaux historiques et scientifiques,* 1898 (S. 279 usw.). Im Viennois begann das Jahr bis zum 16. Jahrhundert am 25. März.

3 A. van Gennep, *Les rites de passage,* Paris, 1909, speziell 1. und 9. Kapitel; E. Leach, *Symbolic Representation of Time,* in *Rethinking Anthropology,* London, 1961; Victor Turner, *Dramas, Fields and Metaphors,* Cornell, 1975, S. 38–39, 78–79 u.s.f.

4 Über das Schlaraffenland *(Pays de Cocagne)* s. das im Jahre 1628 in Aix veröffentlichte Werk des okzitanischen Dichters Claude Brueys, nach der (unveröffentlichten) Doktorarbeit von H. Albernhe und Ph. Gardy, *Caramentrant,* 1. Bd. (Universität Montpellier, 1970); und Delumeau, *Mort des pays de Cocagne,* Paris, 1976, S. 13. Über die karnevalistische Umkehrung als Mittel der besseren Sicherung gesellschaftlicher Hoheitsämter durch Entindividualisierung und vorübergehende Zuerkennung an andere, normalerweise ganz unten auf der sozialen Leiter Stehende, s. C. Carozzi, Art. über den mittelalterlichen Dichter Adalbéron de Léon, demnächst in *Annales* E.S.C.

5 Dieses dreiteilige Schema ist noch im 19. und 20. Jahrhundert bei vielen dörflichen Karnevalsfesten des Departements Drôme im Schwange (vgl. Papiere van Genneps, Akte Drôme, Archive des Museums ATP).

6 Über die Fastenpredigten der Bettelmönche in Romans, s. ACR, GG 39; und BSASD, I, 1866, S. 335; sonst siehe Peter Weidkuhn, *Carnaval de Bâle* (Basler Fasnacht [über die protestantischen Unterdrückungsmaßnahmen gegen die Fastnacht]); und Th. de Bèze, *Histoire Ecclésiastique,* Bd. 2 (id. in Rouen).

7 Journal de L'Estoile, 14. Febr. 1589.

[8] Cabourdin, *Habil.-Schrift,* I, S. 358–361; A. Molinier, *Habil.-Schrift,* S. 620; C. Cros, 1976–I, S. 41.

[9] G. Duby, *Cathédrales,* S. 69–70.

[10] Siehe oben, Einleitungskapitel.

[11] Ebd.; und A. van Gennep, *Folklore Dauphiné,* Bd. I, S. 228.

[12] Über den Lichtmeßbär als Wetterprophet in der Dauphiné und in Savoyen s. für das entsprechende Kalenderdatum A. van Gennep; *Folklore Savoie; Folkl. Dauphiné; Manuel* und die in den ATP aufbewahrten Papiere van Genneps (Akte Drôme). Über Lichtmeß als „Anfang vom Ende" des Winters (14.–18. Jahrh.) vgl. Vovelle, *Fêtes,* S. 100; und Cavard, *Vienne,* S. 5; über den Lichtmeß- und Karnevalsbär in de Pyrenäen, s. van Gennep, *Manuel,* ebd.; V. Alford, *Pyr. fest.* und die neueren Volkskundefilme von Daniel Fabre; und besonders die schöne Studie D. Fabres, *Jean de l'ours,* 1969, 2. Teil. Über den nordamerikanischen folkloristischen *groundhog* vom 2. und 3. Febr. s. *Encyclopedia americana,* Art. *groundhog;* über den Igel in Irland s. C. O. Danachair, *The year in Ireland,* Dublin, 1972; und S. O. Suillabhain, *A Handbook of Irish Folklore,* 1942.

[13] Alle diese Angaben stammen aus dem *Traîte des Superstitions* des Pfarrers Jean-Baptiste Thiers, der 1679 erschienen ist. In einem glänzenden Artikel hat François Lebrun *(Annales de Bretagne,* 1976, S. 456–457) die der Ausgabe von 1777 des Buches von Thiers entnommenen Belegstellen für die oben erwähnten Gepflogenheiten zusammengestellt. Vgl. P. Toschi, *Origini* und *Folklore italiano,* Rom, 1963, S. 275 f. (über Lichtmeß); J.-C. Bringuier, *Provinciales* (Vendée), TF I, 30. Nov. 1976, Lichtmeßpfannkuchen, damit die Hühner das ganze Jahr legen (Interview mit einer alten Bäuerin der Vendée); *Histoire rurale France,* IV, S. 332; H. Vincenot, 1976, S. 61–64 (Lichtmeß und Karneval: Befruchtungsriten); Art. *Fastnachtsbär* in: Funk und Wagnalls, *Dict. folk.,* S. 370; Moulis, 1975, S. 36, 61, 67, 71, 76, 79, 81, 93; van Gennepsche Papiere, ATP, Akte Drôme (Lichtmeß); Mannhardt, *Wald- und Feld-Kulte,* S. 535–538 (Brandfackeln); O. Erich und R. Beitl, *Wörterbuch Deutscher Volkskunde,* 1935, S. 193.

[14] Über das Vorstehende, s. Toschi, *Origini,* Mannhardt, *Wald- und Feld-Kulte;* Jeanmaire, *Dionysos,* S. 38; G. Dumézil, *Le problème des centaures,* S. 11–13; trotz seiner Besessenheit von den „Pflanzengeistern" bleibt J. G. Frazer, *The Golden Bough,* Ausg. 1916, Bd. I, S. 137, IV, S. 252 usw. wichtig (leider hat er aus soliden, an Ort und Stelle gemachten, Beobachtungen Mannhardts viele voreilige Schlußfolgerungen gezogen). S. zu Frazer die Kritik M. Détiennes, 1972, S. 9 f. Dem angelsächsischen „Halloween" (an Allerheiligen-Allerseelen) ist mehr als in unserem Karneval der Zusammenhang zwischen den jugendlichen Maskierten und den dämonischen und bösen Zauber verbreitenden Wesen erhalten geblieben.

[15] Baroja, *El Carnaval,* S. 277.

[16] Satirischer, aber nicht unbedingt gewalttätiger Karneval: Pillorget, *Mouvements,* S. 407–408. Satirisches Fastnachtsdienstagschauspiel (1627), das sich über das dem Bischof Riez gehörende Freudenhaus lustig macht; ebd. S. 256; Karnevals-*Lazzi* in Italien: Toschi, S. 725; Protestkarnevalsfeste in der Schweiz: *Fêtes de la Renaissance,* CNRS 1973, I, S. 361–364; A.N. (Archives Nationales) BB 30–423 (1860); P. Weidkuhn, S. 43–50; antisemitische Karnevalsfeste: *Felix und Thomas Platter àe Montpellier,* 1892, S. 196, 399; und in Rom: Art. von Mme. Boi-

teux; und Toschi, *Origini*, S. 333–340; antimazarinische Karnevalsfeste in Bordeaux 1651, nach den unveröffentlichten Arbeiten M. Jouhauds; und F. Loirette, 1972 (die Strohpuppe Mazarins in feierlicher Zeremonie enthauptet); satirisches Pferdchenspiel an Lichtmeß in Mantes: Bougeatre, S. 231; satirische Testamente von Karnevalspuppen, Harlekin, Tieren und anderen Karnevalsfiguren in Toschi, *Origini*, S. 228–243. Andere satirische Winterfeste in der Provence: Pillorget, S. 588 und 791 (St. Sebastian und St. Valentin, 1649 und 1659 in Aix).

17 P. Ansart, 1977, S. 30.

18 Gegenüberstellung mythisch/praktisch: A. Greimas, *Sémantique structurale*, S. 128, 149. Über die zwei Karnevalsfeste und zwei Maibäume, s. Fayolle, *Limousin*.

19 Lévi-Strauss, *Introduction à Marcel Mauss*, S. XIX.

20 Papiere Calixte Lafosses, Gemeindebibliothek von Romans.

21 Über die Rolle der Jugendlichengruppen (die aber die Rolle anderer Altersgruppen nicht ausschließen) im Karneval, s. Toschi, *Origini*, S. 98–99; G. Duby, Vorrede zu *Fêtes en France*, S. 15; über eine (meiner Meinung nach unzureichende) Konzeption des Karnevals als im wesentlichen erhaltend, vgl. P. Weidkuhn, S. 45f; A. Poitrineau in *Autrement*, 7/1976, S. 189; A. de Gaudemar, ebd., S. 81; F. Raphael in *Contrepoint*, 24, 1977, S. 123; über den eher *pluralistischen* als dualistischen städtischen Karneval, vgl. Toschi, S. 95 (Florenz); Über die Darstellung der zwölf Monate oder der zwölf Planeten im Karneval und nicht nur der beiden Langzeiten, siehe auch *Fêtes de la Renaissance*, I, S. 362 (Bern 1506).

22 A. Molinier, *Vivarais* (Habil.-Schrift), S. 354 und passim, unterstreicht den „objektiv" gegen die Herren gerichteten Aspekt der *Masken* von 1783; Sonenscher, 1972.

23 P. Fontanier, *Figures du Discours*, Ausg. 1977, S. 157.

24 Toschi, S. 150–195 und 251–266; Bercé, II, S. 585.

25 C. Lévi-Strauss, *Le Totémisme ...*, S. 101; und A. Radcliffe-Brown, 1965, 6. Kap. S. auch über die Probleme der Symbolbedeutung in der nachstehenden Bibliographie vor allem die Arbeiten von V. Turner; und M. Ozouf, *Fête;* M. Douglas, *Implicit Meanings*, S. 261; Greimas, *Sémantique structurale et Sémantique Sc. Soc.*, S. 49; A. de Vries, 1974, S. 238; S. Ossovsky, *Structure de classe*, S. 64 und passim; über die jeweilige Bedeutung der verschiedenen Tiere vgl. z. b. (für den Bär) Plinius (der Ältere), *Hist. Nat.*, Buch 8, Kap. 54; über die „Polysemie" der Symbole W. Ecco, 1977; s. auch die leicht verständlichen Arbeiten von J. B. Fages, J. Le Goff, „Gestes symboliques ...", S. 737; T. Todorov, 1977, S. 181 und passim; R. Barthes, S/Z, S. 12, 18, 49, 126, 166; und in *Communications*, 4, 1964; G. Duby, Cathédrales, S. 131; R. Robins, 1976, S. 224; C. Geertz, 1973, S. 141.

26 Zu diesen Fragen s. M. Vovelle, *Fêtes en Provence*, S. 53 und passim; über die Esel und die Schweizer in Lyon vgl. N. Davis, *Habil.-Schrift;* Türke und Kurier: *Fêtes de la Renaissance*, I, S. 363 (für Romans vgl. A 156 und A 160).

27 Über die satirisch-politische Karnevalspuppe in Süd- und Nordfrankreich s. die übersichtlich zusammengefaßten Daten R. J. Bezuchas, *Masks of Revolution ...;* vgl. auch A. N. BB 30, 362 (Refer. liebenswürdigerweise von C. Tamiason mitgeteilt); AD Haute-Garonne, B, SP 741, Goudargues Jahr 1743, nach Y. Castan, *Honnêteté* ... und M. Agulhon (Karneval von 1848) in *Autrement*, 7/1976, S. 203 f.; M. Ozouf in J. Le Goff und P. Nora, *Faire de l'histoire*, III, S. 265.

[28] Über den Gebrauch von Dreschflegeln für symbolische Zerstörung, G. Duby, *Hist. France rurale,* III, S. 39; Dreschflegel und Stroh (Strohpuppe) als Symbol des Winters oder Brandfackeln der Fastenzeit: Frazer, gek. Ausgabe, S. 368; Bercé, *Hist. Croq.* II, S. 645; agrarische Riten der Karnevalszeit in der Alpenregion, Vovelle, *Fête,* S. 57 und van Gennep, Manuel, Karneval–Fastenzeit; Dreschflegeltanz beim Karneval von Romans bis gegen 1930 (?), mündliche Umfrage; über den Esel, Vovelle, *Fête,* S. 114; Flandrin, *Familles,* S. 123; van Gennep, *Folkl. dauph.,* Bd. II, S. 176; Eselsritt in Lyon, 16. Jahrh., N. Davis, *Habil.-Schrift;* Cléber, G. Guigue usw. (s. angefügte Bibliogr.); Rossiaud, *Abbayes,* S. 86; über das St.-Blasius-Fest, Vovelle, *Fête,* S. 45, 58; A. van Gennep, 1924, S. 136 f.; Pilot de Thorey, *Usages…;* A. Wright und T. E. Lones, *Brit. Cal. Customs,* Bd. II (Lichtmeß-St. Blasius); G. Long, 1930, S. 18, *The Gentleman's Magazine . . .,* 1885 (s. beigef. Bibliogr.); Toschi, S. 142. Über die Todesriten (an Karneval usw.): E. Leach, *Lévi-Strauss,* S. 17–18; dauphinische Totenmähler auf den Gräbern, Pilot, *Usages…;* G. Duby, *Cathédrales,* S. 287–288; M. Douglas, *Implicit Meanings,* S. 146; Kannibalismussymbolik: Pillorget, S. 337; Piémond, S. 424–425; L. Kurzt, 1934; Begräbnisriten und Heilig-Geist-Bruderschaft: Duparc, 1958. Rituale: V. Turner, *Tambours d'afflictions; Dramas…,* S. 50–60; *Forest of Symbols,* S. 96; Duby, *Hist. France rur.,* II, S. 542; P. Weidkuhn, 1976, S. 34; über die Rächermasken und Bemalungen, Bercé, I, S. 214; *pantragnes:* Papiere Calixte Lafosses, Gemeindebibliothek Romans; Vovelle, *Fête,* S. 98; und vor allem die herrliche Schrift von M. Sonenscher, *Masques armés du Vivarais en 1783* (1972).

[29] Toschi, Origini, S. 78.

[30] Comte de Villeneuve, *Statistiques des Bouches-du-Rhône,* Bd. II, S. 26–27.

[31] G. Duby, *Cathédrales,* S. 69–70.

[32] Über den Schwerttanz im allgemeinen, s. *Standard Dict. of Folklore,* Art. *Sword Dance;* in der Dauphiné: Volkskundefilm von Lajoux (in Cervières, Dauphiné, am St.-Rochus-Tag); und A 152; in der Provence: Vovelle, S. 61; Villeneuve, *Stat. B.-du-Rh.,* III, S. 209–210; in Piemont und Italien allgemein, Toschi, S. 78, 98, 329, 473; in England E. P. Thompson, *Charivari,* S. 11; im Elsaß (Verbindung mit den Berufen): Poitrineau, *Autrement,* 7, 1976; in Deutschland: K. Meschke, *Schwerttanz,* Berlin 1931; in Schweden (Karneval), *Kult.-hist. Lexik.,* IV, 1959; Schottland: V. Turner (Gespräch); vgl. auch Tacitus, *Germania,* 24; und Xenophon, 6–1–5 (Verbindung mit Gefahr). Allgem.: Clastres, *Libre,* 1977–1. Über Schellen, Glokken und andere karnevalistische oder Trauerinstrumente usw. Baroja, *Carnaval,* S. 257 und Volkskundefilme; Pillorget, *Mouvements,* S. 339, 343, 401. Über den Übergang vom Hochzeits-Charivari zum politischen Charivari s. N. Belmont, Referat auf dem *Charivari*-Symposium; AN Côte d'Or, 8 M 29 (Ref. von Ch. Tilly).

[33] Über die Überhöhung und die karnevalistische Gerichtssatire: Castan, *Honnêteté,* S. 52, 424–425, 583; Barthes, *Mode,* S. 25; über die Darstellung von Türken oder Sarazenen, Vovelle, *Fête,* S. 79; J. Estèbe, *Tocsin,* S. 105; über die Rolle des Sakralen katholischen Typs im städtischen Raum (Lyon, 16. Jahrhundert), N. Davis: *Exposé…;* über die Rolle der Justizeliten in der Gemeindeverwaltung: R. Dahl, *Who Governs…;* „königliche" oder feierliche Umzüge, ähnlich denen von Romans, P. van Dyke, *Catherine…,* I, S. 214, 250; Bercé, *Croquants,* I, S. 208; über das romanaisische Theater im 16. Jh., J. Chocheyras, *Théatre…;* Königseinzüge

in Romans, 16. Jh.: BSASD, 1873, S. 79–80; über die romanaisische Kalvarienberg-Prozessionen, U. Chevalier, 1882; und allgem. M. Ozouf, *Fête* . . ., S. 265; und *Autrement*, 7, 1976, S. 201.

34 Der Augenblick des Überschreitens der Schwelle steht im Mittelpunkt des Übergangsritus (nach V. Turner und A. van Gennep).

35 M. Bakhtine, Übers. 1970, 4., 5. und 6. Kap.

36 Über die Karnevalsumkehrung, Bercé, *Croquants* II, 585–592; V. Turner, *Ritual Process*, S. 188 f., und *Forest* . . ., S. 125; M. Gluckmann, *Order* . . ., 1963; Mac Kim Marriott, in M. Singer, 1966; E. Ehmke, *Perceptions* . . ., 1975; A. T. D'Embry, *Hermaphrodites* . . .; M. Douglas, *Meanings*, 1976, S. 162–3; H. Cox, *Feast* . . ., 1969. Über das okzitanische Karnevalsschlaraffenland s. die *Habil.-Schrift* von Ph. Gardy.

37 Toschi, *Origini* . . ., 11. Kap. und passim.

38 Über die Karnevalswettkämpfe – Ringelreiten und andere – des Jacquemart-Viertels und anderswo. s. Bibliographie bei *Ring* und *Heraldik;* über den Hahn M. Agulhon, *Imagerie* . . ., 1975; Toschi, *Origini*, S. 96; Rudwin, *Origin* . . ., 1920; E. Cros, 1975; A. R. Wright, 1. Bd. 1936 (Fastnachtsdienstag); C. Geertz, *Cockfight*, 1975; Pilot de Thorey, S. 17; und P. Rivière, *Moi* . . ., S. 42; Baroja, *El Carnaval; British Calendar Customs*, Bd. I, S. 13, und Bd. II (Scotland), 2. Buch, S. 156; Poitrineau in *Autrement*, 7/1976 (Hahnenkämpfe in Nordfrankreich und der Champagne).

39 Romanaisisches Glossar von Calixte Lafosse, Manuskript der Munizipalbibliothek von Romans, Art. *pantragnes*. Und persönliche Umfrage in der Stadt, besonders nach M. Bourne, Romans.

Dreizehntes Kapitel: Zurück zu den Bauern

1 In diesem Abschnitt befasse ich mich pauschal mit „Molekülen" (Bauernkriege und andere Erhebungen), statt mit „Atomen" (das heißt den verschiedenen Formen, die diese Erhebungen in ihrem Verlaufe annehmen; Formen wie Abfassung von Beschwerdeheften, Zusammenkünfte beim Feiern von Festen, Aufruhr auf den Märkten, Verbrennung von Burgen und Herrenrechtsverzeichnissen usw.). Jedes „Molekül" ist der Definition nach eine Gruppe von „Atomen" (Charles Tilly arbeitet an einer Studie über dieses Thema).

2 D. Sabean, 1976.

3 P. Vilar, *Catalogue*, I, 464, 497, 499; Brenner, 1976, S. 62 (englische Revolten des 16. Jhs.); S. Sabean, 1972; S. Luce, *Jacquerie*, S. 56–57; *die 12 Artikel* der deutschen Bauern (1525) in K. C. Sessions, 1968, S. 17; Chomsky, 1977, S. 160–165; Chafarevitch, 1977; R. B. Dorson, 1970, S. 270; M. Mollat und P. Wolff, S. 87.

4 Zu dieser Frage gibt es eine umfangreiche Bibliographie. Ich beziehe mich auf Porchnev, Mousnier, Bercé, Pillorget (s. angefügte Bibliographie), auf meinen Beitrag in Braudel und Labrousse, *Hist. Econ. Soc. France*, I–2, 5. Kap.; und auf M. Lagrée, 1976.

5 ACV, CC 42 (in ADI Mikrofilme, I MI 105). S. auch über die Steuerbefreiung von Grundstücken in Romans zugunsten einheimischer Patrizierfamilien wie der

Loyrons, Velheus, Costes usw.: ACR, FF 26, 27 und CC 499. Über den Umfang adligen steuerfreien Landbesitzes siehe ADD, E 11819, 11828, 11955, 12014, 12019, 12025: Der Prozentsatz dieses Landbesitzes am gesamten bebauten Land in den in der Akte erwähnten Dörfern pendelt zwischen 14,4 % und 56 % hin und her (Durchschnitt 32,1 %). S. auch für die Zeit, die uns beschäftigt, ADI, B 190 (Befreiung Privilegierter von der Kopfsteuer und Auflehnung gegen den Zehent).

6 Cavard, *Vienne*, S. 395 f.

7 Chomel, 1963, S. 309.

8 Cavard, ebd., S. 396.

9 R. Cobb, 1970.

10 Bercé, *Hist. Croq.*, I, 462.

11 Die nun folgende Stelle über die äußerst gewichtigen Thesen der Anwälte des dritten Standes stützt sich auf die kleinen Schriften und Plädoyers von C. Delagrange, A. Rambaud, C. Brosse, E. Marchier; und als Kontrast auf C. Expilly und J. Dufos, zwei Adelsanwälte. Zu diesen Texten s. unten, Bibliographie.

12 Herr Vital Chomel, Direktor der Archive des Departements Isère, arbeitet an einer großen Studie darüber.

13 „Die Ereignisse von Romans, von Montélimar und der Valloire können nicht außerhalb der Perspektiven gesehen werden, die sich durch die Entwicklung des Kopfsteuerkonflikts ergeben haben." V. Chomel in B. Bligny, *Hist. du Dauphiné*, S. 233.

14 A. Lacroix, *Procès des tailles;* wird ausgezeichnet ergänzt durch das Buch von C. Laurens (mit dem gleichen Titel); und A. Rochas, *Biogr. du Dauphiné* (über Brosse, Rambaud u. a.).

15 P 354; und Chomel, in Bligny, *Hist. du Dauph.*, S. 245.

16 Brosse, 1606, 1611, 1621.

17 Zu den *Heften* der Dauphiné des Jahres 1576 siehe oben, 1. Kapitel. Die *Hefte* der Bauern aus der Beauce im gleichen Jahr sind sehr adelsfeindlich; sie richten sich gegen die Landedelleute, die als Plünderer und Gewalttäter bezeichnet werden, als Leute, die fremdes Gut mit Beschlag belegen und mit den bürgerlichen Pächtern für die Pacht großer Landgüter in Konkurrenz treten (J. M. Constant, persönliche Mitteilung); die *Hefte* der Champagne von 1614 sprechen sich dagegen nicht oder kaum gegen die Adligen und die Grundherren aus, wohl weil diese bei der Abfassung dieser Hefte eine strenge Kontrolle ausgeübt haben (R. Chartier und J. Nagle, in *Annales*, 1973, S. 1490–91).

18 C. Delagrange, S. 88–89.

19 A 149–150 und passim.

Vierzehntes Kapitel: Die Vorläufer der Gleichheit

1 Marchier in P 361–363; Vincent, 1600, S. 49. Delagrange, 1599, S. 261.

2 Marchier, P 355–359; Rambaud, S. 73–75; Delagrange, S. 14 und passim.

3 Vincent, 1600, S. 48 (Käuflichkeit); Marchier, S. 363 (Foltern).

4 P. Chaunu, in F. Braudel und E. Labrousse in: *Hist. Econ. Soc. France*, I, 1, Kap. III

und IV; F. de Guérin, S. 105; Vincent, 1600, S. 185; Delagrange, 1599–2, S. 92, 103.

5 Delagrange, 1599–2, S. 133–134.

6 Y.-M. Bercé, *Histoire des Croquants*, Bd. II. S. 634 und 636.

7 R. Pillorget, *Mouvements . . .*, S. 445.

8 P. Chaunu, *L'Espagne de Charles Quint* (Das Spanien Karls V.), Paris 1979, S. 236, 240, 244.

9 R. Mousnier, *Fureurs . . .*, S. 308, 350.

10 G. Franz, Bauernkrieg, Aufl. 1956, S. 1–3.

11 Ebenso für die nächste Generation, F. de Guérin, S. 30: *Die Steuerlast ist von 1600 bis 1630 stark angewachsen*, mit anderen Worten, es hat eine *gesellschaftliche Veränderung* gegeben; daher Notwendigkeit und Legitimität der *Realsteuer*.

12 In diesem Punkt weiche ich von so ausgezeichneten Historikern wie Joseph Perez und M. Steinmetz ab (s. unten, Bibliographie).

13 M. Weber, Aufl. 1971, S. 244, 314; R. Mousnier, *Hiérarchies sociales*.

14 S. dazu auch A. Jouanna, 1977, S. 65. Dieses Buch, dessen Hauptthema die Rassemythen im Frankreich des 16. Jahrhunderts sind, verdeutlicht die große Originalität des dauphinischen, selbst gemäßigten Egalitarismus im Gegensatz zu der „hierarchischen" Mentalität, die zur selben Zeit im ganzen übrigen Frankreich vorherrscht, vom Paris der Liga abgesehen.

15 F. Guérin betont in diesem Zusammenhang, daß die Provinz 1628 gleichzeitig ihre Landstände und die Kontrolle über die Salzsteuer verlor, die Finanzleuten anvertraut wurde, die nicht aus der Dauphiné zu sein brauchten.

16 Zu dem Vorstehenden s. C. Delagrange, 1599, S. 42–43, 123, 155, 283, 286–287 und passim; Rambaud, S. 50–51.

17 P 30, 102, 106.

18 In Piémond, S. 359–360.

19 Passim, S. 126, 147, 189, 192, 196, 268 usw.

20 P 34 bis 37.

21 Morestel, Valouse, Demptezieu, La Batie.

22 M. Foisil, 1976, S. 30–31; Y. Bercé, 1974, I, S. 277; R. Pillorget, 1975, S. 103 u. 107; Piémond, S. 136; M. Constant (mündliche Mitteilung über die Beauce, wo der Haß übrigens mehr dem Adel als den Grundherren gilt).

23 Pisançon, Jahr 1596 (AC Vienne CC 96): 3438 Sétérées Land für Adlige; 3915 Sétérées für den Bürgerstand, letztere mit 4987 Écus Schulden belastet. Für obige Berechnung habe ich den Hektar zu 4 Sétérées, den Lohn eines Landarbeiters mit 7 Sous pro Tag angenommen (nach meinen *Paysans de Languedoc*, 1966, I, S. 273), den Écu zu drei Pfund und den Zinssatz mit 9 % (ebd., 2. Bd., S. 1024).

24 Delagrange, S. 217–218.

25 Hickey, 1976, graphische Darstellung.

26 P 362–365.

27 Brief des dritten Standes in Y. Bercé, *Hist. Croq.*, 2. Bd., S. 701.

28 Obenstehendes Zitat und alle folgenden Zitate stammen in der angeführten Reihenfolge aus Delagrange, 1599, S. 270, 161, 96.

29 J. Vincent, 1598, S. 32; Delagrange, 1599, S. 199 u. 204.

30 Marchier, S. 355; Delagrange, S. 61, 123, 128.

31 P. 13, 14, 32, 38 u. passim für nachstehende Textstellen.

32 C. Expilly, S. 400; die vorangegangenen Textstellen stammen aus Delagrange, S. 128, 129, 130 und ebd. (1599–2) S. 103, 112, 241, 267.

33 C. Delagrange, 1599, S. 254.

34 J. Vincent, 1598, S. 26 u. 40.

35 C. Delagrange, S. 79.

36 C. Delagrange, S. 95–96 und ebd. (1599–2), S. 105.

37 J. Vincent, 1598, S. 39. Über den Begriff „mystischer Leib", besonders seit dem 13. Jahrhundert, s. unter diesem Wort im *Dictionnaire de Spiritualité*, Beauchène, Paris, 2. Bd., 1953.

38 Marchier (passim) ist in dieser Hinsicht besonders schulmeisterlich.

39 Oben, 3. Kap. S. 103.

40 *Vie des Saints*, Letouzey, Hrsg., 1949, 7. Bd.

41 P 358 und Namensverzeichnis zu Piémond.

42 Über den wirklichen (mittelalterlichen) Ursprung der dauphinischen *Freiheiten* und *Nicht-Dienstbarkeiten* s. V. Chomel, „Francs . . .", 1965.

43 „Equalitarian legitimacy based on the group, (and not) on the individual", F. Furet und P. Nora, in P. Nora, in *Daedalus*, Winter 1978, S. 329.

44 Über Savoyen, J. Nicolas, *Habil. Schrift;* P. Defournet, *Bassy*, 1. Bd., S. 47; P. Guichonnet, *Histoire de la Savoie*, Toulouse, 1973.

45 Delagrange, 1599 und 1599–2, S. XXV, 105, 227–231; Vincent, S. 232; Rambaud, S. 37–49; Bodin, *République*, 1. Buch, 8. Kap., von den Anwälten zitiert.

46 S. desgleichen die große Rolle der Antike (60 % der historischen Zitate) in der Argumentation der Ideologen der Revolte der *Ormée* von Bordeaux im Jahre 1651 (C. Jouhaud, 1977).

47 Péguy, zitiert von Jacques Julliard, *Contre la politique professionelle*, Paris, 1977.

48 F. de Guérin, S. 6; Delagrange, S. 39–45, 63, 106–108, 187, 223, 238; u. ebd. 1599, S. 73; 1599–2, S. 62; Vincent, 1598, S. II; 1600, S. 40–49.

49 Rambaud, S. 23–25 unter Bezugnahme auf Fauchet, Antiquités gauloises; Delagrange, 1599–2, S. 148.

50 F. de Guérin, S. 9. Delagrange, 1599–2, S. 6, 7, 24, 54, 92, 122–123; Vincent, 1598, S. 14, 16, 25, 28–29; und 1600, S. 99, 218–220; Rambaud, S. 87–89; und 1600, S. 26–27; über die Frage, die nicht in den Rahmen meines Buches gehört, der *wirklichen* Steuergerechtigkeit in Rom, s. G. Ardant, *Hist. de l'impôt*, Paris, 1971, Bd. I.

51 Vincent, 1598, S. 6–7, 28, 71.

52 Über das Weiterbestehen des Reichsbegriffs im südöstlichen Gallien von den Römern bis zu den deutschen Kaisern auf dem Weg über die Merowinger, siehe das Referat von M. Werner auf der von M. Duverger organisierten Tagung *Empires* (Reihe), Univ. de Paris I, 1977.

53 Über das Römertum und die Grundbuchtradition der Dauphiné sind die Textstellen unserer Anwälte buchstäblich unzählbar und außerdem auch noch unterstützt durch Zitate aus Etienne Pasquier (s. A. Lacroix, *Procès des tailles*, und Ch. Laurens, ebd.). Textstellen in Rambaud, S. 29, 51–52; Vincent, 1598, S. 8–9 und 1600, S. 11; F. de Guérin, S. 4; Delagrange, S. 67, 70, 76–78, 119, 138–141, 146, 170, 191–192; und 1599, S. 255; 1599–2, S. 2–3, 106–107, 112–114; über die Probleme des spezifisch Okzitanischen der Dauphiné: Delagrange, S. 139; über den Freihofbesitz ebd. S. 79, 150; Vincent, 1600, S. 107–109; über die Probleme der nar-

bonnaisischen Provinz, des Languedoc, der Provence und der Grundbücher, s. Rambaud, 1599, S. 31 und 70–73; Vincent, 1598, S. 25; und 1600 S. 86, 135–136, 203, 210; F. de Guérin, S. 8–11; Delagrange, S. XLI und 1599–2, S. 19.

54 Über die Kontinuität der Aktion des dritten Standes der Dauphiné von 1579 bis Ende des 16. Jahrhunderts, s. Rambaud, S. 64.

55 Marchier, S. 366; s. auch noch Delagrange (S. 146; 1599, S. 228; 1599–2, S. 23, 90). Die Revolten waren einer der Hauptvorwürfe der Adelsanwälte dem dritten Stand gegenüber (C. Expilly, S. 361–381; J. Dufos, S. 24).

56 Der Text der Abkommen von 1583 findet sich in ADD, E II, 535 (ACR, CC 492). Siehe auch zu diesem Konflikt, bekannt unter dem Namen „Montbonod", Delagrange, S. 73, 152; 1599, S. 288 und 1599–2, S. 75, 94, 242; C. Expilly und J. Vincent, 1600, S. 222; Rambaud, S. 33.

57 Ich danke Herrn E. Barnavi, dessen Ausführungen bei privaten Unterhaltungen mich sehr viel über sein unveröffentlichtes „Modell" gelehrt haben.

58 J. Michelet, *Hist. de France* (Hrsg. J. Rouff) III, S. 153, 154.

59 Man betrachte etwa die widersprüchliche Haltung des Abgeordneten von Saint-Antoine, Lambert: Zuerst sieht es so aus, als wolle er den *Bund* verlassen; er bleibt aber dabei und verbündet sich im August 1580 mit Lesdiguières (J. Roman in BSSI, 1890, S. 399 und 423; Piémond, S. 95).

60 Brief Lyonnes an Hautefort in BSSI, 1890, S. 305 (3. März 1579).

61 Über Gamot vgl. A. Lacroix, *Procès des tailles*, S. 23; E. Piémond, S. 366, Anm. 1; Delagrange, 1599–2, S. 25; J. Dufos, 1601, S. 24; (und oben, 2. Kapitel); van Doren, *Habil.-Schrift*, S. 317; Prudhomme, 1888, S. 399; Katharina von Medici, *Briefe*, VII, S. 71–73; P. 82–83; Cavard, S. 221 usw.

62 Sie werden im 17. Jahrhundert wieder aufleben: Hémardinquer, 1977, S. 88; und selbstverständlich im 18. und 1789.

Bibliographie

Die nachstehende Liste ist keine vollständige Bibliographie der allgemeinen Karnevalsprobleme. Zu diesem Thema siehe Baroja, Toschi u. a.

Agulhon, M.: *Pénitents ... de Provence.* Paris 1968. (Siehe auch seinen Beitrag in G. Duby, *Hist. de la France rur.*, Bd. 3, S. 145–147 und in *Autrement,* unten.)

Le jeu de l'arquebuse à Aix ... Sonderdruck 1977 und *Imagerie civique ...*, Ethnologie francaise 1975, 5 (S. 39: le coq).

Albernhe, H. und Philippe Gardy: *Caramentrant dans la littérature occitane.* Doktoarbeit an der Universität Montpellier 1970. (Siehe auch von den gleichen Autoren: *Les Chansons du Carrateyron,* Paris 1972 und *Carnaval en littérature occitane,* Revue des langues romanes, 1971.)

Alibert, Louis: *Dict. occitan-français.* Paris 1966.

Allard, Guy: *Bibliothèque du Dauphiné.* Grenoble 1797; *Dict. du Dauphiné,* ebd. 1864.

Amargier, A.: *Sur la confrérie du Saint-Esprit au Moyen Age.* Cahiers de Fanjeaux, Bd. II, 1976, S. 305.

Annales de la ville de Romans: s. Ulysse Chevalier.

Archives hist. du dép. de la Saintonge. Bd. 46, S. 35. (Text über eine Adelsrevolte im Karneval.)

Ardant, G.: *Histoire de l'impôt.* Paris 1971.

Arnaud, Camille: *Abbaye de la jeunesse.* Marseille 1858.

Arnaud, Eugène: *Histoire des protestants du Dauphiné.* Paris 1875–76, 3. Bde.

Aron, J.-P., P. Dumont und E. Le Roy Ladurie: *Anthropologie du conscrit français.* Paris 1972.

Artus, Th., sieur d'Embry: *Description de l'île des hermaphrodites.* Köln 1724.

Augé, Marc: *Quand les signes s'inversent.* Communications, 28, 1978, S. 66.

– *Les Pouvoirs.* Paris 1977.

Autrement (7/1976). Sondernummer: La Fête, cette hantise.

Baby, F.: *La Guerre des demoiselles en Arriège.* Carcassonne 1972.

Bague (Spiel mit Ringen), cartels, tournois usw. Vgl. BN (Nationalbibliothek) Lb 36149 (Perrault, carrousel de 1662); Lb 36 3460; Ye 13 861; Lb 36 1377 (Louis XIII, 1620) BN, Fontanieu, 120 (Savoie 1608). Vgl.

auch unten Piémond, S. 135; Colas, S. 67; Vovelle, S. 79; *La princesse de Clèves* (à propos Madame de Valentinois); Bercé, *Hist. Croq.* I, S. 214; Duby, *Cathédrales*, S. 246.
Bague: Über die Ringelspiele s. G. Saffroy.
Baguenot de Puchesse, siehe *Katharina von Medici* (Briefe) ...
Bakhtine, M.: *L'Oeuvre de François Rabelais* ... Übersetzt Paris 1970.
Barthès, Roland: *S/Z.* Paris 1970.
Bautier, Ph.: *Les Reynages.* Guéret 1945 (wichtig).
Belmont, Nicole: *Mythes et croyances dans l'ancienne France.* Paris 1973.
Benedict, Philippe: *Thèse sur les protestants de Rouen au XVIe siècle.* Princeton Universität um 1975 (unveröffentlicht).
Bercé, Yves: *Histoire des Croquants.* Genf 1974.
– *Croquants et Nu-pieds.* Paris 1974.
Bercé, Y. M.: *Fête et révolte.* Paris 1976.
Berchtold, A. und andere Autoren: Quel Tel? Lausanne 1973.
Bernard, Claude: *Histoire du Buis-les-Baronnies.* Buis 1954.
Bezucha, R.: *Masks.* In Roger Price: *Revolution and reaction.* Croom Helm, London; Barnes and Noble Books, New York 1848.
Biraben, J. N.: *Les hommes et la peste.* Paris 1976, 2. Bd. S. 119 (große Pestzeiten in den Jahren 1564 und 1586 in Frankreich und ... Romans.)
Blanc, André: *La vie en Valentinois (1500–1590).* Paris 1977.
Bligny, Bernard (Hrsg.): *Histoire du Dauphiné.* Toulouse 1973, (besonders die Kapitel von V. Chomel und B. Bonnin).
Bodin, J,: *La République,* lat. Ausg. 1586.
Boiteux, Martine: Artikel über den römischen Karneval in *Annales,* März 1977, und *Mélanges Ecole Française de Rome,* 88 1976–2.
Boni, M.: *Carnaval de Nice.* Nizza 1876 (Karnevalstradition mit Tierdarstellungen).
Bonnin, B.: Artikel über „l'endettement des communautés dauphinoises au XVII siécle *Bulletin centre rech. hist. econ. et soc. rég. Lyon,* 1972.
Bonnin, B.: Habil. Schrift (in Vorbereitung) über die Geschichte der Dauphiné in der Neuzeit (eine Neubearbeitung dieses Fragenkomplexes). S. auch Bligny.
Boudignon, Michèle u.a.: *Fêtes en France.* Paris 1977 (mit Vorwort von G. Duby).
Bougeatre, E.: *Vie rurale dans le Mantois* ... Meulan 1971 (veröffentlicht von M. Lachiver; wertvolle Hinweise auf Volksbräuche).
Bouges, R. P.: *Histoire de Carcassonne.* Paris 1741 (besonders S. 363).
Boussel, P.: *Guide de la Bourgogne* ... Paris 1976, S. 333 (die wahnsinnige Mutter von Dijon, das rituell Romans nahesteht).
Boutier, Jean: *Révoltes bas-limousines,* Ende 18. Jahrhundert. D. E. S.

Univ. Paris VII (unveröffentlicht).
Braudel, F.: *La Méditerranée et le monde méditérranéen à l'époque de Philippe II.* Paris, Aufl. 1966, 2 Bde.
Braudel, F. und E. Labrousse: *Histoire économique et sociale de la France* (= „H.E.S.F."). Paris 1977, Bd. I (die beiden ersten Bände von P. Chaunu, R. Gascon, E. Leroy Ladurie und M. Morineau).
Brenner, Robert: *Agrarian class structure* . . . Past and Present, Febr. 1976.
Brieu, J. C.: *Assassinat du sieur de Callas, 1579.* Bull. soc. études scientif. et archéol. de Draguignan, VII, 1868–69, S. 101–134.
Brink, J. E.: *A Tax Loophole.* Montpellier. 16. Jahrhundert *Meeting of West. soc. for french hist.* Denver, Dez. 1975 (s. auch vom gleichen Autor einen Artikel in Annales du Midi, Juli 1976, S. 287).
Brosse, Claude: *Cahiers des villages.* Grenoble 1606, 1608 und Aufl. 1611, 1616, 1621 (BN).
Brun-Durand, J.: *Dictionnaire topograhique de la Drôme.* Paris, 1891.
Brun-Durand, J.: *Dictionnaire biologique de la Drôme.* Grenoble 1900, 2 Bde (s. Artikel Guérin, Serve usw.). BSSI 1890, s. J. Roman 1890.
Burel, Jean: *Mémoires.* Le Puy 1875.
Burke, Peter: *Festivals and protest, Italy, 1647.* Social history society newsletter, Frühjahr 1977, S. 2.
Cabourdin, Guy: *Terres et hommes en Lorraine, 1550–1630.* Univ. Lille III, 1975.
Ça cinéma, Nr. 10–11, 1976, Artikel über den Karneval von Romans von Ph. Blon, J. Farges und Le Roy Ladurie.
Caisson, Max: *L'hospitalité corse* . . . Etudes corses, 1974–2.
Calderon de la Barca, P.: *L'Alcalde de Zalaméa* (1645). Drama der Bauernrevolte gegen die Soldateska.
Carnaval en Suède: s. Nordisk Kultur, Nr. 22, 1938; und P. Niilsson, *Årets folkliga fester* (1936) (nach Börje Hanssen, dem ich danke) und *Kulturhist. lex. för nord. medeltid,* Bd. IV. Malmö 1959.
Art. *Carnevale de l'Encicl. del. Spettacolo.* Rom 1956, Bd. III.
Caro Baroja, Julio: *El Carnaval.* Madrid 1965.
Carozzi, Cl.: *Adalberon de Leon.* Annales, Juli 1978.
Casanova, Antoine: *Sur le Carnaval corse.* In Hommages à Georges Fournier, Annales de Littérature à l'Université de Besançon, Paris 1974.
Cavard, P.: *La Réforme et les guerres de Religion à Vienne.* Vienne 1950.
Chafarevitch, I.: *Le Phénomène socialiste.* Paris 1977.
Chareton, V.: *Reforme et guerres civiles en Vivarais.* Paris 1913.
Charivari, (Konferenz zu diesem Thema im) Musée des Arts et Traditions populaires, [MATP], 1977.

Chartier, R.: *Noblesse française et états de 1614: réaction aristocratique?* Acta Poloniae historica, 36, 1977.
Chartier, R. und D. Julia: *Le monde à l'envers.* L'Arc, Nr. 65, 1965.
Chartier, R. und J. Nagle: *Les cahiers de doléances de 1614.* Annales, Nov. 1973.
Chaucheyras, Jacques: *Théatre religieux en Savoie, et en Dauphiné.* Genf 1971 und 1975.
Chaunu, P.: *L'espagne de Charles Quint.* Paris 1973.
Chaunu, P.: *La Mort à Paris.* Paris 1978, S. 203.
Chevalier, Ulysse: *Cordeliers de Romans.* BSASD, 1867–68 (vom selben Autor: „Le pont de Romans" ebd. 1867).
- *Les Statuts de Saint-Barnard de Romans.* BSASD 1880.
- *Généalogies romanaises: Velheu.* BSASD 1882.
- *Annales de Romans pendant les guerres de Religion.* BSASD 1875–1876.
- *Les A bayes laiques de Romans.* BSASD 1882, S. 27.
- *Hôpitaux de Romans.* Valence 1865 (und BSASD 1866, S. 114).
- *Un Tournoi à Romans en 1484.* Romans 1888 (Besuch eines „Sultans" in der Dauphiné).
- *Mystère des Trois Doms, du Chanoine Pra, en 1509 à Romans.* Lyon 1887.

Cholvy, G.: *Sentiment religieux populaire.* 99e congr. soc. sav., Besançon 1974, S. 293.
Chomel, V.: *Le Dauphiné sous l'Ancien Régime; publicatione historiques 1935–1962.* Cahiers d'histoire, 1963, S. 303 (wichtig).
Chomsky, N.: *Per ragione di stato* sowie *Dialogues avec M. Ronet* und *Reflexions sur le langage.* Turin 1977 und Paris 1977 (interessante Spekulationen über den genetischen Charakter der Freiheits- und Gleichheitsgefühle).
Chorier, N.: *Histoire générale du Dauphiné.* Lyon 1672, S. 697 (interessant für die Rolle Jean Guigous, der im April 1579 noch zu den Aufständischen gehört, im Februar 1580 aber Antipaumiérist ist).
Chovet, P. und M.: *La Ligue des Vilains de Romans.* Le Peuple français Nr. 26, April–Juni 1977 (s. auch die Nr. 6 des „Peuple français").
Clastres, Pierre: *La guerre dans les sociétés primitives.* Libre, 1971–1.
Clémencet, S.: *Guides des recherches dans les fonds judiciaires de l'Ancien Régime.* Paris 1958.
Clermont, Pater Archange de: *Mémoires.* Hrsg. von J. Chevalier, Romans 1887.
Cobb, P.: *Police and the people.* Oxford, Ausg. 1972.
Cocchiara, Giuseppe: *Paese di Cocagna.* Turin 1955 und 1969.

Colas de la Noue, E.: ... *Jacques Colas.* Paris 1892 (wichtige Anhänge).
Coloni, J. M.: de Romans, *Prévoyances ... jusqu'à 1582.* Avignon 1575.
Constant, J. M.: (unveröffentlichter) Aufsatz über die Beschwerdehefte der Beauce im Jahre 1576 (Haß der Bauern mehr gegen den Adel als die Grundherren als solche).
Coston, Baron de: *Histoire de Montélimar.* Montélimar 1883.
Cox, Harvey: *The feast of fools.* Cambridge 1969.
Coynart, Ch. de: *Les Guérin de Tencin.* Paris 1910.
Cros, Claude: *Demographie historique de Saint-Priest.* Bull. soc. d'ethnog. du Limousin, Januar–Juni 1976, S. 41.
Cros, Edmond: *L'aristocrate et le carnaval des gueux.* Centre d'études sociocritiques, Universität Paul Valéry Montpellier 1975.
Cultures (Presses de l'UNESCO, Paris) Bd. III, 1976, Nr. 1: Les grandes traditions de la fête (besonders die Artikel von J. Duvignaud und von P. Weidkuhn [Basler Fastnacht]) nr. 2/Fêtes et cultures.
Cuvillier, A.: *Manuel de sociologie.* Paris 1967.
Dahl, Robert: *Who governs?.* New Haven 1969.
Dalet, G.: *Guerre des paysans de Valloire.* Bull. mens. acad. delph., Nov. 1972.
d'Arles, Césaire: *Opera Omnia.* Aufl. 1937, Bd. 1, S. 743 (Wintermaskenfeste im ersten Jahrtausend unserer Zeitrechnung).
Le Dauphiné en 1698. (Untersuchung Bouchu) veröffentlicht in BSASD 1873.
Dauzat, A.: *Village et paysan de France.* Paris 1941.
Davis, Natalie Z.: *Society and culture in early modern France.* Stanford 1975.
– unveröffentlichte Doktorarbeit über die Protestanten von Lyon im XVI. Jahrhundert, Mikrofilm der Universität Michigan (enthält eine umfangreiche Bibliographie über die Volksbräuche des Mittelostens Frankreichs).
Defournet, P.: Doktorarbeit über Bassy (Savoyen), EHESS, 1970 (besonders Bd. 1, S. 47).
Delachenal, R.: *Histoire de Crémieu.* Grenoble 1889 (S. 481, Anhang 12: Text des Beschwerdeheftes von Crémieu im Jahre 1579; interessant).
Delagrange, Claude: (Anwalt des dritten Standes des Dauphiné): *Juste plainte ...* Lyon 1597; *Réponses ...* Paris 1599; *Deffense ... et réponse à la réplique.* Paris 1601 (s. diesen Namen unter Lagrange [Cl. de] im Katalog der B.N.).
Delumeau, J.: *Morts des pays de Cocagne.* Veröffentlichung Sorbonne, Band 12, besonders das 1. Kapitel (Paris 1976).
Desroche, H.: *La société festive.* Paris 1975.

Détienne, M.: *Les jardins d'Adonis.* Paris 1972.

Devaux, André: *Essai sur la langue vulgaire du Dauphiné*... Lyon 1892, S. 440–441 (und Slatkine reprints, Genf 1968).

Devic, C. und J. Vaissette: *Histoire générale du Languedoc.* Toulouse 1872–92, Bd. XI–1 (Ereignisse in der Dauphiné, dem Vivarais und dem Gévaudan in den Jahren 1579–80).

Dictionnaire de Spiritualité, von M. Viller u. a. (Beauchesne, Paris 1953, Band II, Art. Carême).

Dobson, R. A.: *The peasants' revolt of 1381.* London 1970.

Dochier, J. B.: *La taille en Dauphiné.* Grenoble 1783, S. 5., 51 usw.

Dochier, J. B.: *Origine de Romans.* Valance 1813; *Recherches sur l'impôt... en Dauphiné.* Valence 1817.

Douglas, Mary: *Implicit meanings.* Boston 1976.

Dreyfus, Paul: *Histoire du Dauphiné.* Paris 1976.

Drouot, Henri: *Mayenne et la Bourgogne.* Paris 1937.

Duby, G.: *Le temps des cathédrales.* Paris 1976 (s. auch seine *Histoire de la France rurale,* Paris 1977, Bd. 2, S. 542 und Bd. 4, S. 332; und sein Vorwort zu M. Boudignon, oben).

Dufos, Julien: *Défense de la noblesse*... Paris 1601; *Secondes Ecritures*... Grenoble 1602.

Dufour, A.: *Nobles dauphinois pendant la Ligue.* Cahiers d'histoire 1959, S. 227.

Dujet, A.: *Antoine Rambaud.* BSASD 1922–23, S. 197.

Dumézil, G.: *Le problème des Centaures.* Paris 1929.

Duparc, P.: *Annecy jusqu'au XVIe siècle.* Annecy 1973 (interessant zum Vergleich).

Duparc, P.: *Confréries du Saint-Esprit.* Rev. hist. de droit français et étranger 1958 (zwei Artikel, wichtig).

Dussert, A.: *Les etats du Dauphiné de la guerre de Cent Ans aux guerres de Religion.* Bulletin de l'Académie delphinale (6. Reihe, Band 13, Heft 2, 1922 erschienen 1923).

Dussert, A.: *La Mure.* Paris-Grenoble 1902.

Duvignaud, J.: *Fêtes et civilisations.* Genf 1973 (vgl. auch *Le Don de rien,* Paris 1977, S. 134–137).

Duvignaud, J.: siehe *Cultures.*

Ehmke, E. G.: *Order and disorder in 17th century France.* Frankreichkonferenz, Chicago, Newbury library, 10. Okt. 1976.

Ehrard, J. und P. Viallaneix (Hrsg.): *Fêtes de la Révolution.* Paris, soc. des et. robesp., 1977.

Eliade, M.: *Traîté d'histoire des religions.* Paris 1975, 8. Kap. Entrée royale de François Ier à Romans (1553), BSASD 1873, S. 79.

Erich, Oswald A. und R. Beitl: *Wörterbuch der deutschen Volkskunde.* Stuttgart 1955 (Art. Fastnacht).
Esmonin, M.: *Sur la Taille réelle.* Bull. mens. soc. hist. mod. Januar 1913, S. 176 f.
Estèbe, Janine: *Protestants du Midi (1559–1598).* Unveröffentlichte Habil. Schrift (Universität Toulouse-Le Mirail, 1977).
de l'Estoile, Pierre: *Mémoires.* Paris, Aufl. 1875–96.
Expilly, Claude: Sein *Plaidoyer* (für den Adel).. und *Plaidoyers,* Gesamtausgabe. Paris, Aufl. 1612, 1619 usw.
Fabre, Daniel: *Jean de l'ours.* Travaux du lab. d-ethnog. et de civ. occit. Inst. d'étud. mérid. Faculté Lettres Toulouse, Verlag Revue „Folklore", Carcassonne, Sommer 1969–2 (wichtig).
Fabre, D. und J. Lacroix: *Vie quotidienne des paysans du Languedoc au XIXe siècle.* Paris 1973.
Fabre, Daniel: *La Fête en Languedoc.* Toulouse 1977 (s. auch seine Filme und diejenigen von Lajoux über den Karneval in Nord- und Südfrankreich).
Faure, Alain: *Paris carême-prenant.* Paris 1978 (ausgezeichnet).
Faure, Claude: *Recherches sur l'histoire du collège de Vienne.* Paris 1933.
Favret-Saada, J.: *Les mots, la mort, les sorts: sorcellerie en Bocage.* Paris 1977.
Fayolle, G.: *Vie quotidienne en Périgord.* Paris 1977, S. 224 (doppelter „Mai" von links nach rechts).
Féjoz, J.: *Fêtes locales ... en Savoie.* Monde alp. et rhod. 1976–1.
Fêtes de la Renaissance, Ausgabe des C.N.R.S., Paris 1956, 1975, 3 Bände.
Filippini, Maria N.: *Cuisine corse.* Vico 1965 (besonders der wichtige Abschnitt über die Wahlen).
Firth, R.: *Symbols.* Ithaca 1973.
Foisil, Madeleine: *Harangue ... d'Antoine Ségnier.* Annales de Normandie, März 1976.
Fontana, Aless.: *La scena* in *Storia d'Italia.* Turin 1972, I, S. 866.
Foucault, M.: *Histoire de la Sexualité.* I. *La volonté de savoir.* Paris 1976 (s. auch sein *Moi, Pierre Rivière ...,* S. 42: le jeu du coq).
Franz, Günter: *Der deutsche Bauernkrieg.* Darmstadt 1952.
Frazer, J. G.: *The golden bough.* London, Aufl. 1916 (besonders im Register des letzten Bandes das Wort „Carnival" mit Hinweisen auf über 11 Bände des Werkes verstreute Stellen).
Furet, F. und J. Ozouf: *Lire et écrire.* Paris 1977.
Gaignebet, C.: *Le Carnaval.* Paris 1974 (stimulierend). S. auch seinen Artikel in Annales (März 1972) über *Carnaval et Carême.*
de Gallier, Anatole: *La Baronnie de Clérieu.* BSASD 1869–70 (s. auch sein

imprimerie à Tournon. BSASD 1877, über die lokalen Anfänge einer „Presse" in den 1580er Jahren).
Gamon, Achille: *Mémoires.* In *Nouv. Coll. des Mém. pour serv. Hist. France* von Michaud und Poujoulat, Paris 1838, Bd. VIII. S. auch die in Valence, 1888 erschienene Ausgabe.
Gardy, Ph.: *Carnaval d'oc.* Europe, Paroles occitanes, 1976–77; s. auch Albernhe.
Gascon, R.: *Grand commerce et vie urbaine à Lyon au XVIe siècle.* Paris 1971.
Gauvard, Cl. und A. Gokal: *Charivari au Moyen Âge.* Annales Mai 1974.
Gay, Gaspard: *Mémoires des frères Gay* . . . Herausgegeben von Jules Chevalier, Montbéliard 1888.
Geertz, C.: *Myth, Symbol and Culture.* New York 1975 (besonders das Kapitel „cockfight").
Geiger, Paul: *Deutsches Volkstum in Sitte und Brauch.* Berlin 1936 (Masken).
Giesey, Ralph E.: *Royal funeral ceremony in Renaissance France.* Genf 1960.
Giraud, P. E.: *Procédure contre les chenilles à Romans 1547.* BSASD 1866.
Glotz, Samuel (Hrsg.): *Le Masque dans la tradition européénne.* Belgisches Ministerium für Kultur, Binche 1975.
Gluckman, Max: S. seine Schriften über Afrika, die für das Problem der rituellen Verkehrung interessant sind; besonders *Order and Rebellion in Africa.* Glencoe, III, 1963.
Gomme, G. L.: *The gentleman's magazine library. English Traditions and foreign customs.* London 1885 (besonders S. 65: St. Blasius; und vor allem S. 244: florentinischer Karneval, sehr vergleichbar mit den Riten in Romans).
Greimas, A.: *Sémantique structurale* und *Sémiotique et sciences sociales.* Paris 1966 und 1976.
Grinberg, Martine: *Carnaval et société urbaine, XIVe–XVIe siècles.* Ethnologie française, IV 3 (s. auch die unveröffentlichte Doktorarbeit der Autorin über „la fête en France à la fin du Moyen Âge [EHESS]. Ich verweise auf den Inhalt und die grundlegende Bibliographie dieses Werks).
Guenée, B. u. a.: *Entrées royales . . . 1328–1515.* Paris CNRS, 1968
Guenée, B.: *L'Occident aux XIVe et XVe siècles, les Etats.* Paris 1971 (wichtig zum Vergleich, um sich ein Bild von den Repräsentativversammlungen der Dauphiné zu machen).
de Guérin, François: *Très humbles remontrances* . . . Paris 1634 (enthält auch die Ratserlasse über die Kopfsteuer).
Guichonnet, P. (Hrsg.): *Histoire de Genève.* Toulouse 1974 (besonders

S. 168 für einen demographischen Vergleich mit Romans).
Gurevitch, A. Y.: *On the nature of the comic. Medaeval Scandinavia*, 9–1976
Gutton, J. P.: *Reynages* . . . Cahiers d'histoire, XX, 1975.
Heers, J.: *Fêtes . . . à la fin du Moyen Âge*. Montréal/Paris 1971.
Hémardinquer, J. J.: *Guerre aux chateaux (Bretagne 1675)*. Com. trav. hist. et scientif., Actes 97e congr. soc. sav. Nantes 1972, sect. hist. mod. et cont., Bd II, Nationalbibliothek Paris 1977 (über den gegen die Grundherrschaft gerichteten Inhalt einer Revolte).
Heraldik, Waffenherold, s. Saffroy.
H.E.S.F. s. Braudel und Labrousse.
Hickey, Daniel (Prof. an der Universität Moncton, New Brunswick, Kanada): *Warfare, stagnation and mobility in Valentinois-Diois*. Unveröffentlichte Phd-Arbeit.
– Artikel über *The routes of Renaissance Dauphiné*. Canadian journal of history, Bd. VI–2, Sept. 1971. S. auch den Vortrag D. Hickeys beim Kongress 1976 der Historischen Gesellschaft Kanadas, *Procès des tailles . . . en Dauphiné au XVIe siècle*.
Humbert, Jacques: *Embrun*. Gap 1972
Khaldoun, Ibn: *Discours sur l'histoire universelle*. Frz. Übers. Monteil, Bd. II, Beyrut 1867.
Jacquot, J.: Siehe *Fêtes de la Renaissance*.
Joisten, C.: *Contes populaires du Dauphiné*. Paris 1971.
Jouana, Arlette: *L'Ordre social dans la France du XVIe siècle*. Paris 1977.
Jouhaud, C.: Unveröffentlichte Arbeit über die Fronde und den frondistischen Karneval in Bordeaux (Seminar D. Richets, Diplom der *Ecole des Hautes Etudes Sociales Supérieures* (EHESS).
Joutard, Ph., J. Estèbe u. a.: *La Saint-Barthélemy*. Neuchâtel 1976.
Konigson, E.: *L'espace theatral médiéval*. CNRS (= Centre national de recherches scientifiques), Paris 1975 (s. S. 131: Monographie über das Mysterienspiel von den drei Mönchen in Romans 1509).
Kristeva, Julia: *Le texte du roman*. Paris/Den Haag 1970 (über einen Karnevalstext des Mittelalters).
Kurtz, Leonard: *The dance of death*. 1934 (Genf, Slatkine reprint 1975).
Lachiver, M., s. Bougeatre.
Lacroix, A.: *Canton du Grand-Serre: la Valloire*. BSASD 1868.
– *Romans avant 1890*. Valence 1897.
– *Claude Brosse et les tailles*. BSASD 1897–99, Bd. 31–33 (grundlegend).
– *Les de fructu* . . . BSASD 1880
– *L'Arrondissement de Montélimar*. Valence 1868–1893.
– *Reynages et vogues*. BSASD 1880, S. 421.

Lagrée, M.: *Structure pérenne en Bretagne.* Revue d'histoire médiévale et contemporaine, Juli 1976, S. 394.

Lamarche, L.: *Reynages.* BSASD, Bd. 74, 1958, S. 104.

Laslett, P. u. a.: *Household and family in past time.* Cambridge 1972.

Latreille, A. (Hrsg.): *Histoire de Lyon.* Toulouse 1975.

Laube, A., Max Steinmetz u. a.: *Gesch. der deutsch. frühbürg. Revol.* Berlin 1974. (Diskutable Konzepte, aber interessante, allgemeinverständliche Darstellung).

Laurens, Ch.: *Le procès des tailles.* Grenoble 1867.

Leach, Ed.: *Critique de l'anthropologie.* (Übers. von Rethinking anthropology), Paris, 1968.

Leach, Maria u. a.: *Standard dict. of folklore.* New York, 1972, Artikel Carnival, Fastnacht, Sworddance etc.

le Baron, Christian: *Formes ... de Carnaval en Provence.* D.E.S., Paris VIII-Vincennes (unveröffentlicht).

Lebigre, Arlette: *Les grands jours d'Auvergne.* Paris, 1976 (besonders S. 102 über die grundherrliche Unterdrückung).

Lebrun, François: *Le Traité ... de J. B. Thiers.* Annales de Bretagne, 83, 1976–3.

Le Camus (Monseigneur): Text des 17. Jahrh. über den Gebrauch von Brandfackeln im Karneval der Dauphinée. Monde alp. et rhod., 1–4, 1977, p. 64.

Lecoq, A. M.: *Citta festeggiante.* Revue de l'Art, 1976.

Lefort, Cl.: *Les formes de l'histoire.* Paris, 1978, p. 235 (über die frühen Gleichheitsideologen in Florenz um 1400: L. Bruni et C. Salutati).

le Goff, J. und P. Nora, u. a.: *Faire de l'histoire.* Paris, 1974. S. auch J. le Goff in *Pour un autre Moyen Age,* Paris, 1977, *Le rituel symbolique* (S. 335 f).

Léon, Pierre: *Naissance de la grande industrie en Dauphiné.* Paris 1954 (S. 51, 67 usw.).

le Roy Ladurie, E.: *Les Paysans de Languedoc.* Paris, 1966.

de Lesdiguières, Connétable: *Actes et correspondance,* hrsg. von Graf Douglas und J. Roman. Grenoble, 1878, 3 Bde.

Lévi-Strauss, C.: *Le Totémisme aujourd'hui.* Paris, 1962.

– Introduction à M. Mauss, *Sociologie et anthropologie.* Paris, 1966.

de Lille, Gérard: *Vourey (XVIe–XVIIe siècles).* D.E.S.hist. Univ. Grenoble 1968 (über die Fortschritte des Adelsbesitzes auf dem Lande).

Loirette, F.: *Mazarinade ... et Carnaval de Bordeaux (1651).* Bull. et Mém. Soc. archéol. Bordeaux, Bd. 66. 1972, S. 83.

Long, Georges: *The folklore calendar.* London, 1930.

Long, J. D.: *La Réforme et les guerres de Religion en Dauphiné (1560–1598).* Paris, 1856 und Genf (Slatkine reprints), 1970.

Lorcin, M. T.: *Les campagnes lyonnaises (XIVe–XVe siècles)*. Lyon, 1974.
Luce, Siméon: *La Jacquerie*. Paris, 1859.
Machiocchi, A.: *Pour Gramsci*. Paris, 1974 (enthält am Schluß interessante Texte von Gramsci).
Mac Kim Marriott: *Feast of Love*. In Milton Singer, *Krishna Myths*, Honolulu, 1966.
Macleod Banks, M.: *British calendar customs, Scotland*. 2 Bde. London 1939.
Mandrou, R.: Karthographie der nach 1592 nach Genf geflohenen Protestanten. Revue suisse d'histoire, 1966 (Ausmaß der romanaisischen Auswanderung).
Mannhardt, W.: *Wald- und Feld-Kulte*. Berlin, 1875 (grundlegend; zu oft mit Frazerschen Augen gelesen).
de Manteyer, G.: *La terre de Jarjayes* ... Gap, 1946.
Marmier, Anwalt des dritten Standes, s. den Text seines Plaidoyers am Schluß von Piémond, unten.
Marrot, Jacques: *Fête à Carcassonne*. (Diplom EHESS, 1976, unveröffentlicht).
da Matta, Roberto: *Carnaval* in seinen *Ensaios de Antropologia estructural*. Petropolis 1973.
Mauss, M.: *Essai sur le don*. Paris, Aufl. 1968.
de Medicis, Catherine: *Briefe*. Herausg. von Baguenault de Puchesse, Band 7, Paris 1899.
Mentzer, R.: Artikel (engl.) über die sozio-professionelle Basis des südeuropäischen Protestantismus im 16. Jahrh., Bibl. d'humanisme et Renaissance, Bd. 29, 1977 (Genf).
Mermet, Thomas, sen.: *Histoire de Vienne*. 1853.
Merriman, John: Art. über den „guerre des demoiselles" in Amer. hist. Rev., 1975.
Michelet, J.: *Hist. de France*. Bd. III (Buch 4, Kap. 5 bis 18), besonders S. 153–154, Verl. Jules Rouff, Paris (XIXe siècle) ohne Jahr.
Molinier, Alain: Unveröffentlichte Doktorarbeit über *Le Vivarais sous l'Ancien Régime*. Paris, EHESS, 1977.
Mollat, R. und Ph. Wolff: *Ongles bleus, Jacques et Ciompi*. Paris, 1970.
Monier, Abbé Eugène: *Etudes monographiques sur le Charlier*. Valence, 1907.
Mousnier, R.: *Fureurs paysannes*. Paris, 1967 (s. auch seinen Beitrag zur Histoire de France, im Larousse, Paris, 1954.
– *Précurseurs du contrat social*. (EDHIS, 23 rue de Valois, Paris, 1978: Bemerkungen über die antityrannischen Schriften des 16. Jahrh.
Muchembled, R.: *Culture populaire et culture des élites dans la France*

moderne (XVe–XVIIIe siècles). Paris, 1978 (Übereinstimmung zwischen dem Karneval der Renaissance in der Dauphiné und dem Norden Frankreichs).

Nicolas, Jean: *La Savoie au XVIIIe siècle.* Paris, 1978 (s. auch ders. „Éphémérides du refus", Ann. hist. Rev. fr., 1973, S. 593, und 1974, S. 111.

Nora, P., siehe J. le Goff.

Notices et livre de raison du couvent des Cordeliers de Montélimar. (Auszüge), BSASD, 1870, S. 375–455.

Nugues, Ch.: *Le festival* . . . (gute Bibliogr.). Siehe Autrement.

de Nussac, L.: *Quelques reynages en Limousin.* Bull. soc. scientif. hist. archéol. de Corréze, 13, 1891, S. 463.

Ossovski, S.: *La Structure de classe.* Paris (Übers.), 1971.

Ozouf, Mona: *La Fête révolutionnaire.* Paris, 1976 (siehe auch ihren Beitrag in Autrement (oben); und in le Goff et Nora, III, S. 266 u. passim).

Pansier, P.: *Théâtre populaire d'Avignon.* Marseille, Aufl. 1973 (S. 5: äußerst wichtige Daten über den möglichen Ursprung der Königreiche schon 1373 beim Fest der Erscheinung).

Peacock, J. L.: *Rites of modernization.* Chicago, 1968.

Péju, Marcel: *Fidélités à Paris, seconde Ligue, 1588–1594.* D.E.S. hist., Univ. Paris-IV, 1975 (unveröffentlicht).

Perez, Joseph: *La révolte des Communidades* . . . Bordeaux, 1970.

Perier, Augustin: *Recueil de documents relatifs à l'histoire du Dauphiné.* Grenoble, 1881, I, S. 1–5.

Perier: *L'élection de Romans vers 1701.* D.E.S., Univ. de Grenoble (ADI, 2 J 73).

Perrochet, Martine: *Romans au XVe siècle.* Unveröffentlichte Arbeit. Schriften der Ecole des Chartes (1974).

Piémond, E.: *Mémoires.* (Ausg. Brun-Durand, 1885), neu verlegt in Genf, 1973 (Slatkine reprints).

Pillorget, René: *Mouvements insurrectionnels en Provence.* Paris, 1975 (grundlegend).

Pilot de Thorey, J.: *Usages, fêtes . . . en Dauphiné.* Grenoble, 1882.

Les Plaisirs de l'Ile enchantée. 1664 (Hinweis in G. Saffroy.).

Félix et Thomas Platter à Montpellier. Montpellier, 1892.

Poitrineau, A.: Siehe seinen Artikel in *Autrement* (Verweis s. oben).

Ponsoye, Ch.: *Quelques pages de notre passé.* Valence, 1941, S. 133–150.

de Pontbriand, A.: *Le Capitaine Merle.* Paris, 1886.

Porchnev, B.: *Soulèvements populaires en France.* Paris, 1963.

Poueigh, J.: *Le Folklore des pays d'oc.* Paris, 1952.

Prudhomme, A.: *Commencement de l'année en Dauphiné.* Bull. hist. et philol. du Com. des trav. hist. et scientif., 1898, S. 260.

– *Histoire de Grenoble.* 1888 (Neuauflage), Marseille, 1975.
Radcliffe-Brown, A. R.: *Sociological theory of totemism.* In *Structure and function in primitive society.* New York, 1965.
Rambaud, Ant., Anwalt des dritten Standes der Dauphiné: *Plaidoyer*... Lyon, 1598; *Lettre*..., Paris, 1598; *Second plaidoyer,* Paris, 1600 (die Ausgabe von 1600 umfaßt die drei Texte).
Richet, D.: *Conflits religieux, Paris, seconde moitié du XVIe siècle.* Annales, juillet 1977 (besonders S. 779).
Richet, D.: *Elite et Noblesse.* Acta Poloniae historica, 36, 1977.
de Rivoire de la Batie, G.: *Armorial du Dauphiné.* Lyon, 1867.
Rochas, Adolphe: *Biographie du Dauphiné.* Paris, 1856–60, 2 Bde (besonders über die Familie Guérin de Tencin).
– *Abbaye joyeuse*.... Grenoble, Datum (um 1870).
Roman, J.: *Documents sur la Réforme et les guerres de religion en Dauphiné.* Veröffentl. in Bull. soc. statist. Isère, 3. Reihe Bd. 15 (= 26), 1890, Grenoble (grundlegend).
– *La guerre des paysans en Dauphiné, 1579–1580.* BSASD, 1877 (grundlegend: enthält den Text von Guérin mit einigen Irrtümern und Auslassungen, die ich bei Lektüre des Originals, frz. Ms. Nationalbibl. 3319, entdeckt habe).
– *Catherine de Médicis en Dauphiné.* Grenoble, 1883, (= Bull. Acad. delph., Dez. 1882).
Rossi, M.: *L'élection de Vienne 1697–1706.* D.E.S., Univ. Grenoble (ADI, microfilms 2 J 55).
Rossiaud, J.: *Prostitution ... au XVe siècle.* Annales, 1976, S. 289.
– *Fraternités de jeunesse.* Cahiers d'histoire, 1–2, 1976, S. 67 (wichtig).
Rudwin, Max J.: *German Carnival comedy.* New York (Stechert), 1920.
Sabean, D.: *Landbesitz am Vorabend ... des Bauernkriegs.* Stuttgart, 1972.
– *Communal basis of peasant uprisings*.... Comparative politics, April 1976.
Saffroy, Gaston: *Bibliographie généalogique, héraldique et nobiliaire*.... Paris, 1968, Koll. 3301 bis 3374; u. 3456 bis 3515.
Sage, C. und M.: *Saint-Jean d'Avelanne.* Monde alpin et rhodanien, 1–2, 1976 (Volksbräuche der Dauphiné).
Salmon, J. H. M.: *Society in crisis, France, 16th century.* New York, 1975.
– *Peasant Revolt in Vivarais (1575–1580).* French Historical Studies, 1979.
Servier, J.: *Portes de l'année.* Paris, 1962.
Sessions, Kyle C.: *Reformation and authority (the peasant's revolt in Germany).* Heath, Lexington, 1968 (besonders S. 17).
Sidro, Annie: *Carnaval de Nice (1294–1889).* Lou Sourgentin (Nice), Febr. 1976 (wichtig).

Simler oder Simmler, Josias: *La République des Suisses.* Übers. I. Gentillet, S. L., 1577 (interessant wegen des antiadligen Inhalts, den der Übersetzer, ein Freund der Rebellen der Dauphiné, verdeutlicht).
Soboul, Albert: *Les Sans-culottes parisiens* .... Paris, 1968 (Rolle der Handwerkerschaft in den städtischen Volksbewegungen).
Sonenscher, M.: *Masques armés de 1783 en Vivarais.* Féd. hist. du Languedoc méd. et du Roussillon, 1971 (erschienen in Montpellier. Univ. Paul-Valéry, 1972.
Soubeyroux, Jacques: *Pauvres à Madrid au XVIIIe siècle.* Unveröffentl. Habil.schrift, Univ. Montpellier, 1976.
Sperber, D.: *Le symbolisme aujourd'hui.* Paris, 1974.
Spooner, F. C.: *Économie mondiale et frappes monétaires, 1493–1725.* Frz. Ausg., Paris, 1956, u. vollständigere engl. Ausg., Harvard, 1972.
Terrebasse, H.: *Mont-Calvaire à Romans ... miracle de 1517.* BSASD, 1882, S. 383.
Thiers, J. B.: *Traité des superstitions.* Paris, Ausg. 1679, 1700, 1777.
Thomé de Maisonneuve, P.: *Les libertés municipales de Romans.* BSASD, 1939–1945 (aufeinander folgende Artikel; die von 1943–45 sind bedeutsam, wenngleich manchmal irrig).
Thompson, E. P.: *The making of the english working class,* London, 1963.
– *Le charivari anglais.* Annales, März 1972 (u. vom selben Autor ein Beitrag zur Tagung über den Charivari [S. unter diesem Wort]).
Tilly, Ch.: *Rural action in modern Europe.* In J. Spielberg und S. Whiteford, *Forging nations.* Michigan State Univ. Press, 1976.
Todorov, Tzvetan: *Théories du symbole.* Paris, 1977.
Toschi, Paolo: *Le origini del Teatro italiano.* Einaudi, 1955 (vom selben Autor: *Invito al folklore italiano.* Rom 1963, S. 275 f.).
Turner, V.: *The ritual process.* Chicago, 1969.
– *Dramas, fields and metaphores.* Ithaca, 1974 (s. auch seine *Tambours d'affliction,* übers. Paris, 1972.
– *Relevation and divination in Ndembu ritual.* Ithaca, 1975.
– *Symbolic studies.* Annual Rev. of anthrop., Bd. 4, 1975, S. 145 (wichtig). S. auch seinen Artikel in *Daedalus,* Bd. I, Sommer 1977, S. 61.
– *The Forest of symbols.* Ithaca, Aufl. 1974, S. 28 u. passim.
Vallentin du Cheylard, R.: *Ban et arrière-ban 1594, Valentinois-Diois.* BSASD, 1960, S. 273.
Van der Wee, H.: *Economy and revolt in Southern Netherlands.* Acta neerland, 1968.
Van Doren, L. S.: *Revolt ... in Romans, 1579–80.* Sixteenth century journal, April 1974 (grundlegend).
– *War, taxes and social protest ... in 16th century Dauphiné.* PhD-arbeit,

Univ. Harvard, 1970 (unveröffentlicht).
- *The royal taille in Dauphiné 1494–1557* und *id. 1560–1610,* dem Autor freundlicherweise im Manuskript überlassen; der erste Artikel veröffentlicht in Proceed. of the Amer. philos. soc., Bd. 121 Nr. 1, Febr. 1977, S. 20–96, der zweite erschienen in Proc. of the 3rd ann. meet. of the west. soc. for french hist., Dez. 1975 u. 1976, S. 35–53; hier manchmal als *communications* bezeichnet.

Van Dyke, Paul: *Catherine de Medicis.* New York, 1922.

Van Gennep, A.: *Le Folklore des Hautes-Alpes.* Paris, 1946.
- *Le Folklore du Dauphiné.* Paris, 1932, 2 Bde. S. auch sein *Folklore de l'Auvergne et du Velay,* Paris, 1942, S. 179 (reynages).
- *Le culte de saint Blaise en Dauphiné et Savoie. Rev. de l'éthnog. et des trad. popul.,* Bd. 5, 1924, S. 136–148.

S. auch von A. Van Gennep das *Manuel de folklore français* (Bd. Carnaval-Carême), sein *Rites de passages* u. die *Dossiers V. G.* im Musée des Arts et traditions populaires (Akte Drôme).

Van Lawick-Goodall, Jane: *Les Chimpanzés et moi.* Paris, übers. 1971 (über die Universalität der männlichen Geselligkeit).

Varagnac, A.: *Civilisation traditionelle* . . .. Paris, 1948.

Vassal, Guy: *Les Paladins du diable.* 12. Festival von Aigues-Mortes, Aug. 1976.

Vaultier, R.: *Le Folklore d'après les lettres de rémission.* Paris, 1965.

Venard, Marc: *L'Église d'Avignon au XVIe siècle* . . .. Unveröffentl. Habil.-schrift Univ. Paris-I, 1977.

Venault, Ph.: *Scénario relatif au Carnaval de Romans.* Diplom EHESS, unveröff. unter Leitung von E. Le Roy Ladurie, Paris, 1977 (s. auch seinen Artikel *Plaisir de l'historien,* Ca cinéma, Nr. 12–13).

Veyne, Paul: *Le Pain et le cirque.* Paris, 1976.

Videl, L.: *Histoire de Lesdiguières.* Paris, 1638.

Vilar, P.: *Motin de Esquilache.* Historia iberica (Sonderdruck ohne Datum über eine Festtagsrevolte im 18. Jahrh.).
- *La Catalogne dans l'Espagne moderne.* Paris, 1962 (im Bd. I im Kap. über die Revolten).

Villadary, A.: *Fête et vie quotidienne.* Paris, 1968 (gute Bibliogr.).

Villeneuve, Cte de: *Moeurs des Provençaux.* Nyons, 1972 (Neuaufl.).

Vincenot, H.: *Vie quotidienne des paysans bourguignons* . . .. Paris, 1976.

Vincent, Jean, Grenobler Anwalt des dritten Standes: *Discours* . . .. Paris, 1598; u. *Réplique* . . ., Paris, 1600.

Vossier, J.: *Claveyson.* BSASD, 1882 (über die Pest v. 1586).

Vovelle, M.: *Métamorphose de la fête en Provence.* Paris, 1976.

de Vries, A.: *Dict. of symbols.* London, 1974, Art. hare.

Walter, G.: *Histoire des paysans de France.* Paris, 1963.
Weber, Max: *Wirtschaft und Gesellschaft.*
Weidkuhn, P.: *Carnaval de Bâle.* Cultures, III, 1, 1976 (Umkehrungen).
Westrich, S. A.: *L'Ormée de Bordeaux.* Bordeaux (übers. J. Cavinhac), Cahiers des I.A.E.S., Nr. 3, 1973.
Wood, James B.: *Mobility among Nobility of modern France.* 16th Century Journal, April 1977, S. 3.
Wright, A. R. (mit T. E. Lones): *British Calendar customs.* England, 2 Bde. London, 1936–1938 (s. auch oben Mrs. Mac Leod Banks).
Wunenburger, Jean Jacques: *La Fête, le jeu et le sacré.* Paris, 1977.
Yardeni, Myriam: *La Conscience nationale pendant les guerres de religion.* Louvain, 1971.
Ziegler, Jean: *Une Suisse au-dessus de tout soupçon.* Paris, 1976.

Handschriftliche Quellen

Die handschriftlichen Quellen des vorliegenden Buches stammen vornehmlich aus den Gemeindearchiven von Romans, die in der Stadtbibliothek des Ortes aufbewahrt sind, und anderen Manuskripten dieser Bibliothek (Fonds Calixte Lafosse); aus den Archiven des Departements Isère; aus den Gemeindearchiven von Valence; aus den Manuskripten der Stadtbibliothek Grenoble; aus den „französischen Manuskripten" der Nationalbibliothek. Die genauen Verweise auf diese „Archive" finden sich im Anmerkungsteil des vorliegenden Buches. Der schöne, unveröffentlichte Text des Historikers Étienne Pasquier (ADD, C 1024) über die Rechte des dauphinischen dritten Standes ist von mir eingesehen, aber im letzten Kapitel des „Karneval in Romans" nicht benutzt worden. Besonders hervorgehoben sei die Bedeutung der regionalen Enquete CC 39 bis CC 44 (als Mikrofilm in ADI, Mi 104 bis Mi 107) in den Gemeindearchiven von Vienne.

Danksagung

Ich danke besonders Scott Van Doren und Daniel Hickey für ihre liebenswürdige Unterstützung; Vital Chomel, dem Archivar des Département Isère, der mir seine Forschungsergebnisse bereitwillig zur Verfügung stellte; dem Archivar des Département Drôme; meinem Freund Bernard Bonnin; dem Bibliothekar der Staatsbibliothek von Romans sowie dem alten und dem neuen Bürgermeister von Romans.

Kerngebiet der Bündischen (1579–1580).
Nach *Le Peuple Français*, Juni 1977.

Nach der *Cosmographie universelle von Sebastian Münster*, vervollständigt und vermehrt von *François de Belleforest*, 1975. Bibliothek des Arsenals Paris, Foto Lalance.

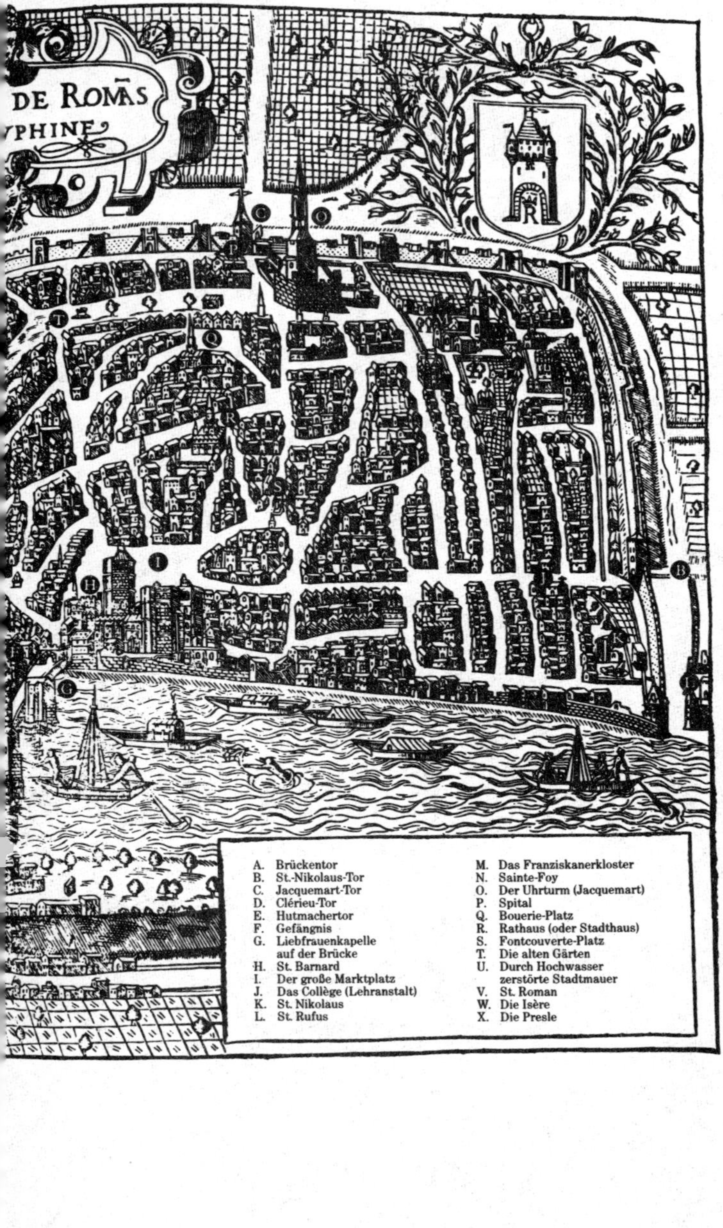
DE ROMĀS
YPHINE
A. Brückentor
B. St.-Nikolaus-Tor
C. Jacquemart-Tor
D. Clérieu-Tor
E. Hutmachertor
F. Gefängnis
G. Liebfrauenkapelle auf der Brücke
H. St. Barnard
I. Der große Marktplatz
J. Das Collège (Lehranstalt)
K. St. Nikolaus
L. St. Rufus
M. Das Franziskanerkloster
N. Sainte-Foy
O. Der Uhrturm (Jacquemart)
P. Spital
Q. Bouerie-Platz
R. Rathaus (oder Stadthaus)
S. Fontcouverte-Platz
T. Die alten Gärten
U. Durch Hochwasser zerstörte Stadtmauer
V. St. Roman
W. Die Isère
X. Die Presle

Hans Werner Richter im dtv

Foto: Isolde Ohlbaum

Die Stunde der falschen Triumphe

Die Geschichte von Willi, dem Friseur, und Willi, dem Lehrer, ist eine Parabel von der alltäglichen Anpassung und dem alltäglichen Widerstand im Dritten Reich. dtv 10074

Geschichten aus Bansin

Bansin, der Geburtsort des Autors, ist Schauplatz dieser »Geschichten von zu Hause« über einfache Leute, Tagelöhner, Fischer, Bauarbeiter, kleine Bauern, die sich recht und schlecht durchs Leben schlagen und die an der großen Politik nur am Rande teilnehmen. dtv 10214

Ein Julitag

Eine Begegnung am Grab seines Bruders führt Christian zurück in die Zeit vor dem Krieg. Die Frau seines Bruders ist damals seine Geliebte gewesen. Sie gingen nach Berlin, im Glauben an eine bessere, sozialistische Zukunft. Statt dessen kamen die Nazis. In der Emigration trennten sich ihre Wege ... dtv 10285

Die Geschlagenen

Dieser stark autobiographisch gefärbte Roman schildert den Weg eines deutschen Soldaten von der Schlacht am Monte Cassino in die Kriegsgefangenschaft der Amerikaner. dtv 10398

Spuren im Sand

Erinnerungen an eine Kindheit und Jugend in Pommern, die erste Liebe, diverse berufliche Fehlschläge. Die alles überragende Gestalt in diesem Entwicklungsroman ist die verständnisvoll und gelassen handelnde Mutter. dtv 10627

Im Etablissement der Schmetterlinge

Hans Werner Richter porträtiert liebevoll einige Literaten und Kritiker aus »seiner« Gruppe 47 und liefert tiefe Einblicke ins Menschlich-Allzumenschliche und hinter die Kulissen der Szene. Jahrzehntelang hat er mit der Gruppe 47 das literarische Leben der Republik geprägt. dtv 10976

Sie fielen aus Gottes Hand

Spannend wie eine Folge großer Abenteuer- und Liebesgeschichten, erzählt dieser Roman die Schicksale von Menschen, die 1945 zum Strandgut des Krieges geworden sind. dtv 10977

dtv klassik
Klassiker der romanischen Literatur

ARIOST
Der rasende Roland
(Orlando furioso)
Dünndruck-Ausgabe
dtv 5918 / 2 Bde.

CHARLES BAUDELAIRE
Les Fleurs du Mal
Die Blumen des Bösen
Zweisprachige Ausgabe
dtv 2173

MIGUEL DE CERVANTES
Der sinnreiche Junker Don Quijote von der Mancha
Dünndruck-Ausgabe
dtv 2060

DANTE ALIGHIERI
Die Göttliche Komödie
Dünndruck-Ausgabe
dtv 2107

Die Göttliche Komödie
Italienisch und deutsch
6 Bände in Kassette
dtv 5916

Vita Nova
Das Neue Leben
Übers. v. Karl Federn, hrsg. u. komment. von Anna Coseriu und Ulrike Kunkel
dtv 2199

ÉMILE ZOLA
Nana
Dünndruck-Ausgabe
dtv 2008

GUSTAVE FLAUBERT
Madame Bovary
Dünndruck-Ausgabe
dtv 2075

VICTOR HUGO
Die schwarze Fahne
dtv 2198

GEORGE SAND
Ein Winter auf Mallorca
dtv 2157

Sie sind ja eine Fee, Madame!
Märchen aus Schloß Nohant
dtv 2197

STENDHAL
Rot und Schwarz
Dünndruck-Ausgabe
dtv 2005

JEAN-JACQUES ROUSSEAU
Die Bekenntnisse
Dünndruck-Ausgabe
dtv 2096

Julie oder
Die neue Héloïse
Dünndruck-Ausgabe
dtv 2191

ANTOINE DE SAINT-EXUPÉRY
Gesammelte Schriften
Dünndruck-Ausgabe
dtv 5959/3 Bde.

ALESSANDRO MANZONI
Die Verlobten
Dünndruck-Ausgabe
dtv 2142

Die Nonne von Monza
dtv 2192

Das Buch

Ungerechte Steuern und Preissteigerungen führen 1579 in der Dauphiné zu wachsendem Elend unter den Bauern, deren Erbitterung sich schließlich landauf, landab in Gewalt entlädt: Grundherren werden ermordet, Schlösser in Brand gesteckt. Der Aufruhr greift auf die Stadt Romans an der Isère über, wo der Dritte Stand vom Patriziat die Rückzahlung veruntreuter Steuergelder fordert. Unter der Führung des Tuchmachers Serve-Paumier gelingt es den „Bündischen“, dem Patriziat einen Teil der Macht zu entreißen: eine Revolte, die das um seine Privilegien bangende Bürgertum nicht hinnehmen will.
Fanatischer Verfechter der alten Ordnung ist der hinterhältige Richter Guérin, der im Karneval 1580 heimlich Regie führt. Während am Abend des 15. Februar in den Straßen der Stadt verkleidete Handwerker und Bauern ihre Revolte in symbolischem Tanz darstellen, wartet in der Dunkelheit bereits ein Trupp junger Adeliger auf das Zeichen zum Losschlagen. Das Karnevalstreiben und mit ihm der Aufstand enden in einem blutigen Massaker. Serve-Paumier und seine Anhänger werden ermordet, die „schuldigen“ Handwerker und Bauern verfolgt, in Schnellverfahren verurteilt und hingerichtet. Die alte Ordnung ist wieder hergestellt.
Das sind die historischen Ereignisse, die der Autor mitsamt ihrer Vorgeschichte beschreibt und analysiert: Mit Methoden der Soziologie, Ethnologie und Geschichtswissenschaft sowie zuweilen detektivischer Akribie rekonstruiert er den Modellfall einer gescheiterten Revolte – 200 Jahre vor der großen Französischen Revolution.

Der Autor

Emmanuel Le Roy Ladurie, geb. 1929, lehrt seit 1973 Kulturgeschichte der Neuzeit am Collège de France in Paris. Mit seiner Habilitationsschrift ‚Die Bauern des Languedoc‘ (dt. 1983) profilierte er sich als führender Kopf der französischen Sozialhistoriker um die Zeitschrift ‚Annales‘, deren Mitherausgeber er ist. Internationalen Ruf erwarb er sich mit seiner Monographie ‚Montaillou. Ein Dorf vor dem Inquisitor‘ (dt. 1980).